사진 | 임정의

저자 근영

가족사진 아내와 1남 2녀(1974. 3. 30)

중동고등학교 재학시절
(1958)

아들 원남희 고려대 졸업식날(1994. 2. 25)

고려대 대학원에서 박사학위를 받고
신설동 누님과 함께(1988. 8. 20)

한국교원대학교 교수 재직 시절((1998)

여주문화원장 재임시절
(2006)

한국문인협회 여주지부 창립총회(1994. 9. 24)

제1회 묵사 류주현 문학상 시상식(2005. 12. 29)

서울대학교 졸업식날(1966. 2. 26)

일붕문학상을 수상하고서 가족과 함께
(1991. 6.28)

고향 대둔리에서 원용우의 박사학위 축하(1988. 9. 17)

초정 김상옥 선생 작품전시회(1984. 11.3)

황산시조문학상을 받고서(1990. 12. 21)

황산시조문학상 수상 모습(1990. 12. 21)

서경보 스님에게 일붕문학상 수상 모습
(1991. 6. 28)

고려대학교 박사과정 정규복 교수님을 모시고(1991. 1.6)

생육신 관란 원호 선생 문학비 제막식(1997. 6. 14)

화갑기념문집 출판기념회에서 축사해주신분
좌로부터 우종옥 총장, 정규복 교수, 리태극 고문 (1999. 1. 16)

세종문화회관에서 화갑기념논총 출판기념회
(1999. 1. 16)

시조문학 진흥을 위한 공청회, 국회도서관(2016. 11. 17)

제천의 관란정 탐방(1995. 3. 4)

제1회 한국작가상 본상 수상(2012. 9. 21)

모현사 중수 기념 전국시조백일장(2015. 10. 3)

지리산문학관에서 원용우 시인 초청 특강
(2016. 10. 20)

지리산문학관 탐방(2016. 10. 20)

한국육필시공원에 시조비 건립(2005. 7. 27)

한강구리공원에서 정완영 선생님을 모시고
(2006. 9. 26)

여주보에 건립된 원용우 시비를 찾아서
(2011. 9. 30)

대둔리 원용우 생가에서(2016. 5. 28)

시조문학 진흥을 위한 공청회(2016. 11. 17)

수원화성 시조백일장에서 수상자와 함께
(2016. 5. 20)

한국시조협회 시상식 및 송년회(2016. 12. 15)

제1회 한국시조협회상을 받다(2016. 12. 15)

한국시조협회 제6차 정기총회(2017. 2. 24)

시조명칭유래비 제막식, 초헌관
(2014. 10. 30)

2017년 여강시가회 총회(2017. 2. 23)

시조협회 문학기행, 동의전일원(2017. 5. 12)

여주보의 시조비 앞에서(2015. 9. 20)

한국시조협회 문학기행(2017. 5. 12)

2017년도 한국시조협회 문학기행(2017. 5. 12)

2017년도 한국시조협회 문학기행
(2017. 5. 12)

2017년도 한국시조협회 문학기행
(2017. 5. 12)

원용우 생가 탐방(2016. 5. 28)

2016년 여강시가회 정기총회(2016. 2. 25)

한중 국제교류 시조사랑 학술강연, 중국길림사범대학에서(2014. 6. 4)

2016 청도국제시조대회 참가(2016. 10. 27)

윤동주 생가 탐방(2014. 6. 5)

백두산 천지연 탐방(2014. 6. 5)

충남 간월암(2015. 5. 28)

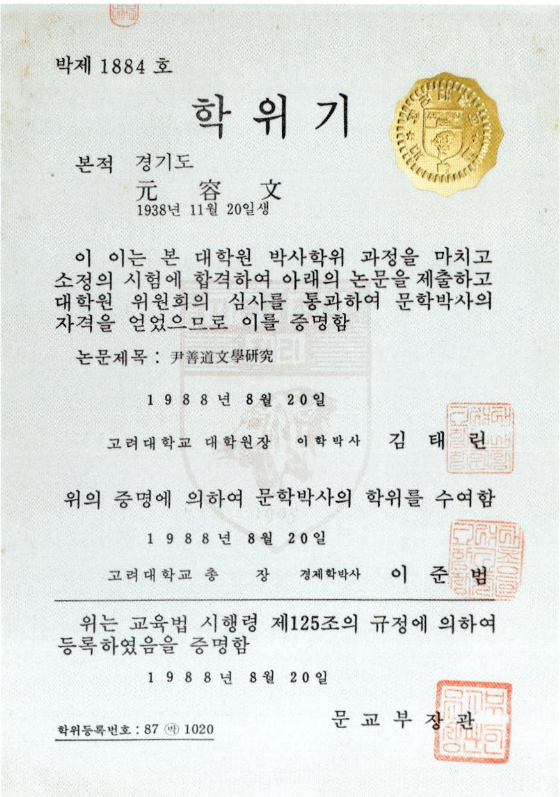
박제 1884 호

학 위 기

본적 경기도

元 容 文

1938년 11월 20일생

이 이는 본 대학원 박사학위 과정을 마치고 소정의 시험에 합격하여 아래의 논문을 제출하고 대학원 위원회의 심사를 통과하여 문학박사의 자격을 얻었으므로 이를 증명함

논문제목 : 尹善道文學硏究

1 9 8 8 년 8 월 20 일

고려대학교 대학원장 이학박사 김 태 린

위의 증명에 의하여 문학박사의 학위를 수여함

1 9 8 8 년 8 월 20 일

고려대학교 총 장 경제학박사 이 준 범

위는 교육법 시행령 제125조의 규정에 의하여 등록하였음을 증명함

1 9 8 8 년 8 월 20 일

학위등록번호 : 87 ㉻ 1020

문 교 부 장 관

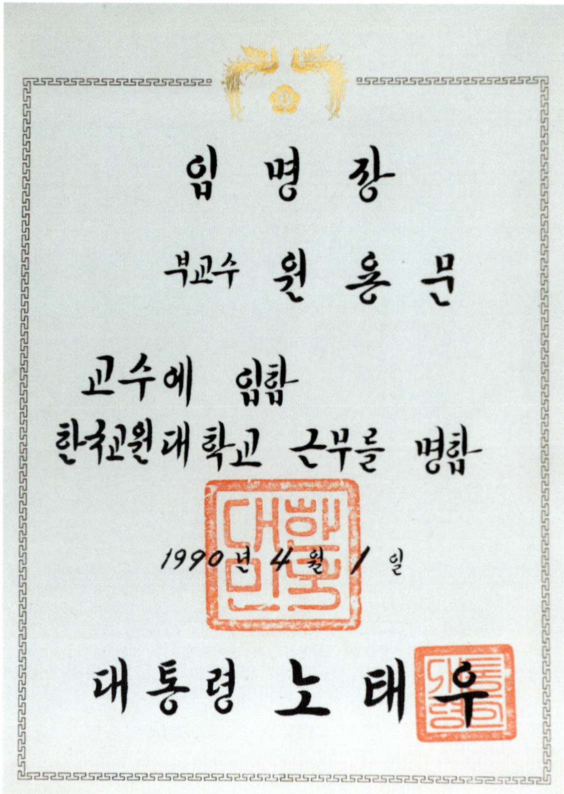
임 명 장

부교수 원 용 문

교수에 임함

한국교원대학교 근무를 명함

1990 년 4 월 1 일

대통령 노 태 우

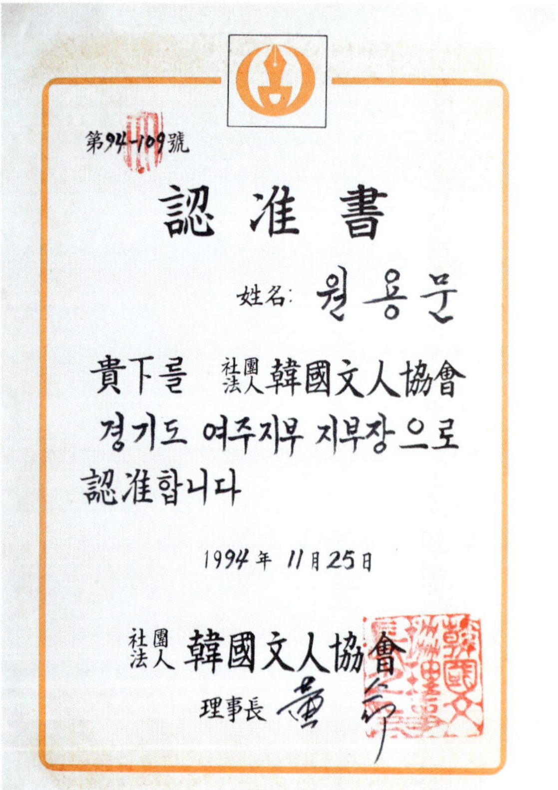
第94-109號

認准書

姓名: 원용문

貴下를 社團法人 韓國文人協會 경기도 여주지부 지부장으로 認准합니다

1994 年 11 月 25 日

社團法人 韓國文人協會

理事長

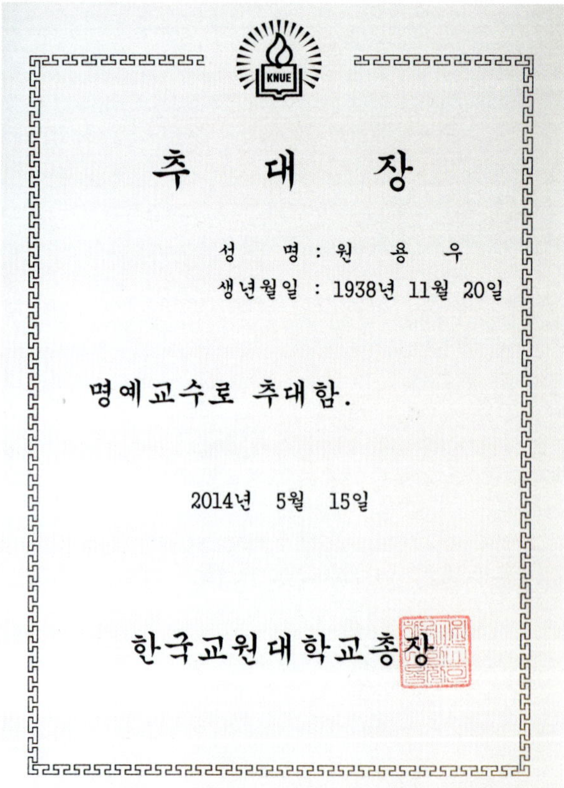
추 대 장

성 명 : 원 용 우

생년월일 : 1938년 11월 20일

명예교수로 추대함.

2014년 5월 15일

한국교원대학교총장

대 한 민 국

賞 狀

新人作品賞 元容文

위의 사람은 韓國文人協會 發刊 月刊文學誌에서 有能한 新人登龍을 위하여 制定한 新人作品賞 第16回 時調 部門에서 拔群의 力量으로 當選되었으므로 이에 賞狀을 授與함

1975年 12月 17日

韓國文人協會
理事長 趙 演 鉉

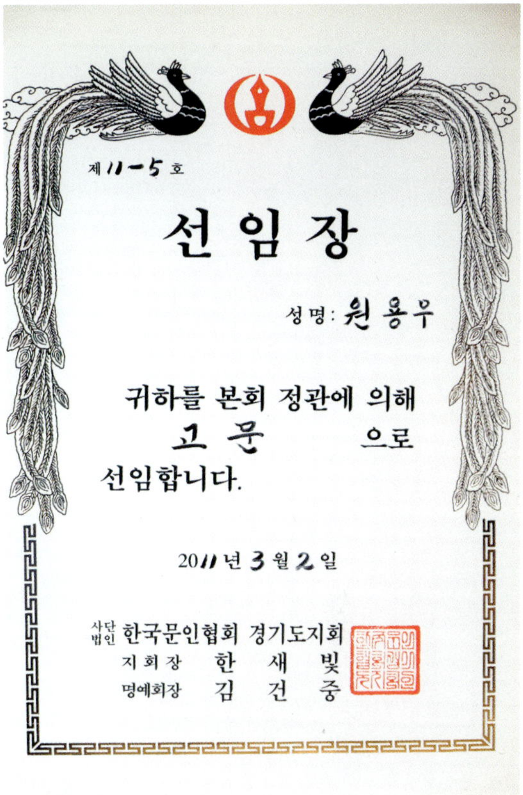

제 11-5 호

선 임 장

성명: 원용우

귀하를 본회 정관에 의해
고문 으로
선임합니다.

2011년 3월 2일

사단법인 한국문인협회 경기도지회
지회장 한 새 빛
명예회장 김 건 중

漢詩

委 囑 狀

職位: 考 選 官
姓名: 元容文

貴下를 第8回 堤川全國漢詩白日場大會에 考選官으로 委囑합니다.

2014年 10月 8日

(社)韓國漢詩協會堤川支會
支會長 金 敬 洙

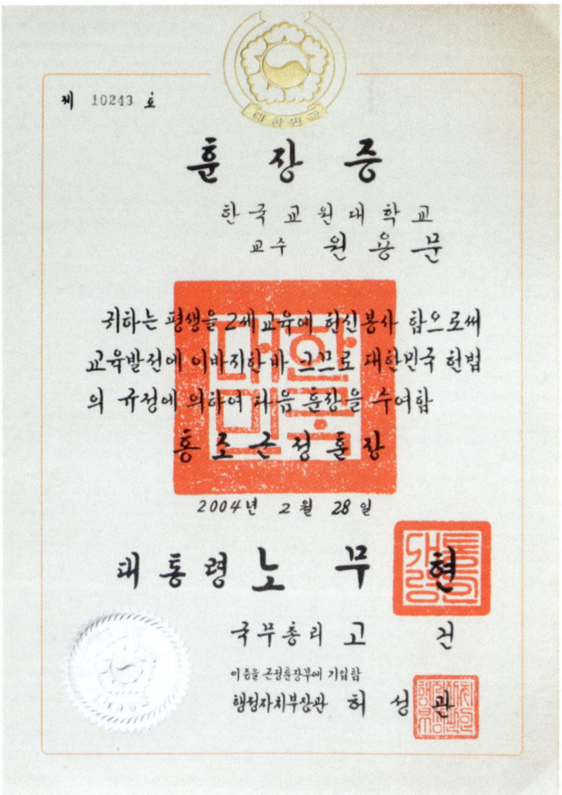

제 10243 호

훈 장 증

한국교원대학교
교수 원용문

귀하는 평생을 2세 교육에 헌신봉사 함으로써 교육발전에 이바지한 바 그으로 대한민국 헌법의 규정에 의하여 다음 훈장을 수여함

홍조근정훈장

2004년 2월 28일

대통령 노 무 현

국무총리 고 건

이 증을 근정훈장부에 기입함
행정자치부장관 허 성 관

강릉원주대학교 차영규 교수의
축하 그림

소설가 김용철 선생의 축하글씨

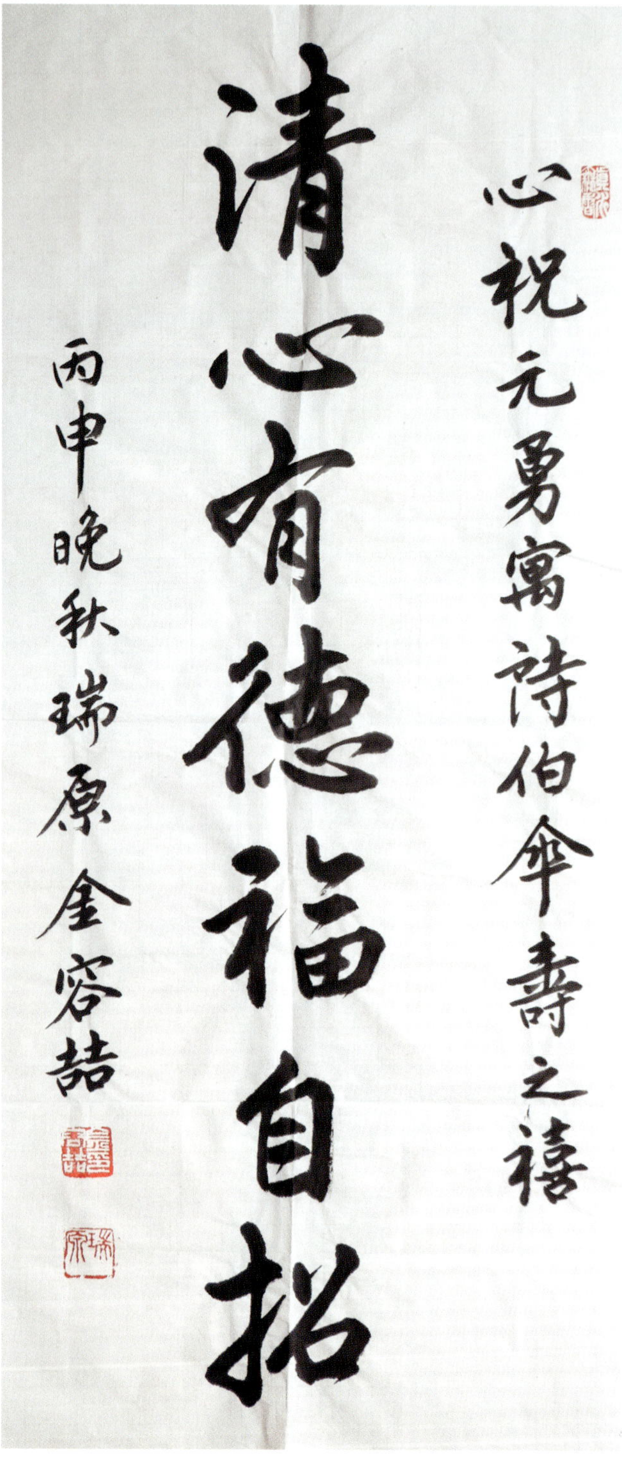

박헌오 관장의 축하그림

박신자 선생의 축하그림

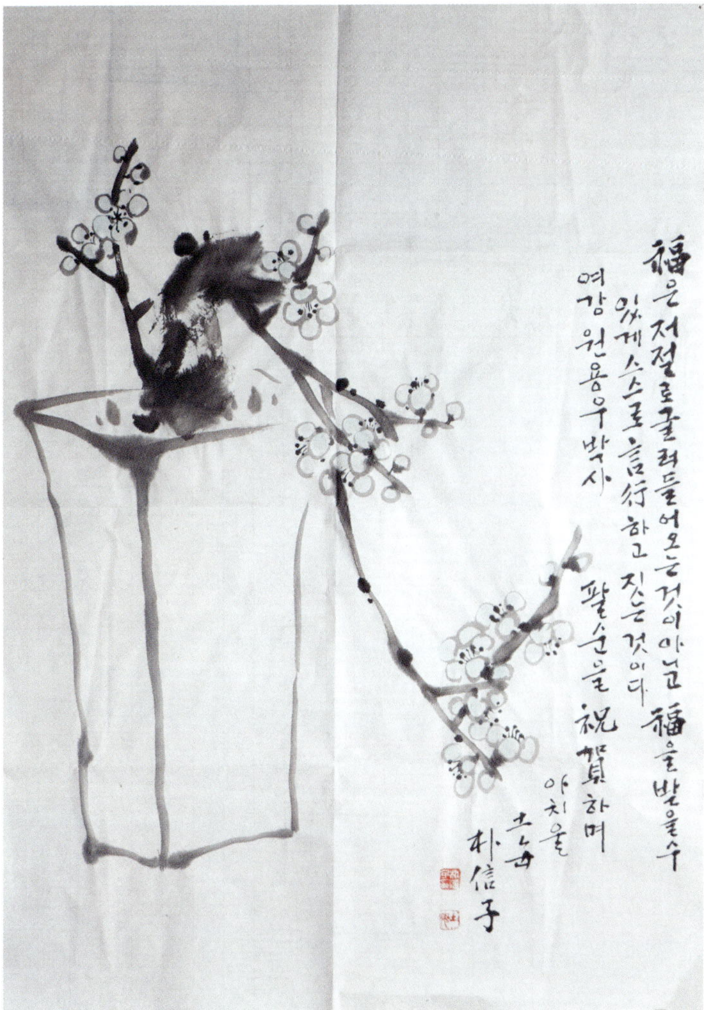

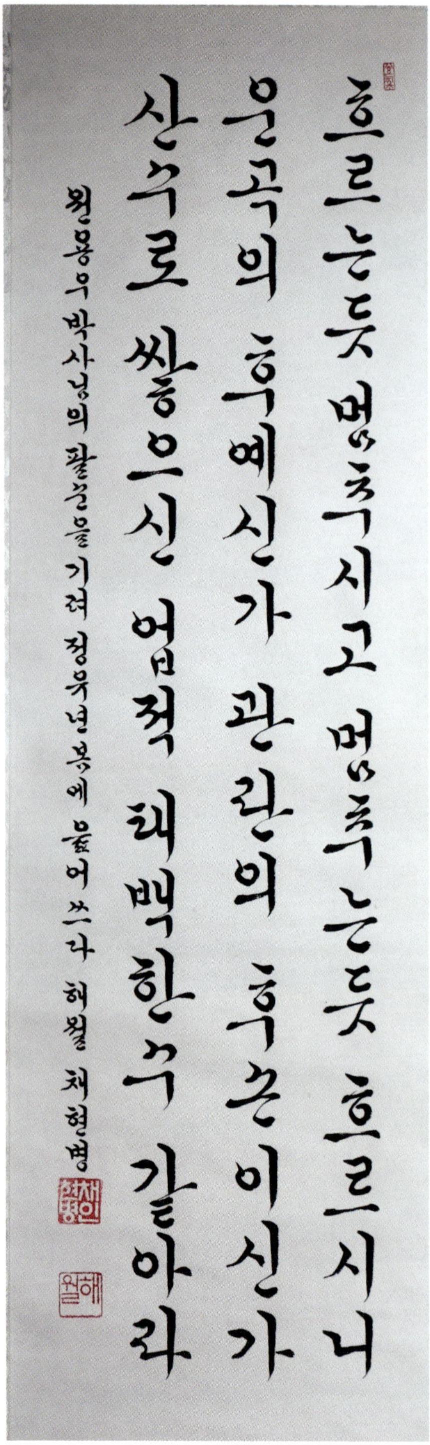

해월 채현병 선생의 축하 글씨

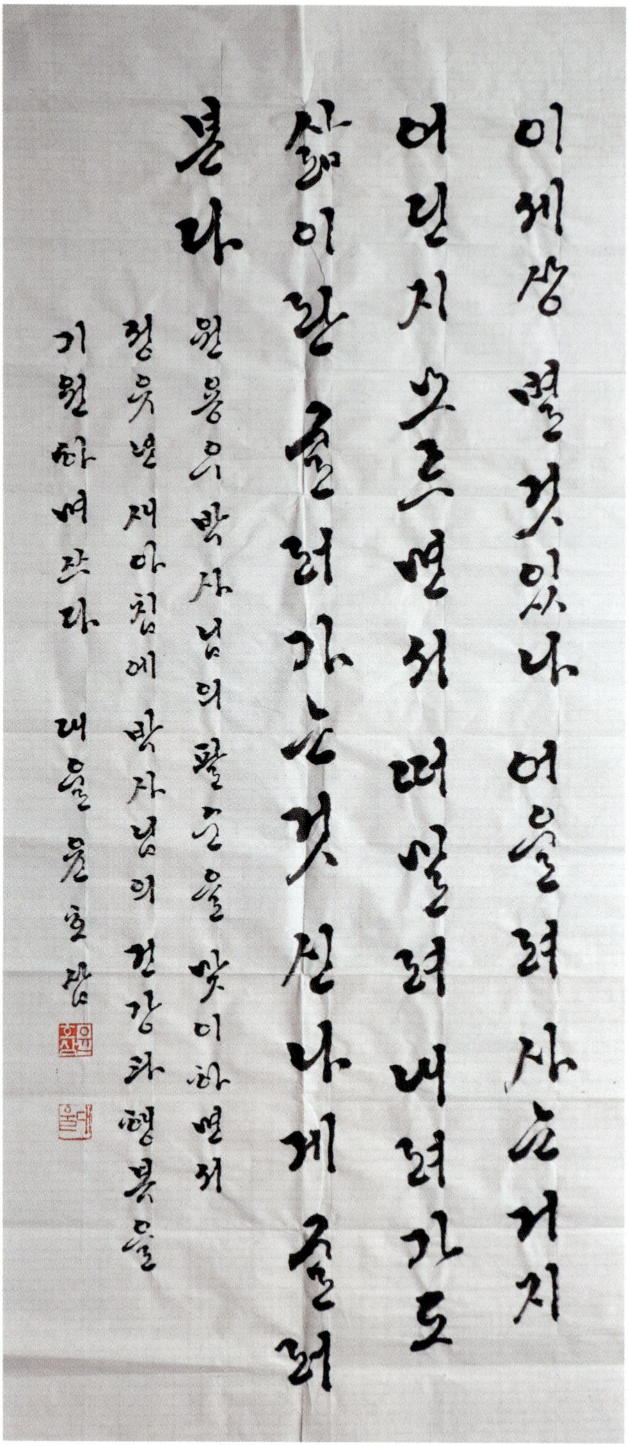

대울 윤호삼 선생의 축하 글씨

여강(如江)의 삶과 문학

– 원용우 팔순 문집 –

도서출판 조은

[편집위원들이 추천한 원용우 작품]

벽시계

가라는 말 없어도 청산유수 잘도 간다
무한정 가는 세월 자로 재듯 재어가며
열두 곳 나루터마다 돌아가는 똑딱선(船)

당신 생각

호박꽃 피던 얼굴 갈대머리 덮어쓰고
향보다 고운 마음 펼쳐보지 못한 나래
무심한 바람이었나 장명등 홀로 밝다.

나이를 먹을수록

이 세상 별것 있나 어울려 사는 거지
어딘지 모르면서 떠밀려 내려가도
삶이란 굴러가는 것 신나게 굴러본다.

별처럼

더도 말고 덜도 말고 별처럼 살고 싶다
길 잃은 사람에게 길을 찾아 빛을 주고
외로운 사람에게는 사랑의 눈길 크게 주는.

이 세상을 살면서

단 것도 삼켰지만 쓴 것도 맛보았다
나이를 먹을수록 감사의 잔(盞) 자주 들고
웃으면 더 웃게 된다는 최면(催眠)에 취해 본다.

낮달

무엇이 급하신지 뒤돌아보지 않고
떠나신 어머니가 가슴 답답하셨나
구름문 열어젖히고 얼굴 잠깐 내미셨네.

[發刊辭]

여강 원용우 박사 산수기념문집을 펴내며

이 광 녕
(한국시조협회 명예이사장)

아파트 감나무에 까치밥으로 올망졸망 매달려 있던 연시감, 그 나뭇가지가 출근길에 오가는 행인들의 눈길을 사로잡더니 어느새 벌써 녹음 짙은 푸르른 옷으로 갈아입고 새끼 땡감을 품고 있다. 또 한 해가 하염없이 흘러가 버리고 인생 뜨락에는 세월을 잊은 참새들만이 조잘거린다.

인생은 눈 깜짝 할 사이에 흘러가 버린다. 영국의 극작가 버나드 쇼는 묘비명에다 "내 우물쭈물하다가 이럴 줄 알았다" 라는 말을 남겼다. 인생은 잠깐이고 그나마 열매를 맺는 기간은 극히 짧으며 대부분 후회가 따른다.

그러나 여강 원용우 박사님은 짧은 일생 동안 피땀으로 일구어 수많은 열매를 거두어 놓으신 분이다. 여강님은 전쟁의 혼란과 상처로 점철된 인생 소용돌이 속에서도 남달리 수많은 학문적 성과와 업적을 쌓아놓으신 이시대의 석학이시며, 우리 문인 모두가 평소 존경하고 덕망을 본받아왔던 시조단의 거목이시다.

그러기에 이번에 팔순(산수)기념 행사의 하나로 그 공덕과 문학적 업적을 기리고자 산수기념 문집을 펴내는 것은 대단히 의미 있는 일이며, 시조단으로 보아서도 매우 뜻깊은 일이 아닐 수 없다.

이 산수기념문집에는 여강님의 작품은 물론, 문단 많은 분들의 축시(祝詩)와 축사(祝辭)와 여강의 작품 평설 및 인물론 등 다양한 글들이 수록되어 있다. 이 글들을 수록하기 위해 많은 분들이 열정적으로 협조해 주셨고, 그 원고들 또한 매우 알차고 값진 내용들이다.

이 귀한 책을 만들기 위해 도와주신 여러분들께 감사를 드리며, 이 산수기념문집이 여강 원용우 박사님의 인생에는 큰 족적이요 성과물로 길이길이 남고, 많은 문인들에게도 인생의 표본이요 귀감이 되길 바란다.

[賀辭]

세월을 넘어 문학의 꽃 피우시기를

문 효 치
(사단법인 한국문인협회 이사장)

누구나 마찬가지겠지만 장수는 문인에게 특별한 축복이다. 릴케의 말대로 문학이 경험의 소산이라고 한다면 장수는 곧 많은 경험을 다양하게 축적할 수 있는 좋은 조건이 되기 때문이다. 건강한 심신으로 많은 활동을 하면서 크고 작은 문화적 체험을 쌓는 일은 그것이 곧 문학의 기반이요 공부라 할 수 있다.

원용우 선생이 산수(傘壽)를 맞는다. 아름다운 축복의 세월이 눈부시다. 시인으로 교육자로 문단과 문화계의 일꾼으로 많은 일을 해내는 중에 수많은 작품을 발표하고 시집과 저서를 출간하는 등 선생이 80여년을 걸어오면서 이루어 놓은 일들이 산과 같다.

선생과 자별한 사이로 깊은 정을 나눌 기회는 없었지만 멀리서 보기만 해도 따뜻한 인품을 느낄 수 있었으며 차분하면서도 점잖은 품격이 주위에 흘러넘쳤다.

우리가 살던 시대는 격변의 시대였다. 격변의 소용돌이 속에서 사람들은 살아남기 위해 약삭빠르게 처신해야 했고 잔머리를 굴리며 자신의 이익을 찾아 호들갑을 떨어야했지만 선생은 언제나 신중하고 안정된 모습이었다. 말없는 가운데 판단한 길을 흔들림 없이 걸어오는 선비였다. 문단의 사정도 녹록치 않았다. 문단인구의 팽창에 따라 문학단체가 거대화되기도 하고 혹은 분열과 분파가 자심하여 혼란스럽기도 했다. 거기에 문단의 선거는 정치판을 빰칠 정도로 시끄러웠고 그에 따라 사나운 감정으로 대립하고 질시하며 헐뜯는 일도 많았다. 그러나 문단활동 40여 년에 선생은 이 일에도 초연하여 문인으로서 순결성을 잘 지켜나갔다. 학자나 문필가는 많아도 진정한 선비가 귀한 세상, 아마도 선생은 이 시대에 몇 분 남지 않은 선비임에 틀림없다. 학덕이 높고 예의와 염치를 차리며 어질고 따뜻한 품성을 갖춘 분이 바로 선생이다. 흔히 볼 수 있는 일이지만 어떤 이는 유명해지기 위해 신문이나 방송에 얼굴과 이름을 내고 또는 상을 받기 위해 처세를 하기도 한다. 그러나 나는 아직 선생께서 그런 일을 한다는 소문을 들어보지 못했다. 선생은 그런 치졸한 속물들의 일에는 관심이 없는 듯하다. 다만, 문인으로서의 정도를 묵묵히 걷는 것만이 길이라 생각하는 듯하다.

격변과 혼란의 시대를 무난히 넘기고 온갖 세속적 유혹을 멀리하면서 걸어온 선비의 길, 이제 산수(傘壽)를 맞이했지만 이로써 선생의 문학의 길이 끝나는 것은 아니다. 일단 한번 정리하여 후학들의 모범과 교훈을 삼고 이어 새로운 의지를 세워 다시 길을 닦아 나갈 것인즉 삼가 축하의 인사와 더불어 큰 기대를 선생께 보내는 바이다. 건강, 백수를 넘어, 보다 탐스런 문학의 꽃을 피워주시길 빈다.

[賀辭]

여강 원용우선생 산수(傘壽)를 기리며

손 해 일
(사단법인 국제PEN한국본부 이사장)

여강 원용우 선생의 산수(傘壽) 팔순잔치를 진심으로 축하드립니다. 이를 기리는 후학, 친지들의 기념문집 발간도 경하드립니다.

연부역강한 여강 선생을 뵈오면 "인생칠십고래희(人生七十古來稀)"란 옛말이 무색합니다. 시성 두보(杜甫)의 시 곡강(曲江)에 나오는 그 시절이야 평균수명이 너무도 짧았을 것이니 희귀할 만도 합니다. 온갖 호사를 다 누리던 역대 중국 황제들의 평균 수명이 35세라는 어느 호사가의 통계도 있습니다.

의술이 발달하고 평균수명이 길어진 요즘이야 80도 청춘입니다. "인생 100세 고래희"정도로 바꾸어야 할 듯합니다. 단순히 인간의 수명만 본다면 세계 최고 장수자가 최고 행복한 사람이겠지만 그렇지 않은 게 인생 아닌가요.

여러분도 아시다시피 전통적으로 한국인은 5복(五福)을 유한한 인생의 최고 가치로 숭상했습니다. 수(壽), 부귀(富貴), 강녕(康寧), 유호덕(攸好德), 고종명(考終命)이 그것입니다. '수복'과 '잘 죽을 복'은 각자 노력에도 달렸지만 '인명재천'이라 팔자소관인 듯도 합니다..

그런 면에서 원용우 선생은 참으로 복 받은 분입니다. 우선 팔순에도 정정하시니 '수복'과 '강녕'은 타고 나셔서 100세 장수를 누리실 것으로 믿습니다.

여강 선생은 80평생을 교육자로서 시조시인으로서 문필가로서 두루 존경을 받는 선비의 삶이니 '유호덕'을 누리시는 분입니다. 저와 사제관계랄지 특별한 인연은 없지만 뵐 때마다 문단의 대선배로서 온화하고 남을 배려하는 덕인의 모습을 봅니다. 또한 평생 학자로서 문필가로서 덕을 닦으신 연유인지 자기를 앞세우거나 조급함이 없이 항상 온유한 선비의 풍모가 남다릅니다.

여러 면에서 여강선생은 복인이요 덕인으로서 두루 칭송을 받을 만합니다. 이번 산수를 넘어 미수, 백수 장수로 이어지고, 평생 문필에도 대업을 이루시어 복된 삶 길이 누리시기를 축원합니다.

[賀辭]

여강(如江) 원용우 선생의 팔순 문집 발간을 기리며

류 희 찬
(한국교원대학교 총장)

사람이 하늘 아래에 한평생 살면서 다른 사람과 맺는 여러 모습의 인간관계를 인연이라고 부른다면, 그 인연을 이어가는 것만큼 소중한 것은 없는 듯합니다. 사람은 첫 호흡을 하며 이 땅에 태어나서 마지막 숨을 다할 때까지 수많은 사람들과 어울리며 살아가야 하기 때문입니다. 태어나면서는 부모와 자녀가 가정이라는 인연을, 학창 시절을 보내면서는 선생과 학생이 사제라는 인연, 그리고 학생과 학생이 친구라는 인연을 맺습니다.

저는 여강 원용우 선생님과 우리 한국교원대학교에서 새로운 인연을 맺었습니다. 저는 수학이라는 세계에서 저대로의 삶을 살다가 우리 대학 수학교육과에 부임하면서, 1986년에 이미 오셔서 우리나라 고전문학 연구의 터를 닦고 있으셨던 여강 선생님을 뵙게 되었습니다. 오래 전 일이기는 하나, 기억을 더듬어 보면 여강 선생님의 첫 인상은 후박한 학덕 위로 온화함과 따뜻함이 배어나오는 모습, 모든 것을 포용하고 모든 것을 용서할 수 있어 보이는 넉넉한 표정이었습니다.

수학이라는 엄밀한 학문 세계에서 어떻게 하면 좀 더 좋은 방법으로 학생들을 가르칠 것인가를 고민해 온 저로서는 여강 선생님을 뵙게 된 것은 대단한 인연이 아닐 수 없습니다. 우리 대학이 아니었더라면, 어쩌면 한 평생을 여강 선생님을 모른 채 지냈을 터이니, 고전문학에 문외한인 제가 문학에 대해, 인생에 대해, 아름다움에 대해 조금이라고 관심을 가지게 된 것은 모두 여강 선생님과의 인연 덕분이 아닐까 싶습니다.

이렇게 우리 대학에서 초짜배기 동료 교수로 시작한 인연이 이제는 명예로운 이름의 '명예교수'와 우리 대학의 '총장'이라는 인연으로 이어지고 있으니 감회가 새롭기만 합니다. 더군다나 여강 선생님의 팔순을 기념하는 문집에 이러한 축사로 지금까지 이어온 인연을 드러낼 수 있으니 매우 영광스럽고 감사할 따름입니다.

채 정비되지 않은 우리 대학의 푸릇한 캠퍼스에서 뵙던 때가 어제 일만 같은데, 벌써 팔순이시라니 사실 잘 믿어지지가 않습니다. 세월이 속절없이 흐른다는 말은 이런 때를 위한 것인 듯합니다. 여강 선생님께서는 1986년에 부임하셨고 제가 1991년에 부임하였으니 인연을 맺어온 세월이 꽤 오래 되었습니다. 그래도 여강 선생님은 세월을 거스르는 듯 강건하시고 경륜 위에 지혜를 더하시니 제 몸 건강하고 지혜로워진 듯 기쁘기가 이를 데 없습니다.

여강 선생님은 1986년부터 우리 대학 국어교육과에서 근무하셨고, 2004년에 정년퇴임을 하시면서 명예교수로 추대되셨습니다. 우리 대학에 근무하시는 동안 인문과학계열 수석교수, 생활관장, 제2대학 학장 등을 역임하셨습니다. 그리고 우리나라의 국어교육을 선도하는 많은 훌륭한 국어교사를 양성하는 데 앞장서셨고 우리나라 고전문학 연구의 후속세대를 기르는 데에도 성심을 다하셨습니다. 여강 선생님은 성실과 근면을 몸소 보여주신, 이 시대의 스승이 어떠해야 하는가를 직접 보여주신 사표이셨습니다.

제가 뵈어 온 바로 가장 존경스러운 점은 『윤선도 문학연구』 『고전문학 논해』 『시조문학 원론』 등의 저서를 남긴 탁월한 고전문학 연구자이면서도 수많은 현대시조 작품집을 남긴 현역 시조시인이라는 점입니다. 한 가지를 하기도 어려운 이 시대에 어찌 문학 연구와 문학 창작을 겸하실 수 있었는지 저는 그저 놀라울 따름입니다. 천재 야구선수라고 해도 투수 역할과 타자 역할을 동시에 잘하기는 어려운 법인데, 정신문화의 진수인 문학을, 연구와 창작을 가리지 않고 넘나드시니 누가 따를 수 있을까 싶은 생각이 듭니다. 저는 이렇게 뛰어나신 여강 선생님을 주위 사람들에게 자랑할 수 있으니 참으로 기쁠 따름입니다.

게다가 여강 선생님은 여기에서 그치지 않고 수필가로 등단하여 여러 권의 수필집을 남긴, 현역 수필가이시기도 합니다. 여강 선생님의 수필은 몸으로나 마음으로나 청빈한 삶을 산 사람이 아니고서는 느낄 수 없는 인생의 깊이가 느껴집니다. 일상의 소소한 경험에서 놀라운 통찰을 발견하여 그것을 글로 풀어내시는 솜씨는 그 어떤 수필가에 견주어도 손색이 없을 듯합니다. 저는 여강 선생님의 수필을 접할 때마다 인생의 의미, 문학의 감동, 삶의 축복을 새롭게 깨닫곤 합니다.

여강 선생님께서 지금까지 누려온 여러 가지 이야기가 이 기념 문집에 담겨있지 않을까 싶습니다. 여강 선생님의 모든 것을 이 문집에 담을 수는 없겠지만, 그래도 선생님께서 걸어오신 삶의 족적을 여실히 담을 수 있다면, 비록 일부분일지라도 선생님의 인생의 모습과 문학의 세계를 엿볼 수 있지 않을까 싶습니다. 저는 저대로 여강 선생님에 대한 인연과 존경을 이 글로써 이 문집에 담아 둘 수 있기를 간절히 기원합니다.

여강 원용문 선생님, 팔순을 축하드립니다. 오래도록 강건하소서.

[賀辭]

부디 장수하소서, 부디 행복하소서

朴 培 勳
(전 한국교원대학교 총장)

축하드립니다. 진심을 다해 우러러 존경합니다. 여강(如江), 원(元)자 용(勇)자 우(寓)자, 원용우 선생님의 팔순 맞이는 하늘의 크나큰 축복입니다.

팔순(八旬)은 더욱 더 건강하게 오래 오래 사시기를 기원하는 뜻으로 산수(傘壽)라고 부르기도 한답니다. 선생님의 건강과 장수는 선생님 본인뿐만 아니라 선생님의 가정과 가문 그리고 우리 사회의 무한한 홍복(洪福)이요 행운입니다. 선생님은 학문과 인격을 무한히 절차탁마(切磋琢磨)하고, 끝없는 선업(善業)을 쌓아 은혜를 받은 것입니다. 아무나 이런 복을 누릴 수는 없습니다. 복덕을 수없이 쌓고, 공덕(功德)을 한없이 닦은 분들만이 지닐 수 있는 특권이요, 하늘로부터 부여받은 최상의 선물입니다. 선생님은 분명히 이와 같이 과거 생에도 살아 왔고, 현생에서도 이렇게 살고 있고, 미래 생에도 또한 그렇게 행하리라 굳게 믿고있습니다.

선생님과 나는 인연이 참으로 깊은 것 같습니다. 한평생을 살면서 같은 직장에서 한 번 만나기도 어려운데 두 번이나 같은 직장에서 동료로 고락을 함께 한 것은 전생의 귀한 인연 아니겠습니까. 첫 번째는 경남 진주에 있는 국립경상대학교에서 함께 재직하면서 젊고 아름다운 시절을 보냈습니다. 그리고 두 번째는 충북 청주에 있는 국립 한국교원대학교에서 선생님은 제2대학 국어교육과에서, 저는 제3대학 수학교육과에서 근무하면서 더욱 더 깊은 동료애를 쌓아 왔습니다.

이러한 인연으로 나는 선생님을 여태껏 나의 멘토로서 형으로서 존경하고 의지하면서 지내 왔습니다. 선생님을 만난 것은 나의 행운이었습니다. 지금은 우리나라 교원교육의 중심이요, 한국교육의 중심인 한국교원대학교에서 우리 둘 모두는 정년을 맞이하여 명예교수로서 다시 인연을 이어 가고 있습니다.

사람이 일생을 사는 동안 많은 역할을 하게 됩니다. 사람에 따라 비중이 큰 역할과 작은 역할, 한두 가지 역할과 여러 가지 역할, 그리고 쉬운 역할과 어려운 역할을 하게 됩니다. 여강 원용우 선생님께서는 하시기에 편한 역할은 외면하고 힘들고 어려운 역할만을 해 왔습니다. 그로 인하여 그 하나하나가 쌓이고 쌓인 것이 선생님의 빛나고 크고 아름답고 고귀한 업적이 되었습니다. 선생님은 가장으로서는 인자하시고 원만히 가정을 이끄시어 가정과 가문의 큰 어른이 되셨으며, 대학의 교수로서는 대학자요, 교육자로서 큰 스승이 되셨습니다. 시조시인으로서는 문단의 최고봉을 이루셨습니다. 그리고 지금도 왕성한 사회 활동가로서 후학을 지도하거나 이 시대의 큰 지도자로서 그 역할을 다하고 있습니다.

선생님은 학문적으로 수많은 저서, 논문, 발표문, 기고문을 발표하셨고, 작품 활동으로서는 천편에 가까운 시조와 수필을 이 세상에 내어 놓으셨습니다. 보통 사람은 감히 흉내도 내지 못합니다. 이것은 선생님이 이 세상을 열정과 사랑으로 살아 왔음의 증표가 되는 것입니다. 누구나 할 수 있는 일이 아닙니다. 어디 남을 가르치는 것이 그리 쉬운 일입니까.

세상에 없는 것을 찾아내는 연구가 그렇게 간단한 일입니까. 마음에서 우러나고 가슴으로 노래해야 하는 시조 창작이 저절로 이루어지는 것입니까. 남을 사랑하는 자비로움이 없이는

할 수 없는 사회봉사는 아무나 합니까. 이것은 영웅만이 할 수 있는 일입니다. 선생님의 이러한 업적을 보면 선생님은 분명 이 시대에 나타난 한분의 영웅임에 틀림없다고 저는 생각합니다. 선생님과 같이 한 공간에서 한 시대를 함께 살아온 것만으로도 우리들은 행복했습니다. 선생님처럼 훌륭한 선지식인을 만날 수 있는 것은 하늘이 주신 행운입니다.

모든 인간은 숙명적으로 타고 나면서부터 부여받은 것이 고통과 두려움입니다. 옛날 성현들은 고통은 지혜로, 두려움은 사랑으로 극복하려고 했습니다. 지혜는 탐(貪), 진(嗔), 치(恥) 삼독을 제거하여 번뇌를 없애주고, 사랑은 증오를 없애주어 항상 내면에 억누르고 있는 두려움으로부터 벗어나게 합니다. 지혜는 불교에서, 사랑은 기독교에서 가장 중심 되는 가르침 아니겠습니까. 일생을 지혜롭고 사랑으로 살아 왔다면 그 인생은 후회스런 삶을 살지 않았다고 생각합니다.

혼자서는 고통과 두려움을 극복하기는 너무나 어렵습니다. 이 때 짐을 함께 나눠 져 주기도 하고 고난의 길을 헤쳐 나가는 방법을 제시해 주는 스승이 필요합니다. 여강 원용우 선생님은 불교와 기독교의 가르침인 지혜와 사랑을 겸비하셔서 남의 고통과 두려움을 함께 나누면서 살아오신 지혜와 참사랑을 가지신 큰 스승입니다.

큰 스승은 우주의 섭리에 통달하고, 많은 선을 쌓아 복덕을 갖추고, 만물을 평등하게 대하고, 용서 관용 인내 신뢰 그리고 혜안의 덕목을 지니고, 다른 사람을 끌어들일 수 있는 매력과 지도력을 가져야 합니다. 특히 나 아닌 남을 신처럼 대우해 줄 줄 알고 자기 또한 남으로부터 그 정도 대우를 받을 수 있는 분이며 모든 것으로부터 자유로운

분이 큰 스승입니다. 밤하늘에 빛나는 별이 어떤 때는 보이지 않을지라도 그 존재를 느끼고 있는 거와 마찬가지로 큰 스승은 가까이 있지 않고 먼 곳에 계실지라도 그 존재는 빛나고 있습니다. 잠시라도 스승과 제자가 몸이나 마음이 떨어지면 서로 그리워 견딜 수 없을 정도로 위대한 힘을 가진 분이 큰 스승이 아니겠습니까. 저에게 우리 시대에 이와 같은 큰 스승을 한분 소개하라고 하면 여강 원용우 선생님을 감히 추천합니다. 진정 선생님은 큰 스승의 표상입니다.

사람은 누구나 행복하려고 합니다. 행복은 몸의 즐거움과 마음의 기쁨 그리고 고통 없는 평안을 두고 말합니다. 사람들은 영원한 행복과 최상의 행복을 누리려고 원합니다. 행복은 밖에서 얻어지는 것이 아니고 내면의 깊숙한 곳에서 연꽃이 피어나듯 솟아 오르는 것입니다. 본래 행복은 내재되어 있습니다. 우리는 다만 그 때 그때 행복을 꺼내기만 하면 됩니다. 여강 원용우 선생님은 인자하십니다. 품위가 남다릅니다. 아주 평화로운 모습을 하고 있습니다. 내면에 사랑과 행복이 충만한 듯합니다. 선생님은 행복 전도사입니다.

행복의 조건은 정신적으로나 육체적으로 건강해야 합니다. 어느 정도는 성공과 소원 성취를 거두어야 합니다. 그리고 마음의 정화로 자기 영혼을 좀 더 성스럽게 해야 합니다.

행복을 자기의 내면에서 자유자재로 끌어낼 수 있는 사람은 항상 행복한 사람입니다. 이런 사람이 되기 위하여 어떤 사람은 명상을 하거나 기도를 하거나 사랑을 합니다. 불경의 행복경에 '어리석은 이를 친하지 말고 지혜 있는 이를 친하며 존경할 만한 이를 받들라', '학문과 기술을 배우며 항상 정직한 생활을 해라' 그리고 '부모께 효도하며 처자를 부양하고 다른 이들에게 방해되지 않는 직업에 종사하라' 라고 하는 말이 있습니다. 이 말씀은 마치 여강 원용우 선생님을 두고 하신 말씀 같습니다.

여강 원용우 선생님은 한국교원대학교에서 학장을 지내신 대학자로서 남의 존경을 받는 분이며, 부모에게는 효도하고 자식들에게는 자애로운 아버지로서 가정에서 할 바를 다하신 분입니다. 그리고 남에게 해를 끼치지 않는 직업인 교수로서 한 평생을 사시고 있는 분이기 때문입니다. 이 경전에 따르면 여강 원용우 선생님은 분명 행복하신분입니다.

여강 원용우 선생님은 시인입니다. 시인은 사랑을 노래합니다. 행복하려면 증오심 없는 사랑의 마음을 가지면 그것 하나만으로도 충분합니다. 여강 선생님은 사랑의 마음으로 자기의 행복을 누렸을 뿐만 아니라 남에게 사랑을 일깨워 주어 남을 행복의 세계로 이끌어 주셨습니다. 남에게 사랑의 감동을 줄 수 있다는 일이 얼마나 위대한 일입니까 여강 원용우 시인은 위대하신 분입니다. 저는 마지막으로 시인께서 영혼을 담아 노래하신 시조 한 구절을 선생님을 그리는 마음으로 언제나 마음속에 깊이 간직하려고 합니다.

별처럼

원용우

더도 말고 덜도 말고 별처럼 살고 싶다
길 잃은 사람에게 길을 찾아 빛을 주고
외로운 사람에게는 사랑의 눈길 크게 주는

선생님은 많은 공덕을 쌓았습니다. 그 가피(加被)를 충분히 받을 것입니다. 나이 들어 행복은 뭐니 뭐니 해도 건강과 가족 간의 화목입니다. 지금까지 해 오신대로 하시면 그렇게 되실 것입니다. 불교의 금강경에서 이 세상의 모든 것은 꿈과 같고, 환영 같고, 거품 같고, 그림자 같다고 하지 않았습니까. 이제 모든 집착에서 벗어나 마음을 비우시면 또한 그렇게 되실 것입니다. 선생님 같은 큰 스승과 함께 지낼 수 있었다는 것은 저에게 크고 큰 축복이었고 행복이었습니다. 다시 한 번 머리 숙여 깊은 감사를 드립니다.

부디 건강하소서, 부디 장수 하소서, 부디 행복하소서.(2016. 11. 10.)

[賀辭]

팔순 기념문집 발간을 축하드리며

원 대 연
(원주원씨 시중공계 중앙종친회 회장)

먼저 여강(如江) 원용우(元勇寓)박사님의 8순 기념문집 발간을 진심으로 축하합니다.

박사님은 서울대학교 문리과대학 국문학과를 졸업하신 후 고려대학교에서 석 · 박사 과정을 거친 뒤 일찍이 중, 고교 교사 한국교원대 교수와 학장을 역임하시면서 우리나라 시조 문학의 중흥과 발전을 위해 앞장서시어 훌륭한 족적을 남기셨다.

680여 편의 시조작품을 비롯한 관련 수필과 논문, 시조비평 등 수많은 글을 남겼을 뿐 아니라 『윤선도 문학연구』 등 23권의 저서도 남기셨다. 그 외 대외 활동도 활발히 하시어 일찍이 씨얼문학회를 창립(2대 회장 역임)하셨고 서울문인클럽회장과 여주문화원장을 맡으시는 동안 여주 문화계의 대부로 불릴 정도로 많은 활동과 업적을 남기셨다.

또한 단일본인 원주(原州) 원문(元門)의 발전을 위해서도 남다른 애정과 열성을 쏟으셨다. 원문의 얼이라고 할 수 있는 운곡(耘谷) 원천석(元天錫)의 생애와 시조세계, 문학사상 그리고 조선왕조 때 생육신이신 관란(觀瀾) 원호(元昊)의 작품세계 등에 대한 논문을 발표하셨으며 원주원씨 생육신 정간공파 종중 회장을 맡고 계신다.

그 뒤 원주원씨 시중공계(侍中公系)중앙 종친회 종사원구위원장을 역임하시며 30년만의 숙원사업이던 족보(대동 보)사업을 성공적으로 마무리 하셨으며 현재까지 종친회 종사연구원으로서 종사연구에 전념하고 계시는 등 원문에겐 보배와 같은 높은 학식과 덕망을 갖춘 분으로 늘 존경심을 보내고 있다.

팔순이 되셨으나 아직도 영육 간 건강하시니 앞으로도 한국 시조문학 뿐 아니라 원문의 종사발전을 위해서 더 열성적인 활동을 해주실 것을 희망하며 기대한다.

다시 한 번 팔순 기념 문집 발간을 축하드리며 박사님의 만수무강을 기원 드린다.(2016. 11.)

[賀辭]

원용우 박사 팔순 문집 축간사

김 문 영
(여주문화원 원장)

여강(如江) 원용우 박사님의 산수(傘壽)기념문집 발간을 경하(慶賀) 드립니다. 선생께서는 섬강(蟾江)이 보듬고 여강(驪江)이 감싸 안은 여주 땅 대둔리에서 태어나 학문(學問)과 문재(文才)를 아울러 성취하신 분입니다.

선생께서는 팔십 성상(星霜)의 세월을 건너오시는 동안 수많은 저술(著述)을 하셨습니다. 스물 세편의 저서와 여든 세편의 논문을 쓰셨고 육백 팔십 여 편의 주옥같은 시조를 지은 저력은 곧 유수(有數)한 업적입니다.

한편으로 선생께서는 고향(故鄕) 여주에서 문화원장을 역임하셨으며 현재도 고문으로 여주문화의 산실(産室)을 지켜오고 계십니다. 또한 여주향토문화연구소를 창설하여 향토사 연구에도 일념(一念)을 바치고 계십니다.

여강(如江) 선생께서 이미 십년 전에 여주군 문화상을 수상하신 일은 여주문화 발전을 위해 바친 선생의 무궁한 애정과 헌신을 잘 웅변(雄辯) 해주고 있습니다.

일찍이 역동(易東) 선생은,

"춘산에 눈 녹인 바람 건듯 불고 간 데 없다/적은 덧 빌어다가 머리 우에 불리고자/귀밑의 해묵은 서리를 녹여 볼까 하노라"고 읊었습니다.

고금을 통해서 가는 세월을 막지 못하는 것이 인간의 숙명인 것은 모두에게 자명합니다.

그러할진대, 산수(傘壽)를 맞이하는 여강(如江) 선생을 바라보면서 팔십종수(八十種樹) 라는 성어(成語)를 떠 올리게 됩니다. 팔십 나이에 나무를 심는 일은 그 열매나 재목을 본인은 얻을 수 없기에 필시 후대에게 전하기 위함일 것입니다.

그러므로 부디 멈추지 마시고, 팔십종수(八十種樹)의 마음으로 후학과 문단에 전해줄 천금(千金) 같은 역작(力作)과 발자취를 아로새겨 주실 것을 청해봅니다.

여주에는 여강(驪江)이 있으며 대둔리에는 섬강(蟾江)이 있으매, 여주의 풍토에서 정기(精氣)를 얻은 여강(如江) 원용우 박사님의 백세종수(百歲種樹)를 기원합니다.(2017. 5. 19.)

[賀辭]

원용우 박사의 산수(傘壽)를 기리며

柳 聖 圭
(세계전통시인협회 회장)

한국 문단의 원로이신 여강 원용우 박사님의 산수를 진심으로 축하드립니다.

원용우 박사님은 학덕 겸비하시고 온유하고 성실한 인품으로 많은 이의 존경을 받고 있을 뿐 더러, 한평생 시조를 아끼고 사랑하며 시조 중흥에 지대한 공을 세우신 존경스러운 분이십니다.

필자는 근 30년을 두고 원용우 박사님과 돈독한 협조체제를 유지해온 터이라 누구보다도 원 시인의 산수를 맞는 감회가 남다릅니다.

앞으로 가내 두루 균안하시고, 더욱 건강한 가운데 좋은 시조 작품으로 우리를 기쁘게 해 주시고, 시조 중흥을 위한 탁월한 지도력으로 한국 문단의 기념비석 존재가 되어주시기를 빌겠습니다.

원용우 시인 팔순에

시조는 님의 뿌리 꽃술 제쳐 올리시네

긴 긴 날 8순까지 목숨처럼 아끼더니

달맞이 달맞이꽃을 닮아가는 그 이름

2017년 9월

* 국제펜클럽 한국본부 자문위원, 한국시인대사전 편찬고문

[賀詩]

공축여강원용우박사산수(恭祝如江元勇寓博士傘壽)

김 윤 숭

(지리산문학관 관장)

세한고절두문현 歲寒孤節杜門賢 한겨울 이겨내는 절개로 두문동 72현
동망장릉쇄루선 東望莊陵灑淚仙 동쪽 장릉 바라보며 눈물 뿌리는 신선
천하문명시조걸 天下聞名時調傑 천하에 문명 떨친 시조의 호걸
삼원추록어언편 三元追錄語言篇 세 으뜸 국어사전에 덧붙여 써넣으리

*三元 : 原州元氏家, 三大時調詩人, 元天錫(1330~?), 元昊(1457觀瀾齋新築), 元容寓(1938~)

눈 마자 휘어진 대를

원천석(元天錫) 1330(충숙왕 17)~ ? 두문동(杜門洞) 72현(賢)

눈 마자 휘어진 대를 뉘라셔 굽다턴고
구블 절이면 눈 속에 프를소냐
아마도 歲寒孤節은 너뿐인가 하노라

간밤에 우던 여울

원호(元昊) 세조 3년(1457) 단종이 영월에 유배, 영월 서쪽 관란재(觀瀾齋) 건축

간밤에 우던 여울 슬피 울어 지내여다
이제야 생각하니 님이 울어 보내도다
저 물이 거슬러 흐르고저 나도 울어 예리라

낮 달

원용우(元勇寓, 1938~) 문학박사, 한국교원대 학장 역임, 한국 교원대 명예교수

무엇이 급하신지 뒤돌아보지 않고
떠나신 어머니가 가슴 답답하셨나
구름 문 열어젖히고 얼굴 잠깐 내미셨네

목 차

祝辭

평설

논문

제2부 여강 원용우 문학선집

시조작품

수필 작품

시조론

대담

자전(自傳)

논문

제3부 여강 원용우 선생 연보

제1부

여강의 삶과 문학

祝賀의 글

祝詩

祝辭

評說

論文

祝詩

강태희, 강현하, 경길호, 구을회, 구충회, 권갑하, 김계덕, 金光洙
김녕희, Dojeong Kim, 김도정, 김명길, 김석철, 김선배, 김수지
김영석, 김영애, 김옥중, 김윤숭, 김진동, 金賢哲, 김흥열, 도창회
모상철, 문복선, 박도영, 박두화, 박신자, 朴永祿, 朴源益, 박헌오
배문석, 백승수, 성낙수, 성흥환, 소재호, 송귀영, 신강우, 신승화
엄기원, 염을룡, 예병태, 吳昇姬, 원수연, 원용석, 원정호, 유상용
유　선, 유은종, 이광녕, 이도현, 이미숙, 이양우, 이영해, 이일섭
이정자, 장병선, 장영규, 全先九, 정성수, 정진상, 조영희, 조은설
조희식, 차호일, 채윤병, 채현병, 최순향, 崔宗燮, 함세린, 홍윤성
홍은숙

[祝詩]

원용우 박사 팔순

강 태 희
(여주문인협회 고문)

삿갓봉 정기 받은 대둔 마을에
영특한 사나이 탄생하도다
꾸준히 갈고 닦은 노력의 결실
한국명문 서울대학교 졸업의 영광
어디 그 뿐이랴!

문학박사 학위, 시조문학 대가라
한국교원대학교 교수로서
수많은 교원을 길러내어

이 나라 경제대국 이룩한 교육의 힘
그 공로 길이길이 영원하도다
여강의 물결처럼 흘러흘러 팔십 고개
흐르는 물 썩지 않고 바다로 가듯
님의 하시는 일 만수무강 하시옵소서

* 크리스찬 문학 시 당선, 호는 石花, 한국문인협회, 한국현대시인협회, 국제펜클럽 한국본부 회원.

[祝詩]

빛나는 거송

– 원용우 선생님 팔순을 축하하며 –

강 현 하
(여강시가회, 한국시조협회 회원)

묵정밭 가꾸어서 부려 논 민족 얼이
사방에 피어나서 풍기는 순수 향기

여강의 숨결에 젖어서
시조 열매 영그네

정형 탑 쌓고 있는 뜨거운 가슴에서
가시밭 헤쳐 오는 땀방울 외길 인생

산수의 고개 마루에 선
빛나는 거송이라

* 시집『아침을 여는 빛』『어머니』『시대의 청진기』등, 조선문학 문인회, 한국기독시인협회, 여강시가회, 한국시조협회 회원.

[祝詩]

산수축시

경 길 호
(여주문인협회 회원)

대둔산 솟아 흐른 섬강 거처 여강이라
아침에 솟은 해가 하루에 다시 솟아
무인년 두 번 지나 또다시 청춘 일세

우산을 받았으니 비 맞을 일 없겠소
행동이 확실하니 또 육십 사시겠고
목소리 낭랑 하시니 책상 들고 찾아들어

모여든 자녀들은 명랑한 화색 일세
벗들이 몰려와서 축배에 잔 높이 들고
축하객 맞아들임에 오늘이 참 좋은 날이오

* 저서 『백두산 가는 길』 『싸리꽃 피는 길』 등, 호는 월파, 크리스찬 문학 등단, 한국예총 여주지회 회원, 한국문인협회 회원.

[祝詩]

소 나 무

– 원용우 교수님 팔순을 기리면서 –

구 을 회
(여강시가회 이사)

솔향은 은은하게 산하를 물들인다.
바위산 마루에서 지켜온 꿋꿋함은
태백에
솟는 흐름을
구비마다 적시네.

파랗게 넘실대는 산마을 능선타고
공들인 마다마디 세월이 아름답다.
홰치며
날아오를 듯
꿈을 가득 품었지.

산수는 수려하고 풍월은 아름답다
여강엔 변함없이 배 한척 떠가는데

조용히
푸른 갓을 고쳐 쓰고
내공 닦는 소나무.

* 월간 『문학세계』 신인상 등단, 문학세계문학상 본상 수상.

[祝詩]

여강(如江) 송가(頌歌)

- 如江 元勇寓 博士의 八旬을 기리며 -

구 충 회
(한국시조협회 부이사장)

우연이 필연인가 대왕의 영험(靈驗)인가
물 닮아 지혜로운 정음(正音) 석학 내셨으니
스승의 사표(師表)가 되어 교학상장 가꾼 이여

남한강 천년고찰 부처님의 공덕(功德)인가
산 닮아 천성 어진 시조시인 내셨으니
시들어 녹슨 가락에 빛을 내신 선구자여

민초의 애환 서린 여강(驪江) 백 리 길을
뱃노래 흥에 겨워 황포돛배 저어가며
미움도 벗어버리고 물같이 사는 이여

강월헌(江月軒) 난간에다 나옹선사 불러내어
탁주에 달빛 섞어 해탈시에 취하면서
탐욕도 벗어버리고 바람같이 사는 이여

학자로 시백으로 파천(破天)의 업(業) 이루시고
타고난 슬기 모아 시조부흥 하셨으니
남한강 물줄기처럼 백세 천세 누리소서!

* 『시조생활』 제20회 신인문학상 수상, 세계전통시인협회 한국본부 총괄처장, 경기문학포럼 자문위원, 백제문학 고문, 전 경기도교육청 교육국장, 현 강남대학교 대우교수.

[祝詩]

대하(大河)는 소리 없이 대륙을 관통하고

– 원용우 박사님의 팔순을 축하드리며 –

권 갑 하

(한국문인협회 시조분과 회장)

하루하루 얼마나 많은 애를 태우셨을까요.
또 얼마나 많은 밤을 지새우셨을까요.
그 마음 올올이 맺혀 팔순(八旬)꽃을 피웠네요.

학문에 시조 창작, 지역문화 창달까지
손길 안 닿은 곳이 어디 또 있었던가요.
펼쳐든 온 누리 누리 따슨 봄날입니다.

거목은 그늘 하나로 천하를 다스리고
큰 강은 소리 없이 대륙을 관통하는 법
선생의 높은 덕업도 넓고 깊은 강입니다.

살아온 날 만큼 그 세월이 남았다 해도
돌아보면 아쉽고 미련 어찌 없을까요.
받아든 또 하루의 축복 힘껏 껴안으소서!

* 1958년 문경 출생, 조선일보 · 경향신문 신춘문예 당선, 문화콘텐츠학 박사, 한국문인협회 시조분과 회장.

[祝詩]

추념의 기도

– 원용우시인 팔순에 부쳐 –

김 계 덕
(한국현대시인협회 고문)

흔들어 피어낸
바람벽의 꽃 핏빛 향내를
가슴 깊숙이 마시며
버거움을 인 채
여지껏 예까지에 이른
여든의 슬픔

높드런 하늘 어디에쯤
간절히 더듬는
추념의 두 손길을
살포시 어루만지며 감싸는
누구의 포근한 따스함

너그러운 웃음 마음껏 풀은
밝은 빛살
검은 구름 구름 제치며
팔순의 언덕을 넘어
봄꽃 피우려는 영혼의 몸짓

* 시인, 『시문학』 천료로 등단, 시집 『창세에 울린 소리』 『불의 한강』 『황무지의 꽃』 등, 국제펜클럽 한국본부 자문위원, 소련작가동맹 공식초청 한국대표.

[祝詩]

물빛 찬란한 강가에서

- 如江 元勇寓 博士 傘壽頌 -

金 光 洙
(한국문인협회 문인저작권 옹호위원)

치악산(雉岳山) 영봉 아래
갈래진 골을 따라
줄기 찬 개여울로
끊임없이 흘러넘치는
그 심서(心緖) 정형에 담아
현(絃)을 켜는 여강(如江)이여.

천년을 굽이쳐온
관란(觀瀾)의 정기 받아
흰옷의 고운 숨결
심혈 쏟아 윤을 내며
한 생을 대껴온 정혼(精魂)
금물결로 출렁인다.

일찍이 받든 소명
훈육(訓育)으로 꽃 피우고
서정의 비단을 짜는
황혼 빛에 물든 은발(銀髮)
한 무리 백조도 훨훨
수(壽)를 송(頌)하며 깃을 친다.

* 1975년 조선일보 신춘문예 당선, 시집 『등잔불의 초상』 『길을 가다가』 등, 씨얼문학회 회장, 한국시조시인협회 부회장, 한국문인협회 이사 역임.

[祝詩]

상록수의 기상

김 녕 희
(소 설 가)

찔레꽃 지고 나면 또 무엇이 넘어올까.
비 그친 봄 들판에 풀빛이 짙어오듯
여름 꽃, 가을 열매, 겨울 씨앗…….
희망을 품고 사는 사람의 담장은 언제나 풍요롭다.
순간에서 영원을 보다 〈고두현 시인〉

상록수의 위용이신 원용우 선생님.
필순 맞으심의 날을 성심으로 축하드립니다.
사계의 절기를 따라 쉼 없이 이어오신 연구와 창작상을
어느 누가 선생님의 업적을 따를 수 있겠습니까.
그 뿐이겠습니까.
젊음을 들여 제자들 가르치심과 시조문단에서의
크나큰 활약상을
어느 동료와 제자가 본을 이을 수 있겠습니까.
끊임없이 흐르는 강물의 위상으로 사신 원용우 선생님.
오늘에 이르기까지의 노고와 열정에 힘껏 갈채를 보냅니다.
노을의 풍광이 아름다운 이유를 선생님께서 아시듯
저 또한 느끼며 뜨거운 감사와 축원의 글을 씁니다.
부디 선생님께, 구순의 잔칫날을 고대하오며
앞으로의 나날이 더욱 행복하시고,
시조창작의 정신과 건강이 날로
늘 푸른 상록수의 기상으로 솟아오르소서!

* 경기도 이천 출생, 장편소설『시간의 비밀』, 제11회 묵사 류주현 문학상, 제8회 숙명문학상 수상.

[祝詩] 〈영시코너〉

Respected Professor Yongwoo Won, you are turning eighty!

Dojeong Kim
(poet, Korea)

Professor, you have dedicated your life to literature education
Even though you are approaching eighty.
Thinking of your teaching has renewed and benefitted my life.

You have renewed our treasured poetry
Grain by grain you have weaved an example
Your teachings will lead and enlighten the younger generation.

Even now Professor Won teaches with burning passion.
A friend to all, a virtuous man
No matter when or where, when I see you my heart is full of respect.

As my senior in life, you brighten my path
Searching the country for ancestors, rejoicing if you meet people
Though they are strangers, you greet them with laughter and enlighten their way.

Though brimming with white hair, still young at heart
Spread far through the internet are your teachings
Students are fascinated by your warm heart and gentle smile.

Enjoy the gift of longevity and
No matter where you work enjoy your youth
To the end, forever in the light of life.

[祝詩]

팔순을 바라보는 존경하는 원용우 교수님!

김 도 정
(서울 교원문학회 이사, 한국문인협회 회원)

한평생 문학교육에 헌신하신 교수님!
흐르는 세월 속에 팔순이 다가오지만
가르치고 베푸신 은덕을 생각하면 더욱 새롭습니다.

우리의 보배인 시조문학에 새로움을 더하시고
알알이 엮어 가시며 모범을 보이셨으니
후진을 이끄신 그 은덕 더욱 빛나옵니다.

지금도 가르침에 정열을 불태우시는 원 교수님!
만인의 벗이 되시는 인자하신 그 모습에
언제 어디서 뵈어도 존경하는 마음이 앞섭니다.

인생의 선배로서 인생길을 밝히시며
종친을 찾아 전국을 순회하다 사람을 만나면 반기시고
타인이라도 웃음으로 인사하며 교화를 도우셨네.

백발이 무색할 만큼 젊음이 넘치시는 원 교수님!
인터넷을 켜면, 교수님의 가르침은 전파를 타고 더욱 멀리 퍼져
온화한 미소에 매료되어 더 많은 사람들을 제자로 삼으시리라.

장수의 복을 누리시며
어디서나 일선에서 일하시는 젊음을 누리시고
끝까지, 영원히 빛으로 이어 가리!

* 시인, 동인시집 『문학과 山 사람들』 외 다수, 한국문인협회 회원, 서울 교원문학회 이사,
전 교육부 근무, 현 대학교 출강, 시세계문학상 수상.

[祝詩]

산수(傘壽)꽃

김 명 길
(여강시가회 이사)

애솔을 키우듯이 온갖 정 쏟으시며
시조빛 조상받이 온누리 심으시고
잔뿌리 올곧게 자라 큰 소나무 자랐네

젊은이 늦동이나 늦깎이 마음밭에
시조의 배움아들 살그래 기르시고
푸르른 송백(松柏)의 정기가 튼실하게 자랐네

한살매 시조강을 쉼 없이 뛰어가며
온갖 것 꽃샘바람 곰상곰상 재우시고
일평생 홍곡지지(鴻鵠之志) 뜻 화들짝 핀 산수(傘壽)꽃

[祝詩]

여강 물결의 인연

김 명 길
(한국시조시인협회 회원)

옷깃 한 번 스치는 것 전생에서 인연이라
스승제자 이뤄짐은 일만 겁이 필요했대
청주벌판 너른 땅의 교원대학 대학원에
여강 선생 고전시가 가람슬기 강의했네
조상 얼이 살아있고 배달겨레 선비정신
자자손손 전해오는 시조세계 펼치셨네
노랫가락 뽑어내는 사람살이 삶의 세계
조상들이 물려주신 시조강의 열강 속에
대장간 풀무질에 홍염(紅焰)이 춤을 추듯
여강선생 시조사랑 이 나라의 불꽃이어라
금강송 곧은 줄기 산자락에 뿌리내리듯
푸른빛 끈질기게 시조강의 여강의 삶
그 삶 속에 녹아내린 시조의 꿈 팔순(八旬)꽃이어라

* 호는 진목, 한국시조시인협회 회원, 여강시가회 이사, 남원문화원 문화대상, 시와 늪 문학상 수상.

[祝詩]

참 선비의 덕망

– 여강 원용우 박사 팔순에 –

김 석 철

(시조시인 · 한국청소년 교육신문사 편집인)

겸허하고 온화하신 스승다운 삶의 양식
쉼 없는 연구 연찬 올곧은 교육사랑
쌓으신
선비의 덕망
우러러만 뵙니다.

이어온 민족 정서 승화시킨 시의 세계
문채 이룬 삶의 향기 끝없는 시조사랑
내공의
보람찬 여정
은혜로이 빛납니다.

거치른 인생항로 긍정으로 벗을 삼아
때마다 지혜로이 의연하게 대처한 삶
이제는
축복의 여일
아름다이 즐기소서.

* 1980년 『월간문학』 시조 등단, 시조집 『시간 위에서』 등 5권, 한국문인협회 이사,
한국시조시인협회 부회장 역임, 노산문학상, 백양촌문학상, 한국시조문학상, 월하시조문학상 등 수상.

[祝詩]

인 연

김 선 배
(춘천교육대학교)

가야 할 길은 예나 지금이나 두렵습니다.

하지만, 걸어온 길을 돌아보는 일은 즐겁습니다. 반추의 길목에서 환히 웃고 계시는 如江선생님을 뵙습니다. '반갑네, 잘 지내시지?' 다정한 말씀과 온유한 눈빛이 나를 관통합니다.

다시, 살아온 길 돌아보면 행운이었습니다.
탁마의 길, 한 치 앞을 가누지 못했던 미로에서 선생님을 만났습니다. 캄캄한 동굴에 여명의 새벽빛을 던져 주시고 미혹과 두려움에 맞서도록 손잡아 주셨습니다.

아름드리 푸른 솔로 내 가슴에 자리 잡고 솔향기 그윽한 노래 불러 주시고
어둠도 별빛도 보듬어 품고 낮은 곳으로 흐르는 강물이 되어
삶의 지혜와 겸손을 일러주시고.

또 다시 돌아보면, 참 즐겁고 고맙습니다.
그곳에 당신이 늘 계시기에.

필연이 된 인연은 삼천 년을 동행한다고 믿습니다. 무병장수와 건필, 천수에 더하여 천천수를 기원합니다.

당신은 내 가슴에 핀 우담바라입니다.

– 如江선생님 傘壽宴에 올림

* 한국교원대학교 국어교육과 박사과정 졸업, 춘천교육대학교 총장 역임.

[祝詩]

시조학의 거목

– 원용우 박사님의 팔순을 축하드리며 –

김 수 지
(여강시가회 이사)

도도히 흘러온 한강의 물줄기
도저에 흐르는 그 깊은 뜻
굵은 심지 하나 심으시고

도라지 알싸한 맛 물에 우려내면
하얀 속살 본래의 달콤한 맛 나오듯
삭이고 삭여 시조로 발효된 그 인품의 붓끝으로
그려낸 담채화

한지에 스민 저 높은 난향의 가르침으로
일편단심 충성으로 시조학 하나
오롯이 섬긴 세월

이마에 깊이 새긴 내 천자 3장 6구 민족의 혼
방방곡곡으로 퍼져가리

* 2015년 『나래시조』 등단, 여강시가회 편집위원, 2014년 광진문인협회 문학상(시조부문), 제2회 여강시가문학상 수상.

[祝詩]

축 원용우 박사 팔질음(祝 元勇寓 博士 八耋吟)

김 영 석
(한중한시학회 사무총장)

如江稀世 博文人 여강선생님 이 세상에 박문하신 분으로서
敬賀瓊筵 八耋辰 아름다운 팔순잔치를 공경히 하례하네

明德日新 遐顯達 명덕이 날로 새로우시니 현달을 멀리하시고
勤勉齊家 勝淸貧 근면하여 제가 하시니 청빈을 이겨 내셨네

時調共助 遺佳蹟 시조에 공조하시어 아름다운 자취를 남기시고
黌舍經營 作好仁 횡사를 경영하시고 좋은 어짐을 지으시니

頌此樹功 誰不仰 이에 칭송컨대 공적을 누가 우러러 보지 않으랴
懇願康寧 壽福伸 간절히 바라옵기는 강령과 수복을 펼치소서

* 호는 碧松, 한국한시협회 회원, 대한한시협회 회원, 선농한시문학회 회원, 한국시조협회 회원.

[祝詩]

산수(傘壽)를 축하드리며

김 영 애
(한국시조협회 경북지부장)

유유히 산을 도는 강물을 보노라면
모가 난 정수리도 맨손으로 쓰다듬어
세상사 둥글게 엮는 어진 선비 봅니다.

노을이 들 때까지 민족시 설파하고
언제나 붓 세우라 일러 준 시인의 길
후학의 가슴속에서 긴 음성이 삽니다.

힘주어 깊고 굵게 그어 온 일획에는
진액을 쏟아 부은 단 내음 땀이 배어
산수(傘壽)를 맞으시는 뜨락 눈부시게 환합니다.

* 저서 『초승달에 걸린 반지』 『별이 되는 꽃』 『씀바귀가 여는 봄하늘』 등, 한국문인협회, 한국시조시인협회, 가람시조문학회, 영주시조문학회 회원, 시조문학문우회 부회장, 황진이문학상, 달가람문학상, 한국시조문학상 등 수상.

[祝詩]

샛별처럼 빛나지만

김 옥 중
(광주 · 전남시조시인협회 자문위원)

정성껏 가꾼 시조
새별처럼 빛나지만

미수에 이르시니
가는 세월 어찌하랴

후학들 본을 받아서
시조 더욱 빛나리.

* 전남 담양 출생, 1980년『시조문학』등단, 시조집『매창시비 앞에서』『금강초롱꽃』『돌감나무』등, 한국문인협회, 해양문학연구위원, 호남시조시인협회 고문, 세계문학상 시조대상, 한국민족문학상, 국제교류 작가문학상 등 수상.

[祝詩]

여강 원용우 시조문고

김 윤 숭
(지리산문학관 관장)

지리산 북쪽 고을
여강 새로 흐르고

고려의 만권당이
남악에 복원되고

백설이 잦아진 골에
남북 목은 해후하다

* 2009년 『시조문학』 등단, 시집 『지리산문학인 소요유』 등, 한국문학관협회 감사, 한국시조협회 부이사장, 한국시조시인협회 이사. 함양예술인상 수상.

[祝詩]

늦가을 햇살

– 원용우 선생님 팔순에 부쳐 –

김 진 동
(경기문인협회 윤리위원장)

닻 내린 빈 배에 가득 실린 달빛처럼
그 정(情) 한번 은근하고,

신갈나무 뿌리를 쓰다듬어 흐르는
야트막한 산골짜기의 물소리처럼
그 성정 무던하여
많은 후진들이 따랐대요

시 짓고 고개 드니
생각의 창은 아직 밝은데
늦가을 햇살 핥고 있는
단풍잎은 무에 그리 급하다고
옷을 반만 걸쳤는가

거친 한 세월을 앞만 보고
속임 없이 살았으니 몸은 야위었으나
업적은 자못 크고
마음은 두고두고 평온하리니
뒷걸음질로 지나온 발자국이나
너볏이 풀어 너시라고
늦가을 햇살이 아직 도톰합니다

* 한국문학비 동인회 회장, 한올문학 문인회 회장, 한글문학상, 방촌문학상 등 수상.

[祝詩]

여강의 여울

– 여강 원용우 교수님의 산수(傘壽)에 붙여 –

金 賢 哲
(한국문예춘추 문인회 회장)

여강에 여울물 곱게 흐르느니
어진이의 참된 모습 표상이 아닌가

여강 건너 솔바람소리 그윽하거니
만고불변 그 의지와 기개(氣槪) 아닌가

유유자적 모름지기 그 이름 고고함
한가람 구비치는 선비의 가락일세

광대무변 그 이름 여강의 달빛
세월을 초월하여 늠름한 운행(運行)

사미(史美)에 기리 남길 정교한 업적도
시향(詩香)으로 흘러넘쳐 여강(驪江)에 줄기라

고귀하네.
그 이름 여강 원용우 시인의 한 세기
만수무강 지속하여 시조도 무궁하여라

* 『문예춘추』 현대시부문 신인상 수상, 저서 『자연의 메아리』 외 7집, 한국문인협회 회원, 송파문인협회 회원, 장기문학 회원. 보름동안지 회원.

[祝詩]

여강에서

김 흥 열
(한국시조협회 부이사장)

여강에 황포돛배 노을빛이 아름답다.
물살에 띄워 보낸 한 생의 희로애락
황촉대 녹는 법당에 잠 못 드는 노승이여.

강월헌에 뜨는 달이 법당을 품고 앉아
여강에 붓을 찍어 반야를 사경(寫經)하면
동살은 목어를 치며 새 아침을 활짝 연다.

헛헛한 그리움에 휘청대며 걷는 날도
매몰찬 강바람이 가는 길을 막고 서도
여강은 말없이 흐른다, 가는 길을 묻지 않고.

* 한국문인협회 회원, 국제펜클럽 한국본부 회원, 한국시조협회 부이사장, 여강시가회 이사,
  허균문학상, 정운엽 시조문학상, 서초문학상, 류주현문학상 수상.

[祝詩]

늘 봄날같이 밝은 날 보내소서

– 여강 원용우 시인님 80순 잔치에 부쳐 –

도 창 회

(한국 신문예협회 회장)

인생이 백 년을 산다고 하나
너무나 짧은 세월인가 싶소

맘 같아선 한 이백 년쯤 산다면
그래도 뭔가 해볼 법도 한데

80순 백발이 성성한 나이로
시조를 쓰시는 여강 선생을 생각하면

그 향기 어린 명시조를 생각하면
인생이 너무 짧다는 말이 맞는다

부디 비옵건대 남은 여생
피곤한 문학 행로에 여독 없길 바랍니다.

늘 봄날 같은 밝은 날 되소서

* 1955년 전국백일장 학생일반 통합 시 「길 나그네」 로 시 등단, 1964년 『신태양』 지 수필 등단, 시집 14권, 수필집 8권 발간, 동국대학교 영문학과 교수로 퇴직, 문학박사, 인문학 박사. 한국문인협회 수필분과 회장 역임.

[祝詩]

탑으로 가는 길

모 상 철
(여강시가회 고문)

하마비 외면하고 아직도 가십니까
알알이 빚은 구슬 땀방울 화석으로
쌓올린 새 돌탑 높이 하늘 끝에 닿을라

누구도 견줌 못할 바위의 칼날 의지
이 겨레 본디노래 뿌리를 지키려는
도도한 열정 그 앞에 맞설 바람 없느니

상수(上壽)도 누리시라 먼 길 끝 염원일시
금자탑 영겁토록 부시게 밝으오리
눈감아 더 뚜렷한 불꽃
조아려 우러릅네

* 작품집 『기다리는 아이』 『이야기 거울』 『우리 이웃들』 등, 한국시조협회 자문위원, 월하시조문학회 회원.

[祝詩]

고결한 여강의 정신

문 복 선
(한국시조협회 부이사장, 시조문학문우회 회장)

맑고도 깨끗한 건 여강이 아니더냐
기름진 여주 벌에 황금 벼 너울지듯
넉넉한 인심 보아라 출중한 인물이여.

본디 학문 즐겨하여 평생을 책과 씨름
무거운 서적만큼 인격도 높고 깊어
천하에 영재들 교육 온 세상을 비추고.

무어라 시정 얘기 바람 타고 밀려와도
두 귀를 툭툭 털며 안으로만 삭히는 맘
흰 구름 지나는 하늘 슬쩍 미소 던질 뿐.

평생을 '시조' 사랑 '여강' 사랑 운명인가
글 쓰고 가르치고 갈증도 한없어라
삼경에 서재의 등불 꺼질 때가 언제랴.

덧없는 한 세월에 머리 희끗 헝클어져
그래도 고결한 뜻 가슴 가득 보듬고서
강물로 흐르는 사랑 더더욱 푸르소서.

* 한국문협 및 펜문학 자문위원, 시조시인협회 사무국장 역임, 여강시가회 명예회장, 시조문학문우회 회장, 노산문학상, 서울문예상, 한국시조문학상, 월하시조문학상 등 수상.

[祝詩]

원용우 선생 팔순을 기념하며

박 도 영
(광나루문학회 수필 강사)

앞만 보고 내달리다 고개를 언뜻 드니
야속한 세월마저 등허리 굽게 하네
소리 없이 흐르는 날들 한숨소리 나온다.

한평생 후학들을 가르치신 시조 인생
팔순을 맞기까지 묵묵히 걸어온 길
영원한 금자탑의 관(冠) 아름답게 빛나리.

백세 인생 맞은 시절 이 아니 좋을 손가
육신과 정신 건강 다 함께 잘 다스려
행복한 이 세상 삶을 우리 같이 즐기소서.

* 수필집 『발길에 닿은 인연』 외 3권.

[祝詩]

늘 푸른 소나무

- 원용우 교수님의 팔순을 축하드리며 -

박 두 화
(여강시가회 이사)

송홧가루 날리는 봄날을 기다리며
민족의 문화유산 이어받은 시조문학
시원한 그늘이 되어주는 늘 푸른 소나무

세파에 시달려도 꿋꿋이 정진하여
풍랑에 나침판 되어 한 획을 긋는다
유장한 여강의 물결이 산 밑동을 흔드네

비바람 몰아쳐도 묵묵히 기다리며
거친 사람 모난 사람 모두 다 껴안으며
창작에 타오르는 용광로 금자탑을 이뤘네

* 『시조시학』 2006년 겨울호 신인상 등단, 시조집 『바람의 손』, 한국시조시인협회, 열린시학회, 시문회 회원.

[祝詩]

팔순 기념 축시

박 신 자
(문인화가, 서울특별시 초대작가)

일상도 강가에 서면
무지개로 다시 뜨고

오가며 밟은 자욱
책갈피에 고이드니

여강에
크다란 흔적
낙관처럼 선명하다

* 광진문화원 미술 강사.

[祝詩]

여강 원용우 박사 팔질 하송시

朴 永 祿
(한국한시협회 회원, 한국문인협회 저작권 옹호위원)

하늘이 도와 여든 늙은이 되었어도
젊어 뵈는 그 얼굴 해갈수록 새롭구려.

※운곡의 시서와 예악의 학덕을 계승하여
교만하지 아니함은 도의와 친친함일세.

한생 후학을 가르치며 위대한 공적을 쌓은
여강의 꽃다운 명망 이웃까지 떨쳐 날리네.

훌륭한 자녀 모습 가을들처럼 풍성하고
온 종일 시인들 하례소리 광나루가 가득하네.

如江 元勇寓博士 八耋賀頌詩

황곡(煌谷)박 영 록(朴永祿)

天佑如翁八耋晨 하늘이 도와 여든 늙은이 되었어도
韶顔似舊歲時新 젊어 뵈는 그 얼굴 해갈수록 새롭구려.

詩書禮樂※耘谷繼 운곡의 시서와 예악의 학덕을 계승하여
博識無驕道義親 교만하지 아니함은 도의와 친친함일세.

敎授平生連偉積　한생 후학을 가르치며 위대한 공적을 쌓은
驪江譽望振揚隣　여강의 꽃다운 명망 이웃까지 떨쳐 날리네.

芝蘭竝發秋殷富　훌륭한 자녀 모습 가을들처럼 풍성하고
盡日騷朋賀廣津　온 종일 시인들 하례소리 광나루가 가득하네.

※ 운곡(耘谷) : 원천석(元天錫)의 아호이다. 자(字)는 자정(子正)이고 본관은 원주(原州)로 종부시령(宗簿寺令)을 지낸 윤적(允迪)의 아들이다. 문장과 학문으로 이름을 날렸으나, 관계(官界)에 나가지 않고 고향에서 농사(農事)를 지으며 평생을 은사(隱士)로 지냈다. 문집으로는 《운곡시사(耘谷詩史)》가 전한다. 시는 "흥망(興亡)이 유수(有數)하니"로 시작하는 고려왕조를 회고하는 시조 1수가 전한다.

원용우(元勇寓) 박사(博士)의 팔순 하시(賀詩)를 청탁받고 칠언율시(七言律詩)를 선택(選擇)하여 시제(詩題)를 〈如江元勇寓博士八耋賀頌〉이라 정하고 운자(韻字)는 상평성(上平聲) 11 진운목(眞韻目) 52운자(韻字) 중(中)에서 신(晨) 신(新) 친(親) 인(隣) 진(津) 5자를 압운(押韻)하여 가로글씨로 적고 한자에 훈을 덧붙이고 옆에 우리말로 풀이하였다.

* 충남 논산 연무 출생, 밀양인(密陽人)이며, 자(字)는 충의(忠義), 자(子) 상현(相炫) · 상철(相哲)이 있음, (社)韓國漢詩協會 會員, (사)한국시조시인협회 이사역임, (사) 한국문인협회 저작권옹호위원.

[祝詩]

頌祝如江元容文博士傘壽

朴 源 益

(서울 양천향교 한시학회 전임교수)

磊落高堂瑞色天 뇌락고당서색천

善因善果杖朝年 선인선과장조년

德充氣像仁賢集 덕충기상인현집

和溢容顔壽福全 화일용안수복전

盡敬宗祠揚閥族 진경종사양벌족

輸誠時調守靑氈 수성시조수청전

鈞陶鉛槧平生獻 균도연참평생헌

淸老康生鷗鷺緣 청로강생구로연

〈풀이〉

이 높은 고당에 상서로운 빛의 하늘 착한 원인에 착한 결과로 여든 해이네.
덕이 기상에 충만하니 인자 현자 모이고 화가 얼굴에 넘치니 수와 복이 완전하네.
종중사당에 경을 다해 벌족을 더 높이고 시조창달에 성을 다해 청전을 지키네.
인재교육과 문필에 평생을 헌신했으니 맑게 늙고 강녕히 살며 구로와 인연하소서.

〈註釋〉

磊落(뇌락) : 도량이 넓어 작은 일에 구애되지 않음.
杖朝(장조) : 조정에서 지팡이를 짚어도 되는 나이, 80세.
靑氈(청전) : 푸른 빛깔의 모전, 집안의 寶物
鈞陶(균도) : 녹로를 써서 오지그릇 만듦, 人材養
鉛槧(연참) : 글자를 지우는 호분과 글씨를 쓰는 분판,文筆.
鷗鷺(구로) : 갈매기와 백로, 세속을 떠난 풍류. (鷺約鷗盟). (2016년 12월)

* 1935년 乙亥生, 문학박사, (현)서울 양천향교 한시학회 전임교수. 시문회 회원.

[祝詩]

만세의 시조잔치

– 여강 원용우 박사님 팔순 수연 –

박 헌 오
(한국시조협회 대전충남지부장)

만추의 울타리 밖 황금 빛 호박 덩이
언제 열려 컸는지 지게로 한 짐인데—
넝쿨째 들어온 복이라
환히 웃는 어머니

언제나 빙그레 호박 같은 달덩어리
온 동네 할머니들 둥기둥기 안아줬을—
복덩이 풍만한 일생
팔순고개 넘으시네.

민족의 시조로는 팔백년을 이으시고
덩그런 이름으로 겨레의 얼 높이시니
여강에 가득한 달빛
금수강산 적시리오.

팔순께 다 오셔서 새 이름 지으심은
이제서 철이 났단 그 겸손 아니올지
말없이 지으시는 시조
무쇠 솥에 뜸 드네요

동네사람 다 모여 먹고 남을 정(情)으로
넘치게 벌리시는 팔순의 시조잔치
백수를 넘고 또 넘어
만세잔치 되오리.

* 1987년 충청일보 신춘문예 및 시조문학으로 등단, 『뼛속으로 내리는 눈』 외 5권의 저서를 냄, 대전시조시인협회장 및 초대 대전문학관 관장 역임, 시조사랑 작품상, 대전문학상, 충남시협 본상 등 수상.

[祝詩]

산수(傘壽)에 우러르나니

– 원용우 교수님 팔순을 기리며 –

배 문 석
(강촌예술공간 관장)

산문을 넘는 길은 쉽지 않은 일
남들이 다 고개를 외로 꼬고
바지랑대에 널린 건들바람 말라갈 때도
당신의 격조는 시조를 닮아
교단과 시단을 아우르는 기둥처럼
그 고고한 명강들은 꼿꼿하셨습니다
푸른 기백이 장고하게 휘날리고
거침없이 사백의 도를 수범하신
중후하고 사려 깊은 모습의 여강께서
산수(傘壽)에 이르셨나니
모습은 아직 성성한데
벌써 백모의 시간들은 성글게 빛이 납니다
마음과 수행을 갈고 닦아
오늘에 이르렀으매
여강께서는 여여한 속절 속에서도
망백(望百)을 넘어
상수(上壽)를 누리고 남음이리
후학들 뇌수에 흐르는
날빛 같은 시사위가
우러러 창창하길 기리는 오늘,
길이 정형의 틀 낭랑하게 읊조리게 하소서
오래오래 청사에 길이 빛나소서.

* 시집 『詩가 된 물고기 世上』 『나비 시를 꿈꾸다』, 한국문인협회 한국문학관건립위원장, 『문학저널』 심사위원, 영등포문학협회 회장, 한국문인협회, 국제펜클럽한국본부 회원. 대한민국문화예술인사편찬위원회 이사장, 자연생태 연구가.

[祝詩]

노을은 찬란한 완성이다

– 여강 원용우 선생님 팔순에 부쳐 –

백 승 수
(한국시조협회 부이사장)

여강 원용우 선생님은 내가 가장 존경하는 분으로
일생을 시조문학의 이론의 정립과
대학에서의 후진 양성을 위하여 애쓰신 공로
현대 시조문학의 발전을 위한 운동 등의 업적이
참으로 지대하신 분이시다.

그러나 무엇보다도 훌륭하신 점은
바라보면 가슴이 뛴다는 워드 워즈처럼
우리와 우리 자손의 창창한 앞길을
예언이라도 하는 듯 하는 율과 격이 높은 무지개 같은 작품
마치 옛날 중국의
이、두(李、杜)가 살아 온 듯한 그런 작품으로
세상을 놀라게 하셨다는 점이다.

슬프다, 세월은 어느 사이 흐르고 흘러
팔순을 맞는 선생님
아직은 정정하시어 20대 청년을 이긴다지만
세월을 어찌 시황(始皇)인들 이기리
오래 오래 사셔야 할 텐데 하면서도
앞으로 사시면 얼마나 더 사시겠는가 생각하면
절로 마음이 슬퍼진다.

그래도 되돌려 생각하면
당신 홀로 깨끗하게 사셔서
옥에도 티가 있다는데 선생님 사신 이력에는
참으로 깨끗하여 티 하나 없이 사신 흔적만 남은
그것이 보람이고 자랑이기에
노을은 끝남이 아니고 찬란한 완성이다.

하늘에 계신 우리 아버지께서는
이 점을 널리 양지하셔서
선생님이 오래 오래 사셔서
당신이 아직 못 다하신 일을 다 하실 수 있도록
도와주시고 보살펴 주십시오
간절하게 빕니다.

* 1982년 시조문학 천료, 1984년 중앙일보 신춘문예 시조부문 당선, 시조집 『제2의 돌』 『화개마음에서』 『반구대 암각화』 등, 한국시조시인협회 부이사장, 부산시조시인협회 고문, 1996년 성파시조문학상, 2016년 부산문학상 대상 수상.

[祝詩]

삿갓봉

성 낙 수
(한국시조시인협회 중앙위원, 한국시조협회 이사)

용문산 줄기 타고 앉아있는 삿갓 봉
여강 선생 닮은 모습 글 짓는 선생 모습
글 좋고 인격 높으신 그분의 영혼인가

높으신 학문과 덕 삿갓도 고개 숙였네.
꼿꼿한 붓대 위 에 반짝이는 문학성
한반도 높고 낮은 산 밝히신 시성(詩聖)이여

가난을 쪼개내고 지필묵 갈고닦아
묵정밭 갈아엎고 뿌리신 시조씨앗
후학은 잇겠습니다. 자자손손 높은 학문

* 삿갓봉 : 경기 여주 강천면 대둔리(원용문 선생 생가 뒷산)

* 『시조문학』으로 등단, 한국시조시인협회 중앙위원, 한국문인협회 남북문학교류위원회 문학통일부장, 한국예총 여주지회 이사.

[祝詩]

여강의 산수기념에

– 원용우 교수님의 팔순을 축하드리며 –

성 흥 환

(한국문인협회 경기지회 이사 · 계간 참여문학회 고문)

이 세상 태어나서 살아가는 나그네 길
어느덧 흐른 세월 길은 건지 짧은 건지
여강의 산수기념에 이 마음을 씁니다

평생을 문학계로 외길 걸은 교육자요
사조에 횃불되어 시조문단의 길잡이네
여강은 천지신명의 의도인 듯 합니다

나에겐 동향에다 선봉에서 이끌어 준
하 많은 가르침이 요모조모가 은혜로워
여강의 만수무강을 두 손모아 빕니다

* 국제펜 한국본부 이사, 한국문협 경기지회 이사, 한국시조협회 회원, 국제펜 경기지역 부회장, 한국작가회 이사.

[祝詩]

여든이 아흔에게

소 재 호
(전 석정문학관 관장)

더 큰 빛이 되더이다.
더 큰 마을을 빚고,
해가 와서 종일 원을 치는
느티나무 되소서

더 큰 강물이 되더이다.
모아서 세우면 깃발
모아서 흐르면 강물
강이 부지런히 내려가도
결국 강일 뿐이듯이, 그러나
다만 반짝반짝
더 맑은 물빛 되소서

사람들 영혼의 집이 될 때
더 큰 그림자를 거느릴 때

* 전 전북문인협회 회장, 전 석정문학관 관장, 현 표현문학회 회장.

[祝詩]

원용우 박사님 팔순 기념 문집에 부쳐

송 귀 영
(한국시조협회 부이사장)

건필의 신호탄을 창공에 쏘아 올려
논리에 이론으로 시조 단을 밝혔으니
시구는 구구 절절이 별이 되어 반짝이네.
사유의 깊이만큼 후학의 길잡이로
시향을 품은 여강 구비 구비 돌때마다
시대의 층계를 올라 요완 선생 우뚝 섰네.
가락은 삼장 육구 정격의 열두 음보
싹틔워 키운 족적 뉘 따를 자 없었거늘
남다른 시구의 감각 불멸인 듯 다가오네.
요원의 붓끝으로 엉킨 살 풀어내듯
뚜렷이 찍은 족적 기념문집 빛었으니
몸 사룬 시조단의 별 유구하게 빛이 나네.

* 중앙일보 시조, 국제신문에 시 당선, 시조집 『호수의 그림자』 외 10여권, 시조문학문우회 부회장, 서정문협 회장, 제3회 월하문학 작품집상, 현대시선 금상, 제1회 한국시조사랑 문학상, 대은시조문학 대상 등 수상.

[祝詩]

여강의 꽃

– 원용우 박사님 8순 기념축시 –

신 강 우
(한국문인협회, 한국시조협회 회원)

여주의 기름진 너른 벌에 뿌리 내려
한 생을 온몸으로 가꿔온 시조나무
무수한 열매 익느라 입김이 자욱하다.

삼천리 굽이굽이 무수히 가지 뻗은
땀방울 쏟아 부어 키우는 우리 시조
색동옷 입은 동심들 사방에서 웃는다.

모성의 바구니에 모두를 담아두고
열려진 시조 밭에 커다란 꽃으로 서
가야금 오색의 소리 웃음을 꽃피운다.

* 전남 고흥 출생, 『시조문학』으로 등단, 한국문인협회, 한국작가회의, 한국현대시인협회, 열린시학회, 한국시조시인협회, 한국시조협회 회원, 열린문학상, 조선시문학상, 한국시조문학상 수상, 대통령 표창.

[祝詩]

여강 원용우 스승

– 팔순 날을 맞이하여 –

신 승 화
(여강시가회 회원)

흐르는 강물 따라
새로운 만남으로

수많은 시인의 꿈
날개를 달아주고

한평생 열정을 쏟아
가꾸시는 시조밭

민족혼 심어주며
걸어온 시조의 길

발걸음을 따라온
시인들 모이는 날

흥겨운 이 기쁨을 안고
만수무강 하소서

* 『시조사랑』으로 등단, 한국시조협회 회원, 시조사랑 백일장 장원.

[祝詩]

큰 나무 가지마다

– 원용우 교수 팔순을 축하하면서 –

엄 기 원
(한국문인협회 고문)

팔십년 긴 세월을
물처럼 바람처럼

낮은 곳 어두운 곳
추한 곳 가리잖고

가꿔온
큰 나무 가지마다
탐스런 삶의 열매!

그 열매 수천수만
알찬 씨앗 헬 수 없네

보람과 큰 기쁨이
산처럼 구름처럼

여강의
남은 인생에
향기 되어 풍겨오리.

* 서울문인클럽 동인, 『아동문학세상』 발행인.

[祝詩]

원용우 박사 시비를 찾아서

염 을 룡
(여강시가회 이사)

노을진 억새밭 길 달리는 바람결에
황금 옷 백발 머리 깃발처럼 나부끼다
여주보 여강 언덕에 시조비 세워지고

낮에는 금빛으로, 밤에는 은빛으로
주야로 춘하추동 시조비 밝혀주고
바람도 찾아와 읽고 구름도 머물다 가고

한평생 쌓아올린 학문 업적 뿌린 씨앗
고향 땅 여강 길목 피어 있는 시조나무
옥토에 뿌리 내리고 온누리로 뻗어간다

* 호는 송전, 여강시가회 이사, 한국시조시인협회 회원, 저서『어머니 아직도 할 말 못했죠』『노을녘 호수에 산막을 친다』

[祝詩]

시조 숲의 금강송

예 병 태
(여강시가회 회원)

시조라는 민족시를 키우려는 사명감에
갈증에 목이 타도 바람에 흔들려도
바위에 내린 뿌리를 자꾸 자꾸 뻗었습니다

시조의 송홧가루 사방에 퍼져 가고
올곧은 정격 시조 튼튼한 줄기 되어
무성한 가지를 뻗어 큰 나무가 되었습니다

양분을 듬뿍 받은 튼실한 솔방울들
해마다 이산 저산 터를 잡고 뿌리내려
이제는 전국 곳곳에 시조 숲이 되었습니다

바위에 우뚝 선 붉고 미려한 저 금강송
팔순의 세월 딛고 애채는 왕성히 돋네
언제나 청청하소서 하늘 높이 자라소서

* 대구시조, 맥시조, 육필문학, 여강시가문학회 회원, 여강시가문학상 수상, 전 학교장.

[祝詩]

여강은

– 여강 원용우 박사님 팔순에 부쳐 –

吳 昇 姬
(동백문화재단 이사장)

스스로 몸을 풀어 바람 안고 흐르는 강
그 강에 기대어서 우리도 흘러간다
역류를 꿈꾸지 않고 순응하는 순리여!

청산을 거느리고 하늘을 품어 안고
시작이 없었으니 끝남도 없으리라
생명의 원천이 되는 그윽하고 깊은 강.

여강의 물소리는 맑고도 투명하다
세상사 온갖 시비 초연히 잠재우고
너른 품 풀어헤치고 도도하게 흐른다.

* 문학평론가, 시인, 국제펜클럽 회원, 한국평론가협회 회원, 계간 『시 · 시조와 비평』 편집인 겸 주간, 동백문화재단 이사장.

[祝詩]

별을 담아 키웠네

– 여강의 별 –

원 수 연
(한국시조협회 이사)

기나긴 세월에도
도도한 여강이여

거기엔 많은 설화
울음도 섞이었네

산굽이
인생길 돌아
기쁨도 함께 왔지

때로는 범람하여
절망으로 넘치기도

메마른 인심 앞에
모래벌도 쌓였지만

묵묵히
힘차게 흘렀네
별을 담아 키웠네

* 1978년 『시조문학』 등단, 호는 山心, 시조집 『치악 물소리』 외 5권, 한국문인협회 회원, 한국시조시인협회 회원, 강원문인협회 회원, 원주문인협회 고문, 강원문학상, 제3회 한국시조사랑 문학상 대상 수상.

[祝詩]

여강의 물결

- 원용우 교수님 팔순 축시 -

원 용 석
(한국교원대학교 겸임교수)

냇물을 달리게 한
고운 손 빗줄기로
말끔히 씻긴 얼굴
강물 빛은 푸르구나
별과 달
미리내 따른
대지 위의 춤사위

실핏줄 맥놀이는
심장을 뛰게 하고
하늘을 쪼개는지
장마 태풍 북을 쳐서
어머니
생명을 품는
바다 향한 울렁임.

* 교육학 박사, 한국전각학 연구회 이사, 21세기 한문교육연구회 회장.

[祝詩]

여강의 푸른 향기 온 누리에 넘치고

– 원용우 선생님 팔순을 축하드리며 –

원 정 호
(여강시가회 · 흥해초등학교 교장)

언제나 가슴 속에 열정을 꽃피우며
메마른 대지를 적신 생명의 푸른 시혼
보란 듯 무성한 숲으로
이 강산을 지키네

지나온 길목마다 우람한 버팀목으로
숨 가쁜 땀을 씻을 청신한 바람으로
누구나 기대고 앉을
시원한 그늘이다

투명한 깨우침으로 열어가는 그 길에는
고매한 푸른 향기 온 누리에 넘쳐나고
온화한 미소가 번져
세상일이 포근하다

* 한국교원대학교 대학원 졸업, 『현대시조』 신인상, 시조집 『노을 편지』 출간, 맥시조문학회 회장 역임, 한국시조시인협회 회원, 현대시조 2003 좋은 작품상 수상.

[祝詩]

백세를 누리소서

– 원용우 전 회장님 팔순에 –

유 상 용
(한국시조협회 이사)

가지마다 시조문학
단단하게 맺어 놓고
팔순의 하늘을 펼치십니다.

여든이 한창이신 전 회장님!
갖은 풍파에도 완연히 흔들림 없는
정신의 높은 자리에서

한 찰나라도 만민의 심금을 울리는
시조시인의 삶으로 살도록
이끌어 주시어

우리 시조문단이 참으로
밝게 빛나고 있습니다.

세세 년년 더 강녕하소서

* 서라벌 예술대학 문예창작과 졸업, 중앙대 예술대학원 문학예술학과 수료, 1991년 계간 『현대시조』 등단, 중앙일보 시조백일장 장원 2번, 중앙대 문학상, 방촌 황희정승상, 장성문학상, 동백문학상 수상.

[祝詩]

보람찬 빛살

– 여강 傘壽에 붙여 –

유　　선
(경기시조시인협회 고문)

육영의 깃발을 세워
무지개꽃 피워놓고

낮이면 햇빛으로
밤이 되면 달빛 밝혀

저 여강
출렁이는 물결
이 산하를 밝혔나니,

배리를 씹던 아픔
인고 끝에 묻어두고

한평생 배달 교육
그 초심을 끌고 왔네

한 생애
보람찬 빛살
청강 위에 빛나리.

* 한국문학비 동인회 회장, 한올문학 문인회 회장, 한글문학상, 방촌문학상 등 수상.

[祝詩]

원용우 교수님 80수년 기념집 출간에 즈음하여

유 은 종
(절강월수외국어대학교 종신교수 · 중국 연변대학교 명예교수)

교수님은 거목이십니다
년륜은 새겨져도
가지와 잎이 무성한
거목이십니다
그 많은 제자와 학도들은
가지와 잎으로 자랍니다

교수님은 샘물이십니다
영원히 마르지 않고
끊임없이 용솟음치는
샘물이십니다
그 많은 작품들과 연구성과가
샘물로 솟아나옵십니다

교수님은 비단결이십니다
그 누가 잘못을 저질러도
챙겨주고 안아주고
마음씨 착하고 고운 어르신이십니다
그러게 주위의 사람들이
구름처럼 따르옵니다

교수님은 석양으로 빛나십니다
구름도 하늘도 물들이시고
대지마저 물들이는
황혼빛으로 아름답습니다
온 세상에 영향력을 과시하시며
인생을 아름답게 수놓아가십니다

교수님은 소복단장하시고
걸어오셨고 걸어가십니다
겨레의 영예와
슬기를 빛내이시며
영혼은 언제나 그렇게
깨끗하시옵니다(2017. 6. 8)

* 연변대학교 교수, 한글발전유공자, 중한성어속담사전 등 사전류 10여부, 조선어의미론 연구 등 15부 저작, 세계학술문화훈장 수상자.

[祝詩]

여강 스승님의 물빛 향기

– 원용우 교수님 산수기념 축시 –

이 광 녕
(한국시조협회 명예이사장)

된바람 쓰다듬고 깊은 상처 다스리며
용케도 날개 폈네 흙빛 설움 딛고 서서
미소년 청운의 꿈이 광나루에 떠올랐네.

먹구름 거친 세월 벌초하듯 깎아내고
돌밭도 피땀 쏟아 금밭으로 일구더니
민둥산 벌거숭이도 상전벽해 푸르도다.

공명도 초개 같이 부귀도 티끌 같이
길 중에 강(江)의 길로 오직 선비 길 가더니
강천골 원 씨 가문에 용문이 우뚝 섰네.

때 절은 세월 저편 피밥 기운 돋아난다
시조에 쏟은 의기 물빛 향이 으뜸이니
강물로 흐르는 정열 영원토록 푸르소서.

* 저서 『현대시조의 창작기법』 『아름다운 시혼 그 울림소리』 『지혜의 샘』 등,
문예창작 지도교수, 문학박사, 한국가곡작사가협회 명예회장, 세종문학회 고문, 강동문인협회 고문,
월하시조문학회 회장 역임. 강동예총 회장.

[祝詩]

장한 세월

- 如江 원용우 선생 八旬 잔치에 -

이 도 현
(가람문학회, 대전시조시인협회 고문)

불빛도 아득하여라
굽이굽이 켜든 등불

때로는 꽃이 피고
때로는 새도 울고

어느덧 회고(回顧)의 영마루
강물처럼 흘렀나

시조로 교학(敎學)으로
일구어 온 한평생

켜켜이 쌓아 올린 탑
그 세월 장하구려

남은 뜰 강녕(康寧)을 지켜
문채(文彩) 더욱 빛내소서.

* 1980년 『시조문학』 천료, 시조집 『풋대 하나 세운 바람』 외 8권, 대전문학관 자문위원, 한국시조협회 자문위원, 국제펜클럽 한국본부 대전광역시위원회 회장, 한국시조문학상, 현대시조문학상, 대전광역시문화상수상.

[祝詩]

지혜로운 여강의 숨결

이 미 숙
(여강시가회 이사)

고운 골 여주 땅에 청학이 날더니만
굽이 돈 강물 따라 광나루에 앉으셨네
큰 인물 옆에 계시니 마음 더욱 기뻐라.

평생을 닦은 학문 고결한 선비정신
집필한 서적 위에 높은 인품 별빛인가
따르는 인새들 모와 가르치는 즐거움.

풍진의 세상소식 한쪽 귀로 담아 놓고
불편한 마음 이랑 스스로 정화하니
무언들 거침 있으랴 지나는 청풍이여.

한평생 쟁기질로 시조 사랑 후학 사랑
너울진 세월자락 무심으로 빗질하며
여강에 매어 두소서 지혜로운 숨결을.

* 『시조문학』으로 등단, 호는 泰昑, 한국시조협회, 시조문학문우회 회원,
대한시조협회 광진구지회 회장 역임, 광진문화원 시조창 강사, 제2회 대은시조문학상 본상 수상.

[祝詩]

산수연(傘壽聯)

이 양 우
(한국육필문예보존회 이사장)

그대 어떻게 살아왔느냐가 중요하기도 하고
그대 어떻게 살 것이냐가 중요하기도 하고
그대 어떻게 살았느냐가 중요하기도 하다

멀리 보고 멀리 걸어온 길
높이 오르고 높이 날아온 기개
초연한 삶으로부터의 본질

무엇을 위해서 살아갈 것이며
여생을 어떻게 장식할 것인가도
그리고 소유냐 무소유냐 하는 것까지도

혼자 고뇌하고
혼자 헤쳐 나가야 하는
인생의 알뜰한 족적

화려함보다도
진솔한 인생으로
영원히 남길 것이면

그때 그대는 위대한 시조시인으로서
한 시대를 살다가 간 여강 원용우 시조시인
그러한 인간상으로 남아야 할 것임을.

* 1965년 『시문학』 (김현승, 이형기 추천), 풀과별(신석정, 이동주 천료), 시인, 사단법인 한국육필문예보존회 이사장, 개화육필공원 창시자, 시와숲길공원 대표, 계간 『문예춘추』 발행인, 서울대학교총동창회 종신이사, 정곡 이양우문학대전집(상, 하권) 등.

[祝詩]

賀元勇寓先生八十華誕

이 영 해
(한국시조협회 중국 본부장)

亞洲龍脈伸天涯,
宋韻唐風有巨家。
壯懷凜凜歎騷離,
豁豁胸襟納百花。
五車學富子孫敬,
八鬥高才人竟誇。
更少之年賦淩雲,
夕陽紅韻正年華。

원용우 선생님 80돌 생신을 축하하노라

아시아 용맥(龍脈) 천애지각으로 뻗어
송운(宋韻) 당풍에 큰 학자 나왔도다
정한 뜻 늠름하게 기소 탄식하고
드넓은 흉금 백화는 용납했노라
다섯 수레 풍부한 학식은 자손들 존경을 받고
여덟 말 높은 재능은 사람들 칭찬을 자아내누나
갱소년은 창공의 구름을 읊고
석양의 붉은 운율은 젊음의 호시절을 뜻하노라 .

祝：元勇寓詩佰萬福 / 이영해

元師學富上高枝,
勇義情達共人知°
寓繼忠言行摯切,
詩詞藝界贊長時°
李桃德意傲天下,
永葆青春化美詞°
海納百川容乃大,
風清氣正韻能依°

원용우 선생님의 백수의 시와 만복을 축배 하노라

원 선생님의 학식은 높은 경지에 이르렀고
굳센 의지와 뜨거운 정은 모르는 자 없노라
간절한 충언은 꼬리에 꼬리를 물고
시조는 예술계에서 오랜 찬양을 받아왔네
제자 많고 덕망 높아 천하에 자랑 늘리고
영원한 청춘은 아름다운 시조로 변했네
해납백천(海納百川)에 용납이 가장 크오
맑은 바람 바른 기풍은 운율이 의지할 곳 마련했네

和賦七律步元勇寓先生韻 / 이영해

勤奮一生成名家,
喜逢甲午僊壽加°
虛空煩擾隨風去,
落入海洋飄遠遐°
猶記當年寒窗讀,
方得成功萬人誇°
家國恩澤得以報,
不枉曾經好年華°

칠언율시로 원 선생님의 시에 화부(和賦) 하노라

근면한 일생으로 명가 되어
갑오 희수연을 맞아왔네
허공의 번뇌는 바람에 실려
바다에 둥둥 저 멀리 보냈네
그 옛날 고생스런 학업생활이 있었기에
성공을 거듭하여 만인의 칭찬 받게 되며
나라와 가문의 은혜에 보답할 수 있고
젊음의 호시절에 부끄럼 없어라

* 1965년 장춘 출생, 한국삼성전자 ASC 사장, 주간한국문학신문 중국칼럼본부장, 연변 한시조작가협회 회원, 한시조 창작 다수 수상.

[祝詩]

팔순 축시

이 일 섭
(여주문인협회 고문)

여주문학 황무지를 개척하신
문학 박사님 팔순을 맞아
진심으로 축하 합니다

한국문인협회 여주지부 창설하신
그 공은 지대합니다
일대기에 가장 빛나는 보석입니다

고문 원용우 문학박사님
고문 강태희 아동문학가
고문 이일섭 시인

그 누가 적극 방해 하여도
저 깊고 어두운 대지에서
힘찬 샘물이 솟듯

고향에 문화횃불 드높이 밝혀
온 누리 밝힌 그 큰 힘
팔순을 맞아 축하합니다

* 여주농고 졸업, 방송통신대 국어국문과 수학, 『시와 시론』으로 등단, 시집 『날아가는 새』 외 다수, 한국예총 여주지부 수석부회장 역임.

[祝詩]

풍년가를 부르소서

– 원용우 박사 팔순에 부쳐 –

이 정 자

(한국시조시인협회, 한국시조협회 자문위원)

인생은 윤회일까 일회성 마감일까
이 시대 넘기시고 천의 수를 올리시어
이룩한 학문의 길에 풍년가를 부르소서

곳곳에 뿌리 내린 풍년초도 튼실하고
알알이 맺은 열매 서책으로 빛나오니
배어든 선비의 품성 은은하게 흐릅니다.

학문의 길에서도 문학의 길에서도
제자와 후배들이 줄을 잇고 따르오니
한마당 잔치를 벌여 풍년가를 울립니다.

* 시인, 문학박사, 시조집 『기차 여행』 『시조의 향기』 『내안의 섬』 외 5권, 논저 『현대시조, 정격으로 가는 길』 『한 수의 시조에 역사가 살아 있다』 등, 한국문인협회 회원, 국제펜 회원, 이대동창문인회 이사, 현대시협 중앙위원, 한국시조협회 자문위원, 한국시조시인협회 자문위원, 시조문학진흥회 고문.

[祝詩]

원용우 교수님의 팔순에

- 원용우 선생님 팔순에 부쳐 -

장 병 선

(디지틀조선일보 힐링에세이 칼럼 필진)

봄처럼 싹을 틔워
대지에 불 밝힌다

하늘에 뜻을 심고
송이송이 달게 한다

그 저력
오대양 육대주에
꽃을 피워 주소서

* 경북 영천 출생, 시조집 『꿈나무의 향연』 발간, 호는 瑞雲, 수필집 『스타박스 가는 길』 외 5권 발간, 제76회 국제펜클럽 도쿄대회에서 자작 시조 낭송, 생활문학 대상(수필) 수상.

[祝詩]

원용우 박사님 팔순 기념에 부쳐

장 영 규
(한국시조협회 이사)

나라의 사랑으로 지켜온 우리시조
혼신을 다하여 팔십 평생 헌신하신
그 향기 공헌한 노고
별빛으로 펄럭이네

죽어서 호랑이는 가죽을 남기고
사람은 죽고 나서 이름을 남기는데
박사님 시조사랑은
역사 속에 영원하리

민족의 가락으로 헌신해온 선생님
전 민족 모두가 시조공부 열망하신
선생님 받들어 모실
후계자가 되오리.

* 『한맥문학』 신인문학상으로 등단, 시조집 『늘 흐르는 물처럼』 등, 호는 만헌, 한국문인협회, 한국시조시인협회, 한국시조협회 이사, 여강시가회 이사.

[祝詩]

如江 元勇寓 博士 傘壽를 祝賀드립니다

全　先　九
(한국시조협회 자문위원)

여강(如江)이라 아호삼아 청수(淸水) 같은 삶 사시며
산(山) 여울을 감돌아서 넓은 들판 적심같이
후학(後學)들 길러내 주신 큰 스승이 섰습니다.

절영(絕影)보다 빠른 세월 창안백발(蒼顔白髮) 된다 해도
세월이 가지 못하게 부상(扶桑)에 해를 매어서
철지난 계절(季節)이지만 한 수(首) 시조(時調) 배우고저.

태산(泰山)닮아 묵중(黙重)하고 바다 같이 널고 넓은
곧은 기품(氣品) 앙모(仰慕)하며 짧은 세월 뵈옵고도
제 스승 이라 하고픈 맘 떨칠 수 없지요.

여강(如江)도 상선(上善)이라고 말을 하면 안 될까요
샘물처럼 맑으시고 선(善) 하심이 한없으니
상수(上壽)를 누릴 것입니다 분명(分明) 그러 하소서.

* 2000년 (문예비전- 이근배), 2001년(시조문학- 이태극) 등단, 호는 자경(自耕),
시조집 『봄을 기다리는 나무』 『민들레 피는 아침』 『꺼지지 않는 산초등잔』 등.

[祝詩]

원용우 선생 팔순

– 원용우 선생님 팔순에 부쳐 –

정 성 수
(한국문인협회 시분과 회장)

좋은 현대시조로
깊은 학문으로
훌륭한 제자 기르기로 한평생

금수강산
광채의 8순!

얼마나 뜨거운 이름이냐
얼마나 아름다운 생애이냐
얼마나 눈부신 내일이냐.

* 1945년 서울 출생, 경희대학교 대학원 국문학과 수료, 1979년 『월간문학』 신인작품상, 제30회 예총 예술문화상 외 10건 수상.

[祝詩]

영원한 스승, 여강 교수님

- 여강 원용우 教授任의 傘壽 記念 祝詩 -

정 진 상
(한국시조협회 부이사장)

남한강에 비친 큰 별 이분 바로 여강 스승
여주의 기름진 땅 시조볍씨 심어설랑
윤기가 자르르 흐르는 시조쌀밥 지으신다

허기져 찾아가면 반기며 품으시고
영양 좋은 여주 쌀밥 배불리 먹이시니
시조 밥 받아먹은 이 방방곡곡 차고 넘쳐

좁다란 농장에는 스승님 농기구들
써래질 쟁기소리 정자*가 흥겹구나
자석에 쇳가루 붙듯 시조시인 모여들고

팔십년 된 괭이, 호미 팔십년 더 쓰시고
하늘과 동업하여 해해 연년 풍작 일궈
시조 쌀 창고에 가득 천석 만석 채우소서

* 정자 : 모내기 노래의 다른 이름.

* 여강시가회 부회장, 한국시조협회 부이사장, 시조문학문우회 이사, 시조사랑 문학상, 의사문예전 최우수 작품상, 수안보시조문학상 본상 수상.

[祝詩]

팔순 축시, 松花

- 원용우 선생님 팔순에 부쳐 -

조 영 희
(세종문학회 회장)

구름사이 쬐인 볕에
생솔 잎 푸르름은
한세상 바위틈을
오로지 비집고서
미학(美學)을
날려 전하는
소나무의 푸른 의지.

사철이 부는 바람
나무껍질 켜를 쌓듯
언제나 그 자리에
그늘을 만들면서
시조송(時調松)
뿌리 깊은 숨결
송화로 피어난다.

* 시조집 『시간의 사슬』, 시집 『허공에도 길이 있다』 등, 호는 여월정, 한국시조협회 행사국장, 현대시인협회 이사, 시조문학문우회 이사.

[祝詩]

어느 노시인의 초상

조 은 설
(시인, 아동문학가)

그 날 몽촌토성에서 깨어난 봄은
벚나무 가지마다 모꼬지 때가 한창이어서
해종일 나비 벌이 붕붕 날아다녔다

한평생 일엽편주 시의 강을 저어가며
시를 노래하고 가르치던 노학자 여강 선생은
그날따라 온통 시로 물드셔서
바람의 긴 옷자락도 끌어당겨 시를 적으셨는데
몽촌토성은
시로 물든 꽃잎들로 분분하였다

아직도 못다 적은 시구들을 위해
사방 둘러보시던 여강 선생은
풀잎과 돌과 오솔길까지 맑은 시심으로 닦으시고
선생도 홀로 시가 되어
바위처럼 호숫가에 서 계신 것을 보았다

* 한국일보 여성생활수기 당선. 월간 문학 동화 당선. 미네르바 시 등단.

[祝詩]

여강 요완 박사님

조 희 식
(한국시조협회 자문위원)

세종의 인문정신 국학정신 이어받아
언어의 마술사로 시조 짓기 펼치자고
이론과 작품 활동이
어울려서 펼치셨네.

시조의 짓기 세상 세계에는 졸업 없고
평생 길 작품 활동 계승하면 명작이라
겸손한 마음가짐이
명작들이 된다고요.

원용우 박사님은 대학 강단 명예교수
시조사랑 창간하신 이사장과 고문이신
청결한 시조의 거목
대학교육 스승이요.

만인들 존경받는 교수님의 팔순 길에
축하와 감사함을 드리면서 건강 기워
여생의 세월 속에서
찬연한 빛 되세요.

* 1934년 서울 출생, 서울대 사범대졸, 『시조문학』 등단, 시조집『산행의 서정』『팔순의 서정』 등, 호 淸和, 시조문학 문우회, 시조사랑협회(자문위원), 시조시인협회, 문인협회, 세종문학회 회원, 국민훈장 동백장 수훈, 배재고 정년 퇴임.

[祝詩]

홍룡사 가는 길

차 호 일
(시인, 문학평론가)

홍룡사 가는 길 국어책 속 삽화 같다.
저기 저 길 끝 닿은 곳 손 닿을 듯한데
그래도 절 길이라고 숨을 턱턱 막는다.

슬슬 길 따라 가는 별맛도 있다.
가는 길 소꿉장난 같은 다랑이논 올망졸망하고
그 다음 그곳에 조그맣게 숨은 홍룡사.

쏟아지는 폭포 속에 마음마저 시원하다.
원용문의 여름일기 같은 시조집을 읽듯
내 마음 오래간만에 희망의 노를 젓는다.

* 문예한국 충청일보로 등단, 창작집 『비명소리』 『달빛끄기』, 시집 『아주 오래된 기억』 『공주기행』 외, 학술전문서적 『현장중심의 현대시 교육론』 외 다수.

[祝詩]

여강 별곡

채 윤 병
(한국시조협회 자문위원)

원 씨 문중 큰 별 되어 무진 열정 쏟았구료
아둔한 우리 인생 길잡이로 앞장서서
드높은
심성을 가눠
깃발 훨훨 날리셨네.

고목은 묵을수록 곧은 줏대 바로잡고
억겁을 지새워도 흔들림이 전혀 없듯
영원한
시심을 달궈
길이길이 빛나리오.

본심이 거울 같아 만인의 본보기요
도돌이표 연신 찍고 무한 덕을 베푸시니
그 존함
원용우 씨라
만수무강 하옵소서.

* 강원 원주 출생, 2000년『동백문학』신인상, 저서『섬강 별곡』『섬강 일기』외 9권, 국제펜클럽 한국본부 회원, 아시아작가협회 이사, 세종문학상, 한국문학상, 국제문학상(중화민국, 태국, 홍콩, 동남아) 수상.

[祝詩]

태백한수(太白漢水) 같아라

채 현 병
(한국시조협회 사무총장)

흐르는 듯 멈추시고 멈추는 듯 흐르시니
운곡(耘谷)의 후예(後裔)신가 관란(觀瀾)의 후손(後孫)이신가
산수(傘壽)로 쌓으신 업적 태백한수(太白漢水)같아라

* 太白漢水 : 太白山과 漢江水.
* 耘谷 : 두문동 72賢의 한 분으로 고려말 조선초 隱士인
  원천석 선생의 아호. 충절가 4수가 전해져 옴.
* 觀瀾 : 생육신 중의 한 분으로 세종~세조 때의 문신인
  元昊 선생의 아호. 충절가 2수가 전해져 옴.
* 傘壽 : 나이 80세를 이르는 말.

* 『시조와비평』 등단, 호는 海月, 원주문협, 강원문협, 강원시조협, 한국문단, 한국시조시인협회 회원, 제27회 동백예술문화상, 제1회 하운문학상, 제12회 한국문학신문 시조부문 대상 등 수상.

[祝詩]

님께서는

– 원용우 박사님 팔순에 –

최 순 향
(세계전통시인협회 한국본부 부회장)

님의 미소 한 점이 봄을 불러옵니다
님이 계신 곳에서는 천뢰악(天籟樂)이 울립니다
무위와 자연에 노니시는 미소년을 봅니다

* 1997년『시조생활』등단, 시조집『긴힛단 그츠리잇가』『옷이 자랐다』등,
세계전통시인협회 부회장, 한국문협 이사, 계간『시조생활』 주간 겸 발행인 대행,
한국여성시조문학회 이사, 제9회 시천시조문학상, 제10회 난대시조공로상,
한국문인협회 작가상 등 수상.

[祝詩]

당신이 보낸 세월

- 원용우 詞兄의 八旬을 기리며 -

崔 宗 燮
(동남아 국제협력 진흥중심 총재)

당신은
여강을 지키는 한 마리 학(鶴)입니다.
아주 느리게 때로는 빠르게 날으는 학입니다
팔순(八旬)은 걷다가 뛰다가 보낸 세월 당신의 여정(旅程)입니다

당신은
고향을 그리워하는 한 마리 학입니다
목을 길게 뽑고 두 나래를 활짝 펼치는 학입니다
팔순은 시조시(時調詩) 텃밭 당신의 사랑입니다

당신은
시조가 좋아 사랑하고 또 사랑 했습니다
밤마다 시조 꿈을 꾸는 한 마리 학입니다
팔순은 시조를 가꾼 세월 당신의 보람입니다.

* 충북 청주 출생, 홍익대학교 졸업, 『시조문학』 천료(1981), 시조집 『차라리 바람처럼』 『세상에 아럴 수가』 외 다수, 시인, 화가, 국제PEN클럽 회원, 한국문인협회 회원, 동남아국제협력진흥중심 총재, 동백문화재단 회장.

[祝詩]

가없는 시조사랑

- 원용우 박사님 출판 축시 -

함 세 린
(한국시조협회 홍보 부국장)

깊고도 맑디맑은 여강의 물길 속에
펼쳐진 혼의 가락 헤아려 몇 필일까
그 물길 닿는 곳마다 시조의 꽃 피웠네

비 오고 바람 불던 학문의 여정에도
한걸음 한걸음이 후학들 키워내고
소중한 민족의 얼을 목숨처럼 지켰네

뒤돌아 비춰보는 팔십여 성상 속에
흔들림 하나 없는 외길의 시조사랑
고고한 울림이 되어 시조의 길 밝히네

* 『시조문학』 등단, 시조집 『비익조』, 청풍명월 정격시조문학회 회장, 유심시조백일장, 샘터시조상, 불교문학상, 달가람 문학상, 현대문학사조 문학대상 등 수상.

[祝詩]

여강의 시조는

– 여강님 傘壽에 올리는 글 –

홍 윤 성
(한국시조협회 이사)

인생길 산수(傘壽)인데 시력(詩歷)은 7백여 년
오늘에 살면서도 내일에 있는 것이
여강은 시조를 싣고 끝도 없이 흐른다

* 『국보문학』 으로 등단, 본명 홍달수, 남북통일국민운동 국민연합 자문위원.

[祝詩]

원용우 교수님 산수연에 부쳐

홍 은 숙
(여주문인협회 회장)

강물 따라 바람 따라
어지러운 세상
예까지 흘러오니

구불구불
펼쳐진 인생사
꿈결인가 아득타

남한강 줄기 따라
유유히 날고 있는 흰 두루미
그대인가 나인가
무심한 듯 고고하다.

드넓은 야망과 높은 기개
불타던 열정도 모자랐던 청춘을
백년지(百年之) 대계(大計)
시조사랑 교육에 바치시고

이제사 세상일 마음 비우시고
세파에 흔들리지 않는
산수(傘壽)에 이르셨구료

강건한 당신의 향기
두고두고 품어 살리라

* 『순수문학』 등단, 저서 『강가에 앉아』 1,2,3권, 한국문인협회 회원, 국제펜클럽 한국본부 회원, 영랑문학상, 류주현 향토문학상.

祝 辭

강용숙, 김건중, 김민수, 김용철, 리강룡, 서정부, 신용협, 엄상익
우쾌제, 이광복, 이병주, 이보택, 이양우, 이영순, 정은미, 최서윤
한철우

[祝辭]

원용우 선생님께

강 용 숙
(서울문인클럽 총무)

선생님!

벌써 팔순을 맞이하신다고요? 아직도 청년처럼 열정적으로 일하고 계시는데 팔순이라니, 정말 나이는 숫자에 불과한 것 같군요.

기념문집을 만들겠다고 몇 자 적어 달라하셔 글을 쓰려니 처음 선생님을 뵙던 일이 떠오르네요.

십 수 년 전, 전남 지방 문인행사가 있어 내려갈 때였지요? 버스에서 선생님은 제게 명함을 건네셨어요. 교원대학에 재직 중이시더군요. 만면에 잔잔한 웃음을 머금은 모습이 인자하고, 여유로워 보이셨습니다.

그 후, 서울 문인클럽의 모임을 통해 선생님을 종종 뵐 수 있는 기회가 있었습니다. 뵈면 뵐수록 선생님에게서는 풋사과처럼 신선하고 역동적인 기운이 느껴졌어요. 기왕 멍석을 깔아주셨으니 이 지면을 빌어 선생님에 대한 제 소회(素懷)를 털어놓을까 합니다. 괜찮지요?제가 겪어 본 선생님은 매사 충실하고 부지런한 분이셨습니다.

새벽 다섯 시면 기상하여 강변을 산책을 하고 저녁 아홉시에는 잠자리에 드신다지요? 건강관리는 물론이고, 시조강의, 논문지도, 문단의 대소사 챙기기, 여주문화원장의 소임을 해내시느라 시간관리도 철저하셨습니다. 많은 일정을 감당하시면서도 여유를 잃지 않고 '일이 있어서, 건강이 따라주어 참 행복하다' 고 말씀하시곤 했습니다. 정말 행복해 보였지요. 선생님께 도움을 청하는 곳은 거리의 멀고 가까움을 가리지 않고 달려가는 열정이 감동적이었습니다.

선생님은 부드러운 리더십을 가지고 계신 분입니다.

제가 문인클럽의 총무가 되어 꽤 오랫동안 여러 회장님을 모시고 있는데요, 선생님이 회장이실 때 참으로 편안했습니다. 무엇을 하라고 지시하기 보다는 늘 수고한다. 고맙다. 알아서 처리하라고 말씀 하셨지요? 믿고 맡기며 오히려 제 의견을 존중하시기에 회장님께 누가 되지 않도록 더 빈틈없이 일을 처리하려고 애썼습니다. 유능한 리더는 팀원들을 칭찬과 격려로 이끌어 간다는 평범한 진리가 몸에 배어 있는 분이셨습니다. 선생님은 부드러운 카리스마를 가지신 지도자이십니다.

또, 선생님은 누구에게나 친화적이셨습니다.

세대 간의 차이는 어느 시대, 어느 곳에나 있기 마련이지요. 같은 생각과 동질의 문화를 즐기는 사람들끼리 어울리게 되는 것이 당연하기도 합니다. 어르신들은 나이 어린 사람들이 다가와 주기를 바라고, 연장자로서 대접해 주기를 기대합니다. 인정받으려는 성향이 강한 것이지요. 그런데 선생님은 지난날의 화려한 이력이나 명성에 연연하지 않고 후배들에게 스스럼없이 다가와 공감해 주고 지지해 주셨습니다.

'나이가 들면 입은 닫고, 주머니는 열어 놓으라' 는 말처럼 기꺼이 밥을 사주시며 얻어먹은 저희들보다 더 즐거워하시던 모습이 떠오릅니다.

선생님은 인격과 학문을 겸비한 선비 중의 선비 이십니다. 그런 선생님을 오랫동안 지켜 볼 수 있어서 기뻤습니다. 아직도 식지 않은 열정으로 문학을 사랑하시고, 연구하시고, 강의하시는 선생님은 저의 롤 모델이십니다.

지난 날, 질풍노도와 같은 혼돈과 아픔을 잘 극복하시고 긍정적이고, 진취적인 삶을 살아오신 선생님을 존경합니다.

그리고 팔순의 생신을 축하드립니다.

오래오래 건상, 건필하시고, 후배들에게 영원한 청년, 멋진 오라버니로 남아 힘과 용기를 주시기를 기원합니다.

마지막으로 선생님의 감동적인 시조 한편을 음미해 봅니다.

세월 2

원 용 우

잡아도 잡히지 않고 놓아도 놓치지 않는
그 열차 함께 타고서 먼 길 가는 나그네
어디가 종착역인지 모르면서 그냥 간다.

왜 가는 건지 안가면 안 되는 건지
그마저도 모르면서 뒤 따라 가다보면
무거운 짐을 지고서 고개 넘을 때도 있다.

앞서 간 이들은 어디쯤 가고 있는지
세월의 끈을 잡고서 열심히 가다 보면
서서히 무대 뒤편으로 밀려나는 배우 된다.

[祝辭]

함께한 시간의 두께

김 건 중
(한국작가회 회장)

여강 원용우 선생님을 처음 만남 것은 1990년대 중반으로 기억된다.

필자가 한국문인협회 성남지부 회장일 때 여강 선생님도 여주지부 회장으로 있다 보니 스치듯 만난 인연이었다. 필자가 경기도 문인협회 회장시절 가까이서 뵙다가 본격적으로 가깝게 함께하기 시작한 것은 2011년 필자가 한국문인협회 이사장으로 출마하면서 여강 선생님이 부이사장 런닝메이트로 출마한 것이 계기였다.

그 후 선거에 실패하고 한국작가회를 결성하면서 가까운 동지로 문학의 길을 같이 걷게 되었다.

문학박사라는 묵직한 직함과 정통 시조부흥을 위한 운동을 펼치면서 문학의 밑거름 역할을 묵묵히 실천하는 모습에서 존경심이 우러나지 않을 수 없다.

어느새 팔순이라는 인생의 황혼기에 접어든 여강 선생님을 보면 아직도 그 문학적 집념과 열정은 변함이 없다는 생각이다. 나이는 숫자에 불과하다는 말이 이런 경우 쓰는가보다 할 정도로 여강 선생님은 문학의 큰 그림을 오늘도 변함없이 그려가고 있다.

고향 여주에 그 유명한 소설가 묵사 류주현 선생님, 다음으로 시조의 대가 여강 원용우 선생님이 있다는 생각이다.

묵사 선생님의 문학상을 위해 헌신한 여강 선생님의 묵사에 대한 애정 또한 문학에 대한 깊은 사랑에서 비롯되었다는 생각이다.

이런 훌륭한 여강 선생님을 한국작가회 수석 부회장으로 모실 수 있다는 것 또한 필자로서는 큰 영광이라 생각된다.

이제 팔순이라는 세월의 무게 위에서 더욱 찬란한 위업을 쌓아 이 나라 문학의 땅에 큰 나무로 자리하길 기원하고 싶다.

그러기 위해서는 더욱 건강과 함께 지금껏 지켜온 문학의 세계를 굳건히 지켜주길 진심으로 기원하며 팔순을 맞는 여강 원용우 선생님께 사랑한다는 축하의 말씀을 올린다.

[祝辭]

여강 원용우 선생님 80순을 축하합니다

김 민 수
(향토사학자)

여강 선생님은 경기도 여주군 강천면에서 태어나셨다. 지금 사시는 곳은 한강 변의 서울 광진구 구의동에 사신다. 선생님 문학의 바탕이 도도히 흐르는 한강의 서정을 노래하는 것도 이러한 향토애의 소산인 것 같다.

〈한강변에서〉의 한강을 노래하기를 '……천년 전 간직한 비밀 아직도 가슴에 지녀/겉으로 성한 것 같지만 시퍼런 멍들었네……'

민족사의 애환을 운율에 띄워 보내는 돛단배의 모습을 보는 것 같다. 선생님의 역사 인식은 〈아차산 연가〉에서도 나타난다. '……무수한 세월 가도 변함없는 온달 사랑/활짝 핀 진달래꽃은 누굴 위해 타는 건가……'

슬픈 역사의 뒤안길을 벅찬 사랑으로 꽃피워서 우리의 한을 삭히려는 것이 아닐까? 그래서 선생님은 한강 변을 떠날 수 없다. 어릴 적 향수를 담은 〈아버지〉라는 시조의 구절에서 '……보름달 한 아름을 지게 위에 지고 오시는 아버지……' 선생님은 어린 시절의 여주벌을 떠날 수 없다. 그래서 다시 여주로 귀향하셨는지도 모르겠다.

선생님을 뵈올 때마다 소박함과 넉넉함이 배인 모습을 보는 것도 이러한 여주벌의 풍성함일 것이다. 그래서 광진구 구의동에 사시면서도 어린 시절의 정경을 그리워 하셨다.

'……구의동은 내가 살기에 알맞은 집이 있어 좋다/창문을 열면 항시 푸른 산이 보이고/그 위로 흰 구름이 지나가고, 우거진 숲이 있다/ 뜨락의 몇 그루 나무에는 참새들이 찾아와 준다……' 선생님은 서울의 귀퉁이에 사셨어도 애써 자연을 지키고 그 안에서 자기의 본연의 모습을 지키셨다.

원래 선생님은 시조작가는 아니셨다. 국문학을 가르치는 교수였다. 그것도 국립대학교인 청주 교원대학교에서 학장까지 지내신 분이다. 특히 《원생몽유록》의 작자를 원호로 밝혀낸 사실은 국문학에서의 크나큰 업적이다. 그리하여 어린 단종과 사육신의 이야기를 재조명하는 계기를 만들었다.

늦게 창작에 뜻을 두고 시조를 쓰셨다. 논리에서 감성으로의 변화였다. 그래서 선생님의 작품들은 시조 고유의 정형에서 틀을 깨지 않는다. 중등학교 교과서에 실릴 만큼 선생님의 작품은 시조 작품의 본보기이다.

항상 후배와 제자들을 사랑하시고 인연을 소중히 하시는 선생님, 시조의 저변을 넓히시기 위해 어디서든 마다 않고 가셔서 가르치고 보다듬는 선생님, 벌써 80순이시라니요. 선배의 표상이요, 고고한 품격으로 사셨던 이 시대의 어른, 아, 아, 세월이 용서한다면 오래도록 우리들의 곁을 떠나지 마시고 들뜰 때는 매서운 강바람을, 가라앉을 때는 싱그러운 산기운을 불어 넣어주십시오. 우리 모두 선생님의 백수를 기원합니다. 그래서 선생님의 혼백이 깃든 시조를 읊조리면서 삶의 여유를 살찌우겠습니다. 부디 건강하십시오.

[祝辭]

노송(老松)처럼 꿋꿋하고 푸른 선비

김 용 철
(소설가, 서예가)

여강 원용우 시백이 팔순을 맞이한다고 하니 같은 문우의 한 사람으로서 먼저 진심으로 축하의 말씀을 드린다. 여강 형과 나는 문단에서도 시조시인과 소설가의 장르차이로 별로 만날 기회가 적을 것 같지만 이상하게 나는 어느 시조시인보다도 여강 형을 자주 만나왔고 그래 그런지 남다른 인연이나 우정도 많이 쌓아오고 있는 형편이다.

첫째의 인연은 여강 형과 내가 같은 '38년생 동갑이라는 사실이다. 동갑 내가 별거 아닌 거 같지만 어떤 문인들 모임에 가거나 동갑끼리 만나기도 그리 쉽지는 않다. 그래 그런지 우리는 어떤 문단 모임에서든 서로 만나면 옆자리에 잘 앉고 음식도 같은 식탁에서 먹고, 가끔 어떤 문학단체에서 숙박하는 여행을 가게 되면 우리는 으레 룸 메이드가 되어 나란히 누워 잔다.

두 번째 인연은 1995년경부터 시작 된 모임으로 생각되는데 여강 형과 나는 '서울문인클럽'이라는 문학 클럽에도 같은 동인으로 함께 참여한 일이 있다. 지금은 내가 그 모임에 나가지 못하고 있지만 대충 생각해도 오랜 동안 20여 명의 동인들이 친목을 함께 했다. 이 모임에서도 동갑은 우리 둘 뿐이었던 것 같고 그래서 그때도 동갑끼리의 우정을 돈독히 한 것 같다.

세 번째의 인연은 우리 둘과 김건중 전 한국문인협회 부이사장과의 인연이다. 그 분이 발행하는 〈한국작가〉라는 계간 문예지에 오래전부터 지금까지, 여강 형은 수석 부회장으로, 나는 주간으로 임원직을 맡아오고 있다. 그러니 자연스레 그 〈한국작가〉의 신인상 심사 때나 문학상 시상식, 혹은 문학기행 행사 등에 같이 참여하게 되는데 내내 그때도 서로 부담 없이 이런 저런 이야기를 나누다보니 서로가 서로를 잘 이해하게 된다.

네 번째 인연은 '류주현문학상'에 얽힌 이야기다. 여주가 고향인 여강 형은 자타가 공인할 만한 여주가 낳은 큰 문학인으로서 여주문화원, 여주문인협회 등에 상임 고문을 역임하고 있는 것으로 알고 있다. 그리고 내내 여주가 고향인 〈조선총독부〉의 작가 류주현 소설가의 문학적 업적을 기리려고 제정한 '류주현문학상'의 심사위원장으로서 여강 형은 그 상의 심사를 주재해 왔는데, 나도 영광스럽게 2010년에 제6회 수상자로 선정이 되었고, 그 뒤로 가끔은 이 상의 심사위원으로도 위촉을 받고 보니 이 또한 여강 형에게 늘 고맙기만 한 일이다.

1992년에 나온 〈한국문예사전〉 (어문각 발행)에 여강 형은 '신선한 감각을 전통적인 기법으로 표현, 진솔한 시세계를 형성하고 있다.' 고 소개되고 있다. 시조문학의 본령을 잘 알지 못하는 문외한인 내가 이글에서 여강 형의 문학적 특성이나 성과를 거론함은 삼가 하려 한다. 그러나 그 인품이 남에게 늘 온건하면서도 친절하고, 침착 강직하면서도 매사에 진실한 여강 형이야말로 어느 문인, 어느 친구든 이분을 신뢰하고 존경하는 마음으로 대할 줄 안다.

'먹을 것 먹지 않고 입을 것 입지 않고/공부만 좋아해서 공부벌레 되더니/이제는 백학 한 마리 가슴에다 품었다.' 〈여강의 물결〉이라는 동인지에서 내가 읽은〈노송〉이란 여강 형의 시조다. 가난한 시골태생으로 공부에만 전념해서 서울대학을 나와 문학박사까지 된 교수님, 그런 여강 형을 생각하면 이젠 이 시의 노송처럼 꿋꿋하게 서서 백학을 품고 사는 그 모습이 자신의 인생을 묘사한 듯 하고, 실제 여강 형은 그런 노송처럼 당당하고 늘 푸른 선비다.

부인을 먼저 하늘나라에 보내어 다소 고독한 나날을 보내는 여강 형, 그러나 글을 쓰고 아직도 강의를 하는 영원한 교수님. 교수이며 문인인 여강 형에게 고독한 시간은 어떤 의미에선 자신의 분신인 작품을 창작하고 후진을 길러낼 수 있는 고맙고 영예로운 혜택이 아닐까.

거듭 여강 형의 팔순을 축하하며 부디 건강하시고 백년 상수 하시기를 축원한다.

[祝辭]

선비의 길, 시인의 길

리 강 룡
(여강시가회 고문)

사람이 세상에 와 한 평생을 교수로, 시인으로 살아오다가 팔순의 세월 앞에 선다는 것은 참으로 경하(敬賀)할 일입니다. 원용우 교수님의 생애가 시작되던 1930년대 후반! 그 시절은 우리 역사상에서도 가장 어둡고 팍팍하던 시절일 것입니다. 교수님께서 살아오신 시대는, 우리 민족이 지구상에서 가장 빈한하고 희망이 없는 민족으로 낙인 찍혀 나날을 초근목피(草根木皮)로 연명하던 시절에서부터 21세기 천지개벽의 대한민국에서 살게 되기까지의 살아 있는 현대사 그 자체입니다. 그 동안 얼마나 많은 변화의 바람이 불었으며, 얼마나 많은 간난(艱難)과 고초가 있었겠습니까.

교수님을 뵙고 인연을 맺은 지도 하마 20여년의 세월을 훌쩍 넘기고 있습니다. 지상(紙上)에서 문단 활동을 통한 소통의 시간이야 그 보다 훨씬 오래 전이지만, 본격적으로 교수님으로부터 학문을 사사(師事)한 지도 벌써 강산이 두 번이나 바뀌었으니 새삼 세월의 무상함에 만감이 교차합니다.

이제 교수님의 산수(傘壽)를 기념하여 문집을 상재하시는 데 졸필을 들어 축하의 말씀을 올리게 되니 무한히 기쁘고 영광스럽습니다.

교수님의 생애를 한 마디로 뭉뚱그린다면 '선비의 길, 시인의 길'이란 말에서 한 마디도 빼고 더할 것이 없을 것 같습니다. 평생 동안 중등학교와 대학의 강단에서 선비가 가야 할 길, 시인이 해야 할 일을 연구하여 후학에게 전하시는 한편, 몸소 우리의 전통시 시조에 깊이 정진하셔서 시인으로서도 일가를 이루셨으니 명실상부한 선비 정신의 연구와, 그 실천에 매진하신 평생입니다.

길지 않은 시간이었지만 옆에서 본 교수님의 모습은 항상 단아한 선비의 모습이었습니다. 학문의 세계에 들어가기 전에 인간됨이 우선이었고 시의 세계에 접근하기 전에 올바른 삶의 세계에 들어가는 것이 먼저임을 몸으로 가르치셨습니다. 그래서 교수님의 주위에는 늘 따르는 사람들이 줄을 이었고 만나서 만드는 시간들이 항상 우리가 살아 있는 영역을 맑은 영토로 확장해 가는 계기가 되었습니다. 한국교원대학교에서 학장과 생활관장 등 복잡한 보직을 수행하실 때에도 교수님의 모습은 늘 편안함을 잃지 않으셨습니다. 모든 것을 사랑으로 모든 것을 긍정으로 바라보시는 교수님의 힘이 말이 없는 가운데서도 곳곳에 스며든 결실이라는 믿음을 주셨습니다. 정년퇴임을 하신 뒤에도 왕성한 활동을 전개해 오셨습니다. 서울 광진문화원에서 시조강좌를 통하여 끊임없이 후학을 양성하시는 한편 고향인 여주에서 문화원장 및 향토문화연구소장으로, 그리고 각 대학의 강사로 출강하시면서 퇴임 전보다 오히려 시간을 더 쪼개어 활용해 오고 계신 것을 봅니다.

국학의 연구자로서 기본인 수많은 논저들은 차치(且置)하고라도 문학 활동 면에서도 '씨얼문학회', '조운수필동인회' 등 적지 않은 문학회를 창립, 몸소 그 책임을 맡으셔서 회를 일으키는 큰일을 감당하셨습니다. 평생을 닦아온 시업(詩業) 활동 중 특기할 것은 1994년 '여강시가회'의 창립과 2012년에 '한국시조사랑시인협회'를 창립하신 일일 것입니다. 전자는 한국교원대학교 석박사 출신으로 시조와 자유시에 관심이 있는 후학들이 모여 만든 단체이고, 후자는 전국의 시조시인들 중 시조의 정형성을 지키는 데 뜻을 함께하는 시인들이 모인 단체입니다. 교수님께서는 전자에서는 고문을, 후자에서는 초대 회장을 맡으셔서 회의 기반을 조성하시고 지금 한국시조단에 거대한 단체로 활발한 활동을 전개하게 되기까지 든든한 밑거름이 되셨습니다.

짧지 않은 시간 동안 교수님을 옆에서 뵈면서 그 인품을 감히 '일언이폐지(一言以蔽之)'한다면 '해불양수(海不讓水)' 또는 '하해불택세류(河海不擇細流)'로 말할 수 있을 것 같습니다. 네 편 내 편의 가림이나 남녀노유를 가리지 않으시고 모두 수용하여 학문의 바다, 시의 숲으로 인도해 내시는 품은 가이없는 바다였습니다.

두보는 그의 시 '곡강(曲江)'에서 "인생 칠십년은 예로부터 드문 일"이라 읊었지만 이제 교수님은 두보가 바라보던 그 고희(古稀)로부터 10년을 훌쩍 넘어 중수(中壽)의 경지에 오르셨으니 앞으로 상수(上壽)에 이르실 때까지도 더욱 강건하셔서 후학들에게 올바른 삶과 학문의 길, 그리고 이 나라 시인들이 가야 할 바른 길을 보여 주시는 바로메타로 우뚝 서실 수 있기를 기원하여 마지않습니다.

[祝辭]

진심으로 축하합니다

서 정 부
(시인 · 수필가 · 컬러미스트)

여강 원용우 선생님께서 팔순을 맞이하여 그간 업적을 기리고 오래오래 그 정신을 문집으로 남겨 전하고자 "팔순기념문집발간" 하심을 진심으로 축하합니다!

그동안 시조의 특성과 정통성을 보존하고 선비의 정신을 널리 알리기 위해 뼈를 깎는 시련과 어려움을 극복하시면서, 더욱 발전시키고 후진 양성에 힘써 오신 업적에 무량한 존경심을 담아 경의를 표합니다. 우리 고유문학 시조의 독특한 우수성을 수많은 사람들에게 각인시키시고, 널리 보급 발전을 이루는데 이바지 하신 은공에 깊이 고개 숙여 찬탄의 마음을 올립니다.

그간 시조의 창작석 측면과 개념적 이해를 돕는 이론을 체계화 하시어 오늘날 젊은이 들이 배우고 육화시키기에 부담이 없게 하신 집념의 결실에 감탄의 마음을 전합니다. 조상님들의 자애와 얼이 서리고 배인 한편 한편의 시조가 오늘날 젊은 세대들이 구심점과 정체성을 잃고 방황하는 이 시대에, 새로운 정신적 지주가 되고 희망과 치솟는 기백어린 용기를 가지는 활력소가 되기도 하여 더욱 더 널리 보급 발전 전승되기를 기원합니다.

사실 포근하고 온화한 정신이 스민 멋진 한 편의 시조 향기가, 세상 사람들의 꽁꽁 얼어붙은 가슴을 녹이고 활짝 열게 하여, 현실의 삶이 힘겹고 버겁지만 사람의 향기를 공유한다면 이보다 값지고 보람찬 위업은 없을 것입니다. 삶이 고달픈 사람들 생명의 기저부에 영롱한 무지갯빛 희망의 향기를 날마다 피어오르게 한다면 참으로 거룩한 업적이지 싶습니다. 이렇게 가슴 설레는 아름다운 시조가 우리 사회에 두루두루 전해졌으면 하는 마음 간절합니다.

팔순의 연세이신데도 불구하시고 아직도 세상을 향한 부단한 선비정신의 빛을 발산하시며 노력을 경주하시는 모습에, 힘찬 박수와 더욱 건강하시고 건필하시길 기원합니다. 또한 이번에 발간하시는 "팔순기념문집"이 앞으로 더 많은 사람들의 생명을 열게 하고, 그 사람들 가슴마다에 삶을 가꾸고 다듬는 힘을 주고, 인간미 어린 향기를 피워내어 다 같이 행복의 길목을 열어가는 지침이 되는 문집이 되기를 기원합니다.

[祝辭]

팔순기념문집 간행에 즈음하여

신 용 협

(호는 石溪, 시인, 충남대학교 명예교수)

평소 존경하는 여강(如江) 원용우 박사의 팔순기념문집 간행에 즈음하여 축하의 글을 올리게 되어 더없는 영광으로 생각합니다. 그동안 대학의 일 년 선배로 같은 은사님의 가르침을 받으며 학창생활을 마친 뒤 직장에서 또는 대학원에서 또는 문단에서 그리고 조운수필동인(1978-2009)으로 학형을 가까이 한 덕에 이런 하사까지 드리게 되니 감개가 무량합니다. 거의 반생을 동도에서 지내면서 선배의 존경스러운 점을 말씀드립니다.

첫째 여강 원 용우 박사는 꾸준한 노력으로 한국문학 특히 시조문학 연구에 큰 업적을 남겼습니다. 문외한인 제가 보기에도 월하 선생님의 업적을 이은 분으로 여강 선생을 올려야 할 것입니다.

둘째로 여강 원 용우 박사는 학덕을 겸비한 선비입니다. 그의 수필집 제목 『선택받지 못한 사람』처럼 그는 늘 아래에서는 겸손한 분이었고 노자의 상선약수를 닮아 경쟁하는 자리에서조차 정의로우셨던 것 같습니다.

셋째로는 절제의 달인이라고 할까. 장수하실 분이십니다. 시조는 창작인데 흔히 학문과 창작의 병행이 어렵다고 하는 데도 여강 시인은 시조이론에 탁견을 내놓아 흔들리는 시조이론을 반석 위에 올려놓았습니다.

문인들은 이태백처럼 술을 즐기는 편인데 술에도 절제의 도인이십니다. 더욱 건강하셔서 앞으로 더 큰 업적을 남기시기를 기원합니다.(2016. 10. 1.)

[祝辭]

가르침에 감사드리며

엄 상 익
(변호사)

초등학교를 다니던 시절 서울대학교 국문학과 학생이던 원용우 선생으로부터 글을 배웠다. 선생은 국어교과서에 나와 있는 좋은 문장들을 열 번쯤 읽게 했다. 문장이 입술에 배게 한 것이다. 그리고는 글 속의 낱말 하나하나의 의미를 머릿속에 각인되게 했다. 비슷한 말이나 반대말 그리고 유사한 단어와의 구별을 알려주면서 말의 활용법을 가르쳤다. 국어공부였지만 가르침의 본질은 최선을 다하는 성실 그 자체였다.

원용우 선생의 교사시절이었다. 선생 댁은 신당동 산중턱에 있는 작은 집이었다. 적은 급료만으로 올려 진 밥상은 소박했다. 선생의 생활은 청빈한 선비의 삶 그 자체였다. 선생은 중학생이던 내게 시조를 쓰고 있다고 했다. 극한의 결핍 속에 피난을 다니다가도 절경을 보면 시인 두보에게서는 시가 흘러나왔다. 세상은 두보를 기억해도 그 당시의 황제는 망각 속으로 사라진지 오래다. 시인이란 그런 존재일 수 있다. 나는 선생에게서 진정으로 중요한 것은 권력이나 돈이 아니라는 것을 배웠다.

선생은 타고난 노력가였다. 일생을 소처럼 뚜벅뚜벅 시조의 길을 걸은 분이었다. 일본 작가 나쓰메 소세키는 천재는 순간 타오르는 불이라고 하면서 그런 천재는 세상에서 바로 망각된다고 했다. 나쓰메 소세키는 문학도 죽을 때까지 정진이라고 했다. 선생은 끊임없이 보석 같은 시어들을 주물러 서로 얽히게도 하고 스미게도 하면서 미의 세계를 창조했다. 그의 시조는 그의 정신세계에서 흘러나오는 유장한 강물이었다.

한번은 선생이 불같이 화를 내는 걸 봤다. 사이비 시인들이 가짜시를 가르친다는 것이다. 시의 한행 한행을 대중이 이해하지 못하도록 말장난을 하는 것은 사기라는 것이었다. 죽음을 체험한 선생의 세계는 훨씬 넓어진 것 같았다. 자동차 사고로 심하게 다쳐 병원에 계실 때였다. 죽음의 천사가 선생을 데려가려고 하는지 선생은 깊은 암흑 속 시간과 공간이 없는 곳에 계신 것 같았다. 신으로부터 연장 받은 남은 세월을 선생은 시조와 가르치는 일에 쏟아 붓고 계셨다.

칼바람이 전선줄을 날카롭게 울리면서 지나가던 지난해 연말이었다. 커피숍에서 만난 선생은 시조의 마지막 완성을 위해 노력하고 있다고 했다. 예술을 향한 그의 걸음은 끝이 없었다. 이제 선생은 팔십 고개의 정상에 도착하셨다. 많은 사람들이 수시로 깃발을 들고 광장으로 나가는 시대다. 미움과 증오가 황사같이 가득한 세상에서 시인의 난초 같은 삶은 사회를 정화시키는 역할을 한다. 광장에 가득찬 촛불이나 펄럭이는 태극기 보다 골방에서 쓰는 시조 한편이 사람들의 영혼을 변화시킬 수 있다. 어려서부터의 가르침에 고개 숙여 감사드리며 선생의 팔순기념문집 발간을 축하드린다.

[祝辭]

여강 선생의 팔순을 축하하며

우 쾌 제
(인천대학교 명예교수)

여강 원용우 교수의 팔순을 진심으로 축하드립니다. 선생의 뛰어난 문재(文才)는 시(詩)와 산문(散文)을 넘나들며 훌륭한 업적을 남기신 우리 학계의 원로(元老)로 시조문학회(時調文學會) 회장을 역임하시며 시조 문학사(時調文學史)에서의 최초 정형시(定型詩)로 역동(易東) 우탁(禹倬)의 탄로가(歎老歌)를 고정(考訂)하시어 시조사(時調史)의 한 획을 분명하게 정리하심으로 누구도 뒤집을 수 없는 크신 업적으로 평가 받게 되어 제1회 역동 시조문학 대상을 수상하기도 하셨습니다. 산문(散文) 문학에도 남다른 열정으로 훌륭한 논문을 내심으로 고소설 학회(古小說學會)에서도 한 해(2008년)의 연구 주제로 토론의 장을 여는 획기적 업적을 쌓기도 하셨습니다.

당시 우리학계에 『원생몽유록(元生夢遊錄)』의 작자에 대한 이설(異說)이 분분함을 직시하고 본 작품의 내용을 명료하게 분석하여 '몽유록계 소설에서 꿈 꾼이 즉 몽유 자는 작자 자신을 대변하는 것이므로 … 충신 불사이군(忠臣不事二君)의 유교 이념을 몸소 실천했던 충 사상(忠思想)을 지닌 인물이요 그 성격은 불의와 명리에 타협하지 않는 조선 시대의 대쪽 같은 선비였고 세조의 왕위찬탈(王位簒奪)에 분노했던 강개지사(慷慨之士) 원호(元昊)다.' 라고 작자를 비정(比定)함으로 그 해의 한국 고소설 학회의 연구 주제를 이 문제만으로 전국 학술대회를 개최하기도 했던 일은 한국 학계의 좋은 모범이 되기도 했었습니다. 그로 인해 당시 학회의 운영을 맡고 있던 필자로서는 내 자신의 논문을 합해서 "『원생몽유록』 - 작자 문제의 시비와 의혹 - "을 단행본으로 출판(2002.1.10. 도서출판, 박이정)하여 학문적 논란에 대한 일말의 정리를 하기도 한 바 있었습니다.

또한 여강 선생은 한국 교원대학교에서 은퇴한 후에는 고향 가까이 귀향, 세종대왕의 영릉이 있는 전통의 고장 여주(驪州)에 머무시며 문화원장 직을 맡아 계속 시조문학의 연구는 물론 우리 민족의 빛나는 문화유산인 시조문학의 전수를 위해 창작 수업에도 힘쓰고, 팔순을 넘기시면서도 백세시대를 향한 현대적 생의 원형을 몸소 실천 해 보이시면서 꾸준히 해 오고 계신 시조문학 계승과 발전에 대한 애정은 많은 후학들을 통해 후사에 길이 빛나리라 믿고 싶습니다. 항상 예리한 필치로 남기시는 주옥같은 논문들은 우리문학사에서 독보적인 학자로, 스승으로, 작가로, 후학들에게 귀감(龜鑑)이 되시리라 믿고 거듭 축하를 드립니다. 건강과 행복한 앞날만 있으시기를 바라며, 동학동문의 일위(一葦) 우쾌제(禹快濟).(2016. 6. 3.)

[祝辭]

따뜻한 가슴, 넉넉한 인품

이 광 복

(소설가 · 한국문인협회 부이사장)

여강 원용우 선생님께서 팔순을 맞이했다. 먼저 축하의 말씀부터 드려야겠다. 예로부터 인생칠십고래희(人生七十古來稀)라 했다. 아무리 100세 시대라 하지만, 인생 80세라면 결코 가벼이 넘길 수가 없다. 그것도 건강하게, 그 어떤 삶보다도 보람되게 살아오신 80년 세월인지라 선생님의 팔순은 높이 기려야 마땅할 것이다.

선생님은 저 유서 깊은 여주에서 태어났다. 여주로 말하자면 새삼 설명할 필요가 없을 만큼 역사와 전통을 자랑하는 고장이다. 선생님은 바로 그런 고장에서 태어난, 우리 시대에 보기 드문 '양반 중의 양반'이다. 그 인품과 덕망이 높다. 따라서 많은 사람들이 선생님을 깍듯이 받들어 모시는 것도 아주 당연한 일이다.

선생님께서는 일찍이 1975년 월간문학신인작품상 공모에 시조「사슴기(記)」당선으로 문단에 데뷔했다. 필자는 그때『월간문학』편집부 기자로 근무하고 있었다. 알 만한 사람은 다 알고 있는 일이지만, 그 당시 문단에 데뷔하기란 쉬운 일이 아니었다. 더욱이 월간문학신인작품상이라고 하면 문학 지망생 모두가 부러워하는 등용문이었다. 달리 말하자면 그때까지만 해도『월간문학』신인작품상 당선은『현대문학』추천과 더불어 하늘의 별 따기만큼이나 어려웠다.

필자는 누구보다도 그때의 문단 사정을 잘 알고 있다. 문단의 중심인 한국문인협회에서『월간문학』편집부 기자로 근무하고 있었으니 그럴 수밖에 없었다. 아무튼 필자는 누구 못지않게 저간의 문단 안팎 사정을 정확히 꿰뚫고 있었다. 세월이 흘러 어언 40여 년이 지난 그때부터 필자는 선생님의 여러 면면을 잘 알고 있었다.

한편 선생님께서는 문인뿐만 아니라 교육자로서도 명성이 높다. 특히 한국교원대학교 교수로 봉직하시는 동안 숱한 후학들을 양성하셨다. 어디 그뿐인가. 한국교원대학교에서 정년으로 퇴직한 뒤에는 여주문화원장을 지냈다. 이는 고향을 아끼고 사랑하는 애향심에서 비롯된 것이 아니고 무엇일까.

그렇다. 따뜻한 가슴과 넉넉한 인품을 지닌 원용우 선생님이야말로 여주가 낳은 큰 인물임에 틀림없다. 선생님께서는 평소 말씀 한 마디 허투루 하는 법이 없고, 글 한 줄 마구잡이 날림으로 쓰는 법이 없다. 그런 점에서 필자는 선생님을 한 없이 존경해 왔다. 팔순을 맞이한 선생님께서 더욱 건강하시고 좋은 일만 많으시기를 거듭 기원한다.

[祝辭]

서울대 문리대 교정에서 만나

이 병 주
(대학동기생 · 미국 거주)

2016년 6월 서울 종로 낙원동 음식점에 그 옛날 친구 몇 명이 모여 회포를 푸는 자리에서 원용우 학형이 내년에 팔순을 맞이하게 되어 기념 문집을 만들 계획을 말하고 원고를 청탁 받았다.

1970년 일찍 미국에 와서 살면서 서로 바빠서 만나지 못하다가 4,5년전 은퇴하여 매년 고국을 방문하는 여유가 생겨 서울에 갈 때마다 홍윤표 학형의 연락으로 대학교 때의 동창을 만나게 되어 10명 내외의 친구들이 한정식집이나 전통 찻집에서 만나곤 했다. 원용우 학형과도 간간이 소식을 전해 듣고는 했으나 자주 만나지 못했고 나는 졸업 후 4년간의 고교 선생을 하고 바로 미국에 와서 Business하면서 완전 이단으로 살아 왔기에 여러 친우들의 문단 생활이나 교수 생활 등을 잘 알지도 못하고 다만 옛날 대학 생활할 때의 추억만 생각날 뿐이다. 고국에서 생활한 다른 여러 친구들, 학형들과 문단 친구들이 여러 가지 좋은 글로 문집 만드는데 협조할 터이기에 나는 그저 이단으로 두서없이 옛날로 돌아가서 대학 때의 일을 몇 자 적어 볼까 한다.

지금부터 56년전 1960년 4월 우리는 종로구 동숭동 서울대 문리대 교정에서 만난다. 지금은 관악으로 이사 가서 지금 대학로 공원으로 남아 있는 마로니에 나무가 서 있는 그곳. 일본 잔재가 남아있던 우중충한 건물에서 강의를 들으며 대학생활을 하게 된다. 대학중의 대학이라는 자부심속에 국어국문학과에 입학한 25명이 우리의 동창이다. 이들은 각각 전국에 흩어져 있는 다양한 고등학교 출신이다. 경기고, 서울고, 용산고, 보성고, 경동고, 서울사대부고, 중동고, 숭문고, 균명고, 인천제물포고, 경기 용인고, 이리 남성고, 경주고, 마산고, 그리고 홍삼점 이화여고, 숙명여고, 계성여고 출신으로 총 25명은 일학년 때는 똑같은 교양과목을 들었기 때문에 2,3 개월도 안가서 금방 친해져서 나이가 많건 적건 모두 야자하며 지내게 되었다. 당시는 이 나라에 혼란기로 일학년 때 4.19, 2학년 때 5.16 등으로 데모도 많이 했고, 휴강도 많았으며 대학가 근처에서 술도 마시고 당구도 치며 학림다방 등으로 드나들기도 하면서 지냈다. 미팅도 많고 낭만도 많았던 것으로 기억된다.

일석 이희승 선생님. 심악 이숭녕 션생님 등 여러 스승님들의 강의 등 기억도 많다. 우리들은 그렇게 지내며 졸업을 하고 각각 다른 직장을 잡고 군대도 가고 결혼도 하고 생활인으로 바삐 지내며 세월이 흘러흘러 모두 70대 중반에 접어들었다. 야속 하다고 할까. 25명중에 11명이 벌써 하늘나라로 가버리고 남은 사람도 모두 건강에 걱정이 많은 사람뿐이다. 나는 원용우 학형이 우리 동창 중에 나이가 많은 편이며 매우 점잖고 고지식하고 오직 한길 학문의 길에만 전념한 것을 잘 안다. 한국교원대학교에서 후학을 가르치며 정년퇴임하고 여주로 내려가서 문화원장을 역임하고 현재까지도 시(시조)를 쓰며 왕성하게 활동하는 것을 잘 알기에 팔순을 지나 100세를 넘을 때까지 건강하게 지내며 남은 여생도 학자로서 할일을 다하길 바랄뿐이다.

인생은 나그네길이며 여행길이기에 우리 친구들 모두 팔순을 맞는 학형에게 축하를 하고 후학을 위해 더 많은 일을 하기를 축원합니다.

– 미국 캘리포니아 산호세에서 친우 이병주 드림.

[祝辭]

八旬을 축하드립니다

이 보 택
(언론인)

八旬을 맞이한 원장님! 진심으로 축하드립니다. 우리의 만남은 중년에 만났지만 우리는 두터운 정이 있고 추억이 있고 낭만이 있다고 생각됩니다. 원 교수와는 우연한 장소에서 인사를 나누었지만 첫인상이 부드럽고 인자한 성품이 좋았고 더욱이 국문학 교수로 소개를 받으면서 저 자신 언론에 종사해오고 있어 더욱 반가웠습니다. 저 또한 글을 써오고 있기에 더욱 반가웠고 문필가(文筆家)로 소개를 받으면서 좋은 만남의 자리가 되지 않았나 기억됩니다.

원교수와의 깊은 인연은 여주문화원 창립 당시부터 관심을 가지고 지켜보았는데 친구인 한만규 원장이 취임하면서 본인을 자문위원으로 추대해주어 문화원과는 절친한 사이가 되었고 문화원이 돌아가는 사정을 잘 알다보니 친구간인 강태희 씨와 원교상 씨가 서로 원장 자리를 놓고 다투다 둘이 경선에서 투표로 경선을 치르게 되자 두 사람 모두 후보를 포기하고 그것도 한참 후배에게 양보하여 이사회에서 원장으로 추대하기로 의결까지 하여 총회에서 박수만 치면 원장으로 취임하게 되었다는 것이다. 이 같은 내용을 들은 저는 인자한 모습으로 기억된 원교수가 생각나 한 원장에게 원 교수의 퇴임이 언제냐고 물었더니 올해 퇴임한다 하여 바로 이사회에서 원장 추대자로 결정한 그 후배를 만나 양해를 구하고 원 교수를 문화원 원장으로 추대할 수 있는 좋은 인연이 되지 않았나 생각합니다.

그 후 우리는 등산회원으로 3여 년 간 산행을 함께 하고 중식을 함께 하면서 많은 추억을 남기었다고 생각합니다. 그 당시 재미나는 아기자기한 추억은 만들지 못했지만 산행에서 맑은 공기를 마시며 색다른 산행을 할 때마다 그 산을 그려보고 그 산을 오를 때의 그 상쾌함은 지금도 아련히 그려지면서 남들보다 유난히 많은 땀을 닦으며 산에 오르시던 원장님의 산행 모습을 생각해보니 아련히 그려지는 아름다운 추억이 되었습니다. 언제 한번 산행을 함께 하면서 옛 추억을 상기하며 즐거운 산행을 함께 하며 맑은 공기를 마음껏 마셔봅시다.

특히 원장께서는 이 시대 노인들에게 귀감이 되는 인자하고 조용한 성품이어서 어르신과 노인으로 구분하면 어르신으로 존경받는 어르신입니다. 노인이 되지 말고 어르신이 되라는 이 시대가 노인들에게 요구하는 어르신으로 자격을 갖추신 분으로 평을 받으시는 분입니다. 노인은 늙은 사람이고 어르신은 존경받는 사람이라 했습니다. 노인은 몸과 마음이 세월이 가면서 자연히 늙었다고 생각하지만 어르신은 자신을 가꾸고 젊어지려고 스스로 노력하는 사람이라 하는데 노력하시는 분이십니다.

우리 이제부터 늙었다고 생각하지 말고 젊어지려고 노력하면서 밝고 활기차게 살아가며 존경받는 어르신으로 스스로를 절제하고 알아도 모른 체 겸손하고 느긋한 생활로 주위로부터 존경받고 타에 귀감이 되는 어르신으로 건강하게 살아가자고 제안합니다. 그리고 아름다운 우리의 만남을 기억하며 우리의 우정을 더욱 돈독하게 노력합시다. 팔순(八旬)을 다시 한 번 축하드리며 늘 건강하고 복된 생활로 활기찬 생활을 누리시길 기원 드립니다.

[祝辭]

여강 원용우(元勇寓) 박사의 산수(傘壽)에 부치는 글

이 양 우

(한국육필 문예보존회 회장)

여강(如江) 선생의 일생을 따라가 보면 그가 걸어가고 걸어 온 길은 첩첩산중이다. 그의 인생사(人生史)를 더듬어 본다면 감히 따라잡을 수 없는 비범한 길이었음을 읽을 수 있다.

위대한 역사는 위대한 인물이 기록해 나간다는 철칙을 알 수가 있으니, 오늘날 원용우 박사가 존립 할 수 있는 것은 그 스스로 닦아 온 자랑스러운 삶의 역정(歷程)이 있기 때문이리라. 감히 누구도 따라 잡을 수 없는 문학열과 문학정신과 시조시인으로서의 달관적인 관점이 남다르기 때문이라는 것을 입증 할 수 있다.

필자와의 인연은 계간〈문예춘추〉를 10년 년 전에 창간하면서부터 필진 중에 주간(主幹)으로 추대하여 이제껏 함께 변함없이 종사하고 있는 것을 자랑할 수가 있는 점이다. 그리고 또한 나에게 여강께서 류주현문학상 심사위원으로 몇 차례나 추대해 준 바가 있어서 더욱 그의 문학사적 열의를 감지 할 수가 있는 점이다.

이분을 자랑삼아 소개해 본다면 이분의 성격은 온화하고 유유자적 형이다. 선비적이고 학구적인 풍모를 지닌 분으로서 그가 지은 시조들을 읽으면 마음의 정화가 일어난다.

이분의 작품 중에서 잘 알려진 〈남한강 나들이〉 원용우 지음/이를 살펴보면 그이 문학적 소양과 향토적 감성은 자못 진지하고 향기롭다. 운치 있는 언어적 풍모는 그 누구도 따라 잡을 수 없는 문학형태이다. 그만이 지닌 특수한 표현방식의 소산이라 아니할 수 없다. 잠시 그 작품 속으로 들어가 본다.

//바람 타고 달려가니 이포보가 반겨주네/
백로 알 줄을 이어 하늘 난간 걸려 있고/
살아난 생명수 속에 되살아난 생태공원/
세종대왕 계신 옆에 여주보가 자리했네/
해시계 물시계에 세종동산 드높아라/
대왕의 크신 뜻처럼 넘실대는 여강 물결/

아들, 손자 거느리고 강천보로 달려갔다/
푸른 물 넘친 호수 은하수로 이어지고/
꽃들은 사람 구경하고 사람들은 물 구경하네//(2012. 4. 27.)

이포보를 배경으로 한 시적 표현방식은 실감 있는 운치를 자아내고 있다.

생태공원, 세종대왕, 해시계, 물시계, 넘실대는 여강, 아들 손자 거느리고 강천보로 달려갔다/푸른 물결은 은하수로 이어지고/꽃과 인간간의 유기적 관계를 물결과 영합하여 그려낸 수법은 시적 달관에 이른 것이라고 인식된다. 이른바 은유, 상징, 기교, 표현의 원형(原形) 뛰어 넘어선 달관과 정석(正石)의 시조시인이라는 점을 강조하고 싶다.

따라서 여강선생의 업적을 살펴보건 데 「월간문학」을 통하여 등단하였고, 여주문화원 상임고문, 여강시가회 상임고문, 여주문인협회, 광진문인협회, 문인산우회, 한국예총 여주지부, 경기도문인협회 고문, 한국시조사랑 운동본부 회장, 시조문학문우회 부회장, 한국작가회 부회장, 운곡학회 이사, 가람기념사업회 이사, 묵사 류주현문학상 운영위원장, 광진문화원 '시와 시조반' 강사, 그리고 필자가 운영해 오는 계간〈문예춘추〉주간 일을 수년간이나 도움주고 있는 것이다.

그리고 이분은 내가 개화육필문예공원을 창설 시에 법인체 구성에 참여해 주셨고, 더불어 이사진의 기금조로 사재를 출연해 준 정말 고마운 분으로서 나로서는 잊을 수 없는 분이다. 수상경력으로는 경기예술대상, 이분은 경기도 여주 출생이며 역시 아호는 여강, 요완으로서 한 때 사랑하는 부인을 지병으로 잃고 큰 충격에 쌓여 이름을 개명한 것으로 알고 있다.

서울대학교 문리과대학 국어국문학과 졸업, 고려대학교 교육대학원 국어교육 전공 졸업, 고려대학교 대학원 박사과정 국어국문학과 졸업(문학박사) 경상대학교 교수, 한국교원대학교 교수로도 역임한 바가 있다.

이처럼 화려하고 찬란한 시조문학의 한 장르를 개척하고 남다른 문학 열정을 진작해 면면히 살아온 흔적들을 하나하나 더듬어 볼 때 참으로 순수문학의 모범적인 인물임을 입증할 수 있다.

연금과 연마석(練磨石)의 세월은 시간과 세월이 흘러감에 따라서 그 진가를 볼 수가 있듯이 이 분의 과거 현재 미래를 보는 평가는 마치 돌이 풍우에 스치고 깎이어서 마모되고 이끼가 끼었을 때 느끼는 바에 의하여 평가되고 진가를 예측할 수가 있는 법이듯 원용우 선생의 현재는 미래를 예측할 수 있는 가늠자, 즉 기준점이라는 것으로 규정할 수가 있는 것이다.

부디 오래 오래 긴긴 건강 축복 있는 나날로 이어지기를 축원 드리면서 미흡하나마 두서없는 글로 축서(祝書)를 대신한다.

[祝辭]

원 교수님의 80순 축하를 드리며……

이 영 순
(담쟁이문학문인회 회장)

원용우 박사님과 인연이 된 것은 몇 년 전 문예춘추에서 뵙게 되면서부터입니다. 처음에 뵈었을 때 수수하시면서 해박한 지식을 갖추신 분으로 넉넉한 모습이 좋았습니다. 많은 말은 오고 가지 않았지만 박사님은 남다르게 인자하시고 정겨움을 지닌 분이라는 것을 느꼈습니다.

제가 '담쟁이 문학 문인회' 회장에 취임할 때 원 박사님은 먼 길을 마다 않으시고, 몹시도 추운 날 모자도 쓰지 않고 오셔서 축하해 주시고 그 후에도 담쟁이 문학 문인회 고문님으로 추대할 적에도 흔쾌히 허락해 주시는 넉넉한 마음의 원 교수님이 꼭 친정 오라비같이 정겨우신 분이셨습니다 늘 든든한 큰 오라비 같은 느낌을 주시는 멋진 분이십니다.

모습보다 많이 젊으신 교수님이 그새 80순이시라니……

그간 멋진 모습처럼 고운 마음으로 살아오셔서 아마도 나이보다 젊어 보이시나 봅니다. 우리가 세상을 살아가는 데는 좋은 스승을 만나야 좋은 가르침을 배우고 좋은 친구를 만나야 좋은 인간성을 배우고 좋은 선구자를 만나야 좋은 사회성을 익힌다고 했습니다.

또 문학의 길엔 좋은 선배를 만나야 된다고도 했습니다. 원 박사님은 내겐 좋은 선배님이고 문학으로는 좋은 동료같이 편안함을 주시는 분이십니다. 언젠가 제 시집을 한 권 드린 후 교수님께 글이 많이 모자란다고 말씀드렸더니 교수님 하시는 말씀이 그만큼 쓰면 되지 뭘 하시면서 잊지 못할 인자한 대답을 주셨습니다. 요즘 세상에는 조금 지식이 있답시고 늘 사람을 가르치려고만 하는 사람들이 많지요. 작은 지식을 남용하며 사람을 기를 죽이는 소인배들도 있지요. 사람들은 배우려 하지 않는데도……

그러나 원 박사님 같은 훌륭한 분은 진실 속에 마음이 통하는 동지 같고 오라버니 같은 따듯함을 겸비한 겸손이 아주 몸에 푹~밴 분이셨습니다. 원 박사님의 굵고 고운 심성 앞에 저는 늘 감사한 마음과 더불어 저도 박사님의 인격을 감히 본받고 싶습니다, 문학을 하면서 박사님을 알게 됨은 제겐 행운입니다, 팔순을 축하드리면서 부디 남은 삶. 건필하시고 오래도록 행복하시길 기도합니다. 원 박사님 존경하고 사랑합니다.

끝으로 제작품 하나 선생님에게 남깁니다,

향 기

이 영 순

한설에 핀 매화 향기
제아무리 아름다워도
내 가슴에
남몰래 핀
그대 향기만 하오리.

봄바람에 핀
황홀한 꽃이라도
사람의 도리를 아는
가지런한 인연(人緣)의 꽃만 못하니.

사람이 사람에게 주는
향기보다 더 아름다운 건
이 세상에 아무것도 없으리.

* 담쟁이 문학회 회장 서울, 불광동에서, 시인 이영순 올림.

[祝辭]

올곧은 선비, 푸른 꿈 무성한 원용우 선생님

정 은 미
(광진문인협회 부회장)

선생님. 지금쯤은 가을빛이 스며들어 마음의 물결이 일렁거려야 할 때인데, 여전히 여름빛이 자리를 내주지 않고 있습니다. 더디 오는 만큼 오래 머물다 가면 좋으련만, 이러다 가을이 오는 둥 마는 둥 겨울에게 떠밀려 속절없이 가 버리는 게 아닐까 싶어 은근 조바심이 납니다. 선생님과의 인연은 2003년 3월 광진문협 창립 때였으니 벌써 13년이 되었습니다. 그때는 60대 후반이셨는데 벌써 80세를 기념하는 책을 만들겠다고 하시니, 가는 세월은 정말 막지 못하는 것 같습니다.

세월을 탄 것인지 고속철을 탄 것인지/엊그제 봄이더니 가을 하늘 드높구나/느는 건 주름뿐이요 쌓이는 건 한숨일세.

– 원용문 「버리는 연습」 1연

선생님의 시조 '버리는 연습'에서 말씀하셨던 것처럼 고속철을 타고 여기까지 온 것 같습니다.

13년을 달려오는 동안 선생님과의 좋은 인연이 끊이지 않은 것에 감사할 뿐입니다. 그리고 건강하시고, 열심히 문단생활하시며 시조의 거목으로 길잡이 역할을 하고 계심에도 감사합니다.

주름은 늘어도 몸과 마음은 늘 청춘 같아서 그 많은 일을 지금도 거뜬히 해 오고 있지 않습니까? 지방까지 왔다 갔다 바쁘게 움직이시며 여전히 뭔가 할 수 있음을 보여주실 때 제게도 자극이 된답니다. 한숨 같은 것은 쌓아두지 말고 날려 버려도 끄떡 없으실 것 같습니다.

언제 떠나와서 어디로 가는 길이냐/등에 진 무거운 짐 벗을 줄도 모르느냐/비탈길 내려가는데도 숨이 너무 가쁘다/함께 가던 친구들이 하나씩 안 보이기 시작해/가던 길 잠시 멈추고 먼데 산을 바라본다/무심턴 흰구름 마저 예사롭지 않네 그려.

– 원용문 「가는 길」 전문

함께 가던 친구들이 하나 둘 보이지 않을 때 너무 가슴이 아프지요. 광진문협에서 한 길을 같이 가던 초대 회장이셨던 황인호 선생님과 3대 회장이셨던 오덕교 선생님이 참 그립습니다.

어찌 그리 빨리 가셨는지요. 안녕히 가시라는 인사도 제대로 못 드렸는데 그렇게 훌쩍 우리들 곁을 떠나셨습니다. 그분들을 떠나보내는 선생님의 심정은 얼마나 힘드셨을까 싶습니다.

선생님은 너무 무거운 짐을 등에 지지 않았으면 좋겠습니다. 이제는 가끔씩 가던 길 멈추고 먼데 산을 바라보고, 푸른 하늘을 바라보는 일이 자주 있었으면 좋겠습니다.

사방이 성벽처럼 둘러쳐진 몇 평 공간/낯익은 집기들이 무료하게 앉아 있고/이따금 정막 깨우는 벨소리 가슴 울린다//꽃들도 주인 닮아서 초로의 지친 모습/그래도 책을 안고서 시의 향기 맡다보면/유년의 옹달샘처럼 솟아오르는 그리움이여.//그윽한 차 한 잔을 친구처럼 마주 대하고/조수처럼 밀려드는 외로움을 반추하면/찾아온 저녁 햇살이 뜬금없이 춤을 춘다.

– 원용문 「서재」 전문

이 시를 읽다 보면 서재에 앉아 시의 향기에 흠뻑 취해 계시는 선생님의 모습이 그려집니다. 얼마나 많은 시집들이 선생님을 에워싸고 있을까요. 그 중에서 저의 졸작 시집도 있겠지요. 제 동시를 읽고 어떤 어떤 동시들이 참 좋았어, 라고 기분 좋게 말씀해 주셨던 목소리도 생생합니다. 책 속에 묻혀 책 냄새를 맡고, 시의 향기에 취하고, 그윽한 차 한 잔을 마시며 보내는 초로의 삶은 절대 지쳐 보이지 않는 아름답고도 축복 받은 삶이라 생각합니다. 저도 그런 삶을 살고 싶습니다.

선생님은 언제 뵈어도 선비 같습니다. 점잖고 조근조근한 말씀, 부드러운 인상에 늘 바쁠 것 없이 느긋하면서도 소신이 분명한 선비 같습니다. 여전히 가슴엔 푸른 꿈 무성할 것 같습니다. 남은 인생에도 삶의 철학이 담긴 시조를 푸르게 푸르게 펼쳐 나가시길 바랍니다.

선생님의 책에 제 글이 누가 되지 않았는지 모르겠습니다. 앞으로도 선생님과의 좋은 인연이 계속 이어지길, 그리고 하나님의 축복이 늘 임하시길 기도합니다.

저의 바람이 그대로 담긴 선생님의 시조 「가을 나무」를 옮기며 이만 글을 맺겠습니다.

한결 가까워진 산/휑하니 뚫린 하늘/내 마음 열린 문에도/저처럼 막힘 없다면/치솟는 이상을 향해/손 흔드는 나무 되리라/바람이 스쳐갈 땐/미소 한번 지어보고/푸른 옷 절로 벗고/ 노란 물로 익어가는/보람의 열매를 맺고/풍성한 가을 누리리라/나무가 좋은 것은/은혜로운 햇살 받고/눈과 비 아침 안개/다 받아 키운 기개/모두가 우러러 보는/현자 (賢者)의 모습 때문이다.

– 원용문 「가을 나무」 전문

[祝辭]

여강 원용우 교수님

– 팔순 기념문집 발간을 축하 드리며 –

최 서 윤
(음악가)

삶의 긴 여정에서 무수히 스쳐가는 세월의 조각들……
그것이 곧 인생이고, 그 속에서 그 사람의 품격이 형성 된다면
여강 원용우 교수님은
오직 아름답고 숭고한 영혼으로 삶을 빚어 오신 멋진 분이십니다.
어느 질곡의 순간 까지도
자신만의 삶의 가치로 채색 하며 살아오신 교수님!
지금도 문화원에서 강의를 하시며 후진 양성에 뜻을 세우시고,
나이가 들수록 더욱 아름다운 삶을 살아가시며
후학들의 귀감이 되시는 교수님!
인생의 계절이 깊어질수록
마치 가을을 물들이는 진홍의 단풍처럼 농익은 그 품격이
많은 이들의 존경을 받으시는 교수님!
이제 교수님의 팔순 기념문집 발간을 진심으로 축하드리며
더 큰 뜻을 이루시고
오래오래 건강하시고 편안하게 잘 지내시기를 진심으로 기원합니다.

[祝辭]

팔순을 祝賀드립니다

한 철 우
(한국교원대학교 명예교수)

여강(如江) 원용문(元容文) 선생님의 팔순(八旬)을 진심으로 축하드립니다. 전화기에서 들리는 선생님의 음성으로는 도저히 팔순의 노인으로 보기 어렵고, 팔순의 중년(中年)으로밖에 생각할 수 없습니다. 누구도 팔순의 중년이란 모순된 말을 얼른 수긍하기 어렵겠으나 선생님의 활기찬 건강이나 활발하신 여러 가지 사회활동으로 짐작컨대, 팔순의 중년이란 말이 원용문 선생님께는 별로 어색하지 않습니다.

한국교원대학교 국어교육과에서 15년여를 함께 학생들을 가르치고 동고동락하면서, 또 서울대의 동문 대선배로서, 그리고 항상 그 온화하시고 때로는 강직하신 인품을 존경해 마지않았습니다. 당신이 손수 시조시인이시면서 고전시가를 가르치셨고, 많은 제자를 시조 작가로 등단시켰습니다. 저에게도 몇 번 시조를 쓰라고 말씀하셨으나 재주가 미치지 못하여 그만 그 좋은 기회를 놓치고 말았습니다. 아직도 진한 아쉬움이 남아 있습니다.

항상 수많은 대학원생들이 여강 선생님께 지도 교수를 신청하였고, 주위에는 항상 즐겁게 배우는 학생들로 북적였습니다. 시가문학을 사랑하는 학생들이었겠지만, 또한 그분의 온화하신 인품에서 비롯한 따스한 지도 분위기와 자상하신 지도 때문이었을 터입니다. 퇴임하신 후에도 많은 제자들이 따르는 것을 보면서 여강 원용문 선생님의 인품을 새삼 다시금 기억하게 됩니다.

한국교원대학교에 재직하실 때에는 생활관장, 제2대학장을 역임하셨습니다. 비교적 자주 선생님의 연구실에 들렀고, 환담을 나누기도 하고 공적이든 사적이든 대소사를 의논드렸으며, 그 때마다 밝은 길을 안내하고 고견으로 후배 교수를 지도하셨습니다. 그럼에도 여강선생님이 퇴임하신 후에는 저의 개인적인 병마와 싸우느라 혹은 학교의 보직을 맡으면서 이런저런 일에 얽혀 자주 찾아뵙지 못하였고, 저의 퇴직 후 한가해졌을 때에는 퇴직 후의 막막한 길을 찾아 헤매느라 또한 만나 뵙지 못하였으니 축하의 말씀을 올리는 이 자리를 빌어 용서를 구하고자 합니다.

팔순에도 중년의 정신적 신체적 강건함을 유지하고 계시니 이렇듯 찬란한 팔순 기념

문집(文集)을 기획하고 상재(上梓)하시는군요. 신체적 건강에 활력이 있더라도 따르는 후배 혹은 제자들이 공을 들여 글을 써 동참해 주지 않으면 성사되기 어려운 일인데, 이처럼 팔순 기념 문집 상재의 큰일을 성취하시니 여강 선생님의 인품을 우러르지 않을 수 없습니다.

백세 인생, 백세 시대 하면서 쉽게 그리고 너도나도 그렇게 누리리라 말들을 하고 희망을 하지만, 말처럼 그리 쉬운 일이 아님은 70도 못 채우거나 겨우 넘기는 사람들이 많음을 보아서 알 수 있습니다. 지금과 같은 신체적 정신적 강건하심으로 미루어 짐작컨대, 여강 선생님은 너끈히 건강한 백세 인생의 복을 누리실 것이 틀림없습니다.

팔순 기념 문집의 간행을 다시 한 번 축하드리며, 강건한 백세의 수(壽)를 누리시기를 기원합니다.(2017. 2.)

* 전 한국교원대학교 교수부장 한 철 우 삼가 올림, 전 한국어교육학회 회장, 전 한국독서학회 회장.

評 說

1. 여강 원용우 시조 문학 · 신웅순
2. 여강 원용우 박사 시문학적인 지향세계 · 장희구
3. 성찰과 비유의 시학 · 유성호
4. 삶의 그늘 걷기 또는 삶의 지평 늘이기 · 차호일
5. 원용우의 수필세계 · 申吉雨

[評說]

1. 여강 원용우 시조 문학

신 웅 순
(중부대학교 교수)

(1)

오래전에 교수의 논문 「역학기원설」을 읽은 적이 있었다. 시조를 연구하는 필자에게 많은 생각과 영감을 주었던 학설이다. 시조의 원리를 역학적 측면에서 풀어낸 탁월한 논문이었다. 필자가 시조 연구에 몰두했을 때였으니 더욱 그러했으리라.

시조의 3장은 주역의 천지인 삼재의 원리를 본딴 것이고, 6구는 6효의 원리를 본 따서 만들었다 고 하였다. 그리고 각장이 4등분 되는 것은 춘하추동 사상을 의미한다고 보았고, 시조 한편이 12절 로 된 것은 1년 12개월을 상징한다고 보았다.

시조 형식을 삼재 육효로 처리했다. 한글 모음도 천 · 지 · 인, 삼재의 원리에 의해 만들어졌으니 이는 시조의 원리와 결국 같은 것이다. 감명 깊게 읽은, 시조의 형식을 주역으로 풀어낸 쾌도난마의 논문이었다.

시조의 삼장은 천 · 지 · 인이요, 각 장 4소절은 춘 · 하 · 추 · 동이요, 삼장 12소절은 12달이다. 그러면 시조는 자연이며 소우주가 아닌가. 소우주라면 세상에 담아내지 못할 것이 하나도 없다. 시조는 기 · 승 · 전 · 결의 기막힌 우리 민족사이며 개인의 인생사이기도 하다. 교수는 6번째 시조집 머리말에서 다음과 같은 문학관을 전개했다.

작품의 질적 가치도 중요하지만 양도 무시할 수가 없다. 문학 작품은 독자와의 소통이 중요하다. 작품에 부드러운 맛이 있어야 한다.

작품을 읽으면 무슨 뜻으로 썼는지, 이야기하고자 하는 것이 무엇인지 이해할 수 없는 작품들이 많다는 것이다. 의미 전달이 안 되고 메시지가 무엇인지 알 수 없다는 것이다. 물론 의미 전달의 문제만으로 시를 본 것은 아니다. 누구나 쉽게 쓸 수 있고 쉽게 읽을 수 있고 쉽게 느낄 수 있는 것이어야 한다. 더욱이 우리 문학의 시조에 있어서랴.

목은 이색은 시만도 6000여수에 달했던 당대 제일의 문장가였다. 그에게 시는 하루 일과의 시작이었으며 제자를 가르칠 때도 시로 강론했고 정사를 말할 때도 시로 말했다. 참으로 시를 사랑한 사람이었다.

필자가 교수의 시조를 읽으면서 목은 이색이 뇌리에서 떠나지 않았다. 지금까지 필자는 시조의 예술성에 높은 비중을 두었지 대중성에는 별다른 방점을 두지 못했다. 문학 행위에는 작품이 있고, 세계가 있고, 작가가 있고, 독자가 있다. 여기에서 하나라도 빠지면 문학의 행위는 이루어질 수 없다. 필자는 가장 중요한 독자들과의 소통, 시조의 효용성을 생각하지 못했던 것이다.

교수는 이러한 소통의 효용성을 중요시했고 또한 그렇게 썼고 그렇게 읽었다. 많은 시조에 가령 명시조들이 숨어 있을 뿐이지 그의 시조는 또 다른 차원이면서 깊이가 있고 품이 넓은 것이 특징이다.

개인과 가족의 일상에서부터 사회, 국가에 이르기까지, 과거에서부터 현재, 미래를 뛰어넘는 그의 시조는 공시적이면서도 통시적이다. 우리가 몇몇 작품의 시조를 갖고 시인 전부를 재단한다는 것은 얼마나 위험한 일인가.

(2)

필자는 그의 여섯 번째 시조집『아버지의 땅』을 읽으면서 많은 생각을 했다.『아버지의 땅』은 그의 개인사이자 가족사이다. 이는 남들의 개인사, 가족사이기도 하다. 그래서 잔잔한 감동을 주는 것이다. 살아온 여정을 시조로 쉽게 읊는다는 것은 존경스러운 일이다. 감명이란 이렇게 나중에 다가와 사람의 마음을 따뜻하게 되짚어보게 한다.

『아버지의 땅』은 필자에게 우매함을 일깨워준 시조집이었다.

늘그막에 등 따시니 고향 노래 부르고 싶다
어머니가 지어주던 바지 저고리 다시 입고
내 손주 재롱 부리듯 춤이라도 추고 싶다

논두렁 밭두렁 길 마냥 헤매던 어린 시절
선녀가 타고 내려온 무지개 잡겠다고
팔 벌려 다가가 안으면 한 아름 잡히던 허공이여

천자문 가르쳐 주던 서당 선생님 보고 싶고
보름달로 떠오르던 그분의 외동 따님
밭머리 아지랑이처럼 하늘가를 맴도네

–「고향노래」전문

농암 이현보는 명절이나 생일 때면 어린 아이처럼 부모님 앞에서 때때옷 입고 춤을 추며 재롱을 부렸다고 한다. 효의 아이콘인 농암을 생각나게 하는 시조이다.

못다한 효를 다하고 싶은 마음이 그 얼마였겠는가. 하많은 세월이 흐른 지금 나를 낳아 길러주신 부모님이 새삼 그리운 것이다. 어머니가 지어주시던 바지 저고리를 다시 입고 그 앞에서 춤을 추고 싶다는 노교수. 효도하고 싶어하나 기다려주지 않는 부모님. 천자문 가르치던 서당 선생님도 보고 싶고 그분 외동 따님도 보고 싶은데 그 강물에 다시는 발을 담글 수가 없으니 파도처럼 밀려오는 회한을 어찌할 것인가. 세월을 돌려놓을 자가 어디 있으며 세월을 막을 자가 어디 있는가. 우탁은 늙는 길 가시로 막고 오는 백발 막대로 치려했더니, 백발이 제 먼저 알고 지름길로 온다고 그리 읊지 않았던가.

노교수의 회한은 「아버지」에서 그 절정을 이룬다.

흙에서 나고 자라 흙 파먹고 사시다가
그 흙이 너무 좋아 흙산으로 가시었나
당신의 마음씨처럼 둥그렇게 모은 봉분

먼동이 트일 시간 어여어여 소를 몰고
밤이면 지게 위에 달을 지고 오던 그분
반기던 대문짝만이 삐꺽삐꺽 울고 있소

손때 묻은 낫과 호미 녹이 쓴 채 걸려 있고
뒤란의 오동나무 작년처럼 푸르른데
무심한 소쩍새 소리가 밤하늘을 찢는다

–「아버지」 전문

당시 시절만도 우리나라는 농경 시대였다. 농사짓는 것 밖에는 딱히 할 일이 없었다. 사람들은 흙에서 자라, 흙에서 살다, 흙으로 돌아간다. 아버지는 먼동이 틀 때면 어여어여 소를 몰고 가고, 밤이 되면 지게 위에 달을 지고 오셨다. 이제는 사립문만 삐꺽삐꺽 울고 손 때 묻은 낫과 호미가 담벼락에 녹 쓴 채 걸려있다. 뒤곁 오동나무는 예대로 푸르른데 무심한 소쩍새 소리는 밤하늘을 찢는다. 사무치게 그리운 아버지를, 노교수를 대신해 소쩍새가 울고 있으니 회한에 찬 지금에 와 뉘우친들 무엇하겠는가. 그나마 마음을 위로해주는 시조라도 있으니 이 아니면 노교수는 어찌 세상을 살아올 수 있었을까. 이렇게 작품은 시인이 살아온 시대를 그대로 보여주고 있는 것이다. 노교수는 다시 세상에서 가장 아름다운 이름, 어머니를 나직이 불러본다.

어머니는 속상하면 부지깽이 두드렸다
피아노 건반 치듯이 부엌바닥 두드렸다
아궁이 타는 불처럼 속이 타서 검은 날

아궁이 쑤시다가 바가지로 눈물 쏟고
부엌 바닥 두드리면서 한 많은 노래 불렀다
소쩍새 우는 소리를 반주 삼아 불렀다

아버지 등허리에 붙어살던 지게처럼
어머니 손바닥에 달싹 붙던 부지깽이
버리려 내던졌을 때 내던져진 어머니의 삶

— 「어머니의 부지깽이」

어머니는 부지깽이를 두드렸다. 아궁이를 쑤시다가 바가지 같은 눈물을 쏟았다. 그리고 부지깽이를 내던지고 가셨다. 얼마나 가난했으면, 얼마나 속이 상했으면, 얼마나 가슴이 아팠으면 그랬을까 싶다. 보릿고개에서 '솥적다, 솥적다' 우는 소쩍새 울음은 어머니에겐 얼마나 처연하게 느껴졌을까.

소쩍새는 봄에 운다. 소쩍새가 울 때쯤이면 양식이 떨어지고 보릿고개가 닥친다. 보릿고개가 닥 치면 조반석죽도 여의치 않아 풀뿌리 나무껍질로 허기진 배를 달랬다. 하지만 당시에는 그것마저도 취할 수 없어 누렇게 부황이 들거나 굶어 죽는 사람도 허다하였다. 죽지 못해 산다는 말이 거짓이 아니었다. 시절의 생활상이야말로 그토록 비참하고도 절박하였던 것이다.

— 김광수의 「나그네가 전개한 진정의 풍경」 에서

아버지는 평생 지게와 함께 어머니는 평생 부지깽이와 함께 살아왔다. 삶이 아버지는 지게였고, 삶이 어머니는 부지깽이였다. 아들인 노교수에게 아버지는 지게를 내려놓고 어머니는 부지깽이를 내던지고 훌훌 길을 나섰다. 못 견디게 그리워 아들은 그 나이가 되어 이제사 사부곡, 사모곡을 부르는 것이 아닌가. 숙명을 받아들일 수밖에 없는 것이 인생이다.

아내와의 이별은 노교수의 찬 가슴을 더욱 처연하게 만든다.

그립고 생각나면 사랑 시조 읊어보고
그러다가 잠이 들면 꿈 속에나 다시 만나
그 동안 못 다한 이야기 쏟아 붓는 은하수여

개미 쳇바퀴 돌 듯 백화점 안 돌아다니고
아이들 옷가지며 남편의 먹을 거리
수북이 사오시던 날 함박꽃은 피었다

지금은 어디 계시나 그림자도 찾지 못해
깊은 잠 누워계신 대신면에 달려가서
당신의 암을 뽑듯이 잡초 뿌리 캐준다

－「아내에게」 전문

세상에 태어나 부모를 만나고, 커서는 아내를 만나 자식을 낳고, 자식을 키워 시집 장가 보내고, 마지막에는 영원히 부부는 서로 이별하게 된다. 생로병사는 또 무엇이고 인명재천은 또 무엇인가. 이를 거스를 수 있는 이는 아무도 없다.

「아내가 있는 병원」에서 노교수는 '아내는 무슨 죄로 열 달째 갇혀사나/생명을 단축하는 주사기 꽂아놓고/추억을 반추하면서 건너는 세월의 강'이라 읊었다.

불치의 병, 암을 앓고 있던 아내를 산으로 보내야했던 노교수. 참담한 마음을 꿈에서라도 만나 못다한 이야기를 쏟아 놓고 싶은데 이제는 그림자 자취조차 없다. 무덤가에서 잡초를 뽑는 노교수는 어떤 심정이었을까. 허무하기 짝이 없는 것이 인생이다. 이 시조를 읽으면 정철의 〈장진주사〉를 읽는 것 같아 처연하기 짝이 없다. 사람의 마음을 울려주는 것은 별 것 아니다. 진솔이며 진실 그 하나면 족하다.

(3)

원용우 시인은 서울대 국어국문학과를 졸업하고 중고등학교 교사를 하다 경상대학을 거쳐 한국 교원대에서 정년, 현 한국교원대 명예교수이다. 1975년 월간문학으로 문단에 등단, 한국시조사랑 이사장을 거쳐 현 한국시조협 고문으로 있다. 23권의 저서와 90여 편의 논문이 있다. 시조집 『한강변의 봄맞이』 외 6권의 시조집이 있으며 『맛있는 문학기행』 외 5권의 수필집이 있다. 『황산시조문학상』 학술상, 『경기예술 대상』 등 20여개의 문학상을 받았다.

그냥 지나칠 수 없는 작품이 있다.

눈 감으면 오히려 세상이 환히 뵌다
눈 뜬 장님이 너무 많은 우리 이웃
빨건 걸 하얗이라고 우겨대는 어리석음

옛 어른들 눈 감고 귀 막고 사신 그 뜻
허유가 영수가에서 귀를 씻던 고고한 삶
두 눈을 크게 뜨고 봐도 골동품이 되었다

공해에 찌든 음식 밥상 위에 널렸다

혼자서 고고한 척 아무리 살아봐도
그 밥을 먹지 않고는 넘지 못하는 늦가을날

-「늦가을에」

시인은 가족에서 사회로 눈을 돌렸다. 농경사회에서 산업사회로 이동하면서 생긴 현대사회의 모순에 대해 메스를 가하고 있다. 정신문명이 물질문명을 따라잡지 못해 생긴 부정 부패의 온갖 행태를 개탄하고 있는 것이다.

김광수 시인의 말로 대신한다.

시인의 의도는 전도된 가치관과 왜곡된 풍조가 만연한 우리 사회에서 날로 심각해지는 갖가지 폐단을 없애려면 모든 사람의 의식이 변해야 하겠지만 우선 위정자를 비롯하여 사회 지도층에 있는 이들이 올바른 사상과 가치관을 가지고 사익보다는 공익을 위하여 헌신하며 희생적 모습을 보여야 한다는 취지를 묵언으로 역설하는데 있다고 하겠다.

이뿐만이 아니다. 교수의 '고개 이야'기는 그의 가족사에서 정치 · 사회시를 총망라하고 있다. 차라리 대 서사시이다. 유년의 고개에서부터 육이오 고개를 넘고 피난 고개를 거쳐 유학, 4.19, 5.16, 군대, 대학, 유신, 시조, 석사, 박사, 시위, 5공, 교원, 민주화, 올림픽, 운동권 고개 등 우리의 아픈 민주화 고개인 현대사를 고스란히 시조에 담아내고 있다.
얼마 간의 시간이 흘렀을까. 이제는 뒤를 돌아보며 지난날을 반추하고 있다. 유년 고개에서부터 숱한 질곡의 역사를 거쳐 최근의 운동권에 이르기까지 현대사 고개 이야기를 시조로 써내려갔다.
노교수의 『전쟁고개』를 잠시 낭송해본다.

피난 갔다 돌아오니 마을은 온통 잿더미이고
그나마 안 탄 집은 군인들로 북적대고
고향에 돌아왔어도 발 붙일 곳 없는 폐허의 땅

누구는 의용군 가서 영영 생사 모르고
누구는 국군에 가서 전사 통지서만 돌아오고
남북이 갈라지듯이 갈라졌던 마을 청년들

아낙네 끌려가서 우군에 겁탈당하고
남정네는 끌려가서 밤마다 방공호 파고
그 언제 멈출지 모를 포성만 지축을 흔들었다

—「전쟁고개」

한편의 다큐이다. 현장의 그날이 생생하게 기록되어있어 읽는 이로 하여금 숙연하게 만든다. 의용군으로 가서 생사를 모르고 전사 통지서만 돌아왔으니 마을 청년들도 남북으로 갈라지듯 갈라섰으니 민족의 참담함을 어찌 말로 다할 수 있으랴.

대학고개에서는 이희승 선생님께 선비 기질을 배웠고 정병욱 교수님에게는 학문의 세계를 맛보았다. 시조는 이우종 선생을 만나 시조도에 입문했다. 거기에서 시조를 고려의 청자보다 더 고결한 배달의 얼을 전수 받았다고 술회하고 있다. 수많은 고개를 넘고 넘었으니 오늘 날의 찬란한 시조 이론과 창작의 업적을 이룬 것이 아닌가. 무슨 회한이야 남았겠느냐만 그래도 끝없이 남는 것이 예술가들의 욕망이며 자신의 몫이기도 하다.

세상에 시조 한 수 낚기가 얼마나 어려운 것인가.

시조 한 수 낚으려고
낚싯대를 드리운 오후

잡으려는 물고기는
끝내 물리지 않고

시간만 줄줄이 묶여
허연 뼈를 드러낸다

도를 닦는 심정으로
낚시질해 보지만

정성으로 부족한 지
헛입질 하고 있다

빈 망태 들고 앉아서
저녁 해를 바라본다

—「어느 오후」

예인들의 느끼는 심정은 이런 것일 것이다. 좋은 시조 한 수 입질하기가 이렇게나 어려운 것이다.

교수의 첫시조집 후기에서 '건방진 이야기 같지만 하나의 신앙으로 생각하겠습니다. 어느 한 구석 빈자리를 채워주는 평신도라도 되겠습니다.' 라고 말하고 있다.

그가 쓴 「시조의 길」에도 '내가 가는 길은 자나깨나 시조의 길, 시작은 있었지만 끝 안 보이는 구도의 길/밤 새워 기도하다 감격의 눈물 흘리고'. 시인에게 시조는 하나의 신앙이다.

일상생활이 시조이고 역사가 시조이고 문화 유적이 시조이고 그가 가는 곳이면 다 시조가 된다. 종횡무진 장소면 장소, 과거면 과거, 현대면 현대, 사회, 정치, 경제 등 아니 거친 곳이 없다. 시인이라면 이런 정도는 되어야 하지 않겠는가. 이색이 시를 사랑하듯 시인도 그렇게 시조를 사랑했다. 우리나라 방방곡곡 스치지 않은 데가 없으니 김삿갓이라면 어떨까 싶다.

(4)

머리맡에 두고 싶은 시조, 오래 오래 읽고 싶은 시조 몇 수를 낭송해본다. 단시조는 이렇게 품격이 있고 맛깔스럽다.

뒤란의 장독대엔/장항아리 다섯 개//어머니 정성이 담긴 크고 작은 그 모습//만삭의/잉태한 오남매 찍어둔 사진이다

–「장독대」

무엇이 급하신지 뒤돌아보지 않고//떠나신 어머니가 가슴 답답하셨나//구름문 열어젖히고 얼굴 잠깐 내미셨네

–「낮달」

얼굴을 가리우고 응아 소리 못 지르고//어머니 뱃속에만 자리 잡은 우리 아기//어엿한 대한의 아들로 출생신고 바란다

–「이어도」

먹고 싶지 않아도 나이는 자꾸 먹고//쓰고 싶지 않아도 흰머리 쓰고 산다//기울고 싶지 않아도 비스듬히 기운 세월

–「늙음」

이 해도 인생처럼 조금씩 기울어져 가고 있다. 온 산천이 붉게 물이 들고 조금 있으면 우수수 낙엽들은 세월의 빈자리로 떨어질 것이다.

원교수의 팔순 기념이 훈훈했으면 좋겠다.

[評說]

2. 여강 원용우 박사 시문학적인 지향세계

- 제8시조집 『아차산 연가』의 평설을 붙이며 -

장 희 구
(한국 한문교육연구원 이사장)

(Ⅰ) 서사(序詞) : 시평의 문을 열어가며

여강 원용우 박사 팔순기념 문집을 상재하면서, 여덟 번째 시조집을 겸해서 발간한다. 옛부터 인생칠십고래희(人生七十古來稀)라고 했으니, 수명이 지금과 같이 길지 않았던 시절에 고희(古稀)를 넘기기가 어려웠음을 말해 준다. 그럼에도 불구하고 여강 선생은 오뚝이 인생처럼 질곡의 세상을 살아오면서 숱한 세파를 몸으로 부딪치고 정신력으로 극복하는 지혜를 발휘하면서 살아온 선인과 같은 분이다. 늦은 나이에 박사학위를 받고 진주 경상대학교에서 대학교수의 꿈을 키우시다가, 청주 한국교원대학교를 끝으로 정년을 맞이하면서 수많은 제자들을 길러냈다.

특히 선생은 한국시조의 위상 제고에 노력하는 한편 시조의 세계화라는 높은 기치를 내걸고 노력했던 공만은 작다고 할 수 없겠다. 정형시조가 파격에 밀려가고 있는 현실을 안타깝게 여기면서 진정한 시조 중흥은 정격에 있다는 논리정한 이론과 실제를 몸으로 부딪치며 일구려는 야망으로 한국시조협회(구 한국시조사랑시인협회) 초대 이사장을 맡아 불철주야 노력했다. 선생의 옥저를 들추어 살펴보면 시조학 이론이 정연하여 3장 6구체를 '천지인 삼재설(天地人 三才說)'에 바탕을 두고 주역유래설을 주장해왔던 점을 주목한다. 시조의 처음을 고려말 역동 우탁 선생이라고 규정했던 점이 이제는 시조단에 굳어지고 있을 뿐만 아니라, '시조(時調)' 명칭이 석북 신광수에 의했다는 이론을 처음으로 일컬어졌음도 많은 발표물을 통해 주장해 왔다. 이는 오직 시조인으로만 살아왔음은 자타가 공인하는 바다.

여강 선생은 팔순기념문집을 발간한 이후에도 부디 백수를 누리시어 통일의 대업이 이룩되는 그 날, 저 북녘에도 시조를 보급함은 물론, 우리의 염원인 시조가 세계문화유산에 등재될 수 있는 그날을 위해 앞에서 끌어가는 '담쟁이'이란 선도적 역할을 할 수 있기를 바란다.

(2) 본사(本詞) : 시평의 현토를 달아가며

1) 힘들고 고달펐던 인생살이를 해쳐가면서

이 장에서는 반달을 보면서 반쪽을 잃은 외로움을 달래며, 나이를 먹을수록 어울리며 굴러가는 이치를 알며, 이명의 진절머리를 피할 수 없음을 안다. 가슴에 묻고 살아야 할 반쪽의 의미를, 나이 들어 끌어안고 사는 지혜, 숙명으로 받아야 할 이명을 품에 안아야했다.

동행하던 내 짝이 하늘나라 가셨나
떨어져 나간 반쪽 등이 너무 허전해
그리움 가슴에 묻고 노을 강 건너간다.

– 원용우 「반월(半月)」 전문

견우성과 직녀성이 만나는 날이 음력 칠월칠석으로 반월이 외롭게 떠서 짝을 잃은 사람들에게 시름을 더한다. 서쪽 하늘에 걸려있는 반월(半月)을 보면 시기(詩妓) 황진이가 생각나는 것은 아마 이 때문일 것이다. [누가 곤륜산의 옥을 찍어 내어(誰斷崑山玉)/직녀에게 얼레빗을 만들어 주었던가(裁成織女梳)/견우와 서로 이별한 후에는(牽牛離別後)/근심스러워 푸른 하늘에 던져 던져버렸네.(愁擲碧雲虛)]라고 했으니 반달을 보게 되면 곁을 떠나고 지금은 없는 임이 그리워 더 이상은 못 참겠다는 한 시인의 소회였으리라.

시인의 심정도 이와 같은 그리움이 더하는 상황은 아니였을까 생각했다면, 아마 먼저 곁을 떠난 나의 반쪽이 생각나는 것은 인지상정이었음을 알게 한다. 동행하던 내 짝이 하늘나라에 가셨는데, 오늘따라 곁에서 떨어져 나간 반쪽의 등 돌린 뒷모습이 너무 허전했었다는 선경의 시상을 떠올리고 있다. 부부는 남남으로 만났지만, 평생을 같이 하기 때문에 일심동체라고 했다. 그런 부부의 한 쪽이 먼저 떠나면 울컥 생각나는 것은 결코 시인 혼자만은 아니련만, 오늘따라 아련하게 뒷모습이 생각났다는 시상을 가만히 떠올리고 있다.

우리 속담에 죽은 사람만 불쌍하지 사는 사람은 그렁저렁 살아간다는 말들을 하지만 당사자에겐 그게 그렇게 잘되지 않는다는 생각에 젖는다. 흔히 화자정리(會者定離)라고들 하지만 귀에 스치며 들리는 말일 뿐 떠나보낸 사람에겐 썩 그렇게 잘 되지 않는다. 화자는 이런 점들을 생각하면서 하루에도 몇 번씩 떠오르는 그리움을 가슴에 파묻으면서 노을 강을 건너간다고 했다. 노을 강을 건넌다는 것은 시인이 반월을 보면서 시적 대상자인 반쪽을 생각하면서 강을 건너는 그런 모습을 깊은 상념으로 보았다는 후정으로 보는 것이 좋겠다.

뉘엿뉘엿 서산으로 넘어가는 노을 강을 노래하는 시 한 편이 유독 생각난다. [저녁노을 붉은 강/엄마의 자장가는 쪽배를 타고 긴 메아리가 노 젓는다/먼 하늘 그곳은 한 여인의 한 맺힌 삶/달빛 숲 눈물바다 밤은 하얗게 취해있었다]라고 했으니 그리움을 가슴에 묻고 노을 강을 건너는 반월을 바라보는 시인의 심정과 아마 같았을 것이다. 먼저 떠난 반쪽을 생각하는 화자의 입을 통해 내뱉는 질문과 대답이란 생각과도 아마 같았으리라.

> 이 세상 별것 있나 어울려 사는 거지
> 어딘지 모르면서 떠밀려 내려가도
> 삶이란 굴러가는 것 신나게 굴러본다.
>
> – 원용우 「나이를 먹을수록」 전문

청문회 석상에서 나이 먹은 탓에 기억이 나질 않는다고 투덜대는 사람을 보았다. 이런 때 일수록 "나이가 나를 먹다"는 노래 한 구절이 울컥 생각나는 것도 마찬 가지일 것이라는 생각이 든다. [눈 뜨면 하루가 지나고 고개 들면 사람도 떠나네/스치는 바람에도 온몸을 움추리고 그 어떤 상황에도 웃을 수 있는 나이/시간의 굴레는 또 나를 잡아먹을 듯 이빨을 들이대자 나를 삼켜 버릴 듯/한 손엔 이상과 한 손엔 욕심을 붙잡고 끝 없는 외줄을 타는 우리는……]이라는 한 구절이 요즈음 더 생각나는 것은 평자 혼자만의 푸념은 아닐 것이라 본다. 이 작품을 읽는 순간 어쩌면 시인과 같은 생각을 했을 것이란 필름을 돌려본다.

그렇지만 시인은 나이가 먹을수록 정말 쿨(cool)하게 살고 싶다는 소망을 담아내고 있어 보인다. 600여 년 전 단종이 비운에 갔을망정, 평생을 같이 하자고 약속했던 반쪽인 반월이 곁을 떠나 지금은 외로울지라도 반대급부라는 대체적인 생각으로 살고 싶어 한다. 이 세상이 참으로 별것 있나를 묻더니만, 서로 둥글둥글 어울려 사는 것을 제일의 명제로 삼았음을 알게 한다. 그러면서 때로는 어디인지 무엇을 하는지도 모르면서 마구 떠밀려 내려가도 흐느적거리면서 살고자 한다는 선경의 시상이 곱기만 하다. 이를 두고 좋다는 식으로만 말한다면 바람 불면 부는 대로, 물결치면 치는 대로 살기를 바라는 소망의 나래들이겠다.

화자는 이런 점을 인식하면서 삶에 대한 애착을 갖는다. 떠난 사람에 대한 미련, 자기 운명에 따라 살다가 훌쩍 떠난 사람에 대한 그리움들일랑 훌훌 털어버리자는 의지를 담아냈다. 그래서 시인의 입을 빌은 화자는 삶이란 그대로 두면 '굴러가는 것' 이라고 하면서 삶 자체를 신나게 굴러가도록 시운전을 잘해 본다고 했다. 수직적인 생각보다는 수평적인 생각, 부정적인 생각보다는 긍정적인 생각을 하면서 더불어 정신으로 살고자 했음도 알 수 있다. 나이 먹고 사는 세월이란 수레바퀴 속에 인생은 이렇게 사는 것이 참다운 인생을 설계하는 지침대라는 생각으로 살기를 바라는 노 시인의 소망어린 한 가르침이겠다.

그 언제 가셨는데 날마다 찾아와서
슬픔의 가락 얹어 눈물로 호소하나
그 소리 듣기 싫어도 또 들리는 나의 이명.

– 원용우 「귀뚜리 소리 전문

이명(耳鳴)은 귀가 윙윙 소리를 내면서 울린다는 뜻이다. 나이 들면 사람에 따라서 다르겠지만 나도 모르는 사이에 이명 현상이 생긴다고 한다. 곧 바깥 세계에서는 그 소리가 없는데도 귀에 잡음이 들리는 현상이나 귀의 질환이나 정신적 흥분 등으로 인해 청신경에 병적 자극이 생겨 발생한단다. 의학에서는 기혈이 부족하거나 종맥이 허했을 때 풍사가 경맥을 따라 귀루 들어가 생기는 귀울림이란 질환이라고 말한나. 이명을 앓고 있는 사람들의 말에 의하면 약물치료가 가능하다고 하나 상당한 인내심이 필요하다고 한다.

시인은 이명으로 늘 귀를 후비는 모습을 보곤했다. 귀에 바짝 대고 매미 같은 짐승이 속삭이듯이 말을 한다느니, 그저 그렇게 윙윙거리는 소리를 낸다는 등으로 이야기했다. 그러려니 하면서 스쳐지날 수도 있었으련만 그게 그렇게 되지를 않는다고 한다. 상황에 따라서 더 심할 수도 있고 그렇지 않을 수도 있다는 볼맨 소리도 든는다. 그래서 시인은 그 언제인가 귓가에 떠나가셨던 이명에 다시 받아먹을 것이라도 있는 것처럼 날마다 찾아와서 슬픔의 멋진 가락을 얹어가며 눈물로 호소하는 소리를 들어가면서 허우적거린 모습이 상상된다. 분명 이명은 오고가고를 마음대로 하는 뜨내기손님임에 틀림없다. 잠깐 볼 일이 있어 외출을 나갔다가 다시 기웃거릴 때는 더 힘찬 소리로 꾸짖는다니 참 답답한 노릇이다.

꾸중도 할 수 없고, 이비인후과를 찾아가 벌레를 잡아달고 하소연도 할 수도 없는 처지다. 시인은 차분한 성격의 소유자인 화자를 찾아가 제발 부탁한다면서 이명을 다스려 달라고 가히 절규에 가깝게 몸부림치는 모습까지도 상상된다. 그렇지만 화자는 더 듣거리는 소리로 '그 소리가 듣기 싫어도 또 들리는 나의 이명' 이라는 한 마디를 던지면서 자기 합리화의 과정으로 일주문과 불이문을 닫아버리면서 곤한 잠에 취해 버린다. 그러면 잠시 동안만이라도 이명의 속삭임에 그와 같이 잠을 청할 수 있는 조용한 시간이었겠기 때문이다.

2) 삶의 의미를 알아가며 세상을 살아가면서

이 장에서는 이 세상을 살면서 이해하고 끌어안은 정신을. 동네방네 잔치 날인듯 옥동자에 어화 둥실, 진정한 삶의 의미를 쪼개고 합했으면 한다. 단맛 신맛 세상살이, 그래도 옥동자를 끌어안는 선현 정신을 다잡으면서 진정한 삶의 의미를 끌어안고 보듬어간 정신이리라.

> 단 것도 삼켰지만 쓴 것도 맛보았다
> 나이를 먹을수록 감사의 잔(盞) 자주 들고
> 웃으면 더 웃게 된다는 최면(催眠)에 취해 본다.
>
> – 원용우 「이 세상을 살면서」 전문

삶의 의미가 묘연할 때가 더러 있다. 내가 왜 살고 왜 아등바등해야 하나라는 생각 때문이다. 삶의 의미는 절대적 가치를 추구하고 행동할 때 그에 상응하는 기쁨과 대가를 받을 수도 있다고 말한다. 인간은 거울 세포의 존재로 인해 다른 사람들이 행복을 느낄 수 있도록 도왔을 때 스스로 행복을 느낀다는 입장을 가설로 설정할 수도 있겠다. 위 두 가지는 종교론적인 입장이겠지만, 종교를 벗어나서 인간윤리적인 측면으로 다시 마음의 위안을 삼을 수도 있겠다는 생각이 들기도 한다. 그렇다면 인간이 세상을 살아가면서 자기 위주에 취하기보다는 더불어 사는 정신과 배려의 정신이 더 중요하지 않을까 생각된다.

시인은 인간의 본질적인 문제가 무엇이고 어디에 있는 것인가에 대한 물음을 던지듯이 늘 감사하는 마음을 간직했음이 시적인 영상 속에 채워져 있음도 알 수 있다. 그래서 시인은 때로는 단 것도 꿀꺽하면서 삼켰으며, 쓴 것도 실컷 맛보았다고 했다. 그러면서 나이를 점차 먹을수록 남에게 감사의 잔(盞)을 주고받았다는 소박한 배려와 양보의 정신을 가만히 들어서 올려놓는다. 세상을 편안한 마음으로 응시할 수 있었음을 알 수 있다. 이 세상을 살아가면서 꼭 간직하면서 진정한 마음으로 배려해야 할 대목이 아닐 수 없으리라.

화자는 이와 같은 입장에서 이웃을 먼저 생각하는 용서와 화해라고 생각하는 정신을 갖게 된다. 그래서 이제는 누구에게나 '웃으면 더 웃게 된다는 최면(催眠)에 취해 본다' 는 사양지심(辭讓之心)을 베풀었다는 소박함들을 엿본다. 가장 편안하게 가장 아름다운 덕성으로 살아가는 한 방법이 아닐까 하는 생각을 한다. 이는 반드시 성인군자가 아니라도 된다. 학자가 아니고 지도자가 아니라도 상관없다. 나보다는 너를, 내 입보다는 상대의 입을 먼저 생각해 주면 된다. 우리들이 생각하는 인간과 축생의 한계는 여기까지가 아닐까 본다.

얼마나 빌고 빌어 기도의 열매 익었는가
생명의 씨앗 자라 옥동자를 분만했다
고고(呱呱)의 울음소리가 잠든 산하 뒤흔드네

구름처럼 몰려 온 이웃들의 축하 박수
태어난 가문의 영광 강물 되어 이어가리
그 얼굴 너무 환해서 눈이 부신 봄날 아침.

– 원용우 「옥동자 분만」 전문

우리의 전통윤리 사상은 부계사회로 안착하면서 남아선호사상이 깊이 자리잡고 있다. 아들을 낳았다고 했을 때라야만 비로소 자식을 낳았다는 말을 들을 수가 있었음도 기억할 일이다. 흔히 아들을 낳았으면 [옥동자(玉童子)]를 낳았다고 했고, 딸을 낳았으면 [공주님(公主)]을 얻었다는 상대적인 어휘를 썼다. 이와 같은 남아선호사상이 우리들의 뇌리에 깊숙하게 박혀있는 것도 사실이다. 이를 감추기나 하는 것처럼 "아들 딸 구별 말고 둘만 낳아 잘 기르자"는 슬로건이 이제는 "딸 아들 구별 말고 많이 낳아 잘 기르자"는 묵언의 슬로건이 자식을 많이 낳아서 기르자는 쪽으로 선회하고 말았다. 두 자녀와 세 자녀 이상에게 지급하는 양육비 지급의 차이가 이와 같은 우리의 세태의 정황을 더욱 부추기도 한다.

시인은 이런 점을 의식이나 하고 있듯이 떡덩구리 같은 아들에 대한 의미를 결코 축소하지 않았을 것이라는 생각이 든다. 첫째 수에서 옥동자의 분만을 위해서 얼마나 빌고 빌어서 기도하고 난 다음에 열매가 무르익었던가를 물으면서 이제 생명의 씨앗이 곱게 자라 옥동자를 분만했었다는 시상을 떠올린다. 옥동자의 분만이라는 새 생명의 탄생이다. 두 번째 수에서는 옥동자 순산을 축하하기 위해 구름처럼 몰려드는 이웃들의 축하의 박수를 받으면서 태어난 옥동자가 가문의 영광으로 길이 남아 넘실거리는 강물이 되어 대를 이어갈 수 있었으면 하는 기원이란 선경의 시상을 놓는다. 이와 같은 옥동자의 순산을 두고 온 마을이 경사가 났다는 소문으로 이어져 동네잔치로 이어질 수도 있기 때문이다.

화자는 옥동자의 순산에 힘을 얻어 더욱 기분 좋은 모습을 만나게 된다. 마치 천금이라도 얻은 것처럼 자기 합리화에 그 의미를 부여한다. 옥동자의 우렁찬 탄생의 소리까지를 묘사했었으니 청아하고 고고(呱呱)한 울음소리가 고이 잠들었던 산하를 뒤흔들었다는 후정의 시상을 매만지게 된다. 의성어인 '고고(呱呱)'는 어린아이가 운다는 뜻인 바, 새 생명의 탄생의 의미를 부여하는 울음소리다. 이어진 둘째수의 후정에서는 태어난 아기 얼굴을 새 봄날의 신비에 비유하고 있으니, '그 얼굴 너무 환해서 눈이 부신 봄날 아침'이라는 칭찬을 아끼지 않았다는 서정적 지향으로 온 동네의 경사로 돌리는 감격스런 모습이 보인다.

삶이란 구름인가 잡아도 잡히지 않고
놓아도 놓지 못하는 안타까운 인연의 끈
갈 수도 아니 갈 수도 없는 다리 건너간다

한때는 부푼 가슴 희망도 가졌었지
돌아보면 아득해라 영욕(榮辱)을 짊어지고
겨운 길 외진 고개를 넘어가는 저 구름

바람이 솔솔 불고 갈잎이 하늘댄다
해거름 하산 길에 채이는 돌부리들
놓일 데 놓여 있음을 언제쯤 알게 될까

– 원용우 「삶의 의미」 전문

'오늘 지금 여기에서(Do it now)' 동이 트기 전에 어서 일어나서 새날을 맞이하라고 외치는 소리가 삶의 의미 속에 깊숙하게 들어있는 것 같다. [실천하기 좋은 특별한 날은 바로 오늘이다. 행동하는 지성이 글로벌 리더의 창조경영자의 길이라고 하면서… 중요한 것은 즉시 실천하는 것이 성공한 사람들의 공통점] 이라고 했었나니. '탁월한 성과를 내는 개인과 조직의 가장 특징적인 자질은 행동지향성'이리라. 내일과 나중은 패자들의 단어이고, 오늘과 지금은 승리자의 단어다. 실패자가 즐겨 쓰는 단어는 '나중'이고, 성공자가 즐겨 쓰는 단어는 '지금'이다. 힘들고 불행하게 사는 사람들은 '내일' 하겠다고 말하는 반면, 성공하고 행복한 사람들은 '지금' 한다고 말한다. 삶의 의미를 두고 깊이 생각해 볼 일이다.

시인은 깊은 고민 속에 어떻게 사는 것이 진심으로 의미 있는 삶인가에 대한 깊은 고민을 했을지도 모른다는 생각이 든다. 인생을 관조하는 의미 있는 사념에 빠졌을지도 모른다는 생각이 든다. 그래서 첫째 수에서는 인간의 삶이란 뜬 구름인가를 묻더니만,

잡아도 잡히지 않고 놓아도 놓지 못하는 안타까운 인연의 끈이라는 심회에 찬 고뇌의 물음을 자신에게 넌지시 던진다. 구름잡이 인생들이 부자간 부부간 등등 인연의 끈으로 꽁꽁 묶여 있다는 생각을 하게 된다. 둘째 수에서는 그래도 한 때는 부푼 가슴에 밝은 희망도 가졌었지만, 다시 돌아보면 멀기만 하고 아득하기만 하다면서 영욕(榮辱)의 한 짐을 가득 짊어진 나그네와 같다는 소회를 밝혀내고 있다. 이는 무한한 인간의 욕심일 것이다. 그렇지만 그것도 해탈하지 못한 인간의 짐임을 스스로 알았을 것이란 생각을 하게 된다. 셋째 수에서는 덧없이 나이가 들어가면서 이제 하산의 길을 재촉하는 자신을 발견하면서 허허로운 생각에 지난날의 자신을 넌지시 되돌아본다. 어디서인가 바람이 솔솔 불고 갈잎이 하늘댄다면서 해거름을 다잡아 이제는 무거운 짐을 벗고 하산 길에서나마 발에 채이는 돌부리들일랑 조심스럽게 비켜가는 버거운 삶의 무게에 남은 인생을 맡기고 싶다는 생각에 젖었으리라.

화자는 깊은 상념 속에 삶의 의미를 독실하게 캐물으면서 저 멀리 있는 뜬 구름을 잡아야겠다는 생각의 무게를 서서히 놓아가는 지혜를 생각하게 된다. 그래서 이제는 갈 수도 아니 갈 수도 없는 버거운 다리를 건너지 않을 수 없어 건너게 된다는 소회를 밝혀내고 있다. 필연적이고 운명적으로 가야할 길인 것을 깊이 생각하면서. 이와 같은 삶의 의미에 젖었던 화자는 '겨운 길 외진 고개를 넘어가는 저 구름'을 부르더니만 이제는 모진 삶의 무게는 내려놓아야 할 운명적인 의미로 묶인 삶의 여정을 준비하고 있음이 보인다. 그렇지만 아직도 놓아버리지 못한 자기 불만족이 있다고 한탄하면서 놓아 둘 장소에 바르게 놓여 있음을 언제쯤이나 알게 될까를 되묻는다. 이제는 정리의 단계에 있다는 생각으로 경기도 여주에 보관되어 있었던 무겁고 버거운 한 짐의 책 뭉치를 함양에 있는 지리산문학관에 기증했음도 은근하게 떠올리면서 이제는 비우려는 학자의 양식을 오늘따라 깊이 생각하게 한다.

3) 묵직하게 살아왔던 선현들의 얼을 부여잡고

이 장에서는 억울하게 죽어 갔던 어린 단종을 끌어안고, 민족 영산 백두산의 가르침에 동화하며, 석북 선생 문필정신을 잔잔하게 이어 갔으면 한다. 단종의 비명 들어가며, 백두 기상 펼치면서, 시조(時調) 용어를 처음 쓰며 시조창에 앉은 가락을 음미해 보았으면 좋겠다.

어린 소나무가 비바람에 꺾였구나
밤 새워 울어대던 소쩍새는 어디 갔나

하늘도 노랗게 보이고 강물도 노랗게 보이네.

– 원용우 「단종」 전문

단종은 문종의 아들로 태어나 12세의 어린 나이에 왕위에 올라 15세에 숙부 수양대군에게 왕위를 빼앗기고 난 2년 후인 17세에 영월 청령포에서 사약을 받고 운명을 달리한 비운의 왕이다. 조선 500년의 역사상 가장 뼈아픈 역사를 등에 짊어진 왕으로 우리는 역사에서 똑똑히 배웠고 기억하고 있다. 이와 같은 뼈아픈 역사를 잘 알고 있었던 시인은 어린 단종이 영어의 신세가 되어 유폐되어 있었던 청령포를 찾아서 추모하며 썼던 작품이다.

시인은 역사의식과 민족의식이 누구보다 강직한 분이다. 정의감이 강하여 불의를 보면 참지 못하는 느긋하면서도 꼿꼿하게 정당함을 피력하시는 분으로 유폐지 청령포를 찾는 심회는 누구보다 남달랐을 것이다. 시인은 단종을 그리는 마음을 담아 어린 소나무가 비로소 비바람에 꺾이고 말았었다는 통회어린 심회를 쏟아내더니만, 밤을 새워 울어대던 소쩍새는 어디 갔나를 되묻는다. 단종은 한양의 옛궁이 그리울 때면 영월의 자규루(子規樓)에 올라 외로움을 달랬음을 잘 알고 있었기에 작품 속에서 소쩍새를 굳이 찾는다.

화자는 한명회 일파가 수양대군을 등에 업고 휘두르는 총칼 앞에 아무 것도 할 수 없었던 어린 단종은 이제 파랗게 질린 얼굴로 하늘과 강물만 보면서 숙부를 원망했을 지도 모르겠다. 그래서 시인의 입을 빌은 화자는 '하늘도 노랗게 보이고 강물도 노랗게 보이네' 라는 허탈한 심회를 쏟아냈을 것이다. 보이는 것이라곤 파란 하늘과 청령포를 싸고 돌면서 적시는 서강(西江) 또한 마지막 숨을 거두려는 순간 온통 파란 색이 노랗게 보였을 것은 뻔해 보인다. 죽음을 목전에 두는 시절이 하 수상할수록, 단종이 외로운 심회를 달래기 위해 지어 불렀던 자규사(子規詞) 한 구절이 생각나는 것은 왜일까, 곰곰이 생각해 본다. [달 밝은 밤에 소쩍새 울 때면(月白夜蜀魂啾)/시름을 못 잊어 누대 머리에 기대 앉네(含愁情依樓頭)/네 울음소리 하도 슬퍼 내 듣기가 괴로웁나니(爾啼悲我聞苦)/네 소리 없었거든 내 근심도 없으련만(無爾聲無我愁)/세상에 근심 많은 분들께 이르노니(寄語世上苦勞人)/부디 춘삼월일랑 자규루에 오르지 마오.(愼莫登春三月子規樓)]라고 읊었으니 여기에는 한대(漢代)에 극히 유행했던 [부문학(賦文學)] 한 틀을 원용해 보인 통쾌한 단종이란 젊은이라기보다는 나이 지긋한 중년 교수가 학생들에게 훈도하는 시격쯤은 아닐까 생각된다.

유월의 백두산은 흰 머리 쓰고 있다
안개인지 구름인지 모자처럼 쓰고 있고
흰 옷을 입던 선조들 상투 튼 머리 같다

도대체 천지호는 물동이 같아 뵌다
어머니 이고 다니던 바로 그 물동이
물보다 진한 감동을 담고 있는 물동이.

– 원용우 「백두산은」 전문

백두산은 우리의 민족혼이 담겨져 있고, 압록 두만을 가로 지르며 두 변경의 중심에 서있는 산이다. 백두산은 장백산맥의 주봉으로 서의 압록강 · 북의 송화강 · 동의 두만강이 시작되는 산이기도 하다. 산꼭대기에 흰색의 돌이 유독 많은데, 마치 흰머리와 같다고 하여 백두산이라고 부른다. 백두산은 화산 폭발로 이루어진 천지인 화구호를 품에 안고 있는 휴화산이다. 2,500m 이상의 봉우리들이 정상부에 모여 있는 형태를 이루고 있고 북한 쪽엔 7개 봉, 중국 쪽엔 9개 봉으로 나누어져 있다. 마지막 화산 폭발은 1702년이었다고 하는데, 그 이후엔 자생된 식물 군락지가 번성하여 큰 삼림지대를 이루고 있다. 이와 같은 민족의 영산 백두산을 보고 시상을 일으킨 시인 묵객들이 참 많았음을 생각해 본다.

백두산의 신비스러움과 아름다움을 생각했던 시인은 꿈에서만 동경해 오다가 천지를 가슴에 품고 열여섯 개 봉우리를 양팔에 껴안으면서 시상을 일으켰을 것으로 보인다. 민족 통일이란 염원을 간직하면서 '백두야 어디에 갔다가 이제 왔느냐?' 는 푸념을 했을지도 모른다. 이런 마음들을 담아 첫 번째 수에서는 유월 달에 찾았던 백두산이 흰 머리 쓰고 있다고 하면서 마치 안개가 짙어서 구름인지 흰 모자처럼 쓰고 있다는 선경의 시상을 일으켜 보인다. 두 번째 수에서는 아무리 보아도 천지호수는 도대체가 물이 가득 담긴 물동이 같아 보인다면서 우리 어머니들이 물동이를 머리에 이고 다니던 바로 그 물동이를 연상하는 직유법의 묘미가 가슴에 와 닿는다. 얼마나 반갑게 얼싸 안았을까 하는 생각을 한다.

화자의 환희와 벅찬 기쁨은 선경의 시상으로만 그치지 않았다. 백의민족의 기상을 생각했을 것이고 천지호수가 파랗다 못해 시커먼 물동이 속에 담겨져 있어 감동을 일으켰을 것을 생각해 냈음으로 보인다. 백두산은 마치 흰 옷을 즐겨 입었던 우리 선조들이 상투를 틀었던 머리 같다는 민족의 영산을 다시 되새기는 은유적 시상이란 멋을 일구어 냈다. 주봉과 같은 16개 봉우리의 축하 속에 담겨진 천지호수가 물보다 더욱 진한 감동을 담고 있는 물동이가 대한민국의 영원한 번성을 이룩할 수 있기를 간절히 소망했을 것이란 생각이 든다. 시인의 입을 빌은 화자는 남쪽과 북쪽으로 펼쳐지는 높고 낮은 산을 에워싼 임해만리(林海萬里)를 멀리 바라보면서, 애를 타는 마음으로 민족통일을 염원했을 것은 뻔해 보인다.

쏘아 논 화살같이 매서운 그의 눈길
한 마디 일러주면 열 문장 알던 총명
숨은 뜻 담긴 석북집(石北集) 읽을수록 단맛 난다

남들이 우러르는 현감 자리 올랐어도
노모 모실 집 한 칸 마련 못한 청백리(淸白吏)
갈수록 메마른 세상 참스승 나타났다

서천(舒川)의 밤하늘 떠다니는 저 달님은
석북의 화신인가 밝고도 청랑하다
시조창 고전의 바다 노를 젓던 사공님.

– 원용우 「석북 신광수 선생」 전문

석북 신광수(石北 申光洙 1712~1775)가 지은 관서악부는 관산융마, 여강록, 탐라록과 함께 저술했던 조선후기의 작품들이다. 이 관서악부 작품은 석북이 작고하기 전해인 1774년, 그의 나이 63세 때 절친했던 친구 번암 채제공이 평양감사로 부임하게 되자 7언 절구체 108곡의 연작시를 지었으니 요즈음으로 말하자면 친구를 위해 보낸 전별시(餞別詩)인 명문이다. 석북의 시 중에서 [국화를 꺾으며(折菊)] 절구 한 수 또한 서정성이 깊숙하게 스며있어 많은 이들의 사랑을 받은 작품이기에 여기에 옮겨본다. [가을 어느날 남산에 올라 친구 집에서 자고(南山秋宿故人家)/다시 돌아오는 길에 꺾었던 노란 국화꽃(折得歸時黃菊花) /가마 타고 천천히 단풍 숲으로 들어가면서(肩輿緩入楓林去)/웃음 지으며 여강의 백조 향해 자랑했었지(笑向驪江白鳥誇)]라고 했으니 한시 작품을 통해서 서경과 서정을 두루 펴면서, 완만한 선경후정(先景後情)이란 시상의 정격이란 한 그릇을 담아냈던 작품이다.

시인은 이와 같은 석북의 시상이 완만하면서 서정성이 깊숙했던 점을 감안하면서 시적인 착상을 얻었던 것으로 보인 세 수 연시조 작품이다. 첫째 수에서는 쏘아 놓은 화살같이 매서웠던 그의 눈길에는 한 마디를 일러주면 열 문장을 알았던 총명함이란 그의 총기어린 날카로움을 선경의 시상 한 줌으로 이끌어냈다. 둘째 수의 시상에서는 남들이 우러러 보면서 그 자리에 앉고 싶어 했던 현감 자리에 올랐어도 노모조차 잘 모실 수 있는 집 한 칸마저 마련하지 못한 청백리(淸白吏)였었다는 시상을 일구어 냈다. 관민들이 알아주는 청백리는 조정에서도 그 청렴성을 높이 사 주기 일쑤였던 조선의 제도였음을 시인은 잘 알고 있었음으로 보인다. 세 번째 수에서 시인 특유의 서정시다운 면모를 보이고 있다. 충남 서천(舒川)의 밤하늘을 떠다니는 저 달님은 아마도 석북의 화신일 것이라고 단정하면서 달님의 얼굴이 밝고도 청랑하다는 사상과 서정을 잘 조합해 내고 있다. 시의 맛깔이 서슴거리는 것은 비유의 명장답게 적시적소에 사용하고 있기에 더욱 감동을 받는 작품임을 알 수 있다.

화자의 눈빛은 시인이 서경으로 읊었던 시상에 하마 질세라 감동적인 느낌을 받는 후정으로 묶어 두는 고고한 이상향을 만들어 냈다. 석북의 숨은 뜻이 알뜰하게 담긴 석북집(石北集)이야말로 읽으면 읽을수록 그 단맛이 진하다고 하면서 시간이 지나 갈수록 메마른 이 세상에 참스승으로 나타나 서천의 하늘뿐만 아니라 대한의 온 하늘에 서광으로 비출 수 있을 것이란 감상적인 시상 한 줌을 일구었다. 시조는 시조 한 수로 존재하지 않았던 점을 잘 알고 있었던 화자는 넉넉한 서정성에 입각한 작품들이 시조 작품으로 번안(飜案)되어 시조창 한 줌의 '고전의 바다에서 어기여차' 하면서 노를 젓던 한 뱃사공을 떠올리며 영원의 노래가 창(唱)으로 이어지기를 은근하게 바라고 있었을 것으로 보인다. 살아있는 한시들이 꿈틀거리는 모습을 시인의 입을 빌은 화자의 장인정신으로 되살아나기를 은근히 바라고 있었을 것이다. 그래서 그가 쓴 관서악부 15절에서 보였던 [일반에 시조의 장단을 배(排)한 사람은 장안에서 온 이세춘(李世春)일세(一般時調排長短來自長安李世春)] 라는 구절에서 보였던 것처럼 당대의 시조창 대가 이세춘의 구성진 가락과 얼쑤얼 한 장단에 맞춰 되살아 날 수 있기를 간절히 기원했음까지도 잘 알 수 있어 보인 우수한 작품성이 돋보인다.

4) 아차산 연가 부르면서 바위처럼 지키면서

이 장에서는 굽은 나무를 보는 시각에 따라서. 부처로 앉은 바위의 의젓함, 온달의 사랑과 평강의 절개가 스며있는 아차산 연가가 들려오는 길목에 서본다. 바위처럼 묵묵하게, 이제는 남의 입장에서 서려는 마음을 다잡으며, 아차산의 숨결소리를 가만히 들어가는 모습을 본다.

> 내가 보면 굽은 거고 네가 보면 바른 거고
> 분명히 굽었는데 안 굽었다고 우긴다
> 들녘의 굽은 나무도 굽은 줄 모르고 산다.
>
> – 원용우 「굽은 나무」 전문

나무는 보기에 따라서 굽은 나무인지 곧은 나무인지 판단의 정도가 다르다. 보는 사람의 성향에 따라서, 보는 각도에 따라서, 보는 방향에 따라서 곡목(曲木)과 직목(直

木)의 한계가 크게 다를 수 있다. 시간에 따라서, 날씨에 따라서, 성격이나 기분에 따라서 각각이 다르게 말할 수 있기 때문이다. 시제와는 다소 거리가 있어 보이지만, 차제에 '제일 어려운 일은 우리를 만드는 일이겠는데, 처음에 굽은 나무를 쓰면 계속 굽은 나무를 써야 한다' 고 했으니(傳馬棧最難 先傳曲木 曲木又求曲木) 처음부터 곧은 나무를 쓰면 곧은 나무를 계속 사용해야 하기 때문에 굽은 나무는 쓸래야 쓸 수 없다는 뜻이겠다. 곧은 나무와 같은 인재를 적시적소에 등용하는 인사의 중요성을 설명하는 속 깊은 뜻을 담았으리라.

시인은 사람 성향에 따라서 굽거나 곧은 나무로 전혀 다르게 판단하게 된다는 점을 잘 알고 있어 보인다. 그래서 시인은 내가 보면 굽은 나무이고 네가 보면 곧고 바른 나무임을 판단하게 된다고 했다. 판단의 주체에 따라서 전혀 다르게 판단되는 예다. 그러함에도 '분명히 굽었는데 안 굽었다고 우긴다' 고 하면서, 아님에도 불구하고 자기 판단을 주장하는 못난 사람들을 스스럼없이 만난다. 악화가 양화를 구축한다고나 할까? 잘못된 판단이 되려 올바른 판단을 이겨서 혼란을 부추겨 혼돈의 도가니로 몰고 가는 현상을 종종 만난다.

화자는 이와 같은 역현상들이 있음을 생각하면서 우리 사회의 어두운 현실이 만연해 있음을 꼬집어 내고 있다. 이를 은유적인 쉬운 표현으로 '들녘의 굽은 나무도 굽은 줄 모르고 산다' 는 진리를 모르쇠로 일관한다. 큰 소리 치는 사람이 판을 치는 세상, 못난 사람이 잘난 체하고 버젓하게 활보하는 세상을 우회적으로 비판하는 비유법 달인의 한 모습을 보인다.

> 겉으론 무심해도 속으론 끓던 생애
> 꽃 피는 봄날에는 눈물마저 메말랐다
> 감고도 세상을 보는 부처로 앉아 있네
>
> 애증은 한갓 번뇌 명상으로 털어 내고
> 스스로 다짐하면서 먼 날을 꿈꾸는데
> 검버섯 덮인 몸매에 욕심이 너무 무겁다.
>
> – 원용우 「바위」 전문

'바위' 를 두고 다음과 같이 묘사한 서정적 정서가 가미된 서사적 담론시 한 편을 만난다. [누군가는 바위를 그 굳은 의지로 봅니다/어느 누군가는 한 폭의 그림으로 보기도 합니다/ 또 누군가는 실용적 생활 도구로도 봅니다/또 어느 누군가는 고답적 예술품의 한 산물로도 봅니다//그것은 천연적인 재료를 통해 하늘이 준 보물로 여기고 있습니다/물론 그것은 조각품으로 만들어 여러 예술성을 표현할 수도 있습니다/그렇지만 마지막으로 중요한 것은 영혼을 지닌 사람의 가치와 그것을 동일시했을 때/물질적 세계를 초월한 바위의 신비를 깨는 것이 될 수도 있습니다]라고 바위를 묘사했다. 혼탁한 물질세계를 초탈한 바위의 신비를 적나라하게 파헤쳐 보인 푸르다 못해 검은 바위 옷까지 차곡차곡 벗겨냈다.

시인은 바위의 신비 속에 몰입하는 냉정함을 보이더니만, 영원성과 신비성을 지적한 담론시에 관심을 가진 것이 아니냐는 생각을 한다. 그것만은 아니겠다. 바위는 무심해도 눈물마저 메말라 보여도 욕심쟁이 인간들이 그 이상을 부여안고 깊은 상념에 빠졌을지도 모른다. 그래서 시인은 첫수에서 겉으로는 무심해도 속으로는 들끓던 그의 생애 중 꽃 피는 봄날에는 눈물마저 메말라 멍하고 무심하게 보았을 것이란 선경의 시상을 일으켰다. 이어진 둘째 수에서는 바위가 던지는 애증(愛憎)은 한갓 번뇌라는 명상한 편으로 털어 내면서 스스로 다짐하고 먼 날의 아름다운 꿈을 꾸는데 희망을 걸고 있다는 후정의 시상은 두툼하기만 하다. 무겁지만 결코 무겁지 않게, 욕심을 초탈한 부처의 담담한 보습이 보인다.

화자는 마음으로 의지를 삼을 수 있는 것은 오직 묵직한 바위임을 생각하면서 그에게 의지할 수밖에 없는 시적인 지향세계에 몰입하는 자세를 보이는 후정의 시상들이 철철 넘친다. 눈을 지긋이 감고도 세상을 올바로 바라보는 의연한 부치의 자세로 앉아 있다는 서정성으로 포근히 감싸 안는다. 웃을 듯이 반길 듯이 불기의 연도를 손가락으로 헤아리는 듯, 깊은 상념에 빠진 부처의 모습을 촘촘한 시어들을 붙잡고 그려냈다. 마지막 둘째수의 후정에서는 검버섯의 두터운 옷에 덮여있는 몸매에 하염없이 욕심을 부리고나 있는 듯이 그 모습이 너무 무겁게 느껴졌다는 후정을 다듬어 냈다. 얼마나 많은 인고의 시간동안 이끼를 벗지 못하고 몸에 칭칭 감고 있는 욕심꾸러기 바위로 형상화시켰는가를 알 수 있다.

가슴에 새긴 사연 묵언으로 버틴 생애(生涯)
그리움과 외로움을 밥알 씹듯 곰삭이며
아리고 쓰린 역사를 간직해 온 아차산성

바라보면 의젓하고 늠름한 푸른 기상
무수한 세월 가도 변함없는 온달 사랑
불타는 진달래꽃은 누굴 위해 타는 건가

무너진 하늘 한켠 붙잡고 울던 평강
그 자리엔 이름 없는 풀들만 웃자랐다

켜켜이 쌓인 적막 속 성돌 하나 뒹군다.

– 원용우 「아차산 연가」 전문

아차산(峨嵯山)은 광진의 역사를 품에 안고 있는 아담한 어머님 품 같은 산이다. 서울과 구리시에 걸쳐 있는 아차산은 해발 287m의 야트막한 능선과 같은 산이다. 또 달리 부른 동음이의를 품고 있는 한자어는 [阿嵯山 · 阿且山]으로도 알려진다. 옛 기록을 보면 『삼국사기』에는 '아차(阿且)' 또는 '아단(阿旦)'으로 언급되었으며, 조선시대에 쓰인 『고려사』에 비로소 '아차(峨嵯)'란 말이 처음으로 나타났다. 태조 이성계의 휘가 '단(旦)'이기 때문에 이 글자를 신성하게 여겨 '단'이 들어간 이름은 다른 글자로 바꾸면서 '단' 대신 이와 비슷한 '차(且)'로 고쳤는데, 이때 아차산도 음은 그대로 두고 글자만 고쳤다고 한다. 조선시대에는 아차산 · 용마산 · 망우산 등으로 쓰였는데 이를 통일하여 '아차산'이라고 불렀다 한다. 아차산에는 온달장군과 평강공주의 로맨스 같은 애정어린 전설이 소담하게 전한다.

시인은 거주하고 있는 광진구의 아차산을 산을 끼고 아침이면 한강변을 산책하면서 주말이면 넉넉한 마음으로 이 산을 즐겨 오르신다고 한다. 이런 산을 두고 어찌 연가(戀歌) 한 구절을 음영하지 아니할 수 있었겠는가를 반문해 본다. 그래서 시인은 아차산에는 가슴에 깊이 새겨둔 사연이 묵언으로 버티고 있는 생애(生涯)라고 하면서 그리움과 외로움으로 밥알을 꼭꼭 씹듯이 곰삭여야 한다는 선경의 시상을 이끌어 냈다. 묵언으로 버티고 있는 아차산의 진정한 의미를 곰삭이는 지혜가 있어야 이 고장의 자랑과 함께 살아날 것이라는 시상을 어루만진다. 이어진 둘째 수에서는 아차산을 우두커니 바라보면 의젓하고 늠름한 푸른 기상을 맛볼 수 있다고 하면서 무수한 세월이 가도 변함없는 온달 사랑이 스며있다고 했다. 무너진 하늘 저 켠에는 그를 붙잡고 애달피 울고 울었던 평강의 애원을 생각하더니 그 자리에는 이름 없는 풀들만 웃자라고 있다고 했으니 두 사람의 애틋한 사랑을 생각하게 한다. 온달과 평강의 한 많은 사연을 담고 있는 설화와 같은 역사의 현장이다.

화자는 이와 같은 역사를 담고 있는 아차산성은 누가 지켜주는 것이 아니라 우리 광진구민들이 가슴에 끌어안고 가야되지 않겠느냐는 소망어린 나래를 펴는 모양이다. 그래서 화자는 '아리고 쓰린 역사를 간직해 온 아차산성'이라고 하면서 봄이면 어김없이 속으로 불이 붙어 타고 있는 진달래꽃은 누구를 위해 타는 건가를 엄히 묻는다. 타고 있는 진달래는 두 사람이 불타올랐던 사랑으로 치환시키는가 하면, 광진구민의 절망 없는 자긍심과 늙지 않는 애정으로 붉은 꽃의 한 모습으로 간직해야 되지 않겠느냐는 생각을 하게 되었을지도 모른다. 그래서 화자는 과거와 현재라는 시점을 아우르기나 하듯이 성을 쌓았던 성돌 하나하나가 켜켜이 쌓여가면서 적막 속에 나뒹굴고 있다는 서정의 무게를 달구어냈다. 그래서 화자는 아차산 연가(峨嵯山 戀歌)를 부여잡고 고금(古今)을 넘나드는 식지 않는 사랑에 진달래 꽃 같은 사랑을 심어서 넓은 나룻터와 같은 광진을 갈고 다듬어 가는 지혜를 간직했으면 하는 속깊은 염원을 담아냈다. 이와 같은 염원은 광진을 아름답게 꾸미는 원동력이 될 것이다.

(3) 결사(結詞) : 시평의 문을 닫으면서

지금까지 여강(汝江) 원용우(元勇愚) 박사의 시조 작품 12수를 간추려 네 단락으로 나누어 시평으로 상재했다. 시는 사상과 감정을 쉬운 문장으로 일구는 것이 좋다고 한다. 선생의 시를 읽어 보면 어려운 시어가 거의 없다. 이렇듯 평생을 시조시인으로 시조문학에 푹 빠져 갈고 다듬었던 보람은 열심히 활동하고 있는 후진들이 있었기에 그 끼친 공덕은 더욱 도타울 수밖에 없다. 시조(時調)는 글자 그대로 절서를 중시 여겼던 시절가다. 그래서 '문학'으로만 존재해서는 의미가 다소 퇴색된다. 우리 선현들은 시조 한 수 지어놓고 누정에 앉아 '시조창(時調唱)' 한 수를 얼싸 안으며 진한 풍류를 즐겼다. 민족적 감정이입에 따라 때로는 한과 애를 달래기도 했고, 너와 내가 같이 어울리는 한 판 풍류를 즐기기도 했다. 그런데 이런 정신이 지금은 사라지고 없다. '비록 선현들은 그랬을망정 지금은 아니다'는 사고방식은 '정말 이건 아니다'라는 생각이 든다. 선현들이 그랬으니 그 얼을 이어받아 더욱 발전시켜 한 차원 높은 지향세계를 펼쳐 나가는 속 깊은 발전을 엮어 가는 지혜가 필요하다는 제언을 드린다.

여강 박사의 문학적 지향세계는 높고 원대해 보인다. 어디까지가 문학이고 어디까지가 문학론인지 구분할 수 없는 모양새다. 문학이 곧 문학론임을 알 수 있도록 쉽게 글을 쓰는 것을 특징으로 꼽는다. 특히 선생께서는 사유의 진폭이 크고 넓어서 어디까지가 '서경(敍景)'이고 어디까지가 '서정(抒情)'인지 구분이 애매하고, 비유적인 표현은 달관의 경지에 들었음을 알 수 있다. 부디 박사님께서는 이제 시조집 2권만 더 발간하면, 10권의 시조집이 생성된다. 10권 발행과 함께 [여강시조전집]으로 묶어서 발간되기를 바란다. 그래서 서툰 걸음으로 이와 같은 조족지혈(鳥足之血)이나마 발문(跋文) 한 걸음을 더 달 수 있기를 바란다.

[評說]

3. 성찰과 비유의 시학

- 원용우 시조론 -

유 성 호

(문학평론가 · 한양대학교 교수)

(1) 시조에 담긴 보편적 인생론

우리의 전통적인 시가 양식인 시조(時調)는 지금 우리시대에도 연면한 생명력을 유지하면서 저변을 확대하고 있는 현재 진행형의 장르이다. 이처럼 견고한 생명력과 폭넓은 자기 갱신의 가능성을 가지고 있는 시조는, 그래서 우리 민족이 보유하고 있는 가장 고유하고도 독자적인 시 양식이라고 할 수 있을 것이다. 이는 아마도 시조 양식이 우리 민족의 성정(性情)이나 정서를 가장 잘 담아낼 수 있는 여러 장르적 특성들을 내포하고 있기 때문일 것이다.

물론 고시조를 지나 현대시조로 토양을 옮기면서 시조 양식의 본래적 특성들은 많은 변화를 치렀다. 왜냐 하면 현대시조는 고시조와는 달리, 현대인의 복합적인 정서와 인식을 담아내야 했기 때문이다. 따라서 최근 현대시조에는 때로는 정형화 되고 때로는 요설과 파격을 통한 충격적 시형도 많이 나타나고 있다. 이는 시조 형식의 확산과 다양화를 위한 고육책임에는 틀림없으나, 시조의 시조다움을 훼손하는 속성을 지니고 있음을 부인하기 힘들다. 그렇기 때문에 우리 시대는 시조의 정체성이 과연 무엇인가 다시 말하면 “왜 시조인가?”라는 근원적 질문을 거듭 던져야 할 시점이라고 할 수 있다.

하지만 잘 생각해보면, 시조 양식은 본래적 특성들을 잘 견지하면서 부분적으로 변용을 이루어내는 것이 온당하다는 것을 곧 알게 된다. 왜냐하면 정형시의 전통은, 오랜 세월을 축적하면서 인간의 보편적 정서를 담아내는 그릇의 역할을 충분히 해왔기 때문이다. 그래서 시조는 근원적으로 안정되고 보편적인 인생론의 경향을 띠기 쉽고, 그만큼 강렬한 해체 정신보다는 고전적인 정서의 재발견에 더 무게가 주어지게 마련이다.

이 글의 대상이 되는 원용우 시인 역시 이러한 보편적 인생론을 시적 주제로 하여 오랜 시간 시조를 써온 중견 시인이다. 그는 1975년에 『월간문학』으로 등단하여 30

년에 가까운 시력(詩歷)을 쌓아왔으며, 그 동안 황산시조문학상(1990), 일붕문학상(1991), 경기문학상 대상(1998), 월하시조문학상(2000) 등 굵직굵직한 문학상을 수상하면서 우리 시조단의 중견으로 자신만의 고유한 권역을 이루어왔다. 이 글에서는 그의 시조 이력 가운데 가장 최근의 결실인 제4시조집『거울 보는 연습』(2002, 새미)을 대상으로 하여, 그의 시조가 지향하고 있는 주제적 특성을 살펴보려고 한다.

(2) 성찰과 회한의 뒤안길

먼저 원용우 시인의 이번 시조집에서 가장 눈에 띄는 음역(音域)은, 노경(老境)에 이르면서 자기 자신을 새삼 바라보고 있는 시인의 모습이다. 그런데 이와 같은 시인의 태도는 자기 자신에 대한 매혹(魅惑)에 근원을 두는 청년기의 나르시시즘과는 차원이 다른 것으로서, 오히려 시간을 반추하면서 자신의 생의 형식을 반성적으로 바라보는 성찰적인 자세라고 할 수 있을 것이다. 그 진중한 성찰을 가능케 하는 시적 상관물이 바로 '거울'인데, 시인은 요즘 그 "거울 보는 연습"을 하고 있다고 노래하고 있다.

무료를 한잔 마시고 거울 보는 연습했다
습관처럼 나타나는 한 사나이의 친근한 몰골
아무리 관상을 봐도 내 팔자를 닮은 남자

완벽하게 나를 닮아 나처럼 말과 행동하고
마음 속 구겨진 양심마저 닮아 까만 얼굴
튀어난 이마 위에는 갈매기가 그려졌다

미운 정 고운 정 다 가꾼 밭이랑엔
세월의 바퀴 자국 지울수록 더 돋아나
쓴 웃음 허공에 던지는 운동만을 계속했다.

－「거울 보는 연습」 전문

'거울'을 바라보며 성찰의 계기를 갖는 장면은 이미 미당(未堂)의 절편(絕篇)인「국화 옆에서」에서 확연히 나타난 바 있다. 거기서 '거울'은 오랜 인고(忍苦)의 시간을 지나온 중년의 기품과 안정성을 확인하는 자기 확인의 기제로 기능한다. 이번 시조집의 표제작이기도 한 위 작품에서도 그 같은 '거울'의 시적 기능은 유지되고 있다. 하지만 제목에서도 보듯, 그 '거울'을 바라보는 것을 끊임없이 연습(演習)하고 있다는 것은, 시인 스스로 자신의 생을 온전히 갈무리하려고 한다는 것을 우리에게 스스럼없이 보여주고 있는 것이다.

시인은 "무료를 한잔 마시고 거울 보는 연습했다"고 한다. 그 '연습'을 통해 시인은 거울 속에서 "습관처럼 나타나는 한 사나이의 친근한 몰골"을 보게 된다. "아무리 관상을 봐도 내 팔자를 닮은 남자"가 거기에는 힘겹게 서 있다. 시인은 거울에 비친 자신을 "완벽하게 나를 닮아 나처럼 말과 행동하고/마음 속 구겨진 양심마저 닮아 까만 얼굴"로 묘사한다. 그리고 "튀어난 이마 위에는 갈매기가 그려졌다"고 함으로써 자신의 깊은 연륜에 대해서도 가감 없이 묘사를 하고 있는 셈이다.

결국 시인은 자신의 생애를 두고 "미운 정 고운 정 다 가꾼 밭이랑엔/세월의 바퀴자국 지울수록 더 돋아나/쓴웃음 허공에 던지는 운동만을 계속했다"고 말함으로써, 앞으로도 자신의 "거울 보는 연습"이 당분간 지속될 것임을 암시하고 있다. 이처럼 '거울'을 바라보면서 '성찰'의 태도를 견지하는 시인의 모습은 다음 작품에서도 이어진다.

그 옛날 소년티가 반쯤은 남아 있다
아무리 들여다봐도 나 같지 않은 내가
반백의 늙은이 되어 거울 앞에 서 있다

앳되고 사랑스럽던 소년은 어디 갔나
헛된 꿈 사냥하려고 이리저리 헤맨 세월
이마 위 파인 고랑을 훈장처럼 달고 있네

분명히 나인 것 같고 아닌 것 같은 사람
미워해도 사랑해도 마음까지 닮은 사람
어쩌나 버릴 수 없어 미소 한번 지어봤다

– 「거울을 보다가」 전문

시인은 문득 "거울을 보다가" 자신의 옛날과 마주친다. 그 옛날 소년 적의 모습을 현재 속에서 발견하고 있는 것이다. 다시 말하면 '거울' 앞에는 "그 옛날 소년티가 반쯤은 남아 있는" "나 같지 않은 내가/반백의 늙은이 되어" 서 있는 것이 아닌가. 그러니 그 "앳되고 사랑스럽던 소년은 어디"로 간 것일까. 이때 시인은 자신이 살아온 세월을 그 "소년티"를 잃어온 세월과 등가의 관계에 놓는다. 그래서 "헛된 꿈 사냥하려고 이리저리 헤맨 세월/이마 위 파인 고랑을 훈장처럼 달고 있다"고 노래하는 것이다.

그래서 시인의 눈에는 "분명히 나인 것 같고 아닌 것 같은 사람/미워해도 사랑해도 마음까지 닮은 사람"이 보이기 시작한다. 그 때 시인의 눈가엔 "미소"가 피어나는데,

그 "미소"는 체념의 결과이자 자기 연민의 흔적이자 넉넉한 자기 관조의 숨결이기도 한 것이다. 그 "미소"로 시인은 자신이 살아온 시간을 성찰과 회한으로 바라보고 있는 것이다. 다음 작품에서도 그 같은 성찰과 회한의 정서는 지속적으로 나타난다.

책장을 넘기면서
말씀들을 주워담는다

시간을 펴 올리면서
이 작업을 계속했다

마음을
비운 뒤에야
헛일인 줄 알았다

－「헛일」 전문

자신의 현재를 "내리막길" 「등산」로 인식하고 있는 시인은 이 작품에서 "책장을 넘기면서/말씀들을 주워 담는다//시간을 펴 올리면서/이 작업을 계속했다"고 자신의 생애를 회고한다. 그러나 그 삶을 두고 "마음을/비운 뒤에야/헛일인 줄 알았다"고 자조적으로 고백하고 있다. 이 "헛일"이라는 남루한 고백은 시인 자신이 "거울 보는 연습"을 통해 다다른 겸허한 성찰의 종착지라고 할 수 있을 것이다. 그 겸허한 자기 고백이 "마음의/장벽 허무는/일에 열중했" 「창」 던 자신의 생애를 "막막한 어둠에 싸여/몸과 마음 무거웁고// 모래성을 쌓고 허무는/헛된 일만 계속" 「불면」 해 왔다고 말하게 하고 있는 것이다. 이러한 고백은 위에서 살핀 성찰과 회한의 정서가 외적인 표지(標識)로 나타난 것이라고 할 것이다.

이처럼 이번 시조집에서 원용우 시인은 자신이 살아온 시간에 대한 성찰과 회한의 뒤안길을 거울 안에서 바라보고 있다.

(3) 비유의 시학과 선비적 절조

형식 미학적으로 볼 때, 원용우 시인은 자신의 작품세계 안에서 '비유'의 발상과 표현을 매우 중시하고 있다. 가령 그는 시적 표현에서 '비유'를 가장 핵심적인 형상화 원리로 여기고 있는 시인이다. '비유'는 일정한 사물이나 개념을 뜻하는 낱말을 이용하여 또 다른 대상이나 개념을 의미할 수 있도록 언어를 사용하는 과정 또는 그 결과를 지칭한다. 그래서 '비유'가 성립하기 위해서는 결합 양식을 이루는 두 사물(또는 관념)이 존재해야 하는데, 그들 사이에는 일정한 유추관계가 성립되어야 한다. 곧 이질적인 두 사물 사이에 어떤 유사성 또는 최소한의 연상 작용이 존재해야 '비유'는 성립되는 것이다. 특히 외형상 전혀 유사성이 없는 두 사물 사이에 신선한 유추관계를 찾아낼 수 있을 때 성공적인 비유가 가능해진다.

원용우 시인은 자신이 표현하려는 관념이나 경험을 다른 구체적 사물이나 현상으로 치환하여 비유하는데 공력을 들이고 있는데, 이러한 노력이 가시화되어 나타나고 있는 구체적인 실례가 이번 시조집에 담긴 시편들이라고 할 수 있을 것이다.

깎아도
깎아내도
턱수염처럼 돋아나는 것

화선지에
잘못 찍은
물감처럼 번지는 것

게다가
찐드기처럼
달라붙는 무뢰한이여

–「번뇌」 전문

이 시편이 드러내려고 하는 핵심적 관념인 '번뇌'는 작품 안에서 '턱수염/물감/찐드기' 같은 구체적인 사물들로 비유되고 있다. 그 '번뇌'는 "깎아도/깎아내도" 돋아나고, "화선지에/ 잘못 찍"어 번져가고, 줄곧 "달라붙는 무뢰한"처럼 자신의 곁을 떠나지 않는다. 그렇다면 시인이 생각하는 '번뇌'의 궁극적 속성은 무엇인가. 그것은 끝내 소진되지 않고 끝없이 재생하면서 자신의 생을 규율하는 어떤 실존적 조건이다. 그래서 '번뇌'는 사라지지 않고 생의 끝까지 동반자가 되는 것이다. 이처럼 시인은 관념을 '사물'로 비유하여 드러내는 데 자신의 시적 방법을 주로 할애하고 있다.

이렇게
벗겨내는
연습을 해야 한다

양파껍질
벗겨내듯
계속해서 벗겨내면

가려진
양심의 구석
낀 때인들 남을 소냐.

―「목욕을 하며」 전문

이 작품에서도 시인은 '목욕'이라는 행위를 인생론적 성찰의 의미로 비유하고 있다. 여기서도 시인은 "연습"을 하고 있다. 이를테면 그는 "이렇게/ 벗겨 내는/연습을 해야 한다"고 한다. 마치 "양파껍질/벗겨 내듯/계속해서 벗겨 내"는 일이 그것인데, 양파껍질 벗기는 일과 목욕하는 일은 두 가지 면에서 흡사하다. 하나는 진정한 속을 드러내기 위해 거짓처럼 가로막혀 있는 것들을 벗겨내는 점이고, 다른 하나는 그것이 완성되는 일은 없고 언제나 지속적으로 반복될 수밖에 없다는 점이다. 결국 시인은 "가려진/양심의 구석/낀 때인들 남을 소냐"하고 목욕을 통한 "거울 보는 연습"을 지속적으로 긍정하면서 자신의 생에 끼인 "때"를 겸허하게 인정하고 고백하고 있는 것이다.

비유를 통해 인생론적 성찰의 시선을 우리에게 보여주고 있는 원용우 시조에서 우리가 발견할 수 있는 또 하나의 주제는 부정적 사태에 대한 비판과 풍자이다. "어둠이 천적이라면 외로움은 동반자"「가로등」라고 했던 시인 자신의 삶에서 어두운 세태는 늘 부정과 비판의 대상이 된다.

서울의 하늘 별들은
전생의 죄가 많다

누구는 천상에 가
살고 싶다 하는데

그들은
지옥에 떨어져
불꽃바다
수를 놓네

―「야경」 전문

시인은 지금 서울의 야경을 바라보고 있다. 근대 문명의 현란한 극점에서 휘황하게 자기 빛을 내뿜고 있는 '서울'이라는 공룡 도시의 밤은 그야말로 불야성(不夜城)의 그것이다. 그러니 밤하늘을 비추던 별빛은 서울 하늘에서 얼마나 하찮은 것인가. 그래서 시인은 "서울의 하늘 별들은/전생의 죄가 많다"고 규정한다. 왜냐 하면 "누구는 천상에 가/살고 싶다 하는데//그들은/지옥에 떨어져/불꽃바다 수를 놓"고 있기 때문이다. 하늘에 떠 있으면 이미 천상(天上)에 이른 것인데, 시인은 그 별들이 "지옥"에 떨어져버린 존재들이라고 생각한다. 시인은 익명의 가상들만 떠도는 서울의 야경을 이처럼 비판적으로 응시하면서 우리의 급격한 도시화의 한켠을 비판하고 있는 것이다. 이처럼 이번 시조집에서 원용우 시인은 선비적 절조를 견지하면서, 급격하게 변해가는 세태에 대한 관조와 응시 그리고 그에 대한 철저한 비판정신을 선보이고 있다.

물론 이 시조집에는 돌아가신 양친을 향한 애틋함과 회한의 정을 담은 시편들과, 여러 기쁜 자리에서 읊어진 축하 시편도 많이 담겨 있다. 하지만 그 동안 원용우 시조에서 꾸준히 점증(漸增)되어 온 것이 인생론적 성찰의 무게이고, 비유의 적정성과 풍부함이 그의 시조를 떠받쳐온 기둥이었음을 감안한다면, 그의 시조 미학은 당연 '성찰'과 '비유'의 시학으로 모아진다고 할 수 있을 것이다.

(4) 새로운 인생론의 발견을 위하여

우리가 '시조'를 정형의 율격에 안정된 시상(詩想)을 담는 전통적인 시가 양식으로 인식하는 관행은 제법 오래된 것이다. 그래서인지 시조문학에는 이미 '공통 감각'에 속하는 정격(正格)의 정서와 형식이 담기는 것이 가장 어울려 보이고, 전통적인 정서로부터의 파격(破格)이나 그것의 전복(顚覆)을 꾀하는 해체 지향의 언어들이 담기는 것은 다소 불편해 보이는 것이 사실이다. 따라서 시조 미학은 그동안 사물과의 불화보다는 화해, 새로운 것의 발견보다는 익숙한 것의 재확인, 갈등의 지속보다는 통합과 치유 쪽으로 무게중심을 할애해 왔다고 해도 지나친 단견은 아닐 것이다.

그래서 우리 시대처럼 '단순성'이 아닌 '다양성'의 시대, 그리고 '서정'의 일원성보다는 '아이러니'의 복합성이 미학적 주류로 기능하는 후기 현대의 시대에 전통적 형식인 시조가 갖는 한계가 비교적 명백하다는 인상은 지우기 쉽지 않다. 다시 말하면 "새 술은 새 부대에 담아야 한다"는 정언에 비추어 볼 때, 다양성과 복합성으로 상징되는 현대성의 징후들을 정형의 양식에 담는 것은 자연스럽게 그 한계를 노정하지 않겠는가 하는 의문이 드는 것이다. 물론 이는 "왜 꼭 시조인가?"하는 본질적 질문과 깊이 관련되어 있는 문제이기도 하다. 그래서 우리는 앞으로 씌어질 현대시조가 형식의 변형을 추구하기보다는 정형의 양식을 지키면서 내용이나 소재를 갱신해가는 것이 필요하다고 말할 수 있다.

이러한 시조의 현재적 과제에 부응 하여, 원용우 시인은 앞으로도 정형의 양식을 굳건히 지키면서 새로운 인생론을 발견하는 쪽으로 자신의 시조 이력을 꾸준히 쌓아갈 것이다. 오랜 교육자 생활을 마감하고 새로운 시조미학의 권역을 넓혀갈 원용우 시인의 갱신과 활력을 우리가 기대하는 까닭도 이 같은 그의 시조미학에 대한 신뢰 때문이다. 그 스스로 "시조의 발전은 기존 형식을 허무는 데 있는 것이 아니라 내용을 혁신하는데 있다"〈머리말〉, 「거울 보는 연습」고 말했듯이, 원용우 시인의 작품세계는 시조의 이러한 전통적인 형식 미학을 견고하게 지키면서, 내용상의 풍요로움과 진솔성으로 우리에게 다가올 것이다.

[評說]

4. 삶의 그늘 걷기 또는 삶의 지평 늘이기

– 원용우의 시조에 나타난 인생론적 경향 –

차 호 일
(문학평론가)

(1) 한 쓸쓸한 자의 글쓰기

문학인 치고 고독하지 않은 자 있을까마는 우리는 조용한, 그러면서도 끊임없이 이 시대 고독과 싸우는 한 중견 시조인을 만날 수 있다. 바로 원용우 시조인이 그 주인공이다. 어쩌면 문학인 치고는 실패(?)했다고도 할 수 있는 그는 시조를 통해 끊임없이 그 분노의 속살을 드러내고 있다. 이런 속살은 몇 가지 양태로 그의 시조 세계를 재단하고 있지만, 조금 더 깊이 들어가 보면 감정의 2중성의 갈등에서 몸부림치는 인생론적 세계를 읽어낼 수 있다. 그것은 생의 그림자라고 해도 좋고, 무의식의 투영같은 것이라고 해도 좋을 것이다. 이런 관념은 몇 가지 대립항으로 나타나는데, 이를테면 '사랑과 이별' '삶과 죽음'과 같은 한국적 정서를 바둑판같은 좌표위에 엮어내고 있는 것이다.

원용우는 1975년『月刊文學』에 시조 '사슴기'로 등단한 후 완만한 속도로 의식의 경직성이 완고하리만큼 묵수적으로 또는 무상한 일상을 담기 위해 눈을 부단히 굴리는 두 표정을 조화하는데, 그의 시적 지평을 이끌어가고 있다.

그동안 원용우는 세 권의 시조집을 상재했는데, '여름일기' '신록앞에서' '그리움의 미학' 등이 바로 그것이다. 이 세 시집은 그러나 어떤 뚜렷한 변화는 보이지 않는다. 이것은 불행한 일일 수 있지만, 한편으로는 자신의 내면을 한 포커스에 맞추어 일관되데 시세계를 열어가고 있다는 점에서는 장점이 될 수도 있다.

그 일관성의 한 가운데에 인생론적 경향이 가로놓여 있다는 것은 원용우의 시조집 3권을 읽어본 사람이라면 느낄 수 있다. 원용우의 근본적 시조의 지평은 바로 인간의 본질인 인생론이며, 그것은 그의 내부적 무의식의 탈바꿈이기도 하다. 물론 이런 인생론적 이미지가 그의 시의 전부는 아니다. 그러나 그의 시조 속에는 부모, 친척, 고향이라든가 정한 같은 것 또는 첫사랑, 이별 그리고 그 시속의 화자가 나일 수도 있는 서러운 그리움의 추억들이 주마등처럼 처리되고 있음을 보게 되는데, 그 모든 것을 바꾸어보면 인생론적인 의미로 넓혀가고 있는 한 도정이라는 것을 느끼게 하고 있다.

그의 세 시조집에 대한 평가는 주로 시집 뒤에 붙어있는 간단한 평가가 전부이고, 이들은 주로 그의 초기 시조의 실험적인 형태나 평면적 시의 세계에 대한 경우가 대부분이다. 이 점에 주목해서 이 연구에서는 본격적인 시도로서 그의 3권의 시조집을 꿰뚫는 원형적 입체적 포괄적 방법에 그 비중을 두려 한다. 이 같은 방식은 인간 실존 곧 인간이란 무엇인가에 매달렸던 전쟁 전후기 기로에 섰던 많은 사람들에게 신화적 순수의 한 가닥 위안을 가져다 주었다는 것을 우리는 알고 있다. 더욱이 최근의 해체, 불확실성과 같은 초근대성에 여지없이 망가지는 가치관과 전통적 질서의 파괴 속에 이런 원형적인 순수는 어떻게 보면 인간 회복을 위한 한 처방방식일지도 모른다는 가정을 우리에게 해준다.

그의 『여름일기』와 『신록앞에서』를 관통하는 서정적 협곡 속에서는 삶과 죽음의 경계 선상에 올라있는 일상의 모습을, 그리고 세 번째 시조집 『그리움의 미학』에서는 사랑과 이별의 대척적인 관점에서 생성과 소멸의 순환성을, 세 시집을 꿰뚫는 방랑의 이미지에서는 시인의 쓸쓸함과 고독의 영적 표상을 이 연구에서 이끌어내려 한다.

(2) 삶과 죽음의 경계

원용우의 시에 얼마간 관련 있는 것이 있다면 그것을 삶과 죽음의 문제라 아니할 수 없다. 그의 시조에는 크든 작든 어떻게든 삶 아니면 죽음의 그림자가 그의 시조 속에 지병처럼 들어있는 것이다. 그 가운데에서도 그가 다루고 있는 인생 시공간은 언제나 삶과 죽음의 경계 지점이다. 그리고 그 경계는 어떤 매개로 인해 삶과 죽음의 화해를 시도한다.

나락 줍기보다는/햇살 주워 담느라고//안타까운 할머니는/눈물로 세월 보내고/보내고//남으신 세월/또 눈물로 삭히시더니//참새들 자주 찾아/쫓아야 할/참새보다는//햇살 주워 담느라/햇살 더불어 노니느라//산마루 얹힌 해만을/고래고래 원망하시더니//어느 날 그 어느 날/하시던 일 마치시고//나락은 나락대로/햇살을 햇살로 두고//산마루 얹힌 해를 따라/산 너머로 가시었네//

– 「할머니」

이 시를 읽다보면 눈물이 절로 난다. 우리네 여인들의 한을 바로 느낄 수 있다. 바슐라르는 공기 · 물 · 바람 · 흙 네 가지에 시적 몽상을 낚았다. 이 시에서 느껴지는 나락줍기(흙)는 죽음과 관련이 있다. 그러나 할머니는 햇살 주워담고(불) 참새를 쫓는(공기)행위를 함으로써 상승적 효과를 거두어 결코 삶이 죽음으로 가는 것이 아니라는 것을 보여주고 있다. 눈물은 이 삶과 죽음의 경계를 이루는 기호를 나타낸다고 할 수 있다. 이 눈물은 삶과 죽음의 경계에 있으면서 이승에서의 화해를 시도하는 것이라 할 수 있다.

죄수복 같은 검푸른 옷 황송하게 걸쳐 입고/청계천 즐비한 도매상의 실려 가는 짐짝처럼/어디로 가야 하는지 조차 모르는 서글펴진 상품이여//
에베레스트 등산객의 모험보다 더하다/이승과 저승 사이의 통행증을 받아놓고/생명을 저당잡히는 상행위가 이뤄진다//
전생에 지은 업보가 이다지도 무섭더냐/사지를 허공에 묶고 불침질을 놓아댄다/몽롱한 새벽 안개 속에서 잘려나가는 살점들//
이제는 밥을 굶기는 형벌이 시작됐다/히프를 쑤셔대더니 혈관마저 쑤셔댄다/달아맨 링겔을 보면 떨어지는 참회의 눈물//
병원을 찾는 이들은 모두가 환자만 같다/환자가 환자를 보면 십년지기 만난 것 같다/구세주 재림하신 듯 위대해 보이는 사제자들//
병실에 누워있으면 그리운 게 끈끈한 인정/올 사람 오지 않으면 그렇게도 서럽더라/닫힌 맘 활짝 열고서 바라다보는 푸른 하늘//

–「병상 일지」

경계선 상에 있는 인생은 산 자나 죽어가는 자에게나 모두 고통이다. 차라리 죽음이라면 싶은 것이 병자의 일기다. 청계천 즐비한 도매상의 실려 가는 짐짝처럼 어디로 가야 하는지조차 모르는 서글펴진 상품 그것이 인생이다. 그 고통이 에베레스트를 오르는 것보다 못할까. 화자는 병상에서 죽음과 삶 그 경계 속에서 오락가락했던 고통을 이승과 저승에서의 통행증을 받아놓고 생명을 저당 잡히는 상행위로 은유한다. 사지를 허공에 묶고 불침질을 놓아대는 것, 살점들이 잘려나가는 것, 밥을 굶기고 그리고 달아맨 링겔, 시적 화자는 자꾸만 그것을 보면서 여기가 저승이 아닌가 생각도 했을 것이다. 자꾸만 지난날을 반추하며 눈물을 흘리는 경험도 했을 것이다. 사람이 얼마나 그리운 것인가도 깨달았을 것이다. 그러나 액체적 행위(혈관 · 링겔 · 참회의 눈물)는 늘 화해를 시도한다.

이런 경향은 '나목'의 경우에서도 마찬가지다.

잃을 것 죄다 잃고/가진 것 다 떨치고//나목들 식솔 틈에/나도 한 몫 끼어들다//하늘깃 스치는 소리/시린 마음에 이는 불/나목 그 어느 가지는/잎새 한 둘 달았건만/또 어느 가지에는/산 까치도 울건마는//나 하나/빈 육신에 빈 마음/홀로 으뜸 나목일레//저 등을 밝혀있는/두고 온 유역에는//거두어 챙길 것이란/이웃 간에 나눈 밀어//보듬는 소중한 불씨/새날 받들 체온이여//

–「나목」

잃을 것 죄다 잃고 가진 것 다 떨치고 나목들 식솔 중에 그 통에 나도 한 몫 끼어든다. 사람이라고 해서 나목과 다를까. 오히려 나무를 통해 인간의 일상을 엿보려는 은유적 행위가 놀랍다. '어느 가지에는 산까치도 울건마는' 에서 느껴지는 황량함 · 쓸쓸함은 이어 '빈 육신에 빈 마음' 으로 투사된다. 그것은 인생을 그 어떤 것으로도 대체할 수 없는 아주 절묘한 표현이라 할 수 있다. 인생 중 가장 거두어 챙긴 것이 이웃간에 나눈 밀어이고, 보듬는 소중한 행위이다. 그것은 '새날 받들 체온' 이라는 것을 시적 화자는 지적하고 있다. 원용우의 따뜻한 인간에 대한 애정을 엿볼 수 있다.

그래서 그런지 그의 시조에는 유달리 인간 애정에 대한 소재가 많다. 할아버지 · 할머니 · 아버지 · 어머니, 그런가하면 중추절 · 고향마을, 고향에서 돌아오며, 되돌아본 나루터, 설날 아침과 같은 이런 향리 서정과 인생 도정을 나타낸 소재가 층층히 접힌다. 그의 첫시조집 『여름일기』는 거의 그의 이런 서정적 애상의 표상이다.

칠십 평생을 갈았지/모새 땅을 가시었지//움푹 골진 이마 위에/그 영역 세월도 갈고//그나마/남은 밭뙈기는/가슴으로 갈았다네//저무는 해 능선 따라/구부러진 허리춤에//둥근 달이 뜨고 지고 /몇 성상을 훑었는지//때 절은/담배쌈지만/갈퀴손을 핥고 있네//쓸쓸한 잔을 들어/아린 눈빛 들이키고//몇 바리 고난의 짐을/선업으로 새겨두고//천혜의 김치국물만 뚝배기로 마셨다네//

– 「아버지」

아버지는 70평생을 땅을 갈았다고 했다. 모새 땅을 갈았다고 했다. 농군의 아들로 태어나 농부가 되었던 아버지, 여기서 바슐라르의 흙은 절망만을 줄 뿐이다. 그 아버지가 몇 바리의 고난의 짐을 선업으로 새겨두고 천혜의 김치국물만을 뚝배기로 마셨다고 했다. 한을 본다면야 우리네 이 서정보다 더한 것이 있을 수 있을까.

이 세상 살아갈수록 살맛 났으면 좋으렷다/불혹의 고갤 넘고 지천명의 밭을 갈건만/무서리 내린 가을에 외로 나는 기러기여//

– 「되돌아본 나루터」 1연

이마는 주름지고/귀밑머리 희어졌네//지워도 지우지 못할/이 그림을 어찌하랴//새아침 떡국 한 그릇은/그래도 먹어야지//

– 「설날 아침」 2연

한 장 한 장 내 나이가 일력처럼 뜯겨간다./아프고 쓰라린 데 되아물 것 같지 않아 저 여름/늘 푸른 옷도 무겁기만 한가보다//

– 「여름」

위의 시조들은 전부 인생 도정을 노래한 것들이다. '무서리 내린 가을에 외로 나는 기러기' 그게 누굴까. 자탄의 소리라도 질러보아야 하는 건가. 그렇다면 지울 수 없는 그림은 어찌할 거나. 또 뜯겨가는 내 나이, 되아물 것 같지 않은 내 나이, 내 나이엔 저 여름 늘푸른 옷도 무겁기만 하다는 말인가. 그래도 떡국 한 그릇은 먹어야 한다는 다짐은, 인간이란 죽음을 향하여 달려가는 존재가 아니라는 것을 은연중에 나타내고 있다고 하겠다.

삶이란 멀리 있는 것이 아니다. 그렇다고 삶이란 또 가까이 있는 것도 아니다. 다만 삶의 거리는 늘 '저만치'에 있는 것이다. 희망도 멀리 있는 것이 아니다. 그렇다고 또 가까이 있는 것도 아니었다. 이런 삶과 희망만이 저만치에 존재하고 있다는 것이 대표적으로 나타나 있는 것이 바로 '사슴기'와 '신록 앞에서'라고 할 수 있다.

아쉬운 뜻 늘 머물러/만지면/출렁이는 강//문득 꿈이 저문데//삶하/끈질긴 삶하//띠처럼 세월을 두고/굽이치는 저 한을……//산다 꽃 몸 씻는 소리/바람 일 듯 뛰는 가슴//끝없이 맴도는 미망/파문만 겹겹이 찬다//한 자락 미소를 기루어/허위허위 뛰는/너//새벽을 적시고 가는/목이 긴 회귀의 넋//달랠수록 크는 아픔/지긋이 잇새에 문다//물위에 뜨는 모습/봄은 사뭇/머흘레//

－「사슴기」

하늘빛 닮아가는/오월의 산과들에//싱싱한 희망 품고/새싹들이 돋아난다//요란한 경적 울리며/다가오는 산록 행렬//아이들 눈빛마저/푸르러져 가는 계절//아카시아 향 내음은/고향의 맛 더해준다//봄 신명 잔뜩 지고서/다릴 절며 걷고 싶다//아지랭이 리듬 따라/더불어 일하는 농부//나날이 새로워지는/젊은 날의 꿈을 간다//푸르디 푸른 옷 걸치고/천방지축 걸어간다//

－「신록앞에서」

사슴이라는 상관물을 통해, 또는 신록을 통해 인생을 비추이는 이 놀라운 형상화는 원용우만이 가진 문법이기에 가능하다. 여기서 우리는 분명히 원용우 시인이 생각하는 삶의 거리를 읽어낼 수 있다. 그것은 앞서 말한 것처럼 저만치 관조의 거리에 있는 것이다. 저만치는 저만큼도 아니다. 어떻게 표현할 수 있는 거리가 아니다. 상황과 거리가 혼합된 그런 속성인 것이다. 그러기에 작가는 '만지면 출렁이는 강' 이라고 삶을 출렁이는 강과 절묘하게 교직하여 놓은 것이다.

삶하, 끊질긴 삶하, 굽이치는 저 한을 어쩌란 말인가. 강이 주는 물의 이미저리는 원용우 시조의 무의식의 심연속에 흐르고 있다. 먼저 그것은 그의 세 권의 시집 속에도 그대로 나타나고 있다. 『여름일기』(여름바다의 물), 『신록 앞에』(생명의 물), 『그리움의 미학』(눈물)의 이미저리에서도 나타나듯 그의 시조의 이미저리가 물과 연관이 되고 있다는 것은 매우 의미심장한 일이다.

그렇다면 그의 시조 도처에서 흩어져 있는 이런 물의 이미저리에서 추측할 수 있는 것은 무엇일까. 원용우 시조 시인이 집착하는 물의 심연에 잠긴 무의식적 그림자는 무엇일까. 이런 물의 이미저리가 그의 고향과 매우 가깝다는 것은 바로 원용우의 고향에, 그의 섬강의 추억이 있기에 가능했을 것이라는 것을 설명할 수 있다.

간직한 맑은 심성/조상 대대로 지녀/가난을 자랑하며/외로움을 노래하며/더 젊게/더 아름답게/흘러가는 섬강물//

－「섬강」

원용우의 깊은 내부에는 그가 의식턴 의식않던 간에 무의식을 가로지르는 강물이 있었던 것이다. 그렇다면 원용우 작가를 두고 천착하는 물의 심연에 잠긴 무의식적 그림자는 무엇일까. 그의 맑은 시조에서 엮어내는 이 도도한 성정의 정체는 무엇일까. 그의 고향, 인생을 나타내는 시조를 읽어보면 이것은 그의 시정이 모성으로 회귀하려는 유약한 그의 성정을 나타내고 있다는 것을 발견해 낼 수 있다. 이런 물의 이미저리는 그의 고향 이미저리, 모태 회귀 이미저리에 바로 연결되고 있는 것이다.

한 발 다가서는/저 푸른 여름 향기//늘어진 여름해 만한/머언 산 부엉이 소리//부르면/성큼 다가설/내 고향의 삿갓봉//신의 앞에 바치는/채반/누워 있는 저 풍요를//푸른 깃 굼실대는/가을 앞에 흐르는 강//바단양/트인 신작로엔/달구지의 물결이여//정 묻은 나루터에//사공은 간 데 없다//빈 배에 노래 싣고/타는 노을 더불어 싣고//번갯들/그 너머 구천을/물들이고 싶구나//

－「향리 서정」

위의 시조에서 우리는 고향 회귀의 의미를 지향하고 있다는 것을 느낄 수 있다. 이런 면에서 물의 심상은 정화와 창조의 역할을 할 뿐만 아니라 죽음과 고향 회귀의 갈증을 풀어줄 수 있는 기표로 작용하고 있다. 그래서 이것을 잘 알고 있는 작가는 고향과 '푸른 깃 굼실대는 가을 앞에 흐르는 강'을 잊지 않고 연계시켰다. 이런 것은 제 3 시집에 나타난 '고향'에서도 마찬가지였다. '어머니 젖가슴 같은 고향 마을' '그 앞을 흐르던 내 감기 들진 않았는지' 모성과 고향, 그리고 물을 합성하여 몽상적으로 처리한 것이다. 그의 시조의 근본적인 귀결점은 바로 모성적 회귀로 끝나고 있음을 볼 수가 있다. 그의 시는 쉽게 말하면 어머니의 원천적인 고향으로 되돌아가고 싶어 하는 것을 나타내고 있는 것이다.

삶이란 무엇일까. 죽음이란 무엇일까. 원용우 시인이 끊임없이 붙잡고 있는 이 끝도 밑도 없는 화두는 원용우 시조의 한 지향점이라 할 수 있다. 그러나 아직도 그 목적지는 끝이 없다. 끝이 있을 것 같지도 않다. 시조 속에서는 어떤 결론을 보여주지 못하고 있다. 있다면 하나의 인생의 표박으로서 치열함이나 투쟁이 녹아들어 있으면서도 아직 자리를 잡지 못하는 후회와 갈등만이 있을 뿐이라는 사실이다. 이런 삶과 죽음의 저변에는 그의 고향 회귀, 모태 회귀와 같은 유약한 성정이 물의 몽상과 함께 깔려 있다. 그것이 무엇인가에 안식과 고통의 갈등, 그리고 그것을 화해하는 공간이라는 답이 바로 그의 화두의 소결이라고 할 수 있다. 그의 시조 여러 곳에서 대부분 관조적으로 삶과 죽음을 바라다보고 있다는 것도 시조속에 나타난 시적 화자들의 특징이라 할 수 있다. 이것은 그대로 삶과 죽음 그것에 너무 집착하지 말라는 작가의 경고로 받아들여도 좋을 것이다.

(3) 소멸과 생성의 2중성, 사랑과 이별

그의 세 번째 시조집 『그리움의 미학』은 소멸과 생성의 이름 속으로 대변되는 시조집이기도 하다. 그의 시조집 『그리움의 미학』이라는 이름이 나타내고 있듯이 이 시조집은 사랑과 이별이 그 중심 테마로 되어있다.

원용우는 세 번째 시조집에서 왜 이런 테마들을 모았을까. 아마 그에게는 그의 완숙한 경지에서는 인간의 근본이 그리움과 이별이라는 것을 깨달았기 때문일 것이다. 그리움이란 비단 사랑에 대한 기억만은 아니다. 그러나 그리움을 생각할 때 우리는 사랑은 생각하지 않을 수 없다. 그것은 사랑은 그리움의 전부이기 때문이다.

사랑니 나던 시절/그런 사랑 앓던 날에//얼마나 헤매었던가/그리움의 수레 싣고//떠나서/텅 빈 자리엔/가을비가 내렸었지//별리의 술잔 들고/눈물 섞어 마신 쓴 맛//하얗게 새운 젊음/타다 남은 잔해들이//세월의/일기장속엔/아름다움이라 그려졌다.//

－「추억」

위의 시에서 원용우 시조 시인은 사랑의 상처와 아픔을 노래하고 있다. 사랑이란 무엇인가 사랑이란 무엇이길래 세월이 갈수록 더 고집스럽게 익는단 말인가. 누가 한 세상 지나면 잊는다고 했던가.

이 시조 속에서 시적 화자는 첫사랑의 실연에 슬퍼하고 있다. 그래서 사랑의 아픈 맛을 톡톡히 느끼고 있다. 그러나 그리움이 그리움으로 끝난다면 그것은 우리 인생사와 아무런 관련도 없을 것이다. 사랑은 그 때문에 소멸된다 할지라도 다시 생성되어 생활이 그대를 다시 노하게, 슬프게 할지라도 다시금 즐거움을 생각하게 해준다는 것을 이

시에서 원용우 시조시인은 역설적으로 노래하고 있다.

사랑을 아니 해도/떠오르는 그대 얼굴//떠밀어 보내려면/눈이 삼삼 더 다가와//그래서 영원하리라/변하지 않는 보석//없어도 살아가는데/지장은 없다지만//있으면 환한 세상/더 밝고 아름다워//잡다가/잡다가 마는/휘황찬란한 무지개//자기도 모르는 사이/가슴 깊이 자리해서//더러는 불 지펴놓고/활활 타오르는데//소방차/동원해 꺼도/끄지 못할 활화산

-「사랑」

사랑이란 두 가지 기표의 혼융된 표출이라 할 수 있다. 우리네 고달픈 삶의 질곡의 터널을 지나 남루한 외투를 떨쳐버리고, 생의 허무를 벗어나 우리네 삶을 더욱 풍성하게 만들고 정화와 창조의 역할을 하게 하는 존재이다. 그러나 사랑은 또한 미움과 증오, 구속과 소유의 나락 속으로 몰아넣는 소멸의 미학의 존재이기도 하다. 위의 시에서 우리는 사랑이란 것이 무엇인지 사랑으로 고통 받는 즐거움이 무엇인지, 시조 속에 드러나고 있음을 발견 할 수 있다.

사랑이란 것은 떠밀어내려 해도 떠밀려지지 않는 보석이고, 그래서 그 보석을 잡으려면 무지개처럼 잡히지 않는 존재이고, 그리고 사랑을 잊으려고 해도 이따금씩 나타나서 불지펴 놓는 소방차를 동원해도 끄지 못할 '활화산'이라고 했다. 사랑이 '활화산'이라는 것에 우리는 주목할 필요가 있다. 그것은 작고 아스라한 것이 아니라 바로 내 앞에 있는 활화산인 것이다. 그것을 끌 수 있는 도구는 이 세상 아무것도 없음을 알아야 할 것이다.

결코 울지 않으리라/떠나는 임을 향해//잘 가서 잘 살라고/행복을 빌어야지//차라리/대장부답게/보내야지//이별의 아픔일랑/단감이라 생각하고//어쩌다 샘물처럼/그리움이 솟아나도//두 입술/ 꼭 깨물면서/울지 않는 바위 되리라//

-「울지 않으리라」

사랑은 곧 이별을 전제한다. 이별이 있기에 사랑도 있는 것이다. 사랑하는 모든 것이 자기를 떠났을 때 우리는 문득 자신이 모든 것을 다시 그리워하고 있다는 것을 느낄 수 있다. 그 이별이 어떤 종류의 것이어도 좋다. 그러나 대상이 사랑하는 사람이었을 때 우리는 그 이별을 더욱 아파하고 그리워한다. 그래서 사랑과 이별은 단절된 것이 아니라 하나이고 소멸이 아니라 바로 생성이라는 것을 깨닫게 된다.

오늘처럼 궂은비가/하염없이 내리던 날//잡은 소매 뿌리치고/매정하게 떠난 그대//이제는 회

한의 넋 되어/빗줄기로 내리붓는가//머리를 풀어 헤치고/달려오는 임이시여//흐느껴 우는 눈물/온 들판을 적시는데//내놓고 적실 수 없는/방촌의 타는 가슴//세월이 약이라지만/약이 없는 아픈 상처//그 상흔 달래는 가락/목청 다해 불러보면//환상의 나래를 펴고/하늘나라 맴돈다//

–「가을비」

가을은 추억을 연상케 한다. 가을은 그리움을 불러일으킨다. 봄이 주는 상징이 낭만 · 동경과 이상 · 희망의 상징성이라면, 가을은 쓸쓸함 · 소멸과 그리움을 불러일으킨다. 위의 가을이 주는 의미 역시 이 거리에서 벗어날 수 없다. 이별이란 아픈 것이다. 가을비 오던 날 이별의 고통을 노래한 이 시는 이별도 역시 사랑의 한 탈바꿈한 부분일 것이라는 생각을 갖게 한다. '약이 없는 상처 앞에서 잊을 수 없다.'는 은유는 다시 만날 것을 간절히 그리워 한다는 역설적인 의미로 와 닿는다. 이별과 사랑이 소멸과 생성이라는 대척의 이미저리를 형성하고 있다.

울고 싶다 넋을 놓고/그대가 안 오는 날은//고독을 따라 부은/술잔을 높이 들고//한밤을/꼬박 세우면서/타다 남은 재/되련다//

–「그대에게」

그대는 누구인가. 그대는 무엇이길래 한밤을 꼬박 새우면서도 타다 남은 재가 될 정도로 애태우는 존재인가.

이제는 더 부어 줄/기름마저 없어졌다//눈 감고 드러누우면/생생하게 떠오르는 얼굴//어느새 베갯머리는 흥건하게 젖어있네//

–「기다림」 2연

사랑하고, 이별하고 그리고 우리네는 그리워한다. 사랑과 이별은 그것이 둘이 아닌 하나이고, 그리고 인류가 존재하는 한 순환적인 것이다. 다만, 우리가 할 수 있는 것은 그리워하고 또 그리워하는 것뿐이다. 이런 그리움을 원용우는 추억이라 했다.

추억이란 책갈피에/고이 접어 간직한 사연//사진첩을 꺼내보듯/이따금씩 들춰내면/빛바랜 고운 얼굴이/안개 속에 가물댄다//해마다 가을이 오면/슬픈 연가 불러보지만//소매 잡고 울며 헤진/그 상흔 아직도 남아//후미진 마음의 한 구석/상사화로 피어나네//호숫가 떠오른 별처럼 반짝이던 네 눈동자//무슨 자석 지녔기에/나를 질질 끌고 다녔는가//세월의 산등성에/명멸했던 신열이여//

–「가을 연가」

한 편의 수채화를 이 시조는 읽게 한다. 이미지즘 수법이 돋보이면서도 그것만큼 그림으로 보다는 마음으로 와 닿는 것은 이 시조가 쉽고 익숙한 언어로 훌륭히 그리움의 미학을 형성했기 때문이라 할 수 있다.

추억은 사랑과 이별을 이어주는 상징의 징검다리이다. 이들은 따지고 보면 옷만 바꿔 입은 것일 뿐 그 속살은 동일한 마음의 장난일 뿐이다. 추억은 또한 사랑과 이별의 경계이다. 또한 이를 화해시키는 공간이기도 하다. 소멸과 생성을 사랑과 이별이란 대척적인 이미지로 사용하였지만, 오히려 삶과 죽음의 문제보다도 사랑과 이별은 훨씬 살아있는 자들에게는 절실한 문제이다. 이별과 사랑은 생성과 소멸의 순환인 것이다. 그리고 인생은 연속적인 생성과 소멸의 좌표상에 존재하고 있는 것이다.

시인의 한의 깊이는 아닐지라도 우리는 때때로 밑도 끝도 없는 한의 깊이와 만날 때가 있다. 익숙한 김소월의 한은 차치하고라도 우리는 알려지지 않은 한의 아픔을 때때로 느끼는 때가 있다. 지아비를 일찍 여읜 혼자 사는 과수댁의 한많은 설움, 부모의 가슴에 묻어버린 자식에 대한 한, 한하운의 문둥이의 한, 안타까운 신라 마지막 왕조의 한 등 한을 담고 있는 것은 부지기수이지만, 그런 특수한 한의 경우가 아니더라도 우리는 쉽게 정제되고 정치된 한과 만나게 된다. 가벼운 일상의 한, 이런 한의 꼬임은 그때그때마다 나타나는 작은 매개로 인해 남지 않고 풀어지지만, 긍정 · 부정 · 양비가 겹치는 혼융스런 모습도 나타나기도 한다. 작은 한, 그래서 두고두고 한은 넘쳐 시간이 지나면 그것은 다시 그리움의 대상이 되고는 한다. 한이란 어차피 그리움으로 승화될 수 있는 것이기에 이런 것은 아주 당연한 것처럼 보인다. 원용우의 시조집 '그리움의 미학' 에는 이런 작은 낱낱의 한이 소담스럽게 담겨있다. 그 소담스런 한이 바로 그리움의 미학을 이루며, 시적 감동을 높이고 있는 것이다.

원용우 시인이 불러주는 그리움의 미학은 거개가 사랑과 이별의 그리움이지만 원용우가 지녔던 사랑의 가슴앓이가 그대로 시조 속에 용해되었던 것이라고 우리는 이해해도 좋을 것이다. 그의 시조는 이토록 자신을 주제로 한 연시가 시적 화제로 많이 등장한다.

(4) 고독의 영적 표상 : 떠돌이 시조 또는 여행 시조

그의 3권의 시조집을 관류하는 주된 이미저리는 떠돌이 기표라 할 수 있다. 이런 것은 결코 과장되거나 잘못 인식된 것이 아니다. 그의 3권의 시조집속에는 끊임없이 여행 시조가 등장한다. 그리고 그것은 시적 화자에 끝없이 다음으로, 다음으로라고 주문한다. 그렇다면 의식적이거나 무의식적이거나 간에 시인이 그토록 집착하는 떠돌이의 원천은 무엇일까. 이 떠돌이는 어디에서 나와 어디로 가는 것일까.

화자에게 떠돌이의 출발과 끝인 여행은 그냥 정처없이 떠도는 공간이라 할 수 있다. 어디론가의 목적이 있기보다는 시간이 남아서, 또는 자신의 속에서 끊임없이 솟구쳐 오르는 주체할 수 없는 쓸쓸함, 이런 분풀이 여행을 이루고 떠돌이를 이룬다. 혼자 있는 시간이 많아서 가지게 된 시적 화자는 그런 시간을 부수기 위해서 끊임없이 자기 공간을 비우려고 노력한다. 발길 닿는 대로 절을 찾아서, 이름이 될 만한 곳을 찾아서 시적 화자는 찾아간다. 그리고 찾아가서 헤맨다. 이를 부추기는 한 그루의 동력, 이것은 시적 화자가 갖는, 할 수 없어 가지게 된 시간이고 고독 속에서 지낸 쓸쓸함이라고 할 수 있다.

고향을 떠나 살 때/당신은 찾아왔지요//음흉한 얼굴에다/징글징글한 목소리//골백번 지워버려도/지워지지 않은 환영//눈뜨면 멀리 갔다/눈 감으면 다시 와서//가슴속 파고들어/오장 육부 다 녹인다//너보다 더 지독한 친구/어디 가서 또 만나랴//둥글지도 모나지도/곱지도 않은 것이//밤이면 집요하게/찾아와서 괴롭히고//때로는 불질러 놓고/도망가는 비겁자여//

–「고독」

고독이 얼마나 처절했으면 5장 6부 다 녹인다고 했을까. 그의 고독이 얼마나 깊은 것이었는가 하는 것은 이 뿐만이 아니다. 고독을 '처용 귀신'에 비유한 '처용 귀신' 속의 고독은 이보다 더하면 더했지, 이보다 못하지 않다. 원용우는 시적 화자를 통해 자신의 고독을 누차 강조한다. 그리고 그 고독은 떨칠 수 없는 것임을 강조한다. 원용우의 고독은 생래적인 것이다.

인생 행로 떠난 나그네/가도가도 끝 안 보이네/포대기에 싸였을 땐/어머니 등에 실려 갔고/네 발로/걸음마 할 때는/귀공자인 줄 착각했지//떠나지 말자해도/떠나야만 하는 신세/사물에 눈을 뜨니/쓴 맛 단 맛 다 보았다/참는 것/먼저 배우느라/피눈물을 삼키었다//두 발로 달려봐도/다쿠시를 타고 가도/번뇌의 짐 벗지 못해/힘들기는 마찬가지/이순의/문턱에 서서/가쁜 숨만 헐떡인다.

–「나그네」

시인은 인생을 본래부터 떠돌이로 인식한다. 이런 인식적 전환이 '포대기에 싸였을 땐 어머니 등에 실려갔고, 제발로 걸음마 할 때는 귀공자인 줄 착각했다'고 하는 것이다. 시인은 또한 인생을 '아무리 해탈하려고 해도 고뇌의 짐을 벗지 못하는 존재'로 인식한다. '두 발로 달려와도/다쿠시를 타고가도/번뇌의 짐 벗지 못해/힘들기는 마찬가지/이순의 문턱에 서서 가쁜 숨을 헐떡인다'고 했다. 여기서 떠돌이 또는 여행 이미저리는 인생과 등가어임을 알 수 있다. 인생이란 어차피 떠돌이 나그네라는 것이다.
유달리 그의 여행시에 자주 등장하는 바람의 이미저리(바람 · 황포돛대 · 도포자락 · 그네줄 · 구름 · 안개 · 새…)도 역시 이런 떠돌이 심정을 부추긴다고 할 수 있다. 바람은 바슐라르에 의하면 인간 속에 내재하는 지상적인 요소(흙) 다시 말해서 인간을 무겁게 만들고 억압하면서 그 본성으로 창조적이지 못하게 하는 욕심이나 회오 · 원한 같은 것을 과감히 떨치고 벗어버려야 할 것을 의미하는 것이라고 해석할 수 있다.

이런 바람과 여행 또는 떠돌이는 궁극적으로 여행해 갈 목적이 무엇인지를 알게 한다. 그의 시 가운데 등장하는 바람의 이미저리는 자유로서의 부드럽고 개방적인 속성을 지니고 있다. 시적 화자는 떠돌이 끝에 도달해가야 할 것이 생의 안식처인 고향으로 간주한다. 그리고 결국은 그곳에 도달하지만, 그러나 인간의 욕망처럼 만족은 없는 것이다. 또다시 여행을 떠나게 된다. 그래서 시인에게 떠돌이는 천성적인 것으로서, 그의 생에 피할 수 없는 것이 된다.
이런 영적 표상으로서 떠돌이는 결국 시인의 마음속에 갇혀 있는 견딜 수 없는 고독을 분출하려는 가운데에서 나타난 현상이고, 시인은 그것을 견디다 못해 여행이라는 기호로 드러내놓고 있는 것이다.
이런 여행의 기표가 의미하는 바는 워용우의 시에서는 그가 지향해 가는 끝없는 무제적 무아적 세계라고 할 수 있다. 특별히 목적이 있다기보다는 그냥 억눌려있는 고독감의 분출이라고 보는 것이다. 따라서 특별한 목적이 있을 수 없다. 다만 분출해서 해소시키면 되는 것이다. 시인 자신이 드러내고 있는 시간 쪼개기 또는 시인이 할 수 없어 가지게 된 취미 그것이 그의 여행 기표가 나타내는 1차적 의미라고 할 수 있다.

구슬땀 찌는 더위/한 짐 지고 살아가는/이승은 푸르다 못해/저승까지 물들이는/초록빛 여름 잔치에 열기마저 푸르던가//
지구의 끝만 같던/남해섬 바닷가에서/푸른 물로 너울 쓰고 부침하는 아내 얼굴/정주면 시들지 않을 꽃피우네 열매 맺네//
파도 더불어 놀던/막내딸 환한 웃음/웃음 위로 번져가는/갯내 나는 바닷노래/그 노래 가슴에 삭힌 소라 꿈도 키우거라//
쓰리고 아픈 날의/숱한 사연을 찍어낸/ 모래벌의 발자국은 누가 혀로 핥았는가//수평선 활짝 가르고 솟아오른 아침해여//

— 「남해바다에서」

어린 시절 은사님을/찾아뵙는 심정으로//치악산 시루봉님/방문하러 가는 주말//구룡사 입구에 오니/관세음 보살 웃음소리//흰 솜옷 입은 겨울산은/추위마저 잊고 산다//하늘까지 물 들도록/흰 눈으로 덮였는데//묻혀 온 공해를 털며 올라가는 인간들이여//세 개의 돌탑들은/산신령의 솜씨련가// 정갈하게 차려입고/손님 맞는 시루봉님//오늘밤 자정쯤 되면/곤한 잠에 떨어지겠네//

–「치악산 등반기」

산은 상승적이고 활동적이지만 바다는 하강적이고 죽음의 이미저리를 생산한다. 그러나 물은 동시에 창조적인 이미저리도 함께 양산하고 있다. 산은 낮을, 물은 밤을, 그래서 밤은 다시 혼란을 거쳐 재생산을 위한 몸부림으로 나타난다. 이것은 떠돌이 기표로서 남해바다와 치악산을 두루 찾는 색다른 동인을 제공하고 있다. 그러나 산과 바다 이 둘을 연결할 수 있는 것은 바람이다. 그래서 바람은 자유 자재로 떠돈다.

어차피 인생이란 풍선처럼 떠다니는 것/ 무작정 바람에 실려 누벼보는 부산항 /갈매기 넌 어쩌자고 돛폭따라 맴도는가//

–「부산항에서」 일부

울며 불며 따라온 게/ 오리밖에 안되더냐// 도포자락 부여잡고/버선발로 뛰었다니/답답한 춘향아가씨 맨발 벗고 뛰었어야지//

–「오리정에서」 2연

멀리서는 연꽃 모양 다가서니 새우런가/울창한 원시림은 섬 가운데 산중이라/만물상 기암 절벽에 이름 모를 산유화여//소두령섬 바위섬은 징검다리라 해두자/고구마밭 고추밭은 누를 위해 심었더냐/이끼 낀 바닷바람에 뱃노래가 실려온다//보름달 그믐달은 바닷길이 열린단다/키조개 생합 따는 여인네도 모인단다/효령제 열리는 날은 바다용도 춤춘단다//성난 파도 지난 뒤에 비단 무늬를 보아라/채석강 용머리로 돌아드는 황포돛대/두고 온 사바세계는 몇 만리나 되는 건지//

–「하섬에서」

위의 시조에서 보듯이 바람과 공기는 매우 근원적인 요소로서, 이것은 처음/끝, 한/무한, 닫힘/열림, 방황/정적 등 서로 상극적인 요소들로 매어있는 것을 푸는 상상력을 불러일으키는 처방제이기도 하다. 인생은 외로움에서 시작해서 외로움으로 끝이 난다. 상호 모순적 성정이 협박하는 무의식적 갈등의 세계가 인생이다. 이런 갈등을 회피할 수 있는 방법은 그냥 떠도는 수밖에 없는 것이다. 적어도 '신명나서 춤추는 동안' (처용귀신)은 모든 것을 도피할 수 있는 것이다. 그래서 여행은 최종 도착지이면서 또다시 시작인 것이다.

원용우에게서 떠돌이는 끝이 있는 것이 아니다. 통일 전망대에서 · 설악 단풍 · 탄금대 · 밀양 영남루와 같은 명승고적, 이름 있는 곳, 가고 싶은 곳으로 그의 떠돌이는 끝없이 이어지고 있다. 시적 화자는 시인을 대변하고 있다.

한편 그의 이런 여행 기표는 때때로 불교에의 심취로 드러나기도 한다. 이 역시 원용우시인이 처음부터 가졌던 것이라기보다는 할 수 없이 가졌던 많은 시간을 쪼개기 위해 찾아 다녔던 절의 세계 속에서 머물다가 우연히 점점 깊이 빠져들어간 것이라고 보는 것이 옳을 것이다. 할 수 없이 가지게 된 그 수많은 시간에 찾아 다녔던 곳이 바로 절이고, 암자이고 보면, 그의 이런 불교에의 사랑은 바로 떠돌이의 기표, 바람에서 연유한다고 할 수 있다. 이것은 그에게 깊은 사유를 제시하게 해주었다. 그래서 그의 시조 속에는 불교 세계가 넘나들고 시공을 초월해 원효와 부처와 만나기도 하고 그런가 하면 그의 시조 면면을 불교적 몽상으로 읽어낼 수 있게도 만들기도 한다. 아무 생각없이 찾았던 절이 이제는 그가 찾지 않으면 안되는 장소가 된 것이다.

가야산 해인사는 신라인의 꿈을 실어/터를 닦고 절 세우던 정성어린 그 숨결이/대웅전/단청빛 피고/천년토록 살아왔네//일주문 들어서면 청량하온 독경소리/속인도 옷깃 여미고 고개 숙여 합장하네/대불님/무량하신 뜻 온 누리에 퍼지어라//산 좋고 물 맑은데 자비마저 으뜸이라/사천왕 부릅뜬 눈도 다사롭기 그지없고//파초는/뜨락을 내려/지우처럼 반기네//수다라전 법보전의 고려 8만 대장경은/슬기로운 우리님의 크신 뜻을 새겨두고/오늘도/수호신 되어/조국 강산 지켜주네//

– 「해인사 기행」

화개장터 비껴가며 벚꽃길로 내닫는다/구름 · 물 모여사는 운수리의 차맛이여/옥계천 낭랑한 물에 속진이나 씻어볼까//
산문으로 들어서면 구척 장승 미소짓네/더덕 고사리 파는 할매 불심마저 팔려는가/죽상 위 도토리 묵은 그야말로 자비로다//
늘 푸른 대숲속엔 성덕왕 때 바람소리/문수보살 보현보살 먼저 나와 반겨주고/지리산 정기를 담은 범종은 울어댄다//
고운 선생 지은 비문 글자마다 영롱해라/진감 국사 대공 탑비 가슴에는 멍들었다/부처님 은혜로 알고 보슬비를 맞아야지//

– 「쌍계사」

작가가 가지고 있는 인생론의 궁극적 지향은 어쩌면 불교와 같다는 인생론적 깨달음의 실체, 그것은 떠돌이의 영적 표상에서 소득된 부수적인 것일 뿐 그것이 그의 본령은 아니었을 것이다. 그러나 이것은 원용우의 많은 것이 되고 있음을 볼 수 있다. 그래서 신화의 어떤 면과도 관련시킬 수도 있을 것이다. 즉 일상에서 종교적인 인간은 그들이 신들을 모방할 영원성의 회복이라는 울타리를 지니게 된다. 불교는 이런 원용우의 속성에 가장 잘 맞는 울타리일 것이다. 혹 치유 받지 못할 정도의 괴로움이 원용우 시조 시인에게 닥쳤을 때 이런 불교는 이런 질곡을 뛰어넘는 한 계기로서 존재한다.

그러기에 고독과 쓸쓸함에서 문학을 시작하였던 원용우의 문학은 그 질곡을 헤쳐 갈 실마리를 가지지 않으면 안 되었고, 불교는 그와의 적절한 관계를 유지할 수 있었다고 보아진다. 그 종교를 믿거나 말거나와는 아무 상관없는 것이다.

무심코 달력 한 장을/오늘 아침 뜯어냈다/살점을 뜯어내듯/조심스레 뜯었는데/아픈 데/아픈 데가 없어/정말 다행이었다//아픈 데 없다지만/온갖 번뇌 자리해서/쑤시고 지랄하고/속으로 멍들게 해/남는 건/늙고 병들어/식어가는 나무 등걸/세월네 네월네를/탓해 본들/무엇하랴/춘풍 춘우 허구한 날/헛바퀴만 돌리다가/뜬 구름/저녁 놀 안고/돌아가는 나그네여//

—「달력을 떼내면서」

나이 들어 돌아보는 인생은 다만 허상일 뿐이었다. 생각할수록 지난날의 세월은 후회뿐이었다. 어릿광대 · 앵무새 · 청맹과니 · 허명만 낚으려 했던 비굴함, 그게 자신이었다고 시적 화자는 한탄했다(자화상). 그러나 십수 년이 지나 제 3시조집에서 지금 시인은 또 다시 자탄하는 것이다. 인생에 대한 끝없는 화두, 그러나 결국은 아무것도 아닌 뜬구름 저녁놀 안고 돌아가는 나그네라는 것, 그 결론밖에 얻은 것이 없다.

(5) 삶의 그늘 걷기 또는 삶의 지평 늘이기

원용우 시인이 초기작부터 관심을 가졌던 인생론적 문제는 앞서 본대로 몇 개의 기표로 나타나고 있음을 볼 수 있다. 곧 삶과 죽음 사랑과 이별 그리고 또 하나 외출, 곧 떠돌이 기표이다. 이런 문제는 원용우 시인이 그가 진작부터 인간의 근본 문제 – 보다 더는 자신의 고독감에서 연유한 것이긴 하지만 – 에 대한 애정어린 집착과 끊임없는 화두가 일궈낸 소산이기는 하지만, 그것은 이제 원용우를 넘어서 우리 일상사의 한 화두가 되고 말았다.

우리 시조사에서 기실 이런 인생론적 문제를 다룬 것은 그가 처음도 아니고 또한 이 소재가 시조 문학사에 걸러질 만큼 우수한 소재도 아니다. 하지만 그가 우회해서 그의 문법의 주된 관심으로 인생론적 문제를 삼은 것은 역설적으로 우리에게 매우 중요한 시사를 주고 있는데, 그것은 그의 시조가 우리네 삶 속에 등장하는 그늘을 지우는 한 방편일 수 있다는 점이라는 것이다. 다시 말해 이런 그의 시조가 바로 우리 인생의 근본적인 문제인 죽음 · 이별 · 사랑에 대한 어떤 항체적 역할을 제공해줌으로써 삶의 지평을 늘려주는 한 처방일 수도 있다는 점이다.

집단 무의식을 통해 인간의 가시적 현상을 규명해보려 했던 융의 작업도 따지고 보면 이런 인생철학을 배우려는 시도라고 할 수 있다. 원용우 시인이 시조라는 가장 전통적인 방식으로 우리의 삶의 그늘을 거두려거나 삶의 지평을 확대하려 했던 것, 그것 역시 우리의 삶을 좀더 값지고 차원 높은 삶을 구하려는 노력이었다고 할 수 있다.

원용우의 근본적인 화두, 인생론적인 문제에서 우리는 삶과 죽음, 사랑과 이별, 외출의 기호 이 모두가 따로 존재하는 것이 아니라 끝과 끝이 연결된 그래서 순환적인 구조를 이루고 있는 것임을 미약하나마 엿보았다. 여기서 원용우는 말하고 있는 것이다. 인생은 결코 죽음을 향해가는 존재가 아니라는 것을. 그렇다고 죽음 없는 삶이 존재할 수 있는 것도 아니라는 것을. 사랑만, 이별만 존재하는 삶은 없다는 것을.

그러나 우리는 이런 질문에 도달하기에 얼마나 많은 노력을 기울였던가. 종교도, 정치도, 문화도, 제도도 결국은 이를 지향하기 위한 하나의 발악일 뿐이다. 그러나 우리는 너무도 모든 것을 쉽게 잊어버린다. 그런 의미에서 삶과 죽음, 사랑과 이별의 생성과 소멸을 통해 우리에게 다시 문제의식을 제기한 그의 시적 미학은 우리 시조사에서 그가 이룬 작은 성과로 간주할 수 있다.

원용우도 이제 우리 시조사의 전면에서 정당하게 그 몫을 배분받아야 할 때가 되었다. 그의 우리 시조의 발전을 위한 노력에서 그러하고, 그의 개인적 차원의 인생론을 우리 모두의 보편적 정서로 확산시킨 점에서 그러하다.

그러나 속상한 것이 왜 없으랴. 변화를 느낄 수 없는 시조 세계, 회상적인 문법, 갈수록 약해지는 시적 함축의 도태 – 이런 매너리즘은 정말 원용우를 아끼는 독자들에게는 매우 안타까운 일이 아닐 수 없다. 더욱이 본인의 시적 열정에서 우러나온 것이 아닌 목적 시조들에서 느껴지는 안일하고 반복된 방식의 시조들은 실로 실망스럽기까지 한 것이다.

문학이란 처음부터 끝까지가 도전이다. 문학이란 처음부터 끝까지가 실험이다. 그것은 문학이 불확실하고 희망없는 미래에서 그래도 우리를 이끌어갈 하나의 등불이기 때문이다.

지금 원용우의 시조는 너무 만네리즘에 빠져있다. 이야기가 무성하면서도, 그러면서도 정작 필요한 이야기는 얻고 있지 못하는 시대에 우리는 살고 있다. 이 미망의 시대에 우리를 구원해 줄 원용우의 또 다른 새로운 분발을 기대해본다.

[評說]

5. 원용우의 수필세계

- 긍정과 순리의 삶 -

申 吉 雨

(수필가 · 문학의 강 발행인)

여강(如江) 원용우(元勇寓) 박사는 시조인이다. 시조 작품이 700여 편이나 되고, 시조집도 8권을 냈다. 시조에 관한 논문도 40여 편이나 발표하고, 다른 분의 시조집 작품평문도 60편이 넘는다. 1975년 8월 1일 〈월간문학〉에 시조부문 신인상으로 문단에 등단한 이래 많은 시조를 창작 발표하며, 한국시조학회, 한국시조사랑운동본부(현재 한국시조협회) 회장 등을 맡아, 시조 부흥과 보급에도 적극 활동하고 있다. 전공도 시조부문으로, 『윤선도 문학 연구』는 박사학위 논문이다. 대학에서도 주로 시조 담당 교수로 근무했다. 80평생을 시조와 함께 살아왔다고 할 수 있다.

그런데, 원용우 박사는 수필가로도 많이 활동하였다. 동인지 〈조운수필〉의 창립회원, 회장 등으로 활동하며, 1990년 9월에 『선택 받지 못한 사람』을 시작으로 수필집 6권을 출간했다. 이에, 그의 팔순을 맞아, 제4 수필집 『흐르는 강물처럼』(2008)과 제5 수필집 『무지개를 찾아서』(2014)를 중심으로, 원용우의 수필세계를 살펴본다.

(1) 긍정과 순리의 삶

원용우의 수필에는 긍정적인 것이 많이 나타난다. 그의 느긋하고 온후한 성격과 변화보다 안정을 추구하는 삶의 자세가 반영된 것이라고 생각된다.

그가 대학원에 진학해서 지도교수를 모실 때 희망했던 분을 지도교수로 모시지 못했다. 현대문학 지원자가 너무 많아서 대신 고전문학 전공자가 배정된 것이다. 인기 없는 고전문학인데다가 목표가 달라서 실망이 컸었단다.

> "그 당시는 얼마나 서운하고 섭섭했는지 모른다. 원하는 사람을 지도교수로 모시지 못했고, 현대시조보다는 고시조 또는 고전시가 쪽으로 방향을 바꾸어서 공부하는 궤도 수정 작업을 실행에 옮겨야 했기 때문이다. 〈중략〉 그러나 이제 와서 생각해 보면, 그 당시 내 지도교수로 그 교수를 모시게 되고, 내 전공을 고전시가 쪽으로 전환하게 된 것이 얼마나 큰 다행이요 복 받은 일이었는지 모른다."
>
> -「모든 것은 운명인가」 에서

원 박사는 그래도 고전시가 쪽을 공부하게 되었으니까 대학교수도 되고, 오늘날과 같은 영광을 얻게 되었다고 하였다. 지도교수도 그 인품, 덕성, 학식 면에서 훨씬 뛰어나고 훌륭했다며, 전공을 바꾸게 된 것을 전화위복(轉禍爲福)이요 천우신조(天佑神助)라 하였다.

불평불만보다 긍정과 수용의 자세가 삶에 더 실효적임을 생각하게 한다.

수필 「문사장의 당뇨병」은 60세 건축업자가 자신의 당뇨병 치료를 위해 매일 아침 산에 올라 남다르게 운동을 열심히 하는 이야기이고, 「구의공원의 김선생님」은 의사와 대기업체 근무의 두 아들을 두고도 청소부처럼 매일 공원에 와서 휴지를 줍고, 쓸고, 화단을 가꾸는 전직 교육청 장학관의 이야기이다.

두 작품 다 생활 주변에서 발견한 긍정적인 삶을 다루어 그 중요성을 강조하고 있다.

이런 자세는 자신의 경우에도 그대로 나타난다. 수필 「버리는 연습을 하자」는 자신의 늙마의 삶을 그리고 있다.

> "서울의 내가 사는 주택에도 큰방 두 개가 완전히 책으로 넘쳐서 발 디딜 틈이 없다. 그 책들이야말로 내가 먹을 것 못 먹고, 입을 것 못 입고, 아껴서 사 들인 것들이다. 어쩌면 나의 분신처럼 귀한 책이요, 자료들이다. 그런데 그 귀한 것들이 나중에 어떻게 될까를 생각하면 밥맛이 떨어지고 밤에 잠이 안 온다. 내 부모의 유물처럼, 내 아내의 소지품처럼 사라질 것이라 생각하면 소름 끼친다.
> 얼마 전에 아들이, "아버지 돌아가시면 고물장수 불러서 책을 전부 실어가게 하겠다."는 말을 들었을 때, 인생의 허무를 다시 한 번 절감하였다. 그러니 더 늦기 전에 '버리는 연습을 하자.'고 되뇌일 수밖에 없는 현실이 안타까울 뿐이다.
>
> -「버리는 연습을 하자」에서

장서 처분 문제는 「애장 서적」에도 나온다. 퇴임교수나 나이가 든 장서가들이 공통으로 느끼는 걱정이요 안타까움이다.

원 박사는 긍정적인 삶을 지혜로운 삶의 방식이라고 여기고 있다.

> "좋은 사람을 만나는 것도 내 탓이고, 나쁜 사람을 만나는 것도 내 탓이다. 그러니 모든 것을 긍정적으로 보고, 긍정적으로 해석하면서 자신의 심신을 닦는 것이 지혜로운 삶의 방법이라고 생각한다."
>
> -「인간의 만남과 헤어짐」에서

삶을 긍정적으로 살아가는 태도는 불행이나 고통도 수용하게 한다. 오히려 그런 고난을 겪어야 행복을 더 깊게 느낄 수도 있다고 생각한다.

행복은 주어지거나 받는 것이 아니고 스스로 발견하고 얻는 것이다. 어떻게 살아가는 것이 행복한 것인가를 생각하게 한다. 긍정적인 삶의 가치를 다시금 생각하게 한다.

(2) 새로운 인식과 판단

원용우 박사는 사물에 대한 남다른 관찰력이 있다. 그리고 거기서 새로운 사실을 찾아낸다. 그것이 알릴만한 것이면 글로 써낸다. 수필가다운 창작 태도이다. 사실의 나열이나 감상, 서술 위주의 기존의 흔한 방법에서 벗어나고 있다.

"양반이니 쌍놈이니 하는 것은 조선시대 철저한 신분계급제도에서 발생한 시대적 사회적 현상이다. 양반은 지배계급 쌍놈은 피지배계급, 양반은 귀족계급 쌍놈은 천인계급, 양반은 과거제도를 통해서 높은 벼슬을 할 수 있고, 쌍놈에게는 이러한 관계 진출의 길이 막혀 있었다. 〈중략〉
현대판 반상 구별은 돈의 유무, 학식이나 전문기술의 유무, 관직의 유무, 사회적 지위의 유무, 훌륭한 조상을 둔 문벌의 유무로 구분. (오늘날의 반상은) 사람 됨됨이와 인품, 교양, 덕망 등으로 구별해야 한다.

–「양반과 쌍놈」에서

오복(五福) 이야기도 같은 맥락이다.

"오복을 열거해 보면 '수' '부' '강녕' '유호덕' '고종명' 등이다. 〈중략〉 현대 노인들의 오복이란 ① 건강, ② 배우자, ③ 재산, ④ 할 일, ⑤ 친구 등이다. 옛날에 오복이라 일컫던 것들과는 사뭇 다른 모습이다."

–「오복에 대하여」에서

원 박사는 현대인의 오복을 하나씩 열거 설명하면서, 그 "어느 한 가지도 자신의 뜻대로 잘 되는 것은 없다."고 하였다. 오복이 현대에 와서 새롭게 인식되어 바뀌어져도 역시 받기는 어려운 일이다. 그러면서 실제로는 5복 다가 아니라 첫째도 둘째도 셋째도 '건강'이라며 오래 사는 '수(壽)' 대신 등장한, 활동하며 사는 '건강'을 강조하고 있다. 반상이나 오복이나 과거와 달라진 현대의 인식, 현대의 것마저도 잘못되었음을 지적하고, 나름대로의 판단까지 펴 보이는 점이 학자답다.

"일주일의 절반은 하늘 높이 치솟은 도심의 빌딩가를 누비고 다니는 도시인이 되었다가, 그 절반은 하늘과 바람과 별들이 속삭이고 우거진 숲속에서 내뿜는 싱싱한 향기를 맡는 자연인이 되어 살아가고 있으니. 그야말로 일거양득이 아니고 무엇이겠는가. 도시와 농촌, 인공과 자연, 복잡한 곳과 한산한 곳, 최첨단 과학의 혜택을 받는 곳과 그러하지 못한 곳 사이를 마음대로 누비면서 살아가고 있으니, 나는 남들과 똑같은 생애를 살아가면서도 곱빼기 인생을 살아가고 있는 것이다."

–「감사하는 마음」에서

원용우 박사는 서울에 살면서 직장 교원대가 있는 청주까지 매주 고속버스를 타고 오르내렸다. 시간 낭비와 심신의 고통만 생각해도 힘든 생활이다. 18년을 그랬으니 대부분의 사람들은 질리고 짜증을 낼만하다.

그런데 원 박사는 자신의 삶을 새롭게 살피고 판단했다. 남이 겪지 않는 힘들고 짜증스런 자신의 삶이 오히려 자신만이 누리는 특별한 것임을 깨달은 것이다. 그럼으로써 고통이 즐거움이 되고, 지루한 시간이 즐거운 시간으로 바뀌었다.

인식의 전환이다. 기존의 인식대로 따라 살고, 종래 하던 대로 할 것이 아니라, 더 좋게, 보다 낫게 생각하고 바꾸는 삶의 중요성을 강조하고 있다.

(3) 사물의 의미 찾기

사물은 보이는 대로 존재하는 것이 아니다. 보기만 하고 살피지 않고, 살피며 생각하지 않으면 그 본질을 파악하기가 어렵다. 그 속에서 의미를 찾아내기란 더 어렵다.

「촛불의 미학」을 보자. 생일 때나 축하행사 등에서 흔히 사용되고 보아온 '촛불'을 관조하여 그 내면적인 아름다움을 고찰하고 있다. 나아가 우리 삶의 좋은 정신으로 승화시키고 있다.

"촛불은 어두운 곳을 밝게 하기 위하여 밤새도록 빛을 내고 있다. 그 빛은 많은 사람들에게 광명을 주고, 앞길을 인도해 주고, 자기가 하고 싶은 일을 정상대로 할 수 있게 해준다.……

촛불은 자기를 희생할 줄 아는 아름다움이 있다.……

촛불은 밝은 빛을 골고루 선사하는 큰 사랑을 실현한다.……"

–「촛불의 미학」에서

이 세 가지에서 촛불은 '광명시혜(光明施惠)의 정신, 자기희생(自己犧牲)의 정신, 대자대비(大慈大悲)의 정신'을 발휘하고 있다고 하였다. 그리고 시혜와 희생과 자비의 세 정신이 우리에게 절실히 요구되고 있다고 강조하고 있다.

사물을 관조하여 그 의미를 찾고 그것을 우리의 삶과 연결시키는 수필의 창작방식을 보이고 있다.

「고향 마을의 느티나무」도 같은 방식이다.

500여년이나 되는 느티나무는 하늘을 가려 100여명이 동시에 앉아서 땀을 식힐 수 있다. 그늘에서 샛밥과 점심도 먹고, 낮잠도 자고, 바둑 장기에 놀이도 한다. 실제적으로 "느티나무 그늘 속은 우리 마을 사람들의 자연 피서 공간이다."라 했다.

그러고서 느티나무는 무서운 폭양을 한몸에 받고서 사람들에게 시원한 공간을 주어서 살신성인(殺身成仁)의 성자(聖者)와 같다고 하였다. 정신적 판단의 의미 부여이다.

이런 세밀한 관찰력은 음식이나 식당에서도 나타난다, 근무지의 식당들 중에 소문이 난 집들의 이유를 그 식당의 특색과 음식들을 살펴서 파악하였다.

"그 모두가 자기들만이 가지고 있는 비법이 있는 메뉴 개발과, 맛있는 음식을 만들어내는 데서 이루어진 자연스런 결과라고 생각한다," 〈중략〉

"문학도 새로운 메뉴, 새로운 기법, 새로운 맛을 내는 작품을 써서 독자들이 즐겨 찾도록 배전의 노력을 기울여야 할 것이다."

－「음식점 이야기」 에서

소문난 식당의 유명한 이유를 통해 문학의 유명할 근거로 연결시키고 있다. 사물은 혼자가 아니라 서로 연계되어 있음을 생각한 것이다.

(4) 긴 문장과 그 가치

원용우의 수필들은 대체로 문장이 길다. 중문(重文)과 복문(複文)이 많이 쓰이고, 복합문(複合文)도 심심찮게 발견된다. 짧은 문장을 좋아하는 현대인의 생리와는 걸맞지 않는데도 즐겨 쓰고 있다.

문장이 길다 보니 자연히 작품 분량도 길다. 작은 소재도 관련이 있으면 언급하고, 주제 집중이 되지 않아도 넣어도 될 것 같으면 다 쓰는 식이다. 단락도 짧은 것은 거의 없다. 단락이 내용 파악에 주된 요건임을 알 텐데도, 웬만하면 두세 개를 하나로 묶기도 한다.

이러한 사실은 본인도 알고 있다. 그 단점도 인지하고 있다.

"나는 수필을 쓰면 길게만 쓰려고 한다. 그처럼 길게 쓰다 보니 쓸데없는 소리가 많이 들어가고, 군더더기 내용이 들어가서 읽는 이에게 절실한 감동을 주지 못한다."

－「관점의 차이」 에서

짧은 정형 시조를 즐겨 많이 쓰는 데도 수필은 긴 문장으로 길게 쓰니, 그것이 자신의 성격에 맞고, 또 습성이 되어버렸는가 보다. 원용우 수필의 한 특색이다.

그런데 긴 문장, 큰 단락, 분량 많은 글이 원용우의 수필에서는 종합과 설명의 기능을 발휘한다. 거론된 화제(話題)에 관한 크고 작은 것을 다 기록하고 있으니, 독자들은 알든 모르든 글을 따라 읽으며 파악하게 한다. 이런 것까지 쓰나 하면서도, 읽으면서 자신의 것을 점검하고, 깊이와 폭을 넓히게도 된다,

"명심보감(계선편)을 보면 장자가 말하길 '나에게 착한 일을 하는 자에게도 나 또한 착하게 하고, 나에게 악한 일을 하는 자에게도 나 또한 착하게 할 것이다. 내가 이미 남에게 악하게 아니 하였으면 남도 나에게 악하게 할 수 없을 것이다.' 라고 하였다. 즉 사람은 언제나 남의 잘못을 용서할 줄 아는 아량이 있어야 한다. 나에게 잘하는 사람은 물론 나에게 잘못하는 사람에게도 똑같이 잘해야 한다는 이야기다. 내가 남에게 악하게 하지 않는 이상 남도 나에게 악하게 할 수 없다는 뜻이다."

–「여러 성인들의 말씀」에서

독자가 생각할 여지가 없다. 다 이야기하고 설명을 해버리고 있다. 생각하지 않고 읽기만 하면 된다. 마치 선생님이 학생들에게 가르치고 일러주는 것과 같은 자상함과 편리성이 느껴진다.

"① 이처럼 걷는 운동을 하다 보면 재미난 현상을 발견하게 된다. ② 아침 5시경에 나가보아도 나처럼 걷는 사람이 많고, 6시경에 나가보아도 걷는 사람들이 많고, 7시경에 나가보아도 여전히 걷는 사람이 많다는 사실이다. 그야말로 열심히 걷는다. ③ 어떤 사람은 땀을 뻘뻘 흘리면서 걷는다. 한가하게 어슬렁거리는 사람은 없다. ④ 그런데 그 걷는 모습이 각양각색이다. 팔을 있는 대로 흔들면서 걷는 사람, 다리를 있는 대로 벌리면서 걷는 사람, 온몸을 흔들면서 걷는 사람, 천천히 걷는 사람 등 이루 형용할 수 없을 정도다. ⑤ 걷기는 걷는데 옷차림, 표정, 걷는 모습이 모두 다르다. 한마디로 제멋대로 걷는다. 똑같은 외모를 하고 똑같은 자세를 취하면서 걷는 사람은 한 번도 못 보았다. ⑥ 그처럼 매일 아침 자주 만나는데도 서로 눈인사 한번 주고받지 않는다. 너는 너고 나는 나다. 남을 의식하거나 배려하는 사람이 없다. 모두가 독불장군이다.

–「제멋대로 산다」에서

위 인용문은 한 단락으로 되어 있다. ①~⑥의 번호는 필자가 잘 게 단락을 지어본 것이다. 적어도 내용상 ①, ②, ④, ⑥은 단락을 지어야 한다. 그래야 독자들이 쉽게 이해할 수가 있다.

그런데 그 앞 단락은 한 줄 많고, 그 다음 단락은 3줄이나 더 많다. 앞 단락의 내용은 일거삼득의 걷기를 어찌 그만둘 수 있겠는가이고, 뒷단락은 사람들 살아가는 모습도

각양각색이다란 내용이다. 그러고 보면 이 공원의 걷기 부분은 크게 하나로 묶어놓은 것이다.

따라서 독자의 이해에 덜 도움이 되더라도, 공원에서의 이야기를 다 하나로 묶은 것이다. 종합과 큰 구분의 의도이다. 긴 문장에 큰 덩이의 단락, 원용우 수필 문장의 한 특징이다.

이 밖에도 원용우의 수필에는 시조인답게 시조에 대한 작품들이 많다. 두 수필집의 작품제목에서도 "첫 시조집의 추억, 현대시조의 효시작품, 시조의 멋과 맛, 시조 바로 세우기 운동, 시조사랑 운동" 등이 있다.

불교에 관한 것이나 불교사상을 자랑으로 한 작품도 여럿 보인다. 두 가지 다 원 박사의 학문과 삶과 연유된 것이다.

이상에서 원용우의 최근 두 수필집을 대상으로 그의 수필세계를 살펴보았다. 깊이 있게 연구하기보다 원 박사의 8순을 기념하여 축하의 뜻으로 쓴 것이다. 아울러 원용우 수필의 이해에 도움이 되기를 기대한다.

* 申吉雨 : 본명 신경철, 문학박사, 수필가, 시인, 시집 『남한강 연가』, 수필집 『차 한 잔의 행복』 등, 현재 한국문인협회 자문위원, 국제PEN한국본부 원로회원, 한국문학의강문인협회 회장, 한국영상낭송회 회장, 계간 『문학의강』 발행인 겸 편집인대표.

論 文

[論文]

1. 여강 원용우 박사의 생애와 작품세계

이 광 녕(李廣寧)
(문학박사, 사단법인 한국시조협회 명예이사장)

(1) 여강(如江)의 성장과정과 사상적 배경

시조시인 원용우(元勇寓, 2009년 元容文에서 개명)박사는 1938년 경기도 여주군 강천면 대둔리에서 부(父) 원의상(元義常)과 모(母) 윤우(尹杅)씨와의 사이 3남2녀 중 장남으로 출생하였으며, 아호는 여강(如江) 혹은 요완(耀婠)이다.

여강의 어릴 적 성장과정은 해방 전후의 사회 혼란과 6.25 사변으로 인한 생계 파탄, 그리고 피난 생활로 극심한 가난과 어려움에 처해 있었다. 특히 전쟁의 참상과 이데올로기의 대립으로 인한 비극적 현실에 대하여 눈으로 보고 몸으로 체험한 그는 그러한 지난한 역경과 상처가 그의 문학과 사상적 바탕의 중심축이 되었다.

사람들은 생활이 궁핍해지고 고난의 연속이 심해지면 이상은 멀리 하고 현실 속의 당면한 문제들에만 매달리게 된다. 그렇기 때문에 생계를 꾸려나가기 위한 돈벌이에만 집착하고 학업은 멀리 하게 된다. 그러나 여강은 숱한 보릿고개를 넘으면서도 그 누구의 만류에도 불구하고 학문에 대한 꿈은 결코 버리지 않았다. 그는 어릴 때부터 남달리 학구열이 매우 강해서 온갖 난관에 부닥쳐 있어도 학문탐구의 정신만은 늘 남보다 앞섰다. 그는 여주군 강천에서 초등학교를 나오고 원주로 중학교를 다니다가 6.25사변으로 인해 학업이 중단되자, 마을의 한문서당에서 동몽선습, 명심보감, 소학, 사서, 주역 등을 배우면서 어릴 적 소양을 쌓아나갔다. 전쟁 이후 그는 문막에서 중학교를 마치고 서울 중동고등학교를 거쳐 드디어 1966년 서울대학교 국어국문학과를 졸업하였다. 그리고 1978년에는 고려대학교 교육대학원에서 교육학석사 학위를 취득한 후, 1988년 동대학원에서 영예의 문학박사 학위를 취득하였다.

교직 경력으로도 그는 남다른 두터운 경륜을 쌓았다. 1966년부터 원주대성고, 배명중, 진명여고, 행당여중, 관악고, 대전 보건전문대, 경상대학교, 한국교원대(현재 명예교수) 등에서 교사 및 교수직으로 평생을 봉직하였다. 학회, 문화 및 문인활동으로는 국어국문학회, 한국시조학회, 여주문화원장, 한국시조시인협회, 한국문인협회, 한국시조협회(초대회장), 광진문인협회 등 다양한 분야에서 문단의 요직을 맡아 봉사하였다.

여강 원용우박사의 인생 경륜은 너무나 광범위하고 다양하여 일일이 다 들어 열거하기 힘들다. 다만 그가 살아온 시대나 인생 역정이 너무나 험난하고 격랑이 심해 그것을 뛰어넘고 극복하여 이루어낸 인간승리의 여정이 군계일학(群鷄一鶴)의 봉우리처럼 빛날 뿐이다.

여강은 한마디로 굽이치는 높은 파고와 격랑을 딛고 일어선 입지전적 인물이며, 인간승리의 대표자이다. 대둔리의 빈농에서 태어나 집안 농사일을 도우면서 특히 해방 전후의 혼란시기와 6.25사변의 참상과 사상적 갈등을 몸소 겪어낸 그의 체험은 인생의 큰 밑거름이 되어서 이후 그의 문학적 소재와 창작에서 큰 영향을 끼쳤다.

여강의 성품은 온유하고 부드러워 외유내강형(外柔內剛型)의 표본이며, 모든 이의 존경을 받는다. 그는 남다른 소박성과 진실성, 그리고 초월자로서의 달인다운 부드러움을 지닌 전형적인 선비형 문사(文士)이다.

그는 어릴 적부터 가난과 전쟁, 그리고 이념적 대립의 극한 상황을 목격하고 몸으로 체험하였으며 그것을 학문과 접목시켜서 거기서 깨달은 지성으로 인생의 바른 길을 걸어가는 이 시대의 선각자이다. 그러기에 그의 품성은 노자에서 말하는 '곡신불사(谷神不死)'의 정신에 비유될 만하다. 그는 거친 암반에 부딪쳐도 겸손하게 물과 같이 늘 엎드려 흐르고 낮은 곳으로 흘러 광활한 바다에 이른다. 그러므로 그의 아호가 '여강(如江)' 인 것과 같이, 온갖 혼란과 고난의 난제들을 끌어안고 정화시키며 계곡의 물처럼 낮게 흘러 새로운 생명력을 창조하곤 하였다.

그의 문학적 사상적 바탕은 민족의 전통성 흐름을 중시하는 보수성을 지닌 온건한 민주주의 신봉자이다. 그는 인품이 온유한 시조단의 저명한 학자이지만, 나라의 안위를 걱정하며 글을 쓴다. 그가 성장하면서 이 땅의 민주주의 정착 과정과 혼란을 눈으로 몸으로 체험하였기에 민족의 분열을 획책하고 갈등을 조장하는 일체의 급진적 성향을 배격하고, 조국과 민족을 위한 진정한 선비의 도를 실천하며 문인의 길을 묵묵히 걸어가는 이 시대의 횃불과 같은 학자이다. 이러한 관점으로 그의 궤적과 작품세계를 고찰해 보고 그가 문단에 끼친 영향을 살펴보기로 한다.

(2) 여강(如江)이 시조 문학에 끼친 영향

1) 시조 발전의 견인차 역할을 한 시조단의 큰 스승이다

여강(如江)의 시조 물결은 지금도 변함없이 흐르고 있다. 여강 원용우 박사는 스스로 "시조전도사(時調傳道師)"라고 일컬은 바 있다. 그는 자작 시조 「시조의 길」이라는 글에서 밝힌 바와 같이, 평생 시조만을 위해 시조 발전만을 위해 온갖 정성을 다 바쳐왔다. 오늘날 우리 시조단과 시조 현실에는 그의 열정과 자취가 고스란히 담겨져 있다. 그가 일생동안 시조에 쏟은 열정은 그 누구도 따라올 수 없다. 그러기에 그는 진정한 시조전도사요, 시조단의 큰 스승이다.

시조를 널리 보급하려면 다방면에 걸친 부단한 시조 작가활동과 문단 봉사, 저서를 바탕으로 한 시조교육까지 힘을 쏟아야 하는데, 여강은 이러한 시조활동과 교육 현장에서 놀라운 성과와 족적을 남기었다. 그의 시조에 대한 사랑과 열정은 끝이 없어서 아마도 남은 여생도 시조인생으로 살아 갈 것이다.

여강은 1975년 《월간문학》으로 등단한 이래, 김광수 김효경 이청화 등과 씨얼문학회를 조직하여 문학의 정수를 개척하는데 힘썼고, 한국문인협회 여주지부장, 광진문인협회장, 여강시가회장, (사)한국시조시인협회 자문, (사)한국시조협회 초대회장 등 시조문단의 선두주자요 거두로서 오랫동안 봉직하면서 시조문학 발전에 중추적인 역할을 감당하면서 놀라운 족적을 남기었다. 시조교육면에 있어서도 1966년부터 여러 고등학교와 대학교, 그리고 문화원, 문학 단체 등에서 많은 인원을 대상으로 현장 교육에 전념하였다. 특히 그가 교원대학교 석사학위를 이수한 제자들을 중심으로 조직한 여강시가회는 지금도 문학을 꿈꾸는 시인들에게 지속적으로 꿈을 심어주면서 시조교육의 산실로 크게 주목을 받고 있다.

2) 학회 · 저작활동을 통하여 위대한 족적을 남기다

여강 원용우 박사의 저작과 학회활동은 그의 온유하고 사려 깊은 인품처럼 질서 있고 잘 정리된 느낌이다. 대표작으로 볼만한 23권의 저작물들이 대부분 시조관련 이론서와 시조시집(제7집) 그리고 수필집(6권) 등이다. 논문류는 일반 저서보다 많은 편인데, 가람시조 등 작가론을 시작으로 현대시조의 현황과 문제점들을 다룬 것 등 무려 83편에 이르며 대부분 시조 관련 논문들이다.

그의 이론 저서 중에서 특히 『시조문학 원론』은 시조의 발생과 원리, 그리고 이론적 배경을 체계적으로 잘 정리하여 시조시인들에게 매우 유익한 정보를 제공해주는 역작이다. 그의 시조집 중에서 『아버지의 땅』은 향토색이 짙은 고향으로의 귀소본능이 잘 나타난 작품집이며, 『한강변의 봄맞이』는 과장된 멋을 부리지 않고 소박한 시심으로 돌아가 지나간 삶을 돌이켜 보면서 스스로의 내면세계를 차분하게 정리해 본 정갈함이 넘치는 시조집이다.

여강은 자신의 저작 활동은 물론, 학자로서 학회 활동도 게을리 하지 않았다. 학회 활동은 주로 어문학과 시조학회 활동이 주를 이루었다.

국어국문학회(1981년부터)를 시작으로 한국언어문학회, 모국어교육학회, 우리어문 연구회, 청람어문교육학회, 안암어문학회 등에서 우리어문 발전을 위한 활동을 활발히 전개하였으며, 시조 관련 학회 활동으로는 김동준, 진동혁, 황순구, 박을수 등과 한국시조학회를 창립(1985)하여 초기부터 중추적인 역할을 담당하였고, 한국시조학회(1998~2000), 한국시조시학회(현재) 등에서도 학자적 품성을 발휘하면서 시조 발전을 위해 헌신적으로 노력하고 있다.

또한 여강은 국제교류학회 활동에서도 남다른 열정과 관심을 보였다. 단순한 관광 차원이 아닌 학술대회 참가와 연구 임무를 띠고 학자로서 문화전도사로서의 자세를 잃지 않고 자료를 준비하고 참석하여 연구 결과물을 남겨 놓았다. 1987년과 1989년에는 중화민국 한중작가회의(대만) 한국 대표로 참가하여 큰 성과를 거두었고, 그밖에도 중국, 일본, 인도, 중동, 러시아 동유럽 북유럽 등을 여행하면서 문화 유적지를 순방하여 한국 문화와 시조를 알리는데 주력하였다. 특히 2014년에는 (사)한국시조협회(당시 회장 이광녕) 명예회장으로서 중국길림사범대를 방문하여 자매결연을 맺었고 연변작가들과 교유하여 시조 국제화의 물꼬를 트는데 큰 성과를 거둔 바 있다.

물질주의와 이기주의로 시조에 대한 무관심과 홀대가 극심해지고 있는 이 때, 우리의 전통문화요 조상의 얼이 고스란히 담겨져 있는 우리 고유의 시조는 국민시화 되어야 하고 또한 세계화가 되어야 한다. 이러한 시조단의 커다란 목표를 달성하기 위하여 여강 원용우 박사는 선공후사(先公後私)의 정신으로 시조발전에 일생을 다 바쳐서 우리 시조단의 큰 횃불이 되었다. 이러한 여강의 끈질긴 노력과 족적은 우리 시조단과 국문학사에 영원히 빛나리라고 본다.

(3) 작품을 통해 바라본, 여강의 인품의 향기

1) 향토애와 귀소본능(歸巢本能) : 향토심에서 우러난 다정다감한 성품

누구든지 '고향' 하면 정겹고 가슴이 설레는 말이지만, 여강의 귀소본능(homing instinct)은 남다르다. 여주 강천면 시골 출신에다 유년기 첫사랑의 추억과 역사의 수레바퀴 속에서 시대마다 부대끼고 얽혀져 있는 비화(悲話), 그리고 부모님과의 삶의 애환이 봉합되지 않은 채로 고스란히 상처로 남아 있기 때문이다. 그래서 '수구초심(首丘初心)' 이란 말과 같이 언제 어디를 가도 그의 마음은 늘 고향 쪽으로 향해 있다.

A
고향이란 말만 들어도 가슴이 설레인다
고목에 꽃이 피듯 그리움이 피어난다
어릴 때 나를 감싸주던 다소곳한 초가지붕

백년 묵은 느티나무 우듬지에 달 걸리면
나와서 그네 뛰던 춘향 아씨 같던 누나
머리에 화관(花冠) 쓰고서 시집가던 날 생각난다.

－「고향이란」 1,3연

B
군밤 한 봉지 사들고/추억에 젖어본다//
화롯가에 둘러 앉아/이야기꽃 피운 유년//
그 밤알 익어가듯이/무르익던 꿈이여.

추위를 구어냈나/아랫목은 따뜻해지고//
펑펑 내린 눈처럼/마음의 눈 내리더니//
소복이 쌓인 행복을/덮고 누운 고향산천

－「군밤」 전문

필자의 경험으로는 고향생각에 많이 젖어 있는 사람은 인정도 많다. 민심(民心)은 천심(天心)이지만, 인심(人心)은 자연에서 비롯된 토심(土心)에서 우러나오기 때문이리라.

글 A에는 이러한 향수심이 잘 드러나 있다. 유년기의 애환을 감싸주던 아늑한 초가지붕, 그리고 어린 가슴에 남몰래 흠모하던 춘향 아씨 같던 누나의 모습이 오버랩 되면서 작가의 시심은 늘 고향마을로 달려간다. 글 B는 눈 내리던 밤, 화롯가에 둘러앉아 군밤을 구워먹던 옛 추억을 실감 있게 그려 내었다. '군밤', '화롯가', '아랫목', '눈' 등과 같은 시어들이 하나의 연결고리를 이루면서 향토색 짙은 정감을 실감 있게 우려내고 있다. 이러한 글들에는 작가 내면세계에 자리 잡고 있는 귀소본능이 그 모티브 역할을 하고 있다.

문단에서의 대인관계에 있어서 여강의 인품은 '온유하고 깊이 있고 고요하며 다정다감하다'. 인심은 토심이라 하였는데, 이러한 여강의 인품이 싹트게 되었던 것은 그의 마음 밭에 늘 자리 잡고 있었던 향수심(鄕愁心)이 밑거름 되었던 것임을 미루어 짐작할 수가 있다.

그의 아호 여강은 '如江'이지만, 은연중에 향리(鄕里) 여주를 관통하며 유유히 흘러가는 강, '驪江' '을 닮아가고 싶어 하는 뜻도 포함되었을 것이다. 고향을 사랑하는 마음과 유유히 흘러가는 역사위에 시인의 의연한 자취를 남기고자 하는 소망이 어우러진 그의 애향심이 반짝반짝 빛난다.

2) 진충보국(盡忠報國)의 애국혼 : 우국지사다운 선비의 넋

여강시인은 그의 생각이나 글로 보아 애국선비다. 일제강점기와 6.25사변, 그리고 민주화 과정의 소용돌이로 점철된 시간의 징검다리, 그 상처를 딛고 건너온 현실의 불확실성과 태평시절이 오히려 불안하다. "6월!"하면 선연한 핏빛이 떠오르고 민족의 통일염원과 함성이 하늘을 찌른다. 일제 치하와 해방 이후의 혼란기, 그리고 소년시절 전쟁의 참상, 여강은 그러한 역사의 수레바퀴 속에서 공산 치하의 끔찍한 광경을 눈으로 목격하고 많은 것을 느끼었다. 그래서 여강시인의 작품 전반에는 민족혼과 진충보국의 애국혼이 요소요소에 포진되어 살아 숨 쉬고 있다.

A
초록물이 뚝뚝 듣는 6월의 언덕에 서면
사라졌던 포연 냄새 불길처럼 번져오고
그날의 피바다처럼 붉게 물든 저녁놀.

무엇이 짓누르는지 머리 항상 무거웠고
입은 달려 있어도 벙어리가 돼야 했다
어둠의 긴 터널 속에서 신음했던 생령들.

－「6월의 언덕에서」 1,3연

B
높기로 말하면 너무 높아 못 오르고
크기로 헤아리면 너무 커서 끝 안보이네
배달의 얼처럼 담긴/천지연의 푸른 물.

북으론 만주벌을 자비롭게 굽어보고
남으론 한반도를 자식처럼 거느렸네
하늘로 오르는 천통문(天通門)/대문 활짝 열렸다.

－「백두산을 뵙고」 2,3연

C
백마고지 전투에서/흘리셨던 혈흔인가//
밤새워 밀고 당기고/전진 후퇴 거듭하다//
마지막 숨을 거두며/산화(散華)해 간 넋이여

－「패랭이꽃」 전문

우리 민족에 있어서 6월은 참으로 잔인한 달이다. 글 A에서는 피비린내 나는 동족상잔의 아비규환 순간들을 떠올리며 늘 가위눌림 같이 따라다니는 6월의 악몽을 그려내고 있다. 어릴 적 자욱한 포연 냄새와 핏빛으로 물든 산하, 그러한 광경은 노년기가 되어도 뇌리에서 지워지지 않는다. 글 B는 백두산에 올라 천지를 보고 우리 민족의 웅대한 꿈과 기상을 그려내었다. 한민족의 정체성을 말살하려 했던 일제강점기에 백두산은 민족혼의 발원지요 상징이었다. 여강시인의 애국심은 민족정신의 발상지 백두에 올라 '하늘로 오르는 천통문(天通門)' 이라며 그 '대문이 활짝 열렸다' 라고 원대한 민족의 소망 메시지를 읊어내고 있다.

글 C는 백마고지 전투에서 나라 위해 한 떨기 민초처럼 산화해 간 순국선열을 추모하며 진충보국의 애국정신을 찬양한 글이다. 이 글에서 '패랭이꽃' 은 이름도 빛도 없이 사라져간 무명용사의 민초와 같은 넋을 상징한다.

3) 시조 전도사(傳道師) : 시조문학을 위한 오직 외길

여강에게 있어 시조발전은 필생의 책무이며 목표이다. 여강의 일생은 현재까지 시조발전만을 위해 오직 외길만을 달려왔다. 시조 전공에다가 각종 논문과 학술발표, 이론서적 저술도 모두 시조류(時調類)다. 주지하다시피, 시조는 장구한 역사의 흐름 속에서 지금까지도 살아남아서 민족혼의 맥을 이어오고 있는 우리 고유의 전통 정형시이다. 시조에는 조상들의 넋과 민족정신이 고스란히 담겨져 있다. 애국심과 민족정신이 강한 여강의 성정을 고려할 때 시조는 여강시인의 품성에 딱 부합되는 전통문학이다. 그러기에 여강은 이 시조를 위해 오직 외길만을 달려왔던 것이다.

A
내가 가는 길은 자나 깨나 시조의 길
가다가 쓰러지고 쓰러졌다 일어서고
아리랑 고개 넘는다 도포에다 삿갓 쓰고.

시작은 있었지만 끝 안 보이는 구도의 길
시조를 쓰는 게 아녀 시조를 믿는 거다
땀 흘려 오르는 산행 잠시 쉬어 가는 쉼표.

－「시조의 길」 1,2연

B
시조시인 만나보면 부러워서 숨죽였고
시조작품 읽으면서 멋과 맛을 맛보았다

고려의 청자보다도 더 고결한 배달의 얼

내가 좋아 내가 선택한 울고 넘는 시조 고개
한 삼십년 올라갔는데도 정상이 안 보인다
그 위에 깃발을 꽂고 만세삼창 부르고 싶다.

– 「시조고개 2,3연

정상적인 사람이라면 누구나 자기가 지향하는 목표가 있다. 문인으로서의 여강의 문학적 목표는 오직 우리의 전통문학 '시조'의 발전이다. 일찍이 여강은 필자와 함께 현대시조부흥운동, 정격시조운동, 시조사랑운동 등을 전개해 온 바 있으며, 작금의 큰 목표로는, '시조 바로쓰기', '시조의 국민시화', '시조의 세계화' 등 3대 목표를 향해 부단한 노력을 기울이고 있다.

글 A에서는 자나 깨나 오직 시조라 하고, 도포에 삿갓 쓰고 아리랑 고개를 넘는다며 전통정신을 강조하다가 제 2연에서는 구도자의 자세로 '시조를 믿는 거다' 라며 쓰는 행위를 넘어서 '믿음의 경지' 로까지 승화시키고 있다.

시조가 나아가는 길은 험난한 고갯길이다. 글 B에서는 품격 높고 고귀한 시조의 맛과 멋을 보았지만, 삼십년 시조고개를 넘어도 정상이 안 보인다는 안타까움을 고백하고 있다. 그러나 시인은 기어이 그 정상에 올라가서 깃발을 꽂고 만세 삼창 부르기를 소망한다. 이러한 글을 통하여 여강의 시조사랑 정신이 얼마나 깊고도 간절한지 살펴볼 수 있다.

4) 풍수지탄(風樹之嘆) : 불효(不孝), 그 천형에 대한 회한의 노래

효(孝)는 백행(百行)의 근본이라 했다. 효는 인간이 지켜야할 기본적인 도리라는 말과도 통한다. 누구든지 부모님에 대한 정은 각기 다 애틋하겠지만, 여강의 경우는 가슴에 못이 박힌 남다른 회한(悔恨)을 지니고 있다. 불의의 사고로 인한 부모님과의 사별, 그 책임이 다른 사람 아닌 본인이었다고 생각할 때, 자식으로서 느끼는 아픔은 남달리 엄청날 것이다. 그래서 작가는 그의 작품집 곳곳에 애절하게 사모곡과 사부곡으로 풍수지탄을 토로하며 짊어진 천형의 업을 달래보고 있다.

A
열아홉 시집 와서 심어 놓은 다섯 그루
나무들은 가지마다 꽃이 피고 열매 맺는데
그 모습 보지 못하고 깊이 잠든 울 어머니.

그 몹쓸 가난 병을 누더기처럼 걸치시고
해마다 되풀이 되는 보릿고개 넘으실 때
휘어진 허리처럼 생긴 초승달이 떴었다.

—「다시 쓰는 사모곡」 4,5연

B
아버지는 한 평생 모새땅을 가시었다
심은 곡식 자라지 않는데 수심(愁心)만 길로 크고
그래도 웃으시면서 바보처럼 땅을 팠다.

물고기가 물 떠나서 살 수 없는 진리처럼
아버지는 땅 떠나서 살 수 없던 농투산이
그처럼 아끼던 땅도 남의 손에 넘어갔다.

가난도 유산이라 주신 대로 물려받고
그 유산 고스란히 지키시다 가신 당신
영마루 떠오른 달이 유난히 나를 끈다.

—「아버지의 땅」 전문

누구든지 어머니는 모성본능이 있기에 마음의 고향이다. 인간의 모든 능력과 재능도 모체로부터 비롯된다. 글 A에서는 열아홉에 시집와서 몹쓸 가난병을 누더기처럼 걸치시고 해마다 되풀이되는 보릿고개를 힘겹게 넘어가는 작가 어머니의 모습이 선연히 떠오른다. 어머니는 아궁이 안에 타는 장작불처럼 속이 타서 검은 날, 속상하면 부엌 바닥에 부지깽이 두드리며 마음을 달래셨다고 한다.

글 B에는 물고기가 물 떠나서는 살 수 없듯, 한 평생 모새땅을 가시면서 바보처럼 땅만을 파먹고 가신 아버지의 애틋한 모습이 가슴으로 다가온다. 흙에서 나고 흙 파먹고 사시다가 돌연 떠나가신 아버지, 아버지는 가난도 유산이라며 주신 대로 물려받고 주어진 운명을 숙명처럼 받아들이다 가셨다. 부모님을 잘 모시지 못한 천붕지통(天崩之痛)의 회한은 나이 들어 더 절실히 다가온다. 여강의 경우, 어느새 스스로가 8순을 맞이하게 되니, 주어진 운명을 숙명처럼 사시다가 불의의 사고로 일찍 떠나가시게 한 그 죄책감과 자식 된 상처와 그 아픔이 얼마나 클 것인지 짐작이 간다.

5) 민초정신(民草精神) : 운명 개척 정신과 서민적 정감

여강의 일생은 짓밟히고 부대끼고 치이면서 살아남은 끈질긴 민초정신의 표본이다. 그러한 그의 살아남기 정신은 운명을 개척하려는 그의 의지에서 엿볼 수 있다. 여강은 연속적으로 뜻하지 않게 다가오는 불행의 고리를 끊기 위해서 역학(易學)의 원리를 기초삼아 본명을 '원용문(元容文)'에서 '원용우(元勇寓)'라고 개명하였는데 이는 운명을 개척해 보려는 그의 의지에서 비롯된 것이다. 그는 동빙한설 속의 앙상한 나뭇가지이거나, 짓밟혀야 더욱 잘 살아나는 차전초(車前草) 질경이나, 보도블럭이나 돌틈 속에서도 끈질지게 뚫고 올라오는 민들레의 모습이다. 지난한 역사의 회오리와 드러내고 싶지 않은 가정적 비운의 암울한 세월이 그의 주변에서 떠나지 않았지만, 그는 오히려 그것을 징검다리로 여기고 도약의 계기로 삼아 꿈을 꾸며 기어이 이루어 내고야 마는 이 땅의 토종 선비이다.

A
봄여름 벌써 지나 가을 또한 이미 지나
남들은 두꺼운 옷 껴입고도 추운 겨울
짓밟힌 목을 내밀고 끈질기게 살아간다.

삭정이 같은 몸을 바람에 내맡긴 채
양지 쪽 작은 햇귀 은혜로 받자옵고
감사의 기도 올리는 민초(民草)의 눈은 밝다.

－「겨울 풀」 2,3연

B
가라는 말 없어도 / 청산유수 잘도 간다//
무한 정 가는 세월 / 자로 재듯 재어 가며//
열두 곳/ 나루터 마다 / 돌아가는 똑딱선.

－「벽시계」 전문

C
벽을 넘는 일이 쉽지만은 않다지만
다람쥐 재주 넘듯 넘는 연습 해야 한다
넘다가 넘어져 봐야 알게 되는 세상의 벽.

－「운명의 벽」 제2연

글 A에는 여강시인의 현실인식과 실존의식이 작은 소망의 의지로 반짝반짝 빛이 난다. 비록 칼바람 추위 속에서 떨고 있는 삭정이 같은 처지이지만, 누구에게나 공평히 비춰주는 햇귀의 은혜가 있기에 참고 견디고 인내하며 끈질기게 소망의 의지를 품고 살아간다.

문학은 하나의 사치스런 예술로서의 가치만을 추구한다고 보지 않는다. 작가는 문학이라는 도구를 통하여 고민스러운 내면의 문제를 다루고 그것을 수술대에 올려놓고 때론 잘라내고 다듬어서 정화시킴으로써 위안을 받는 심리치료의 효과까지도 누릴 수 있다. 여강도 이러한 과정과 곤궁함을 겪어낸 일생이기에 오늘의 현사(賢士)로 거듭 났으리라.

글 B는 벽시계의 모습을 비유적 기법에 의해 잘 표현해 낸 글이다. 이 글을 통해서 세간 벽시계의 속성을 알 수 있지만, '벽시계' 라는 소재를 통하여 들려오는 의존성과 일반 서민의식, 그리고 작가가 대응하는 험난한 세월에 대한 순환의식이 함축적으로 내재되어 있다.

벨기에의 극작가 메테를링크는 "운명아 비켜라, 내가 간다"라고 천명하였다.

글 C에도 운명을 개척하려는 시인의 의지가 선명히 드러나 있다. 갖가지 고난과 불행을 이겨내기 위하여 일찍이 여강은 운명의 벽을 타고 넘었다. 인백기천(人百己千)의 의지로 다람쥐 재주넘듯 도전하고 연습하여 세상의 벽을 타고 넘어서, 인간승리의 고지에 깃발을 꽂았다. 그러한 여강의 용기와 불굴의 의지, 그리고 꾸준한 노력에 저절로 머리가 숙여진다.

6) 소년 같은 사랑 : 그리움의 몸짓과 '그녀'

여강 원용우박사의 일생은 많은 글을 통하여 스스로 '-고개' 라고 하였듯이 숱한 고난의 고비를 넘어야 했다. 유년고개, 전쟁고개, 피난고개 등, 그리고 그 중에서도 전쟁과 뜻하지 않은 부모님과 부인과의 사별은 성품이 온유하고 평정한 본인에게는 매우 충격적인 일들이었을 것이다.

보통 사람들은 그러한 충격들을 받고 성정을 차분히 가라앉히기는 아마도 힘들었을 것이다. 그러나 여강은 본래부터 타고난 천성이 온유하고 착한 성품이었을 것으로 짐작되며, 거기에다가 오랜 동안의 인격수련으로 금상첨화(錦上添花)의 인품이 형성되었을 것으로 판단된다. 그러기에 그는 타인에 비해 말수가 적고 인정이 많고 진솔하다. 인정이 많고 온유한 사람들은 사람을 사귐에 있어서도 따듯하고 물과 같이 맑지만, 반드시 절연해야 될 필요한 경우에도 차갑거나 매몰차게 인정을 끊지 못하는 어려움도 있다.

A
호박꽃 피던 얼굴/갈대머리 덮어 쓰고//
향보다 고운 마음/펼쳐보지 못한 나래//
무심(無心)한 바람이었나/장명등(長明燈) 홀로 밝다.

-「당신생각」 전문

B
나이는 들었어도 봄이 오면 좋은 것은
개울가 쑥을 뜯던 순이 생각 문득 나서
겨우내 잠든 가슴에 불을 질러 놓기 때문.

—「봄이 오면」 제1연

C
지우려 지우려 하면/불사조로 살아나고//
가리려 가리려 하면/버섯처럼 돋아난다//
죽어도/함께 안고 갈/이 불치의 열병이여.

—「첫 사랑」 3연

D
물방울 튕기듯이/튕기는 꼴을 보면//
웃음이 절로 난다/장미도 아닌 것이//
가시는 돋혀 가지고/톡톡 쏘는 벌침이다.

—「그녀」 전문

글 A에는 불치의 질환으로 먼저 떠나신 부인에 대한 그리움이 잘 나타나 있다. 호박꽃 피듯 소박하고 정겨운 모습에 향보다 더 고운 마음씨였지만, 살아생전 제대로 한번 나래를 펴보지도 못한 채 가버리셨으니 안타까움이 눈앞을 가린다. 그 배우자로서 정성을 다하지 못한 후회스러움이 앞서 그리움을 달래보고자 잠들어 계신 곳을 찾아가니 장명등만 홀로 서 있다. '이인동심(二人同心)이면 기리단금(其利斷金)'이라 하였는데, 졸지에 부모 잃고 배우자까지 잃은 슬픔이 오죽하였으랴.

글 B와 C에는 첫사랑의 추억이 꾸밈없이 진솔하게 표현되어 있다. 글 B에서 아마도 '순이'는 실명이라기보다는 유년시절 연정을 느꼈던 어떤 시골 여자아이를 대유하고 있으리라. 사랑은 시인의 양식이며 시적 에너지의 공급원이기도 하다. 나이는 들었어도 봄이 오면 좋은 것은 겨우내 잠들었던 그리움의 가슴에 불이 켜지기 때문이며, 그것은 불사조처럼 버섯처럼 스러져가는 영혼을 불러일으켜 세우기 때문이다.

매월당(梅月堂) 김시습은 5세 때 늙은 정승 허조가, '늙을 노자'를 넣어 시를 지어보라 했을 때, '老木開花心不老(노목개화심불로)'라 하여 '늙은 나무에 꽃이 피니 마음만은 늙지 않았도다.'라고 하여 주변 사람들을 깜짝 놀라게 하였다. 산수(傘壽)를 맞이한 여강의 경우도 마음만은 늙지 않았으니 이 글귀에 버금간다.

'순이'와 '첫사랑'에 대한 아름다운 사랑 추억은 세상 잡사에 쫓겨 온 여강의 생애에 소년 같은 순수함으로 자리 잡고 있어 독자들에게 더욱 신선감을 제공해 준다. 그리고 노익장의 날갯짓으로, 그리움의 몸짓으로 유영하면서 따듯한 인간미를 더욱 느끼게 한다.

글 D는 비록 시조 단수이지만, 시어의 선택이 적합하고, 대상에 대한 적절한 비유와 형상화가 뛰어나 독자들로 하여금 단시조의 묘미를 한껏 느끼게 한다. 문학성이 뛰어난 글의 경우 대개 설명과 묘사가 조화롭게 구성되어 있다. 그러나 문학의 미적 감성을 자극하는 것은 어디까지나 설명보다는 묘사 쪽이다. '장미처럼 예쁘지도 않은 것이, 가시는 돋혀 가지고 톡톡 쏜다.' 하니, 그 벌침에 얼마나 시달렸겠는가. 대상을 관찰하고 표현하는 작가의 개성적 안목이 뛰어나며, 시조의 맛과 멋이 한껏 풍겨 나오니, 참으로 묘미 있고 실감나는 수작(秀作)이라 할 수 있다.

(4) 맺음말

여강 원용우박사의 일생은 거친 돌밭을 덜컹거리며 달려온 수레와 같다. 넘어져 찔리고 한파에 시달리면서 휘청거리다 오늘의 푸른 초장에 이르렀다. 여강의 글에는 이러한 인생의 수레바퀴에서 묻어나오는 아픔과 깨달음의 철학이 서려 있다.

일찍이 구양수가 '시궁이후공(詩窮而後工)'이라고 말한 바 있듯이, 시는 궁핍과 고난의 체험 끝에서 불후의 명작이 탄생되는 것이다. 체험에서 우러나온 깨달음의 철학이 없이 억지로 꾸며 쓴 글들은 한낱 말장난이나 괴력난신(怪力亂神)의 글에 불과하기에 진실성이 없다. 그래서 시를 짓는 일은 존재의 진리를 묻는 철학자의 사유와 일치하여야 한다. 여강의 글들이 매우 투명하고 진실성과 공감성이 많은 것은 이러한 생활체험으로부터 얻어진 철학적 사유와 직결된 것들이 많기 때문이다.

오랜 세월, 같은 문인으로서 옆에서 지켜본 여강은, 오직 문학과 시조를 위한 외길만을 달려왔다. 학술 연구는 물론, 시조 바로쓰기와 국민시화, 그리고 세계화는 늘 여강의 뇌리 속에서 맴도는 필생의 화두(話頭)였다. 시조문단과 시조문학 속에 녹아 있는 여강의 시조사랑 정신과 열정, 그리고 그 아름다운 문학적 영혼은 후세에 길이길이 빛날 것이다.

[論文]

2. 여강 시조 작품고(如江 時調 作品考)

신 헌 재(愼憲縡)
(한국교원대학교 명예교수)

(1) 머리말

여강(如江)[1] 원용우 시인은 1975년, 문단에 등단한 이래 오늘에 이르기까지 무려 40여 년을 현역 시인으로 있으며, 지금도 창작의 손길을 거두지 않은 대표적 원로급 시조시인 중의 한 분이다. 이와 더불어 그는 또한 대학의 한국고전시가문학 전공 교수로서 20여 년간 재직하며 8편의 시조 관련 유수한 저서와 수많은 논문을 발표하는 등, 학계에서도 큰 몫을 한 학자이기도 하다. 이런 점들은 그가 대표적인 시조 관련 학회의 지도급 인사요, 수많은 문학상 수상 경력과 더불어, 작가로서도 1985년 첫 시조집인『여름일기』상재 이후, 지난 2012년에 낸『한강변의 봄맞이』에 이르기까지 총 일곱 편의 시조집을 낼 만큼, 그 양과 질의 면에서 남다른 업적을 낸 이로서, 그가 우리나라 대표적인 원로급 시인이란 점에 손색이 없음을 입증하고도 남음이 있는 경력이라고 하겠다.

여강은 시집 서문에 다음과 같은 언급을 하고 있다.

'(중략) 어떤 사람은 질을 추구하느라고 양을 무시하고, 어떤 사람은 양만 추구하면서 질을 소홀히 하는 경우를 보게 된다. 그러나 아무리 뛰어난 작품을 쓰더라도, 그 양이 몇 십 편에 불과하다면 그 또한 바람직한 일이 아니다. 그러니, 보통 수준의 작품을 생산할 수 있다면 양적으로 많이 써보는 것도 한 가지 방법은 되리라 (하략)'[2]

이런 언급에 부응이라도 하듯이 여강은 2012년까지 일곱 권의 시조집을 낼 뿐아니라 시집으로, 또는 일반 잡지류에 기고한 작품들을 총망라하여 정리해놓은 표를 보니

---

1) 이는 2009년 8월 6일자에 원용우(元勇寓)로 개명한 원용문의 호(號)임. 원용우는 1938년 11월 20일, 경기도 여주군 강천면 대둔리에서 원주 본관인 원(元)씨 집안의 고 원의상(元義常) 3남2녀 중 장남으로 태어난 이로, 이 글에서는 본명 대신 '여강'으로 부르고자 함.

2) 원용문, 여섯 번째 시조집, 『아버지의 땅』(새미, 2008), 5쪽.

1977년 등단시기부터 2016년 5월말까지 700편에 이르고 있다. 그리고 그 이후 미발표된 작품도 꽤 많은 것을 직간접으로 살펴볼 수 있었는데, 그 양이 많아서 여기서는 이 논문의 규모상, 2002년에 나온 제4시조집부터 2012년에 나온 제7시조집까지로 연구대상 작품의 범주를 한정하고자 한다. 이 10년간의 시기야말로 여강의 시조 창작 40년 경력의 완숙기에 해당하는 것으로 여강 시조 작품의 진수들이 나온 시기라고 여길 수 있기 때문이기도 하다.

연구자는 이 연구 대상 범주 안에서 여강 시조 작품의 외형상 특성을 개략적으로나마 먼저 살펴보고, 이어서 작품 내용상의 특성들을 제재별로 살펴봄으로써, 과연 그의 작품이 우리나라 시조 문학에 어떤 기여를 했는지 가늠해보기 위한 기초 작업의 전 단계 몫을 감당하고자 하는데 목적을 두고자 한다.

(2) 시조 외형상의 특징

여강은 제 4시조집 머리말에 시조의 개념과 정의를 기술하는 과정에서 시조의 형식적 특성에 관하여 다음과 같이 거론한 바 있다.

'(전략) 3 · 4조 또는 4 · 4조를 기본 율조로 하고, 우리 민족의 사상, 감정, 체험 등을 담기에 가장 알맞은 그릇으로서, 그 형식은 3장 6구 12소절의 정연한 형태를 가진 정형시다' 라고 하면서 '시조와 우리 민족은 서로 떼려야 뗄 수 없는 필연적인 공동 운명체라는 이야기다.'[3)]

따라서 여강은 우리의 시조 문학에서 전통적인 형식을 지키는 일을 자명한 것으로 받아들이면서, 일부에서 주장하는 바, '3장 6구 12소절' 이라는 이 고정적인 형식이 21세기 현대시조의 장래를 저해하는 요인으로 작용할 수 있으니 좀더 자유롭게 운용하도록 융통성을 줘야한다는 견해를 정면으로 부정하고 있다. 여강은 '종장의 첫 음보 3자 외에는 각 음보마다 1 · 2음절씩 가감할 수 있는 융통성이 있는데' 여기에 무엇을 더 자유롭게 하란 말이냐고 강하게 피력하면서, 실제로 그의 작품에서도 이 전형적인 전통 형식을 고수하고 있는 것이다.

이와 같이 여강은 그의 창작에서 이 3장 6구 12소절 체제를 존중해서 따르고 있는데, 다만 그 체제 안에서 작가가 시의 행과 연을 구분 배열하는데 있어서는 다양한 모색을 하면서 변용하고 있음을 본다. 곧, 초 · 중 · 종 3장의 연 · 행 배열을 다채롭게 구사한다는 말이다.

여강의 시조작품은 크게 3장6구체의 단시조와 둘 이상의 시조로 구성된 연시조, 이

3) 원용문, 네번째 시조집, 『거울보는 연습』 (새미, 2002), 3쪽.

렇게 둘로 나눌 수 있다. 따라서 본연구자도 그의 작품을 그렇게 둘로 나눠서 차례로 살펴보기로 한다.

가) 여강의 단시조 경우

우선 제4시조집인 『거울 보는 연습』의 서두시, 「인연의 끈」은 초 · 중장을 각기 장별로 두 음보씩 짝을 지워 2행 댓구로 배열하되 종장만은 '인연의/뒤엉킨 끈을/차마 끊지 못하면서' (제4집 13쪽)[4] 와같이 3행으로 배열하고 있다. 이렇게 3연 7행시 가운데 맨 끝 연은 시조의 3 · 5 · 4 · 4 종장 형식을 선명히 드러내는 배열을 보이면서 초 · 중장의 시행과 자연스럽게 연결 지워 매듭을 짓는 모습을 볼 수 있다. 다시 말해서 종장을 3행으로 배열함으로, 첫 음보와 둘째 음보를 부각시키는 효과를 줌으로써 본래 종장을 강조하는 전통적 시조 구성을 여실하게 드러내주는 효과를 보이고 있다. 또한 이후 적잖은 여강의 시조들도 이 형식을 따르고 있음을 본다.
이런 3연 7행시 가운데는 「등산」 의 경우, 종장을 다음과 같이 행을 배열하고 있다,

'서산에/걸린 햇님이//씁쓸하게 웃고 있네' (제4집 15쪽)

여기서 보듯이, 종장의 뒷 구절인 그 '씁쓸하게 웃고 있네' 를 아예 1행짜리 연으로 독립시켜 총 4연 7행시로 만들어 내기도 하는데, 이로써 여강은 그 구절에 담긴 느낌과 주제를 강조하는 효과를 꾀하고 있는 것이다. 그리고 〈야경〉의 경우는 종장에 가서 '그들은/지옥에 떨어져/불꽃바다/수를 놓네//' (제4집 26쪽) 와같이 각 음보마다 독립행으로 삼아 4행으로 나눔으로 총 3연 8행시로 변형하기도 한다. 이로써 이 작품 종장의 제2음보와 3음보에 담긴 의미에 강조점을 두게 하는 효과를 거두고 있다.

그러다 「무지개」부터 「목욕을 하며」까지에 이르는 일곱 작품' (제4집 16～22쪽)의 경우는 초 · 중 · 종장 모두 각장의 첫 음보와 둘째 음보를 독립행으로 배열하고 셋째, 넷째 음보를 한 행으로 연결시켜서 결국 각 장을 모두 3행으로 나눔으로써 총 3연 9행시 체제로 배열하고 있음을 본다. 그 중, 「목욕을 하며」를 예로 들어보기로 한다.

이렇게/벗겨내는/연습을 해야 한다//
양파껍질/벗겨내듯/계속해서 벗겨내면//
가려진/양심의 구석/낀 때인들 남을소냐//(제4집 22쪽)

---

4) 여강시조집 가운데 제4시조집인 『거울 보는 연습』 의 13쪽을 가리킴.
* 이후에 여강의 제4～제7시조집에 수록된 작품을 인용할 때는 이런 형식으로 본문에 표시하기로 함.

위 작품에서 앞의 두 연은 흔히 시조의 초 · 중장이 그렇듯이 본시의 일상적인 이야기로 시상을 일으키는 구실을 한다면 종장에 해당하는 셋째 연에 와서 여강은 그 일상에서 끌어낸 시상으로부터 자기반성과 성찰을 통한 진지한 주제로 안착시키는 종장의 구실을 하게 함으로써, 결과적으로 기존의 초 · 중 · 종장의 내적 구조를 잘 따르고 있음을 볼 수 있게 한다.

이와 같이 여강의 시조 가운데는 초 · 중 · 종장을 3연 9행시 구조로 배열한 것이 꽤 많이 나오는데, 물론 「강촌마을」의 중장인 '구름처럼 모여들고/바람처람 흩어지는' (제4집 38쪽) 과같이 전 · 후 구절이 댓구 형식으로 구성하여 배열한 경우는 그 구성의 특성을 살려 2행으로 고쳐서 총 3연 8행시를 만들기도 한다. 이와 달리 「컴퓨터」 경우는 초 · 중장이 다음과 같이 장별로 4행으로 구성하여 총 3연 11행시를 만드는 경우도 있다.

'누구도/상상 못한/천하제일/요술쟁이//
밥 나오라면/돈 나오고/돈 나오라면/밥 나온다//
세상의/온갖 잡것들/챙겨 넣은 곳간이여.//' (제4집 45쪽)

이와 같이 작가는 위 작품의 초 · 중장 각 음보별로 행을 달리 함으로써, 각 음보의 댓구적이면서 흥겨운 맛을 돋궈주는 효과를 보이기도 한다.

이와 달리 즉물시 형태의 「선풍기」「반달」「전봇대」「코스모스길」 (제6집 61~64쪽)같은 작품은 다음과 같이 7연으로 구성해놓기도 한다.

춘삼월 호시절에//
만월 같던 사랑이//
늦가을 서릿바람에//
떠나신 임 그리다 //
토해낸//
반쪽 여심(女心)이//
허공 속을 헤매네.// 「반달」 전제 (제6집 62쪽)

이 작품은 반달을 소재로 한 즉물시로서 그 안에 봄부터 늦가을까지 보이는 계절의 변화와 더불어 창공에 떠있는 반달을 소박맞은 여심으로 의인화한 단시조인데 그 한 구절 한 구절을 독립 연으로 구성함으로써 각 구절에 담긴 의미를 강조하는 효과를 보이기도 한다.

나) 여강의 연시조 경우

여강의 시조 가운데는 단시조보다 호흡이 긴 연시조들이 적잖이 나온다. 연시조에는 단시조 둘로 구성된 것도 있지만 셋 이상으로 구성된 연시조가 더 많다. 그중, 단시조 셋으로 이뤄진 연시조가 대종을 이루는데, 특히 제6시조집인 『아버지의 땅』을 살펴보면 알 수 있듯이 「먼길」(제6집 56쪽) 과 같은 '길' 연작시나, '나그네' 연작시(제6집 76쪽), 또는 '제5부 이십령 고개'(제6집 85쪽)에 나오는 '고개' 연작시처럼 여강 자신이 지내온 과거를 회상하는 작품들의 경우는 대부분 약속이라도 하듯이 단시조 셋으로만 구성된 연시조들로 되어있다.

여강의 작품 중, 두 개의 단시조로 구성된 연시조 경우는 「바람에 대하여」(제4집 53쪽)에서 보듯이 대부분 각장마다 2행 배열로 이뤄진 총 6연 12행 체제로 배열되어있어 시각적으로 단조로움을 벗어나게 하는 효과를 보인다. 그리고 「탈」(제4집74쪽)의 경우는,

> '더우면 더워서 탈/추우면 추워서 탈//
> 배고프면 고파서 탈/배부르면 불러서 탈//'

에서도 보듯이, 그 배열 형식을 통해 작품의 댓구법적이면서 각운법의 리듬감을 드러내도록 하는 효과도 노렸다는 점을 알 수 있다. 또한 「새벽풍경」 처럼 3연 15행으로 구성하되 각연 첫 행만 4음절 초장으로 삼아 배열한 경우는, 그 초장이 시상을 일으키는 단계라서 그런 것이고, 이 시상을 발전 승화시키는 중 · 종장의 경우는 강조 효과를 노리면서 각기 2행으로 구분해서 상대적으로 그 시상을 돋보이게 하도록 배열해 놓는 것도 볼 수 있다.

그러나 단시조 셋으로만 구성된 연시조 경우는 대부분 「산행」 (제5집 56쪽)처럼 그 안에 담긴 단시조 셋을 각기 연으로 구분해서 배열한 3연 9행 체제로 구성되어있다. 하지만 이런 연시조 중에는 「부처님 오신날」 (제5집 63쪽)처럼 각 시조의 초 · 중장은 1행으로 삼고 종장만 2행으로 해서 만든 총 3연 12행 체제도 있고, 「새벽풍경」(제5집 80쪽)처럼 초장만 1행으로 하고 중 · 종장을 2행으로 한 3연15행 체제로 변형된 것도 있다. 그밖에 「장수마을」 (제4집 93-94쪽)같이 서경시적인 성격을 띤 작품의 경우에는 그 안에 담긴 단시조 셋을 각기 독립 연으로 구분하고, 각 연의 초 · 중장을 2행으로, 종장은 3행으로 나눠서 총 3연 21행으로 배열해놓기도 한다. 또한 「겨울나무」(제5집24-25쪽)나 「바위노래」(제4집 51-52쪽)같은 즉물시적 형태의 경우에는 시조 세

편, 각 장마다 한 연으로 독립시켜 총 9연 18행 체제로 구성해놓는 경우도 있다. 「바위노래」를 예로 들어보면 다음과 같다.

살아서 옷깃을 스쳐도/전생의 인연이라 했는데//
몇억만년을 구르고 굴러/여기와서 박혀있느냐//
타고난 천성이 착해/이래도 그만 저래도 그만.//
뿌리를 찾아 올라가면/아득하기만 한 족보여//
형제들 더러 있지만/서로가 못본체하고//
오로지 당하고만 살아/일그러진 표정이다.//
비바람 눈서리쯤은/막는 법을 깨달았고//
속에서 치미는 울화/삭이고 썩혀가면서//
겉으로 드러내지 않는/비법 또한 익혀두었다.//

위에서 관심을 둘 점은 연시조를 비록 9연 18행으로 나열했더라도 위 밑줄친 데서 보듯이 작가는 3장6구의 단시조가 끝나는 음절 끝마다 마침표를 찍어둠으로써, 이 시조가 결국 세 단시조로 구성된 연시조임을 드러내주려 하고 있다. 아울러 내용면을 보더라도 세 시조가 단순 나열이 아니라 바위가 지닌 긍정적인 내면적 의미를 '착한 천성'→ '당하고만 살아옴'→ '울화를 삭이는 비법' 식으로 깊여가는 방향으로 전개하여 일종의 점강법적 효과를 구현해내는 구조임도 엿보게 해준다.

좀더 호흡이 긴 연시조로, 단시조 네 개 이상으로 구성된 연시조작품도 적잖이 있는데, 이경우는 대개 부모님에 대한 회상을 제재로 한 작품들이 대부분이다. 그 가운데 「성묘」(제4집 97쪽)와 같이 4연12행의 단순배열도 있지만, 「아버님 여행」(제4집 98~100쪽)과 다음에 게시한 「어머님 전상서」와 같이 12연 28행으로 구성된 경우도 있다.

원씨 가문 시집와서/유산으로 받은 가난//
먹을것 못 잡수시고/입을것 못입으시고//
소쩍새/밤 새워 울 듯/ 눈물로 보낸 세월.//
하실 말씀 쌓인 한을/가슴속에 접어두고//
누더기진 한 평생을/여윈 몸에 걸치시고//
자갈밭/가시밭길을/피흘리며 살던 여인.//
당신이 뿌린 씨앗/김매주고 거름주며//
오남매 가꾸느라고/얼마나 수고했습니까//
큰 은혜/갚으려는데/서둘러 떠난 당신.//
당신 따라 가던 장남/ 왜 돌려보냈습니까//

저는 왜 어머님을/제손으로 보내야했습니까//
천벌을/받아야할 죄인/울고넘는 육십령고개.//(제4집101~103쪽)

위 연시조의 제10연부터 나오는 이야기는 여강 60대에 직접 당한 교통 사고와 관련된 것이다.[5)]

이로 인해 부모님을 '제손으로 보내'고 만 불의의 사고는 작가에게 오랫동안 큰 자책감과 한으로 남게 될 수밖에 없었을 터이고, 그러다보니 자연스럽게 부모님을 제재로 한 작품은 이런 긴 호흡의 연시조가 될 수밖에 없었던 것같다. 아울러 여강의 연시조 가운데 단시조 7수로 구성된 가장 호흡이 긴 연시조도 역시 부모를 향해 애끓는 그리움과 한을 담은 작품들이다. 곧, 「다시 쓰는 사모곡(思母曲)」과 「사부곡(思父曲)」(제6집 41~44쪽)들이 그것이다.

이처럼 여강은 단시조에서나, 연시조에서나, 비록 우리 시조 고유의 3장 6구 12소절을 준수하더라도 그 연과 행 배열에서만은 작품의 주제와 작가의 창작의도에 따라서 다양하게 구사하여 나름의 시적 효과를 자아내게 하는 점을 볼 수 있다. 그리하여 단시조는 물론 연시조 경우에도, 전통적인 정형률을 따르지만 연 · 행 배열에서는 그에 고착되지 않는 다양성을 보이면서, 시각적으로 뿐아니라 시맛을 돋보이게 하는 참신감을 주는 효과면에서도 나름의 성과를 이루고 있음을 인성할 만하다고 본다.

(3) 시조 내면상의 특징

시조가 처음 생길 무렵에는 존재 의미가 단지 관념적인 유교이념을 형상화하는 하나의 도구 몫을 충실히 하는데 그친 감이 있었다. 그러나, 16세기 중엽이 지나면서 송강 정철이나 여류작가 황진이 이후부터 인간 내면의 서정성을 진솔하게 표현하는 도구로 확대해온 바는[6)] 이미 다 알려진 사실이다. 여강의 작품은 바로 이 후자의 특성인 인간 내면의 서정성을 드러내는 데 시조의 본분이 있다는 점을 잘 드러내주고 있다. 그리고 나아가 여강은 이 서정성을 보다 효과적으로 도달하기 위한 방편으로서, 시조집 머리말에 다음과 같은 작가 나름의 시조론을 피력해놓고 있다.

(전략) 한마디로 시조는 읽는 이에게 의미전달이 잘 되어야한다. 작자와 독자 사이

5) 여강이 60대초반에 승용차로 노부모 두 분을 모시고 일기가 좋지못한 날, 고향길로 가다가 문막부근 얼음길에서 그만 차가 전복되는 불의를 사고를 당하는 바람에, 노부모 두 분이 모두 운명하시고 여강도 중환자로 여러 달 병원 신세를 진 일이 있음
6) 정병욱, 『한국고전시가론』, (신구문화사,1982),142쪽.

에 소통이 잘 이루어져야 한다.(중략) 또 대부분의 사람들은 부드럽거나 연한 음식을 선호한다. 그래야 먹을 맛이 나고 음미할 가치가 있다. 그래서 문학작품도 부드러워야 한다는 것이 필자의 생각이다.(하략)[7]

곧, 여강은 그의 창작에서 유의할 점으로, 독자와의 소통이 잘 되어야한다는 점과 작품에 부드러운 맛이 있어야한다는 점을 들고 있는 셈이다.

여강의 작품을 돌아볼 때도 무슨 뜻인지 잘 모르는 어휘나 구절이 별로 없어 읽기에 편하고 친근감이 있다는 점, 그리고 태작이 거의 보이지 않고 내용의 질이 고루면서 자연스럽게 읊을 맛이 나는 부드러운 작품들이 많다는 점들은 바로 작가가 앞서 보여준 시조론과 무관하지 않음을 본다.

여강은 바로 이런 시조론을 기틀로 삼아, 작가의 일상사에 관한 것에서부터 주변의 자연 현상을 관조하는 시에 이르기까지 다양한 제재를 가지고 창작하고 있음을 본다. 그리고 작가 자신이 저지르고만 불의의 사고로 인하여 운명하신 육친에 대한 회한의 정을 노래한 것도 적잖이 있다. 연구자는 이와같이 여강 작품이 주로 다룬 제재를, 자연현상의 관조를 제재로 한 것, 삶의 일상을 제재로 한 것, 그리고 육친의 정을 제재로 삼은 것으로 나눠서 그 각각의 내용상 면모를 살펴보기로 한다.

가) 자연 현상의 관조를 제재로 한 시조

본디 시조는 자연을 주된 소재로 삼아 노래해온 점이 시조라는 장르적 특성 중의 하나라고 할 만하다. 그처럼 여강의 시조에서도 또한 자연 현상을 제재로 삼은 작품이 대종을 이루는 것은 당연한 일이다. 그런데 이 방면의 작품들 중에는 자연 예찬에 그치기보다 여강이 자신의 감정을 자연에 기대어서 풀어내고자 하는 시조가 적잖다. 밤에 내리는 비를 제재로 한 「밤비」(제4집,32쪽)를 두고 여강은 '하늘도 임 그리워' 서우느라고 생긴다면서 '북받쳐/흐느낀 눈물/슬픔의 강 이룬다' 란 종장을 붙여놓고 있다. 아예 작가의 마음상태를 제목으로 삼은 「아픔」(제4집 47쪽)에서는

'창밖에/ 내리는 비/ 대지 마구 두드리네//
그 옛날/ 학창 시절/ 하숙집 외동따님//
햇볕이/ 쨍쨍 쬔 날에도/ 저리 가슴 두드렸네//'

7) 원용문, 제6시조집, 『 아버지의 땅 』, (새미, 2009),6~7쪽.

라면서, 비가 대지를 힘차게 내리는 현상에 빗대어 예전 짝사랑하던 여인에게 품었던 애증의 마음을 진지하게 노정하고 있다. 「번뇌」(제4집 29쪽)에서도 그 번뇌의 감정을 '돋아나는 턱수염에, 물감이 잘못찍힌 화선지'에, 그리고 '찐드기'에 빗대면서 그 주체할 수없는 집요함에 대한 고통을 절절한 심정으로 노래하고 있다.

또한 자연을 관조하는 입장에서 인간사를 노래하는 작품으로 승화시킨 작품도 있다. 「겨울풀」(제7집 18쪽)에서 여강은, 추운 겨울에도 겨울풀이 '짓밟힌 목을 내밀고 끈질기게 살아간다'고 하면서 그 간난 속에서도 '삭정이같은 몸을 바람에 내맡긴 채/양지쪽 작은 햇귀 은혜로 받자옵고/감사의 기도 올리는 민초(民草)의 눈은 밝다/'고 구사하면서 생명력있는 민초를 예찬하는 것으로까지 승화시켜내고 있다.

이와 같이 여강은 자연에 기대어서 자신의 감정을 토로하는 것으로 깊여가고, 자연을 관조하는 경우에도 거기에 그치지 않고 그 관조로부터 시대적 민초(民草)를 아우르는 것으로 폭을 넓혀가는 면모를 볼 수 있는데, 이런 시풍의 면모는 조선시대 이래 전해오는 시조 창작의 한 전통을 이어받은 것이라고도 할 만하다.

나) 삶의 일상을 제재로 한 시조

여강이 작품 소재를 잡는 데는 특별한 것으로 제한을 두지 않는다. 누가 봐도 시의 대상으로는 별로 관련이 없을 듯싶은 일상적인 일들, 예컨대 우리가 흔히 하는 목욕하기나, 차 마시기, 산책하기 등에서조차도 여강은 이를 제재로 시상을 끌어내는 것이다.

초장에 '이렇게/벗겨내는/연습을 해야한다.'로 비롯되는 시조, 「목욕을 하며」(제4집 22쪽)에서는 '가려진/양심의 구석/낀 때인들 남을소냐//'란 종장으로 끝맺음을 한다. 곧, 목욕하는 단순한 일상적, 물리적 행동을, 여강은 '양심의 낀 때'를 벗겨내는 자기 반성적 성찰이라는 정신적인 행위로까지 깊여내고 있는 것이다. 그리고 초장이 '내 몸무게는 함량 미달/살은 통통 쪄도 미달//'로 비롯되는 「몸무게」(제4집 43쪽)에서도 다음과 같은 중 · 종장을 이어 붙인다.

> '아무리 진수성찬/호의호식 잘 지내도//
> 몸무게/재어만 보면/함량미달 안타깝네//'

그래서 여강은 비록 우리가 아무리 물질면에서 부족할 것없이 풍성하더라도, 그 풍성함이 결코 정신적인 품격 고양을 담보하지 못한다는 비판 의식을 드러내고 있다.

'책장하나 넘기듯/또하루가 넘어간다'로 시작하는 「녹차를 마시면서」(제5집48쪽)는 작가가 차를 마시면서 '이순 고개'를 넘기는 회한으로 귀결 짓는다. 그 다음 「산행」이나 「구의공원에서」도(제5집,56,57쪽) 산을 오르거나 공원을 산책하며 떠오르는 단상과 정서를 감칠맛있게 짝을 지운다. 또한 '조선의 아들'을 시적 화자로 내세운 「무료한 날에」(제5집 106-107쪽)에는 '순수의 가면을 쓴 이리떼'로 표현된 젊은이들의 요란함과 '거리의 무법자'로 수식된 자동차의 홍수에 피해를 받으며 단지 '넋잃은/조선의 아들/지는 해를 겨워한다//'란 종장으로 작가의 심회를 진솔하게 표현하면서 마무리 짓는다.

「선풍기를 돌리면서」(제7집,91쪽)에서는

'싫다고 내칠 때도 불평 한마디 없고/
좋다고 가까이 하면 있는 충성을 다한다/
날씨가 푹푹 찔 때는 내가 먼저 아양떤다'//

고 선풍기를 의인화하여 그 미덕을 예찬하면서도 끝에는 '돌아라 돌아라 팽이처럼 돌아봐라/이 세상 돌아가는 게 미친 듯 돌아간다/아마도 너를 닮아서 촛불 시위하나보다//'라면서 선풍기의 정신없이 도는 모습을 당시 촛불 시위로 요란히 돌아가던 시국의 상황을 빗대어서 비판하는 단초로 삼고 있다는 점도 엿볼 수 있다.

이처럼 여강은 자기 신변의 '몸무게'에서도 자성적인 성찰을 끌어오고 일상의 흔해빠진 '선풍기' 같은 생활 도구를 작품 제재로 삼더라도 거기서 그 시대와 시국을 관조하는 데로 심화시켜 노래하고 있음을 알 수 있다.

다) 육친의 정을 제재로 삼은 시조

여강의 육친을 향한 정을 노래한 작품은 '각주-5'에서 밝힌 바와 같은 불의의 사고와 연관된 것으로 대체로 부모님을 향한 망극한 한의 정서가 작품 바탕에 깊이 깔려있는 바, 「성묘」(제4집 97쪽)에서부터 그 정을 토로함을 엿볼 수 있다.

그 연시조의 두 번째 시조에는 '가난의 밭을 갈고 오욕의 생을 사신/아버님 어머님께 효도 한번 못한 자식/저 세상 보내드린 죄 무슨 벌로 갚습니까.'라고 노래하고 있고, 「아버님 여행」(제4집98쪽)이란 연시조에서는 중간 부분에 '배웅도/못해드린 자식/원망하며 갔을 당신//'이라고 그 죄송함을 간접적으로 비치더니, 돌아가신 어머니께 편지 쓰듯이 쓴 「어머님 전상서」(제4집101쪽-103쪽)의 맨 끝연에서는

'저는 왜 어머님을/ 제손으로 보내야 했습니까//
천벌을/ 받아야 할 죄인/ 울고 넘는 육십령 고개//'

라면서 불의의 사고로 부모님을 보내드린 여강 자신의 회한을 '천벌 받아야 할 죄인' 으로까지 노정하고 있음을 본다. 이러한 여강의 육친에 대한 회한의 정은 「빗소리」를 통해 다음과 같이 이어지고 있다.

'비내리는 창밖을 하염없이 바라보면/
밤새워 바느질하던 어머님이 떠오르고/
떨어진/버선짝 꿰매면서/부르시던 수심가여.//

보릿고개 넘기실 때 들려오던 쑥국새 소리/
그소리 닮으셨던 어머님의 한 많은 삶/
목 놓아/
하소연하다/
소나기로 퍼붓는 눈물.//' (제5집, 42쪽)

곧, 작가는 빗소리를 들으면서도 '밤새워 바느질하던 어머니' 와 더불어 '부르시던 수심가' 를 회상하고, 저 빗소리야말로 '어머님의 한많은 삶' 을 호소하는 '눈물' 이라고까지 읊을 만큼 어머니에 대한 곡진한 정을 토로하고 있다. 그 정은 「낮달」(제7집, 43쪽)에서는 '무엇이 급하신지 뒤돌아보지 않고/떠나신 어머니가 가슴 답답하셨나/ 구름 문 열어젖히고 얼굴 잠깐 내미셨네.'라면서, 여강은 잠시 낮에 뜬 달을 보고서도 작고하신 어머니를 떠올리는 동심에 찬 경지에 이름을 보인다. 그러다 제6집인 『아버지의 땅』에 와서는 아버지와 어머니를 기리는 덕을 좀더 구체화시켜서 노래하는 시편들을 제시하고 있다.

여기서 아버지를 기리는 대표작으로는 「사부곡」과 「아버지의 땅」을 들 수 있는데, '가난을 유산으로 대물림 해 받으시고/' 로 시작되는 「사부곡」(제6집, 43쪽)에서는 '[illegible]정도 병이런가 업신여김 홀로 받고/자신은 굶을망정 남을 돕는 이웃 사랑/가진 것 다 [illegible]면서도 그것만은 못버린 유물이여.//' 로 절정을 이루면서 가난 중에도 이웃에게 후덕했[illegible] 아버지의 너그러운 성품을 예찬하고 있음을 본다. 그리고 '아버지는 한 평생 모새땅을 [illegible]시었다/심은 곡식 자라지 않는데 수심(愁心)만 길로 크고/그래도 웃으시면서 바보처럼 [illegible]을 팠다//' 로 시작되는 연시조 「아버지의 땅」(제6집, 45쪽)에서는 아버지를, '땅떠나[illegible] 살 수 없던 농투산이' 요, '가난도 유산이라' 그 '유산 고스란[illegible] 지키다 가신' 이[illegible] 표현하면서 가난한 농부로서 착하고 성실하게 사신 삶을 그리고 있다. 그리하여 '영마루 떠오른 달' 같은 이미지를 가지고 아버지의 그 원만하게 살아오신 삶을 형상화해냄으로써 나름의 효과를 높이고 있음을 알 수 있다.

그다음 어머니를 기리는 작품은 좀더 많은데, 그 가운데는 어머니를 표상하는 이미지들을 다양하게 제시해주는 점이 특기할 만하다. 그 중 「어머니는」(제6집 39쪽)에서는 어머니의 덕을 표상하는 많은 이미지들이 구사되는 데, 첫 절에서는 '뼈마디처럼 새하얗게 떠있는 달' 로, 그리고 둘째 절에서는 '개미' 처럼 부지런 떠는 모습과, '솔숲에 앉은 학' 처럼 무명저고리 입은 모습을 제시해주고 있다. 그것을 통해 어머니의 그 가녀리고 빈한한 중에도 보여주시던 검소하면서도 근면 성실하신 성품을 돋보이게 하는 점이 있다. 그리고 「다시 쓰는 사모곡」(제6집 41쪽)에서도 어머니 무덤가에서 여강은 그 주변의 할미꽃을 보고, 뻐꾹새 소리도 듣고, 보슬비도 맞으며 생전의 어머니를 회상하다가 '그 몹쓸 가난 병을 누더기처럼 걸치시고/해마다 되풀이 되는 보리고개 넘으실 때/휘어진 허리처럼 생긴 초승달이 떴었다.//' 라면서 '초승달' 의 이미지로 또한 어머니의 그 힘겨운 가난을 극복해가시던 인고의 성품을 명증하게 표현해내고 있음을 본다. 그리고 「어머니의 부지깽이」에서는 어머니의 분신같던 '부지깽이' 이미지를 효과적으로 살려서 어머니 생전의 희로애락에 얽힌 삶과 더불어 부지깽이처럼 '내던져진 어머니의 삶' 까지 그리는데, 이를 바로 그 부지깽이 이미지로 그려내니 더욱 그 실감을 돋보여주는 효과를 보인다고 하겠다. 그리하여 앞의 '초승달' 이미지와 더불어 '부지깽이' 이미지는 어머니의 그 집안과 자식들을 위해 일생을 헌신봉사하며 살아온 삶의 그 고적하고 안쓰러우면서도 자기희생적인 궤적을 여실하게 표현해주는데 효과를 보인다고 하겠다.

(4) 맺음말

지금까지 여강의 시조집 네 권(제4집～7집)에 나오는 작품을 대상으로 삼아서 그 외형상의 특징과 내면상의 특징으로 나눠서 살펴본 결과를 정리하면 다음과 같다.

첫째, 여강은 우리 시조 고유의 3장 6구 12소절을 준수하는 범주 안에서 창작의도와 주제에 따라서 그 연과 행 배열을 다양하게 구사하여 정형률의 답답함을 극복하는 참신감을 줄 뿐아니라 작품에 따른 시적 효과를 추구하는데 나름의 성과를 이루고 있음을 볼 수 있다.

둘째, 여강은 자연에 기대어서 자신의 감정을 토로할 뿐아니라 자연을 관조하면서 시대와 사회를 풍자하는 폭을 넓히고 있다. 또한 일상적인 삶과 사물을 제재로 한 시의 경우도 거기서 그 시대를 관조하는 것으로 심화 확대하는 시풍을 보이는데 이런 것들은 조선시대 이래 전해오는 시조 창작의 전통적인 면을 이어받은 점으로 볼 수 있다.

셋째, 육친의 정을 노래한 작품에서, 여강은 아버지의 그 가난 중에도 이웃에게 후덕했던 너그러움과 더불어 가난한 농부로서 성실하고 원만했던 성품을 '영마루 떠오른 달' 이란 이미지로 그려 효과를 보듯이, 어머니의 그 집안과 자식들을 위해 일생을 헌신봉사하며 살아온 삶의 그 고적하면서도 헌신적인 삶을 '초승달' 이미지와 '부지깽이' 이미지로 그려냄으로 시적 효과를 보이고 있다.

이상의 결과를 돌아볼 때 여강의 작품은 시조의 전통적인 '3장 6구 12소절' 의 정형률을 이어받되 행 · 연 배열의 다양한 모색을 통해 외형상으로도 시조의 문학적 가치를 더욱 키워내고 있음을 알 수 있다. 그리고, 내면 상으로는 자연과 일상을 노래하되 관조적으로 심화확대해온 전통을 이어받으면서, 육친의 정을 그리는 작품에서 보듯이 보다 효과적인 이미지들을 참신하게 원용하여 나름으로 시적 효과를 높이는 시도를 함으로써 역시 기존 시조의 문학적 성가를 더욱 높이고자 한다는 점에서도 우리나라 시조문학의 향상에 긍정적인 기여를 하고 있다고 평가할 만하다고 본다.

〈참고 문헌〉

◇ 자료

원용문, 제4시조집 『거울 보는 연습』, 새미, 2002.
———. 제5시조집 『시간의 징검다리』, 새미, 2006.
———. 제6시조집 『아버지의 땅』, 새미, 2009.
———. 제7시조집 『한강변의 봄맞이』, 동행, 2012.

◇ 단행본

원용문, 『고전문학논해』, 백산출판사, 1992.
정병욱, 『한국고전시가론』, 신구문화사, 1982.

[論文]

3. 원용우 시인의 시세계

-『아차산 연가』를 중심으로 -

이 정 자
(시인, 문학박사)

(1) 들어가기

『춘추설제사春秋說題辭』에 의하면 '시라는 것은 천지의 정수를 모은 것이며 성신을 헤아리고 사람의 마음을 쥐는 것이다. 일에 임하여 시가 되고, 시로 표현하기 전에는 심정속의 뜻으로 고요하고 담담하게 마음을 가지고, 깊이 생각하여서 뜻을 삼음으로, 시는 志 (뜻)를 말하는 것이다.[1] '라고 하였다. 그러니 시란 곧 시인이 가진 마음의 풍경을 미적으로 형상화하여 표출한 것이다. 왜냐면 시인의 체험도 정서도 감정도 사상도 인생관도 삶의 모습도 다 마음속에 간직되어 있기 때문이다. 그래서 Buffon(1707~1780)은 '文은 곧 그 자신'이라 했다. 곧 사람마다 그 생김새가 다르듯이 그 많은 문학작품이 다 다르게 표출되기 때문이다. 그래서 글을 보면 그 사람의 됨됨이를 알 수 있다. 특히 시의 경우에는 시적자아의 마음의 풍경을 읽을 수 있다.

원용우 박사는 평생을 학문과 같이 하신 분으로 선비의 품성이 은은하게 풍긴다. 학문과 문학의 세계를 넘나든 길에서 어언 팔순을 맞으셨다. 이제 그 열매들을 한 자리에 모으려는 기념문집 발간에 즈음하여 필자도 그 한 몫을 담당하고자 하는 의미에서 원용우 시인의 시조집 몇 권을 탐독했다. 그리고 그 중에서『아차산 연가』를 택해 이에 표출된 시인의 시세계를 살펴보고자 한다.

한 작가의 문학세계는 시대의 흐름에 따라 연륜의 높이에 따라, 사회의 변동에 따라, 개인의 환경과 정서변화에 따라 각기 다르게 표출되는 것을 볼 수 있다.『아차산 연가』는 시인의 최근 몇 년간의 작이다. 몇 작품을 제외하고는 2014년부터 2016년까지의 작품이 주를 이룬다. 그 중에서도 2016년 작이 과반을 차지한다. 이렇게 원용우 시인은 연륜에 비례해서 더욱 열정적으로 시작에 몰두한 것을 볼 수 있다. 대단한 저력이다. 이를 다음에서 논해보고자 한다.

---

1) 春秋說題辭曰: "詩者, 天地之精, 星辰之度, 人心之操也. 在事爲詩, 未發爲謀, 恬淡爲心, 思慮爲志, 故詩之爲言志也."

(2) 작품에 나타난 시인의 시세계

1) 공존과 조화의 세계 ; 자족의 미학

시인은 너와 내가 이어가는 사회 안에서 주위의 모든 존재와 영혼들의 구체적인 문제에 관심을 갖는다. 이러한 구체적인 문제까지도 시적 상상력을 통하여 정서적으로 표출하고 형상화하여 새롭게 창조하고 새롭게 발견한다. 그 가운데 시의 핵심이 있고 그 공간 안에서 공존과 조화의 세계를 만날 때 행복의 공간을 맛본다. 그래서 시인은 창작의 고뇌와 함께 행복의 순간을 공유한다. 그리고 자족의 미학을 창출한다.

앙상한 가지 위에 늦가을 비가 오니
외로운 마음 밭엔 우수의 바람인다
끊어진 사랑의 연줄 다시 한 번 이어볼까

살아온 무거운 짐 벗을 줄도 모르고
씨줄과 날줄 엮어 시린 생애 베를 짠다
미련도 아쉬움마저도 아름답게 수놓는 날

삶이란 쓴 것인지 난 것인지 모르지만
샘물 솟아오르고 열매 붉게 물든다
희망의 끈을 잡고서 감긴 얼레 풀어보자(2014.12.1.)

– 「노년」 전문

시인은 자연이나 사물에 생명을 부여하고 감정을 이입시켜 대상을 인격화하여 표출한다. 이것이 자연과 더불어 인간이 공존하고자하는 시적 구원의 몸짓이다. 그리고 자연과 공존하고 조화를 이루고자 하는 것이 시정신의 본질이기도 하다. 그래서 앙상한 가지 위에 내리는 늦가을 비에도 우수의 바람을 느낀다. 그리고 끊어진 사랑의 연줄을 다시 잇고자하는 마음이 일어난다. 미움도 아쉬움도 아름답게 수를 놓고자하는 공존과 조화의 마음가짐으로 감긴 얼레를 풀어보고자 한다. 이러한 긍정적인 마음가짐은 행복의 공간을 창출한다.

"끊어진 사랑의 연줄 다시 한 번 이어볼까" "미련도 아쉬움마저도 아름답게 수놓는 날" "희망의 끈을 잡고서 감긴 얼레 풀어보자" 이들은 모두 '긍정의 미학'을 예시하는 시적자아의 '너와 나' 공존과 조화의 세계를 투사하는 메시지이다. 첫째 수에서 사랑은 '늦가을 비와 함께 찾아든 외로운 바람이 갖다 준 선물'이라 하겠다. 끊어진 사랑의 연줄을 다시 이어볼 마음이 일었다는 것 자체가 외로운 심사가 갖다 준 선물이다. 사랑은 인간 삶의 원동력으로써 행복의 공간을 마련한다.

살아온 삶이 무겁고 힘들지라도 이제는 그 모든 것을 펼쳐 아름답게 수를 놓으니 그 생애 또한 아름다움으로 피어오르리라. 누구에게나 한 생을 사는 동안 아름다움만 있을까. 궂은일은 궂은 대로 흘러 보내고, 곱고 아름다운 일은 추억으로 간직하면 언제나 추억 속에서 행복의 공간을 맛보게 되리라.

한 평생을 살고 본향으로 돌아가는 귀천의 순간에도 이 세상에서의 삶이 쓴 것인지 단 것인지 그 누가 정확하게 정의를 내릴 수 있을까. 그러나 한 가지 분명한 것은 그 자신의 마음의 자세에 달려있다는 것이다. 인생을 어떻게 바라보고 그 자신은 어떻게 살았고, 그 자신은 어떻게 인생을 정의 내릴 것인가에 달려 있다. 그래서 시(詩)의 정의가 각양각색이듯 인생의 정의 또한 각양각색이다. 어디까지나 '정의(定義)' 라는 것도 수학공식처럼 딱 떨어지는 것이 아니라 각 개인의 인생 경험의 소산이기 때문이다.

천상병의 「귀천」의 마지막 연을 상기해 본다.

"나 하늘로 돌아가리라./아름다운 이 세상 소풍 끝내는 날,/가서, 아름다웠더라고 말하리라……."

'삶이란 쓴 것인지 단 것인지 모르지만 샘물도 솟아오르고 열매도 붉게 물드니 희망의 끈을 잡고서 감긴 얼레 풀어보자' 라 하여 삶의 의미는 잘 몰라도 그래도 생명의 샘물이 솟아오르고 열매가 붉게 익어가니 성공한 삶의 징조이다. 그러니 희망의 끈을 굳게 잡고 감긴 얼레를 풀고 나아가는 길에 더욱 풍성한 열매가 익어 가리라. 시어로 표출되는 이러한 긍정의 마음가짐, 긍정의 삶은 행복의 공간으로 이어지고 자족의 미학을 향수하리라.

> 저마다 웃는 얼굴 다가오는 계절인가
> 좋은 일 생겼는지 즐거워서 들뜬 사연
> 새로운 각오를 하고 새 일기 쓰고 있네
>
> 온 뜰안 환하도록 너털웃음 짓는 목련
> 수줍어 얼굴 붉힌 동산의 진달래꽃
> 환하게 등불 밝히고 먼 하늘 바라본다
>
> 행복을 나눠주려 돌아온 제비가족
> 너울너울 춤추면서 임 찾아 나선 나비
> 고향을 옮겨 놓았나 산도 강도 푸르다(2016.봄.)

– 「봄의 서정」 전문

행복이 가득한 '봄의 서정'이다. 독자의 마음도 밝은 웃음 가득하리라. 첫째 수를 보자. '저마다 웃는 얼굴' '좋은 일' '들뜬 사연' '새로운 각오' '새 일기'등 운용된 시어가 생기가 넘치고 희망적이다. 둘째 수에 활용된 시어 또한 '너털웃음 목련' '수줍은 진달래꽃' '등불'은 젊음과 패기가 넘치는 이미지이고, 푸른 먼 하늘을 바라보는 미래를 꿈꾸는 시적자아의 모습이다. 셋째 수에서는 행복의 전령사 '제비가족'이 등장한다. 나비도 춤을 추며 임을 찾아 나서고, 그 가운데 산도 강도 새잎들로 푸르고 생기가 넘친다. 마치 고향산천을 옮겨 놓은 듯하다. 행복의 공간에 들어선다.

고향은 누구에게나 아련한 그리움의 대상이고 행복의 공간으로 통한다. 어린 시절이 있는 곳이며, 어린 꿈이 형성된 잠재적 세계이다. 봄이 주는 서정은 시적자아로 하여금 새로운 각오를 갖게 하고, 환하게 웃음 짓는 목련과 등불 밝힌 진달래의 이미지에서 꿈꾸는 젊음을 느끼고, 행복을 실어오는 '제비가족'과 '나비'의 이미지에서 고향의 산천을 그리며 그 시절 꿈을 반추한다. 그리고 대상에 생명을 부여하고 감정을 이입시켜 대상을 인격화하여 표출한다. 이것이 '봄의 서정'이 주는 자연과 더불어 시적자아가 공존하고자하는 시적 구원의 몸짓이다. 자연과 조화를 이루는 긍정적인 마음가짐은 독자에게도 평안을 주고 행복의 공간으로 인도한다. 그리고 자족의 미학을 열어간다.

어딜 가도 낯선 골목 미아가 되었는가
날마다 이방인 되어 시린 하늘 바라본다
방향을 잘 못 잡아서 떠돌다 지친 구름

고향을 그리면서 눈물 삼켜 위로하고
어둑한 등불 아래 오만 생각 피워 낸다
고독에 휩싸일수록 익어가던 꿈의 열매

이제는 타향길이 고향길 되었는지
꽃들은 반겨주고 나무들도 인사한다
스치는 바람결마다 따스하게 감기는 봄날(2016. 7. 12.)

– 「타향살이」

세계와 대상과의 화해 또 자신과의 화해를 통하여 보다 아름다운 세계, 보다 아름다운 꿈을 갖고 상상의 나래를 펼쳐 나갈 때 긍정의 세계, 행복의 공간을 만난다. 현실을 떠나 시의 세계, 아름다운 시의 공간을 만들어나가는 것도 시인의 특권이면서 의무이기도 하다. 가시적인 것만이 아니라 추상적인 관념의 세계까지 인격화하는 것이 시의 세계이다. 그리고 시인이 만들어가는 행복의 공간이다.

첫째 수에서는 과거를 회상하며 타향살이의 설움을 표출했고, 둘째 수에서는 그러한 설움 가운데에서도 꿈을 키워 열매를 맺었으니 성공한 삶이다. 그래서 셋째수인 마지막 수에서는 타향 길도 고향 길 되어 바라보는 사물마다 정다웁게 다가온다. 꽃들도 반겨주고, 나무들도 인사한다. 스치는 바람결조차 따스하게 느껴지는 봄날이다. 계절이든 인생이든 봄날이 좋다. 봄은 겨우내 움츠렸던 만물이 새싹을 내고 일어서고 소생하는 생명의 계절로 자유와 민주의 상징으로 표현되기도 한다. 끝이 좋으면 다 좋다는 말이 있다. 「타향살이」 또한 그만하면 행복의 공간으로 들어선 시적자아이다.

이렇게 시인은 자연이나 사물에 생명을 부여하고 감정을 이입시켜 대상을 인격화시켜 표출한다. 꽃들도 반겨주고 나무들도 인사한다는 것은 자연과 더불어 공존하고자 하는 시적 구원의 몸짓이다. 이렇게 자연과 공존하고 조화를 이루면서 시적자아는 대상을 자기화하고 세계를 자기화하고 인격화하는 긍정의 삶으로 행복의 공간, 자족의 미학을 향수한다.

2) 이완(弛緩)의 여백 ; 달관의 미학

이 세상 별 것 있나 어울려 사는 거지
어딘지 모르면서 떠밀려 내려가도
삶이란 굴러가는 것 신나게 굴러본다(2016. 5. 31.)

– 「나이를 먹을수록」 전문

연륜이 인생의 길을 말한다. 경륜이란 그냥 지나가고 얻어지는 것이 아니다. 살아온 인생 하나하나, 삶의 터전 하나하나 그것이 삶이고 인생의 길이다. 그래서 연륜과 경륜이 소중한 자산이다. 노년은 젊은이가 경험하지 못한 많은 것을 자산으로 갖고 있다. 이를 증명이라도 하듯 유명한 말을 남긴 사람이 있다. "노인 한 사람이 죽는 것은 도서관 하나가 불타 없어지는 것과 같다."고 아프리카 작가 '아마두 앙파데바' 가 유네스코 연설에서 한 말이다. 도서관 하나만큼의 자산을 어떻게 활용하느냐에 따라 노년의 삶이 보다 아름답게 다가온다. 그리고 보람되게 경륜으로 이어갈 수 있다. 원용우 시인은 경륜을 잘 활용하여 노년의 삶을 알차게 이어가는 것으로 안다.

그래서 그 경륜을 바탕으로 '나이를 먹을수록' 신나게 굴러보는 것이다. 그래도 허물이 없다. '이 세상 별것 있나 어울려서 사는 거지' 한 평생 살아보니 어울려 산다는 것이 별 것도 아닌데 젊었을 때는 그렇게 지내지 못했음을 알 수 있다. 지금은 떠밀려 밀려가도 흉이 될 것도 없고 도리에 어긋남이 없다. 그것이 정도를 걸어온 삶, 제대로 살아온 연륜이고 경륜이다. 그래서 종심소욕 불유구(從心所欲 不踰矩)라 하지 않는가.

채워야 맛이 나는 마음을 담는 그릇
건네고 건네주면 불어나는 나의 행복
친구야 우리만나서 둥근 달 띄워보자

좋으면 한 잔 하고 싫어도 또 마시고
빠져도 안 되지만 멀리해도 안 되는 그대
우리 둘 같은 배 타고 노을 강 건너보자.(2016. 12. 11.)

-「술잔」 전문

어울려 사는 삶, 이 세상에서의 삶은 너와 나의 관계 속에서 나와 접하는 대상과의 화해 또 자신과의 화해를 통하여 보다 아름다운 세계, 보다 아름다운 꿈을 펼쳐나간다. 그리고 그 꿈을 좇아 상상의 나래를 띄워 시상을 펼쳐 나갈 때 시인은 긍정의 세계, 행복의 공간을 만난다. 이것이 시인에게는 자족의 삶이며 달관의 삶이다. 술잔을 채워가며 나누어 갖는 행복감, 달이 있어 더욱 정취를 만끽한다. 좋으면 좋은 대로 마시는 술, 싫어도 마시게 되는 술자리, 적절히 마시고, 즐기며 함께 어울려 인생의 '노을 강' 도 함께 배를 타고 건너보자는 시적자아의 천연스런 심상은 경륜에서 도출된 노을을 향하는 '달관의 삶' 이다.

단 것도 삼켰지만 쓴 것도 맛보았다
나이를 먹을수록 감사의 잔 자주 들고
웃으면 더 웃게 되는 최면에 취해 본다(2016. 12. 15.)

-「이 세상을 살면서」 전문

우리의 감정은 갈대 같고 구름 같아 그 변화 또한 헤아릴 수 없다. 감정은 신체적 반응에서 올 수도 있고 심리적 변화에서 올 수도 있다. 이러한 반응과 변화가 없다면 목석이다. 우리는 사회생활을 하면서 끊임없이 도전을 받고 도전을 하며 살아간다. 그러면서 좋은 일도 맛보고 나쁜 일도 만나게 된다. 그것이 초장에 표현된 '단 것도 삼켰지만 쓴 것도 맛보았다' 는 시적자아의 심상이다. 연륜이나 경륜은 그냥 얻어지는 게 아니다. 그 만한 몫을 다한다. 그래서 오뉴월 하루해가 무섭다 하지 않는가. 우리는 감각기관을 통하여 끊임없이 경험하고 인식하고 반응한다. 연륜이 더해갈수록 인생경험을 많이 할수록 삶의 지혜도 생기고 이완의 여백을 즐기며 감사의 잔도 주고받으며 둥글둥글 살아간다. 이 얼마나 편안한 삶인가. 최면에 취하듯 달관의 삶을 누린다.

인생만사는 '새옹지마(塞翁之馬)' 이고 일체유심조(一切唯心造)라 한다. 이 두 가지 진리만 제대로 깨닫는다면 우리 인생은 자족의 삶을 누리며 달관의 미학을 향수하리라.

3) 자의식의 표출 ; 비움의 미학

인간은 근원적으로 불완전한 존재이기에 스스로는 만족하지 못한다. 무엇인가를 추구하고 채워야 하는 욕망의 존재이다. 이것이 없다면 죽은 생명과도 같은 것이다. 그래서 이 욕망을 이룰 수 없고 꺾기면 삶의 의욕을 상실한다. 시인이 시를 쓴다는 것, 글을 쓴다는 것도 결국은 자기 욕망을 채우고 그가 추구하는 삶과 그가 그리는 세계를 표출하는 것이다. 그 가운데 자의식을 표출하고 역설의 미학, 비움의 미학에 눈을 뜬다.

> 무슨 업 잔뜩 지고서 허위허위 넘어가나
> 여름의 고개 넘어 가을 숲 지나는데
> 아무리 내려놓아도 풀리지 않는 아픔 있다
>
> 발끝에 채이는 낙엽 몇 생을 굴렀던가
> 나는 어느 뿌리에서 굴러온 나그네냐
> 비움의 미학을 몰라 무거운 다리 끌고 간다(2016. 12. 12.)
>
> -「가을 나그네」 전문

'가을 나그네' 는 시적자아의 분신이고 자의식이다. 인생도 짙푸른 여름 숲을 지나 낙엽 진 가을 숲을 지나는데 이제 모든 것을 아쉬움 없이 다 내려놓으면 가뿐하련만 시적자아는 비움의 미학을 몰라 '풀리지 않는 그 아픔' 을 힘겹게 끌고 간다. 경륜과 함께 자족의 삶, 달관의 삶을 사는 가운데에도 문득문득 되살아나는 '풀리지 않는 아픔' 이 삶의 무게로 다가온다. 이것이 인생이다. 발끝에 채이는 낙엽 하나에도 '나의 뿌리' 를 생각하게 하고, 인생의 의미를 새겨보게 한다. 그리고 이 무거운 짐을 비움의 미학으로 풀어놓고 싶다.

비움의 미학은 절대적인 자의식이 따른다. 잔뜩 지고 가는 욕망의 가지를 적절히 잘라주어야 한다. 비움의 미학은 한옥의 단아함에서, 법정스님의 무소유의 개념에서, 단순함과 간결함을 추구하는 예술과 문화적 흐름에서 인용되고 활용된다. 비움의 미학은 새로운 광고판이나 명함에서도 만나게 된다. 하물며 생활패턴에서야 두말할게 없다. 갖고 있는 소유물을 정리하는 것에서부터 얽히고설킨 사람들과의 관계, 머릿속 생각들, 등등을 정리하며 단순화 한다. 그래서 꼭 필요한 최소한을 제외하곤 많은 잔가지들을 쳐낸다. 그리고 비워낸 그 자리에 심신에 평화를 주는 신선한 것들로 서서히 느림의 미학으로 비움의 미학을 견지 한다. 그러한 가운데 여유로움이 생기고 평안이 다가온다.

시적자아는 아직도 젊음의 의지가 있고 희망이 있다. '아무리 내려놓아도 풀리지 않는 아픔' 은 '비움의 미학' 을 몰라 내려놓지 못한다. 이제 시조 「노년」의 셋째 수 종장에서 "희망의 끈을 잡고서 감긴 얼레 풀어보자"라고 밝혔듯이 「가을 나그네」 또한 힘차게 풀어나가리라 본다. 이제는 이완의 여백을 즐기며 감사의 잔도 주고받으며 둥글둥글 살아가는 시적자아의 달관의 삶이 비움의 미학으로 더욱 평안을 얻으리라 본다.

무슨 그림자가 뼛속까지 드리웠나
그물망 얽힌 고기 벗어나지 못한 신세
눈물로 지새우면서 눈물의 뜻 몰랐다

씻어도 씻어지지 않는 묵은 때가 두텁구나
눈에는 안 보여도 이고지고 가는 봇짐
마음을 비우지 못해 오늘도 지고 가네

시련이 다가와도 왜 아픈지 모른 환자
끊어도 끊기지 않는 연줄은 이어져서
자기가 뿌린 씨앗대로 거두는 농부의 길(2016. 8. 5.)

－「업보」 전문

인생은 어느 길이든 비유해 보면, 대입해 보면 다 그 길인 듯하다. 어떤 형태로 살아가든 인생은 '고해' 이고, '새옹지마' 이다. 인생의 길을 둘러보면 권력도 재벌도 평탄한 삶은 없다. 역사를 보며 선인들의 삶을 돌아보아도 그렇고, 요즈음 돌아가는 사회상도 세상살이도 그렇다. '업보' 는 불교용어이다. 윤회전생과 이어지는 '업보' 이다. 기독교에서는 '업보' 도 없고 윤회도 없다. 천상병 시인의 「귀천」에서 보듯이 '나 하늘로 돌아가리라 아름다운 이 세상 소풍 끝내는 날 가서 아름다웠더라고 말하리라' 이다. 인생이란 결국 본향으로 돌아가는 삶의 과정이다.

시적자아의 「업보」는 '그물망 얽힌 고기 벗어나지 못한 신세' 이고, '씻어도 씻어지지 않는 묵은 때' 이지만 '끊어도 끊이지 않는 연줄로 이어져서, 자기가 뿌린 씨앗대로 거두는 농부의 길' 이다. 농부의 길은 가장 순수하다. 타인과 부대끼며 눈치 보며 사는 삶이 아니다. 땅과의 관계에서 하늘의 도움으로 내가 부지런히 일하면 노력한 만큼 나오는 것이 땅이라 한다. 그러니 하늘을 바라고 땅을 귀하게 생각하고 살아가는 농부의 삶은 축복받은 삶이며 이는 시적자아가 바라보는 순수한 직업관 내지 농부의 길과 같은 자의식의 표출이다. 그리고 농부의 삶은 단조롭고 단순하다. 대인관계에서 부대끼며 생활을 하는 도시인과는 다르다. 그래서 농부의 삶은 애써 비우지 않아도 비움의 미학을 자연적으로 익혀 나갈 것이다.

열심히 씨 뿌리고 김매고 가꾸어도
거둘게 별로 없는 농부의 가을걷이
쌓이는 노적가리 대신 한숨만 쌓여간다

다 같이 노력해도 부자는 따로 있다
발바닥에 불나도록 연줄 찾아 뛰었는데
빈 그릇 채우지 못해 배고픔만 더한 나날

희망의 끈을 쥐고 시의 밭 일궈낸다
알곡은 어디가고 잡초만 무성한가
무거운 적막지고서 넘어가는 하루고개(2016. 12. 10.)

－「헛심」 전문

인간을 소우주라 한다. 자아를 우주라는 전제 속에서 파악하고 이를 의식하는 상태에서 '나'라는 주체는 '우주'라는 객체 속에서 하나가 되는 세계야 말로 인간 회복의 세계이며 시적 구원의 세계이다. 이는 곧 시정신의 근본이 되는 세계로서 행복의 공간을 꿈꾸는 '에덴의 동산'이다. 여기에 이르기까지 인간은 끊임없이 추구하고 채워야 하는 욕망의 존재로 살아간다. 이를 풀어가고 좁혀가고 조정해가고 회복해 가고자 하는 것이 종교이며 시인의 상상력으로 이루어지는 시의 세계이다. 그래서 시의 세계는 시적자아의 마음의 자세에 달렸다. 곧 긍정적이냐 부정적이냐이다. 그리고 시적자아가 처한 현재의 자기 삶을 바라보는 눈높이에 달렸다. 물론 시인의 인생관 철학관, 세계관, 종교관 등등 총체적인 시인의 마음의 풍경에 달렸다. 그리고 일체유심조(一切唯心造)이다. 글에는 주술성이 있다한다. '헛심' 종장쯤에서는 그래도 긍정적이고 희망적인 시어로 마무리 되었으면 하는 아쉬움이 남는다.

인간은 생태적으로 자기 삶에 만족할 수가 없다. 이루면 이룰수록 더 이루고 싶은 것이 욕망이다. 성경에 의하면 솔로몬은 전무후무한 '지혜의 왕'이고, '솔로몬의 영화'라 한다. 그런 솔로몬도 그가 쓴 전도서 첫머리에서 "헛되고 헛되며 헛되고 헛되니 모든 것이 헛되도다."라 하였다. '지혜가 많으면 번뇌도 많고, 지식을 더하면 근심도 더 많다' 고도 했다. 그리고 마지막 결론이 '하나님을 경외하고 그의 명령을 지키는 것이 사람의 본분' 이라고 했다. 곧 인생이 만족하지 못하는 그 부분은 믿음으로 채워진다는 것이다. 그래서 종교가 필요하고 믿음이 필요하다는 것이다.

위의 시 「헛심」에서 시적자아는 하나같이 자기인생에 대해 부정적이다. 열심히 일을 해도 농부의 가을걷이는 한숨만 쌓여간다. 다 같이 노력해도 부자는 따로 있고, 발바닥에 불나도록 연줄 찾아 뛰었는데 빈 그릇 채우지 못해 배고픔만 더한 나날이었다니 제목 그대로 이는 '헛심' 이다. 헛되이 힘만 쓴 노릇이다. 그런데 시의 밭을 일구는데도 잡초만 무성하단다. 그래도 '무거운 적막지고서 넘어가는 하루고개' 에서 종일 시의 밭 일구느라 노력하니 헛심 같은 작품도 나오고, 해를 거듭할수록 더 많은 창작의지를 나타낸다고 본다.

인생만사는 '새옹지마(塞翁之馬)' 이고 '일체유심조(一切唯心造)' 이다. 이 두 단어를 원용우 시인의 '헛심' 위에 새기고 그 위에 '비움의 미학' 으로 덧입혀 본다.

(3) 나가기

원용우 시인의 최근작인 『아차산 연가』에 표출된 시의 세계는 다종다양하다. 그 중에시 하산의 길에서 지나온 삶을 반추하며 느끼는 심상과 오늘을 살아가며 감지하는 일상사 및 삶의 의미를 표출한 작품을 중심으로 '자족', '달관', '비움' 의 미학에 대해 살펴보았다.

인간은 혼자는 살 수 없는 사회적 동물이다. 우리의 삶은 끊임없이 이어지는 만남의 삶이다. 가정에서 직장에서 사회에서…… 너와 나 우리의 관계가 그래서 소중하다. 우리 주위를 둘러싼 모든 존재와의 만남이고, 그들과 더불어 살게 마련이다. 그러한 존재와의 관계 속에서 진실하고 원만하게 긍정적으로 어울려 삶을 영위하는 것이 행복의 길이고 인생의 길이다.

먼저 공존과 조화의 세계를 이루는 '자족의 미학' 에서는 「노년」과 「봄의 서정」, 「타향살이」에 표출된 자연과 더불어 인간이 공존하고자하는 시적 구원의 몸짓을 살펴보고 이렇게 자연과 공존하고 조화를 이루면서 시인은 대상을 자기화하고 세계를 자기화하고 인격화하는 가운데 행복의 공간을 이어가는 '자족의 삶', '자족의 미학' 에 대해 고찰해 보았다.

두 번째로 '이완의 여백' 으로 표출되는 '달관의 미학' 에서는 「나이를 먹을수록」과 「술잔」, 「이 세상을 살면서」에 표출된 연륜과 경륜을 바탕으로 이완의 여백을 즐기며 감사의 잔도 주고받으며 둥글둥글 살아가는 '달관의 삶'을 논해 보았다.

세 번째로 자의식의 표출인 비움의 미학에서는 「가을 나그네」, 「업보」, 「헛심」에 표출된 시적자아의 자의식에 대해 살펴보았다. 인간은 근원적으로 불완전한 존재이기에 무엇인가를 추구하고 채워야 하는 끝없는 욕망의 존재로 표출되었다.

성경에 의하면 전무후무하다는 '솔로몬의 영광'도 그 자신을 만족시킬 수 없었다. 그가 말년에 쓴 전도서에서 밝혔듯이 '헛되고 헛되니 모든 것이 헛되고, 지혜가 많으면 번뇌도 많고, 지식을 더하면 근심도 더 많다'고 했다. 아마 원용우 시인도 평생을 학문과 같이 했기에 지혜와 지식이 더하여져서 번뇌도 많고 근심도 많은 것 같다. 학문에서나 시인으로서나 그만큼 이룬 위치에서도 지금까지 '자족'과 '이완의 여백'을 즐기는 가운데서도 「업보」, 「헛심」, 「가을 나그네」의 시상을 펼치는 것을 보면 그렇다. 그래서 논자는 이를 역설적으로 '비움의 미학'으로 풀어나갔다.

인간의 끝없는 욕망을 풀어가고 좁혀가고 회복해 가고자 하는 것이 종교이다. 그리고 상상으로 풀어나가는 것이 시의 세계이고, 그 가운데 행복의 공간이 있다.

이곳에서 다루지 못한 '고향의식, 역사의식, 사모곡……' 등등 다양하고 풍성한 논제는 다음에 또 다른 논자가 보다 알차게 풀어 주기 바란다.

[論文]

4. 너무나 평범해서 비범한 시조의 거장을 만나다

– 원용우 시인과 그의 시조세계 –

이 석 규

(사)한국시조협회 이사장)

(1) 들어가기

원용우 시인이 어느덧 산수(傘壽)에 이르렀다. 두보(杜甫)는 그의 율시(律詩) [곡강(曲江)]에서 '인생칠십고래희(人生七十古來稀)'라고 하였는데, 어느새 고희(古稀) 하고도 10년을 더 사셨다. 최근의 그의 건강상태는 넘치는 의욕과 열정, 세상을 향한 긍정적 태도를 볼 때 적게 잡아도 능히 백수(百壽)는 하고도 남을 것으로 보인다.

아무튼 그렇게 살아온 그의 인생은 주로 두 가지 영역에 집중되어 있다. 하나는 사람을 가르치는 교육자의 길이요, 또 하나는 시조시인으로서 시조를 짓는 일이다. 그런데 교육자의 길도 대학에서 교편을 잡은 후로는 정년퇴임을 하고 이느덧 15년이 지난 지금까지 지속적으로 가르친 내용이 시조다. 결국 1975년 시조시인으로 등단한 후 오늘까지 40년이 넘는 세월을 오직 시조를 짓고 평하고 가르치는 단 한 가지 영역, 곧 시조에 집중되어 있음을 알 수 있다. 대학에서 시조 커리큘럼이 거의 없는데도 시조를 지속적으로 가르쳐왔다는 점을 생각하면 원용우 시인이 얼마나 평생 동안 시조에 집중해온 분인가 하는 것을 알 수 있다.

그 동안 시조집이 9권이나 나왔으니 적은 양이 아니요 시조에 관한 저서만도 대작으로 6권이요 논문은 수십 편이나 되고, 시조 관련 수상(受賞)만도 11회에 이른다. 그밖에 수필집 등 시조 외에도 많은 글을 남겼다.

필자는 1985년에 나온 『여름일기』에서부터 2017년 곧 금년에 나온 『아차산 연가』까지 원용우 시인의 시조집 9권 중, 2009년에 나온 『아버지의 땅』과 2017년에 출간한 가장 최근의 시조집 『아차산 연가』를 중심으로, 완전히 무르익은 시기의 원용우 시인의 생각과 느낌들 그리고 그것이 모여 이루어 낸 가치관과 시적 감수성 등, 그의 인간적 면모와 함께 시조세계를 두루 살펴보고자 한다.

(2) 길

먼저 원용우 시인의 작품을 두루 살펴보면 인생을 하나의 '길'로 인식하고 있다. 이러한 인식은 흔히 있을 수 있지만 원 시인의 작품처럼 분명하게 강조되어 나타나는 경우는 흔치 않다. 태어나면서부터 시작하여 인생이 끝날 때까지 아니, 그 후에도 쉬지 않고 이어지는 길, 그것이 인생이라는 관점이다. 그러니까 그의 인생노정, 곧 길에서 보고 느끼고 생각한 것, 착념하고 상상한 것을 내면화하여, 그것을 형상화함으로써 시조의 바탕으로 삼고 있다.

지나온 길 아득하고 나아갈 길 막막한데
돌부리 가시덤불 상기도 놓여 있고
늦가을 서녘 하늘에 외기러기 날아간다.

－「먼 길」 세수 중 셋째 수

때로는 가시밭 길 어떤 때는 진구렁을
가파른 고갯길에서는 엉금엉금 기어올라
자그만 깃대 하나를 꽂아놓고 부른 노래.

－「지나온 길」 세수 중 첫째 수

길이란 의미는 사전적으로는 "사람이나 동물 또는 탈것 따위가 지나갈 수 있게 땅이나 물이나 공중에 나있는 선형(線形)으로 되어있는 공간"이라고 되어 있다. 그러나 이러한 물리적 실체에 못지않게 보다 심리적 추상적 개념으로 그 의미를 넓혀 나갈 수 있다. 인생 이야기가 전개되는 과정에서 은유적, 환유적 의미를 가미하면서 경계를 넓혀 나갈 수 있는 것이 바로 '길'의 시적, 추론적 의미인 것이다.

그것은 '지나온 길, 나아갈 길, 가시밭 길, 진구렁 길, 가파른 고갯길……' 등 여러 가지 모습을 띠고 있으며, 그때그때의 상황에 따라서 여러 작품 속에서 다양한 이미지로 형상화되어 있다.

실제로 우리 모두는 인생을 살아가는 동안 별별 일을 다 겪기 마련이다. 하지만 특히 원용우 시인의 세대는 보통의 경우 몇 세대는 살아야만 겪을 수 있을 만큼의 복잡하고 많은 사회적 시대적 사건과 변화를 겪으며 살아 왔다. 그러한 격동과 혼란 그리고 가치가 전도되는 현장에서 그것들을 인내하고 극복하면서 적응해 왔고, 그런 와중에도 중심을 잃지 않고 인생에 대한 가치와 신념을 지켜 왔기 때문에, 과거를 회고하고 미래를 내다보며 그것을 정리하여 간직하기에 '길'이라는 선형적 개념이 아주 적합했을 것이다.

지나온 수만리 길 구곡간장 구만리길
왜 가는지 모르면서 왜 사는지 모르면서
그 파도 헤쳐 나가는 어느 포구의 거룻배여.

그 동안 갈림길에선 수 없이 방황했고
가파른 산 오를 때는 주저앉아 하늘 보았다
서산에 해는 기울고 갈 길만 아득하네.

– 「길을 가면서」 둘째, 셋째 수

그가 지나온 인생살이는 말 그대로 머나먼 '수만리 길'이었고 '구곡간장 구만리 길'이었다. '어디로 가는지 왜 사는지도 모르면서' 끝없이 밀려오는 파도를 헤쳐 가며 살아온 쉽지 않은 삶의 길이었다. 누구의 도움도 없고 물려받은 정신적 유산도 없어 보이는, 세상물정 모르는 이 땅의 젊은이로서 의당 갈림길에서는 판단이 서지 않아 방황할 수밖에 없었다. 그러다가 막상 길을 발견해도 가시밭길이요 가파른 고갯길이었다. 이처럼 끝없이 밀려오는 고난의 파도에 좌초도 하고 그리고 또 헤쳐 나가야 하는, 스스로의 인생은 말 그대로 작고 연약한 거룻배와 같은 것이었다. 특히 어렸을 때는 더욱 자신이 작게 보였을 것이었다.

이 길로 와야 하나 저 길로 가야하나
눈앞의 갈림길에선 선다형 시험을 봤고
그래서 선택한 것이 내가 가는 시조 길

– 「그 길」 둘째 수

그러므로 원용우 시인의 '시조의 길'은 이른바 로버트 프로스트의 "아름답고 어둡고 깊다/그렇지만 내겐 지켜야 할 약속이 있고/잠들기 전에 가야할 길이 있다" 〈눈 내리는 저녁 숲가에 서서 (Stopping by Woods on a Snowy Evening])〉에서처럼 저물기 전에 자기의 길을 가겠다는 강력한 사명감과 넘치는 자신감으로 길을 선택한 것이 아니다. 그렇다고 "그날 아침 두 길은 똑같이 놓여 있었고/낙엽 위로는 아무런 발자국도 없었습니다./아, 나는 한쪽 길은 훗날을 위해/남겨 놓았습니다!"의 「가지 않은 길」에서처럼 성공이 예상되는 신기한 길을 호기심과 기대감으로 가슴 두근거리며 자의로 버릴 것은 버리면서 선택한 길도 아니었다.

원용우 시인에게 있어서 길은 그렇게 멋지고 사명감에 찬 길이 아니다. 어려운 여건에서 힘들게 살다보니 그냥 눈앞에 나타난 것이요 운명처럼 주어진 것이었다. 자신의 의지와는 상관없이 한 없이 힘들고 위태롭게 닥쳐오는 운명 같은 길이었다. 그러니까 능동적이거나 원래부터 지닌 사명의식이 있어서라기보다는 피동적으로 어쩔 수 없이 마주치게 된 그런 길을 달려온 것이다.

때로는 여러 갈래의 길이 있었는데 그때마다 '선다형 시험'처럼 그 결과에 대한 예측이 불가한 상태에서 어느 한 길을 선택해야 했을 뿐이었다. 여기서 재미있는 것은 그가 오로지 시조만을 위해 살아온 그 길도 그렇게 운명처럼 우연히 현실 속에 나타난 사지선다형 시험문제 같은 것이었다. 그런데도 그 중에서 마음에 드는 하나를 자의로 선택하였다는 것이 놀랍지 않을 수 없다.

사실 그는 어린 시절부터 주어진 그 길을 운명으로 받아들이면서도 "아버지는 서당에서 글공부해서 농사군 되라 하고/나는 신식 글공부해서 양복쟁이 되고 싶었다/끝내는 내가 이겨서 쓰고 다녔던 학생모자."(「십령 고개」 첫수)나, "내가 좋아 내가 선택한 울고 넘는 시조고개"(「시조고개」 셋째 수 초장)에서처럼, 대부분 태산처럼 밀려오는 운명의 파도에 피동적으로 쓸려가는 듯하지만, 그러나 정작 인생의 중요한 분기점, 아주 중요한 결단의 시점에서는 어김없이 깨어 있는 자신의 강력한 의지에 따라 최선의 길을 선택하였다. 그것은 결코 예사로운 일이 아니다. 원만하고 부드러운 한 인간의 깊숙한 내면에 숨어있는 타고난 강인함과 예지력의 발동이 아닐 수 없기 때문이다. 그러하기에 그는 자신이 선택한 그 길을 외골수로 최선을 다해서 열심히 걸었고, 건너고, 넘고, 헤쳐 나아갈 수 있었던 것이다.

(3) 고개

그는 인생의 과정을 길이라고 인식하는 반면에 그 길 중에, 인생의 중요한 계기가 되는 분수령이나 변화의 요인이 되는 특별한 시기를 특히 '고개'라는 표현으로 이미지화한다.

앞에서도 언급하였지만 원용우 시인은 많은 일들을 겪으며 살아왔기에, 당연히 넘어온 고개도 많다. 그의 작품을 보면, 그 '고개'를 넘을 때마다 그 의미와 중요성을 인식하고 있으며, 그것을 반추하고 성찰하면서 새로운 인생을 창출하기에 진력하였음을 알 수 있다.

그의 시집 『아버지의 땅』에서는 특히 '고개'의 의미를 체계 있게 다루고 있다. 그가 겪은 사회적 역사적 인간적 고비, 곧 그의 내면을 때로는 혼란스럽게 하고 때로는 깨어나서 바짝 긴장하도록 만든 많은 체험의 현장을 『아버지의 땅』 제5부 "20령 고개"라는 장(chapter)에 모두 3수로 된 30편의 연시조들을 모아, 그가 체험하고 변화되고 또 결단하고 판단한 인생의 결정적 계기 곧 '고개'를 다루고 있다.

이 30수는 모두 그의 인생의 개인적 여정일 뿐 아니라, 그의 양심에 투영된 우리 시대의 역사적 진면목이다. 그것을 통하여 독자들은 그의 인생관을 비롯한 사상과 감정들을 한눈에 관찰할 수 있다. 또한 시대적 국가 사회적 격변의 현장을 빠짐없이 구경할 수도 있고 그것을 바라보는 일관된 한 시인의 인생과 그 진실을 확인하게 된다.

깻묵을 으깨먹으며 돼지처럼 살았고
바지, 저고리, 조끼 입고서 유년고개를 넘었다.
나처럼 핏기가 없던 밤하늘의 초승달.

8.15 해방되던 날 아버지 손에 끌려 서
양키가 지나갈 때 만세 소리 크게 외쳤다
던져준 초콜릿 하나에 도망간 조선의 혼

일제의 사슬에서 해방의 자유시대로
넘어온 우리들은 가나 대신 가갸 배웠다
게다짝 끌던 두발에 들러붙은 짚신 귀신이여.

-「유년 고개」 전문

그 처음은 '유년 고개'로부터 시작되는데, 해방되기 전의 억압과 수탈로 인하여 "깻묵을 으깨넉으며 돼지처럼 살아온" 가난과, 해방은 되었지만 아직 서양식 물질문명이 익숙하지 못하던 시대의 우리민족의 생활모습, 그리고 초승달처럼 핏기 없던 유년의 일단을 엿볼 수가 있다. 그 시대의 특수계층을 제외하고는 우리민족의 8할 이상이 농사를 짓던 시대이다. 일제 강점기의 그림자가 묻어 있고 해방의 기쁨과 자성의 흔적도 있다. 그 와중에 미국 군인들도 등장한다. 해방으로 일본의 압제에서 벗어나 자유와 독립을 찾은 꿈만 같은 위대한 역사는 게다짝과 짚신으로 환유되어 있다. 그럼에도 불구하고 연이어 교차되는 일제의 압제, 그리고 해방과 독립의 결정적 역할을 해 준 미국의 문화 속에서 그와 비교되는 우리문화, 우리의 풍습과 생활, 우리의 자존심은 어린 시절의 시인의 눈을 통하여 위축되고 주눅 든 모습으로 나타난다. 어렵사리 우리 것을 찾고 우리의 생활과 문화를 새로이 시작하는 부푼 꿈의 상징이라고 할 수 있는 '가갸'를 배우는 그 환희의 순간에도 말이다.

일제의 잔재를 수습하고 새로운 대한민국을 건국하여 대망을 향한 민족의 푸른 꿈을 제대로 설계하기도 전에 이미 외세에 의하여 38선은 그어져 있었고 그리하여 같은 민족끼리 서로를 죽이는 민족상잔의 6.25 전쟁은 이미 예고된 것이었다. 결국 6,25가 터졌다.

백년 묵은 활화산이 터지기라도 한 것처럼
육이오가 터지자 삼천리강산은 불바다였다
푸르고 아름답던 산하에 빨간 물이 들었다.

밤이면 장막치고 김일성 노래 배웠고
낮이면 들에 나가 벼이삭, 조이삭 헤아렸다
숨통이 콱콱 막히는 동굴 속의 겨우살이(越冬).

－「육이오 고개」 첫 수, 셋째 수

어머니는 먹을 것을 나는 이불짐 지고
가시밭길 헤쳐가고 시체를 넘고 넘다
밤이면 외양간에서 소처럼 누워 잤다.

－「피난 고개」 셋째 수

누구는 의용군 가서 영영 생사 모르고
누구는 국군에 가서 전사 통지서만 돌아오고
남북이 갈라지듯 갈라졌던 마을 청년들.

－「전쟁 고개」 둘째 수

어린 나이에 도저히 감내하기 힘든 현실을 마음에 새겨진 인상 그대로 노래하고 있다. 그렇게 꿈만 같은 처절한 6.25 전쟁은 이 나라의 모든 재산과 수많은 생명과 민족의 자존심까지 다 불태우고 3년 1개월 만인 1953년 7월 27일 이르러서야 마침내 끝난다.

당시 13~16세의 소년이었던 원 시인은 전쟁의 참화와 피난생활, 전쟁으로 초토화된 현실 속에서 초근목피로 목숨을 이어가는 참담하기 그지없는 시절을 뼈저리게 겪을 수밖에 없었다. 그리고 이러한 국가적 사회적 여건이나 사건 하나하나가 그에게 주어진, 피할 수 없는 인생의 '길'이요, 질료요 속성이었다. 그리고 넘어가야할 '고개'였던 것이다.

이러한 세월을 견디고 넘어서 원용우 시인은 중고등학교 다니고, 대학을 졸업하고, 군대를 다녀오고, 사회에 진출하게 된다.

해마다 홍수지면 일년 농사 떠내려가고
그래서 먹을 것 없어 초근목피 목숨 잇고
학교서 점심시간이면 교실 밖을 맴돌았다

－「십령 고개」 둘째수

1950년대에는 가난해서 신식 학교를 못간 사람들이 수두룩했다. 돈이 적게 드는 서당에서 공부하라는 아버지의 현실적 소망을, 끝까지 고집을 꺾지 않고 밀어 부쳐서 교복을 입고 학생 모자를 쓴, 모두가 부러워하는 현대적 학생의 길을 선택하였다. 물론 식사시간이면 점심을 먹을 형편이 못되니까 슬그머니 밖으로 나가서 물로 배를 채우며 어정거려야 했다. 비교적 넉넉한 친구들에 대한 부러움과 배고픔으로 인한 서글픔은 말할 것도 없겠지만 그런 모든 것을 이기고 열심히 일하고 견디며 공부를 했다.

계다가 당시의 형편으로서는 어려운 상황을 과감하게 떨치고 서울 유학길에 오른다. 그리고 "밤을 낮으로 삼고 낮을 밤으로 삼아/교과서 자습서를 이 잡듯이 뒤졌다/남과의 씨름이 아닌 자신과의 씨름했다"「유학고개」 이렇게 열심히 성실하게 살았다. 무엇을 위해서인가, 무엇을 하고 싶었을까, 무엇이 되고 싶었던가!

그리하여 모든 학생들이 그렇게 가고 싶어 하는, 아니 대부분의 학생들이 꿈도 못 꾸는 서울대학교에 입학하였고 그때의 말할 수 없는 기쁨을 그는 이렇게 적고 있다.

> 얼마나 간절하게 가고 싶었던 전당인가
> 하늘의 별을 딴 듯 그처럼 딴 대학 배지
> 가슴에 달고만 다녀도 마음은 벌써 부자였다
>
> –「대학고개」 세수 중 첫수

그뿐 아니라 거기서 만난 대한민국의 국문학계의 최고의 교수님들과 그분들의 가르침을 꿀맛처럼 맛있게 빨아들이면서 대학생활을 보냈다. 인생에서 처음 맞이한 꿈과 열정과 행복의 시대였다.

> 해방된 이 나라에 독재의 뿌리 내리고
> 사방에서 썩는 냄새가 넝쿨처럼 만연했다
> 의기(義氣)의 청년학생들이 들고 일어난 사일구.
>
> –「사일구 고개」

그러나 시대가 그리 간단하지만은 않았다. 6.25 전쟁 이후 잿더미 위에 우리 대한민국은 자유민주주의 체제하에 정상적인 발전을 시도했지만 민족의 지도자가 매우 뛰어난 분임에도 그 아래 권력자들이 국정을 농단하는 등 혼란 속에서 독재의 방향으로 기울어가기 시작하였다. 이에 분노한 학생들이 선두에 서서 처음으로 민주화운동을 전개해 나갔다. 그 결과 역사에 길이 남을 4.19 학생 혁명이 일어났다. 민주화를 시도했지만 남북이 갈려 언제 어떤 일이 일어날 줄 모르는 불안전한 안보상황에서 법질서의 혼란과 무질서가 판을 치는 형국이 지속되는 가운데 다시 5.16 군사정변이 일어난다. 그 뒤에 18년이라는 긴 세월을 이른바 군부독재체제 하에서 우리나라는 세계의 역사상 유례가 없는 발전을 이룬다. 그러나 그 속에서 민주화운동을 막을 수는 없었고 민주화 운동이 지속적으로 진행되어 마침내 문민정부를 비롯한 민주세력들이 지도자가 되어 본격적인 자유 민주주의 체제로의 발전이 이루어진다. 그러면서 좌익으로 기울어져가는 현상이 두드러진다.

다시 말하지만, 이 모든 환경의 변화와 자신의 변화를 통해 삶의 방향, 신념과 가치관을 체계화시켰던 수많은 계기들은 각각 '고개'로 규정되어 유학시절을 넘어 그대로 4.19, 5.16, 군대 생활, 취업을 하고 결혼을 하고 작장생활을 하면서 대성학원, 배명고등학교, 진명여고, 행당중학교를 거치게 된다.

그러니까 학원 강사에서 시작하여 사립중등교육계의 교사를 거쳐서 공립 중등교사를 넘어서고 또 전문대학 교수가 되기까지, 사회적, 구조적 불완전함 속에서 부조리가 판치는 현실의 고개를 여덟 번이나 넘어야 했고, 보다 학문을 연구하기에 적절한 여건을 확보하기까지 계속하여 발돋움을 쉬지 않았다. 그 과정에서 보고 느낀 불합리, 부패와 혼란 등의 고개들은 청신한 젊은 피가 끓는 순수한 시인의 눈을 통하여 하나하나 시조작품으로 투영되어 나타난다,

이러한 와중에 또 하나의 중요한 고개를 만난다. 유동 이우종 선생과의 조우로 드디어 시조를 공부하게 된 것이다.

> 시조시인 만나보면 부러워서 숨 죽였고
> 시조 작품 읽으면서 멋과 맛을 맛보았다
> 고려의 청자보다도 더 고결한 배달의 얼.
>
> 내가 좋아 내가 선택한 울고 넘는 시조고개
> 한 삼십 년 올라갔는데도 정상이 안 보인다
> 그 위에 깃발을 꽂고 만세삼창 부르고 싶다.
>
> (-「시조 고개」 삼수 중, 첫재, 둘째 수)

그는 시조를 처음 접하게 되고 시조를 배우게 되던 시절, 그리고 시조를 창작하고 천착하는 일에 심취하고 전념하던 시절을 이렇게 회고한다. 시조를 제대로 공부한 사람들은 그 가치를 잘 인식하게 마련인데, 특히 원용우 시인은 '고려청자보다 더 고결한 우리 배달의 얼'이라고 할 만큼 처음부터 시조의 의미와 가치를 제대로 인식하고 있었다. 진실로 시조를 사랑하였음을 알 수 있다. 그가 얼마나 시조창작을 위하여 정성을

기울였는지, 시조의 정상에 올라 '깃발을 꽂고 만세삼창 부르고 싶다'고 시조 사랑의 절절함을 노래하고 있다.

그러나 여기서 머무르지 않고 석사 박사 공부에 진념하고(「석사 고개」「박사 고개」 참조) 마침내 진주에 있는 국립 경상대학교의 교수가 되었다. 비로소 전공과목을 강의하는 교수가 되어 온전히 학문연구와 교육에 심취하게 된다.

> 비로소 전공 교수 되어보니 달님 같고
> 국립대 소속이라 안정감이 반석같다
> 촉석루 난간 위에서 끌어안던 남강 바람.
>
> 낮이면 강의실에서 인문학을 토해내고
> 밤이면 연구실에서 학문의 늪을 헤쳐갔다
> 남국의 샛별 보면서 넘어가던 경상고개.
>
> (–「경상 고개」 세 수 중 둘째, 셋째 수)

마침내 학교다운 학교, 한평생 키워왔던 자신의 꿈을 실현하기에 아주 적절한 곳을 찾았다. 비로소 안정감 갖고, 모든 것을 잊고 학생교육과 연구에 몰두할 수 있는 분위기가 너무 좋아 시간 가는 줄 모르고 집중하던 행복한 한 시절을 보내게 된다.

이 무렵 대한민국에서 역사상 처음으로 개최한 올림픽대회에 대한 영광과 자랑을 '삼각산과 한강이 함께 일어나 둥실 둥실 춤을 추었다'(「올림픽 고개」 일부)고 그 기쁨을 노래하고 있다. 그러다가 다시 아내와 자녀가 사는 집에서 가까운 교원대학으로 옮겨서 정착을 하게 되고 거기서 마지막 공직생활을 하면서 학문과 교육을 통한 사회헌신의 정열을 불태운다.

> 사람과 어울려 살면 사람 공해 진동하고
> 사람과 떨어져 살면 사람 그리워 애가 탄다
> 여기도 사람 사는 세상 선악이 금 긋고 사네.
>
> 청원 골 넓은 터에 자리 잡은 이 학교는
> 가르칠 선생들을 길러내는 교원 양성소
> 무서운 시대 바람이 파도처럼 요동쳤다.
>
> (–「교원 고개」 세수 중 둘재 셋째 수)

그러나 대학도 순수하게 학문만 탐구하는 그런 분위기가 아니었다. 아물지 않은 시대적 상처와 그것을 극복하려는 투쟁의 장이 되고 있었다. 정상적 인품을 지닌, 순수한 인간을 키워내는 교사를 양성하는 기관인 교원대학에서 그러나 현실은 그리 간단하지 않았던 것이다. 아무 격의 없이 그냥 인간관계를 맺기도 어려웠고 이념 투쟁으로 인한 무질서와 혼란 속에 교권을 침해함은 물론 정상적 인문학적 관계를 이루기조차 만만치 않았던 것이다.

그러나 이러한 모든 일들은 개개인의 문제로 야기된 것이 아니라 본질적으로 패권주의의 일제 강점기의 뼈아픈 상처를 가릴 새도 없이, 이념이 다른 열강들에 의해 민족이 분단되고 그리고 전쟁이 일어나고 휴전협정이 맺어지고 그 후의 냉전시대가 계속되면서 국가의 내부에 정리되지 못한 이념이 곪아서 일어나는, 보다 근본적인 국가적 사회적 차원의 질병이었다. 그는 시조시인으로서 사명감을 갖고 그러한 현상들을 빼놓지 않고 시조를 통하여 기록하고 지적하고, 비판하고, 고발하는 일을 쉬지 않았다.

(4) 고향

길의 출발점은 바로 고향이다. 대부분이 그러하겠지만 원용우 시인 역시 태어나고 잔뼈가 굵어진 고향이 있다. 그 시절 그곳은 교통시설은 물론 라디오 신문도 접하기 어려웠다. 전기도 수도도 없고 흐르는 시냇물을 먹어도 전혀 이상하지 않았다. 그곳에서 가난하고 어려운 대부분의 사람들은 농사를 지으며 살았다. 말할 수 없이 편리한 교통수단과 첨단의 전자기기를 일상생활에서 사용하는 현실과는 아예 비교가 되지 않는다.

그 시대의 특히 시골 사람들은 물질문명에 접하지 않은 만큼 단순하고 순박했으며 이웃과 서로 도우며 의지하고 살았다. 이 고향을 그는 한 평생 가슴속 가장 중요한 곳에 소중하게 간직하고 있다. 그러다가 기쁘고 즐겁거나 슬프고 외로운 순간이면 지금도 아무도 모르게 펼쳐보고 또 달려가 보는 아름답고 편안한 꿈의 안식처였다.

눈 감으면 영상처럼 떠오르는 고향 옛집
부모님 뵙고 싶으면 대신 보러 달려간다
동구 앞 마중 나오던 아버지처럼 나온 대문.

유년에 함께 놀던 잠자리 떼 어디 갔나
나락 말리던 마당 예전처럼 누워 있고
맨발로 뛰어나오던 어머니 같은 장독대여.

(–「옛집」 세수 중 첫째 둘째 수)

춥고 가난하고 힘들었던 그 고향이 조금도 부정적인 면으로는 생각나는 게 없다. 무엇이 그리 대단하다고 무조건 반갑고 아늑하고 편안하고 좋은가? 마냥 그립고 그냥 달려가 보고 싶은가. '눈 감으면 영상처럼' 애잔하게 떠오르는 '은하수 한 자락 떼서 펼친 듯한 섬강 물'(「고향산천」 일부)이 흐른다. '헤어졌다 다시 봐도 늘 반가운 뒷동산에 빼꾸긴 예나이제나 애절하게 날 부른다'(「고향산천」 일부). 집으로 가까이 갈수록 동구 밖, 마을 안, 나락이 마르던 마당과 장독대, 그리고 푸른 하늘에는 잠자리떼…… 눈만 감아도 고향마을이 꿈결같이 아련하게 펼쳐진다. 그러나 그 모든 것보다 더 소중한 것이 있다. 그곳에는 어려운 여건 속에서 넘치도록 끝없는 사랑을 베풀어주시던 부모님이 영원히 살아계신다. 그래서 산수(傘壽)를 맞이하는 지금까지 수도 없이 사부곡 사모곡을 읊어댄다.

무슨 장벽 그리 높아 학교 문턱 못 넘었나
가고 싶은 서당에는 누가 막아 못 다녔나
그 대신 사귄 친구가 거머리 같은 지게 귀신

－「사부곡」 셋째 수

아버지는 '가난을 유산처럼 대물림해 받으시고/호랑이해에 태어나서 양처럼 사셨다.'(「사부곡」 첫 수) 너무 착하기만 하셔서 배우지도 못하고 평생 농안 농사일만 하셨다. '자신은 굶을망정 남을 도'(「사부곡」 다섯째 수)우셨으며, '먼동이 트일 시간 어여어여 소를 몰고/밤이면 지게 위에 달을 지고 오던(「아버지는」 둘째 수)' 그런 분이었다.

어머니 또한 아버지를 꼭 닮으셔서 쉬는 적이 없으셨다

아버지 등어리에 붙어 살던 지게처럼
어머니 손 바닥에 달싹 붙던 부지깽이
버리려 내던졌을 때 내 던진 어머니 삶

－「어머니의 부지깽이」 셋째 수

어머니는 속상하면 부지깽이 두두렸다
피아노 건반 치듯 부엌바닥 두드렸다
아궁이 타는 불꽃처럼 속이 타서 검은 날

－「어머니의 부지깽이」 둘째 수

어머니는 늘 뼈가 휘도록 일을 하셨다. '아버지 등어리에'는 지게가, 어머니 손바닥에는 부지깽이'가 떨어지질 않았다. 속상하실 때는 그 부지깽이를 두드렸다고 회상을 한다. '피아노 건반을 치듯 부엌바닥을 두드렸' 단다. 현대 여성이 갈채를 받으며 피아노 건반을 두드리는 모습과 어머니가 아궁이 속에 타는 불꽃처럼 속이 검게 타올라서 부엌바닥을 부지깽이로 두드리는 모습이 오버랩 된다. 안타깝고 애처로우면서도 오히려 자랑스러운 어머니의 모습이다. 말 그대로 '낮이면 밖에 나가 두더지처럼 일하시고/밤이면 부엌에 가 눈물 섞어 밥을 지' (「어머니는」 첫 수)으시던 어머니, 새하얗게 뼈마디가 휘어버린 것 같은 그 모습이 애잔하고 정답게 떠오른다.

어머니 아버지 두 분은 한평생을 가난과 힘든 생활 속에서 말없이 정성을 다하여 행동으로 정직과 성실을 보여 주셨다. 그리고 그 행동 속에는 눈으로는 보이지 않는 자식을 향한 깊은 사랑이 늘 배어 있었다. 그것이 습관이 되고 일상이 되어 두 분께서는 그렇게 영원히 함께하실 것이라는 착각 속에 지내기도 하였다.

어느새 세월이 지나갔다. 그러나 시간이 갈수록 오히려 두 분에 대한 그리움과 다 하지 못한 효도에 대한 회한이 주마등처럼 언뜻 언뜻 눈에 떠오른다. 그리하여 '부르고 싶은 이름 텅 빈 하늘 자락/낮달로 떠오시나 파랑새로 날아오나' (「어머니」 일부), 여전히 그냥 그립기만 하다. 세월이 아무리 지나도 소용이 없을 것 같다.

원용우 시인의 내면에 자신도 모르게 은은하게 숨어 있는 진실과 사랑에 대한 속성은, 말없이 행동으로 보여주시던 두 분 부모님의 정성이 스며들어, 인생의 길을 걷고 고개를 넘을 때마다 그의 내면에서 숙성하여 이루어진 것으로 보인다. 나아가 그것이 시조를 통하여 과장되지 않고 가볍지 않으며 소박한 가운데 진실이 우러나는 선비다운 풍모로 형성된 것이 아닌가 생각된다.

> 한 줄기 강한 추위 밀려드는 나의 둥지
> 군불을 때 보아도 문풍지만 윙윙댄다
> 가난을 입고 살아도 따스했던 그 시절
>
> －「유년의 겨울밤」

그 시절의 난방 상태를 요즘 아파트와 비교할 수는 없다. 그냥 극과 극이라고 할 수 있다. 그렇게 추웠고 온몸이 떨렸다. 그래도 그 유년시절을 '가난을 입고 살아도 따스했다' 고 회고한다. 어떻게 이럴 수가 있을까? 그것은 어려움 속에서 진실과 성실을 다하는 삶의 자세, 가식이라고는 찾아볼 수 없는 진솔한 부모님의 사랑과, 그 진실을 이해하고 그것을 따뜻한 행복으로 누릴 줄 아는 넉넉한 품성 때문이 아니겠는가. 이야말로 생활 속의 삶의 모습을 받아 이어가는 한국적 교육과 인간형성의 아름다운 표본이라 아니할 수 없을 것이다.

순이는 고향 산자락 할미꽃이 되었을까
머슴은 어느 못가의 물망초로 살아갈까
이 생각 저 생각 끝에 떨어지는 눈물 방울

－「봄이 오면」 셋째 수

고향에는 많은 추억이 있다. 해마다 봄이 오면 나물 캐던 순이도, 이웃에 사는 참봉댁 머슴꾼도 편안하고 정이 가는 따뜻하던 날의 그리움으로 살아있다.

'천자문 가르쳐주던 서당 선생님, 보름달로 떠오르던 그분의 외동 따님', "벌개 벗고 뛰어 놀던 그 강가 그 백사장/샅바를 걸머쥐고 씨름하던 옛 친구들"(「고향이란」 일부), 그리고 아지랑이, 푸른 하늘, 무지개, 이런 모든 것으로 이루어진 유토피아, 그곳이 고향인 것이다. 원용우 시인은 그곳을 늘 속으로 깊이 지니고 살기에 마음이 힘들거나 공허할 때면 꺼내보게 되는 것이다. 그리고 그럴 때마다 늘 그리움에 가슴이 출렁거린다.

고향, 그곳은 바로 원용우시인의 마음의 원적지요, 인생을 출발하던 시절, 궁핍해서 오히려 더 아름답게 기억되는 낙원일 터이다. 그리고 그리움의 시인 원용우의 인간 됨됨이를 이루는 본질적 속성이요, 시조라는 언어예술의 바탕색이라는 것을 알 수 있다.

누구나 비슷하기는 하겠지만 원용우 시인에게도 두 번째 고향이 있다. 그곳은 가정이다. 실제로는 첫 번째 고향보다 더 중요하다. 현실이고 삶이기 때문이다. 가정에는 부부가 있고 자녀가 있다. 요즘은 부모와 함께 기거하는 경우가 드물기 때문에 전 가족이 이들뿐이다. 그런데 자녀들은 자라서 결혼을 하고 새로운 가정을 꾸려 나간다. 옛날에는 아들은 장가는 들이는 것이고 하고 딸은 시집은 보내는 것이었다. 그러나 지금은 모두 다 내보내는 것이다. 그렇게 해서 시집장가를 보내고 나면 부부만 남게 된다. 그런데 참으로 안타깝게도 원용우 시인은 2005년에 아내를 먼저 보내야 했다. 누구나 그렇겠지만 그의 마음에는 그 어떤 것으로도 메울 수 없는 구멍이 뻥 뚫려버리고 만 것이다.

당신 간 지 일 년여 성상 십년 같이 아득해
일자 소식 전코자 하나 그마저 여의치 않아
멍하니 오월 하늘의 저녁노을 바라본다

저 세상 어느 처마 밑 편안하게 계시온지
그 좋아하던 노래 연습 지금도 열심인지
아무리 묻고 물어도 대답 없는 적막강산

－「편지 2」 첫 수 둘째 수

그립고 생각나면 사랑 시조 읊어보고
그러다가 잠이 들면 꿈속에서 다시 만나
그 동안 못 다한 이야기 쏟아 붓는 은하수여

지금은 어디 계시나 그림자도 찾지 못해
깊은 잠 누워계신 대신면에 달려가서
당신의 암을 뽑듯이 잡초뿌리 캐어 준다
－「아내에게」 첫 수 셋째 수

‘지우면 지울수록 수심에 겨워/마음은 저만치 앞서도 못 따르는 두 다리여’(「그대」 일부)라든가 ‘사랑을 하다가 식음을 전폐하고/가슴앓이 속앓이 온갖 굿을 다하지만/묘약이 없는 걸 보면 제일 몹쓸 물귀신.’(「사랑에 대하여」 일부)이라든가 먼저 가신 아내를 생각하는 마음이 세상을 가득 덮고 있다. 자나 깨나 앉으나 서나 수십 년을 매일 24시간을 함께한 짝에 대한 그리움은 차마 견디지 못할 일이다. 원래부터 성실한데다가 의리를 다하는 분으로서 아내에의 정리가 깊은 것은 너무나 당연한 일이다. 하기야 보통 사람이라도 그렇지 않은 사람은 드물 것이다. 그러나 그런 아픔 속에서도 원용우 시인은 쉼 없이 시조집을 내고 수필집을 내며 시조에 대한 원고를 끊임없이 써왔다.

그뿐 아니라 한국시조협회의 전신인 한국시조사랑운동본부를 창립하고 그 초대 회장을 해 냈다. 또한 자양구 구민회관에서 시조를 열심히 가르쳐 왔다. 필자가 알기로는 거의 한 주도 거르는 일이 없는 성실함을 보여주고 있다. 이 또한 마음의 고향을 그리워하며 충심을 다하는 시조인 다운 도리를 살아가는 ‘길’일 터이다.

(5) 정서와 비판의식

시를 이루는 첫 번째 속성은 더 말할 것도 없이 ‘정서’라고 할 수 있다. 그것이 감성의 발로이든 서정적 접근이든 상관이 없다. 그리고 그 정서의 시작은 사랑과 그리움일 것이다. 원용우 시인의 정서는 이제까지 언급한 바와 같이 ‘고향’으로부터 출발한다.

가난과 추위로 얼룩진 세월이지만 오히려 본질적 생명력을 키우는 데는 최선의 환경이 되어 주신 부모님과 이웃, 친척과 벗들이 화목하게 지내던 그 시절 말이다. 그 시절은 혹독하기 짝이 없었으나 단지 거짓 없이 화목했다는 이유 하나로 따뜻하고 행복했던 시절로 각인되어 있다. 실제로 행복했던 시절이었다. 그래서 세월이 지날수록 더욱 고향에 대한 애틋한 그리움이 깊어가고 있음을 알 수 있다.

그곳은 오늘날처럼 모든 것이 편리하고 부유하면서도 살벌하게 냉기가 도는 각축의 땅이 아니었다. 단지 소박한 대로 다정하고 친절한 사람들의 단순하고 우직한 삶인데, 별거 아닌 것 같은 생각이 드는 것이 아니라 마냥 그립고 가보고 싶은 곳이다. 천석고황(泉石膏肓)의 고질적 속성을 지닌 그런 류의 정서이다.

어릴 때 먹던 엿 맛 원두막 참외 맛
그런 맛나던 친구 이젠 섬이 되었나
자꾸만 치는 파도가 속울음을 울고 있다.

—「고향친구」 전문

참으로 촌스럽다. 그러나 그 촌스러움 때문에 진정이 우러난다. 어디서 이처럼 진정이 넘치는 사랑과 파도치는 그리움을 만날 수 있을까. 인간의 진실함에서 우러나는 아름다움을 너무나도 맛깔스럽게 이미지화하고 있다. 시조, 그중에도 단시조의 진면목을 그대로 드러낸 명품이다. 마음속에 유토피아를 지닌 사람만이 만들어낼 수 있는 언어의 예술의 극치가 아닌가!

동행하던 내 짝이 하늘나라 가셨나
떨어져 나간 반쪽 등이 너무 허전해
그리움 가슴에 묻고 노을 강을 건넌다.

—「반월(半月)」 전문

"동행하던 내 짝이 하늘나라 가셨나" 너무도 평범한 표현이다. 그러나 이 같은 표현은 단순하기 때문에 오히려 무게를 더한다. 그 다음에 이어지는 중장이 크기만 한 전제에 대하여 묵직한, "떨어져나간 반쪽 등이 허전한" 상실의 리얼리티를 현실로 끌어당기면서 공감으로 유도한다. 무엇이든 생명 있는 것의 마지막 부분은 그 생명력의 반조(返照)로 아름답게 빛난다. 슬프도록 아름다운 저녁노을은 하루를 지난 태양의 반조다. 인생도 언젠가 그 강을 건너야 한다. 시간이 얼마나 걸리든 노을 같이 아름다운 '그리움을 가슴에 묻고' 말이다. 먼저 떠난 아내에 향한 메어지는 아픔과 홀로 가는 가슴 시린 외로움이 심미적 이미지로 극대화되는 장면이다.

젊어서 서방님 잃고
산전수전 다 겪더니

늙어서 강가에 나와
사부곡(思夫曲) 읊던 할머니

하얗게
센 머리 풀고
가을바람에 춤춘다.

—「갈대」 전문

이 시조의 언어는 평범하고 소박하다. 좋게 말하면 진솔하다고 할까? 그리고 그것들은 모두 부드러운 질서 속에 자연스럽게 조화를 이룬다. 조금이라도 갈대에 대하여 애정을 갖고 아름답게 쓰려는 노력은 찾아 볼 수 없다. 초라하게 말라비틀어진 분위기를 객관적으로 이미지화한다. 시인의 노련하고 치밀한 이미지 창출이 돋보인다. 한마디 언급조차 안한 썰렁하고 처연한 분위기 말이다. 처음부터 끝까지 우리의 전통문화와 생활 속에서 분비되어 나오는 정서를 담고 있다.

바람이 솔솔 불고 갈잎이 하늘댄다
해거름 하산 길에 차이는 돌부리들
놓일 데 놓여 있음을 언제나 알게 될까.

—「삶의 의미」 셋째 수

공해에 찌든 음식 밥상위에 널려 있다
혼자서 고고한 척 아무리 살아봐도
그 밥을 먹지 않고는 넘지 못하는 늦가을 날.

—「늦가을에」 전문

인생을 살아가는 과정에서 목숨 가진 자들의 절망적 한계를 넓혀가는 유일한 길은 아마도 본질적인 면에서의 깨우침일 것이다. 위의 두 편의 시조는 바로 그 본질에 대한 깨달음을 일깨워 준다. 산에 올라갔다가 해거름에 하산을 한다. 그때 발끝에 차이는 돌부리들은 정말로 귀찮고 위험하기 까지 하다. 그러나 그 돌부리들은 모두 제각기 놓일 자리에 있다는 것이다. 당장 단편적으로 느끼는 대로 귀찮은 것으로 판단하지만, 실은 우리의 느낌이 어떻든 간에 그것들이 모두 제 자리에 놓여 있고 필요한 자리에 있다는 것이다. 예컨대 그것들 때문에 내려오는 발걸음을 조심하게 되고 그리하여 미끄러지거나 구를 수밖에 없는 상황에서도 구르지 다치지 않고 오히려 건강과 인내를 더하는 하산일 수도 있기 때문이다. 그것은 현실을 긍정적으로 바르게 인식하고 수용하는 본질적 지혜일 것이다.

공해에 찌든 음식으로 조리를 해서 밥상을 차린다. 그래도 그 밥을 먹지 않고 살 수 없는 것, 나이가 들수록 좀더 관대해지고 좀더 많은 것을 용인하고 포용해야하는, 이를 테면 달관의 경지를 향하여 발전해 나아가야 하는 인생의 지혜의 단면을 보여주고 있다. 물론 문명 비판의식도 깔려있지만 말이다.

이제까지 그의 시적 정서에 관하여 살펴보았는데, 그는 표현의 우아함과 세련됨을 추구하기보다는 오히려 소박함, 투박함 등을 드러내기를 서슴지 않는다. 그것은 그의 풍부한 감성에도 불구하고 리얼리티를 추구하고자 하는 성향 때문으로 보인다. 위의 「늦가을에」 초장과 중장을 보아도 분명하게 드러난다. '밥상위에' '공해에 찌든 음식'이 '널려'있고 아무리 '혼자서 고고한 척'해도 별일이 없다는 식의 표현이 아름다움을 추구하고자 하는 의도는 아닌 것으로 보인다. 마치 사실주의 작품 그 중에서도 특히 자연주의 소설의 한 구절을 읽는 것 같다. 이러한 성향은 리얼리티를 살리는데 매우 적절하다. 또한 진정성을 보여주는데도 우아하고 매끄러운 표현보다는 훨씬 더 효과적이다.

이상섭 교수의 주장이 아니라도 시조뿐 아니라 문학이란 '잘 쓴 글'이라고 정의할 수 있다. '잘 쓴 글' 좋고 아름다운 것은 감각적 구체적 언어를 동원해서라도 더욱 좋고 아름답고 귀하게 표현하되 못되고 나쁜 것은 똑같이 못되고 나쁜 것이 극대화 되도록 표현해야 한다. 우아하고 아름답게만 표현하려는 단계를 훨씬 넘어서 노련한 솜씨, 완숙의 경지라고 할 수 있다. 그리고 이러한 표현이라야 비판과 풍자를 할 수가 있다.

> 옛날의 한가위 달은 순이처럼 웃는 얼굴
> 요즘의 추석 달은 멍멍 짖는 개똥녀여
> 그 옛날 하도 그리워 불어보는 피리소리
>
> 어머니가 빚어놓은 쟁반 위의 송편들은
> 사랑이 듬뿍 담겨 하늘 높이 올랐는데
> 지금의 송편 맛보면 목이 칵칵 메어온다
>
> –「추석도」 둘째, 셋째 수

> 고향 추석 인심은 초가지붕 같았는데
> 서울 추석 인심은 아파트 현관문 같아
> 철커덕 닫기는 소리에 벽을 쌓는 마음 공간
>
> –「서울 추석」 둘째 수

한 걸음 더 나아가서 원용우의 시조 문채(文彩)에는 무식할 정도로 정직하게 눈치코치 안보고 직선적으로 대놓고 비판하는 경우도 포함된다. 정서적 원천을 '고향'에 두고 있는 그는 물론 아날로그 이전의 문화적 정서를 중히 여긴다. 그렇다고 현대를 대표하는 첨단 디지털, 아이티 문명을 싫어하는 것이라고 볼 수는 없다. 아니, 첨단과학으로 발전하는 물질문명에 대하여 그 편리함과 고마움은 말로 표현할 수 없을 정도다. 그것은 너무 위대해서 이해할 틈도 주지 않고 급속도로 발전해가는 현실 속에 우리는 살고 있다 그러나 그로 인하여 인간성 자체가 달라지고 인간다움이 변해간다. 그것은 아마도 순진함 순박함 정다움, 인간 사이에 따뜻한 교류의 상실과 부재에 관한 것일 게다. 시인은 이러한 문제를 아날로그 이전의 시대와 대비하면서 확실하게 지적한다.

추석도 옛날의 추석과 지금의 추석이 다르고, 하다못해 송편도 어머니가 빚은 송편과 지금의 송편이 다르다. 만든 사람의 사랑과 정성이 들어 있는 것과, 단지 돈을 벌 목적으로 싸구려 재료로 성의 없이 아무렇게나 마든 것의 차이다. 이를테면 인간은 빵으로만 사는 것이 아니라 사랑을 먹고 살아야 한다는 것이다.

아스팔트 길바닥은 개처럼 혀 내밀고
이웃집 에어컨 소리 징징대는 여름 오후
후두염 걸린 도시가 잔기침을 자주한다.

－「여름오후」 셋째 수

게다가 순결한 자연의 모습들이 훼상되고 공해와 미세먼지가 가득하게 만드는 문명의 현장은 도저히 그냥 넘어갈 수가 없다. 당연히 비판도 서슴지 않는다. 얼마나 현실적이고 리얼리티가 넘치는가.

독도가 느네 거면 대마도는 우리 거냐
떼쓰는 느가 싫어 등 돌리고 앉은 섬
외로워 목메어 우는 막내아들 눈물 겹다.

－「독도」 전문

촛불 장난 하다가
초가삼간 다 태우겠네

어둠은 밝히지 않고
장독마저 깨려하네

제 집에 불질러 놓고
깔깔 웃는 아이들

－「병신년 촟불」 전문

「독도」를 보라. 그의 국가의식 어떠한가. 우리나라는 나라답게 지킬 것을 지켜야 하고 외부 열강의 침탈의 야욕을 봉쇄할 수 있어야 한다는 것이다. 이처럼 직설적으로 거침없이 비판하는가 하면, 「병신년의 촟불」처럼 제목부터 중의적(ambiguity)이다. 먼저 병신년은 한 해를 나타내는 간지(干支)로 표현한 2016년을 가리키지만, 동시에 육체가 불완전하거나 정신을 놓친 여성에 대한 비어로도 해석이 되는 언어이다. 둘째로 촟불은 그 존재의미가 어둠을 밝히는데 있다. 그런데 어둠을 밝히는 것이 아니라 장독을 깨고 제 집에 불을 질러놓는다. 그러고도 그 행위자들은 무슨 짓을 했는지 깨닫지 못하고 깔깔 웃는 아이들의 모습과 같다. 제목과 얼마나 잘 들어맞는가. 놀라운 비판이요 풍자다.

평범하고 소박하기만 한 시인의 다른 일면은 진실과 정의 그리고 정도를 걸어왔고 또한 그렇게 살아가려고 한발 한발 성실하게 인생길을 걸어가는 그의 선비기질은 이처럼 비판을 서슴지 않는 가운데도, 때로는 진솔한 유머로 친근감을 불러일으키기도 한다.

서산에 해가 넘고 땅거미가 짙어지면
쓰디쓴 소주 한 잔 달콤하게 걸치고서
애꿎은 전봇대 붙들고 시비한 번 걸어본다

－「나그네여」 셋째 수

이런 시조의 경우는 앞에서 누누이 강조한 그의 꾸밈없는 소박함, 투박함으로 오히려 진정과 진실성을 살려내는 점과 맥을 같이한다. 남에게 피해를 받을지언정 절대로 피해를 주지 못하는 소시민이 탁배기 한 잔 턱 걸치고 비틀대다가 앞을 가로막는 전봇대에다 애꿎게 시비를 걸어보는, 돈키호테 같은 선량하고 순박한 인간의 유머러스한 장면이 연출된다. 그런 그를 애틋한 시선으로 바라보는 휴머니티가 독자의 가슴을 찡하게 한다. 달관과 탈속을 지향하여 인생의 완숙한 경지에 있는 한 노시인의 따뜻한 시선이 특별히 친근하게 느껴지는 부분이다.

(8) 글을 맺으며

원용우 시인의 시조를 대하면 편안한 시골 마을에 들러서 며칠 묵으며 푹 쉬고 나온 듯한 느낌이 든다. 그렇다고 늘어져 있다는 것은 아니다. 그 고장에 있는 여러 가지 풍습과 생활과 애환을 철저하게 정면으로 마주보고 돌파를 한다. 그것이 고개라면 넘고 강이라면 헤엄쳐 건너는, 진실함과 진지함 그리고 성실함이 있다. 따라서 보통 사람들이 경험하기 어려운 벼라별 일을 다 겪으면서 그 모든 고난과 고통의 시간 그리고 아름답고 그리운 일들을 의도적 예술적으로 표현하기보다는 두터운 인간미와 넉넉한 여유로 감싸서 부드럽게 전달하고 있다. 그래서 그의 시조를 읽으면 언제나 진정성이 느껴진다.

그가 시조를 쓰는 경향은 너무 첨예한 예술성이나 질을 추구하는 것을 지양하고 그렇다고 너무 양을 추구하는 것도 아닌 중용의 길을 가고 있다. 이에 대하여 그의 시집 『아버지의 땅』 머리말에서 '어떤 사람은 질을 추구하느라고 양을 무시하고 어떤 사람은 양만 추구하면서 질을 소홀히 하는 경우를 보게 된다. 그러나 그가 아무리 뛰어난 작품을 쓰더라도, 그 양이 몇 십 편에 불과하다면 그 또한 바람직한 일은 아니다. 그러니 보통 수준으로 가능하면 많은 양의 작품을 생산하는 방법의 길을 택하고자 한다.' 라고 밝힌 바 있다. 따라서 억지로 꾸미려 하지도 않고 거침도 없다. 두려움도 움츠려드는 일도 과장되거나 생색을 내지도 않는다. 그냥 투박하고 진솔하고 세련되지 않은 평범한 글을 쓰려고 한다.

'특별히 비범하고자 하는 노력이 남아 있는 한 평범한 사람에 지나지 않습니다. 진정으로 탁월한 영성가나 인격자는 오직 평범할 뿐입니다.//자기 자랑으로부터 자유롭기 때문이며 남들에 의하여 살지 않고 오직 하나님과 양심에 따라 있는 그대로 자연스레 살아가기 때문입니다.' 라고 한 이주연 목사의 말씀 그대로다. 너무나 평범하고 범상하기 때문에 그것이 돋보이는 아니, 비범한, 저절로 그렇게 된 분이라고 생각한다. 이 점을 강조하고 싶다. 왜냐하면 정말로 평범하기는 진실로 쉽지 않기 때문이다.

많은 더 좋은 이야기들이 빠져 있지만 이제 말을 줄이려한다. 두서없이 손 가는대로 열심히 썼다는 것으로 그 부족함에 위안을 삼으려한다. 원용우 시인의 구순 기념 문집에도 다시 한 번 쓰고 싶다는 소망을 밝히며 글을 줄인다. 원용우 시인의 건강과 문운이 형통하기를 빌며 우리의 시조가 더욱 발전하기를 아울러 기원한다.(2017. 5. 10.)

* 시조시인, (사)한국시조협회 이사장, 가천대 명예교수, 세계전통시인협회 고문, 전 가천대학, 대학원장, 석좌교수 역임, 한국시조생활시인협회 회장 역임.

제2부

여강의 삶과 문학

여강 원용우 문학선집

시조작품

수필작품

시 조 론

대 담

자 전

논 문

시조작품

[時調作品]

1. 목욕을 하며

이렇게
벗겨내는
연습을 해야 한다

양파껍질
벗겨 내듯
계속해서 벗겨 내면

가려진
양심의 구석
낀 때인들 남을 소냐.

2. 야경

서울의 하늘 별들은
전생의 죄가 많다

누구는 천상에 가
살고 싶다 하는데

그들은
지옥에 떨어져
불꽃바다
수를 놓네

3. 번뇌

깎아도 깎아내도
턱수염처럼 돋아나는 것

화선지에
잘못 찍은
물감처럼 번지는 것

게다가
찐드기처럼
달라붙는 무뢰한이여

4. 거울을 보다가

그 옛날 소년티가 반쯤은 남아 있다
아무리 들여다봐도 나 같지 않은 내가
반백의 늙은이 되어 거울 앞에 서 있다

앳되고 사랑스럽던 소년은 어디 갔나
헛된 꿈 사냥하려고 이리저리 헤맨 세월
이마 위 파인 고랑은 훈장처럼 달고 있네

분명히 나인 것 같고 아닌 것 같은 사람
미워해도 사랑해도 마음까지 닮은 사람
어쩌나 버릴 수 없어 미소 한번 짓는다.

5. 거울 보는 연습

무료를 한잔 마시고 거울 보는 연습했다
습관처럼 나타나는 한 사나이의 친근한 몰골
아무리 관상을 봐도 내 팔자를 닮은 남자.

완벽하게 나를 닮아 나처럼 행동하고
마음속 구겨진 양심마저 닮아 까만 얼굴
튀어난 이마 위에는 갈매기가 그려졌다.

미운 정 고운 정을 다 가꾼 밭이랑엔
세월의 바퀴 자국 지울수록 더 돋아나
쓴 웃음 허공에 던지는 운동만을 계속했다.

6. 가을 산

봄부터 여름까지 녹차만 마시더니
어제는 익을 대로 익은 홍시를 먹어댔다
지금은 오장육부를 드러내고 누운 산

7. 홍시

봄이면 뻐꾹 소리 여름이면 천둥소리
가을의 파란 하늘 고루 집어 삼키더니
이제는 너와 나 사이의 사랑마저 삼켰다

8. 가을 앞에서

무료를 한잔 마시고
창밖 하늘 바라보면

잊었던 지난 일들
흰 구름으로 떠오고

공연히 혼자 슬퍼져
윙윙 우는 나무 된다.

시간의 징검다리
언제 지나 가을이란 길목

너와 나 푸른 옷 벗고
누런 누더기 걸쳤는가

우연히 불어온 서릿바람
너무 차게 느껴지네.

인생의 봄, 여름 지나면
조락은 절로 맞게 마련

욕망의 나뭇잎 털고
빈 가지로 남는 날에

그래도 찾아온 달님
떳떳하게 맞고 싶다.

9. 한가위 달

올해도 어김없이
찾아온 한가위 날

온 가족 둘러앉아
사랑의 마음 빚을 때

잘 생긴
송편 하나를
누가, 툭 던졌다

10. 모기

이놈은 낮 시간보다
야간공습을 좋아한다

귓가를 맴돌면서
사이렌을 울리다가

갑자기
공격해 오는
손톱만한 흡혈귀

11. 가는 길

언제 떠나와서
어디로 가는 길이냐

등에 진 무거운 짐
벗을 줄도 모르느냐

비탈길
내려가는 데도
숨이 너무 가쁘다

함께 가던 친구들이
하나씩 안 보이기 시작해

가던 길 잠시 멈추고
먼 데 산을 바라본다

무심턴
흰 구름마저
예사롭지 않네 그려

12. 세월 타령

누가 세월을 일러 유수 같다고 했던가
이순의 고개 넘으면 화살 같은 느낌일세
세월아 제발 빌건대 거북처럼 기어다오

13. 외딴 섬

사람이 너무 많아 물결치는 종로 거리
밀려오고 밀려가고 파도에 휩싸이면
어느새 외딴 섬 하나 가장자리로 밀려난다.

14. 버리는 연습

세월을 탄 것인지 고속철을 탄 것인지
엊그제 봄이더니 가을 하늘 드높구나
느는 건 주름뿐이요 쌓이는 건 한숨일세.

시절은 돌고 돌면 제 자리로 오는데
한 번 간 청춘호는 돌아올 줄 모르누나
함께 탄 그 사람들은 어느 역에 내렸는지……

돌아보면 아득해라 가물대는 촛불이여
그 촛불마저 꺼지면 깊은 잠에 빠지겠지
가진 것 버리는 연습 서둘러 해야겠네.

15. 근황

하루 가면 새날 오고
떠밀려서 사는 인생

남루의 깃을 털고
그리움의 불 밝히면

이 한밤
달빛 타고 와서
애를 끊는 피리소리

거리를 떠다니는
유령 같은 낯선 얼굴

더불어 춤을 춰도
체념의 바람 인다

늦가을
철새 한 마리
맴을 도는 하늘가에

16. 환자

온갖 풍상 맨 몸으로 받고
찌든 영혼마저 힘겨운

질붉은 녹 뒤집어 쓴 채
헛간 구석 차지한

날 무딘
호미 한 자루가
유난히 나를 끄네.

17. 벽시계

가라는 말 없어도
청산유수 잘도 간다

무한정 가는 세월
자로 재듯 재어가며

열두 곳
나루터마다
돌아가는 똑딱선(船)

18. 착각

한여름 숲속에선
초록 잔치 한창이다

물소리, 바람 소리
구름까지 데려와서

언제나
청춘일 줄 알고
광란의 춤을 춘다.

19. 장항아리

무슨 그리움을
가득 채워 배 부르냐

비워도 쏟아내도
차오르는 시름을

다 삭혀
곱게 간직한
어머니의 눈물.

뻐꾸기 한참 울 때
담그신 그 장맛

맛보지 못하고서
먼 길 떠난 임 생각에

하늘로
머리를 두고
누울 줄을 모른다.

20. 군밤

군밤 한 봉지 사들고
추억에 젖어본다

화롯가에 둘러앉아
이야기 꽃 피운 유년

그 밤알 익어가듯이
무르익던 꿈이여

추위를 구워냈나
아랫목은 따뜻해지고

펑펑 내린 눈처럼
마음의 눈 내리더니

소복이 쌓인 행복을
덮고 누운 고향 산천

21. 서재에서

사방이 성벽처럼 둘러쳐진 몇 평 공간
낯익은 집기들이 무료하게 앉아 있고
이따금 적막 깨우는 벨소리 가슴 울린다.

꽃들도 주인 닮아서 초로의 지친 모습
그래도 책을 안고서 시의 향기 맡다 보면
유년의 옹달샘처럼 솟아오르는 그리움이여.

그윽한 차 한 잔을 친구처럼 마주 대하고
조수처럼 밀려드는 외로움을 반추하면
찾아온 저녁 햇살이 뜬금없이 춤을 춘다.

22. 그대

아직도 놓지 못하고 매달려 사는 그대
참으로 한심한 듯 황사가 잔뜩 낀 날
외출은 차마 못하고 안에서 걸어 잠근다.

이순의 고개 넘고 고희 마루 들어서도
지우면 지울수록 더 자라는 수심(愁心) 겨워
마음은 저만치 앞서도 못 따르는 두 다리여.

어제가 오늘 같고 오늘 또한 내일 같은
헛바퀴 돌리는 일만 숙제처럼 할 것인가
조용히 눈을 감아도 대책 없이 지나가는 달.

23. 옛집

눈 감으면 영상처럼 떠오르는 고향 옛집
부모님 뵙고 싶으면 대신 뵈러 달려간다
동구 앞 마중 나오던 아버지처럼 나온 대문.

유년에 함께 놀던 잠자리 떼 어디 갔나
나락 말리던 마당 예전처럼 누워있고
맨발로 뛰어나오던 어머니 같은 장독대여.

이 집도 어르신들 닮아 성한 데가 없는 건가
그릇 씻는 소리 내던 싱크대는 녹슬었고
추레한 입성을 한 채 앓는 소리 너무 크다.

24. 일요일 오후

갈 데가 없는 오후 오라는 이도 없어
시 한수 낚아보려고 낚싯대를 드리운다
피라미 새끼 한 마리 안 물리네, 제기랄!

무료(無聊)도 지나치면 짜증이 나는 걸까
차 한 잔 목을 적셔도 가라앉지 않는 처방
이럴 땐 묘약이 없어 길게 누워 잠청한다.

아무리 기다려도 오지 않는 손님처럼
낮잠도 오지 않으니 일어나는 오만 생각
홧김에 불을 지르니 만개한 철쭉꽃이여.

25. 늦가을에

눈 감으면 오히려 세상이 환히 뵌다
눈 뜬 장님이 너무 많은 우리 이웃
빨간 걸 하양이라고 우겨대는 어리석음.

옛 어른들 눈 감고 귀 막고 사신 그 뜻
허유가 영수(潁水) 가에서 귀를 씻던 고고한 삶
두 눈을 크게 뜨고 보아도 골동품이 되었다.

공해에 찌든 음식 밥상 위에 널렸다
혼자서 고고한 척 아무리 살아봐도
그 밥을 먹지 않고는 넘지 못하는 늦가을 날.

26. 빈 들판

추수 끝나 빈손으로
누워있는 가을 들판

아끼시던 집과 전답
고스란히 남겨두고

떠나신
어머니 모습
그대로 누워있네.

27. 장마에

해마다 이맘때면 장맛비가 내린다
오라는 이 없는데도 알아서 내리 붓는다
강둑이 넘쳐흘러도 막을 자 없는 하늘의 노여움.

얼마나 분통 터지면 저리 폭탄 세례인가
우리가 흔히 들어본 원자탄도 아니다
물로서 심판하려는 물 폭탄의 증험(證驗)이여.

온 마을 집어삼키는 물난리가 일어나고
사람들은 미치겠노라 발을 동동 구르는데
매미는 천연덕스럽게 세월 타령 굿을 하네.

28. 고향 생각

불현듯 솟구치는 고향 생각 일어나면
만사를 훌훌 털고 구름처럼 달려간다
반갑게 맞이해 주는 동구 앞의 느티나무.

나무도 세월 가면 사람처럼 늙는 걸까
그 옛날 뽐어대던 호연지기 어디 가고
이웃집 할아버지처럼 늘어뜨린 팔다리여.

골목을 지나가도 인사하는 아이 없고
바람도 낯이 설어 저만치 도망간다
초여름 저녁연기가 모락모락 나던 마을에서.

29. 고향 노래

늘그막에 등 따시니 고향 노래 부르고 싶다
어머니가 지어주던 바지저고리 다시 입고
내 손주 재롱부리듯 춤이라도 추고 싶다.

논두렁 밭두렁 길 마냥 헤매던 어린 시절
선녀가 타고 내려온 무지개를 잡겠다고
팔 벌려 다가가 안으면 한 아름 잡히던 허공이여.

천자문 가르쳐주던 서당 선생님 보고 싶고
보름달로 떠오르던 그분의 외동 따님
밭머리 아지랑이처럼 하늘가를 맴도네.

30. 어머니는

낮이면 밭에 나가 두더지처럼 일을 하고
밤이면 부엌에 가 눈물 섞어 밥 짓는다
어머니 뼈마디처럼 새하얗게 떠있는 달.

마늘종 쪼개듯이 시간을 쪼개 쓰고
개미가 일하듯이 부지런 떨던 당신
솔숲에 앉은 학처럼 무명저고리 입었다.

남겨 놓은 옛집의 앓는 소리 너무 큰데
임께선 깊은 산중 새집 짓고 누으셨나
자식의 가슴을 치듯 들려오는 쇠북소리.

31. 아버지는

흙에서 나고 자라 흙 파먹고 사시다가
그 흙이 너무 좋아 흙산으로 가시었나
당신의 마음씨처럼 둥그렇게 모은 봉분.

먼동이 트일 시간 어여어여 소를 몰고
밤이면 지게 위에 달을 지고 오던 그분
반기던 대문짝만이 삐걱삐걱 울고 있소.

손때 묻은 낫과 호미 녹이 쓴 채 걸려있고
뒤란의 오동나무 작년처럼 푸르른데
무심한 소쩍새 소리가 밤하늘을 찢는다.

32. 아버지의 땅

아버지는 한 평생 모새 땅을 가시었다
심은 곡식 자라지 않는데 수심(愁心)만 길로 크고
그래도 웃으시면서 바보처럼 땅을 팠다.

물고기가 물 떠나서 살 수 없는 진리처럼
아버지는 땅 떠나서 살 수 없던 농투성이
그처럼 아끼던 땅도 남의 손에 넘어갔다.

가난도 유산이라 주신 대로 물려받고
그 유산 고스란히 지키시다 가신 당신
영마루 떠오른 달이 유난히 나를 끈다.

33. 어머니의 부지깽이

어머니는 속상하면 부지깽이 두드렸다
피아노 건반 치듯이 부엌 바닥 두드렸다
아궁이 타는 불처럼 속이 타서 검은 날.

아궁이 쑤시다가 바가지로 눈물 쏟고
부엌 바닥 두드리면서 한 많은 노래 불렀다
소쩍새 우는 소리를 반주 삼아 불렀다.

아버지 등허리에 붙어살던 지게처럼
어머니 손바닥에 달싹 붙던 부지깽이
버리려 내던졌을 때 내던져진 어머니의 삶.

34. 갈대

젊어서 서방님 잃고
산전수전 다 겪더니

늙어서 강가에 나와
사부곡(思夫曲) 읊던 할머니

하얗게
센 머리 풀고
가을바람에 춤춘다.

35. 별처럼

더도 말고 덜도 말고
별처럼 살고 싶다

길 잃은 사람에게
길을 찾아 빛을 주고

외로운
사람에게는
사랑의 눈길 크게 주는.

36. 길 잃은 나그네

일제 치하 말기의 길 잃은 나그네는
학교 가서 조선말 하다 죄수처럼 벌 받고
일어를 국어라 배운 서러운 바보였다.

옛날엔 쌍놈이나 성을 간다고 했는데
어느새 갈아버린 송원(松原)이란 두 글자
그 성씨 자랑이라고 달고 다녔던 부끄러움.

태극기를 보지 못해 일장기만 휘둘렀고
큰칼 차고 철컥철컥 지나가는 순사 아저씨
오신단 소리만 듣고도 가슴 철렁 내려앉았다.

37. 가을 사설(辭說)

열병 앓는 환자처럼 한밤에도 땀 흘리며
잠 못 이루던 때가 바로 지난 주였는데
긴팔 옷 찾아 입고도 한기(寒氣)를 느끼는 아침.

지겨워 지겨워하다 보니 여름 이미 지나갔고
그리워 그리워하는 가운데 가을 성큼 다가왔네
그래도 아쉬움 남는다 다시 쥐어보는 빈 손.

애타게 불러 봐도 가신 임은 오지 않고
가슴에 염장 지르며 들려오는 세상 번뇌
싣고서 찾아오시는 조간신문의 튀는 냄새여.

밤이면 귀뚜리가 머리맡에서 울어주고
낮이면 코스모스가 웃는 얼굴로 다가온다
이래서 세상사는 재미 영글어가는 가을 햇살.

할 일이 없는 날은 누워서 시조 읽고
날 부르는 벨 소리에 나가서 대화한다
그 우정 안주 삼아서 소주 한 잔 마셔본다.

38. 피난 고개

아버지는 징용 가서 포탄을 져 나르고
나는 뒷동산에서 땔감을 져 날랐다
북풍이 세차게 불면서 눈보라가 치던 날.

중공군은 무얼 먹겠다고 압록강을 건너와
무서운 인해전술로 양평까지 내려와
우리는 눈물 머금고 피난길을 떠났다.

어머니는 먹을 것을 나는 이불짐 지고
가시밭 길 헤쳐가고 시체를 넘고 넘다
밤이면 외양간에서 소처럼 누워 잤다.

39. 전쟁 고개

피난 갔다 돌아오니 마을은 온통 잿더미고
그나마 안 탄 집은 군인들로 북적대고
고향에 돌아왔어도 발붙일 곳 없는 폐허의 땅.

누구는 의용군 가서 영영 생사 모르고
누구는 국군에 가서 전사 통지서만 돌아오고
남북이 갈라지듯이 갈라졌던 마을 청년들.

아낙네는 끌려가서 우군(友軍)에 겁탈 당하고
남정네는 끌려가서 밤마다 방공호 파고
그 언제 멈출지 모를 포성(砲聲)만 지축을 흔들었다.

40. 십령 고개

아버지는 서당 글공부해서 농사꾼 되라 하고
나는 신식 글공부해서 양복쟁이 되고 싶었다
끝내는 내가 이겨서 쓰고 다녔던 학생 모자.

해마다 홍수지면 일 년 농사 떠내려가고
그래서 먹을 것 없어 초근목피 목숨 잇고
학교서 점심시간이면 교실 밖을 맴돌았다.

그래도 천성이 글 읽기를 좋아하여
야담 책 빌려다가 이불 쓰고 읽었다
그럴 때 마당까지 내려와 춤을 추던 달빛이여.

41. 군대 고개

남아라면 한 번쯤 가야 하는 신병(新兵) 훈련소
낮이면 황산벌이 떠나가도록 행군(行軍)하고
밤이면 피로한 육신 끌고 불침번이 되었다.

명색이 학보라고 철의 삼각지 끌려가서
훈련인지 노역인지 하루가 삼추(三秋) 같았다
나라의 간성(干城) 아니라 잡혀 온 포로 같았다.

누가 이곳을 일러 병영(兵營)이라고 했던가
북방의 별을 헤면서 추위와 싸워야 했고
오성산 확성기 소리에 젊은 가슴만 찢겼다.

42. 대학 고개

얼마나 간절하게 가고 싶었던 전당인가
하늘의 별을 딴 듯 그처럼 딴 대학 배지
가슴에 달고만 다녀도 마음은 벌써 부자였다.

교양서적 뒤적거리면서 인생의 폭 넓혔고
전공도서 들어가면서 깊은 산 속 헤매었다
거룻배 하나 띄워놓고 큰 바다 저어가던 시절.

이희승 선생님 뵙고 선비 기질 배우고
정병욱 교수님 만나 학문 세계 맛보았다
오월의 라일락 향기가 선율처럼 흐르던 강의실.

43. 유신(維新) 고개

유신이란 무엇이며 누굴 위해 필요한가
독수리 발톱 숨기듯 독재의 칼날 숨기고
명색은 새로워진다면서 낡은 허울 덮어 씌웠다.

말로는 민주주의라면서 대통령 직접 못 뽑고
위수령이니 긴급조치니 사람 잡는 법 만들어
올가미 씌운 짐승처럼 우리 안에 가두었다.

실제로는 푸른 하늘 마음속엔 황사 끼고
비바람 눈서리에 항상 몸을 움츠렸다
숨 한번 크게 못 쉬고 서럽게 넘던 유신 고개.

44. 시조 고개

유동(流東)선생 만나면서 시조도(時調道)에 입문했고
그분의 은덕으로 시조 세계 알게 됐다
조금씩 눈을 뜨면서 바라다본 먼 하늘.

시조시인 만나보면 부러워서 숨 죽였고
시조 작품 읽으면서 멋과 맛을 맛보았다
고려의 청자보다도 더 고결한 배달의 얼.

내가 좋아 내가 선택한 울고 넘는 시조 고개
한 삼십년 올라갔는데도 정상이 안 보인다
그 위에 깃발을 꽂고 만세삼창 부르고 싶다.

45. 박사 고개

죽는 날까지 공부해도 못다 한다는 공부 고개
그 공부 싫지 않아서 다시 넘는 박사 고개
그 고개 넘고 넘다가 피 흘렸던 아픈 기억.

어떤 때는 심심산속 하늘 가린 숲길이고
때로는 망망대해 풍랑 만난 조각배였다
안개 속 헤쳐 나가다 우연히 만난 신호등이여.

안암골 드나들면서 호랑이 정신 배웠고
석헌(石軒) 선생 문하에서 갈고 닦은 학문세계
자그만 탑 하나 쌓고 푸른 하늘 우러른다.

46. 상념(想念)

이리 뒹굴 저리 뒹굴
구들장 지고 누워

지나온 날 돌아보고
다가올 날 점쳐보는

상념의
낚싯대 끝에
매어달린 눈물방울.

그토록 그리운 이들
다 어디로 떠나가고

빈방에 채운 공허가
켜켜이 무거운데

슬며시
문을 열고서
들어오는 저녁바람.

47. 나이가 들면

산 사람 아닐 거야 산 귀신 다 된 거야
상대가 말 안 해도 눈짓으로 짐작하고
꽃 피고 잎 지는 소리 헤아리며 살아간다.

웃으면 같이 웃고 울면 같이 울고
알아도 모르는 척 갈기면 한 대 맞고
화날 땐 큰 소리 대신 풀잎처럼 눕는다.

재미야 별 것 있나 쓴 소주 가끔 하고
누군가 불러주면 고맙다고 같이 먹고
혼자가 힘겨울 때는 여자 손목 잡아본다.

48. 세월은

잡아도 잡히지 않고 놓아도 놓치지 않는
그 열차 함께 타고서 먼 길 가는 나그네
어디가 종착역인지 모르면서 그냥 간다.

왜 가는 건지 안 가면 안 되는 건지
그마저도 모르면서 뒤 따라 가다보면
무거운 짐을 지고서 고개 넘을 때도 있다.

앞서 간 이들은 어디쯤 가고 있는지
세월의 끈을 잡고서 열심히 가다 보면
서서히 무대 뒤편으로 밀려나는 배우 된다.

49. 당신 생각

호박꽃 피던 얼굴
갈대머리 덮어쓰고

향보다 고운 마음
펼쳐보지 못한 나래

무심한
바람이었나
장명등 홀로 밝다.

50. 장독대

뒤란의 장독대엔
장항아리 다섯 개

어머니 정성이 담긴 크고 작은 그 모습

만삭의
잉태한 오남매 찍어둔 사진이다

51. 허일(虛日)

세월이 가는 건지 나이를 먹는 건지
지난 길 아득하고 갈 길 얼마 남았는지
가만히 앉아 있어도 앞으로만 가는 수레

오늘도 큰맘 먹고 큰일 한 번 하려 했다
큰일은 그만두고 작은 일도 못한 허일(虛日)
죽지를 늘어뜨리고 둥지를 찾아간다

빈손으로 가는데 마음은 더 무겁고
반겨 줄 이 없는데 발걸음 재촉한다
무심히 떠도는 구름 유심히 지나는 얼굴

52. 시조의 길

내가 가는 길은 자나 깨나 시조의 길
가다가 쓰러지고 쓰러졌다 일어서고
아리랑 고개 넘는다 도포에다 삿갓 쓰고

시작은 있었지만 끝 안 보이는 구도의 길
시조를 쓰는 게 아녀 시조교를 믿는 거다
땀 흘려 오르는 산행 잠시 쉬어 가는 쉼표

밤 새워 기도하다 감격의 눈물 흘리고
앞서 간 이 밀어주고 뒤 오는 이 끌어준다
화선지 펼쳐든 날에 묵향(墨香) 짙게 풍긴다

53. 고희의 날들

어려서 바라볼 땐 까마득히 멀고 큰 산
이제는 나도 모르게 그 산 이미 넘는 山人
무거운 어깨의 짐은 어디까지 지고 가나

그 동안 앞만 보고 미련하게 달려왔지
잠시만 숨 돌리고 옆도 보고 뒤도 보자
다가올 고희의 날들 친구 함께 걷고 싶다

산처럼 듬직하고 강물처럼 유순하게
때로는 뻐꾸기처럼 뻐꾹뻐꾹 노래하고
희망봉 정상 올라가 젖은 땀도 식혀보자.

54. 강가에서

왜 가야 하는 건지 살아야 하는 건지
모르면서 흘러간다 세월에 떠밀려서
큰 수레 바퀴 구르듯 굴러가는 저 강물

어제 살았던 몸이 오늘의 내가 아니듯
지금 바라보는 저 물도 어제의 물 아니다
열심히 경을 외면서 제 갈 길 가고 있네

강물은 할 말 있어도 그냥 참고 흐른다
세상이 몇 번 바뀌어도 눈 하나 까딱 않고
즐겁게 노래 부른다 장단 맞춰 이는 바람

55. 늙음

먹고 싶지 않아도 나이는 자꾸 먹고
쓰고 싶지 않아도 흰 머리 쓰고 산다
기울고 싶지 않아도 비스듬히 기운 세월

56. 낮달

무엇이 급하신지 뒤돌아보지 않고
떠나신 어머니가 가슴 답답하셨나
구름문 열어젖히고 얼굴 잠깐 내미셨네.

57. 문경 새재

한동안 격조했던 어르신 찾아뵙듯
새재님 만나 뵈러 바람 타고 달려갔다
죽지를 활짝 펴고서 날아갈 기상이다

오르고 또 올라도 다 못 오를 하늘 고개
너와 나, 우리 사이를 이어주는 제일관문
숲속에 가려 있어도 살아서 숨을 쉰다

재보다 넘기 힘든 꿈을 지고 넘던 이들
가슴에 등을 달고 이 길을 밝혔으리
빈 골짝 허한 둘레에 봄기운만 가득하네

58. 어느 오후

시조 한 수 낚으려고
낚싯대를 드리운 오후

잡으려는 물고기
끝내 물리지 않고

시간만 줄줄이 묶여
허연 뼈를 드러낸다

도를 닦는 심정으로
낚시질해 보지만

정성이 부족한지
헛입질 하고 있다

빈 망태 들고 앉아서
저녁 해를 바라본다.

59. 이어도

얼굴을 가리우고 응아 소리 못 지르고

어머니 뱃속에만 자리 잡은 우리 아기

어엿한 대한의 아들로 출생신고 바란다.

60. 6월의 언덕에서

초록 물이 뚝뚝 듣는 6월의 언덕에 서면
사라졌던 포연 냄새 불길처럼 번져오고
그날의 피바다처럼 붉게 물든 저녁놀

갑자기 달라진 세상 토끼처럼 놀란 눈망울
들려오는 인민군가 뭔지 모르고 따라 하고
연로한 할아버지한테 동무라 불렀던 어리석음

무엇이 짓누르는지 머리 항상 무거웠고
입은 달려 있어도 벙어리가 돼야 했다
어둠의 긴 터널 속에서 신음했던 생령(生靈)들

밤낮이 서로 다르듯 너무 다른 바람 앞에
애꿎은 풀과 나무들 뒤엉켜서 쓰러졌다
유엔의 깃발 아래서 다시 찾은 밝은 하늘

61. 한강변의 봄맞이

산수유 등불 달고서 다투어 길 밝힌다
묵은 풀 엎드리고 새싹은 고개 들고
기다린 임이 오시나 연실 터뜨리는 꽃망울

강변도 살아 있는지 새로운 몸짓 하네
나무는 실눈 뜨고 강물은 꿈틀대고
분주히 움직이는 소리 눈부신 봄의 소리

봄소식 전해주는 개나리의 노란 웃음
박토에 뿌리 내린 들풀의 고요한 함성
불씨는 지피지 않아도 온 누리에 번져간다

62. 강화 고인돌

집인지 무덤인지 무거운 지붕 덮고
비스듬히 섰는 기둥 태고(太古)를 받쳐든 채
시공을 뛰어 넘어서 살아있는 고인돌

자연석 그대로를 어루만져 세운 건축
하늘을 가리우고 비바람 막아왔다
영욕이 함께한 역사 버틸 만큼 버틴 지석(支石)

저런 궁(宮) 지으시고 영생(永生)을 꿈꾼 이들
부활의 날개 펴고서 날아가는 형상이다
거대한 상형문자(象形文字)가 눈을 번쩍 뜨게 한다.

63. 홍길동 테마파크

한 맺힌 그의 삶을 풀어줄 하늘 없고
지쳐서 쓰러져도 다시 세울 기둥 없다
땅에서 솟아 나왔나 서민 위해 사신 왕(王)

아비는 있었어도 부르지 못하는 아비
무예는 뛰어나도 벼슬 못하는 서얼(庶孼)
개혁의 깃발 들고서 신천지(新天地)를 열었네

유품도 별로 없는 기념관은 무엇인고
역사가 소설되고 소설이 역사되고
싸우면 이기는 길동 지는 일 없는 신동(神童)

64. 충무공 이순신 장군

날아가는 새들도 백발백중 맞힌 궁수(弓手)
허공을 가른 칼은 적의 목을 날렸다
세월이 쌓여 갈수록 빛을 더하는 북극성(北極星)

임진년 화산 폭발 금수강산 불바다 되고
경상 우수영에는 먹구름 뒤덮였다
갑자기 나타난 혜성 거북선의 위용(威容)이여

극락을 빼어 닮은 현충사 경내에는
온갖 꽃 다투어 피고 이상한 냄새 난다
살아서 못 본 낙원을 여기 와서 밟아본다.

65. 연천 경순왕릉

어쩌다 경순왕이 이곳에 유배 왔나
비바람 모진 풍상 맨몸으로 겪으시고
못 다한 신라의 한을 씻지 못해 우는 비명(碑銘)

고려에 바친 나라 누리신 부귀영화
임진강 나루터에는 물거품만 덮여 있다.
이따금 심심풀이로 들려오는 뻐꾹 소리

당신은 머리맡의 지뢰밭 이고 살고
휴전선 녹슨 철조망 산유화(山有花) 붉게 핀다
윤회의 수레바퀴는 쉬지 않고 도는 걸까.

66. 삶의 의미

삶이란 구름인가 잡아도 잡히지 않고
놓아도 놓지 못하는 안타까운 인연의 끈
갈 수도 아니 갈 수도 없는 다리 건너간다

한때는 부푼 가슴 희망도 가졌었지
돌아보면 아득해라 영욕(榮辱)을 짊어지고
겨운 길 외진 고개를 넘어가는 저 구름

바람이 솔솔 불고 갈잎이 하늘댄다
해거름 하산 길에 채이는 돌부리들
놓일 데 놓여 있음을 언제쯤 알게 될까

67. 반월(半月)

동행하던 내 짝이 하늘나라 가시었나

떨어져 나간 반쪽 너무 시린 등뼈가

하얗게 그리움 뿜고 허공중에 걸렸다

68. 매헌 윤봉길 의사 유적지

광복의 독립의지 반석처럼 굳건하고
임 위한 깊은 충정 어둠 속 발광체다
하늘로 솟을 것 같은 충의사 날갯죽지

사시던 광현당을 눈물로 하직하고
상해의 백범선생 하사하신 폭탄 안고
일제의 전승기념일 선물로 바친 매헌(梅軒)

그분의 민족혼이 서려 있는 기념관엔
사진이며 유품들이 살아서 숨을 쉰다
자신을 불태우면서 세상을 밝힌 촛불

69. 노을

선(善)하고 선하게만
살다간 영혼들이

인과응보 업(業)을 따라
극락에 가시어서

천상의
아름다움을
펼치는 퍼레이드다.

70. 불면

어둠의 긴 터널을
지나가는 버스 같다

늪에 빠져 헤어나지
못하는 아이 같다

꽃 피는
봄이라 해도
황사가 잔뜩 낀 날

71. 어머니

부르고 싶은 이름 텅 빈 하늘 자락

낮달로 떠 오시나 파랑새로 날아오나

아니야 울타리 밑에 호박꽃 보면 안다.

72. 전화기

체부도 아니 오고 벨소리 안 울리고

무거운 침묵 속에 펼쳐진 고요의 바다

섬만이 섬이 아니다 나도 섬 너도 섬이다.

73. 그녀

물방울 튕기듯이
튕기는 꼴을 보면

웃음이 절로 난다 장미도 아닌 것이

가시는
돋혀 가지고
톡톡 쏘는 벌침이다.

74. 박경리 선생 유적지

살아서는 소설 왕 죽어서는 전설 왕
지금은 여왕 되어 대궐 안에 계시네
꽃보다 더 아름다운 왕관 쓰고 앉았네.

부활한 기념관엔 오월 향기 넘실대고
평생 쓴 원고지는 천정에 닿아 있다
당신은 토지의 어머니 토지는 당신 아들

유품은 윤기 나고 문채(文彩)는 눈부시다
유난히 고운 하늘 낮달 저기 떠있네.
책속에 묻혔던 생애 자유인(自由人) 되셨는가.

75. 월하 리태극 선생

화천의 파란 하늘 시조의 별 반짝이네
언제나 웃으시고 따스한 손 내미시네
시조를 갈고 닦아서 보석으로 만든 장인(匠人)

파로호에 비친 달 월하(月河) 스승 아니신가
밝으신 그 얼굴에 고우신 그 눈매에
박토를 옥토로 가꾼 참 농부의 푸른 깃발

후학을 길러내신 교학(敎學)의 길 걸으셨고
공부로 늙어 가신 선비의 길 걸으셨지
자다가 꿈속에서도 부르시던 시절가(時節歌)여

76. 강변역 일기

이리 가면 광나루
저리 가면 자양동 길

꼬리에 꼬리를 문
차량들의 시위 현장

아무리 모의를 해도
시위는 시위일 뿐이다.

웃자란 건물 들이
하늘 향해 시위하고

백성은 허구한 날
임금 향해 시위하고

한 치 앞 알 수가 없는
안개 속에 싸인 강변

어디로 굴러가는지
세상은 굴러가고

도시의 하루 저무는
민초들의 고달픈 삶

주거니 받거니 하는
포장마차가 즐겁다.

77. 노년(老年)

앙상한 가지 위에 늦가을 비가 오니
외로운 마음 밭엔 우수의 바람 인다
끊어진 사랑의 연줄 다시 한 번 이어볼까

살아온 무거운 짐 벗을 줄도 모르고
씨줄과 날줄 엮어 시린 생애 베를 짠다
미련도 아쉬움마저도 아름답게 수놓는 날

삶이란 쓴 것인지 단 것인지 모르지만
샘물 솟아오르고 열매 붉게 물든다
희망의 끈을 잡고서 감긴 얼레 풀어보자.

78. 촉석루

진주를 생각하면 떠오르는 그대 얼굴
설레는 가슴으로 찾아가 알현해도
모른 체 멍하니 서서 무슨 비상 꿈꾸는가.

굴곡진 역사 앞에 의연히 섰는 기상
왜군이 왔을 때는 맨몸으로 막아냈다
아직도 살아 숨 쉬는 선열의 고귀한 넋.

나이는 들었어도 젊음의 샘 길어 올리고
가로 놓인 벽 앞에서 희망의 끈 놓지 않았다
처마 끝 앉은 제비들 봄은 다시 왔나 보다.

79. 생육신 원호(元昊) 선생

비바람 된서리에 푸른 잎 더 푸르고
꺾이면 꺾이었지 굽힐 줄 모른 절개
두 해를 모실 수 없다는 경전(經典)을 새로 썼다

왜 갔는지 모르고서 귀양 간 단종대왕
청령포로 흐르는 물 바라보는 관란 선생
달려가 뵙고 싶은 마음 안타깝게 우는 동강(東江)

의로운 길 걷는 것이 가시밭길 걸음이라
짓눌린 무게 위에 홀로 견딘 청솔가지
지금은 이름자 위에 생육신이라 빛난다

80. 시조시인 황진이

꽃 중의 꽃이 되고 명월(明月) 중 명월 되어
화려한 무대 위에 여왕처럼 군림했다
우러러 보면 볼수록 고개 숙이는 사람들

시서(詩書)에 뛰어나고 음률(音律)에 능한 재주
전하는 걸작들은 인구(人口)에 회자(膾炙)된다
사랑을 하면 할수록 사랑에 목마른 당신

곧은 길 걸으면서 숱한 일화(逸話) 남겨놓고
떠나신 자리에는 아름다운 향내 난다
서정의 샘물을 파서 이룩하신 시조의 강(江)

81. 봄의 서정

저마다 웃는 얼굴로 다가오는 계절인가
좋은 일 생겼는지 즐거워서 들뜬 사연
새로운 각오를 하고 새 일기 쓰고 있네.

온 뜰안 환하도록 너털웃음 짓는 목련
수줍어 얼굴 붉힌 동산의 진달래 꽃
환하게 등불 밝히고 먼 하늘 바라본다.

행복을 나눠 주려 돌아온 제비 가족
너울너울 춤추면서 임 찾아 나선 나비
고향을 옮겨 놓았나 산도 강도 푸르다.

82. 추사 김정희 선생

닳아진 붓자루는
나이처럼 쌓여가고

파여진 벼룻돌에
먹물 대신 고인 눈물

허공에 그을 때마다
용 한 마리 꿈틀댔다.

83. 관란 원호 선생 유적지

타고 나신 성품은 햇살처럼 따스해도
가난을 벗하시고 의로운 길 걸으셨다
절벽 위 우뚝 서 있는 소나무의 푸른 기상

자나 깨나 임 생각 눈물로 지샌 긴 밤
새 줄을 버리시고 낡은 줄 잡으셨다
줄서기 잘하셨다고 생육신이라 부른 역사(歷史)

사시던 토실에는 밝은 빛 찾아들고
모셔진 모현사는 새 옷 갈아입었다
즐거워 춤추는 나무 기뻐서 들뛰는 강물

84. 거울 앞에서

마주서면 쌍둥이다 나 같지 않은 내가
웃으면 따라 웃고 울어도 따라 우는
너는 왜 남의 흉내만 바보처럼 내는가.

같은 날 태어나고 같은 날 가야한다
하늘이 점지해준 사람 갈 길 아직은 멀다
내 옆에 그림자처럼 따라 붙는 동행자

마주보면 측은하고 친근감 가는 사람
제2의 나인가 보다 흰 서리도 닮았다
이마에 붙은 계급장 누가 주신 훈장인가.

85. 고향집의 호박꽃

투박한 그 얼굴에 뒤뚱대는 걸음걸이

넝쿨이 휘어지도록 주렁주렁 달린 호박

애 하나
잘 낳는 여자
넌, 우리 집 왕(王)이다

86. 세월호 참사

사월의 푸른 하늘
핏빛으로 물든 구름

몰고 온 천둥소리에
아이들 숨 넘어 간다

못다 핀 꽃 몽우리들 못 펼친 꿈의 나래

임보다 귀한 존재
바람 앞에 이슬 되고

갈 길 잃은 세월호의
절규 소리 목 메인다

넘어선 안 될 경계를 넘어가다 멈춘 시간(時間)

87. 백두산은

유월의 백두산은
흰 머리 쓰고 있다

안개인지 구름인지
모자처럼 쓰고 있고

흰 옷을 입던 선조들
상투 튼 머리 같다

도대체 천지호는
물동이 같아 뵌다

어머니 이고 다니던
바로 그 물동이

물보다 진한 감동을
담고 있는 물동이

88. 석북 신광수 선생

쏘아 논 화살같이 매서운 그의 눈길
한 마디 일러주면 열 문장 알던 총명
숨은 뜻 담긴 석북집(石北集) 읽을수록 단맛 난다

남들이 우러르는 현감 자리 올랐어도
노모 모실 집 한 칸 마련 못한 청백리(淸白吏)
갈수록 메마른 세상 참스승 나타났다.

서천(舒川)의 밤하늘 떠다니는 저 달님은
석북의 화신인가 밝고도 청랑하다
시조창 고전의 바다 노를 젓던 사공님

89. 옥동자 분만

얼마나 빌고 빌어
기도의 열매 익었는가
생명의 씨앗 자라
옥동자를 분만했다
고고(呱呱)의 울음소리가 잠든 산하 뒤흔드네.

구름처럼 몰려 온
이웃들의 축하 박수
태어난 가문의 영광
강물 되어 이어 가리
그 얼굴 너무 환해서 눈이 부신 봄날 아침

90. 백야 김좌진 장군

순한 길 마다하고 역경을 찾아간 삶
손발처럼 움직이던 가노(家奴)도 풀어주고
새로운 희망의 등대 호명학교(湖明學校) 불 밝혔네.

고향 집 뒤로 하고 부표처럼 떠돈 낭인(浪人)
자신은 굶을망정 님을 위해 바친 성금
되찾은 조국의 광복 피가 되고 살 되었다.

숲속을 헤매듯이 만주벌 마냥 뒤져
사냥감 찾아 헤매던 백두산의 호랑이
눈발 속 포효(咆哮) 소리가 녹지 않고 들린다.

91. 만해 한용운 선생

부모 여읜 자식 그 님 찾아 헤매던 날
지쳐서 쓰러지면 서러움에 목메이고
해질 녘 어미 잃은 소 텅 빈 하늘 울고 있다.

설한풍 모진 추위 맨몸으로 견딘 인내
애타게 호소해도 귀 먹은 님의 침묵
닫힌 문 열지를 못해 한 숨 짓던 눈물 王

메마른 땅 걸으셔도 희망의 끈 놓지 않아
임에서 시작하고 임으로 끝난 시편(詩篇)
감동의 샘물을 파서 정수리에 퍼붓는다.

92. 청마 유치환 문학관

청마의 손때 묻은 서책들 눈길 끌고
애련한 유품에선 김치 냄새 물씬 난다
볼수록 정감 가는 삶 시리도록 눈부신 탑

꿈 자락 펼친 해원(海原) 마음 놓고 달린 마장(馬場)
그토록 사랑한 여인 죽어서도 만날 영도(永道)
꽃등도 켜지 못한 채 먼 여로(旅路) 혼자 갔네

즐기신 깃발 노래 인간의 절규 같고
시의 숲 누비실 때 시심 찾던 심정으로
아린 생 에인 사연을 알알이 엮은 서정

93. 구의동 211번지

한 마리 새가 되어 둥지 튼 지 40성상
건강에 주신 행복 느꺼운 나달이다
눈물로 삼킨 세월을 꽃으로 피워낸 삶

자고 나면 보던 친구 먼 나라 날아가고
아쉽고 그리운 노래 부르다가 목 메인다
뿌리는 깊이 내려도 심지(心地) 자꾸 흔들리네.

외길 걸은 한 평생 정상 저기 뵈는가
우듬지 걸린 새집 빈 바람 들고 나도
쌓아온 삶의 무게가 짓누르는 211번지

94. 아차산 연가

가슴에 새긴 사연 묵언으로 버틴 생애(生涯)
그리움과 외로움을 밥알 씹듯 곰삭이며
아리고 쓰린 역사를 간직해 온 아차산성

바라보면 의젓하고 늠름한 푸른 기상
무수한 세월 가도 변함없는 온달 사랑
불타는 진달래꽃은 누굴 위해 타는 건가

무너진 하늘 한켠 붙잡고 울던 평강
그 자리엔 이름 없는 풀들만 웃자랐다
켜켜이 쌓인 적막 속 성돌 하나 뒹군다.

95. 백마고지

소나기 퍼붓는 대신
포탄 세례 퍼부었다

다 피지 못한 젊음의 꽃
떨어져 쌓인 백마고지

아직도 나무들끼리
패가 갈려 싸운다.

96. 모현사(慕賢祠)

바위가 짓눌러도
꿈적하지 않으셨다

임 위해 바친 충절
거듭 나신 모현사에

흰 눈이 쌓인 것처럼
금가루가 쌓였다

97. 나이를 먹을수록

이 세상 별것 있나 어울려 사는 거지
어딘지 모르면서 떠밀려 내려가도
삶이란 굴러가는 것 신나게 굴러본다.

98. 지리산 문학관

입구에 들어서니
문학 향기 진동하고

책으로 숲을 이뤄
하늘마저 가리었다

좋은 터 자리한 문고(文庫)의
빛줄기가 거세다

99. 단종

어린 소나무가
비바람에 꺾였구나

밤 새워 울어대던
소쩍새는 어디 갔나

하늘도
노랗게 보이고
강물도 노랗게 보이네.

100. 김삿갓 시인

조상을 욕보인 죄 씻을 방법 알지 못해
바람으로 떠돌면서 방랑시인 되었다
아픔이 얼마나 컸으면 삿갓 쓰고 다녔나

무작정 걷는 길이 인생길이 되었고
오라는 데 없어도 갈 길을 재촉했다
선생의 사주팔자에 역마살 있었는가

앞에는 지팡이 하나 뒤로는 바랑 메고
툭 던진 한마디가 시의 꽃 피워낸다
단벌 옷 입고 다녀도 마음은 따뜻했네.

101. 소년

물려받은 가난을 복이라 생각하고
남이야 뭐라 하든 앞만 보고 걸었다
누구나 가는 길인데 내 길 따로 있었네.

가파른 생의 굽이 몇 번을 굴렀던가
막아 선 장벽 앞에 목 놓아 울던 기억
가서는 안 되는 길도 내 길인 줄 알았네

희망의 배를 타고 저어가던 푸른 하늘
꿈속에서 꿈만 먹고 무럭무럭 자란 소년
가셨던 아버지 길을 또 다시 밟고 있네.

102. 굽은 나무

내가 보면 굽은 거고 네가 보면 바른 거고

분명히 굽었는데 안 굽었다고 우긴다

들녘의 굽은 나무도 굽은 줄 모르고 산다.

103. 사드

머리에 핵을 이고 살아가는 무궁화 꽃
굴러온 복덩어리 차버리는 잡초 세상
북에서 보내는 폭탄 막아줄 신의 한수

104. 타향살이

어딜 가도 낯선 골목 미아가 되었는가
날마다 이방인 되어 시린 하늘 바라본다
방향을 잘못 잡아서 떠돌다 지친 구름

고향을 그리면서 눈물 삼켜 위로하고
어둑한 등불 아래 오만생각 피워낸다
고독에 휩싸일수록 익어가던 꿈의 열매

이제는 타향 길이 고향 길 되었는지
꽃들은 반겨주고 나무들도 인사한다
스치는 바람결마저 따스하게 감기는 봄날

105. 백수 정완영 선생

이름이 백수라서 백수건달 되시었나
시조의 우물 파서 그 물만 마셨으니
가난을 입고 사셔도 추운 줄 모르셨다

시조를 갈고 닦는데 구십 평생 바치었고
가르친 후학들은 별처럼 반짝인다
온 누리 밝게 해주는 우리 시대 거성(巨星)이여

말 부리는 솜씨는 마술사의 경지요
농익은 시상에는 조선 정신 배어 있다
칠백 년 시조사 위에 우뚝 솟은 비로봉(毘盧峰)

106. 더위

더워 더워 하면서 더위 한 짐 짊어지고

땀 흘려 다리 절며 삼복 터널 지나간다

켜켜이 묵혀둔 죄업 씻지 못해 더 무겁다

107. 업보

무슨 그림자가 뼛속까지 드리웠나
그물망 얽힌 고기 벗어나지 못한 신세
눈물로 지새우면서도 눈물의 뜻 몰랐다

씻어도 씻어지지 않는 묵은 때가 두텁구나
눈에는 안 보여도 이고지고 가는 봇짐
마음을 비우지 못해 오늘도 지고 가네

시련이 다가와도 왜 아픈지 모른 환자
끊어도 끊기지 않는 연줄은 이어져서
자기가 뿌린 씨앗대로 거두는 농부의 길

108. 西山書院

돌아는 가셨어도
살아계신 생육신님

모셔진 서원(書院) 뜨락
국향(菊香)이 흐릅니다

여기는 함안(咸安)의 성지
옷깃을 여밉니다

109. 빨래

생각의 찌는 때를
헹구고 짜내어서

내다 걸은 빨랫줄에
청향(淸香)이 펄럭댄다

사람도
헹구고 짜내야
새 사람 되는 걸까

110. 이 세상을 살면서

단 것도 삼켰지만 쓴 것도 맛보았다

나이를 먹을수록 감사의 잔(盞) 자주 들고

웃으면 더 웃게 되는 최면(催眠)에 취해 본다

111. 헛심

열심히 씨 뿌리고 김매고 가꾸어도
거둘게 별로 없는 농부의 가을걷이
쌓이는 노적가리 대신 한숨만 쌓여간다

다 같이 노력해도 부자는 따로 있다
발바닥에 불나도록 연줄 찾아 뛰었는데
빈 그릇 채우지 못해 배고픔만 더한 나달

희망의 끈을 쥐고 시의 밭 일궈낸다
알곡은 어디 가고 잡초만 무성한가
무거운 적막 지고서 넘어가는 하루 고개

112. 바위

겉으론 무심해도
속으론 끓던 생애

꽃 피는 봄날에는
눈물마저 메말랐다

감고도 세상을 보는
부처로 앉아 있네

애증은 한갓 번뇌
명상으로 털어내고

스스로 다짐하면서
먼 날을 꿈꾸는데

검버섯 덮인 몸매에
욕심이 너무 무겁다

113. 몽돌

부딪고 깎이면서
몇 생(生)을 굴렀던가

어디서 출발하여
이 세계 안착(安着)했나

극락의 바닷가에서
기도하는 영혼들

얼마를 수행해야
지은 업 벗어나나

갈등도 싸움도 없는
사랑과 평화의 나라

부처님 믿고 따르는
부처님의 제자들

114. 귀뚜리 소리

그 언제 가셨는데
날마다 찾아와서

슬픔의 가락 없어
눈물로 호소하나

그 소리
듣기 싫어도
또 들리는 나의 이명

115. 세월

세월은 무슨 힘으로 앞만 보고 달리는지
그 많은 사람들을 한꺼번에 다 싣고서
거뜬히 잘 굴러간다 열 두 바퀴 달린 열차

고삐를 조여 매도 그대로 끌고 가고
고삐를 풀어 놔도 탈선하지 않는데
무심히 지나는 곳에 꽃은 왜 피고 지는가

기관사는 어디 숨어 너를 조종하느냐
그래도 안전하다고 믿고 타는 사람들
하늘이 노여워하면 휘청거릴 때도 있다.

116. 가을 나그네

무슨 업 잔뜩 지고서 허위허위 넘어가나
여름의 고개 넘어 가을 숲 지나는데
아무리 내려놓아도 풀리지 않는 아픔 있다

발끝에 채이는 낙엽 몇 생을 굴렀던가
나는 어느 뿌리에서 굴러온 나그네냐
비움의 미학을 몰라 무거운 다리 끌고 간다

117. 장미꽃

사랑이 깊을수록 아픔도 커지는 법
삭이고 삭혀 봐도 북받치는 서러움을
해종일 기다리다가 울혈마저 터졌네

그 쓴맛 숨기고서 미소를 짓는구나
참고 또 참으면서 스스로를 다스려도
타는 속 어쩌지 못해 불길 활활 타오르네

118. 다듬이 소리

귀청을 찢어놓던 그 소리 하 그리워
꿈길에 달려가서 고향집 그려보면
어머닌 화풀이 하나 내리곳는 방망이질

소리는 나를 깨워 세상 눈 뜨게 하고
때리면 때릴수록 주름살도 펴졌네
그 애환 아직도 지고 남은 고개 또 넘는다.

119. 샛별[金星]

얼마나 기다렸나 가뭄에 해갈(解渴)되길

정화수 떠다놓고 비손하던 간절함에

첫 손자 고고(呱呱) 소리가 온 누리를 울린다.

120. 병신년 겨울에

겹옷을 껴입어도 유난히 추운 겨울
광장의 촛불들은 횃불로 타오르고
때 맞춰 이는 바람에 불길 자꾸 번진다.

위선의 나팔 소리 불어대는 굽은 나무
외치는 거센 함성 지축을 흔드는데
난파된 한국호 선장 손발 묶어 놓았네.

그 옛날 미쳐 날뛴 광우병 망령들이
거리를 휩쓸면서 귀신 놀음 한창이다
일으켜 세울 하늘도 구멍 숭숭 뚫렸네.

121. 유년의 겨울밤

한 줄기 강한 추위 밀려드는 나의 둥지
군불을 때 보아도 문풍지만 윙윙댄다
가난을 입고 살아도 따스했던 그 시절

어머니가 잣던 물레 한숨을 자아내도
등심지 돋워가며 나아갈 길 열었다
긴긴 밤 깊어갈수록 반짝거리던 그 샛별

122. 정유년 새해에

묵은 해 다 보내고
새해가 떠오르니

먹는 물도 새 맛나고
입는 옷도 새 것이다

내 옆에
누운 짝꿍도
새해처럼 떠오르네.

123. 적일(寂日)

고요가 산처럼 쌓여
짓누르는 어느 날에

잘 울던 벨소리가
벙어리 되었구나

창밖의
참새 한 마리
너도 울지 않는구나.

124. 중추절

해마다 가윗날은
하늘나라 가는 날

은도끼 금도끼로
초가삼간 집을 짓고

순이야
네 손목 잡으면
꽃구름도 일었지

달빛 어린 소반 위에
둥그런 어머니 사랑

하나, 둘 빛노라면
솔바람도 일어오고

순이는
하늘에 닿아
둥근달이 되었지

사자골 머루 섶에
꿈을 묻고 살던 날

가을빛에 영근 정분
소근대는 네 눈동자

순이야
나직이 부르면
메아리로 안겼지

125. 아버지

칠십 평생을 갈았지
모새 땅을 가(耕)시었지

움푹 골진 이마 위에
그 영욕 세월도 가고

그나마 남은 밭뙈기는
가슴으로 갈았다네

저무는 해 능선 따라
구부러진 허리춤에

둥근 달이 뜨고 지고
몇 성상을 훑었는지

때 절은 담배쌈지만
갈퀴손을 핥고 있네

씁쓸한 잔을 들어
아린 눈빛 들이키고

몇 바리 고난의 짐을
선업(先業)으로 새겨두고

천혜의 김치 국물만
뚝배기로 마셨다네

126. 섬강

간직한 맑은 심성
조상 대대로 지녀

가난을 자랑하며
외로움을 노래하며

더 젊게
더 아름답게
흘러가는 섬강물

127. 달 4

여주에서 한 오십 리
십리 고개 삿갓봉 마을

아버지가 나신 마을
아버지가 늙으신 마을

성황당 지하대장군도
아들 낳으라 빌어준다

포물전, 어물전, 과일상에
대목장 보는 날은

가실 땐 지팽이 끌다
달덩이 끌고 오는 마을

동구 앞 늙은 나무는
어린 애도 업어준다

128. 압록강

보름달만한 원을 그린 옛 고향을 떠올리며
긴한 말 다하지 못해 잠 못 드는 별들을 보며
즈믄 강 서러운 길목에 몸짓하는 깃발로 선다

호병(胡兵)은 수자리 살다 지친 눈에 불을 켜고
뗏목 위에 저녁 놀 싣고 가신임 은 말문을 닫네
만주벌 스산한 바람도 고구려의 바람은 아니어라

천리 길 굽이친 여울 목 서걱이는 갈대밭에서
병사는 압록강 물로 주린 배를 채웠단다
염원을 염원으로 잇는 푸른 물을 마셨단다

철새마저 발길 끊은 신의주 모래펄 위에
강물은 어디 마음 놓고 울부짖기나 했던가
지축을 뒤흔들 함성만 아쉬워라 아쉬워라

129. 자화상

세월은 뒤에서 밀고 고뇌는 굴레를 씌워
이 눈치 저 눈치 속에 깊게 갈은 이마의 고랑
욕된 삶 그도 모르고 깃발 날리던 어릿광대

시를 씁네 나를 속여 문자 희롱 죄목 되고
어린 양들 갇힌 우리에 위선의 나팔 불고
앵무새 그나마도 못된 서러워진 노랫가락

가진 자 못 가진 자를 구분 못한 청맹과니
어둔 방 촛불 하나 밝힐 만한 힘도 없는가
허명만 낚시질 하러 나룻배를 띄운 사공

가다듬지 못한 마음 오뉴월 서릿발 되고
목덜미 잡은 이에게 비굴한 웃음 짓는데
옳은 것 옳다 못하는 아픔 새긴 이력서여

130. 신록 앞에서

하늘 빛 닮아가는
오월의 산과 들에

싱싱한 희망 품고
새싹들이 돋아난다

요란한 경적 울리며
다가오는 신록 행렬

아이들 눈빛마저
푸르러 가는 계절

아카시아 향 내음은
고향의 맛 더해준다

봄 신명 잔뜩 지고서
다리 절며 가고 싶다

아지랑이 리듬 따라
더불어 일하는 농부

나날이 새로워지는
젊은 날의 꿈을 간다

푸르디 푸른 옷 걸치고
천방지축 걸어간다

131. 돌의 고백

비바람 온갖 풍상
세끼 밥 먹듯 했고

어디서 굴러 왔는지
뿌리조차 모르면서

모질고 구차한 목숨
보도 위에 박혀 있다

오는 이 가는 사람
심심하면 걷어차고

육중한 차바퀴는
천둥 번개 치게 하고

가슴에 치솟는 불은
무언으로 끄며 산다

전생의 화려한 삶
까맣게 잊어버려

뛰지도 날지도 못하는
신세 한탄 해가면서

지켜온 양심 하나로
삶의 보람 느껴본다

132. 다시 한강에서

도도한 흐름 배워
자랑스런 모습 띈다

충직한 천성대로
굽힐 줄도 몰랐었다

알고도 말하지 않는
미덕 또한 아름답네

겨레의 함성소리
귀를 열고 잘 들었지

잘린 허리 이어주는
구실 또한 그대의 몫

있는 힘 더욱 키우며
흘러가는 한강물이여

꽃피고 새 울 때면
덩실덩실 춤추었고

치솟는 분노 때문에
범람했던 아픈 기억

영과 욕 꿀꺽 삼키고
바다 바다로 향한다

133. 대은(大隱) 변안열(邊安烈) 선생

곧은 길 걸으시고
밝은 해만 섬겼는데

광풍이 불어오고
나라 기둥 넘어간다

혈흔(血痕)은 아직도 남아
진달래꽃 붉었는가

쓰러져 가면서도
부르셨던 불굴가(不屈歌)는

대(竹)보다 푸르시고
솔(松)보다 향기롭다

구름 낀 청자 하늘에
홀연히 웃는 낮달

피 흘려 다시 쓰신
충(忠)의 역사 꽃 피우고

영욕을 뛰어 넘어
가문의 빛이시다

이제는 강물 이루어
겨레 가슴 적셔주네

134. 나의 조국

살을 다 내주고도 웃음 던져 주는 당신
이 밤도 안녕하신지 잠 못 이뤄 웁니다
반만 년 역사 지고서 숨 가쁘게 흘러온 강

못 보면 그리웁고 만나 뵈면 눈물 나고
자나깨나 임의 환영(幻影) 상사병 도졌는가
밤 새워 우는 가얏고 새벽 하늘 아직 멀다

박토를 옥토로 가꿔 물려주신 배달 나라
피 흘려 지킨대도 기꺼이 몸 던지겠다
조상의 슬기 받아서 꽃 피울 무궁화 동산

135. 선풍기 앞에서

온몸을 짓누르는
더위가 한 짐인데

그 위에 무언가를
더 지고 가려 한다

가다가
마지막 날은
벗어야 할 입성들(2017. 7. 2.)

136. 포은 정몽주 선생

남들이 못하는 일
골라서 잘 하시고

남들이 안 가는 길
목숨 받쳐 찾아갔다

백골이 진토 되도록*
사랑하신 고려 하늘

쓰러진 자리에는
청솔가지 푸르르고

부르신 단심가(丹心歌)는
만인(萬人) 가슴 울렸다

우러러보면 볼수록
눈부신 시대의 등불

무거운 외압에도
굴하지 않는 정신

새기신 충성충(忠)자가
살아서 꿈틀댔다

중천(中天)에 떠있는 달이
환하게 웃으셨다.(2017. 4. 16.)

* 포은 정몽주의 〈단심가〉 중에서

수필 작품

[隨筆作品]

1. 한강

나는 한강변을 걷는 것이 생활화 되었다. 한강을 보고 싶어서 걷는 것이 아니라 자신의 건강을 위하여 걷다 보니까, 자연스럽게 산책도로가 나 있는 한강변을 택하게 된 것이다. 그곳에 가면 좋든 싫든 한강을 바라보게 된다. 오늘도 한강은 유유히 넘실대면서 서해바다 쪽을 향하여 흐르고 있었다. 그곳을 걷는 사람들의 기분이 좋든 나쁘든, 걷는 사람이 많든 적든, 날씨가 맑든 흐리든, 비바람이 불든 안 불든 4계절 변함없이 흐르고 있는 것이다. 어떤 때는 그야말로 조용히 흐르고, 어떤 때는 노도와 같이 흐르고, 장마 때는 둑을 넘칠 듯이 흐르고, 그 모양새가 각양각색이어서 일률적으로 묘사하기 어렵다. 심지어 어떤 때는 서해바다의 밀물이 올림픽 대교까지 거슬러 올라오는지는 모르지만 하류 쪽에서 팔당 대교 쪽으로 흘러가는 것 같은 모습을 보게 된다.

그 한강은 우리의 역사와 함께 흘러가는데, 그 모든 비밀을 고이 간직한 채 흘러간다. 세상이 뒤집히고, 전쟁이 터지고, 많은 사람들이 무고하게 죽어가는 것쯤은 아랑곳 하지 않는다. 그러나 한강의 역사가 바로 우리 겨레의 역사일진대, 어찌 묵묵하게 흐른다고 해서 품은 한이 없겠는가. 필자는 이런저런 의미를 부여하여 다음과 같은 시조를 지은 바 있다. "언제 바라보아도/짙은 느낌 주는 한강/매양 같은 몸짓으로/제 갈 길만 가는가/꽃 피고 새 우는 봄날/ 출렁대던 물굽이여./천 년 전 간직한 비밀/아직도 가슴에 지녀/겉으론 성한 것 같지만/시퍼런 멍들었네./흰 구름 머물던 자리/바람 한 점 스쳐간다."(한강변에서) 이처럼 한강은 우리 민족의 역사적 비밀을 간직하면서 흐르는 것으로 보았던 것이다. 우리 민족의 한을 품고 흐르는 것으로 보아, 겉으론 성한 것 같지만 속은 시퍼렇게 멍들었다고 했던 것이다. 그러나 아무런 의식 없이 바라보면 한강은 거대한, 아니 유장한 자연에 불과하기 때문에, 흰 구름 머물던 자리에 바람 한점 스쳐간다고 표현하였다.

옛말에 "仁者樂山 知者樂水"라는 것이 있다. 전자는 마음이 어진 사람은 천명(天命)을 좇고 욕심에 움직이지 않는 고요한 마음이 산과 같아서 자연히 산을 좋아한다는 의미이다. 후자는 지자(知者)는 사리에 통달하여 정체함이 없는 것이 마치 물이 자유로 흐르는 것과 흡사하므로 늘 물과 친하여 물을 좋아한다는 의미이다. 그러니까 여기서는 물이 막힘없이 흐르는 것을 사람이 사리에 통달한 것과 같다고 보았다. 그러나 '물'의 특성에 어찌 막힘없이 흐르는 것만 있겠는가. 강물은 언제 바라보아도 여유가 있어 뵌다. 늘 푸른빛을 띠어서 젊고 힘 있어 보인다. '깨끗하다', '영원하다', '부드럽다'는 특징이 있고, 모든 것을 포용하고 품어주는 성격이 있다. 바위가 있으면 바위를 품어주고, 공장폐수가 흘러들면 그대로 품어주고, 추한 것, 악취 나는 것, 그 어느 것도 거부하지 않고 끌어안으니, 우리 인간이 물에서 배워야 할 점이 바로 이것이라고 생각한다.

지금 우리나라는 커다란 위기에 직면하였다. 나만 옳고 상대방은 그르다는 것이다. 네 편 내 편, 편 가르기에 바쁘다. 이런 것이 모두 서양문물의 도래와 함께, 이기주의가 발달하고 물질만능 사상이 팽배해졌기 때문으로 풀이된다. 요즘은 집단 이기주의라는 것도 생겨 패거리들의 싸움과 파업이 일상화 되었다. 이러다 보니 화합과 통일을 이루어야 할 우리 사회가 갈기갈기 찢어져서 싸우고 있는 것이다. 보수와 진보의 갈등, 세대 간의 갈등, 남녀 간의 갈등, 부모와 자식 간의 갈등, 업종간의 갈등, 지역 간의 갈등, 계층 간의 갈등, 노사의 갈등, 영호남의 갈등, 남북 간의 갈등, 심지어는 남남갈등이라는 말까지 등장하였으니, 이렇게 패거리를 나누어 싸우다가는 공멸할 것 같다는 생각이 든다. 공존공생을 도모하는 것이 아니라, 너는 죽고 나만 살자고 하니 서로 모두 죽을 수밖에 없는 경지에 이르렀다. 우리 속담에 "자기가 하면 로맨스요 남이 하면 불륜"이라는 말이 있는데, 제 잘못에 대하여는 관대하고 남의 잘못에 대하여는 철퇴를 내리려고 하니, 이런 어리석은 자들이 어디 있는가. 자신의 뜻에 따라 주면 동지이고, 따라주지 않으면 적으로 취급하니, 이런 못된 인간이 어디 있는가. 이 모든 것이 남을 배려할 줄 모르는 어리석음에서 비롯된 것이다. 남이야 죽든 살든 저만 잘살면 된다는 이기심에서 발로된 것이다. 인간을 우위에 놓는 것이 아니라 돈을 숭상하는 배금주의(拜金主義)에서 파생된 것이다. 어떤 문제가 합리적이냐 아니냐를 따지는 것이 아니라, 목청 큰놈이 이기는 잘못 된 관행에서 유래된 것이다. 그러다보니 역적이 애국자로 둔갑하고, 빨갱이가 민주화 인사로 둔갑하여 각종 혜택을 받고 있는 것이다.

그러면 이러한 갈등을 치유하는 방법은 무엇인가. 문선명 선생이 주장하는 평화사상과 평화운동 밖에 다른 방법이 없다고 생각한다. 그 평화사상의 핵심은 바로 참사랑이다. 그분의 말씀에 의하면 참사랑의 본질은 위함을 받겠다는 사랑이 아니고 남을 위해, 전체를 위해, 먼저 베풀고 위해주는 사랑이다. 주고도 주었다는 사실 자체를 기억하지 않고 끊임없이 베푸는 사랑이다. 다시 말해서 기쁨으로 주는 사랑이다. 어머니가 자식을 품에 안고 젖을 먹이는 기쁨과 사랑의 심정이다. 자식이 부모 앞에 효도하며 기쁨을 느끼는 그런 희생적 사랑이다. 참사랑으로 맺어지면 영원히 같이 있어도 좋기만 하고, 우주는 물론 하나님까지도 끌면 따라오는 사랑이다. 인간이 만들어 놓은 국경의 벽, 인종의 벽, 더 나아가서는 종교의 벽까지도 영원히 종식시킬 수 있는 힘이 참사랑의 가치이다.

그러니까 참사랑이란 남에게 베푸는 삶, 남을 위하는 삶을 실천할 때 가능한 것이다. 한마디로 희생적, 헌신적 사랑을 참사랑이라 할 수 있는 것이다. 이러한 참사랑은 실천 못하더라도 남을 배척하는 배타주의만 없어져도 살기 좋은 사회가 이루어질 것이다. 이제는 남을 배척할 것이 아니라 포용하는 방법을 배워야겠다. 남을 죽이고 나만 사는 이기주의가 아니라, 남도 살고 나도 사는 공존공영의 법칙을 배워야겠다. 이제는 적도 끌어안고 원수도 끌어안는 포용정책을 배우고 실천해야겠다. 나는 이런 생각을 하면서, 오늘 아침도 한강변을 거닐었다. 그리고 그 한강에서 모든 것을 끌어안는 포용정신을 배워야겠다고 생각하면서 내일 아침도 이곳을 걷고 있을 것이다.(4. 1.)

2. 삶의 지혜를 찾아서

이제까지 많은 사람들을 대해보면 전부 잘나고 모두 똑똑한 것 같다. 개별적으로 만난 사람 중에는 너무 똑똑하고 영리해서 잘살 것 같고, 출세할 것 같은데, 돈이 없어 쩔쩔매고 인생의 밑바닥에서 허덕거리니 도무지 이해가 안 가는 사항이다. 그렇다고 그 사람들이 게으른가 하면 그렇지도 않고, 마음이 나쁜가 하면 그렇지도 않고, 노력을 안 하는가 하면 그렇지도 않다. 무엇으로 보나 누구보다도 잘 살아야 할 사람들이 허덕허덕하면서 고생하고 있으니, 사람의 삶이란 알 수 없다는 생각이 든다. 사실 이처럼 잘난 사람들이 전부는 아니겠지만, 몇 퍼센트의 저능아를 빼고는 모두가 잘난 사람의 부류에 속한다고 생각한다.

이렇게 잘난 사람들은 남에게 속지 않을 것 같고, 자기 손해 볼 일은 하지 않을 것 같고, '성공'이라는 단어만 있지, '실패'라는 단어는 없을 것 같은데, 실제로는 그렇지 않으니 묘하다는 생각이 든다. 필자는 여주에 유명한 무당을 알고 있는데, 그녀는 너무나 사람의 운명을 잘 맞춰서 원근각지에서 찾아오는 사람들이 많고, 심지어는 해외출장까지 가서 자신의 유명세를 이용하여 떼돈을 번 것으로 안다. 그처럼 남의 문제를 잘 알고 잘 맞추는 사람이 정작 자기 문제는 잘 몰라서 근 1억에 가까운 돈을 사기 당했다고 하니 아이러니가 아닐 수 없다. 그러니 무당을 속이고 사기 쳐서 돈을 앗아 먹는 그 인간은 얼마나 기상천외하고 똑똑하고 잘났단 말인가?

그러나 사람은 잘난 사람이든 못난 사람이든 어리석은 면을 지니고 있다. 인생에 대하여 잘 모르면서도 모두를 아는 것처럼 행세한다. 심하게 이야기하면 한 치 앞을 내다보지 못하는 것이 인간이다. 솔직히 1분 앞에 일어날 일만 미리 안다 하여도, 그처럼 끔찍한 사고나 재난은 면할 수 있을 것이다. 이처럼 잘 모르고, 어리석고, 지혜와는 거리가 먼 생활을 하기 때문에 인간은 고통을 당하는 것이다. 필자의 경우 며느리가 둘째 아이를 가졌는데, 지금 만삭이 되어 며칠 후면 출산할 예정이다. 그런데도 그 뱃속의 아이가 남자인지 여자인지 모르니 답답한 노릇이라 아니할 수 없다. 내가 아는 무당은 임신해서부터 지금까지 아들이라 장담했고, 가까운 곳에 있는 산부인과에서는 요즘 딸이라고 하니 어느 장단에 춤추어야 할지 모르겠다는 이야기다. 이처럼 잘 모르기 때문에 인간은 고통 속에서 살아가는지 모른다. 매사를 미리 잘 안다면 고통을 미리 예방하고 덜 당할 텐데, 모르고 어리석기 때문에 괴로움과 어려움을 당하는 것이라 보아도 좋을 것이다.

돌아보면 인생의 많은 시간은 즐거움보다 괴로움과 고통으로 신음하면서 사는 경우가 더 많다. 환희의 시간은 기억에 없고 오늘도 정해진 하루를 살아가고 있는 것이다. 그러면서도 왜 사는지, 이 길을 왜 가야하고, 그 끝에는 무엇이 있는지, 끝도 모를 인생을 그저 안개 낀 다리를 건너는 사람과 같이 어림짐작으로 살아간다. 따라서 우리는 인생이 무엇인지 모르면서 인생을 다 알고 있는 듯이 웃고 즐기며 산다. 이렇게 인생을 모르면서도 그저 살아오기만 하는 인생 역정은 어제 오늘의 일이 아닐 것이다. 그 모르고 사는 인생을 알고 살아가는 삶으로 바꾸어주는 가르침이 불교이다. 즉 죄를 지어도 그것이 죄인 줄 모르는 사람은 계속 같은 행위를 반복한다. 하지만 죄를 저지르면 벌을 받고 그것이 나와 남에게 아픔을 준다는 사실을 깨달으면 다시는 되풀이하지 않을 것이다.

그러나 인간은 자신의 처지를 모르는 채 탐욕의 꿀맛에 취해 살아가는 어리석은 존재이다. 혹자는 욕망이 없다면 인생의 의미가 없다고 이야기할 것이다. 하지만 인생에서 욕망으로 인해 성취되는 것보다는 잃는 것이 많다는 것을 유의해야 된다. 눈앞의 이익에 집착하는 욕심은 지혜를 흐리게 한다. 이러한 장애를 없애고 참된 지혜를 찾아야 하는 것이 지혜로운 사람의 몫이다. 인간을 타락의 구렁텅이로 몰아넣고 망가지게 하는 것은 모두가 탐욕 때문이다. 내 눈을 멀게 하고 내 마음을 더럽게 하며, 내 마음을 천하고 비열하게 하는 것도 탐욕의 불길이다. 욕망은 고통으로 가득 차 있어서 우리 인간을 절망하게 만든다. 탐욕은 망상의 때이지만 망상은 마음의 때다.

준다는 것은 어떤 의미에서 놓아버린다는 뜻으로 해석된다. 내가 성공하고 내가 잘 살고 내가 소원을 성취하기 위해서는 내가 지금 가지고 있는 것을 모두 놓아버려야 한다. 한때 어떤 자가 자기는 마음을 비웠다고 떠든 적이 있다. 그래서 모임에서는 칼국수만 먹고 요란을 떤 적이 있다. 그러나 그 자가 진정으로 마음을 비웠다고 생각한 사람은 아무도 없었던 것이다. 그리고 진정으로 마음을 비우고 실천하려면 자기 마음속으로 다짐하고 조용히 실천해서 남들이 자연스럽게 알게 하면 되는 것이다. 그렇게 실천하기도 전에 미리 광고부터 하는 것은 그 방법부터 잘못된 것이라 아니할 수 없다. 내 주변에서도 '마음을 비웠다'고 한 사람들이 몇 있었는데, 진정으로 마음을 비우고 실천궁행한 사람은 한 사람도 보지 못했다. 필자도 한때는 '버리는 연습' '마음 비우기' 등을 행동강령으로 삼고, 그것을 실천하고자 했고, 그것을 주제로 시조를 써서 발표한 적이 있다.

"세월을 탄 것인지 고속철을 탄 것인지/엊그제 봄이더니 가을 하늘 드높구나/느는 건 주름뿐이요 쌓이는 건 한숨일세.//시절은 돌고 돌면 제 자리로 오는데/한번 간 청춘호는 돌아올 줄 모르누나/함께 탄 그 사람들은 어느 역에 내렸는지.//돌아보면 아득해라 가물대는 촛불이여/그 촛불 마저 꺼지면 깊은 잠에 빠지겠지/가진 것 버리는 연습 서둘러 해야겠다. (졸시 「버리는 연습」 2004년 「시조월드」 하반기호)

사람들은 세월의 빠름을 유수 같다고 하고, 심지어는 화살 같다고 표현한다. 이처럼 세월 가는 것이 빠르기에 고속철을 타고 달리는 것 같다고 하였다. 며칠 전 봄이었는데, 눈 깜박할 사이에 가을이 돌아왔다. 그처럼 세월을 보냈으면 무엇인가 해놓은 업적이 있어야 하는데, 그렇지 못하니까 느는 것은 주름뿐이고 쌓이는 것은 한숨뿐이라고 했던 것이다. 해는 떴다가 지고 그 이튿날 다시 떠오른다. 달은 기울었다가 만월이 되고 다시 기울어진다. 이처럼 자연은 순환의 원리를 지키면서 돌고 도는데, 사람은 한번 늙어지면 다시 젊어질 수 없다. 그리고 함께 생을 유지하던 사람들이 하나 둘씩 낙엽처럼 사라져간다. 그러한 내용을 그 사람들이 어느 역에 내렸는지 모르겠다고 했던 것이다.

내가 살아온 과거를 되돌아보면 어떻게 살았는지 아득하기만 하다. 서커스를 하는 곡예사처럼 아슬아슬하게 살아왔다. 그 생명의 촛불이 다 타버릴 날도 그렇게 많이 남지는 않았다. 그래서 그 촛불마저 꺼지면 깊은 잠에 빠질 것이라 했던 것이다. 그때 자연으로 돌아가면서 우리는 무엇을 가지고 갈 수 있단 말인가. 목욕탕에 들어갈 때는 수건 하나는 가지고 갈 수는 있는데, 자연으로 돌아갈 때는 실오라기 하나 걸치지 못하고 알몸으로 가는 것 아닌가. 그러니까 가진 것 버리는 연습 서둘러 해야겠다고 마음먹었는데, 실제로는 안 되니 안타까운 일이라 아니할 수 없다. 그렇더라도 '참나'를 찾아서 바르게 건강하게 살려면 이 방법 즉 나를 버리고, 마음을 비우고, 모든 집착에서 벗어나는 길밖에 다른 방도가 없다는 것을 강조하면서 이글을 마친다.(2007. 4. 5.)

3. 오복(五福)에 대하여

사람은 누구나 복 받고 살기를 원하고, 행복하게 살기를 원한다. 그런데 한 가지 복만 받아서는 안 되고 적어도 다섯 가지 복을 동시에 받고 살아야 행복해질 수 있다는 의미에서 오복(五福)이란 말이 생겼다. 그 오복을 열거해 보면 '수', '부', '강녕', '유호덕', '고종명'등이다. '수'란 장수하는 것, 즉 오래 사는 것을 의미한다. '부'는 부자로 사는 것, 즉 돈이나 재산이 많은 것을 의미한다. '강녕'(康寧)은 몸이 건강하고 마음이 편안하다는 뜻이다. '유호덕'은 덕을 좋아하며, 즐겨 덕을 행하는 일이다. '고종명'(考終命)은 명대로 살고 편안히 죽는 다는 뜻이다. 이 다섯 가지를 골고루 갖추고 산 사람은 그야말로 복을 누리면서 산 사람이라고 할 수 있겠다.

그러나 이 중에서 어느 한 가지라도 결격 사유가 있으면 행복한 사람이라고 일컫기는 곤란할 것이다. 나머지 4가지를 갖추었더라도 장수하지 못하고 일찍 죽으면 그보다 더 불행한 일은 없는 것이다. 마찬가지로 나머지 4가지를 갖추었는데,

돈과 재산이 없어 지질이 가난하게 살아간다면 그 또한 불행한 일일 것이다. '강녕' 문제도 마찬가지다. 맨 날 병치레나 하고 병원을 들락거리거나, 스트레스를 받는 일이 많아서 늘 긴장하고, 불안 초조하다면 이 역시 불행한 일이라 아니할 수 없다. 4번째는 덕을 좋아하고 덕을 베풀면서 살아가야 하는데, 그렇게 덕성이 풍부하고 그 덕을 실천하는 사람이 과연 몇 명이나 될는지 생각해볼 일이다. 아무리 4가지 덕을 갖추었어도, 그 주인공이 인색하고 구두쇠고 자신밖에 모르는 사람이라면 사람들이 손가락질 하고, 아예 사람 취급을 안 할 것이다. 놀부라고 놀리거나 짐승 같은 인간이라고 생각할 것이다. 끝으로 '고종명' 문제인데, 이것 또한 쉽지 않다. 요즘은 평균 수명이 길어져서 명대로 오래 사는 사람들이 많기는 하지만, 죽음의 현장을 보면 불안과 고통이 주인공에게 엄습하여 시달림을 받는 경우가 허다하기 때문에 '편안하게 죽는 문제' 또한 쉽지 않다. 그런 점에서 오복을 고루 갖추고 그 오복을 마음껏 누리면서 살다 간 사람은 손으로 꼽을 정도일 것이다.

나는 2006년 7월 26일부터 7월 30일까지 여주 사람들과 함께 백두산 관광을 다녀왔다. 그때 민족의 영산 백두산의 천지를 생생하게 보고 온 것은 너무나 자랑스럽고 평생 잊지 못할 추억이 될 것이다. 4박 5일 동안 함께 여행하면서 가장 많은 이야기를 나눈 사람은 직전 여주문화원장인 한만규 선생이다. 그와는 룸메이트였으니 얼마나 많은 이야기를 나누었겠는가. 그가 나에게 현대인의 오복이란 것을 가르쳐 주었는데, 정확하게 말하면 현대 노인들의 오복이란 것을 가르쳐주었다. 그 5가지 복이란 ① 건강 ② 배우자 ③ 재산 ④ 할 일 ⑤ 친구 등이다. 옛날에 오복이라 일컫던 것들과는 사뭇 다른 모습이다.

오복 중에서도 제일순위는 건강이다. 누군가 '돈을 잃는 것은 작은 것을 잃는 것이고, 명예를 잃는 것은 큰 것을 잃는 것이고, 건강을 잃는 것은 모든 것을 잃는 것이다' 라고 한 말이 기억난다. 건강을 잃어서 죽게 된다면 명예는 높아서 무엇에 쓸 것이고, 돈이 태산같이 많은들 무슨 소용이 있겠는가. 그러니 건강이 제일이다. 나처럼 고희의 문턱에 와있는 사람은 첫째도 건강, 둘째도 건강, 셋째도 건강인 것이다. 앞으로 건강관리를 위하여 많은 공부를 해야 되겠다는 생각을 하였다.

두 번째로 큰 복이 아내가 되었든 남편이 되었든 배우자가 있어야 된다는 이야기다. 배우자가 없다면 애인이라도 만들어 노년을 즐겁게 보낼 수 있어야 된다는 것이다. 그러면서 나보고 좋은 사람을 소개해 줄 테니 짝을 만들라는 충언을 해준다. 내가 아내를 잃고 혼자 사니까 아마도 딱하게 보였던 것 같다. 그 문제가 이루어지든 안 이루어지든 나에게 그만큼 신경을 써주고 관심을 가져주니 고맙다는 생각이 들었다. 세 번째는 재산이다. 돈이 많아야 된다는 이야기다. 돈이 없어서 대학을 못 다닌 사람, 돈이 없어서 아픈 데도 병원에 못 가는 사람, 돈이 없어서 장가를 못 가고 노총각으로 늙는 사람들이 얼마나 많은가. 이 세상 살아가는데 돈이 전부는 아니지만, 그 돈이 필요불가결한 존재임에는 틀림없다. 그래서 많은 사람들이 돈을 벌기 위하여 눈을 시뻘겋게 뜨고 발광하는 모습이 너무 많이 눈에 띈다. 이 세 가지가 갖추어졌어도 사람에게는 '할 일'이 있어야 된다. 고등학교 선생을 하다가 정년을 한 내 친구를 보면 정말 할일이 없어서 매일 아침을 먹고 9시경에 등산을 가서 산행을 하다가 12시쯤 내려와 점심 식사를 한다는 것이다. 그리고 오후에는 기원에 가서 바둑을 두거나 친구를 만나는 일로 소일한다는 것이다. 그러나 매일 이런 일을 되풀이한다고 하니, 시간이 많이 남아서 어떻게 쓸지를 몰라 고민하는 사람이라고 하겠다.

우리 집 근처 복덕방 앞을 지나다 보면 60세 이상 된 늙은이들이 허구한 날 담배 연기 자욱한 가운데서 화토장이나 때려대는 광경을 목격하게 된다. 얼마나 할 일 없으면 맨 날 화토만 치면서 시간을 메우겠는가. 당사자들의 입장에서는 답답한 노릇이라 아니할 수 없을 것이다. 이 4가지가 갖추어진 다음에는 이따금 만나서 차 한 잔 나누거나 술 한 잔 기울일 수 있는 친구가 있어야 된다는 것이다. 특히 어려운 일이 있을 때 흉금을 터놓고 말할 수 있는 친구가 있다면 얼마나 좋겠는가. 사실 아는 사람은 많아도 진정한 친구는 많지 않은 것이다. 내가 곤경에 처했을 때 찾아와서 도와주는 친구가 참다운 친구인 것이다. 이 세상을 살아가는데 이런 친구가 있다면 형제지간보다도 더 가깝고 고마운 사람이라 생각하면서 감사하는 마음으로 살아가야 되리라.

이렇게 5가지를 열거하고 심도 있게 생각해 보았지만, 어느 한 가지도 자신의 뜻대로 잘 되는 것은 없다. 며칠 전 관란 선생 시제에 다녀오는데, 나와 동행했던 친구는 무릎 관절 때문에 고생하다가 결국 인공 관절을 끼워 넣는 대수술을 받았다고 한다. 수술비가 8백만 원 들었다고 하는데, 돈도 돈이지만 그 과정에 너무 고생을 많이 했다는 것이다. 그는 누구보다도 돈이 많은 갑부이다. 그렇게 돈이 많아도 자연스럽게 고치지 못하고 인공 관절을 끼우는 수술을 받았다고 하니, 이 건강 문제는 건강 복을 타고 나야지 그냥 노력만 가지고는 안 된다는 것이 그대로 입증된 것이다.

배우자 즉 인생의 짝이 있어야 된다는 문제도 마찬가지다. 이 세상 사람들은 누구나 배우자와 함께 백년해로하기를 원한다. 그러나 이것도 뜻대로 잘 안 된다는 걸 누구나 알고 있다. 이 세상에는 혼자 사는 과부, 혼자 사는 홀아비가 의외로 많다. 그래서 혼자 살다가 재혼하는 경우도 많이 있다. 우선 나 자신도 혼자 살고 있으니, 이 문제가 간단하지 않다는 것이 증명된 것이다. 솔직히 말해서 내가 홀아비 신세가 될 줄은 꿈에도 몰랐던 것이다.

다음은 돈 문제이다. 돈이 많으면 좋다는 것 누구나 잘 안다. 그래서 사람은 누구나 돈을 벌려고 애쓰고, 부자가 되고 싶어 하고, 그 돈 때문에 사람을 죽이는 수도 있다. 웃기는 이야기로 뱃속에 있는 아기도 돈을 준다면 얼른 나온다고 할 정도이니 돈의 위력이 얼마나 큰지를 대변해 준다. 그러나 이 문제도 돈복을 타고 나야지 억지로는 잘 안 된다는 것 모두가 알고 있지 않는가. 돈이 나를 따라와야지 내가 돈을 쫓아다녀서는 안 된다는 이야기다.

그 다음은 할 일에 관한 문제이다. 이것도 일복을 타고 난 사람은 늙어서도 할 일이 많은데, 그렇지 못한 사람은 젊었을 때도 할 일이 없어 빈둥거리는 백수가 된다. 더구나 직장을 퇴직한 다음에 할 일이 없어 빈둥거리는 사람들도 의외로 많다. 그런 점에서 나이 들어서도 할 일이 있고 그 일 때문에 바쁘게 지낼 수 있다는 것은 큰 복으로 알아야 할 것이다.

끝으로 친구문제인데, 이 또한 나에게 능력과 재력이 있어야 친구가 많이 붙지, 용돈이 없어서 쩔쩔 맨다면 있던 친구도 다 떨어져 나갈 것이다. 삼강오륜 중에 '붕우유신' 이란 말이 있는데, 친구지간에 신의가 없다면, 그 둘의 관계는 깨어질 수밖에 없다. 그런 점에서 뜻에 맞고 완전히 믿을 수 있는 친구가 있는 것은 큰 복이 되는 것이다. 그러나 내 부모처럼 그렇게 믿고 의지할 수 있는 친구를 가진 사람이 많지 않으니, 이 문제가 간단하지 않다는 것, 쉽게 얻어질 문제가 아니라는 것이 그대로 증명된 것이다.

현대 노인들의 오복이란 것을 이처럼 생각해보았지만, 그 다섯 가지를 완전하게 갖춘 사람은 많지 않을 것이다. 며칠 전 동네의 '소망 부동산' 이란 곳을 갔더니, 그 곳의 여사장이 오복 이야기를 들려주었다. 그래서 어떤 것들이냐고 물었더니 한만규 씨가 들려준 내용 그대로였다. 그러니까 이 현대의 오복이란 것은 몇 사람만 알고 있는 정도가 아니라 50세 전후의 여인네까지 알 정도로 많이 퍼졌다는 것을 비로소 알게 되었다. 그러면서 그 여인이 나한테 하는 말 "선생님은 오복 중에

네 가지는 갖추었는데, 한 가지가 모자라네요."라고 한다. 나는 그 말을 듣고 가타부타 대답하지 않고 그냥 웃어넘기면서 그 자리를 빠져 나왔다(11. 30.)

4. 지난 날을 회고하면서

우리의 자연환경에는 조임과 풀림이 있고, 굽이와 물결이 있다. 마찬가지로 사람의 삶에도 여러 가지 굽이가 있고 매듭이 있는 것이다. 그리고 나와는 상관없는 일처럼 보이는 것들이 언젠가는 나의 일로 다가와서 당혹할 때가 있는 것이다. TV에서나 신문지상에서 그 흔하게 보던 교통사고, 그 교통사고를 내가 직접 당하게 될 줄은 꿈에도 몰랐다. 주변에서 암 환자의 이야기를 많이 듣고 문병도 다녔지만 나는 그것을 강 건너 불구경하듯 했고, 나와는 상관없는 일이라 생각했었다. 그러나 어느 날 갑자기 그 무서운 병이 내 가족에게로 다가왔다. 정년퇴직 문제만 해도 마찬가지다. 내가 아는 사람 중에 얼마나 많은 사람들이 정년퇴직을 하고 명예퇴직을 했던가. 그런 사람들의 이야기를 들을 때마다 덤덤하게 생각했는데, 그 정년퇴직이 내 앞의 현실로 다가오니 만감이 교차하고 감개무량하기 이를 데 없다.

선배나 친구들의 퇴임식에 참여해서 축하해주고 박수를 보냈는데, 이제는 그 반갑지 않은 퇴임식을 내가 치르고 축하를 받아야 할 입장이니 뭐라고 표현해야 하나. 내가 교육계에 첫발을 들여놓은 것이 1966년 3월, 이제 그 교육계를 떠나게 되는 것이 2004년 2월 말이다. 무려 38년간을 몸담았는데, 그 동안에 겪은 애환, 희비, 고락을 책으로 쓰면 몇 권은 써야 할 정도다. 그리고 8학교를 다녔는데, 다니면서 보고 듣고 경험하고 느낀 것들을 다 쓸 수는 없지만 인상 깊었던 일들을 중심으로 지난날을 회고해 보고자 한다.

대성학교는 1967년 10월에 그만두었으니 1년 반을 근무한 셈이다. 교육계에 첫발을 들여놓았으니, 얼마나 감회가 깊고 꿈과 희망에 부풀었겠는가. 그러나 막상 그곳에 근무해보니 근무 조건이 열악하기 이를 데 없었다. 교사라고는 하지만 새롭게 교재 연구해야 되고, 학교생활에 적응해야 하고 그야말로 바쁜 나날을 보내었다. 수업 시간도 많고 잡무도 많고, 아직 학교생활에 익숙지 않아 코피를 흘릴 때가 많았었다. 이처럼 업무량은 많고 상대적으로 받는 대우는 불만족스러우니 교사들이 불평을 하는 것은 당연했다고 본다. 지금처럼 보너스가 제도화되지도 않았는데, 66년 늦가을 큰맘 먹고 학교에서는 김장값이라 하여 얼마를 지급하였다. 그런데 문제는 기혼자에게는 김장값을 주고 미혼자에게는 일체 지급하지 않은 데서 발단된 것이다. 총각 처녀 교사들이 동아리져서 스트라이크를 일으켰던 것이다. 그러나 학교 당국의 태도는 단호하였다. 항명죄를 적용했는지 어떤지는 모르지만 총각 교사 중에서 주동자 2명을 퇴출시키었다. 학교의 영을 어기면 어떤 대가를 치르게 되는지를 보여준 것이다. 아마도 그런 사건의 재발을 방지하기 위하여 일벌백계하는 심정으로 강경한 조처를 내렸다고 사료된다.

서울의 배명학교는 70년 3월초에 그만두었다. 서울 소재의 학교라 시골 학교보다는 형편이 나았지만 이곳의 근무 조건도 열악하기는 마찬가지였다. 이 학교는 왕십리 광무극장 맞은편에 있었는데, 자동차 소리, 전차 지나가는 소리 때문에 수업에 지장이 많음은 물론, 정신까지 멍멍하고 이상해질 정도였다. 큰 도로와 인접해 있으니 먼지는 얼마나 많이 들어오는지 ~ 게다가 학교 건물이 부실공사가 되어 교무실이나 교실이나 겨울의 난방을 위하여 19공탄을 때면 난로 아궁이로 시퍼런 불길이 확확 나오는데, 차마 눈 뜨고 볼 수 없을 정도였다. 육안으로 그 큰 불꽃을 확인할 정도면 유독가스가 실내에 진동할 것은 명약관화한 일이다. 교육도 좋고 직장도 좋지만 이런 곳에서 평생 근무하면 제명에 못 죽을 것 같은 생각이 들었던 것이다.

다음으로 찾아간 곳이 일류학교로 알려졌던 진명여고이다. 사실 이 학교를 찾아갈 때는 다시는 직장을 옮기지 않고 거기서 뼈를 묻을 생각을 했던 것이다. 그러나 막상 부임해보니 교장선생의 1인 독재 하에 80여 명의 교사들은 숨도 크게 못 쉬고 신음하였다. 그 어느 곳보다도 민주적이어야 할 학교가 가장 비민주적으로 운영되고 있었던 것이다. 매일 아침 직원 조례와 매일 저녁 직원 종례는 왜 하는지 모르겠고, 조례와 종례를 한다는 미명 아래 사람들을 들들 볶고 있었던 것이다. 한마디로 교사들은 오장육부를 내놓고 무조건 참고 지내야지 다른 방법이 없었다. 매일 아침저녁으로 사람들의 속을 뒤집어 놓는데, 누가 그곳에 붙어 있으면서 충성을 다하고 싶겠는가. 나이를 먹고 옮길 수 없는 사람은 그것도 감지덕지하면서 붙어 있지만 젊은 교사들은 탈출할 기회만 엿보고 있었던 것이다. 그래서 매년 신학기만 되면 30여명의 교사들이 썰물처럼 이 학교를 빠져나가고, 그 빈자리를 메우는 신임교사들이 밀물처럼 밀려들어오는 기현상이 반복되고 있었다. 나는 이왕 교직에 종사하려면 사립을 그만두고 공립학교로 가야겠다는 생각을 했고, 드디어 현직교사라는 것을 숨기면서 서울 시내 공립학교 채용고시를 보게 되었던 것이다.

행당여중에는 만 4년을 근무하였다. 그 당시 공립학교는 만4년이면 전근을 가야 되는데, 그러한 전근 케이스에 걸린 것이다. 공립학교라 사립학교보다는 근무 조건이 좋지만, 이곳의 교장선생이 전근대적 사고방식의 소유자였다. 직원회 때마다 공납금 걷는 독촉, 보충 수업비 걷는 독촉을 하는 것까지는 이해해 줄 수 있다. 그러나 그러한 돈 걷는 성적을 순위를 매겨서 공개하고, 교사들에게 은근히 뇌물을 바라고, 자기 마음에 들지 않으면 모욕적인 언사를 함부로 쓰는 비상식적인 언행을 일삼고 있었다. '지렁이도 밟으면 꿈틀한다.'는 속담이 있는데, 그처럼 자존심 상하는 경우를 당하게 되면 아무리 하급자라도 반발을 하게 되어 있는 것이다. 그래서 한번은 교장선생에게 삿대질을 하고 대들었더니, 어찌나 노발대발하던지 지금까지도 기억에 생생하다. 그러한 항명의 대가를 톡톡히 치렀으니, 근무 평정 점수를 형편없이 받았던 것으로 기억된다.

우리 집에서 관악고등학교까지 출근하는 데는 1시간 30분이 소요되었고 버스를 두세 번 갈아타야 했다. 그러니까 퇴근 시간까지 합치면 매일 3시간씩 버스 속에서 허비해야 했다. 그런데 예의 학교는 영등포 공장지대 한복판에 자리 잡고 있었으니, 어떤 자가 이런 곳에 터를 잡았는지 한심하다는 생각밖에 안 든다. 교육은 무엇보다도 환경이 중요한데, 24시간 기계 돌아가는 소리, 화약 타는 냄새, 최루탄 가스 같은 냄새가 진동하는 곳에 어찌 감히 학교를 세울 생각을 했는지 기가 막힐 뿐이다. 학교에 근무하는 시간은 그 가스 냄새를 맡으면서 호흡곤란을 느껴야 하고, 눈이 따끔따끔 해지고, 골이 아프고 멍해져서 정상적인 활동을 할 수 없었다. 그리고 버스에서 내려 학교까지 걸어가는 도로 가장자리로 커다란 도랑이 드러나 있었고, 그 도랑에는 맑은 물이 흐르는 것이 아니라, 시뻘건 쇳물, 공장 폐수가 가득 흐르고 있었으니, 그 고약한 냄새는 맡아본 사람만이 알 수 있는 문제이다.

대전보건 전문은 학교인지 기업체인지 구분 안 될 정도였다. 이 학교는 기본적으로 교수를 대하는 자세 자체가 잘못 되었다. 학생들을 가르치는 교육자로 보는 것이 아니라 자기들 집에 와서 일 해주고 삯을 받아가는 머슴 정도로 생각했던 것이다. 설립 초기 훌륭한 사람들을 많이 데려왔는데, 월급은 짜고 사람대접은 시원찮으니까 탈출을 시도할 수밖에 없었던 것이다. 나도 그 학교에 만 3년을 근무했는데, 이곳이 공산 사회의 독재 치하지 도저히 자유대한의 교육기관이라고 생각한 적이 없을 정도였다. 매사가 그렇듯이 좋은 줄 알고 갔는데, 좋지 않다는 것을 피부로 깨달았을 때는 이미 늦은 것이다. 이곳에 온 것을 열 번 스무 번 후회해 보았지만 무슨 소용이 있는가. 우리 속담에 "절간이 싫으면 중이 떠나야 한다."는 말이 있다. 내가 사는 길은 이곳을 탈출하는 수밖에 없다는 생각을 했고, 그 탈출 방법으로 대학원 박사과정 입학을 선택하였다. 왜냐하면 박사학위를 받으면 버젓하게 국어국문학과가 있는 4년제 대학에 가서 마음 놓고 꿈을 펼칠 수 있는 기회가 오리라고 확신했기 때문이다.

경상대에 가서는 5년 반을 근무하였다. 국립대학이라 그런지 시설, 규모, 운영면에서 대학다운 분위기, 학문하는 분위기를 느낄 수 있었다. 그 동안 나는 올바른 직장을 찾기 위하여 얼마나 많은 방황을 했던가. 경상대에 가서는 직장에 대한 불만은 없었다. 비로소 국문학이라는 전공과목을 강의할 수 있었으니 얼마나 좋은가. 그런데 학과에는 터줏대감 노릇하는 사람이 있어 매사를 좌지우지하고 전횡을 하였다. 그러나 어쩌랴! 그분의 비위를 건드리지 않으면서 용케 잘 버텨 나갔다. 내가 주위환경에 맞추고 적응하면서 살아야지 주위환경이 나에게 맞춰주기를 기대해서는 아니 되지 않는가? 그렇더라도 천리 타향 진주에서의 외로움은 그 무엇으로도 달랠 수 없었다. 어떤 때는 남강가의 촉석루를 찾아가 "진주라 천리 길을 내 어이 왔던가."라는 유행가를 불러가면서 나그네 설움을 달래보았지만 아무런 소용이 없었다. 할일은 많고 뜻대로 되지는 않고 얼마나 고달프고 힘들었던지~

그래도 주말이면 정든 가족들이 기다리고 있는 서울 집을 오르내리는 것이 큰 즐거움이었다. 그러나 몇 년을 이런 생활을 되풀이하니, 심신이 지쳐서 극한상황에 이르렀다. 그 당시 중부고속도로는 뚫리기 전이고 오로지 경부선을 이용했는데, 강남터미널에서 진주터미널까지 빠르면 6시간 걸리고 늦으면 7시간 걸리는 것이 보통이었다. 특히 구마고속도로가 확장되기 이전이라 체증이 걸려서 한두 시간 지체되는 것은 예사였다. 그러니 서울에서 진주까지 버스를 타고 가서 터미널에 내리면 골이 빠개지게 아픈데, 몇 시간 지난 후에도 낫지 않고 하루 밤을 자고 나야 아픈 증세가 가시었다. 이런 현상은 진주에서 서울로 올라오는 경우도 마찬가지였다. 장시간 고속버스를 타고 다니는 것이, 그것도 주기적으로 자주 타고 다니는 것이 얼마나 건강에 나쁜지를 뼈저리게 느낀 것이다. 사실 12월 하순에서 1월 하순까지의 그 무서운 추위와 찬바람을 쐬어도 이러한 현상은 되풀이되었으니, 버스를 많이 타고 다닐 때의 후유증이 얼마나 심각한가를 실증적으로 깨닫게 된 것이다.

이제까지 지난날을 회고하면서 아픈 기억, 고통스럽던 일들을 되살려 보았다. 그러나 나는 이러한 체험들을 나쁘다거나 원망스럽다거나 복 없는 사람이었다고 푸념하지 않는다. 이러한 부정적인 것들이 내 안에 들어와서는 영양소가 되고 살과 뼈가 되고 교훈이 되어 오늘의 '나'를 만들었다고 생각하기 때문이다. 그러한 시련을 통하여 그것을 이겨내고 슬기롭게 극복해서 현재 위치의 '나'를 만들게 되었다는 이야기다. 우리 속담에 '비가 온 뒤에 땅이 굳는다.'는 말이 있다. 마찬가지로 여러 가지 시련을 만나 그것을 극복할 수 있는 힘을 길러냄으로써 좀더 단단하고 알찬 인간이 될 수 있었다는 이야기다. 그러한 고통들은 본인을 좀더 훌륭한 사람, 바람직한 사람, 능력 있는 사람, 된 사람을 만들기 위하여 하느님께서 시련을 준 것으로 생각하지, 결코 나쁜 의미로 받아들이지 않는다는 이야기다. 누군가 이야기한 것을 들었는데, 위기가 곧 기회라 했다. 또 전화위복이란 말도 있지 않는가. 주어진 현실을 어떻게 요리하느냐에 따라서 그 사람의 인생이 달라진다는 말을 부언하면서 아무리 어려운 일을 당하더라도 결코 좌절하지 말 것을 여러분에게 당부한다.

5. 시조문학과의 만남

인간의 삶은 만남과 헤어짐의 연속이다. 그래서 불교에서는 인연사상을 중요시한다. 또 만나고 헤어지는 일을 운명이라고 이야기하는 경우도 있다. 특히 남녀가 부부로 만나는 것은 전생의 인연이 있다고도 하고 하늘이 정해주었다고 해서 천정배필이란 말을 쓴다. 이처럼 부부간의 만남이 중요한 것이 사실이지만 시조와의 만남 또한 이에 못지않다고 생각한다.

나는 1966년부터 교육계에 발을 들여놓았는데, 그 동안에 학교를 8군데나 옮겨 다녔다. 이처럼 자주 직장을 옮겨 다니면 사람의 됨됨이가 진득하지 못해서 적응을 못하여 옮겨 다닌 것으로 볼 수도 있고, 사람은 그런대로 쓸 만한데 직장의 환경이 열악해서 어쩔 수없이 옮겨 다닌 것으로 볼 수도 있다. 하여간에 나에게는 1970년 진명여고로 전근할 기회가 생겼다.

그곳에 근무하는 대학 동창생이 와주기를 간청했기 때문이다. 그렇지 않아도 어딘가 좋은 곳이 있으면 가야겠다고 생각하던 터라, 전후좌우를 살펴보지 않고 그곳에 부임하였다. 그곳으로 갈 때는 더 이상 철새처럼 옮겨 다니지 않고 아예 그곳에 뼈를 묻고 정년이 될 때까지 근무하려고 하였다. 그러나 어쩌랴! 교장선생께서 매일같이 아침저녁으로 들들 볶는데, 오장육부를 내놓고 있어야 할 판이었다. 그러한 환경에 면역이 된 사람들은 그래도 감지덕지하면서 계속 근무할 수 있지만, 웬만한 양식을 가진 사람들은 그곳을 떠날 수밖에 없었던 것이다. 나는 그때 생각한 것이 이왕 교직에 평생 몸담으려면 공립학교로 가는 수밖에 없다는 결심을 하게 되었고, 그래서 서울 시내 공립학교 교사 채용고시에 응시하였고, 부임한지 1년 만에 예의 학교를 떠나는 참을성 없는 사람이 되어버렸다.

이 학교에 1년 근무하는 동안 만난분이 지금은 고인이 된 유동 이우종 선생이시다. 아마 그곳에서 이우종 선생을 만나지 않았다면 나는 시조와 인연을 맺을 수 없었을 것이다. 그분께서 시조의 좋은 점을 말씀해 주셨고, 시조쓰기를 권장하셨고, 시조도에 입문하도록 안내해주셨다. 그러나 나는 천성이 게으르고 노력하지 않아서 1975년에야 정식으로 문단에 얼굴을 내밀 수 있었다. 물론 내가 게으르고 노력을 하지 않은 탓도 있지만 시조를 쓰는 작업이 그만큼 만만치 않았다는 것을 증명해 주는 것이기도 하다.

이우종 선생은 내가 시조시인이 될 수 있도록 커다란 은혜를 베풀어 주신 분이다. 그러나 그분 생존 시에 그분께서는 많은 어려움을 겪었는데, 나는 그 어려움을 헤쳐나가시도록 도와드리지 못한 점이 항상 마음에 걸린다. 언젠가 구름재 박병순 선생께서 하신 말씀이 문득 생각난다. 보통 사람들을 5가지 부류로 나누어 볼 수 있는데, ① 은혜를 입고서 까맣게 잊는 사람, ② 은혜를 입은 다음 갚지는 않아도 잊지를 않는 사람, ③ 은혜를 원수로 갚는 사람, ④ 몇 년에 한번이라도 은혜를 갚는 사람, ⑤ 꾸준히 지속적으로 은혜를 갚는 사람 등으로 나눌 수 있다고 하셨다. 이런 말씀을 듣고 나는 많은 사람들에게서 은혜를 입고 살았는데도 제대로 갚지 못하였으니, 부끄러운 생각 이루 말할 수 없다.

나는 교원대에 근무하면서 많은 제자들이 시조 분야 논문을 쓰도록 권장하였다. 또 나에게서 시조 강의를 들은 제자들이 많다. 그들 중에는 내 강의를 듣고 시조가 좋아져서 시조 논문을 쓴 사람, 대학원 입시 때 내 저서를 읽고 시조를 좋아하게 된 사람, 내 강의를 신청했는데 과제를 하다가 시조가 좋아진 사람 등 다양하다. 이런 분들이 졸업하고 나가서 시조 창작 공부를 하여 새롭게 시조 문단에 등단한 사람들이 많다. 나는 이우종 선생 때문에 시조를 쓰게 되었지만 나를 만났기 때문에 시조를 알게 되고 시조를 쓰는 사람들도 많게 되었으니 다행이라고 생각한다. 이처럼 인간은 누구를 만나느냐에 따라서 그 사람의 운명이 달라질 수 있는 것이다.

하여간에 내가 시조를 만난 것은 운명적인 것이요, 필연적인 것이다. 내가 교직에 38년간 머무는 동안 진명여고에는 단 1년밖에 있지 않았다. 그런데 그 1년 때문에 유동 선생을 만났고, 시조와 해후하게 되었으니, 이보다 더 중요한 만남이 어디 있겠는가. 이제 그 만남의 중요성을 깨달았으니 심기일전해서 시조공부를 열심히 하는 것이 도리라고 생각한다.

6. 기도의 의미

어떠한 종교든 수행생활에서 기도는 중요한 비중을 차지한다. 기독교에서 예배를 드리는 것을 보면 주로 찬송, 설교, 기도로 이루어졌다. 그리고 목사가 신도들에게 강조하는 것도 집에 가서 기도를 많이 하라는 권고를 한다. 그런데 기독교에서는 기도하는 내용이 주로 하느님이나 예수님에게 무엇을 어떻게 해달라고 요구하는 것이 많다. 물론 그 내용 중에는 자기 잘못에 대하여 용서를 구하고 반성하고 참회하는 내용도 많지만 주로 개인의 또는 가족의 안녕과 행복을 갈구하기 위하여 기도하는 경우가 많다.

이러한 기도의 중요성이 불교라고 해서 달라지는 것은 아니다. 불교의 의식에서도 염불과 간경(看經)의 비중이 크다는 점에서 여타 종교와 궤를 같이한다고 볼 수 있는 것이다. 그러면 먼저 기도의 의미에 대하여 살펴보자. 보통 때는 종교적 성향이 없던 사람도 위기에 처하거나 심각한 문제에 부딪히면 종교에 의지하는 경우를 자주 보게 된다. 지푸라기라도 잡고 싶은 심정이 되면 무엇인가 의지하고 싶은 것이 인지상정일 것이다.

기도란 일반적으로 인간이 자신의 한계를 느낄 때 신이나 그 밖에 신비한 힘에 의지하여 그것을 이겨내고자 간절하게 비는 것을 말한다. 그러나 불교에서 기도는 권청(勸請) 즉 일체 중생들이 어리석은 마음을 떨쳐버리고 하루 속히 지혜의 눈이 열리도록 부처님께 청하는 의식이다. 이러한 의식을 통해서 모든 중생을 제도하겠다는 원력과 바른 깨달음을 성취하여 모든 이웃들에게 기쁜 마음으로 회향하겠다는 서원의 뜻이 있는 것이다. 즉 불교의 기도는 불 · 보살님의 위신력을 찬탄하고 다생에 지은 모든 업장을 참회하며 감사한 마음으로 일체중생과 함께 하기를 발원하는 것이다.

기도는 기원(祈願)이요 기청(祈請)이요 기념(祈念)이다. 기도는 마음속에 원을 세워서 그 소원이 성취되기를 빌고 구원하는 것이다. 이 세상에 소망이 없고 바램이 없는 사람이 있겠는가? 그래서 기도하고 발원하는 것인데, 그 기도발원은 부처님의 가르침을 믿고 의지하며 이 생명 다하도록 실천하겠다는 성스러운 마음에서부터 생기는 것이다. 그러므로 기도를 통해서 나와 이웃 그리고 모든 중생들에게 불·보살의 공덕이 함께 하기를 서원하고 또한 자신의 편협한 마음을 부처님 마음으로 되살리는 것이다.

이러한 기도가 소기의 성과를 거두려면 먼저 자기반성과 참회가 선행되어야 한다. 참회는 과거로부터 지어온 죄업과 현재 자기 생활에서 지은 모든 허물과 또 앞으로 죄악을 범하지 않겠다고 부처님께 기도하는 맹세이다. 우리는 생활 속에서 의식적이든 무의식적이든 많은 죄악과 허물을 짓게 된다. 이러한 죄악과 허물은 대부분 세속적인 욕망과 이기심에 의하여 생겨난다. 이러한 잘못을 뉘우치고 정화하지 않는다면 불자의 삶은 결코 진리에 다가갈 수 없다. 그렇다면 구체적으로 무엇을 어떻게 참회할 것인가?

이 참회하는 방법에는 이참(理懺)과 사참(事懺)의 두 가지가 있다. 사참은 부처님 앞에서 정성껏 기도를 하면서 자기 잘못을 뉘우치고 다시는 죄가 되는 일을 하지 않겠다고 마음으로 참회하고 동시에 착한 일을 행하여 죄과를 뉘우치는 것이다. 이참은 원래의 죄성(罪性)이 공(空)한 자리를 깨쳐, 내적으로 죄의 근본이 되는 탐욕 망집을 해탈함으로써 외적인 범행이 영원히 없어지는 것이다. 또한 참회의 긴요한 요소는 가장 내밀한 마음의 아픔을 토로하고 용서를 구하는데 있다. 그러므로 '용서를 청한다.'는 참회에는 용서를 빌고 용서를 해주는 관계가 설정되어야만 한다. 아픈 〈내〉가 아픈 〈나〉를 위로하는 그런 식의 독백은 있을 수 없다. 〈나〉는 항상 아프게 마련된 존재이다. 질병과 같은 나의 물질적 부문에 관한 한 의사와 같은 〈남〉이 그 아픔을 치료해주는 것이지, 자기 자신이 치료를 해주는 주체가 될 수는 없는 것이다. 그러나 나의 죄과로 인한 마음의 아픔은 '뉘우침'이란 나 자신의 내면적 정화의 의욕이 타자로부터의 자비로운 관용이 마음속에 녹아들어가지 않고는 치료될 수 없는 것이다. 따라서 참회하는 행위는 인간이 불(佛)에게로 향하는 애정(哀情)의 표시인 동시에 불이 중생에게 베푸는 자비의 혜택이다. 참회가 심각하고 순수하면 할수록 불의 자비도 더 한층 크리라 생각한다. 그러므로 불과 중생 사이의 중요한 관계, 일반 종교생활의 가장 중요한 부분은 바로 이 참회에 있다고 해도 과언 아니다. 일찍이 붓타는 말씀하시기를 '진정한 참회야말로 능히 번뇌의 나무를 불태우고, 능히 삼계의 지옥에서 벗어나 보리의 꽃을 피울 수 있으며, 능히 부처의 대원경(大圓鏡)을 얻고, 마니보주(摩尼寶珠)의 감로 비를 내릴 수 있다.' 고 하셨다. 이처럼 참회가 중요하니만큼, 그 참회가 선행되는 기도를 해야 한다는 것이 선결 조건이다. 그래서 기도를 할 때는 몇 가지 명심해야 할 사항이 있다.

첫째 이미 이야기했지만 무엇을 이루겠다는 생각보다 자신의 죄업에 대한 절실한 참회의 시간을 먼저 가져야 한다. 평상의 마음가짐으로는 기도를 성취할 수 없다. 기도에 들어가기 전에 자신이 다겁생래로 지어온 업장을 뼈저리게 느끼고, 결코 그 업장을 되풀이하지 않겠다는 확실한 참회로부터 기도를 시작해야 한다. 항상 감사하는 마음을 가져야 한다. 감사하는 마음이 없이는 어떤 대상에 대해서 잘되기를 바랄 수 없다. 감사하는 마음이 크면 클수록 기도의 공덕과 그 성취는 자연히 커지게 되는 것이다.

둘째로 올바른 발원이 있어야 한다. 올바른 발원이란 곧 보리심을 내는 것이다. 보리심이란 어린아이처럼 무엇을 자꾸 달라는 것이 아니라, 스스로 큰 뜻을 세우고 성취하겠다는 서원을 세우는 것이다. 그리고 그것은 스스로 성취하겠다는 생명력과도 연결되어 있다.

셋째 철저한 확신이 있어야 한다. '기도를 하면 정말 들어주실까?' 하는 회의적인 마음보다는 이미 내 기도를 들어 주셨다는 마음으로 한 점의 의심도 없는 확신이 있어야 한다.

넷째 간절한 일념으로 해야 한다. 삿된 욕망이나 부질없는 생각 없이 오직 일념으로 기도해야 한다. 다시 말해서 굶주린 자가 밥을 찾듯이 목마른 자가 물을 찾듯이 오직 한 가지 일념으로 간절히 기도할 때만이 기도를 성취할 수 있는 것이다.

기도를 할 때는 이러한 몇 가지 사실을 명심하고 기도를 하면 잡념을 떨쳐버릴 수 있다. 만약 그래도 잡념이 생기면 잡념을 떨쳐버려야 되겠다거나, 잡념이 없어지지 않는다거나 하는 생각으로 번민하지 말고, 가만히 마음속으로 부처님의 자비심에 귀의하는 발원을 해보는 것도 좋은 방법이 된다.

이처럼 기도할 때 유의할 점을 알아보았거니와, 무엇보다도 중요한 것이 불자나 수행자들이 기도하겠다는 마음과 자세를 갖는 일이다. 우리 속담에 '우는 아이에게 먼저 젖을 준다.'는 말이 있고, '문을 두들겨야 열린다.'는 말이 있지 않는가. 엄마는 어린애가 울지 않으면 젖을 먹일 생각을 하지 않는다. 밖에서 문을 노크하지 않으면 안에 있는 사람이 문을 열어주지 않는다. 마찬가지로 아무리 부처님이나 보살님이 우리들의 소원을 들어주고 싶어도 우리들이 그것을 원한다는 메시지를 보내지 않는데, 어떻게 도와준단 말인가. 그러니 무엇보다도 중요한 것이 열심히 기도하고 간구하겠다는 마음의 자세와 실천인 것이다. 이처럼 절실하게 기도해서 그 효험을 본 예는 고문헌에서도 얼마든지 찾아볼 수 있다. 「산국유사」의 〈분황사 천수대비 맹아득안조〉를 보면 다음과 같은 기록이 있다. "경덕왕 때에 한기리에 사는 여자 희명의 아이가, 난지 5년 만에 갑자기 눈이 멀었다. 어느 날 그 어머니는 이 아이를 안고 분황사 좌전 북쪽 벽에 그린 천수관음 앞에 나가서 아이를 시켜 노래를 지어 빌게 했더니 멀었던 눈이 드디어 떠졌다."라는 내용이다. 이때 부른 노래를 국문학사에서는 〈천수대비가〉라고 한다. 다섯 살 된 희명의 아이가 눈이 멀었는데, 분황사의 천수관음보살님께 나아가 열심히 기도했더니, 먼눈이 떠져서 광명을 되찾게 되었다는 내용이다. 그 기도가 얼마나 간절했으면 천수관음께서 그 소원을 들어주었겠는가? 기도의 힘과 효력이 얼마나 위대한가를 증명해주는 좋은 예라고 생각한다. 직접 부처님께 빈 것은 아니지만 우리의 고소설을 보면 자식이 없는 부모가 명산대찰에 빌어서 자식을 보게 되었다는 내용을 흔히 볼 수 있다. 그 예로 「춘향전」의 첫머리 부분을 인용해 보자.

"들으시오, 전생에 무슨 은혜 끼쳤던지 이생에 부부되어 창기 행실 다 버리고 예모도 숭상하고, 여공(女工)도 힘썼건만 무슨 죄가 진중하여 일점혈육 없었으니 육친무족 우리 신세 성영분화 뉘라 하며 사후감장 어이하리. 명산대찰에 신공(神供)이나 하여 남녀간 낳게 되면 평생 한을 풀 것이니 가군(家君)의 뜻이 어떠하오."

이 부분은 춘향의 모친 월매가 그의 남편 성참판에게 명산대찰에 빌어서 자식 낳기를 청하는 대목이다. 이렇게 해서 목욕재계하고 명산대천을 찾아가 상봉에 단을 모으고 제물을 진설하고 단하에 복지하여 천신만고 빌었더니, 일개 옥녀(춘향)를 얻게 되었다는 것이다. 부처님께 빈 것도 아니고 명산승지를 찾아가서 빌었는데도 이처럼 자식을 보게 되었다는 것이다. 그 외도 소원이 있으면 절에 가서든 유명한 산에 가서든 백일기도를 열심히 해서 소원성취 했다는 이야기는 너무 많아서 일일이 소개할 수 없을 정도다. 요즘도 대학 수능고사 철이면 강화도 보문사에 가서 백일기도하는 분들이 전국에서 모여 기도 들인다는 소식을 접하였다. 또 대학 입시철이면 대구 팔공산의 갓바위 부처님에게 빌러오는 사람들이 하루에 수천 명씩 된다고 한다. 그 갓바위 부처님에게 기도한 부모들은 자녀들이 모두 좋은 대학에 합격하였다고 하니, 그 부처님의 신비스러운 영험에 감탄하지 않을 수 없다. 기독교인들이 말하는 것을 들어도 그들의 소원을 열심이 기도드렸더니, 그 소원이 자연스럽게 이루어졌다는 간증을 심심찮게 듣는다. 그러니 우리 불자들은 부처님에게 자신의 소망을 간절하게 지속적으로 빌어 모두 소원성취하기를 이 자리를 빌어 부탁드린다.(9.17.)

7. 걷기 운동

정해년(丁亥年) 3월 중순 날씨가 포근하다. 아마도 금년 들어서 제일 따듯한 날씨 같다. 엊그제까지만 해도 황사에 꽃샘추위가 몰려와서 설을 거꾸로 센 듯한 느낌이 들 정도였다. 눈보라가 휘날리고, 강풍이 몰아치고, 잔뜩 찌푸린 날씨에 추위가 엄습해서 사람의 심신을 움츠려 들게 하였다. 그런데 오늘은 봄 날씨답게 따뜻하다. 생각 같아서는 가벼운 옷차림으로 산야를 돌아다니면서 싱싱한 봄의 영기를 마셨으면 좋겠다. 그러면 '고목에 꽃이 핀다.'는 말처럼 조금은 젊어지려나. 세속에 찌든 때를 씻어내고 삶의 향기를 맛보려나. 나는 우울증 환자도 아닌데, 요즘와서 잔뜩 흐린 날씨처럼 마음이 밝지 못하고, 하는 일에 의욕이 안 생기고, 되는 일도 없고 안 되는 일도 없으니, 그저 답답한 마음 어떻게 풀길이 없다.

그래도 건강관리 하나만은 철저히 한다고 매일 아침 한강변을 산책한다. 집의 대문을 나서서 올림픽 대교 밑으로 내려가 천호대교를 지나 광진교 밑을 돌아서 오면 약 1시간이 걸린다. 이렇게 매일 아침 똑 같은 코스를 걷기운동을 하니, 내 몸의 건강이 많이 좋아진 것 같다. 이 운동만은 추울 때나 더울 때나, 눈이 올 때나 비바람이 불 때나 상관없이 계속한다. 물론 급한 용무로 지방에 내려가거나, 해외여행을 떠났을 때만은 예외다. 그렇지 않다면 만사를 제쳐놓고 이 아침 운동만은 끈질기게 실천한다. 그래서 그런지 오랜만에 만나는 친구들이 나를 대하면 상당히 건강해 보인다고 한다. 나는 건강을 유지하는데 특별한 비법은 없고 이처럼 매일 아침 걷기 운동을 하는 것이 제일의 방법이다. 그리고 많은 사람들이 권하는 건강식품이나, 그런 회사에서 발간하는 홍보책자를 보고 건강식품을 사먹는 것이 제이의 방법이다. 아무리 규칙적인 운동을 하고, 심신단련을 해도 나이에 따라 신체의 기능이 약해지는 것만은 막을 방법이 없다. 하루 세끼 먹는 식사에 의지해도 무언가 부족한 것이 있다. 그래서 그 부족 부분을 조금이라도 보충하기 위하여 건강식품을 사먹는 것이다.

오늘 아침 한강변을 산책할 때, 강가의 수양버들이 시커멓게 변해가는 사실을 발견할 수 있었다. 나뭇가지에 물이 오르고 새싹이 돋아나려고 색깔 먼저 달라진 것 같다. 음지에 서있는 산수유나무 몇 그루에서는 노랗게 산수유 꽃을 피워냈다. 산책로 주변의 잔디밭에서는 새파란 새싹이 돋아나고 있지 않는가. 어떻게 그 시커먼 땅속에서 묵은 풀 사이를 비집고 저처럼 새싹이 돋아날 수 있단 말인가. 4계절의 변화에 따라서 자연은 어김없이 생장소멸의 원리를 되풀이하고 있는 것이다. 싹이 나고, 잎이 나서 자라고, 꽃이 피고, 열매 맺고, 누렇게 단풍 들다가 어디론가는 사라지는 것이다. 너무나 엄격해서 소름이 끼칠 정도이다.

사람이라고 해서 예외가 아니다. 나고 자라고 청장년이 되고 노년이 되었다가는 어디론가 사라진다. 식물이나 동물이나 그 원리는 똑같은 것이다. 이처럼 이 세상에 태어났다가 뜬구름같이 사라질 존재인데, 마치 천년만년 살 것처럼 아귀다툼을 하고, 남을 짓밟고 못 살게 구는 인간이 많으니, 어찌 한심스럽지 않겠는가. 핵폭탄은 만들어서 무엇하고, 미사일은 만들어서 어쩌자는 것인가. 자기 욕심을 채우기 위하여 많은 사람들을 희생시키겠다는 것인데, 이 세상 자연의 섭리가 남을 죽이고 저만 잘살게 되어있지 않다는 것쯤은 알고 있어야 하지 않겠는가. 이처럼 남을 죽이고 저만 잘살겠다고 살생을 일삼는 인간도 문제지만, 매사를 남의 탓만 하는 멍청이 인간도 문제다. 모 단체에서 회장 선거를 하는데, 그 후보자 중 한 사람이 허구한 날 남의 탓만 하고 있는 것이다. 제가 잘못한 것에 대하여는 일언반구 사과도 없이, 남의 약점만 잡고 늘어지니, 이런 인간이 이 사회에 존재한다는 것 자체가 부끄러운 일이다. 남은 백퍼센트 틀렸고, 저는 백퍼센트 옳다고 하니, 이런 인간이 교수면 뭐하고, 박사면 무엇 하겠는가. 좌로 가면 우로 안 간다고 시비 걸고, 올라가면 내려가지 않는다고 시비 걸고, 약속을 한 시간 빨리하면 왜 빨리하느냐고 시비 걸고, 공문서에 문구 하나, 글자 하나 가지고도 시비를 거니, 이런 놈이 어찌 회원들의 마음을 움직일 수 있겠는가. 남에게 베풀고, 남을 이해하고, 상대방을 이해하려 들고, 상대방의 입장을 배려해 준다면 본인이 회장을 하지 않겠다고 거절해도 모두 추대해서 그를 회장 자리에 앉히려 들 것이다.

이처럼 남에게 베풀 줄 모르는 인간이 제 생각은 합리적이고, 제 생각만 옳다고 하니 기가 막힌 노릇이다. 마치 지가 시험보고 지가 점수를 매기는 격이다. 자기에 대한 평가는 남이 하는 것이지, 제가 하는 것이 아니란 것쯤은 삼척동자도 알고 있는 문제이다. 그렇게 하고도 자기 뜻에 따라주면 옳다 하고, 따라주지 않으면 적이라고 생각하니, 이런 어리석은 자가 어찌 한 단체를 이끌어가는 지도자가 될 수 있겠는가. 그리고 사사건건 누구의 사주를 받았느니, 저의가 의심스럽다니 하는데, 이 세상에 누가 누구를 사주하고, 사주한다고 무조건 추종할 사람이 어디 있단 말인가. 이 사람이야말로 제가 제 무덤을 파고 있었던 것이다.

자기가 단체의 회장을 하고 싶으면 평소에 덕을 쌓고, 베풀고, 남을 이해하는 아량을 베풀면 되는 것이다. 그런 노력은 하지 않고, 사사건건 주변 사람들을 괴롭히다가 회장을 하겠다고 온갖 추태를 다 부리니, 이야말로 산꼭대기에 가서 숭늉을 찾는 격이라고 하겠다. 사람의 건강 문제도 마찬가지다. 그 건강을 위하여 공부하고 노력하고 시간을 투자했을 때 건강이 찾아오는 것이지, 그러한 노력 없이 그냥 이루어지는 것은 아니다. 하여간에 일본에서 100세 넘은 어느 노인이 장수의 비결을 다음과 같이 이야기했다고 한다. ① 규칙적인 생활, ② 운동, ③ 물 많이 마시기, ④ 긍정적인 사고방식. 이 중에서 긍정적인 사고방식이나, 세계관은 그 사람의 교양이나 인품과 관련되는 사항이다. 그러니 건강하게 오래 살려면 운동도 열심히 해야 되겠지만, 마음의 수양도 열심히 해야 된다는 이야기다. 그러니 나도 걷기운동을 열심히 함과 동시에 마음 닦는 일을 게을리 하지 말아야겠다고 다시 한 번 다짐해본다.(3. 28.)

8. 이겨야 산다

아산병원을 가려면 지하철을 타고 성내역에서 내려 한 10분간 걸어가면 된다. 구의동에서 택시를 타고 가도 요금이 많이 드는 것은 아니지만 나는 이런 방법으로 아내가 입원한 그곳을 자주 다녔다. 오늘도 성내에서 내려 왼쪽으로 방향을 틀고 차로를 건너고 성내천을 따라 형성된 일직선의 뚝방길을 걸었다. 그 길을 걷노라면 왼쪽으로 공룡 같은 병원 건물이 보이고, 강 건너 테크노마트 건물이 눈에 들어온다. 입춘을 이미 지냈지만 매서운 찬바람이 옷깃으로 스며들고, 노출된 얼굴을 사정없이 후려치면서 지나간다. 내가 일부러 보려하지 않아도 저 멀리 흰 눈 덮인 남한산성이 눈에 들어오고, 올림픽 도로를 질주하는 차량들이 보이고, 역사를 증언하면서 유유히 흐르는 한강 물이 시야에 들어온다.

이처럼 추운 날씨에도 이 길을 이용하는 사람들은 많다. 누가 닦아놓았는지 모르지만 보행자를 위하여 층계도 잘 만들어 놓았고, 아스팔트길을 잘 닦아 놓았고, 다리도 잘 건설해서 걷기에 편리했다. 오르락내리락 하는 불편은 있지만 그래도 걸어 다니는데 큰 어려움은 없다. 급한 사정이 생기면 어쩔 수 없지만, 그렇지 않으면 앞으로도 걸어 다니리라. 그러나 이 길을 기분이 좋아서 걷는 것이 아니라 어쩔 수 없이 걸어 다녀야 하니 마음도 무겁고 발걸음도 무거운 것은 집안에 환자가 있는 사람들의 공통적인 심정일 것이다.

서관 출입문을 들어서니 건물 안에는 시장바닥처럼 많은 사람들이 분주하게 움직이고 있었다. 우선 난방이 잘되어 추위를 느끼지 않아도 되니 몸은 좀 풀렸지만 마음은 여전히 무겁다. 이곳을 찾는 사람들은 본인이 아파서 진찰을 받으러 왔거나 환자를 위로하기 위하여 방문한 사람들일 것이다. 건물 밖의 주차공간은 그 나름대로 만원이고, 광장처럼 넓은 건물 안에도 항상 사람들이 만원이었으니, 환자를 위로하기 위하여 온 것이 아니라 사람 구경하기 위하여 온 것 같은 느낌이다. 내가 주로 찾는 곳은 서관 5층, 그곳에는 수십 개의 병실이 있는데, 그 많은 병실에도 만원을 이루었으니 병고에 시달리는 사람들이 상상 외로 많다는데 놀라지 않을 수 없다.

아내는 병원 침대에 누워 주사를 맞고 있었다. 지난 해 8월 발병한 후 얼마나 많은 주사를 맞았는가. 그 주사 맞는 일이 고통스럽다는 것은 실제로 입원해서 겪어본 사람이나 아는 일이다. 나는 1주일 전 이 병원에 입원해서 숙박을 하면서 종합검진을 받은 적이 있다. 나는 이 검진 받기를 거부했지만 가족들이 하도 서둘러서 검진을 받은 것이다. 우리 속담에 "자라보고 놀란 사람이 솥뚜껑 보고도 놀란다."는 말이 있듯이, 집사람이 그렇게 되니까 서둘러 예방을 해야겠다는 의미이다. 숙박을 하면서 검진을 받는데, 준비 사항으로 위와 대장을 비우기 위한 약물을 마셔야 한다는 것이다. 새벽 3시 30분에 일어나서 10분 간격으로 이 물을 억지로 마셔대는데 보통 고역이 아니었다. 우리들이 산에 가서 약수를 떠올 때 쓰는 작은 물통으로 1통을 마셔댔으니, 그것은 겪어본 사람이나 아는 일이다. 내가 그것 1통 마시느라고 고생했다고 했더니, 아내는 현재까지 그 약물을 8통 마셨다고 한다. 그러니까 병을 치료하는 과정을 일일이 보고하지 않으니까 그렇지 지금까지 치료받느라고 고생한 것만으로도 눈물겨운 과정을 겪은 것이다.

나는 겨우 1통을 마시고도 그 고생을 했는데, CT촬영을 위하여 8통이나 마셨다니, 아내가 겪은 고통은 숫자로 헤아릴 수 없을 정도라 하겠다. 어디 그뿐이겠는가. 치료 과정에 알게 모르게 겪는 고통은 직접 겪어보지 않은 사람은 상상할 수 없는 문제이다. 옆에서 지켜보니까 죽지 못해서 그 짓을 하는 것이지, 누가 그런 과정을 겪고 싶겠는가. 말이 환자를 치료하는 것이지, 차라리 죄인을 고문하는 것이라 표현하는 편이 낫겠다. 지옥이 따로 있는가. 몹쓸 병에 걸려서 고생하는 자체가 지옥인 것이다. 얼굴은 핏기 하나 없이 창백한데다 부기마저 있었다. 다리를 주물러 달라하기에 만져보니, 3살 먹은 어린애도 그보다는 힘 있고 탄력 있으리라 생각했다. 자연 연령은 60대 초반인데, 몸의 상태는 80대와 같으니 어쩌다 저 지경이 되었단 말인가. 내가 보기에도 저러할진대, 본인은 얼마나 비참하다고 생각하겠는가. 한때는 넘치는 활기가 있었고, 젊음이 있었고, 싱싱함이 있었는데, 그런 푸른 기운은 다 어데 가고, 늦가을 시든 풀처럼 풀이 죽어 있는가.

그러나 이 상태로 물러나거나 주저앉을 수는 없는 노릇 아닌가. 이대로 가라앉기는 너무 억울하지 않는가. 그 병과 싸워서 이겨야한다. 자기 자신과 싸워서 이겨야 한다. 이보다 더 어려운 환경에 처하여도 이겨내는 사람들이 많다. 씨름선수가 상대방과 싸워서 이겨야 하듯, 당신은 그 몹쓸 병과 싸워서 반드시 이겨야 한다. 나는 경기하는 선수를 응원하는 응원단처럼 당신을 응원할 것이다. 2002월드컵 때 우리 선수들을 응원했던 붉은 악마들처럼 당신을 응원할 것이다. 발병하기 전 그 건강한 상태로 원상회복되기를 간절히 바라는 마음에서 이 글을 쓴다.

9. 나의 문학관

문인들 중에는 '나의 문학관은 이런 것이다' 라고 거창하게 내세우고 글을 쓰는 사람이 있을 것이다. 그러한 구호를 내세우지 않고 그저 문학이 좋아서 글을 쓰는 사람도 있을 것이다. 대부분이 후자의 경우라 생각되는데, 그런 사람들도 문학을 하다 보면 자연적으로 문학관이 형성되리라고 본다. 필자의 경우도 문학관을 따져

본 적이 없지만, 그렇다고 문학관이 없다고 이야기할 수는 없는 것이다. 그래서 나의 작품세계 또는 평소에 생각했던 것들을 종합해서 '나의 문학관'을 진술해 보고자 한다.

첫째, 문학은 인간 생활의 기록이다. 그 옛날 고대시가 '향가' '고려가요' '시조' '가사' '고소설' 심지어는 현대문학 작품에 이르기까지 그 모든 문학작품은 인간의 생활을 기록해 놓은 것이다. 향가를 통해서는 신라인의 생활상을, 고려속요를 통해서는 고려인의 사상 감정을, 시조와 가사를 통해서는 조선인의 멋과 유장한 생활태도를 감지할 수 있다는 점에서 문학은 인생생활 중에서 군더더기나 잡다한 것들을 빼내고 알리고 전해야 할 것들만 기록한 것이라 할 수 있다.

둘째, 문학은 인간 역사의 기록이다. 과거 우리 인간들이 어떻게 살아 왔나를 알기 위해서는 역사책을 보아야 한다. 이 역사책에는 집단과 개인들의 흥망성쇠가 기록되어 있고, 후세인들에게 많은 교훈을 준다. 마찬가지로 문학작품 또한 그 시대 시대의 인간생활의 모습을 기록해 놓았다는 점에서 한편의 역사책이라 할 수 있다.

셋째, 문학은 인간들의 경험과 상상의 세계를 그린 것이다. 이것은 시, 소설, 수필, 희곡 할 것 없이 모든 장르에 해당되는데, 인간이 직접 경험한 것들을 그려 놓았기 때문에 그것을 읽는 사람들은 누구나 그 내용을 긍정적으로 받아들이고 실제의 사실들을 재연해 놓았다고 생각하는 것이다. 그 뿐만 아니라 인간이 직접 경험할 수 없는 수중세계 · 용궁세계 · 천상세계 · 신선세계 · 귀신세계까지 그려서 상상력을 확대시키고 꿈과 이상세계에 접근할 수 있는 무한한 가능성을 제시해 준다.

넷째, 문학은 인생의 교과서이다. 교과서는 학생들을 가르쳐주고 깨우쳐 주는 교재이다. 그래서 모든 지식과 교양을 교과서를 통해서 배우는 것이다. 마찬가지로 문학작품에는 영웅의 일생에서부터 평서민에 이르기까지의 모든 삶과 거기서 발생하는 성공담이나 실패담, 또는 희극적인 사건에서 비극적인 사건에 이르기까지의 모든 것이 진솔하게 기술되어 있으며, 인간들은 이러한 작품들을 통해서 인생을 배우고 교양과 지식을 쌓게 된다. 그러니 문학작품이야말로 인생을 공부하는데 가장 적절한 교재라 아니할 수 없다.

다섯째, 문학은 언어문자 예술이다. 모든 예술은 표현에 의하여 만들어지는 것이고, 그 표현 매체가 무엇이냐에 따라서 분야가 달라진다. 예를 들면 음악은 소리,

미술은 색채와 선, 무용은 선율, 조각은 쇠 · 나무 · 돌, 건축은 건축 자재들이 있어 예술적 표현을 하듯이, 문학은 말로서 이루어지고 그 말을 적을 수 있는 문자로써 기술하게 된다.

지금까지 '나의 문학관'을 5가지로 요약해서 적어보았거니와, 필자는 이러한 문학관에 따라서 작품 활동을 해왔고, 앞으로도 해나갈 것이다. 여기서 더 첨가하고 싶은 것은 문학을 하는 행위는 일종의 도를 수련하는 것으로 보아야 한다는 사실이다. 단순히 글쟁이가 되어서는 안 되고 심성을 수련해서 바른 인간, 참된 인간, 착한 인간이 되도록 노력해야 한다. 글은 그럴듯하게 써놓고 행동은 개차반처럼 하는 사람은 참된 문학인은 아니다. 우리 주변에는 문학을 통해서 허명을 날리려는 기회주의자, 돈이나 챙기려는 상업주의자가 너무 많다. 또 글은 잘 쓰는지 모르지만 인격이 결여되고, 못된 사람이 너무 많다. 그러한 사람들은 글을 가슴으로 쓰는 것이 아니라 손끝으로 쓴다고 생각한다. 이런 글을 지은이는 생전에 일시적인 평가를 받을지 모르지만 사후에는 물거품처럼 사라지고 말 것이다. 독자의 가슴을 울리고 감동을 주는 작품을 써야 한다는 것은 문학인의 영원한 과제이다.(2000. 12. 24.)

10. 양반과 쌍놈

양반과 쌍놈이란 과거 신분 계급사회에서 제도적으로, 보편적으로 쓰이던 상용어이다. 오늘날처럼 민주주의 제도가 발달하고 만민 평등 시대를 맞이해서는 사실상 그 용어를 사용하지 않게 되었고, 적용하기도 어려운 과거의 유물처럼 되어 버렸다. 양반이란 말을 사전에서 찾아보면 고려나 조선시대의 지배 신분층을 가리키는 말이라고 하였다. 처음에는 관제상의 문반과 무반을 지칭하는 개념으로 쓰였는데, 이것은 남향한 국왕에 대하여 동쪽에 서는 반열을 동반(문반), 서쪽에 서는 반열을 서반(무반)이라 하고, 이 두 반열을 통칭하여 양반이라 일컬었던 것이다. 이것을 역사적으로 살펴보면 고려시대는 995년부터 문무산계가 실시됨에 따라 관제상의 문무 양반체제가 갖추어지게 되었으며, 제도적인 측면에서는 문반과 무반이 동등한 대우를 받는 것으로 되어 있었다.

그렇더라도 고려시대에 있어서는 문 · 무산계가 불균형하게 활용되었으니, 고려의 양반체계는 지나치게 문반위주로 치우쳤다는 평을 받아왔던 것이다. 이와 같이 불균형한 고려의 문·무 양반체제는 조선 초기에 이르러 어느 정도 균형을 찾게 되었다. 즉 1390년(공양왕 2)에 무과가 설치되고, 1392년(태조원년)에 문、무산계가 제정 실시됨으로써, 명실상부한 문·무 양반체제가 갖추어지게 되었다. 그리고 1392년 7월의 문、무산계는 약간의 수정을 거쳐 경국대전에 성문화되기에 이르렀다. 이로써 조선조 양반체제의 제도적 기반이 되는 문·무산계는 확정되었고, 관제상의 문·무반이라는 의미의 양반개념도 확고한 제도적 근거를 갖게 되었다. 한편 양반은 사대부(士大夫), 사족(士族), 사류(士類), 사림(士林)이라고 지칭되기도 하였는데, 사대부란 본래 문반 4품 이상을 대부(大夫), 문관 5품 이하를 사(士)라고 한 데서 나온 명칭이었다.

이러한 양반 사대부가 되는 덕목은 유교 교양, 관직 이외에 도덕성을 지녀야 하는 조건이 붙어 있었다. 박지원의 〈양반전〉을 보면 "글을 읽는 사람을 사(士)라 하고, 벼슬하는 사람을 대부(大夫)라 하며, 덕이 있는 사람을 군자(君子)"라 한다.라고 되어 있다. 그리고 이어서 "양반을 일컫는 말은 선비, 대부, 군자 등 여러 가지인데 네 마음대로 하라, 더러운 일은 하지 말고, 옛일을 본받아 뜻을 세운다. 오경(五更)에는 항시 일어나서 유황을 뜹어 기름불을 켜고, 눈은 코끝을 보면서 발꿈치를 모아 꽁무니를 괴고, 동래박의(東萊博議)를 얼음에 박 밀듯이 띄우고 ~중략~ 소를 잡지 않고 노름을 하지 않는다."라고 되어 있다.

여기에 덧붙여 "하늘이 백성을 낼 때, 그 백성이 넷이고, 사민(四民) 가운데 가장 귀한 것이 선비다. 이것을 양반이라 일컬으니, 그 이익이 막대하다. 농사도 하지 말고 장사도 하지 말고 대강 문사(文史)나 섭렵하면 크게는 문과에 오르고 작아도 진사는 된다. 문과 홍패(紅牌)는 두자 밖에 안 되지만 백물이 갖추어져 있는 돈주머니이다."라는 내용도 있다.

조선시대의 신분제도는 양반, 중인, 양인, 노비로 분류되었다. 양인은 다시 상인, 백성, 평민으로 불리었으며, 노비와 함께 사회의 재생산을 담당한 피지배 계급이었다. 양인보다 더 아래 신분이었던 노비는 인격을 가진 존재가 아니라 물적 재산처럼 매매, 상속, 저당, 증여가 가능하던 최하층의 인구였다. 노비는 소유자에 따라 공노비와 사노비로 나뉘어 지며, 그에 따라 공노비와 사노비의 직업, 예속도, 사회적 지위 등에서 약간의 차이가 있었다. 공노비는 국가의 기관에 소속되어 번을 나눠 선상되어 각종 잡역이나 수공업품 제조에 종사하거나 신공(身貢)을 바쳤다. 사노비는 개인에게 소속되어 있었으므로 강한 예속을 받았고, 주로 가사노동은 가내노비가 농업노동은 외거노비가 담당하였다.

하여간에 노비는 소유자가 국가이든 개인이든 소유자의 사회적 권위와 경제적 이익을 위하여 봉사하였다. 이러한 신분적 지위에서 기본적으로 생성된 노비의 생활양식은 유교적 가치에서 보면 비천하기 짝이 없으므로 노비는 자연히 혹심한 사회적 천대를 면할 수 없었다. 이처럼 양반이니 쌍놈이니 하는 것은 조선시대 철저한 신분계급 제도에서 발생한 시대적 사회적 현상이다. 양반은 지배계급 쌍놈은 피지배계급, 양반은 귀족계급 쌍놈은 천인계급, 양반은 과거제도를 통해서 높은 벼슬을 할 수 있고 쌍놈에게는 이러한 관계 진출의 길이 막혀 있었다.

양반은 부귀영화를 누릴 수 있고, 자유롭게 살 수 있지만, 쌍놈은 가난하게 살면서 자유를 억압당해야 했다. 하여간에 양반과 쌍놈은 주종관계이지 평등한 관계는 아니었다. 그러기에 양반은 자기의 위치에 따라서 권세를 불릴 수 있었지만 쌍놈은 오로지 복종하고 순종하고 억압당하고 착취당하는 대상이었다. 그래서 양반은 모든 이들이 부러워하는 선망의 대상이었지만 쌍놈은 모든 이들에게 멸시당하는 인간 이하의 취급을 받았다. 양반에게는 이러한 특혜가 있는 반면에 학식과 교양이 있어야 하고 예의와 염치를 알아야 하고 덕망과 품위를 지켜야 하는 조건이 전제되었다. 그러나 쌍놈은 어차피 양반들에게 종속되어 양반들이 시키는 대로만 하면 되니까 그러한 조건들을 갖추어야 할 필요가 없고, 그저 비굴하고 굽실거리면서 생존수단만 이어가면 그것으로 만족할 수밖에 없었던 것이다.

이제까지 양반과 쌍놈에 대하여 역사적으로 이론적으로 살펴보았거니와, 오늘날은 민주주의 시대요. 만민 평등시대이니 옛날과 같은 양반 쌍놈이 존재할 수 없다. 신분적 차등이 없으니 지배계급과 피지배 계급도 없고, 반면 평등시대이니 권세를 부리는 자와 부림을 당하는 자가 없을 것 같이 생각된다. 그러나 옛날 조선시대의 양반과 쌍놈의 개념 그대로 존재하지는 않지만, 현대판 새로운 개념의 양반과 쌍놈은 존재한다고 생각된다. 현재는 자본주의 시대이니까 혹자는 돈 많은 부자들은 양반이요. 돈 없는 가난뱅이들은 쌍놈이라고 생각할 수도 있다.

그러나 필자가 생각하기에는 현대판 반상구별을 돈의 유무, 학식이나 전문기술의 유무, 관직의 유무, 사회적 지위의 유무, 훌륭한 조상을 둔 문벌의 유무로 구분해서는 안 된다고 생각한다. 그 보다는 사람 됨됨이와 인품, 교양, 덕망 등으로 구별해야 된다. 위인이 정직하고 성실하고 예절 바르고 선량하고 합리적이고 도덕성이 있고 다른 사람들에게 피해를 주지 않고 봉사하면서 살아가는 사람들은 양반들이다. 그리고 강자의 불의를 보고서 타협하거나 편승하지 말고 소신껏 바른 것을 향해서 가면 바로 그런 사람들이 양반이다.

반면에 이런 사람들을 쌍놈이라고 생각한다. 돈을 제 조상보다 더 위하는 사람, 자기는 가장 양심가라 선전하면서 세상 모든 사람들을 싸잡아서 나쁘다고 욕하는 사람, 옳고 그르고를 떠나서 자기편이 돼주면 충신이고 반대편에 서면 역적이라 치부하는 사람, 남이 하는 말이나 행동에 사사건건 물고 늘어지는 사람, 별것도 아닌 문제를 크게 부풀려서 왜곡시키고 선전 선동을 하는 사람, 그가 써놓은 글을 보면 성인군자 같은데 실제의 행동은 개차반인 사람, 자기가 하는 일은 무조건 옳고 남이 하는 일은 무조건 틀렸다고 배척하는 사람, 공평무사하지 않고 한쪽으로 치우치는 사람, 언행이 세련되지 못하고 거칠고 폭언을 일삼는 사람, 장유유서도 모르고 연장자를 딛고 깔아뭉개려는 사람, 쌍말을 함부로 하면서 그것을 자랑스럽게 여기는 사람, 예의와 염치를 모르고 주책을 떠는 사람, 회의를 할 때면 상대편 말을 이해하려 하지 않고 공격만 해대는 사람, 궤변을 늘어놓으면서 진실이라 강변하는 사람, 남을 공격할 줄만 알았지 관용과 용서를 베풀 줄 모르는 사람, 면전에서는 욕하는 사람이 없는데 뒷소문을 들으면 많은 사람들이 나쁘다고 손가락질 하는 사람, 줏대 없이 이해관계에 따라 간에 가서 붙고 쓸개에 가서 붙고 하는 사람, A한테 가서는 A에게 아첨하고, B한테 가서는 A를 욕하면서 B에 충성하는 것처럼 이중 플레이 하는 사람, 아침에 한 말을 저녁에 바꾸고 거짓말을 밥 먹듯이 하는 사람, 저한테 일이 있으면 도와 달라고 하면서 상대방에 일이 있을 때는 도와주기는커녕 훼방을 놓는 사람, 자기가 한말을 지키지 않고 손바닥 뒤집듯이 바꾸면서 사과할 줄 모르는 사람, 이 외도 더 열거하려면 지면이 모자랄 정도다 이런 놈들이야 말로 현대판 쌍놈이 아니고 무엇이겠는가.

11. 음식점 이야기

내가 근무하는 직장은 충북 청원군 강내면 다락리에 있다. 그 학교로 전근한 것이 1986년 9월이니까 무려 15년을 근무한 셈이다. 10년이면 강산도 변한다는 말이 있는데 15년 세월이 흘렀으니 그 학교와 학교의 주변 환경이 얼마나 많이 변했겠는가. 부임 당시 교양관과 인문관 건물만 있었는데, 이제는 10여동의 대형건물이 들어섰고, 그 당시는 조경이 안 되어 진흙 구덩이 같았는데, 지금은 학교 전체가 조경이 잘되어 마치 학교 캠퍼스가 아니라 자연공원에 와 있다는 느낌이 들 정도이다. 그리고 이 시골구석에 교원대가 생김으로 해서 미호는 중소도시처럼 변하였고, 학교 주위에는 제법 큰 아파트촌이 형성되었다.

그러나 무엇보다도 많이 생긴 것이 음식점과 술집이라고 생각되는데, 내가 술을 안마시기에 술집에 대해서는 잘 모르겠고, 음식점은 적어도 4、50개가량 된다고 생각한다. 그런데 그 많은 음식점들을 골고루 다 가볼 수는 없는 노릇이고, 내가 주로 잘 가는 음식점은 여월, 청주갈비, 청해, 고려원, 청주추어탕, 춘하추동, 별천지, 두메산골, 향복, 소국원 등이다.

이중에서도 제일 자주 가는 곳이 〈여월〉, 〈고려원〉, 〈향복〉식당이다. 여월은 음식값이 조금 비싼 편이지만 그 곳 특유의 메뉴를 개발하여 많은 손님들을 유치하고 있다. 그 넓은 주차장에 매일 같이 점심때나 저녁때가 되면 4、50대의 차가 들어차 있을 정도이니 얼마나 많은 식객들이 모여 드는가는 미루어 짐작할 수 있다. 어떻든 이 집에는 미리 예약을 하지 않으면 방을 차지할 수 없고 홀에서 밥을 먹어야 할 정도이니 하루 매상고가 얼마나 올라가는지는 추정이 불가능 할 정도이다. 한식으로 여월정식이란 것이 있는데, 이 집에 가면 주로 이 음식을 먹게 되고, 그 다양한 종류와 독특한 맛은 다른 집에서는 감히 흉내 낼 수 없는 것들이니 그야말로 요즘 흔히 쓰는 말로 벤처 음식점이라고 해야겠다. 그리고 여주인의 손님을 대하는 예절과 친절이 남다른 데가 있어 더 많은 식객들이 모여드는 것 같다. 이처럼 음식이 특유하고 깔끔하고 맛있는데다 친절봉사까지 하고 있으니, 다른 음식점은 파리를 날리고 있는데도 이 집만은 문전성시를 이룬다.

우리나라에는 IMF사태 이후 사업을 하다 망한 사람들도 많고 음식점을 하다 망한 사람들도 많았는데 이집 〈여월〉은 그 IMF에 전혀 영향을 받지 않고 떼돈을 벌고 있으니 그 집 나름의 특유한 메뉴개발과 많은 사람들의 구미를 돋우는 독특한 음식맛과 주인의 친절봉사정신이 삼위일체 되어 이루어낸 성공사례라고 하겠다.

고려원은 충청전문대 앞에 있는 식당으로 이집 역시 그 음식들이 다른 집에서는 흉내 낼 수 없는 독특한 것들이 있고, 무엇보다도 그 음식이 정갈하고 독특한 맛이 있어 많은 사람들이 즐겨 찾는다. 나도 이집의 단골손님이 되었는데 대학원생들과 식사하거나 외부에서 온 손님들을 접대할 때 주로 이집을 이용한다. 음식값은 비싸지도 않고 싸지도 않는 중간이며, 일반음식점들과는 다른 독특한 메뉴에 상큼한 맛이 있어서 역시 IMF를 모르고 번창하는 음식점이다. 향복식당은 된장찌개, 김치찌개, 부대찌개 등 일반음식을 파는 대중식당이다. 그런데도 특별히 밥맛이 좋고 반찬들도 맛이 있어 많은 사람들일 즐겨 찾는다. 음식값도 싼데다가 푸짐하게 한 끼를 때울 수 있어 손님들이 구름처럼 모여들고 있다. 나도 같은 학과 교수들과 부담 없이 저녁 한 끼 먹을 때는 이집을 자주 찾아갔다. 이 곳은 교수들뿐만 아니라 학부학생들, 대학원생들, 일반인들이 뒤섞여서 식사를 하는데 너무 많은 사람들이 몰려들어 시장 한복판을 연상케 한다. 허름한 집에 별 것 아닌 것 같은데, 이 집 역시 IMF를 모르고 장사가 잘 되니 역시 돈복은 타고 나야 되는가 보다.

지금까지 내가 근무하는 지역의 식당들을 소개해 보았거니와 내가 77년도부터 살아온 구의동에도 이에 못하지 않는 음식문화가 발달하였다. 특히 구의 전철역 뒷골목의 1km가량 되는 큰 길의 양쪽은 주로 식당들로 꽉 채어져 있어서 소위 먹자골목이란 별칭이 붙었다. 해가 넘어가 어두워진 후 이 거리를 지나노라면 길가 양쪽으로 휘황찬란한 네온사인이 번쩍거리고 많은 식당들이 손님들로 가득 차서 식사하는 모습들을 유리창문을 통하여 확인할 수 있었다. 구의동에서 내가 자주 가는 음식점들을 들어보면 민속칼국수, 대통갈비, 한국관, 동소문, 구의반점, 구의 숯불갈비, 유정낙지 외 여러 집이 있다.

그중에서 소개하고 싶은 집이 현대아파트 단지 앞에 있는 칼국수집이다. 허름한 집에 내부시설도 보잘 것 없는데 여자 4명이 경영하고 있다. 이곳에서 파는 것을 보면 칼국수, 수제비, 칼제비, 파전, 민속막걸리 등이다. 나도 경향 각지를 돌아다니면서 칼국수를 많이 먹어 보았고, 심어지는 광화문에서 제일 잘한다는 칼국수 집, 청주의 칼국수 집, 구의 전철역 옆의 칼국수 집 등 안 가본 곳이 거의 없는데, 이 집처럼 맛좋은 칼국수를 생산해 내는 음식점은 처음 보았다. 국수 가락도 끈기 있어 좋거니와 국물 맛도 구수해서 어린 시절 고향에서 어머니가 해주던 칼국수 맛을 느끼게 한다. 그래서 나는 이 칼국수 집을 자주 찾게 되었고 단골손님이 되었다. 어떤 때는 온 가족을 이끌고 가서 먹기도 하고 어떤 때는 나를 찾아온 손님을 데리고 가서 이 칼국수 맛을 보여준다. 그런데 어찌된 일인지 이집에 가면 점심때고 저녁때고 초만원을 이루어 좌석이 날 때까지 기다려야 하니 이 집 주인의 입장에서는 얼마나 흐뭇하고 신바람 나겠는가. 나는 10분이든 30분이든 기다렸다가 이 칼국수를 먹어본 적이 한두 번이 아니다 이 집이야말로 그 무서운 IMF를 모르고 큰돈을 벌고 있으니 멀지 않아 큰 부자가 되거나 재벌이 될지도 모른다.

그러니까 IMF가 터지고 불경기가 계속되어 다른 집들이 모두 폐업할 지경이 되어도 내가 소개한 〈여월〉, 〈고려원〉, 〈향복〉, 〈민속 칼국수〉 집은 여전히 손님들이 구름처럼 모여들고, 많은 사람들에게 사랑을 받고 있으니, 그 모두가 자기들만이 가지고 있는 비법을 가지고 특징 있는 메뉴 개발과 맛있는 음식을 만들어내는 데서 이루어진 자연스런 결과라고 생각한다. 그렇다면 이처럼 잘나가는 음식을 문학에 비유해 보자.

어떤 문인의 작품은 독자들이 몰려들어 베스트셀러가 되고, 어떤 문인의 작품은 독자들이 거들떠보지 않아 유명무실해지고 있으니, 저 식당의 잘되고 못됨과 무엇이 다르단 말인가. 내가 쓴 작품이야말로 전자에 해당하지 않고, 후자에 해당한다고 생각하니 기가 막힌 노릇이다. 그러니 나도 이제는 방법과 아이디어를 달리해서 새로운 메뉴, 새로운 기법, 새로운 맛을 내는 작품을 써서 독자들이 즐겨 찾도록 배전의 노력을 기울여야 할 때가 왔다고 생각한다. (2000. 6. 11.)

12. 새로워져야 한다

요즘은 어디를 가도 기분이 좋고 공연히 즐겁다. 대문을 나서면 이웃집 정원에 노란 꽃등을 단 산수유가 눈을 즐겁게 한다. 아직 잎사귀도 안 나왔는데, 어찌 저렇게 노란 꽃이 만발해서 사람의 호기심을 자극하는지 신기하다. 어떤 집에는 백목련이 피어서 마치 백등(白燈)을 단 것처럼 온 누리를 환하게 비춰준다. 그 모습은 마치 백의(白衣)의 천사가 내려온 것 같기도 하고, 한겨울의 설화(雪花)가 다시 핀 것 같기도 하다. 어디 그뿐인가. 한강 둔치에는 노란 개나리꽃이 군락(群落)을 이루어서 사람들의 눈길을 끈다. 어쩌면 황색 유니폼을 입은 시위대들이 길가에 늘어선 것 같기도 하고, 노란 병아리들이 먹을 것을 찾아 떼를 지어 나온 것 같기도 하다. 하여간에 개나리꽃이 떼를 지어 핀 것을 보면 공연히 즐겁고 무엇인가 좋은 일이 일어날 것 같은 환상에 젖게 된다. 나처럼 나이 먹은 사람도 다시 젊어져서 회춘할 것 같은 착각에 빠지게 된다.

나는 아침시간에 주로 한강변을 걷는 습관이 있다. 걷는 길 양옆으로 새싹들이 새파랗게 올라오는데, 자연의 힘이 얼마나 위대한가를 새삼 느끼게 된다. 그런 현상은 작년에도 일어났고, 금년에도 다시 일어나고 있는 것이다. 그 새싹들을 바라보기만 해도 저절로 힘이 솟아오른다. 한강 쪽으로 제법 큰 수양버들나무가 20여 그루 있는데, 연초록의 잎사귀가 새로 솟아나서 마치 시집간 누나가 머리를 감고 길게 늘어뜨린 형상을 하고 있다. 볼수록 정감이 가고 아름답다. 마치 아름다운 여인의 머리를 쓰다듬어 주듯이 그 늘어뜨린 가지들을 쓰다듬어 주고 싶은 충동을 느낀다. 한마디로 4월은 만물이 소생하고 백화가 만발하는 희망의 계절이다.

그러면 왜 새싹이 나오고 아름다운 꽃이 피는 것을 보면 호기심을 가지고 바라보게 되고 가까이 다가가고 싶은 충동을 느끼는가? 그것은 한마디로 새롭기 때문이다. 똑같아 보이는 개나리꽃도 작년에 피었던 바로 그 꽃은 아니지 않는가? 똑같아 보이는 수양버들 잎도 바로 작년에 피었던 잎이 아니라 새롭게 솟아난 잎이란 이야기다. 이처럼 새로우면 일단 사람의 관심을 끌게 되고, 감탄사를 자아내게 되고, 호기심을 만족시키게 된다. 작품을 쓰는 경우도 마찬가지다. 나 자신도 늘 쓰던 방식대로 안이한 생각을 가지고 타성에 젖어 있으니, 새롭고 좋은 작품이 나올리가 없는 것이다. 이런 것을 가지고 매너리즘에 빠졌다고 했던가? 나뿐이 아니고 대부분의 시인 작품들을 읽어보면 별로 새로운 것이 없다. 무슨 깊은 의미가 담겨 있는 것도 아니고, 작가의 투철한 시정신이 투영된 것도 아니고, 읽을 맛이 안 나는 작품들을 양산하고 있는 것이다. 그러니 독자들의 입장에서는 식상하게 되고 시를 멀리하게 되는 것이 아닌가 생각된다.

이처럼 시가 시다우려면 우선 참신해야 한다. 착상이 새로워야 하고, 내용이 새로워야 하고, 문장이 새로워야 하고, 표현 방식이 새로워야 한다. 이 점에 대해서는 이지엽 시인이 「나래시조」 2008년 봄호에서 이야기한 다음과 같은 내용이 관심을 끈다. "사설시조는 논란의 여지가 많은 부분입니다. 자수개념, 음보개념, 중장의 길이 등 자의성을 고려해서 작업해야 하는 부분입니다. ~중략~ 무엇보다도 미래는 표현의 시대입니다. 시조의 형식론에 얽매이기보다는 표현에 있어서 단형시조, 연시조, 사설시조 등 그 형식이 문제가 아니라 내용과 표현이 아주 중요하다고 봅니다." 사설시조를 논하는 자리에서 한 이야기 같은데, 여기서 필자가 주목하는 것은 "미래는 표현의 시대"라고 한 구절이다. 사실 아무리 정제된 형식에 아무리 좋은 내용을 담아도 그 표현이 뛰어나지 못하면 좋은 작품이란 평가를 받기 어렵다. 그래서 필자는 시를 쓰는데 가장 중요한 것은 착상이 새로워야 하고, 표현이 뛰어나야 된다고 생각한다. 이러한 원리는 과거 작품에서도 그대로 발견되고, 현재 발표되는 작풍에서도 찾아볼 수 있고, 미래에 쓰일 작품에도 그대로 적용되리라 예견된다. 이러한 원리를 너무 의식하다 보니까, 요즘 발표되는 작품 중에는 새로운 것이 지나쳐서 기형적인 작품을 만들어내는 경우를 보게 된다. 어떻게 보면 괴짜 같고 어떻게 보면 말장난 같은데, 이런 것은 너무 튀는 작품을 쓰려다가 도리어 이상한 작품이 되어버린 경우라고 하겠다.

요즘 정보화 시대를 살아가고 있는 우리들은 무조건 옛것을 낡은 것이라 생각하고 배격하려는 경우를 보게 된다. 이런 사람들은 논어(論語) 위정편(爲政篇)에 나오는 공자(孔子)님의 "溫故而知新 可以爲師矣"라는 구절을 되새겨 볼 필요가 있다. 그 의미는 "옛것을 익히고 새것을 알면 가히 스승이 될 수 있다."라는 뜻이다. 무조건 새로운 것만 추구할 것이 아니라 옛것을 완전히 숙지한 후에 새로움을 추구하라는 이야기다. 이러한 공자님의 말씀은 백번 옳다고 생각한다. 그러니 우리 시공부를 하는 사람들도 공자님의 말씀을 되새겨서 옛것 중에서 본받을 것은 본받고 새로운 것을 추구하는 자세로 나아가자고 감히 외쳐본다.(2008. 4. 6.)

13. 감사하는 마음

월요일의 출근을 위해서 청주행 고속버스에 몸을 실었다. 내 삶의 터전이 지방에 있는지라 월요일 아침에 학교에 갔다가 목요일 오후에 서울로 돌아오는 반복된 생활을 10년째 계속하고 있는 것이다. 그러나 내 직장이 있는 그곳을 객지라 생각 한 적은 한 번도 없었고 이처럼 서울과 지방을 번갈아 왕래하면서도 괴롭다거나 피곤하다고 생각한 적은 더더구나 없었다. 그곳에 가면 희망과 젊음이 넘쳐흐르는 학생들이 나를 반겨 주고 내가 하고 싶은 일들을 마음껏 할 수 있는 시간과 공간이 마련되었고 나와 내 가족들을 먹고 살 수 있게 해주는 일터가 기다리고 있는데 어찌 귀찮다거나 괴롭다거나 피곤하다는 생각을 감히 할 수 있겠는가!

어떤 이는 직장이 너무 먼 곳에 있다고 생각 할 수도 있을 것이다. 그러나 대전이나 대구, 심지어는 마산 진주 까지 매주 오르내리는 사람들이 있는데, 그에 비하면 내 직장이 있는 청주는 얼마나 가까운 거리인가. 그리고 많은 사람들이 여행하기를 좋아하는데 나는 일부러 여행할 필요 없이 매주 자동적으로 여행하게 되고, 여행하는 기분을 만끽하게 되니 그 얼마나 다행스러운 일인가. 중부 고속도로를 타고 오르내리면서 차창 밖으로 바라다보는 우리들의 산야는 그야말로 진경산수화를 구경하는 것만큼이나 아름답고 감동적인 장면이 연출된다. 산을 지났는가 하면 또 다른 모습의 산들이 나타나고, 들판을 지났는가 하면 더 넓고 아득한 평야 지대가 나타나고, 여기저기 산재한 농촌 마을은 그저 아름답고 평화롭게만 보이니, 내 마음은 언제나 안정되고 즐겁고 새로운 기분을 유지할 수 있는 것이다.

어디 그뿐인가. 그 진경산수화들이 똑같은 모습만 보여준다면 싫증날까봐 계절에 따라 시간 따라 또 다른 모습을 하고 나타나는데 감탄사를 연발하지 않을 수 없다. 우리들의 자연은 똑같은 모습에다 똑같은 색깔을 하고 있는 것이 아니라 바라보면 바라볼 때마다 그 자태와 표정을 달리하고 있으니, 그처럼 아름답고 진기한 산수자연을 일주일에 두 번씩 감상하면서 살아가는 것만으로도 나는 그저 선택되고 복 받은 사람이라고 감사하면서 살아가야 된다. 어떤 이는 나에게 이런 주문을 던지기도 한다. “지방에만 있지 말고 서울에 있는 대학으로 자리를 옮길 수는 없느냐”라고. 그러나 나는 서울에 있는 대학으로 옮길 수도 없지만 옮길 필요도 없다고 생각한다. 왜냐하면 서울로 자리를 옮기게 되면 좀처럼 지방 나들이를 하지 않게 되어 그야말로 공해와 소음과 복잡한 인간관계로 찌든 도시인이나 소시민으로 전락하고 말 테니까?

일주일의 절반은 하늘 높이 치솟은 도심의 빌딩가를 누비고 다니는 도시인이 되었다가 그 절반은 하늘과 바람과 별들이 속삭이고 우거진 숲 속에서 내뿜는 싱싱한 향기를 맡는 자연인이 되어 살아가고 있으니 그야말로 일거양득이 아니고 무엇이겠는가. 도시와 농촌, 인공과 자연, 복잡한 곳과 한산한 곳, 최첨단 과학의 혜택을 받는 곳과 그러하지 못한 곳 사이를 마음대로 누비면서 살아가고 있으니 나는 남들과 똑같은 생애를 살아가면서도 곱빼기 인생을 살아가고 있는 것이다.

이러한 공상을 하면서 또 다시 차창 밖을 바라다보니 그 넓은 들판에 모내기 작업이 한창이다. 엊그제까지만 해도 시커먼 흙이 그대로 노출되었던 자연 그대로의 들판이었는데, 어느새 새파란 옷으로 갈아입고 보는 이들의 마음마저 살찌게 하는 희망의 들판으로 바뀌고 있는 것이다. 나는 저 모내기하는 희망의 들판을 바라보면서 나의 일터가 서울에 있지 않고 지방에 있다는 것을 다시 한 번 감사하게 생각하였다. 그리고 웬만한 것은 부정적으로 생각하지 말고 긍정적인 인생관을 가지고 여유롭게 살아가야겠다고 다짐하였다

14. 첫 시조집의 추억

사람은 자신의 과거에 대하여 좋은 기억이든 나쁜 기억이든 간직하면서 살게 되어 있다. 그래서 좋은 기억은 아름다운 추억으로 남지만, 나쁜 기억은 악몽처럼 아픈 상흔으로 남아있다. 나는 1985년 첫 시조집 「여름 일기」를 상재하였다. 문단에 나온 지 10년 만에 첫 시집을 냈으니, 그만큼 시조 공부를 게을리 했고 시조 쓰는 역량이 미진했다고 자인할 수밖에 없다.

나는 시인들이 시집이나 시조집 내는 것을 사람들이 자식을 낳는 것에 비유하고 싶다. 사람에 따라서 자식을 일찍 낳는 사람도 있고 늦게 낳는 사람도 있다. 여럿 두는 사람도 있고, 외동아들이나 외동딸을 두는 경우도 있다. 잘난 자식을 두는 경우도 있고 못난 자식을 두는 경우도 있다. 출세하는 자식을 두는 경우가 있고 그렇지 못한 경우가 있다. 그러나 어떤 경우에 해당하든 자기의 자식임에는 틀림없지 않는가.

시집이나 문학 작품의 경우도 마찬가지다. 잘된 작품도 있고 시원찮은 작품도 있다. 평가받는 작품도 있고 그렇지 못한 작품도 있다. 태어나자마자 얼마 안 가서 사라지는 작품이 있고 사후까지 두고두고 많은 독자들에게 칭송을 들으면서 읽히는 작품이 있다. 그 어떤 경우에 해당하든 자기의 작품임에는 틀림없는 것이다.

사람들이 잘났든 못났든 자기 자식을 사랑하듯이, 좋은 작품집이든 그렇지 못하든 시인은 자신의 작품이나 시집들을 사랑할 수박에 없다. 내가 첫 시집을 낸 것은 위에서도 이야기한 바와 같이 1985년 5월이었다. 그 때도 낼 생각을 않았는데, 같은 연도에 문단에 나오고, 씨얼문학 동인을 함께 하는 김광수 형이 첫 시집 「등잔불의 초상」을 발간하지 않는가. 여기에 자극되어 더 이상 미뤄서는 안 되겠다는 생각을 했던 것이다. 그래서 10여 년 동안 써서 모아두고 여기저기 발표했던 작품들을 취사선택하면서 정리하기 시작했다. 몇 작품은 버리고 몇 작품은 다음 시집으로 미루면서 5부로 나누었다. 제1부 신륵사에서, 제2부 향리 서정, 제3부 제주기행시초, 제4부 사습기, 제5부 배움의 주간에 등으로 내용을 분류하였다. 이런 것들은 엄격하게 기준을 정한 것은 아니지만, 대체로 주제나 소재가 같거나 또는 시적 의도가 비슷한 것들을 같은 장에 묶는 나름대로의 기준을 적용했던 것이다.

이렇게 정리해 놓고 보니 다음에는 서문과 발문을 받는 일이 남아 있었다. 그래서 원고 뭉치를 복사해서 들고 월하 리태극 선생님을 찾아뵈었다. 작품들이 마음에 들지 않아 이런 것들을 생략할까 생각했지만 구색은 갖추어야 한다는 생각에서 찾아뵈었던 것이다. 말씀을 드렸더니 일거에 승낙하시고, "이 시인은 참되게 살려는 생활인으로서 학자로서 교단인으로서 한국인으로서의 자신을 소탈하고도 실감있게 토로하여 놓고 있다. 어쭙지않은 흉내는 아예 없다. 그러므로 그를 내 목소리의 시인이라고 부르고 싶다."라고 과찬까지 해주셨다.

다음은 발문을 받아야 하는데 마땅한 사람이 없어 머뭇거렸더니, 황순구 교수께서 문학평론가 박진환 선생을 소개해주신다. 염치 불구하고 부탁드렸더니, "다만 바라고 싶다면 씨의 시에 나타난 정신적 추구가 무엇인가를 시적 관심을 통해 추출해 보았다. 바라고 싶다면 씨가 시도 내지는 실험하는 형태미학이 한국 시조문학의 표현본질을 새로운 모습으로 창출하는 계기가 됐으면 싶고, 씨가 추구하는 정신본질이 씨의 시를 심화 확대하는 바탕으로 지속 유지되었으면 좋겠다." 는 충고를 해주었다. 그리고는 야송 이원좌 화백에게 축화를 받고, 근원 김양동 교수에게 표제 글씨를 받아 「여름 일기」라는 이름의 옥동자를 분만하였다.

여기서 옥동자라는 말은 그 시조집이 훌륭하다는 뜻은 아니고, 그 시집을 사랑한다는 이야기다. 자신이 발간한 책을 자신이 사랑하지 않는다면 그 누가 대신 사랑해줄 까닭이 없기 때문이다. 그래서 난생 처음 책을 내보는 기쁨을 맛보았다. 그 당시 경상대에 근무하는 같은 학과 교수 강희근 선생이 서둘러 출판 기념회를 열어주었던 사실은 지금까지도 생생하게 기억되고, 그분에 대하여 항상 감사하는 마음을 갖고 있다.

지금도 마찬가지지만 책을 낼 당시 나는 많은 분들에게서 시집이나 수필집을 받기만 하면서 지내왔다. 그래서 책을 내자마자 친지들이나 시조시인들에게 발송하는 작업을 하였다. 그때 내가 소속된 동인 단체들에서 축하패를 받고, 많은 시인이나 친지들에게서 축전이나 축하의 서신을 받았다. 그 중에서도 문경에 살던 고 정석주 시인께서 내 시를 바탕글로 서예를 써서 8폭 병풍을 보내주었는데, 지금까지도 가보로 잘 보존하고 있다.

그 후 여러분들에 의해서 평설이 씌어졌지만 일일이 소개할 수는 없고, 직접 들려준 분들의 이야기를 소개하면 다음과 같다. 경상대 김수업 교수는 「자화상」의 넷째 수 "가다듬지 못한 마음 오뉴월 서릿발 되고/목덜미 잡은 이에게 비굴한 웃음 짓는데 옳은 것 옳다 못하는 아픔 새긴 이력서여"라는 구절이 마음에 든다는 이야기를 여러 번 들려주었다. 당시 여주 문화원장이었던 안금식 씨는 「달 4」의 "포목전, 어물전, 과일상에 대목장 보는 날은/가실 땐 지팽이 끌다 달덩이 끌고 오는 마을/동구 앞 늙은 나무는 어린애도 업어준다"라는 구절이 마음에 든다고 하였고, 특히 중장의 "가실 땐 지팽이 끌다 달덩이 끌고 오는 마을"이 감동을 준다고 하였다. 또 과거 조운수필 동인이었던 고진수씨가 모임에서 자기 부인이 좋게 평하는 작품이 있다고 하였다. 그러면서 「섬강」이란 시조를 지적해 주는데, 사실 나는 그 때까지 「섬강」에 대하여 특별한 관심을 갖지 않았었다. 그래서 집으로 돌아온 다음 바로 찾아서 음미해보니 그럴 수도 있다는 생각이 들었다. 내용을 소개하면 다음과 같다. "간직한 맑은 심성/조상 대대로 지녀/가난을 자랑하며/외로움을 노래하며 더 젊게/더 아름답게/흘러가는 섬강물"(「섬강」 전문)

이제까지 첫 시조집 출간 전후의 사정과 출간했을 때의 감흥과 출간 이후 전개되었던 사실에 대하여 담담하게 서술해 보았다. 한마디로 요약하면 첫 시집을 냈을 때의 감흥은 첫 아들을 낳았을 때의 느낌 그대로이다. 다만 안타까운 것은 그 당시나 지금이나 작품다운 작품, 문학성이 뛰어난 작품, 독자들의 심금을 울리는 작품을 못 써내고 있다는 사실이다. 그러나 언젠가는 그런 작품들을 생산할 수 있다는 기대감에 취해 오늘도 시조를 놓지 못하고 생명처럼 붙잡고 있다.(2002. 11. 17.)

15. 마니산의 참성단

산수원 애국 산악회에서는 이번 달에 마니산 참성단을 오르기로 했다는 것이다. 참성단은 내가 교원대에 근무할 때 대학원생들과 등반했던 곳이다. 그때는 산 입구에서 강화 막걸리를 사먹고서 산에 올랐었다. 술을 마시고서 등산을 하니 어찌나 힘들던지 맥이 쭉 빠져서 기어 올라가다시피 했다. 더구나 정상까지 돌계단으로 이루어져 오르고 내리는 길이 너무 힘들었다는 생각만 난다. 참성단에 올라가서도 자세히 살펴보지 않고 대충대충 보아서 제대로 떠오르는 것이 없다. 그런데 이번에 다시 그곳을 오를 기회가 생겼으니, 내가 어찌 좋은 기회를 마다하겠는가? 더구나 연초라 그곳에 가서 기도하면 기가 좋아서 염원하는 바가 성취된다고 하니, 그 소원성취를 위해서도 그곳을 가야했던 것이다. 내가 기도하고 싶은 것은 손자 녀석 하나 보는 것이다. 내가 죽도록 염원하는 바이다. 내가 참성단에 올라가면 그 소원을 빌기로 마음먹었던 것이다. 이마리씨한테서도 같이 동행하자는 제안이 왔다. 2015년 3월 8일 아침 9시까지 대공원 후문 주차장으로 나갔다. 그런 관광버스 한 대를 대절했는데, 빈 좌석이 없을 정도로 만원을 이루었다. 평소에 알고 지내던 사람들이 많이 있어서 별로 어색하지 않았다. 이 산악회의 회장은 주현관, 부회장은 김대봉, 정해관, 총무는 박권희씨이다. 이 산악회의 취지는 참사랑을 중심으로 해서 산과 함께 호연지기를 기르는데 있다. 평화통일을 추구하고 산수원과 함께 시와 예술을 사랑하자는데 있다.

① 출발해서 초지진까지

대공원 후문을 떠나서 잠실대교를 건너더니 올림픽대로를 우회전하여 김포공항 쪽으로 달린다. 날씨는 쾌청했고 도로 양편의 풍경들도 아름답기 그지없었다. 즐비한 고층 아파트들, 현대식 고층 건물들, 수많은 한강다리들 이런 것들이 한강의 기적을 상징해주는 것 같았다. 어떻든 자랑스럽고 가슴 뿌듯하다. 회장 정해관 씨는 장황하게 인사말을 하더니 내빈소개를 하고 임원진을 소개한다. 그리고는 마니산에 대하여 예비지식을 일러준다. "강도(江都) 6대산의 하나인 마니산(摩尼山)은 옛날 고가도(古加島)로서 바다 가운데 우뚝 솟아 있는 산이니, 강화도 남서단에 위치하고 한반도의 중앙에 자리 잡고 있다. 그래서 마니산을 중심으로 한라산과 백두산까지의 거리가 같다. 마니산의 모습은 전체가 바위로 이루어졌으며 기발한 봉우리에 험준한 산벽은 신선이 깃들인 승경이다. 마니산은 단군이 제천할 정도의 명산으로 용이 승천하고 용마가 나왔다는 곳이다. 정상에는 단군성조께서 하늘에 제천의식을 봉행하신 참성단이 있으며, 88년 세계 장애자 올림픽을 비롯하여 매년 전국 체전 시 성화를 채화 봉송하고 있는 민족의 영산이다. 등산로를 따라 918개의 돌계단을 올라가노라면 서해바다 풍경이 한눈에 들어오고, 동쪽 기슭에는 신라 선덕여왕 때 지은 정수사가 자리하고 있다."

이런 설명을 들으면서 한강을 바라보니 유유히 출렁거리면서 흐르고 있었던 것이다. 저 한강은 서울 시민의 식수원이요 생명의 젖줄이다. 그리고 한강은 우리민족과 그 영욕을 같이해 왔다. 우리 민족이 기쁘면 한강도 기뻐했고 우리 민족이 슬프면 한강도 슬퍼하면서 흘렀다. 한강은 우리 민족의 보배요 자랑거리다. 말없이 양쪽 언덕을 가득 채우면서 흐르는 모습은 너무 믿음직스럽다. 이처럼 사색에 잠겨 있는데 우리를 태운 차는 강변도로를 벗어나서 김포시가지로 접어들었다. 그러자 이번에는 앞에 설치한 TV화면에 100세 타령 노래를 반복해서 틀어준다. 이 노래의 정식 제목은 〈백세인생〉이다. "육십 세에 저 세상에서 날 데리러 오거든/ 아직은 젊어서 못 간다고 전해라/칠십 세에 저 세상에서 날 데리러 오거든/할 일이 아직 남아 못 간다고 전해라/팔십 세에 저 세상에서 날 데리러 오거든/아직은 쓸만해서 못 간다고 전해라/구십 세에 저 세상에서 날 데리러 오거든/알아서 갈 테니 재촉 말라 전해라/ 백세에 저 세상에서 날 데리러 오거든/좋은 날 좋은 시에 간다고 전해라/아리랑 아리랑 아라리요 아리랑 고개로 넘어간다./팔십 세에 저 세상에서 또 데리러 오거든/자존심 상해서 못 간다고 전해라/구십 세에 저 세상에서 또 데리러 오거든/알아서 갈 텐데 또 왔냐고 전해라/백세에 저 세상에서 또 데리러 오거든/극락왕생 할 날을 찾고 있다 전해라/백오십 세에 저 세상에서 또 데리러 오거든/나는 이미 극락세계 와 있다고 전해라/아리랑 아리랑 아라리요 아리랑 고개로 넘어간다./우리 모두 건강하게 살아가요" 지금은 장수시대요 백세시대가 도래했다고 한다.

이 노래는 건강하게 오래 살고 싶다는 인간의 욕망을 그대로 표출한 것이다. 아마도 모든 인간은 이처럼 오래 살고 싶은 욕망이 있을 것이다. 나도 그 틀어주는 노래를 따라서 불렀다. 다른 사람들은 그 노래를 빨리 익히는데, 나는 혼자서 부를 수가 없었다. 수십 번을 따라 부른 다음에 음악을 끄고 조용히 명상하는 시간을 가졌다. 나도 눈을 감고 명상하는데 어느새 제2강화대교를 지나고 있었다. 이 다리는 일명 강화초지대교라고도 하는데 강화군 길상면 초지리와 김포시 대곶면 약암리를 이어준다. 길이 1.2km, 폭 17.6m의 4차선 다리로 1994년 '강화 제2대교'로 착공되었던 것이다. 그러나 1997년 12월 외환위기 때 시공사의 부도로 중단되었던 것을 1999년 6월 인천시가 다시 착공하여 2002년 8월 개통하였다. 이 초지대교를 이용하여 서울시 강서구, 경기도 부천시 · 김포시 등 수도권 서부지역에서 강화도로의 접근이 1시간대로 단축되었다고 하니, 그 효과는 여러 면에서 나타날 것이라 예견된다.

② 초지진 구경과 참성단까지의 등반

강화 초지대교는 강화군 길상면 초지리와 김포시 대곶면 약암리를 잇는 다리다. 이 다리는 1994년 11월 '강화 제2대교'라는 이름으로 착공되었으나 1997년 12월 외환위기 때 시공사의 부도로 공사가 중단되었다. 1999년 6월 인천시가 다시 착공하여 2002년 8월 개통하면서 '강화초지대교'로 변경되었던 것이다. 이 다리를 건너서 도착한 곳은 길상면 동서 간에 있는 초지진 주차장이다. 이곳은 거의 야산으로 연결되었고 광대(廣大)한 초장(初庄)이 있었다 하여 초지리라 불린다. 주최측에서는 이곳에서 15분간 휴식을 취하라는 것이다. 우리들은 떼를 지어 바닷가로 몰려가서 앞에 있는 바다와 김포 쪽의 대명항을 바라보았다. 이미 겨울은 가고 봄의 전령사가 도착해서 풀과 나무들에 물이 오르기 시작했다. 비릿한 바다 바람이 불어와서 코를 자극한다. 그 바람을 깊게 들이 쉬면서 심호흡을 하였다. 이처럼 바다를 바라보고 해변경치를 감상하고 싱싱한 공기를 마시는 것만으로도 여행의 기분을 만끽하게 된다.

초지진은 해상으로부터 침입하는 외적을 막기 위하여 조선조 효종 7년에 구축한 요새이다. 고종 3년 10월 천주교 탄압을 구실로 침입한 프랑스군 극동함대 및 고종 8년 4월에 통상을 강요하며 내침한 미국의 아세아 함대와 고종 12년 8월 침공한 일본군함 운양호와 치열한 전투를 벌인 격전지이다. 특히 일본 군함 운양호의 침공은 고종 13년 강압에 의한 강화도 수호조약을 맺어 인천, 원산, 부산을 개항하는 계기가 되었다.

우리들은 이러한 역사적 사실을 떠올리면서 성곽 주변에 있는 노송들을 바라보았다. 그 노송에도 커다란 포탄의 흔적이 남아있고 성곽에도 포탄을 맞은 흔적이 그대로 남아 있었다. 그리고 성문 안으로 들어가서 살펴보니 성곽 위에는 적에게 총포를 쏠 수 있는 포구가 마련되어 있었고, 그 구멍을 통해서는 적의 일거일동을 살필 수 있게 되었다. 이 초지진 성곽의 둘레는 500m 가량 된다고 하니 규모는 그리 크지 않다고 생각한다. 초지진 내부는 볼거리가 많지 않다. 대포가 보관되어 있는 것을 볼 수 있는데, 이것은 구한말 우리 군이 실제로 사용했던 진품이라고 한다.

여기서 휴식을 마친 우리들은 다시 버스에 올라 등산로 입구 주차장으로 달려갔다. 들판을 지나고 마을을 지나고 산굽이를 지나서 찾아간 곳이 주차장이고 여기서 모든 사람들은 하차하였다. 그 시간은 오전 11시 10분쯤 된다. 여기서 산행을 시작하여 오후 2시까지 출발지로 되돌아오라는 것이다. 나는 이처럼 본격적인 산행을 할 줄 알았으면 산행하기 좋은 복장에 등산화를 신고 왔을 텐데, 소원을 비는 데만 신경을 썼지, 복장과 신발문제는 가볍게 생각했다. 등산화를 신고 오지 않고 운동화를 끌고 왔으니 그에 대한 고통이 따를 수밖에 없으리라. 일행들은 삼삼오오 짝을 지어 산행을 시작한다. 나도 그 무리 속에 끼어 산을 오르기 시작했다. 나는 출발하자마자 마음속으로 "우주마음께서 저에게 손자를 점지해 주셨습니다." 라는 기도문을 외기 시작했다. 때로는 옆에 사람이 없을 때는 큰 소리로 "우주마음께서 저에게 손자를 점지해 주셨습니다."라고 외쳐댔다. 남이 이것을 알면 미친이라 하겠지만 나에게는 이보다 더 절실한 문제는 없었던 것이다.

마니산 매표소에서 조금 오른 후 다리를 건너면서 단군등산로로 접어들게 된다. 우리들은 '참성단 등산로'를 선택하지 않고 '단군등산로'를 선택하였다. 참성단 등산로는 주로 돌계단으로 이루어져 무척 힘이 든다는 것이다. 삼국시대부터 임금이 천제를 지내기 위하여 올랐다는 계단 길은 918개의 계단으로 이루어졌다는 것이다. 단군등산로는 좀 돌아가서 시간이 걸리기는 하지만 완만한 능선길이라서 훨씬 수월하다는 것이다. 나는 단군등산로를 올라가면서도 마음속으로는 "우주마음께서 저에게 손자를 점지해 주셨습니다."라는 기도문을 외워댔다. 한 걸음 한 걸음 옮기면서 이 기도문을 암송했으니, 나는 등산이 목적이 아니라 기도가 목적이기 때문이다. 어떤 때는 평지를 걸어서 올라가고 어떤 때는 옆에 쳐놓은 밧줄을 잡고서 올라갔다. 밧줄을 잡고 올라가면서도 쉬지 않고 "우주마음께서 저에게 손자를 짐지해 주셨습니다."라는 문구를 반복하였다. 어떤 책을 보니 강화도의 마니산은 전국 제일의 생기처(生氣處)라고 되어 있었다. 전국에서 생기가 제일 좋은 곳이라고 하니, 밑에서 정상까지 어디서고 기를 받을 수 있는 것이고, 그 좋은 기를 받는 곳에서 염원하는 바를 빌면 반드시 소원 성취할 것이니 내가 어찌 그 기도문 암송하는 것을 멈출 수 있겠는가?

올라가는 길 옆에는 바다와 섬과 북한 쪽을 바라볼 수 있게 전망대를 만들어놓았다. 여기서 내려다보면 바둑판처럼 잘 정리된 강화들판을 볼 수 있고, 저 멀리 바다 위를 장식하듯이 떠있는 군도(群島)들이 시야에 들어온다. 이때 북한 쪽을 바라보면서도 마음속으로는 "우주마음께서 저에게 손자를 점지해 주셨습니다."라는 주문을 외워댔으니, 이 명제는 나에게 절대절명의 염원이다. 나로서는 현재 위치에서 내가 할 수 있는 능력의 범위 안에서 최선을 다하는 것이다. 하여간에 올라가는 길도 쉽지 않다. 한 굽이가 지나가면 영락없이 다음 굽이가 기다린다. 그리고 마지막 코스에 와서는 가파르고 험난하니까 나무 계단을 설치해서 올라가도록 하였다. 이 나무계단을 헐떡이고 올라가니 드디어 대망의 참성단, 그 단위에 올라서니 어찌나 많은 사람들이 몰려왔는지, 발 디딜 틈이 없었다. 그런 데도 제단에는 돼지머리와 떡을 올려놓고 시산제를 지낸다. 이들은 청주에서 올라온 무슨 산악회 회원이란 것이다.

마니산 정상은 해발 472m, 참성단은 사적 136호이다. "단군이 제천할 정도의 명산으로 용이 승천하고 용마가 나왔으며 신선이 사는 곳으로 72대 왕후장상이 나올 곳이라고 한다. 단군성조께서 하늘에 제천의식을 봉행하신 제단이 있다."

"제단 앞에는 성화를 보존하는 화로가 있다. 개천절과 전국 체전 때 성화를 이곳에서 채화한다. 맑은 날엔 태양 빛을 모으고 흐린 날엔 부싯돌을 사용한다. 정상에 올라서면 갯벌과 섬이 그림처럼 펼쳐지고 불어오는 바람이 시원하다." 참성단은 이처럼 성스러운 제단이다. 무엇보다도 단군성조께서 제천의식을 거행하던 곳이니, 그곳에서 나오는 기는 하늘을 찌르고도 남을 것이다. 이처럼 기가 왕성한 곳에서 나는 30분 동안 서서 "우주마음께서 저에게 손자를 점지해 주셨습니다."라는 기도문을 소리쳐 외웠다. 자리가 없어 앉지도 못하고, 서서 기도하거나, 이리저리 돌아다니면서 기도하였다. 남이야 시산제를 지내건 말건 나는 "우주마음께서 저에게 손자를 점지해 주셨습니다."라는 기도문을 30분 내내 외쳐댔다. 속으로 암송하기도 하였다. 그 다음에는 일행들과 함께 하산하는 순서이다. 우리들이 올라갈 때 선택한 코스를 역으로 다시 내려왔던 것이다. 역시 내려오면서도 쉬지 않고 "우주마음께서 저에게 손자를 점지해 주셨습니다."라는 말을 무수히 되풀이했다. 운동화를 신은 처지라 발이 아프고 무릎이 아프다. 그리고 내려오는 중력에 밀려 엄지발가락이 몹시 아프다. 그래도 반복해서 끊임없이 "우주마음께서 저에게 손자를 점지해 주셨습니다."라는 말만 반복하였다. 이 말에만 내 생각을 집중했지 다른 잡념은 끼어들지 못하게 내던져 버렸다. 그리고 다시 입구의 주차장까지 와서는 그 기도문 외우기를 멈추었다.

③ 점심식사를 하고 서울로 오면서

산행을 마치고 주차장에 와보니 많은 사람들이 나보다 먼저 하산해 있었다. 기가 좋은 곳에서 열심히 기도했으니 만족하지만 몸은 많이 피곤했다. 특히 오른 쪽 발이 아프고 무릎 관절이 아파서 은근히 괴로웠다. 주차장에 도착한 시간은 오후 3시 30분쯤 된다. 사람들은 그때서야 점심을 먹게 된 것이다. 주최 측에서 준비해 온 도시락으로 점심을 먹었는데 맛이 일품이었다. 그리고 오후 4시 10분경에 다시 승차하여 귀경 길에 올랐다. 차는 어느새 초지대교를 건너고 김포시가지를 달리기 시작한다. 10분쯤 달리 더니 김포 대명항 수산물 시장에 내려놓는다. 여기서는 30분을 주면서 마음껏 구경하다 돌아오라는 것이다.

시장은 규모가 크지만 작은 점포들로 나뉘어져 있었다. 아마 상가를 분양받듯이 이들 점포도 분양을 받아서 영업하는 것으로 추측된다. 가운데는 사람들이 왕래하는 통로이고 양쪽으로 점포들이 즐비하게 늘어섰다. 영길호, 해영호, 동아호, 진광호, 정진호 등의 옥호가 보인다. 각 점포 주인들은 여러 수산물을 종류대로 나누어 놓고 손님이 오기를 기다린다. 어떤 곳에는 추젓 2만원, 삼식이 오천 원, 꽃게 1kg 1만 오천 원 등의 팻말을 꽂아놓았다. 우리들이 그곳에 갔을 때는 손님들이 별로 없었다. 그나마 있는 사람들도 눈으로 구경만 했지 물품을 사는 사람들은 거의 없었다. 불경기 풍조가 이 시장에도 불어온 것이다.

다시 버스에 오른 다음에는 이칠성씨의 안보강연을 들었다. 30분 이내에 강연을 마치라는 주문이 있었는데, 50분은 끌었다. 우리에게 안보강연을 하면서 프랑스혁명, 러시아혁명, 마르크스, 레닌 등은 왜 들먹이는지 요령부득이다. 핵심은 우리의 현실을 직시해야 하는 것이고, 선결과제는 종북좌파 척결, 대한민국 파괴하려는 세력들을 이 땅에서 몰아내야 한다는 사실이다. 하여간에 강연을 듣다보니 처음 출발지인 대공원 후문에 도착하였다. 나의 이번 여행의 목적은 기도여행이다. 이 기도여행을 성공리에 마친 것을 무한히 감사드린다.(2015. 4. 6.)

시조론

1. 시조를 바로 알자

많은 사람들이 시조에 대해서 잘 알고 있는 것 같지만 막상 설명을 해보라면 제대로 설명하는 이가 많지 않다. 그저 학교 때 배운 옛시조나 가람의 시조, 노산의 시조 등을 시조의 전부인 것처럼 알고 있다. 이러한 현실을 인정하고, 시조를 잘 모르는 이들을 위해서 몇 가지 정보를 알려드리려고 한다. 첫째 시조는 우리 민족의 고유문학이다. 시조라는 장르는 고려 말 유학자들에 의하여 만들어졌기 때문에 시조는 중국, 일본, 미국 등 다른 나라에는 없다. 그렇다고 이 시조가 외국에 수출된 경우도 없는 것으로 안다. 마치 한식, 한복, 한옥, 한국화, 고전무용 등이 우리의 순수 전통문화인 것처럼 시조는 우리의 전통문학이다. 때문에 시조는 우리말을 잘 부려서 써야 제 맛이 나지, 중국어나 일본어 등 외국어로 써서는 제 맛을 낼 수 없다. 둘째로 시조는 정형시이다. 정형시이기 때문에 일정한 격식과 틀이 있다. 시조의 형식을 3장 6구 12음보 45자 내외의 글자 수를 지켜야 하는 정형시라고 한다. 만약에 주어진 조건이나 형식 규정을 안 지켰을 때는 시조가 아니라고 한다. 그러기에 시조에는 음보율도 있고, 음수율도 있다. 그러한 율격을 지키기 위하여 초장, 3434, 중장 3434, 종장 3643의 기준 음수율을 정해놓은 것이다. 그래서 글자 수를 맞추어야 하기 때문에 시조 쓰기가 어렵다는 말을 가끔씩 듣는다.

다음은 시조가 어떻게 발생했느냐 하는 형성 원리 문제이다. 과거 이 부문의 선배 학자들은 형성 원리를 따지지 않고, 주로 연원 문제만 밝히려고 애를 썼다. 그래서 외국에서 들어왔다는 '외래연원설'이 있고, 우리나라에서 발생했다는 '재래연원설'이 있다. 전자에는 중국에서 유래했다는 한시기원설, 불교와 함께 들어왔다는 불가기원설이 있다. 후자에는 민요기원설, 신가기원설, 향가기원설, 속요기원설, 별곡기원설, 음악기원설 등이 있다. 그러나 필자는 이런 모든 기원설을 부정하고, 시조 형식이 어떤 원리에 의하여 만들어졌느냐 하는 형성 원리를 밝히는 데 주력하였다. 한마디로 시조는 음양오행설이나 천지인삼재설과 같은 성리학의 원리에 의하여 만들어졌다고 주장하였다. 시조가 초장, 중장, 종장의 3장으로 이루어진 것은 천지인삼재설에 의하여 3행이 되었다는 이야기다. 그 음수율이

34조, 36조, 43조 등으로 이루어진 것은 음양의 조화를 이루어야 한다는 원리가 적용되었고, 시조가 6구로 형성된 것은 주역의 육효(六爻)를 본 따서 만든 것이라고 하였다. 이처럼 이야기할 수 있는 것은 고려 말 시조가 발생 당시 시조를 주로 쓴 작가들이 성리학자이기 때문이고, 성리학자가 시조를 만들었다면 틀림없이 성리학의 원리를 적용해서 만들었을 것이라는 추론이 가능하기 때문이다.

이제까지 시조의 성격을 우리의 고유문학, 정형시, 성리학의 원리로 만들어짐 등 3가지로 이야기했는데, 이런 점을 감안하면 같은 시이면서도 자유시와는 판이하게 다르다는 것을 알 수 있다. 그러나 시조도 비유나 상징법 등 고도의 표현기교를 써야 한다는 점에서 현대 자유시와는 공통점이 많다는 것을 아울러 밝혀둔다.(2008. 6.)

2. 시조의 본질

고시조의 효시 작품을 고려 말 우탁 선생의 〈탄로가〉로 보는데 이의가 없을 것이다. 그렇다면 현재까지 7백여 년의 역사를 지녔는데, 장구한 역사에 비하여 발전 상태가 부진한 것은 사실이다. 왜냐하면 갑오경장 이후에 들어온 자유시는 그 시인의 수가 무려 5천 명을 넘는데, 고려 말부터 있었다는 시조시인의 숫자는 1천명을 겨우 넘어섰으니, 발전이 더디다고 진단하는 것은 당연하다는 이야기다. 그렇다면 시조란 무엇인가? 그 본질을 알아보는 것이 순서일 것 같다. 이러한 시조의 본질을 알아보기 위하여 다른 사람들이 시조에 대하여 어떻게 이야기해 놓았는지 살펴보도록 하겠다.

㉠ 시조는 국문학의 가위 유일한 정형시요, 국문학사상 가장 오랜 생명을 유지하여 온 시 가이다. 여기에 있어 시조의 형식미는 우리 민족의 율동 생활과 잘 조화되고 ~중략~ 시조는 고려 중기에 성립하여 조선을 거쳐 지금에까지 그칠 줄 모르고 의연 우리의 생활 문학 으로서 쇠퇴함이 없다. ~중략~ 위로는 왕공귀족으로부터 아래로는 사서인 천기에까지 이 시조를 애호하고, 그들의 감정은 확실히 이 시조를 통해 상통되었던 것이니, 이 점에 있어 시조는 명실 그대로 민족문학이 되었다.(조윤제 「국문학개설」참조)

㉡ 보통 시조라면 단시조를 호칭하게 되는 것인데, 그 단시조는 신라의 향가나

고려의 별 곡 등의 영향을 힘입어 고려 말경에 그 형태가 확립된 우리나라의 고유 시가의 하나다. 그 형식은 3장 6구요 한 구의 구성 자수는 7자 내외가 되고 4율박씩의 등수율을 갖춘 정형시 오, 총 자수 44자 중심으로 된 이조 시가의 대표가 되는 단형시로서 오늘날에도 그 형식의 시조가 창작되고 있다.(이태극「시조개론」 참조)

여기 두 분의 논설을 인용했는데, 그 공통점만 추출해서 정리하면 시조가 무엇인지는 저절로 판명될 것으로 본다.

첫째 시조는 자유시가 아니라 정형시이다. 정형시란 말은 중국의 한시, 일본의 하이쿠처럼 일정한 틀과 격식이 있고, 글자 수도 어느 정도 고려해서 짓는다는 이야기다.

둘째 시조는 고려 말경에 형성된 문학 장르이다. 조윤제설을 보면 고려 중기에 성립되었다고 했는데, 사실상 고려 중기에는 시조작가도 없었고, 시조 작품도 없었다. 그래서 고려 말 우탁의 작품부터 진품으로 보고, 그 형성시기를 고려 말로 잡는 것이다.

셋째 시조는 우리의 생활문학이다. 조윤제설을 보면 위로는 왕공귀족으로부터 아래로는 사서인 천기에 이르기까지 이 시조를 사랑하고 사상과 감정을 소통하였다고 하니, 우리의 생활문학이라 할 수 있고, 한걸음 나아가서 민족문학이라는 타이틀을 붙여줄 수 있는 것이다.

넷째 시조의 본령은 단시조이다. 시조의 종류를 보면 평시조, 엇시조, 사설시조, 연시조, 연작시조, 단장시조, 양장시조, 4장시조 등 다양하지만, 그 본류는 단시조(평시조)라는데 이의를 제기하는 사람은 없다.

다섯째 우리나라 고유시가의 하나다. 이 말은 애초에 시조가 우리나라에서 발생했기 때문에 고유시가라 하는 것이다. 그러니 시조는 중국, 일본, 미국 등 다른 나라에는 존재하지 않는다. 여섯째 시조의 형식은 3장 6구 12음보로 되었다. 이 형식에 대하여는 3장 6구설, 3장 8구설, 3장 12구설 등이 있으나 3장 6구설이 정설로 굳혀지고 있다. 또한 리태극은 시조의 한 장이 4율박씩의 등수율을 갖춘 정형시라고 했는데, 이 말은 시조의 한 장이 4개음보로 쪼개진다는 말과 같다. 그래서 시조는 초 · 중 · 종 3장으로 이루어졌기 때문에 모두 합쳐서 12음보라고 했던 것이다. 이러한 논의들을 종합해서 결론을 내리면 "시조는 고려말경 유학자들에 의하여 만들어지고 가장 오랜 생명력을 지니면서 전승되어 오는 우리 민족 고유의 전통시가다. 아울러 3 · 4조 또는 4 · 4조를 기본 율조로 하고, 우리 민족의 사상, 감정, 체험 등을 담기에 가장 알맞은 그릇으로서, 그 형식은 3장 6구 12소절의 정연한 형태를 가진 정형시이다."라고 그 개념을 정리할 수 있다.

3. 시조의 제반 문제

시조가 일반 사람들과 친숙해지지 못하고 소외당하는데 대하여 세 가지 각도에서 생각해볼 수 있다. 요즘 TV드라마, 대중가요 등 영상매체에 매료되어 전반적으로 책을 멀리하고 독서 인구가 감소하는 경향을 들 수 있다. 남녀노소를 막론하고 텔레비전을 보는 사람은 많지만 책을 읽는 사람은 드무니 시조뿐이 아니고 문학이라는 장르 자체가 대중들과 거리가 멀어지고 있는 것이다. 그러한 문학 가운데서도 시나 소설보다는 시조가 더 외면당하고 있으니 큰 문제라 아니할 수 없다. 영화관에 가도 사람이 많아서 넘쳐나고, 가요무대나 노래 자랑하는 곳에 가보아도 청중들이 넘쳐나고, 야구장, 축구장에도 관람객이 몇 천 명에서 몇 만 명까지 동원되는데, 문학 세미나, 문학 강연, 시낭송회 장소에 가보면 청중이 없어 썰렁하니 문학이 얼마나 대중에게 소외당하고 있는지를 실감하게 된다. 그나마 객석에 앉아있는 사람들도 대부분이 문인들이고, 일반인은 찾아볼 수 없어 자기들끼리 굿판을 벌인다는 비난을 면하기 어렵다. 또한 사람들의 취향이 먹고 즐기는 쪽에 관심이 많고 머리를 써서 무엇을 창조하려는 정신적 활동을 기피하려는 경향이 있는 것도 시조가 발전하지 못하는 중요한 요인이 된다고 하겠다. 그러니 시조를 발전시키기 위해서는 국가가 정책적으로 국어교과서에 시조를 많이 싣거나 아니면 입시에 반영하거나 무슨 특별한 지원책이 나오지 않고는 시조가 스스로 부흥하기는 어렵다고 본다.

두 번째로는 시조시인이나 그들이 생산한 작품에 문제가 있어 대중들에게 소외된다는 생각을 해볼 수 있다. 2천 년대에 와서 우후죽순처럼 문학지와 문학회가 생기더니, 질적으로 문제 있는 작가들을 많이 배출하였다. 그것이 문단의 선거와 맞물려서 각 문학지마다 다투어 신인을 양산하였으니, 작품 면에서나 인품 면에서나 도저히 문학 작가가 될 수 없는 사람들이 문단속으로 흘러들어오게 된 것이다. 이처럼 함량미달인 작가가 많으니, 일반 대중들이 문학인을 존경할 리 없고 외면하게 된 것이라고 생각한다. 더구나 각 문학 잡지사는 순수하게 작품으로 평가해서 등단시키는 것이 아니라, 내막으로 돈이 왔다갔다 한다는 이야기도 있고, 등단시켜준 다음 책을 몇 백권 사라고 강요당하는 사례도 있다고 하니, 그 어느 곳보다도 깨끗해야 할 문단이 썩었다는 소리를 들을 수밖에 없는 것이다. 그러니 매월 또는 분기별로 발간되는 문학지를 읽어보면 수준 이하의 작품들이 지면을 가득 채우게 된 것이다.

세 번째로 중요한 사실은 한국에서는 자국문화를 폄하하는 경향이 농후하다는 사실이다. 비근한 예를 들면 한식보다는 양식이나 중국 음식을 즐겨 먹는 사람들이 많고, 국악보다는 양악이 세를 확장하여 대접받고, 한옥은 전부 사라지고 양옥이 대신 즐비하게 늘어섰으니, 그야말로 굴러온 돌이 박힌 돌을 빼내버리는 현상이 일어난 것이다. 문학에서도 우리의 전통시인 시조를 업신여기고 자유시를 숭상하고, 자유시 쓰기에 종사하는 작가들이 더 많으니, 그야말로 문화적 사대주의 사상으로 말미암아 우리의 고유문화는 숨도 크게 쉬지 못하고 외래문화에 안방을 내주고 있는 형편이다. 중국은 자기들의 한시를 세계 제일이라 생각하면서 자긍심을 갖고 있고, 일본은 자기들의 전통시인 하이쿠를 온 국민이 사랑하고 즐겨 짓고, 외국에 보급하여 세계화를 이룩했는데, 우리의 전통시인 시조는 바로 한국인들에 의하여 멸시당하고 푸대접 받으니, '한심하다'는 말 이외는 달리 표현할 방법이 없다.

4. 현대시조의 중요성

현대시조의 중요성은 아무리 강조해도 부족하다고 생각한다. 그것은 시조가 우리의 민족시, 겨레시, 전통시라는 사실 한 가지만으로도 그 중요성은 입증된다. 그런데도 시조는 우리 문단에서, 일반 사회에서, 교육 현장에서 소외당하고 푸대접받으니 할 말을 잃게 된다. 문인 주소록을 보면 시 쓰는 시인의 숫자는 5천 명에 육박하는데, 시조시인 숫자는 1천 명 내외라는 사실에서 소외당하고 있음이 입증된 것이다. 이것은 비단 문학 분야에만 해당하는 이야기는 아닐 것이다. 미술에서도 서양화보다는 한국화의 인기가 덜하고, 음악에서도 국악이 양악에 압도당하고, 무용에서도 서양에서 유입된 춤에 비하여 우리의 전통춤이 소외당하고 있다고 본다. 그리고 일반인들은 시조라면 고시조나 생각하지 현대시조가 있다는 사실조차 모르고 있다. 심지어는 시인지 시조인지 구분 못하겠다는 사람들이 부지기수다. 학교 교육현장에서도 마찬가지다. 국어교과서에 실린 시조의 편수가 자유시의 편수에 비하여 비교가 안될 만큼 적다. 국어책을 만드는 집필자의 눈에도 시조는 안중에 없는 것이다.

이처럼 시조가 소외당하고 있는 것도 문제지만, 우리 시조단에도 문제가 많다. 옛날에 비하여 시조시인 숫자도 많아졌고, 발표되는 작품 수도 많아졌지만, 그 작품의 격조를 보면 정격을 지키는 이보다 파격이나 변격을 일삼는 이들이 현대시조의 선구자처럼 대접받고 있다. 그러니 파격을 잘하면 시조 잘 쓰는 사람으로 인정받는 시대가 도래(到來)한 것이다. 그리고 작자와 독자, 작품과 독자 사이에 소통이 이루어져야 하는데, 어떤 작품은 아무리 상상력을 동원하고 유추해 보아도 그 메시가 뭔지 알 수 없는 것들이 많다. 그런데 현실은 이처럼 소통이 안 되는 작품을 높게 평가하고, 그러한 작가들을 대단한 시인처럼 치켜세우고 있으니, 시조의 정체성마저 흔들려서 혼란의 혼란을 거듭하고 있는 것이다. 어느 것이 옳고 어느 것이 그른지 갈피를 잡을 수 없을 만큼 가치기준이 허물어졌다. 그러니 이제는 "현대시조 이대로 좋은가"라는 화두를 꺼내서 한번쯤 생각해보고 논의해 봐야 할 시점에 이르렀다고 본다.

먼저 현대시조의 '현대'라는 용어부터 공감대를 형성해야 될 것이다. 이 문제에 대하여 이우종은 "① 현대적인 언어를 가지고, ② 현대적인 사상과 감정을, ③ 현대적인 기법으로 구축한 시조"를 의미한다고 이야기하였다. 그러면서 한편에서는 주정적(主情的)인 것보다는 주지적(主知的)인 것을, 청각적(聽覺的)인 것보다는 시각적(視覺的)인 것을, 평면적(平面的)인 것보다는 다차원적(多次元的)인 것을, 물적형상(物的形象)보다는 심적형상(心的形象)을, 의식세계(意識世界)보다는 무의식세계(無意識世界)를 추구하려는 경향이 나타나고 있다는 것이다. 이처럼 주장하는 그 밑바탕에는 현대시조는 현대감각, 현실의식, 현대성과 같은 것이 작품 속에 반영되고 용해되어 있어야 한다는 것을 주장한 것으로 이해된다.

다음은 시조의 중요성에 대하여 알아보겠는데, 이 문제는 백수 정완영 선생께서 하신 말씀을 먼저 인용해 보고자 한다.

"여기 아주 국보급 중에서도 국보급인 유산이 그 바다의 심저(深底)에 가라앉아 있는 채 인양자의 시선이 닿지 못하고 있는 것이다. 그것은 다름 아닌 우리 정신의 본향(本鄕), 우리 정서의 본류인 민족시가 '시조(時調)'다. 다시 말해 3장 6구에 갈무리되어 있는 민족혼의 내재율(內在律) 3 · 4 · 3 · 4(초장), 3 · 4 · 3 · 4(중장), 3 · 5 · 4 · 3(종장)의 시조인 것이다. 이 3장 6구에는 우리 민족의 온갖 사고(思考), 온갖 행위, 온갖 습속까지 다 담겨져 있는 것이다. ~중략~ 춘하추동 계절의 행이, 할머님의 물레 잣던 손길, 늙은 농부의 도리깨 타작, 우리 어머님들의 다듬이 소리, 어깨춤도 절로 흥겹던 농악에 이르기까지 가만히 새겨 보고 새겨들으면 3장 6구 아닌 것이라고는 하나도 없는 것이다."

백수 선생의 견해를 인용해 보았거니와, 이런 식으로 이야기하면 한국의 자연, 한국의 문화, 한국인의 생활양식 등 모든 것이 시조의 가락인 3장 6구 아닌 것이 없다는 이야기다. 그만큼 시조와 우리 민족은 궁합이 잘 맞는다는 이야기고, 코드가 잘 맞는다는 이야기로 이해하고 싶다. 그래서 필자는 시조와 우리말과 우리 민족은 삼위일체 되어 서로 떨어질 수 없는 운명적인 인연관계라 보는 것이다. 그래서 모르긴 몰라도 이 지구상에 대한민국이 존재하고 배달민족이 존재하는 한 시조는 영원이 존속하고 계승 발전하리라 보는 것이다. 이러한 연유로 시조를 민족시, 겨레시, 전통시, 국민시, 순수 한국시라 불러도 좋을 것이라 본다.

다음은 시조 어떻게 쓸까 하는 문제이다. 혹자는 시조는 주어진 형식에 글자수를 맞추어야 하기 때문에 쓰기가 힘들다는 이야기를 한다. 또한 양복을 입지 않고 한복을 입었을 때처럼 불편하고 시류에 맞지 않으니 시조를 쓸 필요가 없다는 이야기를 한다. 하여간에 시조창작법에 대하여는 책으로 나온 것도 많고, 학자들 나름대로 자기의 견해를 펼쳤기 때문에 좋은 참고가 되기는 하지만 자고로 글짓기에는 왕도가 없다고 생각한다. 그래서 월하 리태극 선생의 설을 인용하는 것으로 만족하려는 것이다.

① 그 형식이 간결하면서도 묘미가 있어 기준 형식 안에서는 자유로운 조어(措語)를 할 수 있다.

② 그 그릇이 우리의 생활과 사상과 감흥과 사색들을 단적으로 담기에 알맞다.

③ 그 내용과 형식이 시가의 본질에 맞아서 현대시로서의 가치를 갖추고 있다.

④ 그 형식성을 알고 짓기 시작하면, 곧 그 운율성이 터득되어 정형성의 구애를 받지 않게 된다.

⑤ 남녀노소나 각층의 직업에 관계없이 누구나 지을 수 있다.

⑥ 3장 6구로 된 한 수 또는 몇 수이므로 누구나 감상하고 즐길 수 있다.

이처럼 월하 리태극 선생의 시조창작법을 알아보았지만, 이대로 실천한다고 해서 시조를 잘 지을 수 있는 것도 아니다. 그리고 시조 짓기는 이론이 아니라 실제의 작업이기 때문에 이론을 잘 안다고 해서 좋은 작품을 생산한다는 보장도 없다.

이 문제에 대하여 이우종은 "섬세한 언어 기교, 밀도 짙은 구성, 개성 있는 발성법의 심화, 내면세계의 추구"등을 제시하였다. 모두 맞는 말이고 시조 짓는데 참고가 되는 말이다.

그렇더라도 필자는 우선 시조에 대하여 깊은 애정과 관심을 가져보라고 권한다. 그리고 처음에는 좋은 작품이든 그렇지 않든 작품 읽기를 많이 해야 된다고 생각한다. 그 다음에는 선인들의 작품을 모방해서 많이 써보는 것이다. 많이 쓰는 연습을 하면 자기 나름의 비법을 터득하게 된다. 그 다음에는 시적인 문장, 시적인 표현, 시적인 기법을 구사해서 시상을 전개해 나가면 될 것이다. 아무튼 시나 시조는 비유로 시작해서 비유로 끝나야 된다고 생각하기에 비유법 쓰는 연습을 많이 하면 좋은 작품을 생산하는 시인이 될 수 있다고 확신한다.(2010. 2. 14.)

5. 시와 시조

문장은 크게 운문과 산문으로 나눈다. 그 운문에는 시와 시조가 있다. 이 두 가지는 같으면서도 다르고, 다르면서도 같은 면이 있어, 가깝고도 먼 사이, 멀면서도 가까운 사이라 할 수 있다. 그러나 필자가 과문한 탓인지 모르지만 '시와 시조'의 차이점을 잘 정리해 놓은 책이나 논문을 아직까지는 열람하지 못했다.

(1) 시와 시조의 공통점

① 같은 운문이다.

운문은 좁은 의미로 보면 한 줄의 시행을 의미하고, 넓은 의미로는 운율에 따라서 지은 글이다. 특히 시에 있어서의 시적 기법을 의미하기도 한다. 이따금 시와 같은 뜻으로 쓰이기도 하지만, 예술적 가치 면에서 시보다 떨어지는 운율적인 문장을 가리킨다. 운문은 한시처럼 일정한 운자(韻字)를 달아서 지은 글, 시의 형식으로 지은 글, 언어의 배열에서 일정한 규율이 있는 글이다.

② 리듬이 있다.

시는 다른 장르와 달리 음악성을 지닌다. 다시 말해서 소리와 관련이 있다는 이야기다. 그런데 이 소리에는 인간의 소리뿐 아니라 자연의 소리도 있다. 예를 들면 새소리, 곤충소리, 물 흐르는 소리, 파도소리, 바람소리 등은 자연의 소리이다. 이 모든 소리는 한 개의 규칙적인 리듬, 즉 율동을 지닌다. 높은 소리와 낮은 소리, 긴 소리와 짧은 소리 등 여러 가지의 소리가 다양한 변화를 일으키면서 반복적 충동을 느끼게 한다. 이처럼 소리가 규칙적으로 반복하는 현상을 리듬이라 한다.

③ 내면의 목소리를 내야 한다.

언어에는 두 가지의 의미상(意味相) 즉 외연(外延)과 내포(內包)가 있다. 외연은 언어의 사전적 의미를 말하며, 내포는 한 낱말이 스스로의 역사를 통해 집적되었거나 주어진 무대 속에서 획득한 정서적 연상의 집적(集積)을 말한다. 외연이 개관적 사물과 사건을 지시하여 증명할 수 있는 것임에 비하여 내포는 아무런 획일성이 없는 다양하고도 암시적이며 상징적이어야 한다는 것이다.

내면의 목소리란 의미 있는 혹은 있을 수 있는 인생을 표현하고 여기에 새로운 의미를 부여해야 된다는 의미로 받아들여진다.

④ 이미지가 있어야 한다.

이미지 image는 마음속에 그리는 사물의 감각적 현상이라고 한다. 시적 이미지란 언어로 만들어진 그림이란 뜻이다. 리듬이 귀로 듣는 음악적인 것이라고 한다면 이미지는 글을 눈으로 읽고 머릿속에서 그 글이 자아내는 상태나 모습을 그림으로 그려보는 것이라고 할 수 있다.

(2) 시와 시조의 차이점

① 뿌리가 다르다.

시와 시조의 차이점 중에 가장 큰 것이 그 뿌리가 다르다는 점이다. 자유시의 뿌리는 서양이고 시조의 뿌리는 한국이다. 그래서 시조는 고유문학이고 장유시는 외래문학이라 할 수 있다. 예를 들면 자유시는 서양사람, 시조는 한국 사람에 비유할 수 있다. 양복, 양옥, 양의, 양약, 양악이 자유시에 해당한다면, 한복, 한옥, 한의, 한약, 국악은 시조에 해당한다.

② 형식(틀)이 다르다.

자유시는 연이나 행을 구분하는데 구애받는 것이 없고, 시조는 3장 6구 12소절에 맞추어 써야 한다는 제약이 있다. 그래서 시를 자유시라 하고 시조를 정형시라 한다. 특히 시조는 초장 3434, 중장 3434, 종장 3643의 음수율과 거기에 음보율까지 맞추어야 한다. 그러니까 시조는 중국의 한시나 일본의 단가(短歌)처럼 일정한 형태를 지니고 있다는 특징이 있다.

③ 전통과 현대성

시조문학의 역사는 고려 말 우탁의 작품부터 헤아리면 730년가량 된다. 그러면서 시조는 조선 중기 이후 활발하게 발전하여 전성기를 이루었다. 그러다가 조선조 말엽 그 조선의 운명처럼 없어지려다가, 육당 최남선을 위시한 선각자들이 부흥시켜서 현재까지 이르렀다. 그런 점에서 전통 문제를 이야기하면 시조는 유구한 역사를 지닌 전통문학이라 할 수 있는 것이다. 그러나 현대 자유시는 육당의 '해에게서 소년에게'를 효시작품으로 보아도 100년의 역사밖에 안 되니, 전통문학이랄 수는 없고 그냥 현대문학이라 하는 것이 좋을 것 같다. 여기서 현대성이란 현대인의 생활의식, 또는 문화의식이 포함되고, 그것이 시적(詩的)인 것과 결부되어 일정한 시정신을 형성한 것을 의미한다.

④ 시조는 시이면서 시조가 되어야 하지만, 시는 시로서만 성공하면 된다.

시와 시조의 차이점은 시조가 시다우면서 시조다워야 한다는 점이다. 만약에 시조다운 면이 없으면 그냥 현대시라 해야지 시조라 할 수는 없는 것이다.

(3) 창작의 실제

시나 시조의 이론을 아무리 잘 알고 있어도, 실제 창작에서 수준이 별것 아니면 좋은 평가를 받지 못한다. 그런데 창작 실력은 하루아침에 또는 1,2년 내에 눈부시게 향상되는 것은 아니다. 이 창작은 시간과 노력을 많이 투자했을 때 거기에 상응하는 성과를 거둘 수 있는 것이다. 그래서 한 시인의 작품을 예로 들면서 분석해 보고자 한다.

옷 벗은 나무들이 말없이 두 팔 벌려
만세를 부르고 섰다 사열 받듯 도열해서
그 앞을 백마 타고 달려간다 두 바퀴 소리 없이

말 않고 소리는 없어도 봄을 그리는
다짐이 이심전심 강물 따라 흐른다
까치는 어디서 왔는지 바람 타고 끼어드네.

냉혹한 자성의 계절에 발이 시려 움츠릴 때
하늘의 천사들이 하얗게 내려와서
포근히 발치를 덮어주고 말없이 토닥이네.

－「나목」 전문

위 작품의 제목은 〈나목〉이다. 그처럼 겨울철의 나목을 머릿속에 상정해 놓고 작품을 읽어 나가면 된다. 3수 연시조인데 그 형식면이나 내용면에서 갖출 것은 다 갖추었다. 형식도 시조의 정형에 맞고 무엇을 담고자 하는 내용도 알아차릴 수 있기 때문이다. 또 수사기법에서 의인법을 쓰려고 노력한 점은 높이 살만하다. 그렇다면 무엇이 문제인가?

내용면에서 평범한 이야기들을 나열했다는 점이다. 한두 군데라도 시인의 개성적인 안목이 포착되어야 하는데 그렇지 못하고, 그저 비슷한 이야기들을 나열했다는 점에서 독자의 관심을 끌기 어렵다. 또한 형식면에서는 시조의 리듬을 잘 살리는 표현기법을 구사했으면 좋았을 텐데 그러한 점도 눈에 띠지 않는다.

제2수는 나목들이 봄을 그리워하면서 기다리고 있다는 내용이다. 까치가 왔다는 종장을 보면 좋은 징조가 나타날 것 같다. 제3수는 추운 겨울날 하얀 눈이 내려서 발치를 덮어주니 추위를 막을 수 있다는 내용이다. 여기서 하얀 눈이 내리는 모습을 "하늘의 천사들"이라 비유한 것은 좋다. 그러나 종장의 내용도 참신성이 없고, 시적인 기법을 구사한 것 같지도 않다. 시나 시조에서 중요한 것은 무엇을 쓰느냐 하는 내용도 중요하지만, 어떻게 썼느냐 하는 표현이 더 중요하다는 것을 강조하면서 이 작품의 감상을 마친다.(2010. 2. 16)

6. 시조와 수필

(1) 시조와 수필의 개념

시조와 수필은 시나 소설과 마찬가지로 같은 문학 장르라는 점에서 동질적이다. 그리고 언어를 매개로 하여 작품을 형상화하는 점, 문자를 써서 글로 나타내는 점, 자연이나 인간에 대하여 생각하거나 느낀 것을 기록하는 점, 인간의 사상, 감정, 체험 등을 표출한다는 점, 인간의 가치와 보람을 추구한다는 점에서 동질적이라 할 수 있다. 이처럼 같은 점도 있지만 시조와 수필 사이에는 차이점도 많이 있을 것이다. 우선 시조는 운문인데 수필은 산문에 속한다. 시조는 그 뿌리가 우리나라인데 수필은 우리 고유의 문학형태라 이야기하기 어렵다. 시조는 정형시이기에 일정한 틀과 율격이 있는데, 수필은 자유로운 형식을 취한다. 시조는 그 형태가 짧은데, 수필은 그 형태가 비교적 긴 편에 속한다. 시조에는 음악성이 있는데, 수필에는 그러한 음악성을 찾아볼 수 없다. 시조는 그 문장 표현에 압축성을 강조하는데, 수필은 풀어서 써도 상관없다. 그러면 선배 학자들이 시조와 수필의 개념을 어떻게 설명하였는지 각각 한분의 설만 인용해 보고자 한다.

"보통 시조라면 단시조를 호칭하게 되는 것인데, 그 단시조는 신라의 향가나 고려의 별곡 등의 영향을 힘입어 고려 말경에 그 형태가 확립된 우리나라의 고유한 시가의 하나다. 그 형식은 3장 6구요 한 구의 구성 자수는 7자 내외가 되고 4율박씩의 등수율을 갖춘 정형시오, 총 자수 44자 중심으로 된, 이조 시가의 대표가 되는 단형시로서 오늘에도 그 형식의 시조가 창작되고 있다. 그리고 문학상에서는 단시조, 중시조, 장시조의 3종으로, 음악상에서는 평시조, 중어리시조, 지름시조,

엇시조, 엇엮음시조, 사설시조 등으로 각각 나누어진다.” (리태극 : 시조개론)

리태극의 학설을 인용했는데, 시조 형성에 대하여 신라의 향가나 고려의 별곡 등의 영향을 입어 고려 말경에 그 형태가 확립된 것으로 보았다. 그 형식은 3장 6구의 정형시로 4율박씩의 등수율을 갖추었고, 오늘날에도 그런 형식의 시조가 창작되고 있다는 것을 역설하였다. 그러나 리태극의 학설을 전적으로 맞는다고 이야기할 수는 없고, 부분적으로 여러 가지 이론(異論)이 있음을 밝혀두는 바이다.

“참으로 수필은 작의(作意) 없는 방담(放談) 같은 문장 속에도 그 문자 뒤에는 아름다운 시가 있고, 날카로운 풍자(諷刺)가 있고, 가벼운 유머가 있는가 하면 정면(正面)으로 후려치는 펀치가 있고, 그런가 하면 시치미를 딱 떼고 벙글벙글 웃는 자세(姿勢)가 있다. 그러나 이러한 문장이 표현기교에 그치고 그 주인공의 인간, 그의 생활의 방식, 그 마음의 자리 잡음이 표현되지 않았을 때 우리의 수필에 대한 흥미는 상실되고 만다. 즉 내용과 표현의 재미만이 수필의 수필로서의 재미는 결코 아니다.

이러한 까닭에 수필은 자조문학(自照文學)이라고 일컫게 되는데… 자조의 문학은 결코 자기폭로(自己暴露)라거나 자기노출(自己露出)은 아니다. 작자의 주관이 은연중에 새어나오는 것이다. 자기노출이 심한 수필은 그 교양(敎養)조차 의심을 받게 된다. 그러므로 수필은 교양과 밀접한 관계를 가지면서 그 배경에 풍부하고도 다면적(多面的)인 문화와 간접적으로 접속되는 데에도 그 특성이 있다. 말하자면 수필은 문화인의 문학이라고도 하는 것이다.(최태호 : 수필작법)

최태호의 글을 읽으면 수필의 정의를 내린 것이라기보다 수필의 특성을 이야기한 것이라 생각된다. 수필은 그 이면에 아름다운 시가 있고, 날카로운 풍자가 있고, 가벼운 유머가 있고, 정면으로 후려치는 펀치가 있고, 시치미를 떼고 벙글벙글 웃는 자세가 있다고 하였다. 그리고 수필은 자조(自照)의 문학(文學)이라 하였고 작자의 주관이 은연중에 새어나오는 문학이라 하였다. 그래서 수필은 교양과 밀접한 관련이 있고, 문화인의 문학으로 보아야 한다는 것이다. 하여간에 구인환 · 윤재천 공저 「수필문학론」을 보면 수필에 대하여 ① 특수하고 개인적인 주제를, ② 자유로운 방법에 의하여, ③ 산문으로 표현된 적당한 길이의 작품을 의미한다고 정의하였다.

(2) 시조와 수필의 성격

먼저 시조의 성격을 열거하면 다음과 같이 제시할 수 있다.

① 시조는 우리 민족 고유의 시가이다.
② 시조는 일정한 틀이 있는 정형시이다.
③ 시조는 역사가 오래된 장수문학이다.
④ 시조는 율격을 지닌 문학이다.
⑤ 성리학의 원리에 의하여 만들어졌다.
⑥ 우리민족의 사상, 감정, 체험 등을 담기에 가장 알맞은 그릇이다.
⑦ 시조에는 음악성이 있다.
⑧ 정형시이면서도 글자 수에 융통성이 많이 있다.

다음에는 수필의 성격을 열거해 보고자 한다.

① 작자의 개성이 짙게 풍기는 개성의 문학이다.
② 산문정신에 투철한 산문문학이다.
③ 일정한 형식이 없는 자유로운 글이다.
④ 유머 · 위트 · 비평정신의 문학이다.
⑤ 제재(題材)의 다양성
⑥ 난해성(難解性)의 글이 적다.
⑦ 그 영역(領域)이 넓어서 광범위한 느낌을 준다.

(3) 창작의 실제

다른 장르도 마찬가지이지만 수필도 잘 썼다는 평을 받기는 어렵다. 그리고 '수필은 이렇게 써야한다'고 방법론을 제시하기도 어렵다. 그러나 사물이나 대상을 새롭게 해석하고, 그 작품 속에 인생의 의미를 부여하고, 남이 흉내 낼 수 없는 자기만의 목소리를 내야 한다는 점에서는 시나 시조와 마찬가지다. 그리고 중요한 것은 독자에게 공감을 주어야 한다는 이야기다. 본인이 아무리 잘 썼다고 생각해도 남이 알아주지 않고, 읽는 이에게 공감을 불러일으키지 못한다면 공허한 메아리에 불과하다.

7. 시조의 멋과 맛

시조에는 우리의 자연과 우리 민족이 지니고 있는 멋과 맛이 배어있다. 그것은 시조가 우리의 전통시이고, 민족시이고, 다른 나라에는 없는 고유시이고, 우리 민족의 사상과 감정을 담는데 가장 알맞은 그릇이기 때문이다.

> 靑山裏 碧溪水야 수이 감을 자랑 마라
> 一到滄海ᄒᆞ면 도라오기 어려오니
> 明月이 滿空山ᄒᆞ니 수여 간들 엇더리

이 작품은 조선 중종 때의 유명한 명기 황진이의 시조다. 황진이는 호를 명월(明月)이라 하고 진랑(眞娘)이라고도 하였다. 황진사의 서녀로 태어나 용모가 아름답고 시화가무(詩畵歌舞)에 뛰어났다고 한다. 어쩌면 우리나라 5천 년 역사에서 미인의 대명사라 할 수 있는 것이다. 일설에 의하면 지족선사(知足禪師)를 유혹하여 파계시켰고, 서경덕을 유혹하려다 실패한 뒤, 사제관계를 맺었다는 이야기가 전한다.

이 작품에서 '벽계수(碧溪水)'는 푸른 시냇물이란 뜻이지만 당시 종실의 한 사람인 '벽계수(碧溪守)'를 비유한 것으로 보고, '명월(明月)'은 밝은 달이지만 황진이 자신의 호인 명월(明月을) 은유한 것으로 보기도 한다. 그래서 어떻게 보면 자연 소재인 '벽계수'와 '명월'을 대상으로 해서 자연을 노래한 것 같고, 어찌 보면 '벽계수(碧溪守)'라는 인물에게 자만하지 말고 어울려 놀자는 프러포즈의 의미가 함축되어 있다.

이 작품을 소리 내어 읽어보면 그 의미를 파악하기 전에 음률(音律)의 흥청거리는 멋을 느낄 수 있다. 그것은 우리의 고전 음악인 가곡이나 시조창의 가락을 연상하게 된다. 굳이 시조창이나 가곡 창으로 부르지 않더라도 율독(律讀)하는 데서 오는 멋과 맛을 느끼게 된다. 그러나 그 '멋'을 한마디로 '이것이다'라고 정의하기는 어렵다. 판소리나 민요를 들을 때의 멋을 느낄 수 있고, 거문고나 가야금 소리를 들을 때의 감흥을 느끼게 된다. 도리깨 타작을 할 때 메기는 소리와도 같다. 파도 소리, 바람 소리, 북소리, 장구소리, 노 젓는 소리에도 시조의 가락 같은 리듬이 들어 있다. 어찌 보면 넓은 들판에 도랑물이 졸졸 흐르는 것 같고, 숲속의 오솔길처럼 한가하고, 초가지붕이나 야산의 아름다운 곡선미 같다. 한마디로 이 시조를 소리 내어 읽게 되면 흥청거리는 멋을 느껴 어깨춤이 절로 나온다. 이 흥청거리는 가락이 바로 시조의 '멋'이다.

그러면 시조에는 어떠한 맛을 지니고 있는가? 이것도 한 가지로 규정하기는 어렵고 다양한 맛이 난다고 해야 할 것이다. 김치 맛이라고 할지 된장 맛이라고 할지 청국장 맛이라고 할지 어느 한 가지 맛으로 대변하기는 어렵다. 어떤 때는 송편 맛이 나고 어떤 때는 가래떡 맛이 나고 어떤 때는 인절미 맛이 난다. 경우에 따라서 맛이 다르게 난다는 이야기다. 그러나 이런 것들을 집약하면 바로 '조선의 맛'이라고 규정할 수밖에 없는 것이다. 김치찌개 맛이나 청국장 맛이 난다고 표현하는 것이 좋을 것이다.

그래서 필자는 다음과 같이 비유법을 써서 나타내 본다. 시조를 집에 비유하면 한옥, 먹는 것에 비유하면 한식, 옷으로는 한복, 미술로는 한국화나 동양화, 춤으로는 우리의 고전무용, 약으로는 한약, 음악으로는 국악에 해당된다고 보는 것이다. 그야말로 토종이요 신토불이다.

그러나 우리의 현실은 어떠한가? 서양의 물질문명의 난입으로 우리 고유의 것이 홀대 받고 서양의 것을 더 선호하는 신사대주의에 몰입해 있다. 굴러온 돌이 박힌 돌을 빼버리는 현상이 일어나고 있는 것이다. 전통을 중시하는 것이 아니라 전통을 파괴하는 일에 몰두하고 있는 것이다. 그래서 보수는 무대 밖으로 밀려나고 소위 진보라는 자가 전횡을 휘두르고 있는 것이다. 이것은 문학의 경우도 마찬가지다. 자유시를 쓰는 시인은 5천 명이 넘는데, 시조를 쓰는 시조시인은 1천 명을 헤아리는 정도다.

우리는 현재 혼돈과 혼란의 시대에 처하여 무엇이 옳고 무엇이 그른지 가치관이 전도되어 있다. 그렇더라도 우리 민족의 혼까지 빼앗길 수는 없지 않는가? 바로 그 혼이 3장 6구 12소절의 시조 장르 속에 내포되어 있다. 이 조선의 혼을 지키기 위해서도 시조를 보존하고 계승 발전시켜야겠다. 시조를 지키는 일이 민족정신을 지키고 주체성을 함양하는 길이라 주장하는 바이다.(2012. 1. 10.)

8. 현대시조단의 두 가지 양상

고려 말에 발생해서 지금까지 계승 · 발전하는 시조는 분명 같은 시조이다. 뿌리가 같고 그 가지들도 같은 줄기에서 나왔다. 그러기에 이론상이나 창작 면에서 두 가지 양상이 나올 수 없는 것이다. 시조는 우리의 고유시이고 전통시이다. 가장 큰 특징은 정형시라는 점이다. 정형시는 이미 갖추어진 구조를 가지고 거의 일정한 형식으로 균형을 지니고 있다. 또한 정형시가 시의 형식으로 고정되기까지는 오랜 역사적 시간과 경험의 축적 속에서 한 어족의 최대 공약수와 최고의 미학적 결정(結晶)으로서 이루어진 것이다. 그런데 시조는 그 이론상이나 창작 방법 면에서 통일된 견해를 제시하지 못하고, 각자 자기의 주장만 옳다고 큰소리 치고 있으니, 혼란스럽다는 말밖에 달리 표현할 길이 없다. 그 중에서도 첨예하게 대립되고 있는 시조의 정격과 파격문제, 사설시조 문제 대하여 심도 있는 논의를 전개해 보고자 한다.

(1) 정격과 파격 문제

우리 시조단의 특징은 한국시조시인협회 이외에 많은 시조단체가 난립하여 시조단체 숫자가 얼마인지 파악이 안 되는 상태에 있다는 점이다. 외형적으로 보면 시조단체가 많으니까 발전된 것 같지만 그 부작용 또한 만만치 않다. 시조인구도 1천 5백여 명가량 되어 양적으로 팽창한 것이 사실이지만, 질적으로 수준 이하의 작품이 양산되어, 시조의 위상을 떨어뜨리고 있다. 이처럼 현대시조에는 긍정적인 면과 부정적인 면이 있다.

그러면 어떤 것이 긍정적인 면이고 어떤 것이 부정적인 면인가? 많은 선배나 학자들이 시조는 우리 민족의 사상과 감정을 담기에 가장 알맞은 그릇이라고 강조해 왔다. 바로 이러한 시조가 정통성이 있는 것이다. 그것은 3장 6구 12소절의 시조형식을 말하는 것이고, 우리의 호흡에 맞는 34조나 44조의 율격을 지킨 시조작품을 말하는 것이다. 이 정통성을 잘 지키면서 창작된 작품은 정격시조이고, 이 정통성을 파괴하거나 안 지킨 작품은 편의상 파격시조라 부르겠다.

현재 우리의 시조단은 너무 혼란스럽다. 정격시조를 쓰는 시인은 위축되고 파격시조를 쓰는 사람들이 문단을 좌지우지하고 있다. 시조는 정형시인데, 정형시를 쓰지 않고 자유시 비슷하게 쓰면서 그것을 자랑으로 생각한다. 한마디로 이들은 시조시인이 아니라 자유시인의 아류 노릇을 하고 있는 것이다. 현재 드러난 시조의 종류를 열거하면 단시조, 중시조, 장시조, 절장시조, 양장시조, 4장시조, 혼합시조 등이 존재한다. 이런 것들이 마구 창작되고 있으니, 시조단이 혼탁해질 수밖에 없는 것이다. 시조는 정형시인데, 정형시에 무슨 종류가 그리 많은가? 왜 시조의 정형과 율격을 제멋대로 파괴하는가? 실험한다는 미명 아래 한 장이 4음보가 아니라 5음보, 6음보로 쓰는 이가 있고, 율격도 시조의 맛이 안 나고, 자유시의 맛이 나게 쓰는 이들이 많은데 너무 하다는 생각이 든다. 일본의 하이꾸나 한시의 5언과 7언은 변형을 시도하지 않는데, 왜 시조는 그 정형과 율격을 파괴해서 그야말로 3행시를 쓰는지 이해가 안 간다. 3장시를 썼으면 시조이고, 3행시를 썼으면 자유시이다. 3행시를 쓰는 이들에게 자유시 쪽으로 이민가라고 권하고 싶다.

(2) 사설시조 문제

사설시조는 논란이 많아서 시조시인들조차도 갈피를 잡을 수 없다. 어떤 학자는 시조가 아니라 자유시라고 했다. 또 어떤 이는 우리의 시조라 생각해서 여전히 사설시조 쓰기를 즐긴다. 옛 문헌 『청구영언』에는 〈만횡청류〉라 해서 사설시조가 실려 있는데, 이것을 보면 우리 선인들은 사설시조도 시조의 한 종류라 본 것 같다. 그러나 현대에 와서 사설시조를 부정하는 이도 있고, 자유시라 하는 이도 있어 난감하지 않을 수 없다. 그러면 선배학자들은 이 사설시조에 대하여 무엇이라고 언급했는가?

김종식은 "사설시조의 구법이나 자수가 제한이 없고 아주 자유스러운 것으로서 어조도 산문체이다"(시조개론과 작시법)라고 하였다. 김사엽은 "사설시조는 초 · 중장 모두 제한 없이 길고, 종장도 어느 정도 길어진 것"(이조시대의 가요 연구)라고 하였다. 김기동은 "사설시조는 초, 중, 종장이 다 정형에서 음수율의 제한을 받지 않고 길게 지어진 작품"(국문학개론)이라고 하였다. 서원섭은 "사설시조는 시조 3장중에서 초 · 종장은 대체로 엇시조 중장의 자수와 일치하고 중장은 그 자수가 제한 없이 길어진 시조이다"(시조문학 연구)라고 하였다.

네 분의 주장을 인용했는데, 모두 일정한 틀도 없고, 자수의 제한도 없고, 어조도 산문체라 했다. 이처럼 제한 없이 길어졌으면 정형시는 아니다. 사설시조도 초장은 몇 자까지, 중장은 몇 자까지, 종장은 몇 자까지 쓰라는 규정을 두었으면 정형시라 할 수 있다. 아니면 음보수의 제한만 두었어도 정형시에 포함시킬 수 있다. 전체가 3장으로 이루어졌다는 것 말고는 그대로 자유스러운 형태다. 아무런 제한을 두지 않기 때문에 사설시조 100편을 살펴보면 100편의 모양새가 전부 다르다. 정형시란 일정한 형식의 틀이 있고 율격이 있다는 것을 전제로 한다. 다시 말해서 구수(句數), 절수(節數), 자수(字數)에 제한이 있는 시 형태이다. 그런데 여러 학자들이 사설시조를 산문체라 하였고, 구수나 자수에 아무런 제한이 없고 자유스럽다고 하였다. 그렇다면 시설시조를 정형시인 시조장르에 포함시키는 것은 곤란하다고 생각한다.

9. 시조 바로세우기 운동

한국시조사랑 운동본부가 2012년 4월 7일 대전의 우암사적공원에서 창립총회를 가졌다. 이 시점에서 왜 이런 단체의 출현이 필요한가? 그것은 현재 시조단의 상황이 혼란하고 위기에 처해 있다고 진단했기 때문이다. 다 아시다시피 시조는 7백년 이상의 역사를 가진 뿌리문학이요 전통문학이다. 또 자유시가 아니라 정형시이다. 정형시는 그 정형을 개인이나 어떤 집단이 마음대로 확장하거나 축소하거나 변개할 수 없는 특성이 있다. 그런데 3장시조를 쓰는 것이 아니라 1행 시조, 2행 시조, 4행 시조를 쓰는가 하면 옴니버스 시조라 해서 잡탕시조가 등장하여 혼란을 가중시키고 있다.

이처럼 시행만 변경시키는 것이 아니라, 한 행 4음보로 쓰게 되어있는 것을 3음보, 5음보, 심지어는 6음보까지 허용한 시조도 찾아볼 수 있다. 또 3 · 4조의 율격을 제멋대로 파괴해서 자유시 율격과 같아져 시조다운 맛을 전혀 느낄 수 없는 것이 있다. 한마디로 자유시인지 시조인지 전혀 구분 안 되는 기형이 시조라는 이름으로 발표되고 있는 것이다.

또 어떤 작품은 몇 십 년 시조공부만 한 필자가 읽어도 도무지 무슨 뜻인지 알 수 없게 써놓고, 그것이 위대한 작품인 양 자기들끼리 북 치고 장구 치면서 추켜세우는 것을 보면 가관이 아닐 수 없다. 시조의 내용은 기본적으로 인간의 사상과 감정 즉 생각과 느낌을 담으면 되는 것이다. 물론 약간의 철학성이나 교훈성이 가미되는 것은 그런대로 허용된다. 그러나 글쓴이 혼자는 알 수 있어도 제3자는 알 수 없는 단어들을 나열해 놓고, 그런 것들이 최고의 문학성이 있는 작품인 양 호도하는 것은 일종의 기만행위라고 볼 수밖에 없다.

한마디로 형식을 실험한다는 미명 아래 기형적인 시조가 산출되고, 현대화시킨다는 미명 아래 정해진 율격을 파괴하고, 비유와 상징을 하는 것이 아니라 구와 구, 어절과 어절 사이의 의미를 단절시키는 작품들이 난해시라는 이름으로 발표되는 현상은 우려하지 않을 수 없다. 이런 부류의 시인들 때문에 독자들이 다가왔다가 달아나서, 시조 발전에 큰 장애물이 되고 있는 것이다.

시조단의 이러한 혼란과 위기는 이제 한계선을 넘어섰다. 이대로 나가다가는 시조라는 장르가 없어질 것 같은 위기감을 느끼게 된다. 바로 이러한 때 한국시조사랑 운동본부가 새로이 창립되고 출범하였다. 이 단체의 가장 큰 목표는 위에서 열거한 사항들을 지양하고 시조바로세우기 운동을 하겠다는 것이다. 뿌리를 튼튼히 해서 전통을 계승하면서도 내용이나 표현에 혁신을 기하겠다는 것이다. 그래서 일본의 단가들처럼 국민 누구나 즐길 수 있는 국민시로 발전시켜 나가겠다는 것이다. 많은 분들의 동참을 바라며 다같이 시조 발전에 일익을 담당해주실 것을 여러 뜻있는 시조시인들에게 부탁드린다. 아울러 이 단체가 일취월장하고 무궁한 발전이 있기를 기원해 마지않는다.(2012. 4. 15.)

10. 시조교육의 지침서

우리들은 시조를 전통문학, 고유문학, 겨레문학이라고 한다. 시조의 역사를 고려말부터 잡으면 700년 이상이 된다. 그러면서도 시조가 어디에서 유래했느냐 하는 문제에 대해서는 사람마다 주장이 달라서 혼란스럽다. 향가에서 유래했다고 생각하는 사람이 제일 많은 것 같다. 고려 속요에서 유래했다고 주장하는 사람도 상당수 있다. 그러한 학설이 주류를 이루지만 모순점이 많다. 향가를 보고 어떻게 시조를 만들었느냐 하는 의문이다. 고려 속요를 보고 어떻게 시조를 창안해 냈느냐 하는 점이다. 이런 주장을 하는 분들은 확실한 근거 없이 두리 뭉실하게 자기 이론을 합리화 시키고 있다.

필자는 1990년대부터 역학기원설을 주장해 왔다. 달리 표현하면 성리학의 전래와 관련이 깊다는 것이다. 우리나라에 성리학을 들여온 이는 안향(1243~1306)

이다. 안향이 원나라로 가서 주자학을 접한 해가 1286년(충렬왕 12)이다. 그래서 1286년 이후에 창작된 시조만 진품(眞品)이라 믿는다. 고시조의 효시 작품은 우탁(1263~ 1342)의 〈탄로가〉이다. 우탁은 안향의 수제자이고 성리학을 연구해서 널리 퍼뜨린 분이다. 그래서 우리 시조는 성리학의 이념을 배경으로 출현한 문학 장르이고 그 형식도 성리학의 원리를 적용해서 창안해낸 정형시라고 보는 것이다.

요즘 시조를 논할 때 3장 6구 12음보라고 말한다. 필자가 볼 때 태극기도 성리학의 원리를 적용해서 만들었는데, 누구도 그 태극기가 성리학의 원리를 적용해서 만들었다고 가르쳐 주는 사람이 없다. 마찬가지로 시조 형식도 성리학의 원리에 따라 만들었는데, 누구도 시조가 성리학의 원리로 만들어졌다고 논하는 사람이 없다. 정말로 안타까운 일이다.

성리학의 주된 이론은 천지인 삼재설과 육효(六爻)설이다. 그리고 음양오행설이다. 그 천지인에도 각각 음양이 있어서 육효(六爻)가 된다는 것이다. 天에도 음양이 있고, 지(地)에도 음양이 있고, 인(人)에도 음양이 있어 육효로 전개된다. 시조의 초 · 중 · 종 3장(三章)은 역학의 天 · 地 · 人을 의미한다. 그래서 시조는 반드시 3장(三章)으로 써야 하는 것이다. 양장시조(兩章時調), 4장시조(四章時調), 오장시조(五章時調)가 안 되는 이유가 바로 천지인 삼재설에 근거했기 때문이다. 다음 시조의 6구(六句)는 주역의 6효(六爻)에서 왔다. 그 6효(六爻)의 성격이 다르듯이 시조의 6구(六句)도 성격이 다르다. 예를 들면 제1구(第一句)와 제6구(第六句)는 성격이 다른 것이다. 전자(前者)는 시작의 의미가 있고 후자(後者)는 종결의 의미가 있는 것이다. 시조의 한 장이 4마디로 되어 있는데, 그 4마디는 태양, 소양, 태음, 소음의 4상(四象)을 의미하기도 하고, 춘 · 하 · 추 · 동 4계절을 의미하기도 한다. 끝으로 시조 한 수가 왜 12음보인가? 이것은 1년 12달을 의미한다. 한 해가 정월에 시작해서 12월에 끝나듯이, 시조도 제1음보에서 시작하여 제12음보에서 끝나게 되어 있는 것이다.

시조사(時調史)에서는 1894년 갑오경장 이전의 시조를 고시조라 부르고 그 이후의 것을 현대시조라 부른다. 그 고시조 100여 편을 이근구 시인께서 알기 쉽고 재미있게 해설하여 『인걸은 가도 문향은 남아』라는 책을 저술하였다. 참으로 뜻있고 가치 있는 작업이라고 생각한다. 그러면 고시조에는 어떠한 특징이 있는가? 첫째로 고시조는 주로 창(唱)을 전제로 해서 지어졌다. 둘째로 제목에 「~ 歌」, 「~

曲」, 「~ 謠」자를 붙여서 노래라는 의미가 강하다. 셋째로 고시조의 표기는 어려운 고어(古語)로 된 것이 많다. 넷째로 고시조에는 한자숙어나 고사성어가 많아 이해하기 쉽지 않다. 다섯째로 종장의 첫 마디에 〈엇더타〉, 〈아모리〉, 〈아희야〉, 〈두어라〉, 〈어즈버〉 등의 투어를 많이 사용하였다.

고시조의 특징을 소개한 것은 일반 독자가 접근하기 어렵다는 것을 증명해 본 것이다. 이에 비하여 이근구 시인의 「고시조의 향기」는 접근하기가 쉽고 읽기가 편안하다는 장점이 있다.

① 각 작품마다 작가의 전기를 소개해서 작품 이해에 도움이 된다. "글은 곧 그 사람이다."라는 말을 실감시켜 준다.

② 각 작품을 현대어로 풀이해서, 그 내용을 쉽게 파악할 수 있다.

③ 그 작품의 시대적 배경, 역사적 사실, 일화 등을 소개하여 재미있게 읽을 수 있다.

④ 은유나 상징법을 사용한 낱말은 무엇을 빗대어 쓴 것인지 설명해 주었다.

⑤ 각 작품의 주제나 표현의 특징을 설명해 주어 독자를 편안하게 하였다.

이러한 장점을 가지고 있으니, 이 책이 얼마나 유익한가는 더 이상 설명하지 않겠다. 필자는 교원대 국어교육과 교수로 재직할 때, 학부생이나 대학원생들에게 한 학기에 두 번 고시조 해설이나 현대시조 해설을 숙제로 부과하였다. 그 결과 학생들 하는 이야기가 '시조의 진가를 알게 해주어 고맙다'는 인사를 많이 하였다. 그리고 앞으로 시조공부하고, 시조쓰기 하겠다는 사람이 많이 나왔다. 현재 그 학생들이 시조문단에 등단하여 열심히 활동하고 있으니, 참으로 고마운 일이다. 그래서 이글의 제목을 "시조교육의 지침서"라 붙인 것이다. 이근구 시인의 좋은 책 발간을 진심으로 축하드린다.(2015. 7. 29.)

대 담

[對談]

1. 원용문(元容文) 원로 시조시인을 찾아서

– 이 시대의 진정한 시조 전도사(傳道師) –

이 광 녕(李廣寧)
(한국시조협회 명예이사장)

교원대 교수로 인문대학장을 지내시고 여주문화원장을 거쳐 광진문화원에서 후학들에게 시조를 가르치고 계신 원로 시조시인 원용문 선생님을 찾아뵙는 일은 일찍부터 가슴 설레는 일이었다. 시조문단에서는 가끔 뵙는 편이지만, 학문과 시창작의 요람인 가정을 방문한다는 것은 선생님의 본모습에 대한 궁금증을 풀어주고 얻어갈 것이 많을 것 같아 크게 기대되기 때문이었다.

물어물어 찾아간 광진구 초행길에 선생님은 벌써 길가에 나오셔서 반갑게 맞이해 주셨다. 고풍스런 기둥이 내리뻗은 독특한 건축양식의 현관으로 들어서니 강아지가 꼬리를 흔드는데 선생님의 서재로 들어서니 방안 가득히 사방으로 둘러싸인 엄청난 양의 책들이 책벽을 이루어 마치 빽빽한 서림(書林)에 들어온 듯하였다.

– 요즘 선생님의 건강과 여가 선용은 어떻게 하시며 근황은 어떠신지요?

"우선 여기까지 방문해 줘서 기쁘고 요즘은 일상적으로 하루 40분 내지 1시간 정도 늘 걷기 운동을 합니다. 이것은 규칙적으로 무슨 일이 있어도 매일 철저히 이행하고 있습니다. 그리고 건강식품도 꼭 챙겨먹지요. 최근에는 각종 세미나 참석. 후학들과 함께 문학기행 다녀오기, 각종 문학심포지엄 참석, 이우종 선생 10주기추모식 참석, 그리고 몇몇 시인들의 시조집 서평 쓰기, 작품 집필과 출강하기, 여주생가 방문 등으로 매우 바쁜 일정을 보내고 있었지요. 특히 지난번 모처럼 여주 생가를 방문했을 때에는 그곳 동네분들이나 거기 살고 있는 친척 분들의 극진한 환대를 받고 무척 감동을 받았습니다."

그런 철저한 건강관리 때문인지 선생님은 젊은이보다 더 건장하시고 탄탄하신 모습이시었다. 그리고 이직도 젊은이 못지않은 열정으로 각종 문학 활동과 집필, 강의 활동에 온 정열을 쏟으시는 모습이 퍽 인상적이어서 후배들에게 참으로 훌륭한 귀감이 되어 보이셨다.

– 선생님의 오늘이 있기까지 밑거름이 된 성장과정과 문학과의 인연을 듣고 싶습니다.

"저는 여주 대둔리 농부의 아들로 5남매 중 장남으로 태어났습니다. 그런데 유소년 때는 극심한 가난과 농사일 때문에 무척 애를 먹었지요. 부모님은 가정형편이 어려우니 공부는 걷어치우고 우선 농사일부터 도와야 한다고 하시면서 책을 불태워버리는 등 속상한 일이 많았지요. 그러나 저는 부모님의 전철은 밟지 않겠다고 단단히 결심을 하고 궁핍한 현실을 탈출하는 길은 오로지 공부밖에는 없다고 생각하고 공부에만 매달렸지요. 그리하여 결국 당시에 입학시험 4대1 비율인 원주농업중학교에 합격을 하고 다니다가 얼마 안 있어 곧 6 · 25사변이 터졌는데 그 바람에 학교는 휴교령이 내렸습니다. 6 · 25 후 다시 학교를 다니려고 했는데 부모님께서 형편상 학교 나가는 것을 반대하시는 바람에 결국 동네 서당(書堂)에 나가 한문공부만 하게 되었습니다. 사서삼경(四書三經)을 배우고 붓글씨도 배우고 이 때 한시(漢詩)짓기도 배웠습니다. 그런데 놀라운 일은 이때 배운 한시공부가 제 문학인생의 계기요 밑거름이 되었다는 것입니다. 나중에 중학교에 다시 들어가서 국어를 배우는데 서당 한시를 통하여 한문을 많이 터득하여 놓았으므로 얼마나 공부가 수월한지 참으로 학교 공부가 재미 있고 쉬웠습니다. 서당에 다닌 것이 오히려 전화위복(轉禍爲福)의 계기가 된 셈이지요. 그리고 그 때 배운 한시짓기의 영향을 받아 시인이 되고 고전문학을 전공하게 되고 고전시가를 연구하여 교수가 되기에 이르게 된 것입니다. 돌이켜 보면, 혼자 자취하면서 밤늦도록 공부하고 또 새벽 일찍 일어나 공부하는 바람에 너무나 지쳐서 코피 터지는 일이 다반사였습니다."

선생님의 말씀을 들으니 명사(名士)의 뒤에는 역시 숱한 고난과 역경의 연속이 점철되어 있었다는 것을 알 수 있었다. 또한 그러한 시련과정이 인생 성공의 밑거름이 되었으며 오히려 전화위복의 계기가 되었음을 선생님을 통해서 확인할 수가 있었다.

– 선생님의 문단 입문의 계기와 보람 있는 저서나 작품은 무엇이라 생각하십니까?

"저는 젊을 시절 국어교사로서 학생들을 많이 가르쳤습니다. 근무 학교는 원주대성고, 배명고, 진명여고, 행당여중, 관악고 등이지요. 그런데 놀라운 것은 진명여고에서 유동 이우종선생님을 만났다는 것입니다. 이 만남은 참으로 저의 일생에서 운명적 만남이었습니다. 이우종 선생님은 같은 국어교사인 저에게 시조쓰기를 권면하셨지요. 그래서 저는 그때부터 시조를 만나게 되었던 것입니다. 이우종 선생님은 저에게 시조시인이 될 수 있도록 인도하셨으니 참으로 저의 인생으로 보아서는 실로 운명적인 인연이었습니다. 그래서 저는 1975년에 등단하게 되었고 지금까지 35년이 되었습니다.

그리고 대학 교수시절 누구보다도 많은 논문을 써서 연구업적을 쌓았습니다만, 그중 보람 있는 저서 하나를 예로 들자면, 논문 〈원생몽유록〉의 작자에 대해서 문제제기한 논문입니다. 황패강 교수는 〈원생몽유록(元生夢遊錄)〉의 작자가 임제(林悌)라고 주장했지마는 저는 임제가 아니라 생육신(生六臣)의 한 분이신 원호(元昊 · 1397~1463)라고 주장하는 논문을 발표했습니다. 원호는 저의 조상이기도 하기에 이 논문은 더욱 의미 있었고 그 가치는 더 소중했습니다. 처음엔 임제로 굳어졌었지만 지금은 저의 논문 영향으로 그 진실이 밝혀져 많이 원호(元昊) 쪽으로 돌아선 상태입니다."

선생님의 말씀을 들으니 박재삼 시인이 삼천포여중에서 어렵게 사환으로 근무할 당시 국어교사이던 초정 김상옥 선생님을 만나 유명시인이 된 인연이 떠올랐다. 이렇게 인생에서 만남의 인연이란 운명을 결정짓는 가장 결정적 계기라는 점을 선생님을 통하여 다시 한 번 확인할 수 있었다. 그리고 관습적 판단이나 학술적 오류로 그냥 지나쳐서 묻혀지기 쉬운 이론과 학설이 많은데 이에 대한 확실한 진실규명은 학자들의 몫이며, 시인들도 이를 위한 집중적 탐구와 연구의 필요성을 절감하면서 창작활동을 해야 할 필요가 있다고 느꼈다.

– 시조기원설(時調起源說)에 대하여 학계에서는 대체로 향가기원설(鄕歌起源說)이 정설로 알려지고 있는데, 선생님은 선생님의 저서 〈시조문학원론〉에서 시조의 기원설을 "역학기원설(易學起源說)"로 주장하셨는데 그에 대한 논리적 근거가 궁금합니다. 간단히 말씀해 주시기 바랍니다.

"아시다시피 성리학(性理學)은 주역(周易)에서 왔습니다. 고려 말 안향(安珦)이 성리학을 받아들인 최초의 인물이고, 그 뒤를 따라 우탁(禹倬)이 그 성리학을 연구 해득하여 널리 전파하였습니다. 이러한 성리학의 바탕은 주역(周易)이고, 주역의 원리는 천지인(天地人) 삼재설(三才說)과 음양오행설(陰陽五行說)이라 할 수 있습니다. 한 마디로 3장6구 12소절의 시조형식은 이 천지인 삼재설과 음양오행설과 같은 성리학이나 역학의 원리를 본따서 만들었다는 것이 저의 생각입니다. 주역에는 천지인(天地人) 3재(三才)와 6효(六爻)가 있는데, 시조의 3장(章)은 '天地人 三才'에서, 6구(句)는 주역의 '六爻'의 원리를 본따서 만든 것입니다. 천지인 3가지를 각각 두 효(爻)씩으로 상징하여 6爻가 되는 것이며, 6爻라는 것은 효(爻)가 모여서 괘(卦)가 되며, 하늘과 땅과 사람의 법칙을 보인 것입니다. 주역이란 내용이 넓고 커서 모든 것을 구비하며 천지인의 법칙이 모두 그 속에 포함되어 있습니다. 그러므로 시조 3장6구 12소절의 형식은 성리학의 대가가 아니고서는 그 형식을 창안해 낼 수 없다고 보는 것입니다. 우리문화는 역학이요 성리학에서 영향을 받았다고 하는 것은 주지의 사실입니다.”

“향가기원설이 많은 이들의 지지를 받고 있는데, 이두(吏讀)로 되어 있는 향가를 당시에 삼국유사의 작가 일연(一然)정도는 해독해 낼 수 있었겠지만, 고려 말에 다른 사람들은 과연 해독해 낼 수 있었겠느냐 하는 의문이 들기에 향가기원설을 부정하는 입장입니다. 이 학설은 시조의 향가기원설을 주장하신 월하선생님께서도 크게 관심을 가지셨고 제가 월하시조문학상을 받는데도 크게 작용을 했습니다.”

향가기원설을 지지하는 질문자의 입장으로서 선생님의 말씀을 들으니 앞으로도 더 심층 연구해야할 국문학분야가 참 많구나 하는 생각이 들었다. 그리고 역학이 우리 생활문화와 정신문화에 끼친 영향이 참으로 지대하다는 것을 새삼 깨닫게 되었다.

– 현재 시조문단은 전통을 고수하려는 보수 계열과 현대적 혁신을 도모하려는 신진 진보계열의 두 분파로 은연중에 양분되어 있다고 볼 수도 있습니다. 시조문단의 현실과 당면과제에 대한 선생님의 견해를 말씀해 주시기 바랍니다.

“상당히 중요한 질문입니다. 작금의 시조문단을 볼 때, 보수와 진보의 양쪽 다 문제가 있다고 봅니다. 다는 그런 것이 아니지만 보수는 전통고수라는 집착 하에 고작해야 글자 수만 세고 앉아서 자수율만 따지고, 고정된 자수틀에 글자 수가 조금 넘치거나 모자라면 파격이라고 우기고 있는 한심한 작가들도 있습니다. 이는 하이쿠나 한시보다 폭이 넉넉하고 다소 여유 있는 우리 전통시조를 잘 모르는 데서 오는 소치입니다. 우리말은 교착어이며 어미와 조사가 발달되어 있어 고정된 자수틀에서 앞뒤 가변적 여유가 원천적으로 있는 말입니다. 그러므로 하이쿠나 한시처럼 고정된 틀로 못 박아 둘 수 없고 그래서 자수율 아닌 음보율도 나오고 음량률이라는 말도 나오는 것입니다. 변화하는 시대에 발맞춰 우리의 시조도 주어진 여건의 틀 안에서 운용의 묘를 살리고 내용의 변화 등으로 시대에 걸맞도록 변모해야 하는 것입니다.”

“그리고 진보적 경향을 지닌 시조시인들도 문제가 심각합니다. 요즘 보면 소위 실험시라는 미명하에 지나친 파격을 일삼는 시인들이 많습니다. 실험은 실험성의 범위 내에서만 끝나야지 시조의 정통성까지 무너뜨리면 시조는 사멸하고 말 것이기 때문입니다. 어떤 시조는 이게 시조인지 자유시인지 도저히 분별할 수 없는 것들이 허다합니다. 시조집에 있으니까 시조이지 다른 시집에 있으면 자유시가 되는 것입니다.”

“그래서 시조문단의 당면과제는 고집스러운 고정관념이나 파격 행위를 삼가고 정통성을 살리면서 내용적으로는 표현기교나 시상의 확대, 그리고 시어 구상의 현대화 등으로 새로운 창작 경향을 모색해야 한다고 봅니다. 이것은 시조시인들의 양적인 팽창보다 질적인 수준을 높이라는 뜻입니다. 특히 많은 시조시인들이 작품 수준의 질을 높이려는 노력은 안하고 자신에게 무지의 병이 들어 있는 것도 모르고 자만에만 빠져 있는 현실이 안타깝습니다. 습작에 있어서는 무엇을 쓸까보다는 어떻게 쓸까라는 문제가 매우 중요하다고 봅니다."

"시조단의 지도층이나 집행부에서도 보수와 진보로 양분되어 있는 시조단의 현실을 직시하고 작가모임들 간의 화합 교류나 작품의 질 향상 세미나 등을 통하여 통합과 조화를 추구하고 시조문학의 발전을 도모하는 일이 시급하다고 생각합니다."

이 부분에서 질문자가 하이꾸나 한시처럼 국제적으로 인증된 틀 잡힌 정격을 하루빨리 정립할 필요가 있지 않느냐고 반문했지만, 선생님께서는 한시나 하이꾸와 같이 고착된 기본틀을 제시하는 것은 교착어인 우리말의 특수성 때문에 불가능한 문제라고 하시면서 주어진 여유 틀(용기) 안에서의 정격 준수만을 강조하셨다. 선생님의 말씀에 공감하며 시조단의 현실문제를 함께 걱정하는 동안 시간이 가는 줄도 몰랐다.

– 후배들에게 당부하고 싶으신 말씀 있으시다면 무엇일까요?

"첫째, 부지런히 연구하고 습작 · 수련하여 실력 있는 작가가 되었으면 합니다.

많은 현역 작가들은 시조의 특성이나 이론적 배경도 모르고 스스로의 작품이 최고인 척 자만에 빠져 있습니다. 전통 고수만을 고집하는 작가들은 고작 자수 맞추기식의 이식적인 습작관행에 빠져 있고, 실험적이라는 미명하에 현대적인 스타일만을 고집하는 일부 신진작가들은 시조도 아닌 괴이한 기형적 시조를 양산하면서 정체성마저 흔들고 있으니 이러한 점들은 하루빨리 시정되어야 할 것입니다.

둘째, 현대감각을 살려 쓰는 작가가 되어 달라는 것입니다. 주지하시다시피 시조(時調)의 '시'는 '때시 자(字)'이므로 '동시대' '현대'의 뜻도 담겨져 있습니다. 현대감각을 살려 쓰지 못하고 고시조처럼 관념의 굴레를 벗어나지 못한다면 현대시조로서의 맛과 멋은 멀어질 것입니다.

셋째, 독자들에게 울림을 주는 작품을 써야겠습니다.

일부 작가들의 시조는 도대체 작가가 무엇을 썼는지 도무지 알아들을 수 없는 것들이 많습니다. 혼자만 알고 남들은 무슨 말인지도 모르고 공감하지 못한다면 그게 무슨 작품으로서의 가치가 있겠습니까? 독자의 마음을 감동시켜서 세상을 아름답게 만들어

주는 문학작품이야말로 후손에게 물려줄 가장 값진 선물일 것입니다.

넷째, 시조시인으로서 너무 튀려고 하지 말아야 되겠습니다.
이 당부는 작품을 쓸 때 작가로서의 습작 태도를 말하는 것으로써 너무 돋보이려고 일부러 기이하게 쓰려는 심리를 경계하는 말입니다. 실험정신으로 쓰는 것은 좋지만 너무 튀게 하려고 기이하게 작품을 써서 내 놓으면 시조로서의 정체성을 잃어버리고 시조문학에 큰 해독이 된다는 것을 명심해 주시기 바라는 것입니다."

선생님의 말씀은 하나하나 우리 시조시인들에게 정곡을 찔러주는 금과옥조였다. 특히 '너무 튀려고 하지 말라' 라는 말씀에 촉각이 더 세워졌는데, 작품을 쓰되 너무 기이하게 써서 관심을 불러일으키려 하고 시조의 정통성마저 무너뜨리는 일부 작가들에게 큰 깨우침을 주는 말씀이었다.

– 끝으로 선생님의 앞으로의 포부나 계획이 궁금한데요?
"작가의 생명은 작품이라고 봅니다. 그래서 앞으로는 현재보다 더 좋은 작품을 쓰려고 노력할 것입니다. 물론 논문이나 수필도 더 쓰려고 합니다. 그리고 필생의 목표인 내 문학전집을 계획하고 있습니다. 시기가 좀 늦을지는 모르나 언제 나와도 나옵니다.
그리고 한 가지 꼭 내게 붙여질 걸맞는 별칭이 있다면 저는 '시조전도사' 입니다. 많은 후배들을 이끌어 논문으로 석 · 박사 학위를 받도록 도움을 주었으며, 지금도 광진문화원을 통해 후학들을 가르치고 있습니다. 특히 광진문화원에서는 미래의 훌륭한 시조시인이 배출될 수 있도록 힘쓰고 있는데 지난 제1회 가람시조백일장에서는 저의 제자 중에서 장원을 차지하여 무척 보람을 느끼기도 하였습니다."

선생님은 이 부분에서 후학들을 가르치시는 데 대하여 큰 보람을 느끼시는지 만면에 만족감과 웃음을 띠우시면서 시조전도사로서의 사명감을 계속 강조하셨다.

대담을 마치고 식당으로 가는 길은 시간 가는 줄 모르고 대화를 해서 그런지 어느새 어둑어둑한 땅거미가 스며들었고 대문 틈새로 기어나오는 불빛들이 젖은 길바닥에 어른거렸다.
선생님의 안내로 도착한 식당은 퍽이나 깨끗하고 인상적이었다. 거기 도착해서도 선생님은 시조시인으로서의 사명감과 시조단의 앞날을 걱정하셨고 시조전도사로서의 긍지를 나타내셨다. 저녁 음식은 푸짐하기도 했지만 무척 정갈하고 깔끔했는데, 오늘 대담이 매우 보람 있고 맛깔나게 끝나서 그런지 음식도 그렇게 맛있게 드셨다.

이번 명인탐방은 시조의 전도사 역할을 하시는 매우 귀하신 분을 만나, 많이 배우고 많이 느끼고 즐거웠던 보람 있는 만남이었다.

[對談]

2. 원로와의 대담

〈광진문학〉 제10호 출간을 기념하여 이번 호 '원로와의 대담'에는 광진문협 제2대 회장으로 본회 발전에 큰 힘을 기울이신, 현 명예회장 원용문 문학박사님을 모셨다.

온화하며 덕망 있는 모습으로 회원 간의 화합에 큰 결실을 거둔 분이시다.

5월초의 싱그러운 햇살이 이지출판사 사무실을 포근히 감싸는 분위기에서 장은수 수석부회장, 박도영 부회장과 이지출판사 대표 서용순 님이 참석한 가운데 대담의 자리를 마련했다. 시조학회의 거목으로 그간 발간된 저서만도 전공분야 서적 5권, 시조집 6권, 수필집 5권을 상재하신 저력을 가졌다. 앞으로 박사님의 문학을 집대성한 〈원용문 문학전집〉을 내고 싶은 포부를 밝히셨는데, 꼭 이루어지리라 생각한다.

교육계에서 평생을 봉직하시다 퇴임하셨고, 여주문화원 원장, 광진문화원 시와 시조반 강사로도 활약하시며 현재 '여강시가회' 고문으로 후학양성에 심혈을 기울이고 계신다.

시조는 세계 유일의, 우리나라에서만이 있는 장르이기에 자부심을 가져야한다는 말씀에 공감이 간다. 마음을 비우고 넓게 가지니 걱정이 없어 장수할 것 같다는 원로님의 말씀처럼 건강하게 사시기를 진심으로 기원 드리며 질문에 임했다.

박도영 : 선생님, 안녕하십니까? 이번 〈광진문학〉제10호 발간을 기념하여 특집코너에 모시게 됨을 영광으로 생각합니다.

원용문 : 감사합니다. 〈광진문학〉이 어느새 10호가 되었다니 광진문인협회의 위상이 높아지는 것 같은 기분이 듭니다.

박 : 선생님의 고향과 어린 시절 이야기를 좀 들려주시지요?

원 : 내가 태어난 곳은 여주군 강천면 대둔리였는데 김영삼 정부시절(1996) 행정구역이 변경되어 지금은 원주시로 바뀌었지만 저는 여주 사람으로 행세하지요.

어린 시절 청운의 꿈을 품고 공부를 아주 열심히 했습니다.

배경도, 돈도 없이 오로지 농사에 매달려 고생하시는 부모님의 전철을 밟지 말아야겠다는 결심으로 강천국민학교 대둔 분교에 다녔는데, 4학년 때부터 두각을 나타내어 선생님들로부터 인정을 받았지요. 그 후 6.25동란의 몇 년간 학교를 쉬는 사이 서당에 다녀 사서(논어, 맹자, 대학, 중용)까지 읽었습니다.

그 기간의 공부가 지금까지 한문 실력의 초석이 되었다고 할 수 있지요.

장은수 : 문학의 꿈은 언제부터 가지셨는지요?

원 : 전쟁과 어수선한 사회 분위기의 그 시절 「학원」이나 「야담」같은 책을 빌어다가 읽었고, 고전소설 즉 이야기책도 많이 읽었습니다. 그때 제가 낭송자로서 동네 아녀자나 노인들에게 낭독해주면 모두 즐거워하며 세상시름을 잊곤 했지요.

어려서부터 제가 가장 잘 할 수 있는 일이 독서와 공부였고, 책을 좋아하는 성정이 자연스레 문학과 연관이 된 것 같습니다. 중학교는 문막, 고등학교는 서울에 올라와 중동고등학교를 다녔는데, 국어, 국문학사, 문법, 작문, 고문 분야에선 독보적인 위치에서 최고라는 찬사를 받았지요. 그러고 보면 어릴 적부터의 독서습관이 문학으로의 길잡이가 된 것 같습니다.

박 : 여강(如江)이란 호를 갖게 된 연유는 무엇입니까?

원 : 호는 원래 자기 고향의 산이나 강 이름을 따서 짓는 경우가 많지요.

내 고향 여주를 관통하는 강이 여강이고, '강처럼 순리대로 살자'는 뜻으로 지은 자작 호입니다. 한자 획수가 13획인데 본시 '13획은 학문과 예술에 대성할 획수'라는 말이 있지요. 마음에 드는 호라 말할 수 있습니다.

장 : 등단시기와 문학 여러 장르 중에서 시조를 택하게 된 동기는 무엇인가요?

원 : 고3 때의 옆자리 친구가 대학을 갈 때 서울대학 역사학과를 지망한다기에 나도 덩달아 같은 과에 원서를 내려는 찰나, 평소 나의 적성에 맞춰 국문학과에 지망하게 되었지요. 대학졸업 후 처음 발령 난 곳이 원주 대성고등학교였고, 그 후 배명, 진명, 행당여중, 관악고교 등 여러 학교를 옮겨 다녔습니다. 그런데 진명여고에서 교편을 잡을 때 시조시인 이우종 선생을 만나게 되었습니다. 그분의 권유로 제가 시조의 길로 접어들게 되었습니다. 그래서 1975년 관악고등학교 재직시절 같은 해 「월간문학」 8월호에 '사슴기'라는 작품이 신인상에 당선되어 문단에 나오게 된 것입니다. 그러니까 벌써 등단한지 33년이 되었네요.

사슴기

아쉬운 뜻 늘 머물러 만지면 출렁이는 강
문득 꿈이 저문데
삶하 끈질긴 삶하
띠처럼 세월을 두르고 구비치는 저 한을……

산다(山茶) 꽃 몸 씻는 소리 바람 일 듯 뛰는 가슴
끝없이 맴도는 미망(迷妄)
파문만 겹겹이 찬다
한 자락 미소를 기루어 허위허위 뛰는 너.

새벽을 적시고 가는 목이 긴 회귀의 넋
달랠수록 크는 아픔 지긋이 잇새에 문다
물 위에 뜨는 제 모습
봄은 사뭇
머흘레.

박 : 박사학위는 언제 취득하셨으며 학위 논문의 주제는 무엇이었나요?

원 : 1976년 고려대 교육대학원에 들어가서 석사 졸업 후 다시 박사학위 과정에 도전하기 위하여 입학 시험공부를 시작하였습니다. 1978년 대전보건전문대학에서 교양국어를 가르쳤는데, 환경과 여건이 공부하기에 좋은 조건이라 열심히 입시 공부를 했습니다. 그래서 1979년에 고려대 대학원 박사과정에 입학하게 되었습니다. 그 당시 국문학과에서는 5명을 선발하였는데, 몇 대일의 경쟁을 뚫고 합격하였습니다. 그 당시의 기쁨은 이루 표현할 수 없을 정도로 대단하였습니다. 그리고 저는 고전시가 전공이라 고산 윤선도의 작품세계를 연구해서 박사학위를 받았습니다. 논문 제목은 '윤선도 문학 연구' 입니다.

박 : 박사님이 존경하는 문인들과 시조의 정의는 무엇이라고 말할 수 있을까요?

원 : 존경하는 문인을 고대로 올라가서는 박사학위의 주제였던 윤선도라 할 수 있고,

내려 와서는 진명여고에 계셨던 이우종 선생과 이화여대에 계셨던 월하 리태극 선생 등을 들 수 있지요. 그리고 시조에 대한 정의는 사람마다 약간씩 다르게 이야기하고 있는데, 저는 저의 저서 「시조문학원론」에서 다음과 같이 정의를 내린 바 있습니다.

"시조는 고려 말경 유학자들에 의하여 만들어지고 가장 오랜 생명력을 지니면서 전승되어 오는 우리 민족 고유의 전통시가다. 아울러 3 · 4조 또는 4 · 4조를 기본 율조로 하고, 우리 민족의 사상, 감정, 체험 등을 담기에 가장 알맞은 그릇으로서, 그 형식은 3장 6구 12소절의 정연한 형태를 가진 정형시이다." 라고

장 : 시조, 시의 경계를 구분 짓자면 어떤 점들을 들 수 있을 런지요?

원 : 시조와 현대시는 공통점이 많습니다. 그러나 큰 차이라고 한다면 '형식'을 들 수 있지만 '율격(리듬)'에선 확연한 차이가 나지요.

자유시는 그야말로 자유, 시조는 3장 6구 12음보를 잘 지켜야 합니다. 차이점을 구분해보자면 자유시와 현대시의 뿌리는 서양이기에 집으로 치자면 양옥이요, 음식으로 치자면 양식에 비유될 수 있지요. 하지만 시조의 뿌리는 엄연히 한국이요, 한옥에 한식, 된장찌개로 표현하면 엇비슷한 표현이 아닐까 싶습니다. 율격에서 시는 내재율, 시조는 외형률이며 음보도 정해져 있고 특히 종장처리를 잘해야 합니다. 시나 시조는 응축력이 강해야 하며, 공통점이라면 시나 시조나 표현을 잘해야 된다는 점이지요.

장 : 고시조와 현대시조를 비교한다면 어떤 점이 다르며, 현대시조의 방향제시에 대하여 조언을 해 주신다면?

원 : 고시조와 현대시조는 확연히 구분된다고 볼 수 있지요. 몇 가지 다른 점들을 열거하자면 아래와 같은 사항들입니다.

o 고시조는 창으로 부를 수 있는, 음악성을 중요시 한다.
o 인명, 지명 등 중국 영향이 크다.
o 종장 첫머리에 '어즈버' '아해야' 등의 감탄사를 쓴다.
o 정격을 잘 지킨다.
o 작품 제목이 없는 게 많다.
o 현대시조는 음악성과는 결별이 된다.
o 중국과는 결별, 서양 냄새가 난다.
o 파격적이다.
o 감탄사를 생략한다.
o 제목이 다 있다.

그리고 현대시조의 방향 제시는 구태여 따로 하지 않아도 시대변천에 따라 변하게

되어 있습니다. 일제시대의 시조가 다르고 5, 60년대의 시조가 다르며 오늘날 2천 년대의 시조가 많이 다릅니다. 그러니까 구태여 방향 제시를 하지 않더라도 자연적으로 그 시대의 시대감각을 잘 표현하는 시조로 발전되리라 생각합니다.

박 : 윤선도를 박사학위 논문의 테마로 선택한 이유가 궁금합니다만?

원 : 윤선도의 생애, 즉 은은하면서도 인간적인 냄새가 짙어 매력을 느꼈습니다. 또한 그분의 시조가 너무 감동적이고 좋았습니다. 그래서 그분에 대한 작가론, 시조작품론, 한시론, 문학사적 의의 등 종합적인 연구를 하게 되었습니다. 학위 공부와 시조 공부를 하면서 저는 월하 리태극 선생님과 닮은 점이 많다고 생각했습니다. 그분이 저의 은사이기도 하시지만 저는 그분을 제 인생의 모델로 삼아, 그분의 뒤를 잇는 후계자가 되기를 은근히 바랐던 것입니다.

장 : 보령에 있는 개화예술공원 즉 '한국육필시공원' 에 선생님의 시가 일차로 시비로 세워졌는데 소개를 좀 해 주실 수 있겠습니까?

원 : '군밤' 이라는 제목의 시조인데 소개를 하겠습니다.

군 밤

군밤 한 봉지 사들고
추억에 젖어본다

화롯가에 둘러앉아
이야기 꽃 피운 유년

그 밤알 익어가듯이
무르익던 꿈이여.

추위를 구워냈나
아랫목은 따뜻해지고

펑펑 내린 눈처럼

마음의 눈 내리더니

소복이 쌓인 행복을
덮고 누운 고향 산천.

장 : 그간 발간된 저서가 다수라고 알고 있습니다. 저서 소개를 좀 해주십시오.

원 : 시조집으로는『여름일기』『신록 앞에서』『그리움 미학』『거울 보는 연습』『시간의 징검다리』 『아버지의 땅』 『우물 속의 사랑-편저』
수필집은『선택받지 못한 사람』『만나보고 싶은 얼굴』『우리역사 탐방기』『흐르는 강물처럼』『무지개를 찾아서』 등입니다.

박 : 많은 저서를 내셨군요. 앞으로 꼭 해보고 싶은 일이라면 무엇일까요?

원 : 40여 년 간을 교육계에 몸담아 왔습니다. 그간의 경험과 지식을 살려 나의 작품을 집대성한 〈원용우 문학전집〉을 만들고 싶은 포부를 가지고 있습니다. 그 꿈을 위해 서서히 준비를 하고 있습니다.

장 : 광진문화원의 '시와 시조반'에서 후배를 양성하고 계시는데, 앞으로의 계획이 있으시다면 무엇일까요?

원 : 시조는 우리나라가 시초라고도 할 수 있는 세계 유일무이한 문학 장르입니다. 시조를 보급해야할 의무를 느끼지만 마땅히 배울 만한 곳이 없어요.
'여강시가회'를 구성하여 시조 보급에 전력을 다하고 있는데, 그 여강시가회의 구성원은 교원대의 제자들과 광진문화원을 통하여 배출한 후학들로 이루어졌습니다. 하여간에 제 자신이 시조를 쓰는 일도 중요하지만, 시조를 보급하고 전파하는 일도 중요하기 때문에 앞으로도 계속해서 시조 가르치는 일을 열심히 할 생각입니다.

서용순 : 장시간 여러 가지 질문에 응답해주셔서 감사드립니다. 하시고자 하는 꿈을 속히 이루시고, 건강하시며 즐겁고 평안한 삶 누리시기를 기원 드립니다.

[對談]

3. 여주 100인 릴레이 인터뷰

- 여주 문화계의 대부 -

■ 대담 **이성주** 기자
■ 사진 **정은숙** 기자

1994년 출범한 여주문인협회 창립 멤버이자 초대, 2대, 3대 지부장을 역임하고, 현재 제8대 여주문화원장으로 일하고 있는 원용문 여주문화원장. 원용문 문화원장은 1966년 서울대 국어국문학과를 졸업하고, 원주 대성고등학교에서 첫 교직생활을 시작했다. 이후 끝없는 학구열과 작품에 대한 열정으로 1978년 고려대학교 교육대학원 석사과정을 졸업하고, 이어 1988년 고전문학 시가 전공으로 고려대학교 대학원 박사과정을 이수함으로써 문학박사가 됐다. 한국교원대학교 제2대학 학장까지 역임했던 원용문 문화원장은 그 동안 70편이 넘는 논문과 15권의 저서를 집필했을 뿐만 아니라, 7명의 박사와 100여 명이 넘는 석사를 배출하기도 했다. 그는 2004년 2월 정년퇴임 이후 지금까지도 후학 양성을 위해 서울 광진문화원에서 강의를 계속하고 있다.

또한 고희의 나이에도 작품 창작 활동을 꾸준히 하고 있어 오는 10일 여주군민의 날 행사에서 제15회 여주군문화상을 수상하게 됐다. 지난 2004년 정년퇴임과 함께 정기총회에서 만장일치로 제8대 여주문화원장에 추대된 이후, 여주문화 발전을 위해 많은 노력을 하고 있는 여주문화계의 대부 원용문 문화원장을 만나봤다. [편집자 주]

- 여주문화원의 역할은?

ㅁ 문화 자체가 너무 광범위해 여주문화원의 역할을 함축해서 말하기가 쉽지 않다. 그래도 요약해서 말한다면 여주지역에 전해져 내려오는 문화를 보존 계승시키고, 새로운 문화를 개척함으로써 여주문화를 확대 발전시켜 나가는 것이 여주문화원의 목적이다.

- 문화원장으로 재임하면서 가장 보람을 느꼈던 사업은?

ㅁ 여주는 묵사(墨史) 유주현(1921~ 1982, 능서면 번도리)이라는 훌륭한 소설가가 태어난 곳이다. 그는 〈남한산성〉, 〈장씨 일가〉 등을 비롯한 중 · 단편소설 100여 편과 〈조선총독부〉, 〈대원군〉 등의 장편소설 30여 편을 남겼으며, 한국소설가협회 창립

초대 회장으로, 아시아 자유문학상, 대한민국 문화예술상, 한국출판문화상을 수상하는 등 실록대하소설과 역사소설의 새 지평을 열었다는 평을 받고 있다.

그럼에도 불구하고 여주에는 유주현 선생에 대한 아무런 기념사업이 없었다. 재임 중 유주현문학상 운영위원회를 구성해 유주현문학상을 만들어 2005년부터 시상을 하기 시작했다. 유주현문학상은 올해로 3회째를 맞고 있으며, 현재 3회 수상자를 심사 중에 있고, 10월 중으로 시상을 할 예정이다. 기존에 없었던 유주현문학상을 만들어 여주 문학 발전에 기여한 것에 보람을 많이 느끼고 있다.

– 여주문화원장으로 꼭 하고 싶은 일이 있다면?

ㅁ 재임 기간 중 북내면 상교리에 있는 고달사 복원 사업의 기틀을 마련해 놓고 싶다. 고달사는 신라 35대 경덕왕 23년에 창건된 절로(764년) 국보 4호인 고달사지 부도와 보물 7호인 원종대사혜진탑 등 많은 문화재가 있는 곳이다. 현재 조계종과 태고종에서 고달사 복원을 희망하고 있으며, 고달사 복원추진위원회(회장 원용문 문화원장)에서 복원 사업을 추진할 사업자를 심의하고 있다.

지금은 발굴 작업이 종료되지 않아 복원이 불가능하지만 복원 사업자가 선정되면 발굴 작업에도 박차를 가할 수 있을 것으로 기대한다. 이 외에도 청심루, 파사성, 유주현 생가 등 복원해야 할 소실된 문화재가 많이 있다. 소실된 문화재를 복원함으로써 여주를 찾는 관광객들에게 더 많은 볼거리를 제공한다면 여주의 문화관광사업도 더욱 활성화 될 것이다.

– 여주문화원의 숙원사업이 있다면?

ㅁ 여러 곳을 다녀 봐도 문화원 건물이 없는 곳이 여주 외에는 거의 없다. 여주에도 다양한 문화강좌를 개설할 수 있도록 하루 빨리 여주문화원 건물이 생겨야 한다. 다양한 문화강좌 개설을 통해 여주군민들의 문화적 욕구를 충족시켜 주려고 해도 마땅한 강의 공간이 없어 못하고 있는 것이 안타깝다. 여주군에서도 여주군민들의 삶의 질 향상을 위해 적극적인 관심을 가져 주길 바란다.

– 아직까지도 후학 양성을 위해 강의를 하고 있다고 들었는데?

ㅁ 현재 서울 광진문화원에 '시와 시조' 강좌가 개설돼 있어 매주 목요일 강의를 하고 있다. 먼저 학생들에게 시조를 써 오도록 한 다음 그 시조를 바탕으로 이론을 가르치는 방법으로, 이론을 위한 이론보다는 실제 작품 활동에 도움이 되는 이론을 가르치려고 애쓰고 있다. 여주에도 문화원 건물이 생겨 강의 여건이 마련된다면, 강좌를 개

설해 강의를 할 계획이다.

제자를 길러내는 일과 작품 창작활동은 내 기력이 다하는 날까지 해야 할 나의 숙명이다.

- 많은 논문을 집필한 것으로 아는데, 가장 애착이 가는 논문은?

ㅁ 시조 형식에 대한 논의(1991)라는 논문에서, 시조의 형식이 성리학의 기본원리에 의해 만들어졌다는 내용을 발표했다. 3줄로 돼 있는 시조 형식이 천(天), 지(地), 인(人)을 기본으로 하는 성리학의 원리에서 왔다는 내용과 함께 고려 말 유학자 우탁(1263- 1342)이 최초의 시조작가라는 학설을 펴내 학계의 주목을 받았다.

또한 원호와 원생몽유록(1996)이라는 논문에서 원생몽유록이 생육신 원호의 작품이라는 학설을 발표했다. 당시 선조 때 임제가 원생몽유록을 지었다는 '임제설'이 지배적이었는데, '원호설'을 펴냄으로써 지금은 학계가 원호설로 많이 기울어져 있는 상태다.

- 第15회 여주군문화상 수상자로 선정됐는데 소감은?

ㅁ 많은 상을 받아봤지만 여주 사람으로서 내 고장 여주에서 문화상을 수상하게 돼 더 없이 기쁘다. 앞으로 여주문화 발전을 위해 더욱 헌신하라는 의미로 받아들이고, 여주문화상 수상자로서 부끄러움이 없도록 최선을 다할 것이다.

- 마지막으로 지역에서 작품 활동하고 있는 후배 문인 및 예술인들에게 하고 싶은 말은?

ㅁ 문인이든 도예인이든 예술인이든 작가는 작품으로 말해야 한다. 여주에서만 알아주는 여주의 작가로 남지 말고 더욱더 좋은 작품을 만들어내기 위해 끊임없이 노력해야 한다. 전국 나아가 전 세계에서 인정받는 여주 출신 작가가 더욱 많이 배출되기를 기대하며 여주문화원도 그러한 여건이 될 수 있도록 최대한 노력할 것이다.

■ 이 대담은 2007년 10월 5일 금요일 '여흥신문' 제 18호에 실린 것을 그대로 옮긴 것입니다.

[對談]

4. 이 주의 문학인

– 시조는 한민족의 사상과 감정을 담기에 가장 알맞은 그릇입니다 –

■ 취재 **백지선** 기자

시조를 쓰는 사람은 보기 드물다. 시를 쓰는 대부분의 사람들은 시조에 대해 '글자수를 맞춰야 한다'라는 강박관념을 느끼며 자유로운 시 쓰기를 즐긴다. 이에 한국시조사랑시인협회 원 회장은 시조야말로 한민족의 사상과 감정을 담기에 가장 알맞은 그릇이라 말했다. 한민족이 존재하는 한 시조는 이 땅에서 사라지지 않으며 그러기 위해 시조사랑운동을 통해 더 많은 사람들이 시조를 접하며 발전하기를 꿈꿨다. 이번 주 주간인물은 원 회장을 만나 시조인으로 살아온 그의 삶을 따라가 보았다.

현직 시조시인으로, 왕성한 활동을 펼치다

원 회장은 지난 2004년 한국교원대학교 교수로 퇴임한 후에도 시조시인으로 활동하며 바쁜 나날을 보내왔다. 현재도 지역민들에게 시조창작 강의를 매주 두 번하며 강의활동을 이어가고 있다. "한국시조사랑시인협회는 제2회 문학대상 수상자로 전선구 시인을 선정했으며 저는 심사와 더불어 심사평을 작성했습니다. 오는 2013년 12월 시조사랑 문학상 시상식과 함께 두 번째 책을 발간할 예정입니다." 왕성하게 활동하는 원 회장은 여강시가회 동인지 편집, 이해조문학상 작품심사와 함께 지난 10월에는 '원생몽유록의 등장인물 연구'라는 주제로 운곡학회 학술대회에서 발표했다. 원생몽유록의 저자가 백호 임제로 알려진 데 반해 원 회장은 저자가 생육신 관란 원호라고 주장했으며 그 근거로 세조를 비판하는 내용이 실려 있는데 비판이라는 것은 당대에 이루어지고 있으며 글의 제목에서의 '원생'은 원호가 꾼 꿈이기에 원생몽유록이라는 이름을 붙이게 되었다는 것이다. 원생몽유록은 몽유자가 꿈에서 단종과 사육신 영혼을 만나 시로 대화를 주고받으며 세조를 비판·토론한 내용이다. "열심히 가르치고 학술발표를 하고 문학상 수상자를 선정하고, 여강시가회 동인지 「여강의 물결」 제11호를 편집하며 건강관리에도 힘쓰고 있습니다(웃음)."

시조는 우리의 뿌리문학 – 계승 · 발전시켜야

시조를 쓸 때 가장 먼저 떠올리는 것은 시조의 형식이다. 특히 종장의 첫 부분에서 세 글자를 맞추는 부분이 매우 엄격해 사람들은 시조 쓰기를 어렵게 느낀다. "요즘은 시조시인들 가운데 진보적인 성향을 띠며 형식과 율격을 파괴하기도 하지만 저는 시조를 쓸 때는 형식을 지킬 필요가 있다고 주장합니다. 일단 시조의 뿌리는 국산입니다. 우리가 알고 있는 자유시는 외국에서 들어온 경우이며 이 땅에 들어온 지 100년쯤 되었지만 시조는 고려시대부터 약 730년간 우리 땅에 뿌리내려왔습니다. 시조는 시에 비해 역사성이 길지만 대부분의 사람들은 시조를 비하하고 자유시를 선호합니다."

시조의 연원을 역학기원설에 의해 설명하고 그 형성원리도 음향오행설로 풀린다고 말하는 원 회장은 역동 우탁 선생(최초의 성리학자)이 시조 형식을 창안했다고 했다고 주장한다. "문학인들조차 시조가 어렵다고 생각하지만 이런 생각을 불식시킬 필요가 있습니다. 우리 것인 전통시이자 고유시인 시조는 계승 · 발전시켜서 보석처럼 갈고닦아서 가꾸고 빛내야 합니다."

시조사랑운동을 전개하다

한국시조사랑시인협회에서 왕성하게 활동하는 원 회장에게 현재 시조의 경향과 흐름에 대해 물어보았다. "시조 역시 진보성향과 보수성향의 시조시인으로 나뉩니다. 진보 시조인은 형식의 실험과 발전이라는 미명 아래 형식과 율격을 파괴하려는 반면 보수 시조인은 그 형식을 잘 지키고 내용과 표현, 기교면에서 개혁을 하려는 경향이 있습니다. 이들은 작품집을 내면서도 진보 시조인은 '시집', 보수 시조인은 '시조집'이라 이름 붙입니다." 평생을 창작과 연구에만 몰두한 원 회장은 때론 난해하지만 창의적인 발상을 시조에 불어넣는 진보 시조인과 해석은 잘 되나 문학성이 비교적 약하다는 평을 받는 분이 보수 시조인 쪽에 많다고 하였다. "진보와 보수 성향의 시조인이 함께 조화를 이루며 발전할 것이라 믿으며 한국시조사랑시인협회는 세 가지 운동을 전개하고 있습니다. 첫째, 시조 바로세우기 운동, 둘째 시조 보급운동, 셋째 시조 세계화운동입니다. 시조 보급운동에서 제일 좋은 방법은 중고등 국어교과서에 시조 분량이 늘어나고 대학 입시 문제에 시조가 매번 출제된다면 자라나는 학생들이 시조를 저절로 공부할 것이라 생각합니다. 그리고 2014년에는 연변의 문학인들과 시조 교류를 진행할 예정입니다. 이는 연변 쪽에서 먼저 제의가 왔습니다. 활발한 해외교류를 통해 전통 시조를 세계 널리 알릴 계획입니다."

문학이란 인생의 보람과 가치를 창조하는 일

여주가 고향인 원 회장은 서울대 국문학과 재학시절, 대학신문에서 처음 시를 접했다. "관심을 갖고 1, 2년 동안 시를 읽었더니 눈에 들어오고 이해가 되었습니다. 이후 고교 국어교사로 재직할 때는 교과서에 나온 시를 읽으며 감동했습니다. 이우종 선생께서 시조를 배워보라는 권유에 따라 지금까지 작품 활동을 해오고 있습니다." 원 회장에게 지금껏 인생을 살아오며 다져온 인생관에 대해 질문했다. "저는 매사를 긍정적으로 생각합니다. 또 정심, 감사, 겸양하는 자세로 삶을 살아왔습니다. 정심-마음을 바르게 가지며 감사-불평보다는 감사할 줄 아는 마음으로 겸양-겸손하며 고개를 숙일 줄 알아야 한다고 생각합니다. 이는 교육관과 문학관과도 맞닿아 있습니다." 그는 사람이 우선이라고 강조하며 진실되며 성실한 자세, 인간미를 갖춘 인간이 되어야 한다고 말했다. "한국교육은 지식인은 길러내고 있지만 지성인은 길러내지 못하고 있습니다. 지식보다 품성과 인성교육을 중시해야 합니다. 또 좋은 글 또한 인간 됨됨이가 먼저 앞서야 쓸 수 있습니다. 문학을 잘하고 싶다면 문학과 씨름하면서 친해져야 합니다. 안이하고 편안하다면 잘 쓰기 어렵습니다. 문학이란 인생의 보람과 가치를 창조하는 일이기 때문입니다."

원로 시조인, 꿈을 향해 달리다

원 회장은 청년들이 경험이 많은 어른과 명사의 말을 잘 새겨들으며 몸으로 실천하며 꿈을 키워가기를 바랐다. 꿈을 실현하고 싶다면 백방의 노력과 함께 정성을 들일 것을 힘주어 말했다. "저 역시 지금도 제 꿈을 이루기 위해 치열하게 투쟁하고 있습니다. 세상에는 공짜가 없습니다. 젊은이들이 비전을 갖고 목표를 향해 매진하기를 바랍니다." 마지막으로 그의 계획이 궁금해졌다. "시조집 해설 두 편을 써야 하고, 한국시조사랑시인협회의 두 번째 작품집의 발간사, 여강시가회 동인지 편집 등 할 일이 많지만 차질 없이 완성하리라 믿습니다(웃음). 저의 목표는 언제나 시조를 제일 잘 쓰는 사람 되는 것입니다. 앞으로도 손에서 책을 놓지 않으며 계속 공부할 겁니다."

원 회장은 누가 그에게 직업에 대해 물어오면, '내 직업은 공부다' 라고 대답한다. 그만큼 매일매일 절제된 생활을 하며 시조공부에 몰두한다. 첫 질문이었던 소개에 대해 '시조로 시작하여 시조로 끝나는 인생' 이라고 답한 원 회장. 앞으로 대한민국은 물론 세계 곳곳에 한류열풍과 함께 시조열풍이 함께 일어나기를 기대해본다.

[對談]

5. 구한말의 혈죽가

- 원용우 교원대 명예교수 주장 -

• 사진 **김 태 훈** 기자

(세계일보 제7712호, 2013년 4월 24일)

혈죽가(血竹歌)라는 시조가 있다. 구한말 1906년 7월 21일 '대구여사(大邱女史)'라는 필명의 저자가 대구매일신보에 발표한 이 시조는 흔히 '현대시조의 효시'로 알려졌다. 사단법인 한국시조시인협회는 '혈죽가'가 나온지 100년이 된 것을 계기로 2006년 '현대시조 100주년' 행사를 성대히 치렀다. 2006년부터 매년 7월 21일을 '시조의 날'로 정해 기념식을 하는 것도 그 때문이다.

그런데 문단 일각에서 '혈죽가'를 현대시조의 효시로 볼 수 없다는 주장이 나와 눈길을 끈다. 문단과 학계의 논의를 좀 더 지켜봐야겠지만 '혈죽가'가 현대시조의 효시가 아닌 것으로 판명나면 '현대시조 100주년' 행사나 7월 21일 '시조의 날' 지정 등이 모두 의미를 잃어버려 파장이 상당할 전망이다.

원로 시조시인이자 한국교원대 국어교육과 교수를 지낸 원용우(75) 교원대 명예교수는 최근 기자와 만나 "'혈죽가'는 외형적으로 옛시조와 비슷하게 생겼지 현대시조의 모습과는 거리가 멀다"며 "'혈죽가'를 현대시조로 간주하고, 나아가 효시 작품으로 확정해 공식 행사까지 치르는 건 문제가 아닐 수 없다."고 말했다. 그는 "시조 전공자나 시조시인들이 더 활발히 연구하고 검증해 바로잡아야 한다."고 목소리를 높였다.

먼저 '혈죽가'가 현대시조의 효시로 여겨지게 된 원인부터 살펴보자. 2006년 '현대시조 100주년' 기념사업회장을 맡아 주도적 역할을 한 이근배(73) 시조시인은 "20세기가 들어 한자가 아닌 한글로 쓴 작품이 인쇄매체에 활자화해 발표된 것을 신(新)문학의 기점으로 보고 있다"며 "'혈죽가'는 최초로 활자화 한 시조였다"고 밝혔다. 누가 썼는지 모르는 경우가 많은 옛시조와 달리 저자가 '대구여사'로 분명한 점, 노래와 결부된 옛시조와 달리 순전히 읽고 즐기기 위해 쓴 작품이란 점 등도 중요한 근거가 됐다.

혈죽가(血竹歌)

협실(夾室)에 솟아난 대나무는 충정공(忠正公)의 혈적(血蹟)이라
비바람에도 쉬지 않고 방중(房中)에 푸른 뜻은
지금의 위국충심(爲國忠心)을 온 세상이 다 깨닫게 함이네

- 대구여사(大邱女史) 지음
- 1906년 7월 21일 '대한매일신보' 발표
- 충정공 민영환이 1905년 을사늑약 체결에 항의해 자결한 뒤 그의 피 묻은 옷을 보관한 방의 마루를 뚫고 청죽(青竹)이 피었다는 전설을 토대로 민영환의 충절을 찬양함.

하지만 원 명예교수는 세 가지 근거 모두를 틀렸다고 주장한다. 그는 "인쇄매체에 활자로 실리지 않고 그냥 필사본으로 남아 있더라도 내용과 형식이 새로우면 현대시조로 보아야 한다."며 "필사본이냐 인쇄본이냐 하는 문제가 작품 성격을 규정하는 기준이 될 수 없다"고 말했다.

저자 부분에 대해서 원 명예교수는 "옛시조 중에도 고려 말 우탁의 '백발가'나 이방원의 '하여가'처럼 저자가 뚜렷한 작품이 얼마나 많으냐"고 반문한 뒤 "오히려 '혈죽가'를 쓴 '대구여사'라는 인물은 필명인지 가명인지 모르겠고, 심지어 실존인물인지조차 불분명하다"고 지적했다.

'혈죽가'를 현대시조로 여긴 이들은 이 작품이 노래와 무관하다고 판단했으나 원 명예교수 생각은 다르다. 그는 "노래하기 위한 작품이 아닌데 제목에 노래할 '가(歌)'자를 붙인 예는 없다"며 "여러 면에서 '혈죽가'는 옛시조처럼 창(唱)으로 노래하기 위해 만든 작품"이라고 강조했다.

서울대 국문학과를 나와 고려대 대학원에서 박사학위를 받은 원 명예교수는 '한국시조작가론'(1999)과 '한국 현대시조의 현황과 전망'(2009) 등 다수의 시조 관련 연구서를 펴냈다. 1975년 시조시인으로 등단해 '시간의 징검다리'(2006) '아버지의 땅'(2009) '한강변의 봄맞이'(2012) 등 7권의 시조집을 발표했다.

원 명예교수는 "현대시조의 효시를 섣불리 단정하는 우를 범하지 말고, 시조혁신운동을 펼친 가람 이병기(1891~ 1968)나 노산 이은상(1903~ 1982)의 초기작 중에서 현대시조의 효시를 찾는 게 바람직하다"고 말했다.

[對談]

6. 설날의 어원 알고 계시나요

– 원용우 교원대 명예교수 주장 –

(세계일보 2016. 2. 4. 목요일)

해마다 일정한 시기에 되풀이하는 주기전승의 의례적인 행사를 풍속, 세시, 세사, 월령, 시령이라고 한다. 이 세시풍속을 명절로 만든 것을 계기로 해서, 연간 생활과정에서 다음 단계로 넘어가는데 리듬을 주었으며, 활동적인 생활을 영위하는데 도움을 주었다. 이 세시풍속 중에서도 설날과 한가위는 현재까지 우리 민족 최대의 명절로 자리 잡았다. 이 글에서는 '설날'과 '한가위' 두 낱말의 뜻을 모두 살피기는 어렵고, 이제 며칠 안 있으면 다가오는 '설'의 의미에 대하여 되새겨 보는 기회를 갖고자 한다. 설날은 우리 민족 최대의 명절이다. 명절은 세시풍속에서 가장 두드러지게 기념하는 날을 말한다. 그래서 예부터 산소에 올라가 제사를 올리는 것을 설날, 한식, 단오, 추석의 4대 명절에 행하였다.

잘 알려진 것처럼 우리가 음력을 폐지하고 양력을 택한 것은 1894년 갑오경장 때 개화당의 김홍집 내각에 의한 하나의 혁명이었다. 1895년 음력 11월 17일을 양력 1896년(건양1) 1월 1일이라고 고종황제의 칙명으로 선언하였다. 그리하여 세력(歲歷)을 태양력으로 바꾸었고, 나라에서 쓰는 연호도 양력을 세운다는 뜻의 건양(建陽)이라고 고치었다. 그러다가 최근에 1985년부터 '민속의 날'이란 이름으로 공휴일로 지정하였다. 그 후 민속의 날로 정했던 구정을 1989년부터 '설날'로 개명하는 동시에 3일 간의 연휴로 한 것이다. 이 '설'의 의미에 대하여 「설날 문화 가족」이란 책자에는 다음과 같이 설명되었다. 설날은 한자로 원일(元日), 세수(歲首)라고 쓰며, 그것은 일 년의 첫째 되는 날이란 뜻이다. 또한 첫 출발일이란 의미가 있다. 그래서 이날을 삼가는 날[愼日]이라고 하여 중요한 날인만큼 행동을 경망하게 하지 말라고 당부하였다. 이밖에 여러 문헌이나 제가의 설을 고찰한 결과를 보면 '설'의 의미에 대하여 처음 날, 비롯함의 날, 〈설다〉, 〈낯설다〉의 어간 〈설〉에서 온 듯함, 〈선날〉에서 왔음, 시단(始旦)이나 원단(元旦)을 설이라 불렀음, 몸을 사리다의 〈살〉에서 옴, 산스크리트 말 〈살〉에서 왔음 등 다양한 해석이 가하여졌다.

이러한 해석을 한 분들이 민속학자, 역사학자, 교육학자, 국어학자, 언론인 등인데,

어느 누구도 제대로 해석을 못하고 변죽만 울리고 있는 것이다. 이 ‘설’의 의미는 우리 조상들이 즐겨 쓰던 옛말에서 찾아야 한다. 결론적으로 ‘설’이란 말은 ‘살’에서 왔다. 그러나 ‘살’은 선학들이 풀이했거나 이야기한 것과는 다르고, ‘나이’나 ‘해’를 뜻하는 ‘살(歲)’에서 왔다는 이야기다. 남광우 편 「고어사전」을 보면 ‘설’의 뜻은 살(歲)이라고 되어 있다. 그 용례는 “세설 머근 손ᄌᆞ를 머기더니” “나히 다ᄉᆞᆺ서레”. (五歲) “큰 아ᄃᆞᄅᆞᆫ 아홉서레 비치 ᄆᆞᆯ그니” “세 서레 곧 능히 키우르ᄂᆞ니” “닐굽설부터”(從七歲)라고 되어 있었다. 그러니 옛날에는 우리 선인들이 한 살, 두 살 하면서 나이를 셀 때, 한 설, 두 설, 세 설 했던 것이고, 그 설이란 바로 살(歲)을 의미하였다. 한마디로 우리들이 해마다 세는 명절 ‘설’이란 말은 ‘나이’나 ‘해’를 뜻하는 살(歲)에서 왔다는 것을 천명해 두는 바이다.

자전(自傳)

[自傳]

1. 전쟁과 현실

우리나라는 삼국시대 이래로 큰 전쟁을 많이 치루었다. 주로 중국의 침략을 받았거나 일본의 침략을 받았다. 중국 당나라의 침략으로 백제가 무너졌고, 이어서 고구려까지 함락 되었다. 그리고 조선시대에는 청나라의 침입으로 병자호란이 일어났고, 일본의 침입으로 임진왜란이 발발하였다. 이 두 전쟁은 국가의 존망이 위태로울 정도로 우리나라에 큰 타격을 주었다. 그러다가 1910년에는 일본에 나라를 강탈당하여 36년간 식민지 생활을 했던 것은 잘 알려진 사실이다.

이처럼 큰 전쟁을 많이 치루었지만, 1950년 6월 25일 새벽 북한의 기습남침으로 발발한 6.25전쟁은 두 가지 측면에서 그 성격이 다르다. 첫째 6.25 이전의 전쟁은 외적의 침입으로 비롯했는데, 6.25전쟁은 남북이 갈라져서 동족끼리 싸움을 했다는 점이 다르다. 둘째, 이전의 전쟁들은 모두 끝이 나서 종료되었는데, 6.25전쟁은 1953년 7월 27일 휴전을 해서 아직도 그 전쟁이 끝나지 않고 연속성이 있는 현재진행형이란 점이 다르다. 이러함에도 불구하고 우리 국민들은 이 전쟁이 끝난 것으로 착각하는 것인지, 아니면 일부러 모르는 척 하는 것인지, 평화무드에 젖어 무방비 상태로 흐르는 점이 너무 안타깝다. 북한은 남한을 송두리째 삼키려고 그 무서운 핵을 개발하고, 그 핵실함을 여러 번 했는데, 우리는 남남갈등을 야기하면서 내분에 여념이 없으니, 참으로 한심하다는 생각이 든다.

(1) 해방 이후 초등학교 다닐 때

내가 유년시절에 살던 집 주소는 여주군 강천면 00리이다. 부모님은 농사를 지으셨고, 그것도 논이 없어서 벼 생산은 없었고, 주로 밭농사만 지었다. 그래서 큰집의 제사때나 명절 때가 아니면 쌀밥 구경을 할 수 없었고, 주로 먹는 것이 피밥과 조밥 아니면 감자를 쪄서 먹는 것이 고작이었다. 우리 마을은 본교인 강천초등학교와 거리가 몇 십리 떨어져서 그곳에 다닐 수 없었고, 할 수 없이 강천초등학교 00분교에 다녔던 것이다. 1945년 해방 되던 해에 나는 이 분교의 신입생이었다. 일본 책으로 일본어를 국어라 배웠으며, 학교에 가서는 일본말을 써야지 조선말을 했다가는 완장을 찬 학생에게 발각되어 화장실 청소를 하거나 체벌을 받았던 것이다.

그런데 어느 날 아버지가 "얘야, 신작로에 구경나가자." 해서, 아버지 손에 잡혀 마을 앞 신작로에 나갔다. 그때 마을 사람들이 많이 나와서 도열해 있었고, 얼마 지나니 머리가 노란 미군들이 탄 차량들이 여러 대 지나갔다. 이 미군 차가 지나갈 때 마을 사람들은 만세를 부르고 박수를 치면서 환송했던 것이다. 그 당시 나는 어려서 영문을 몰랐지만, 1945년 8월 15일 일본이 연합군에 항복하고 물러간 대신 미군이 진군해서 처음으로 우리 마을을 지나가기에 환영 행사를 했던 것으로 안다. 그 이후 2학기 개학이 되어 학교에 나가니, 일본어 공부는 사라지고 우리 한글 공부를 시켰다. 그야말로 "가, 갸, 거, 겨, 고…… "부터 쓰고 배우고 익혔다. 세상이 완전히 달라졌던 것이다.

그런데 문제는 곽○○ 선생이시다. 수업 시간이나, 종례 시간 같은 때 "미국은 나쁜 나라이고 소련은 좋은 나라이다.", "미국은 우리나라 물건을 빼앗아가고 소련은 시계나 빵 같은 것을 많이 가져다준다." 아무것도 모르던 나는 그 담임선생께서 가르쳐 준 대로 기억하고 있을 뿐이다. 그 당시 우리 마을은 해방의 기쁨을 누리기 위해 1주일간은 잔치를 벌인 것 같다. 학교 마당에 큰 가마솥 3개를 걸어놓고 소를 잡아서 쇠고기국을 끓이고, 밥을 하고, 반찬과 떡을 하고, 술을 사다 마시면서 축제를 벌이고 있었다. 날마다 먹고 마시고 춤추고 노래하면서 해방의 기쁨을 누리고 있었다. 나는 같은 또래 아이들과 어울려서 학교 운동장을 구경하며 어른들 사이를 누비고 돌아다녔다.

그런데 어느 어른 한분이 손짓하면서 나를 부른다. 머리를 쓰다듬어 주면서 몇 가지 물어보는데, "너, 몇 학년이냐", "예, 저 1학년입니다.", "미국이 좋으냐, 소련이 좋으냐?" "소련이 좋습니다." 이 아무렇지도 않은 질문과 답이 담임선생님을 궁지로 몰아넣고, 영영 이별하게 될 줄은 꿈에도 몰랐던 것이다. 그 이튿날 학교에 나가니 담임선생님이 보이지 않았다. 담임선생님이 경찰에 잡혀갔던 것이다. 나 이외 다른 아이들에게도 똑같은 질문을 하고, 그 답이 일치하니까 사상범으로 해서 잡아간 것이다. 나중에 들은 이야기지만 선생님은 그 사건으로 해서 교직을 물러나게 되었고, 다시는 만날 수 없었으니 사람의 말 한 마디가 얼마나 중요한가는 그 이후 오랜 세월이 지난 다음에 깨닫게 되었다.

이처럼 학교를 다니면서 알게 된 사실은 제2차 세계대전으로 일본은 패망하여 섬나라로 퇴각하고, 멀쩡하던 우리나라는 남북으로 갈려서 38선 이남에는 대한민국정부가 수립되고, 그 이북에는 인민공화국 정부가 수립되어 분단국가가 되었다는 사실을 어렴풋하게 알고 지냈던 것이다. 우리 민족이 남북으로 갈리고서도 좌파와 우파로 갈라져 치열한 노선 투쟁을 벌였다는 사실도 훨씬 후에 알게 된 것이다. 나는 그 당시 어른들에게 이런 말을 자주 들었다. "윗마을 ○○리에는 빨갱이가 많이 살고, 우리 마을에는 빨갱이가 없다." 그런데 어느 날 밤이던가. 수십 명이 집단으로 우리 마을의 골목을 누비고 다니면서 인민군가를 부르고 삐라를 살포하고 다녔다. 이럴 때 마을 사람들은 문을 걸어 잠그고 숨을 죽이면서 집 밖으로 나오지 않았다. 이런 사건이 해방 후 1년간은 자주 벌어졌다. 그뿐 아니라 강 건너 마을 뒷산에 어두운 밤이면 봉화불이 타오르고 심상치 않은 분위기가 연출되었다. 이런 것이 모두 빨갱이들이 하는 짓이란 것이다.

이런 가운데 나는 초등학교를 계속 다니면서 열심히 공부하였다. 내가 초등학교를 다니는 동안 1948년 5월 10일에는 국회의원을 뽑는 총선거가 실시되었다. 마을의 벽에는 출마자들의 사진과 약력이 소개된 벽보가 어지럽게 붙었다. 때로는 차량을 동원해서 확성기로 온 마을이 떠나가도록 선전하는 모습을 목격하였다. 그래서 국회의원이 뽑히고, 제헌국회가 성립된 것으로 안다. 그리고 해방 3주년을 맞이한 1948년 8월 15일에 3년간의 미군정을 끝내고 대한민국 정부가 수립되었다. 그 당시 초대 대통령은 이승만 박사이고, 여주의 초대 국회의원은 원용한씨라는 것은 익히 들어서 알았다. 그러나 이런 일들은 나와는 거리가 멀고 상관없는 일이라 생각하면서 열심히 공부하였다.

(2) 전쟁의 발발과 학업 중단

내가 공부에 취미를 붙이고 열심히 한 것은 4학년 때부터다. 그리고 초등학교를 마친 다음에는 중학교를 가야겠다고 굳게 마음먹었다. 나도 열심히 공부했지만 아버지도 자신이 못 배운 것을 한탄하면서 자식만은 대학공부까지 시키겠다고 버릇처럼 말씀하셨다. 얼마 되지 않는 농사를 지으면서 절약한 돈으로 새끼 송아지를 사고, 그 송아지가 커서 어미가 되어 새끼를 낳으면 팔지 않고 남에게 주어 키우게 하고, 이렇게 해서 내가 중학교에 들어갈 무렵에는 큰소가 10마리는 되었다. 이만하면 자식을 대학까지 보낼 밑천은 마련된 것이다.

나는 학교에서 배우는 공부만으로는 진학하기 어렵다는 것을 알고, 아버지에게 진학공부에 필요한 책을 사달라고 졸라댔다. 아마 자습서나 참고서 종류가 아니면 입시 지도서였을 것이다. 그러나 아버지는 약속을 하고 여주 장에 갔다 오시면서도 번번이 사오지 않았다. 그래서 한번은 일부러 밥도 안 먹고 이불을 뒤집어 쓴 채 학교에 가지 않았다. 지금 생각하면 아버지한테 일종의 시위를 한 것이다. 그러니 아버지도 어쩔 수가 없지 않는가? 그 다음 여주 장에 가서 내가 원하는 책을 사다 주셨던 것이다.

사실 시골에 살던 나는 입시가 뭔지 중학교가 뭔지도 모르면서 성장하였다. 그래도 중학교라는 상급학교에 가서 공부해야 된다는 생각은 항상 가슴 속에 지니고 있었다. 내가 다닌 분교의 6학년 졸업생은 6명이었다. 그 중에서 내가 나이는 제일 어리고 몸집도 제일 작았다. 그래도 1등으로 졸업했고, 중학교에 진학한 것도 나 혼자 뿐이었으니, 나는 그때나 이때나 행운아라고 생각하면서 살아오고 있는 것이다. 어떻든 입학원서를 제출하려면 그 원서에 사진을 붙여야 한다. 그래서 사진을 찍기 위하여 난생 처음 문막이란 곳을 가보았다. 사진관이 어디에 있는지 몰라 혼자 거리를 헤맸던 생각을 하면 지금도 씁쓸한 웃음이 나온다. 내가 그 당시 입학원서를 제출한 학교는 원주농업중학교이다. 원주중학교는 처음 생긴 때이고, 농업중학교는 일제 때부터 있어서 학생들이 이 학교로 몰리었다. 입학시험을 치던 날 들으니 경쟁률이 4대 1이나 된다는 것이고, 원주를 중심으로 사방 백리 안에서 학생들이 몰려들었다는 것이다. 그래도 그 심한 경쟁률을 뚫고 그 학교에 합격하였으니 나에게 공부하라는 복은 있었던 것이다.

1950년 4월 1일 정식으로 입학식이 거행되었다. 지금은 신학기가 3월에 시작되지만 그때는 4월에 시작되었던 것이다. 학교의 위치는 지금의 태장 쪽 같은데, 하도 오래 전의 일이라 정확한 위치를 모르겠다. 우리 학교에서 건너편을 보면 원주 봉산동에서 횡성 쪽으로 가는 도로가 나 있었고 차량통행이 많았던 것으로 기억된다. 학교 옆에는 커다란 솔밭이 있었고, 그 솔밭 안에는 1개 연대 규모의 국군이 진을 치고 있었다. 나는 원주에 마땅히 의지할 만한 친척이 없어서 학교 기숙사에 들어갔고, 비로소 집을 떠나 기숙사 생활을 하게 된 것이다. 그 때 같은 또래의 기숙사 친구들과 휴일에 원주 시내에 가서 무슨 밀가루 음식을 사먹었는데, 그렇게 맛있는 음식을 먹어보기는 난생 처음이었다. 이제 와서 생각해 보니 그것은 아무래도 중국집의 자장면이었을 것이라는 생각이 든다.

중학교에 가서 영어를 공부하고 수학도 공부하니 재미가 있었다. 그처럼 행복한 시절을 보내고 있는데, 어느 날 갑자기 전쟁이 터졌다는 것이다. 학교 안이나 기숙 안은 뒤숭숭하기 이를 데 없었다. 1950년 6월 25일 북한군의 기습남침으로 6.25사변이 터진 것이다. 그러니 학교 수업이 제대로 이루어질 리 없다. 밤이면 밤마다 횡성, 홍천 쪽에서 포성이 들려 왔고, 원주에서 횡성 쪽으로 가는 길은 군용 차량들이 쉴 새 없이 드나들었다. 기숙사는 밤마다 모포로 창문을 가려서 암흑천지였다. 불빛이 새나가면 공습을 받을까 두려워서 아예 불을 켜지 못하게 하였다. 춘천 쪽에서는 피난민 행렬이 남으로 밀려온다는 소식도 들리었다. 그렇게 1주일쯤 지나니, 학교 측에서는 전교생을 모아놓고 무기 휴교령을 내렸던 것이다.

(3) 인공 치하에서의 처음 생활

언제 전쟁이 끝날지도 모르는 상황에서 휴교령까지 내렸으니 더 이상 기숙사에 머무를 수도 없었다. 마침 문막에 산다는 5학년 선배가 있어서 그분과 함께 귀향길에 오른 것이다. 책 보따리를 걸머메고 학교에서 집까지 50리 길을 걸어서 왔다. 그때는 전시(戰時)라 일반인이 타고 다니는 대중 교통수단이 없어진 것이다. 나는 학교를 떠나 집으로 오는 길이 그 학교를 영원이 떠나는 길이 될 줄은 꿈에도 몰랐다. 그 이후 나에게는 그 학교에 복학해서 다시 다닐 수 있는 기회가 전혀 주어지지 않았으니 말이다.

집에 와보니 큰집에는 서울에서 피난 온 친척들이 몇 분 있었다. 서울 사람이라 그런지 시골 사람들과는 때깔이 다르다고 생각했다. 그분들 중에는 휴전 이후 서울로 돌아간 분도 계시고, 그 마을에 주저앉아서 농업을 생업으로 살아가는 분도 계셨다. 그리고 며칠 후에는 우리 집에도 건장한 아저씨 두 분이 피난을 왔다. 이분들은 아버지의 외사촌들이다. 이때 나는 작은 아저씨에게 틈틈이 영어를 배웠다. 학교에서 배부한 영어 책을 교재로 해서 배웠는데, 나중에는 그마저도 여의치 않았다.

이 무렵 들은 이야기는 6월 28일에 한강인도교가 폭파되고, 수도 서울이 적에게 완전히 함락되었다는 사실이다. 군인들은 한강 이남으로 퇴각하고, 정부도 대전으로 옮겨 가고, 피난민들이 걸어서 남하하는 행렬이 끊이지 않았다는 사실이다. 그리고 적의 전차들을 막기 위하여 국군장병들이 수류탄을 몸에 안고 적의 탱크에 뛰어들어 장렬하게 죽어갔다는 이야기 등이다. 이처럼 전쟁 초기에 우리 국군은 싸움다운 전투 한번 못해본 채 맥없이 무너졌고, 내가 살던 고향 마을에도 인민군이 들이닥쳤고, 경찰서 대신 내무서가 설치되면서 공산 치하의 생활로 접어든 것이다.

세상이 하루아침에 빨갛게 바뀌었으니, 동네에서 그들에게 동조하는 무리들이 빨간 완장을 차고 다니면서 날뛰기 시작했다. 말인 즉은 군인이나 경찰, 학교 선생을 지낸 사람들을 찾아서 잡아 죽인다는 이야기다. 다행히 우리 마을에는 말단 공무원을 지낸 사람도 없었으니 큰 피해는 없었다. 그러나 마을 이장을 지낸 사람도 잡히면 죽는다고 해서, 이장 000씨가 들판의 수수밭에 숨어 나오지 않는다는 이야기를 들었다. 도대체 마을 이장이 한국 정부에 얼마나 공헌하고 혜택을 받았기에 그들을 잡아서 죽인단 말인가? 아니 그들 당사자가 없으면 그들의 가족을 잡아다가 괴롭힌다고 하니, 인간의 탈을 쓰고서는 도저히 저지를 수 없는 만행이다.

아버지와 어머니는 농사꾼이니까 하루 종일 들판에 나가 계셨지만, 우리 집을 찾아온 아저씨 형제는 낮이나 밤이나 뒷동산에 올라가 숨어 지냈다. 먹을 것을 싸가지고 올라가서 식사를 해결하고 한밤중에만 내려와서 취침을 하였다. 그러니까 한집에 살면서도 서로 얼굴을 볼 수 없는 형편이 된 것이다. 나는 그분들이 평소에 무슨 직업에 종사하였고 무슨 직위에 있었는지 모른다. 그러나 신변의 위협을 느끼니까 그처럼 두더지 생활을 하는 것이라 마음속으로 생각하였다.

우리 집 건넌방에는 신혼부부인 원00씨 내외가 살았다. 그분도 전형적인 농사꾼이다. 그래도 처복이 있어 문막 면장의 사위가 된 것이다. 바로 면장의 사위가 된 것이 문제이었다. 날짜는 정확히 모르지만 어느 날밤 식구들이 어렴풋이 잠들었을 때다. 느닷없이 한 밤중에 10여 명의 무뢰배들이 쳐들어온 것이다. 아버지는 무슨 낌새를 챘는지 집 뒤로 도망갔다. 그러나 그들의 추적을 당할 수 없어 붙잡히었고 억울하게 얻어맞았다. 면장님 사위를 한집에 살게 한 죄이다. 그날 밤 미리 연락을 받았는지, 면장님 사위는 피신하고 없었다. 사위를 못 찾았으면 그냥 돌아가야 하는 것이 도리 아닌가. 대신 그의 형님을 잡아서 족치고 매질을 해댄 것이다. 얼마나 고문을 하고 매질을 하였으면 밤새 온 동네가 떠나가도록 비명을 질렀겠는가. 그 소리는 마치 사람들이 개나 돼지를 생으로 잡을 때 지르던 소리와 같았다. 그 이후 그 형님은 후유증으로 평생 고생하시고 힘든 일을 제대로 못하다가 돌아가셨다. 면장님 사위의 형이 된 것이 죄이다.

(4) 남북 언어 차이에서 오는 혼란

이 시절 가장 친근하게 쓰던 단어가 가장 낯선 단어로 변이된 것이 있다. 친구들 사이에 주로 쓰이던 '동무'라는 낱말이다. 이 동무의 뜻을 사전에서 찾아보면 "언제나 친하게 함께 어울려 노는 사람", "어떤 일을 하는데 서로 짝이 되거나 함께 일하는 사람", "뜻을 같이하고 가깝게 지내는 벗"이라고 되어 있다. 하여간에 동무란 같은 또래의 친구를 의미하는 말이다. 그런데 6.25 직후 그들의 치하에서는 아무한테나 '동무'라는 칭호를 붙인다. 아버지 동무, 어머니 동무, 할아버지 동무, 할머니 동무, 아저씨 동무, 아주머니 동무, 이처럼 인칭대명사 밑에 무조건 '동무'라는 말이 따라붙으니, 유교사상에 젖은 농촌 가정의 아들로서는 납득이 안 되고, 의도적으로 사용해 보려 했지만 어색해서 잘 쓰지 않았다.

그 다음 제일 자주 듣던 말은 '반동'이란 단어이다. 이 말의 뜻은 사전에 "한 물체가 다른 물체에 작용을 미칠 때 반작용을 받아서 그 물체 자신의 운동 상태가 변화하는 일", "역사의 조류에 역행하여 진보를 가로막고자 하는 보수적인 작용"이라 되어 있다. 이처럼 두 가지 뜻이 있지만 전자보다는 후자의 의미가 강하다는 것을 체험으로 느끼었다. 공산군 점령 하에서는 그들의 이념, 그들의 체제, 그들이 추구하는 가치에 무조건 순종해야 한다. 바로 이 가치에 반하는 것은 개인이 되었든 그룹이 되었든 반동으로 몰린다. 그들의 입에서 "이 반동 간나새끼"란 말이 튀어나오면 초죽음이 될 수밖에 없다. 인민재판을 받고 처형될 수밖에 없는 것이다. 그러니 자연적으로 그들의 눈치를 보고, 그들의 눈에 거슬리지 않도록 말과 몸가짐을 조심하는 수밖에 달리 방법이 없었던 것이다.

그 다음 어떤 경우에 '영웅'이란 칭호를 붙여주는지 알았다. 나는 이 기간에 다른 동네나 마을을 가본 적이 없다. 한 50호 가량 되는 고향 마을에서 개미 쳇바퀴 돌 듯 돌아다녔던 것이다. 혼자서 다닐 때도 있었지만, 같은 또래의 '동무'들과 어울려 다닌 적이 많았다. 어떤 때는 동무들과 함께 "장백산 줄기줄기……"라는 노래를 부르면서 돌아다녔다. 그것이 좋은 노래인지 나쁜 노래인지도 모르고 가르쳐주니, 배운 대로 따라서 부를 수밖에 없었던 것이다. 이처럼 돌아다니다가 우리들은 어느 집 큰사랑에 많은 사람들이 모여 회의하는 것을 보게 되었다. 방문을 닫고 회의했지만, 얇은 창호지 문을 사이에 두었으니 안에서 하는 소리는 여과 없이 밖에까지 들렸다. 그 당시 인민군들이 승승장구하고 남쪽으로 밀고 내려갔지만, 그들에게도 그들 편을 들어서 싸워줄 인적 자원이 필요했던 것이다. 안에서 회의를 주재하는 사람은 아무래도 실권이 있는 상부에서 내려온 사람 같았다. 이 마을 청년 9명을 모아놓고 '의용군'에 가라고 강요하는 것이다. 북에서 내려온 군인을 인민군이라 불렀고, 남에서 새롭게 모집해서 전투에 투입되는 청년을 의용군이라 불렀다. 아무리 의용군에 지원하라고 강요해도 선뜻 죽음의 터에 나가겠다고 나서는 이는 없었다. 그러니 회의장 분위기가 냉랭하고 무거울 수밖에 없었다고 본다. 그래도 회의를 끝내지 않고 계속해서 회유하고 협박하니, 마지못해 한 청년이 지원할 의사를 밝힌 것이다. 그때 이 청년에게 붙은 칭호가 000영웅이었던 것이다. 갑자기 평범하게 농사나 짓던 청년이 영웅 칭호를 받게 된 것이다. 나는 이순신 장군처럼 나라 전체를 구한 장수에게만 영웅 칭호를 붙이는 줄 알았는데, 의용군에 지원할 의사를 밝혔다고 갑자기 영웅 칭호를 붙여주는 것은 어딘가 문제점이 많다는 것을 그 어리던 시절에게도 판가름하고 있었던 것이다.

(5) 고달프고 지친 인민들의 생활

인민군에 점령당한 이후 마을의 모습이 달라진 게 있다. 그 자그마한 시골 마을에 학교는 물론이고 골목마다 김일성 사진이 나붙은 점이다. 자연스럽게 그 사진을 자주 보게 되고, 보면 느낀 점이 생기게 마련이다. 우선 그 모습이 너무 젊고, 주름 없이 피부가 팽팽하고, 살이 찌고, 강력한 힘이 있어 보였다. 이승만 대통령 사진만 대하다가 김일성의 사진을 보니 그 분위기나 인상이 너무 달라서 국민을 대하는 태도도 다를 것이라 생각했다.

우리 마을은 여주와 원주 사이의 국도가 지나가는 신작로 옆에 있었기 때문에 언제부터인가 인민군들이 마을에 들어와서 머물다 가는 경우가 생겼다. 1개 소대 규모의 많은 인원이 유숙한 경우, 분대 규모의 소수 인원이 머문 경우, 어떤 때는 항일투쟁을 했다는 빨치산이 들어 와서 묵은 경우도 있었다. 우리들은 자연스럽게 그들에게 접근하여 이야기를 나누었지만, 마음속으로는 무섭다는 생각이 들어 경계심을 늦추지 않았다. 그들이 소유한 것은 주로 따발총, 난생 처음 그들의 무기를 보았고 따발총 소리를 자주 들었다. 들녘이나 야산에서 이따금 따발총 소리가 나는 것을 보면 뒤쳐져서 남하하는 국군들과 총격전이 벌어졌던 것이 라 생각된다. 어떤 군인은 아예 농부 옷으로 갈아입고 지게 위에 참외를 가득 지고서 참외장수로 위장하여 자기부대 찾아가는 것을 보았기 때문이다.

그 당시 나는 소년 시절이었으니까 자세히 모르지만, 어른들은 마음 놓고 여행할 수 없어 불편하다는 이야기를 들었다. 자기 관내를 돌아다니는 것은 괜찮지만 군이나 도의 경계선을 넘어가려면 반드시 여행증명서나 통행증 같은 것을 발급받아서 소지해야 한다. 그것도 어쩌다 여행하는 경우는 덜한데, 이 마을 저 마을로 돌아다니면서 물건을 팔아, 먹고 시는 이에게는 불편하기 이를 데 없었을 것이다. 그리고 자기 집에 낯선 사람이나 타 지역 사람이 와서 묵게 되면 반드시 마을 책임자에게 신고해야 한다. 이러한 신고의무를 지키지 않다가 나중에 발각되면 큰 벌을 받아야 하는 것이다. 심지어는 아버지에게 잘못이 있으면 아들이 가서 고발해야 하는 비인간적 장치를 만들어 놓았으니 서글픈 일이 아닐 수 없다. 이것은 인간과 인간 사이에 불신을 조장하고, 감시하여 체제에 순응하지 않는 사람들을 조기에 차단하려는 목적에서 비롯된 것이라 본다. 어떻든 마음대로 집을 옮겨서 살 수 있는 거주이전의 자유가 없으니, 항상 묶어놓고 가두어 놓는 소, 돼지나 다를 것이 없는 것이다.

그리고 무슨 회의가 그리도 많은지. 밤이면 밤마다 학교 교실에 사람들을 모아놓고 회의를 하는 것이다. 나는 나이가 어려서 그 회의에 참석할 수 없었기에, 그 안에서 이루어지는 일을 자세히 알 수는 없었다. 그러나 대개의 경우 일종의 지시를 내리거나, 북한 노래를 가르치거나, 그들의 사상적 지침을 학습하거나, 각자 자기반성을 하게 하는 경우가 많았던 것으로 안다. 그리고 아직 노역을 할 수 있는 힘이 있는 남자는 모두 산으로 끌고 가서 소위 방공호라는 것을 파게 했다. 낮에는 들판에 가서 농사일 하고, 밤에는 회의에 참석하거나 방공호 파는 일에 종사해야 하니, 인민의 심신이 얼마나 고달프고 지쳤을까 하는 것은 미루어 짐작되는 바다.

우리 마을에는 원씨가 제일 많고, 그 다음에는 민씨, 그 다음에는 정씨가 많이 살았다. 그런데 이 정씨 중의 한집에 남자 쌍둥이가 있어서 사람들의 시선을 끌었다. 형제가 너무 똑같아서 다른 사람들은 누가 형이고 누가 아우인지 구별할 수 없었다. 외양만 같은 것이 아니라 마음씨, 하는 짓까지 같았다. 이 쌍둥이 형제가 장성해서 결혼을 하게 되었다. 바로 그 결혼식 날 동네에서는 큰 잔치가 벌어졌다. 어떤 신부가 들어오는지 궁금해서 우리들은 호기심 어린 눈으로 초례청에 가보았다. 신부 두 명이 어찌나 예쁘고 아담하던지 사람들은 감탄과 부러운 눈으로 바라보았다. 신랑이 쌍둥이인 것처럼 신부도 쌍둥이처럼 비슷해서 사람들이 놀란 것이다.

이처럼 행복한 신혼 가정에 비바람이 불어 닥쳤다. 어떤 영문인지 모르지만 형이 먼저 한국군에 입대하였다. 그리고 6.25전쟁이 터진 후 아우는 의용군에 끌려갔다. 누가 이 쌍둥이 형제를 갈라서게 하고 서로 총부리를 겨누게 했는가. 개인은 자기가 소속된 집단에 충성할 의무가 있다. 형은 대한민국에 충성하고 아우는 인민공화국에 충성하게 된 것이다. 어떻든 1953년 휴전이후 현재까지 60년 가까운 세월, 이 쌍둥이 형제의 생사를 모른다. 사람들은 6.25전쟁을 동족상잔의 전쟁이라고 한다. 그러나 나는 이 정씨네의 경우를 보면서, 6.25전쟁은 형과 아우가 갈라서서 서로 총부리를 겨누고 싸운 형제전쟁이라 부르고 싶다.

(6) 미 공군의 폭격과 인민군의 퇴각

전쟁 발발 직후 미국은 트루우먼 대통령의 명령으로 맥아더 전투사령부를 한국에 설치하고 해군과 공군을 먼저 전쟁에 투입시켰다. 그리고 7월 7일에는 유엔안전보장이사회가 한국전에 참여할 것을 결의하고 그 관할권을 미국에 위임하였다. 이러한 유엔의 결의에 의하여 한국전에 참전한 유엔 16개국은 미국, 영국, 호주, 오스트레일리아, 뉴질랜드, 캐나다, 프랑스, 필리핀, 터어키, 태국, 남아연방, 그리스, 벨기에, 콜롬비아, 에티오피아, 룩셈부르크 등이다.

이런 사실을 구체적으로는 몰랐지만, 낙동강 전투가 치열했다던가, 포항에서 학도병들이 결사 항전하다가 산화했다던가, 이승만 대통령이 부산에 피난 가서 정무를 본다던가, 미 공군이 전투에 참가하여 제공권을 완전히 장악한 상태라는 소식 등은 풍문으로 우리가 사는 시골 마을에까지 전하여 왔다.

하여간에 7월 중순부터라고 생각된다. 마을 앞으로 섬강이 흐르는데, 그 하류에서 상류 쪽으로 매일 미군의 폭격기가 굉음을 내면서 떠오다가 문막 뒷산에서는 기수를 우측으로 돌려 원주 시내로 가는 것이다. 그 비행기는 사람들이 B29라는 미 공군의 전투기라고 하였다 이것이 해발 750m 이상의 문막 뒷산을 넘으면 잠시 후에 큰 장항아리 같은 폭탄을 수 없이 쏟아낸다. 한 번에 적어도 20~30개의 폭탄을 쏟아 붓는 것 같았다. 그리고 한 5분 후에는 천지를 뒤흔들 듯한 굉음이 들리고, 연기가 치솟아 산 위까지 올라와서 50여리 밖에 있는 우리 마을에서도 볼 수 있었다. 날이면 날마다 한두 차례 우리 마을 앞을 지나가는 전투기는 반드시 원주 시내로 들어가서 폭탄 세례를 퍼부었으니, 그 시내에 인민군 부대가 얼마나 있었는지 모르지만 살아남을 자가 없었을 것이다. 그리고 모든 주택이나 군사 시설이 파괴되어 잿더미가 되었을 것이다.

이러한 폭격은 대구, 진주, 포항 등 남녘 전선에도 가해져서, 인민군들은 사기가 저하되고 전의를 상실하여 후퇴하기 시작한 것이다. 정확한 날짜는 모르지만 우리 마을 옆의 신작로는 날이면 날마다 후퇴하는 인민군들의 행렬이 끊임없이 이어졌다. 도로 양편으로 나누어져 행군하다가 미 전투기가 보이면 잽싸게 도로가의 풀숲으로 숨고, 전투기가 사라지면 다시 일어나 걸으면서 연일 퇴각을 하고 있었던 것이다. 이들 중에는 멀쩡한 사람도 있었지만 부상자가 많았고, 풀이 죽어 있었고, 지친 모습이 역력하였다. 나중에는 밤에만 퇴각 행렬을 이어가고 낮에는 숲속에 숨어서 휴식을 취하였다. 그리고 9월말 경에는 아예 큰 도로를 이용하지 못하고 산골짜기 숲속 길을 이용해서 도망하였다고 하니, 이들을 일러 패잔병이라 불러도 좋을 것이다.

그리고 인천 상륙작전의 소식을 들었다. 이 싸움은 맥아더 유엔군 사령관의 명령에 의하여 시행된 것이다. 9월 13일부터 2일간에 걸쳐 맹렬한 함포사격을 가한 후, 15일 새벽에는 유엔군과 우리의 해병대가 인천에 상륙하고 이어서 서울로 진격했던 전투이다. 이 전투가 계속되면서 9월 28일에는 서울에 잔류한 적들을 물리치고, 역사적인 서울 탈환이 이루어졌으니, 이를 일러 9.28 수복작전이라고 한다. 빼앗겼던 수도를 다시 찾았으니, 그 감격과 기쁨은 하늘을 찌르고도 남았을 것이다. 언제부터인가, 우리 마을 신작로에 인민군 행렬이 보이지 않았다. 마치 밀려왔던 파도가 쓸려 나가듯이 사라져 버린 것이다. 대신 M1소총을 메고 투구를 쓰고 수통을 허리에 차고 다니는 국군 장병들 모습이 보이기 시작한 것이다. 그들은 마을 안에 들어와 유숙하면서 작전을 수행하는 경우도 있었다. 그러면서 빨갛게 물들었던 노을이 걷히고 다시 새파란 원래의 하늘이 제 모습을 드러내게 된 것이다.

(7) 유엔군의 북진과 우리 집의 상황

이처럼 퇴각하는 인민군을 추격하면서 유엔군은 맥아더장군의 명령에 의하여 9월 30일 38선을 돌파하였다. 10월 10일에는 원산과 명사십리 비행장을 접수하고, 10월

18일에는 평양 남쪽 근교까지 접근하고, 10월 19일에는 평양을 완전히 점령하는 쾌거를 이루었다. 10월 26일에는 우리 국군이 압록강에 이르렀으니, 38선을 돌파한지 26일 만에 압록강까지 도달한 것은 신의 도움이 아니고는 이뤄질 수 없는 대역전 드라마라고 생각했다. 이때 국군들이 자신들의 수통으로 압록강 물을 떠 마셨다는 유명한 일화는 너무나 감격적이 아닌가? 이처럼 북진을 계속하면서 국토의 전역이 거의 수복되고 민족의 염원인 조국통일이 곧 이뤄질 것 같은 환상에 젖어들었던 것이다.

우리 마을에도 국군의 북상과 함께 인공치하가 사라지고 우리 정부의 치하로 교체가 된 것이다. 그러면서 인공치하에서 활동하고 협조하던 사람들을 색출하고 처벌하는 작업이 진행되었다. 인민군들이 들어왔을 때는 우리 정부에 봉사한 사람들이 피해를 입고, 국군이 들어왔을 때는 인공정부에 협조하던 사람들이 희생되는 비극이 연출된 것이다. 이 과정에서 본의 아니게 그들에게 협조한 사람들까지 벌을 받은 것은 안타까운 일이라 아니할 수 없다. 그리고 11월 초순경이라 생각된다. 우리 집에는 큰 변화가 일어났는데, 나의 선친이 보국대(報國隊)에 가서 봉사하게 된 것이다. 이 말의 뜻을 사전에서 찾아보면 (1) 나라를 위한 일을 하기 위하여 만드는 조직, (2) 일제가 우리나라 사람들을 중노동에 동원하고자 만든 조직이라 되어 있다. 그러나 6.25 당시는 군인으로 전쟁터에 내보내기는 나이가 많고, 그렇다고 노동력이 없는 노인을 대상으로 할 수 없고, 그 사이에 끼어있는 중장년층의 남자들을 국가가 동원하면서 붙인 이름이다. 이들은 주로 군부대를 따라 이동하면서 무기나 탄약을 져서 나르거나 군수물자를 운반하거나, 고지에서 전투하는 군인들에게 도시락이나 주먹밥을 날라다 주는 역할을 하였다.

아버지가 보국대에 가신 다음에는 어머니, 나, 여동생 세 식구가 살게 되었다. 그래서 아버지 대신에 맡게 된 일이 쇠죽 끓이기와 땔나무 해오기다. 먼저 쇠죽을 끓이는 일, 서투른 솜씨로 여물을 썰고, 가마솥에 적당한 양의 물을 붓고, 여물과 물을 배합한 다음에 아궁이에 불을 땐다. 솥뚜껑을 덮고서 불을 때다 보면 펄펄 끓는 소리가 나고 안개 같은 김이 솟아오른다. 이렇게 끓인 쇠죽을 구유로 옮겨가면 소는 맛있는 식사를 하게 되는 것이다. 이렇게 쇠죽 끓이는 일을 매일 아침저녁으로 두 번 했고, 그 일을 나의 몫이라 생각했고, 소가 잘 먹는 모습을 바라보면서 자랑스러운 느낌을 받았다. 나도 무엇인가 하면 된다는 자신감을 얻게 된 것이다.

그리고 제일 큰 문제가 땔감이었다. 땔나무가 없으면 하루도 살 수 없었던 시절, 아무리 생각해 보아도 나 자신 이외는 산에 가서 나무를 해올 사람이 없었다. 나는 아버지가 쓰던 지게에 낫을 걸어서 지고, 지게작대기를 들고 산으로 갔다. 그것도 사자골 깊은 골짜기 아무도 보이지 않는 산속으로 들어갔다. 왜내 하면 허락 없이 아무데서나 나무를 자르다가는 산주인에게 혼나기 때문이다. 그곳에 가서 혼자 나무를 자르는 일이 쉽지는 않았다. 스산한 바람이 불어오고 우수수 낙엽 지는 소리가 소년의 가슴을 아리게 했다. 나무를 자른 다음에 이것을 두 덩어리로 나누어 묶고는 지게 위에 얹었다. 지게 위에 얹고서도 이것이 움직이지 않도록 밧줄로 다시 묶었다. 난생 처음 무거운 땔감을 지고서 산길을 내려오는 것이다. 무거운 짐이 어깨를 짓누르는 것은 그래도 참을 만하다. 내려오는 길에 지게다리가 그루터기에 걸려 넘어지면서 나는 나대로 지게는 지게대로 분리되어 뒹굴기 시작했다. 삼천갑자 동방삭이가 따로 없었다. 그래도 며칠 후 다시 산으로 올라갔고, 또 한 번 동방삭이가 되어 굴러 떨어졌다. 6.25의 여파가 내 마음 뿐 아니리 육신에게도 상처를 주기 시작한 것이다.

(8) 1.4 후퇴와 피난살이

중공군이 언제부터 한국전에 개입했는지 정확한 날짜를 모른다. 북한이 남침할 때 기습작전을 펼친 것처럼 중공군도 아무런 통고 없이 이 전쟁에 끼어든 것이다. 10월 25일에 개마고원 지대에서 중공군 1명을 포로로 잡았다는 기록이 있고, 29일에는 동부진선에서 3명의 중공군 포로를 잡았다는 기록이 있다. 이렇게 되자 12월 4일에는 맥아더장군이 "중공군 100만 명이 이 전쟁에 투입되었다."는 발표를 하기에 이른 것이다. 그리고 12월 14일부터 24일 사이에 아군 12만 명과 피난민 10만 명을 흥남부두에서 미 군함으로 철수시킨 사건은 너무 잘 알려진 사실이다. 대한민국이 남쪽 변방으로 밀려나서 위태로울 때 미군이 개입하여 구원해 주더니, 이번에는 반대로 인민공화국이 북쪽 끝으로 쫓겨 가서 위태로울 때 중공군이 개입하여 북한을 살려낸 것이다. 이렇게 되니까 한국전쟁은 국제전 양상을 띠게 되었고, 장기전 양상을 띠게 되었고, 미국과 중국의 대리전 양상을 띠게 된 것이다. 그 당시 중공군은 파죽지세로 밀고 내려왔고, 12월 31일에는 북한군과 중공군이 다시 38선을 넘어 남진하기 시작하였다. 다음 해 1월 4일에는 두 번째로 수도 서울을 적의 수중에 넘겨주고 후퇴했는데, 이것을 우리는 지금까지 1.4후퇴라고 부른다. 우리 마을에서도 중공군이 양평, 용문, 북내까지 내려왔다는 소문이 퍼지면서 술렁거리기 시작했다. 그리고 집과 마을을 비우고 모두 피난을 가야한다는 소리가 우세해졌다. 그러면서 한편으로 짐을 꾸리고 보따리를 싸고 중요한 물건을 챙기면서 피난 갈 준비에 정신이 없었던 것이다.

우리 마을은 원씨 집성촌이다. 자기들 형편에 맞게 피난을 떠난 경우도 있지만, 우리는 원씨 10여 가구가 연대해서 떼를 지어 피난길에 올랐다. 남녀노소 50여 명은 되었으니, 그 피난 행렬은 장관을 이룬 것이다. 우리 식구도 이들 틈에 끼어서 무작정 걷기 시작하였다. 어머니는 보따리 하나를 머리에 이고 어린 동생을 등에 업었다. 나는 이불 보따리 하나를 걸머지고 가는 것이 주어진 임무다. 어디로 가는지 방향감각도 모르면서 하루 종일 걷는 일이 시작된 것이다. 큰 강을 왼쪽으로 바라보면서 걸었는데, 이제 와서 생각해보니 부론에서 강을 건너 충북 땅을 가고 있었던 것이다. 강줄기를 거슬러서 계속 걸었는데, 어떤 곳은 강물이 완전히 얼어붙었고, 그 한가운데 큰 소 한 마리가 얼음바닥에 넘어져 있었다. 우리가 가는 도로 옆에 사람의 시체가 있어도, 사람들은 아무렇지도 않은 듯이 그냥 스쳐 지나간다. 이곳을 지날 때는 사방에서 피난 행렬이 합류되어 장사진을 이루었다. 그리고 하룻밤 자기 위하여 어느 마을로 찾아들었다. 그 마을도 주인은 어디론가 가버리고 대신 다른 곳에서 온 피난민들로 북새통을 이루었다. 온 동네를 다 뒤져도 우리들이 묵을 수 있는 빈 집이나 빈 방은 없었다. 할 수 없이 소 외양간을 빌어 짚을 깔고 그 위에 멍석을 펴고 피난 첫날밤을 지내었으니, 우리 일행은 졸지에 소가 된 기분으로 잠자리에 들어간 것이다.

그 이튿날 아침을 일찍 해먹고 다시 걷는 일이 시작되었다. 10여 가구가 한꺼번에 움직이니 이미 단체생활이 시작된 것이다. 함께 먹고 함께 걷고 함께 자야한다. 그러니까 하루의 일과가 걷는 일이다. 날씨 탓도 있지만 중간에 쉬어가지도 않았다. 마땅히 쉬어서 갈 만한 장소도 없었던 것이다. 그러다 해가 지면 어느 마을에 들어가 빈집을 찾아서 자는 것이다. 첫날은 주로 강을 끼고 걸었지만 다음날부터는 강을 볼 수가 없었다. 산과 들과 마을을 통과하는 일이 반복된 것이다. 그리고 3일째 되는 날은 발이 부르트고, 다리가 아프고, 온몸이 쑤시는 것처럼 아팠다. 그래도 대열에서 낙오되지 않기 위하여 죽을힘을 다해서 걸었다. 집을 떠난 지 며칠째 되는 날인지 모르지만 증평이란 곳에 도착하여 묵었다. 그곳에도 원래의 집주인은 어디로 가고 피난민들만 북적거렸다. 우리가 묵은 집에는 두레우물이 있었는데, 어찌나 깊은지 우물 속을 내려다보면 현기증이 났다. 그 물을 떠서 밥을 해먹고, 음료수로 마시고, 세수를 하였다. 이렇게 떠돌다가 나중에는 진천이란 곳에 이르렀다. 한 달 이상을 걸으면서 피난 생활을 했지만 충청북도의 경계선을 벗어나지 못한 것이다.

그 무렵에 후퇴를 거듭하던 유엔군이 전열을 재정비하고 반격에 나섰다는 소식이 들려왔다. 중공군들은 무기가 형편없어서 인해전술을 쓴다는 이야기도 들었다. 그들은 하얀 이불을 소지하고 이쪽의 전투기가 나타나면 하얀 이불을 뒤집어쓴 채, 눈 위에 엎드린다는 것이다. 눈인지 사람인지 구분 못하게 하는 위장전술이다. 총이 부족하여 한 분대에 한 명만 총을 소지하고 나머지 인원은 방망이 수류탄을 들고서 싸움을 한다는 것이다. 아무튼 전선(戰線)이 다시 북으로 올라가게 되니, 우리들도 남하를 중단하고 전선 따라 북상을 시작하였다. 이렇게 해서 다시 찾아온 고향 마을, 고향에 돌아오니 몇 집만 남고 모든 집이 불타서 잿더미가 되어버렸다. 우리 집에서 기르던 어미 소도 누가 잡아먹었는지 그림자도 찾을 수 없었다.

그 와중에도 우리 집은 불타지 않았는데, 여기에도 피난민들이 먼저 차지하고 있어서, 누가 주인이고 누가 객인지 구분할 수 없었다. 우리는 겨우 작은방 하나를 비워달라고 해서 짐을 풀고 안도의 한숨을 내쉬었다. 누가 인간을 만남과 헤어짐의 연속이라고 했던가? 그 피난민 중에 나보다 두세 살 아래로 보이는 소녀가 있었다. 나는 그날 이후 그 소녀와 어울려 노는 것이 일과처럼 되어버렸다. 저도 나를 좋아했는지 시간만 나면 함께 어울려 집밖으로 돌아다녔다. 만나면 웃고 즐겁고 시간 가는 줄 몰랐다. 유난히 예쁜 얼굴에 반짝이던 눈동자, 그 소녀가 내 작은 가슴을 비집고 들어온 것이다. 언젠가 황순원의 소설 〈소나기〉를 읽은 적 있는데, 그 작품에 등장하는 소녀보다도 아름답게 느껴졌다. 그러나 아군들의 선전(善戰)으로 전쟁터는 더 북으로 올라가게 되었고, 우리 집에 머물던 피난민들도 북쪽의 자기 마을을 찾아 떠나갔다. 그 소녀가 떠나가던 날 하늘은 흐릿했고, 텅 빈 우주에 나 혼자 서있는 것 같았다.

2. 아름다운 꿈을 먹고 자란 소년

중학교 1학년 때에 6.25전쟁을 만났으니, 내 앞길에도 먹구름이 드리우고 있었던 것이다. 그래도 나는 항상 아름다운 꿈을 지니고 있었다. 우리 부모세대와는 다른 삶을 살아갈 자신이 있었다. 저 아득한 산 너머에는 내가 기다리는 희망의 동산이 있을 것이라 생각하였다. 무엇인지 확실하게 잡히는 것은 없었지만 주어진 현실에 충실하고 노력하면 그 목적지에 도달할 수 있다고 확신하였다. 좋은 직장에 다니고 아름다운 가정을 꾸리면서 행복하게 살 수 있을 것이라는 집념을 버리지 않았다.

(1) 6.25전쟁이 나에게 안겨준 것

충북 진천까지 피난을 갔다가 고향에 돌아오니, 온 마을은 불에 타서 잿더미가 되었다. 이 마을을 누가 불태웠단 말인가? 마을의 그 많던 소와 돼지는 누가 잡아먹었단 말인가? 집을 잃은 주민들은 그냥 자기네 집터에 볏짚을 깔고 잠을 잤다. 그리고 나무와 돌과 흙을 날라다가 새집을 짓느라고 여념이 없었다. 전쟁은 이처럼 사람의 삶을 앗아간 것이다. 나는 그 당시 누가 전쟁을 일으켰는지, 어느 쪽이 더 나쁜지 잘 몰랐다. 그리고 전쟁이 언제 끝날 것인지 앞을 내다볼 수 없었다. 인민군들이 찾아오던 마을에 이번에는 국군들이 찾아와서 북새통을 이루었다. 그들은 밤에 전투를 해서 그런지, 낮에는 볏짚가리에 의지해서 졸고 있었다. 모두가 피곤하고 지친 모습이다.

어디 그뿐인가? 전쟁이 휩쓸고 간 마을에 전염병이 창궐하였다. 마을 사람들은 그 병을 염병이라고 불렀다. 염병 환자가 있는 집에는 출입이 금지되었다. 어느 집에서는 환자가 죽었다는 소식도 들려온다. 그래도 사람들은 새봄이 오니, 집을 재건하고, 농사를 짓기에 분주하다. 전선에서는 아직도 포격소리 들려오는데, 후방에서는 여전히 삶의 수레바퀴가 굴러가고 있었던 것이다. 전쟁은 진행 중인데 전시학교가 개교되었다. 천막을 쳐놓고 칠판만 걸어놓고서 임시학교가 운영되었던 것이다. 내가 다니던 농업중학교도 개교했다는 소식이 들렸다.

그때나 이때나 나는 책읽기를 즐겨하였다. 마을의 부잣집에서는 「학원」, 「야담」이라는 잡지를 구독하였다. 그 집에서 먼저 본 다음에 나는 그 책을 빌려다가 읽는 습관을 길렀다. 「학원」이란 잡지는 청소년들에게 등대지기 역할을 하였다. 그야말로 읽는 이에게 새바람을 불어넣었고, 희망과 꿈을 키워주었다. 마치 신천지를 만난 것처럼 새로운 세상을 알게 된 것이다. 세상이 얼마나 달라지고 바뀌었는지를 피부로 느끼게 된 것이다. 「야담」도 마찬가지다. 얼마나 재미있는지 심지를 돋우어 가며 밤새도록 읽었다. 재미만 있는 것이 아니라 깨달음을 주는 내용이 들어 있었다. 사람이 어떻게 살아가야 하는지 바른 길을 가르쳐 주었다. 이 두 책은 갈 길을 몰라 헤매는 소년에게 삶의 지침서가 되었던 것이다.

나는 아버지에게 학교에 보내달라고 매달리었다. 아버지는 그때마다 거절하고 원용관씨를 따라서 공부하라는 것이다. 그분은 정감록을 믿고 후천개벽 시대를 준비하고 있었던 것이다. 그분은 주역이 아니라 정역 공부를 하고 있었고, 나도 그분에게서 정역을 배우게 되었다. 그 때 다른 아이들은 학교에 나가면서 교복 입고 학생모 쓰고 으스대면서 마을을 휘젓고 다녔다. 우리 원씨 중에도 서울의 광신상고에 다니는 학생이 몇 명 있었다. 어떤 학생은 서울 공고에 다녔다. 그들의 앞길은 망망대해처럼 펼쳐진 것 같았다. 이들이 방학 때면 마을에 귀향해서 골목을 누비고 다니는데, 어찌나 부러운지 그 뒤를 졸졸 따라다녔다. 그 외도 원주나 춘천에서 학교를 다니는 또래들을 많이 만날 수 있었다. 그들은 전망이 밝고 나는 캄캄한 절벽 앞에 서있는 것 같았다.

다시 해가 바뀌니 많은 아이들이 중학교에 들어간다. 나도 학교에 보내달라고 다시 졸랐다. 아버지는 학교에서 공부하던 내 책 보따리를 통째로 집어다가 불타는 아궁이에 집어 넣는다. 그런데 내가 어찌 학교에 가겠다는 말을 다시 꺼낼 수 있겠는가? 아버지가 나를 학교에 안 보내는 이유는 첫째로 "너 같은 애 도시로 내보내면 양아치들과 어울려서 사람 망가진다."는 것, 둘째로 원용관씨의 말을 듣고 "후천개벽 시대에 그 도를 닦으면 출세하고 높은 관직에 오를 수 있다."는 말에 속아 나의 앞길을 가로막았던 것이다. 그래서 14세 된 어린 나이에 그분이 공부하는 「정역」이라는 책을 공부하였다. 그분은 마을 앞 들판에 움막집을 지어놓고, 매일 벽을 향해 앉아서 책을 읽는 것이 아니라 주문을 외고 있었다. 나도 매일 그 움막집에 찾아가서 무슨 뜻인지도 모르는 주문을 외고 있었다.

(2) 서당 생활 3년 한문공부를 하다.

해가 바뀌니 이번에는 정식으로 서당에 다니라는 것이다. 서당에는 10명가량의 학동(學童)들이 공부를 하고 있었다. 어떤 아이는 천저문(千字文)을 읽고, 어떤 아이는 명심보감(明心寶鑑)을 읽고, 어떤 아이는 소학(小學)을 배우고 있었다. 아침에 서당에 나가면 선생님 앞에서 전날에 공부한 것을 외워야 한다. 이처럼 외워야 하기 때문에 진도를 많이 나가지 않는다. 어쩌면 서당공부는 완전히 외워서 소화하는 암기공부이다. 전날 배운 것을 외지 못한 아이는 선생님에게 바지를 걷고 종아리를 맞아야 한다. 무난히 외우면 다음 진도를 나가는데, 2,3페이지 정도 새로 배운다.

그 새로 배운 것을 큰 소리로 읽어대니, 온 동네가 떠나가는 것 같았다. 그렇게 반복해서 읽다보면 원문(原文)의 뜻을 저절로 알게 된다. 뜻을 몰라도 무조건 외워야 하는 것이다. 큰 소리로 외치다가 지치면 먹을 갈아서 신문지 위에 배운 것을 직접 쓰는 연습을 한다. 읽고 쓰는 연습을 하는 것이 서당공부의 학습 방법이다.

나는 처음에는 동몽선습(童蒙先習)을 읽고 나중에는 명심보감(明心寶鑑)을 읽었다. 동몽선습은 아동교육의 교과서이다. 그 첫머리는 "天地之間 萬物之衆 惟人最貴 所貴乎人者 以其有五倫也"라고 되어 있다. 사람이 가장 귀한 것은 오륜(五倫)이 있기 때문이라고 하였다. 그 오륜(五倫)의 내용은 다음과 같다. "孟子曰 父子有親 君臣有義 夫婦有別 長幼有序 朋友有信 人而不知有五常 則其違禽獸不遠矣"이다. 사람이 오륜을 지키지 않으면 짐승과의 차이가 크지 않다는 이야기다. 이런 것들은 유교의 기본정신이라고 생각한다. 유교에서 가장 강조하는 것이 삼강오륜(三綱五倫)이다. 이것을 단적으로 말하면 충효사상이라 할 수 있다. 서당공부는 이처럼 올바른 가치관 가진 사람을 만드는 데 역점을 둔다.

다음에 학습한 것이 명심보감(明心寶鑑)이다. 이 명심보감의 첫머리는 다음과 같다. "子曰 爲善者 天報之以福 爲不善者 天報之以禍"니라 라고 되어 있다. 착한 일을 하는 사람은 하늘이 복을 주시고 악한 일을 하는 사람에게는 하늘이 재앙을 준다는 뜻이다. 이것은 인간의 선악문제를 제기한 것이다. 누구는 성악설(性善說)을 주장했다고 하는데, 천성이 착한 사람도 있지만, 천성이 악한 인간도 있는 것이다. 이 명심보감은 인성교육을 하는 교재이다. 이 명심보감을 제대로 공부하면 인격이 형성되어 반듯하고 정의로운 인간이 된다. 오늘날 대학에는 국민윤리 교육학과가 있고, 중고등학교에는 도덕과목이 있다. 이런 학과나 학교에서 명심보감을 교재로 삼는다면 참교육은 저절로 이루어질 것이다. 그리고 이 책을 읽다보면 꿈을 키우게 되고, 남을 배려하게 되고, 예의와 염치를 알게 된다. 내 인간됨됨이에 가장 영향을 끼친 책이 명심보감이라 생각한다. 명심보감에서 강조하는 것은 예의 바른 인간, 성실한 인간, 노력하는 인간이 되라는 것이다.

서당공부가 오후 3시 경에 끝나면 나는 강가에 나가서 소를 몰고 다녔다. 풀이 잘 자란 곳을 찾아다니면서 소에게 풀을 뜯겼다. 그리고 붉은 노을이 타는 강가를 거닐면서 꿈을 키워나갔다. 서녘하늘의 아름다운 노을은 소년의 꿈과 원대한 포부를 상징하는 것이다. 아버지는 나에게 한문공부 하면서 농사나 지으라고 하는데, 그 아버지의 말에 순종할 수 없었다. 이 구학문을 버리고 언젠가는 신학문을 배워야 한다고 생각했다. 여전히 까만 교복을 입고 학교에 다니는 학생들을 부러워했다. 그러면서도 명심보감이 끝난 다음에는 소학(小學)을 배웠고, 이어서 논어(論語)와 맹자(孟子)를 공부했다.

이런 책들을 공부하면서 성현들의 좋은 말씀을 가슴에 새기었다. 그것을 잘 익히고 실천하는 것이 내 인생을 성공으로 이끄는 길이라 생각했다. 그처럼 한문 공부하는데, 서당 선생님이 세 번 바뀌었다. 첫 번째 선생님은 우리 마을에 피난 오신 선생님이다. 그분은 한방공부를 해서 한의사 노릇을 하였다. 두 번째는 북한의 평강 땅에서 월남하신 피난민이다. 사실 나는 그분의 사랑을 듬뿍 받았다. 세 번째는 아예 지정면 판대리 이모네 집에 기숙하면서 사서(四書)를 공부하였다. 나는 그 선생님들을 존경하고 가르쳐 주신 은혜에 감사한다.

(3) 가난과 동거했던 우리 부모님

내가 초등학교에 들어간 해는 일제 식민지시대이었다. 아이들이 울면 어른들은 일본순사가 나타난다고 한다. 그 일본순사가 무서워서 울음을 멈추었던 것이다. 그 순사들은 까만 제복을 입고 허리에 큰칼을 차고 절도 있게 걸었다. 그 어린 시절 나는 아이들이 울게 되면 정말로 순사들이 잡아가는 것으로 알았다. 그러니 울음을 뚝 그칠 수밖에 없었던 것이다. 그때는 태평양 전쟁 말기라 이 순사들이 집집마다 돌아다니면서 물건을 강탈해 갔다. 특히 놋그릇, 쌀, 가축 등을 공출이라는 명목으로 빼앗아간 것으로 안다. 학교에 가서는 명찰을 착용했는데, 내 가슴에도 창씨개명한 일본식 이름이 붙어 있었던 것이다. 조선어 말살 정책에 의해서 일본어를 국어로 알고 공부했던 것이다.

나는 태어나서 조부모님을 직접 뵌 적이 없다. 내가 태어나기 이전에 조부모님은 이미 돌아가시고 안 계셨기 때문이다. 한마디로 우리 아버지는 조상에게서 숟가락 하나 물려받은 것이 없다. 손수 일을 해서 돈을 벌고 그 돈을 모아서 농토를 장만하였다. 하나는 개건너에 300평짜리 밭이 그것이고, 다른 하나는 장푸납에 5천 평가량 되는 모새밭이 그것이다. 개건너에는 보리, 감자, 콩, 팥, 옥수수, 무, 배추 등을 주로 심고, 장푸납에는 피, 조, 땅콩, 수수, 밀, 들깨 등을 주로 심었다. 개건너는 땅이 기름져서 농사가 잘 되었지만, 장푸납은 면적만 넓었지 모새 땅이라 곡물이 잘 자라지 않았다. 그나마도 가뭄이 들거나 홍수가 지면 농사를 망친다. 농사를 망친다는 이야기는 소득이 없어져서 춘궁기를 맞이하게 된다는 의미이다. 그 춘궁기를 우리는 보리 고개라 불렀다. 그 당시 모든 산은 사람들이 나무를 베어다가 아궁이에 때서 나무 없는 민둥산이 되었다. 난방이나 취사용으로 나무를 베어다 땠으니, 산에 나무가 남아있지 않았던 것이다. 사람이 가난하면 산도 가난해지는가. 우리나라가 가난했으니 우리나라 산도 헐벗은 붉은산이 되었던 것이다.

왜 그런지 모르지만 해방 후 우리 집은 주로 감자를 쪄서 으깨가지고, 간장이나 고추장을 쳐서 먹었다. 아니면 주로 콩밥, 피밥, 조밥, 밀밥, 수수밥을 먹었다. 일 년이 다 지나가도 쌀밥 구경을 할 수 없었던 것이다. 쌀밥은 명절 때나 조상님 기제사 일에만 구경할 수 있었다. 이러한 가정 형편은 초등학교를 졸업하고 서당에 다닐 때도 마찬가지이었다. 아버지는 농사일을 열심히 하였다. 먼동이 트자 들에 나가면 땅거미가 져야 집으로 돌아왔다. 어머니도 집안일보다는 들일에 더 열중하였다. 두 분은 주로 김매는 일을 했는데 호미자루가 안 보여야 집으로 돌아와서 저녁식사를 하였다. 부모님은 그처럼 농사일에 매달리게 되니 흙속에 묻혀 살게 된 것이다. 입고 계신 옷은 완전히 흙투성이가 된다. 그처럼 열심히 농사짓고 일을 했으면 부자가 되어야 하는데, 여전히 우리 집은 가난했다. 그래서 나는 우리 부모님을 가난과 동거했던 분들이라 명명한 것이다. 그 당시 친일파 집안은 부자가 되어 잘 살았다. 선조에게 유산을 많이 물려받은 집은 역시 부자로 살았다. 그러나 이런 집은 극소수이고 대부분의 집이 가난에서 헤어나지 못하고 가난에 빠져서 허우적거렸다.

치산치수(治山治水)가 안 되었으니 해마다 가뭄과 장마는 반복되었다. 비가 안 올 때는 가뭄으로 애를 태운다. 모든 곡식들이 말라서 비틀어진다. 그런 것을 흉년이 든다고 한다. 흉년이 들면 비싼 값으로 남의 곡식을 빌어서 먹을 수밖에 없다. 가을에 수확하여 곱빼기로 갚아야 한다. 그런 집은 농사지어서 남의 좋은 일만 하는 것이다. 우리 집은 피밥이나 조밥을 주식으로 해서 그렇지 남의 곡식을 대여해 먹지는 않았다. 비가 안 오다가도 오기 시작하면 한꺼번에 내리붓는다. 그러면 시뻘건 물이 강둑을 넘치고 온 들판을 집어삼킨다. 마을 앞 넓은 들판이 물속에 잠겨 바다처럼 되어버린다. 심지어 이 마을에서 저 마을로 배를 타고 다니는 경우도 생긴다. 어떤 집은 지붕 꼭대기까지 물이 차오른다. 이러한 홍수를 해마다 겪었다. 수마가 할퀴고 지나간 들판은 참혹하기 이를 데 없었다. 우리 장푸납 밭은 파여 나가서 깊은 웅덩이가 생겼고, 남은 곡식들은 모두 한쪽으로 쏠리어 쓰러졌다. 이런 것을 천재(天災)라고 한다. 그러니 가난귀신을 쫓아낼 수가 없다. 쫓아내지 못하니 동거하면서 힘든 나날을 보내는 수밖에 없었던 것이다.

(4) 소댕이 할머니와 안터 아주머니

나는 어린 시절 아무 집에나 놀러가지 않았다. 그 어린 나이에도 큰댁이라고 알려진 집에만 자주 놀러갔다. 이 집에는 나보다 두 살 아래인 조카 석희가 있었다. 사실 큰댁에 자주 간 것은 석희와 함께 놀기 위해서다. 유유상종이라고 했던가? 나이가 비슷하고 생각이 비슷하고 뜻이 잘 맞았던 것이다. 또래는 또래끼리 놀게 마련이다. 촌수로는 조카이지만 친구나 마찬가지이다.

큰댁에 놀러 가면 할머니가 두 분 계신다. 왜 한 집에 할머니가 두 분 계시는지 그 이유를 몰랐다. 나이가 더 많으시고 늙어 보이는 분이 소댕이 할머니다. 아마도 소댕이라는 마을에서 원씨 집으로 시집 오셨기에 그런 대명사가 붙었을 것이다. 할머니는 머리가 호호백발이고 얼굴이 주름졌지만 곱게 늙으셨다. 할머니지만 보살이라고 불러도 좋다. 악의가 전혀 없어 보였다. 그런데 그 집에 놀러 가면 보살 할머니가 이것저것 챙겨주신다. 떡, 다식, 과일 등을 숨겨 두었다가 나에게 주시는 것이다. 아마도 할머니 잡수시라고 주신 것을 안 잡수시고 숨겨 두었다가 나에게 주신 것 같다. 그만큼 할머니는 나를 귀여워하고 친손자처럼 생각했던 것이다. 그것도 한두 번이 아니고 매번 그러했으니 지금 생각하면 너무 고마우신 분이다. 내가 초등학교 졸업할 때가지는 할머니의 그러한 사랑을 받으면서 자랐다.

나의 할아버지는 삼형제이시다. 맨 윗분이 석희의 증조할아버지, 가운데가 소댕이 할머니의 남편인 나의 큰할아버지, 그리고 막내가 나의 할아버지이다. 내가 큰집에 자주 가던 시절에 소댕이 할머니는 남편을 여의었고, 자식을 두지 못해서 조카며느리 집에 얹혀서 사는 형편이었다. 자신의 친손자가 없었으니 나를 친손자처럼 생각한 것이다. 나 역시 그처럼 챙겨주시던 소댕이 할머니를 잊을 수 없다. 그러나 할머니는 그 집에 얹혀살았으니 얼마나 외로우셨을까? 든든한 자식이 없고 가진 돈도 없었으니, 눈칫밥을 잡수셨을 것이다. 윗방에 혼자 앉아서 하루 종일 감옥살이를 하시었다. 반겨주는 이도 없고 따뜻한 말 한번 건네주는 이도 없었다. 다른 곳으로 옮겨갈 데가 없었으니 그 집에 붙어 있을 수밖에 없었던 것이다. 지금 생각하면 이 세상에서 가장 외롭고 불쌍한 노인이었다. 그러나 할머니는 나에게 '정'이란 무엇인지를 가르쳐 주신 은인이시다.

소댕이 할머니보다는 조금 젊으시고 힘이 있어 보이는 분이 안터 아주머니이다. 촌수로 나에게는 아주머니이지만 석희에게는 친할머니이다. 소댕이 할머니 이외에 나를 챙겨주신 분이 안터 아주머니이다. 내가 다닌 학교는 학생 수가 얼마 안 되고 규모가 작아서 분교로 인가받았다. 강천초등학교의 대둔분교이었던 것이다. 이 분교에서도 4학년이 되면 문막초등학교로 전학을 가는 사람이 생겼다. 문막으로 전학을 가는 학생은 돈이 있고 빽이 있는 집안 자식이다. 빽도 없고 돈도 없는 사람은 그냥 분교에 머물러 있어야 한다. 나도 문막으로 전학가려 노력했지만 받아주지 않아서 실망을 했다.

강천본교는 30리길 되는 면소재지 간매에 위치해 있다. 매년가을이면 전교 운동회를 이곳에서 하는데, 분교학생들도 이 운동회만은 참석해야 한다. 지금처럼 교통수단이 발달했다면 차편으로 갔겠지만 그 당시는 이곳을 걸어서 찾아갔다. 분교학생 전부가 선생님 인솔 아래 본교를 찾아갔던 것이다. 큰 고개를 두 개 넘으면서 자갈밭 길을 걸어 가야했으니 고생이 이만저만 아니다. 본교에 가보니 규모가 크고 학생 수도 많고 교장선생님도 계시고 시설이 잘 갖추어져 학교다운 맛이 났다. 이처럼 큰 학교에 다니면 공부가 저절로 잘 될 것 같았다. 운동회라고 해야 우리 분교생은 한쪽 구석에서 구경하다가 나중에 나가서 100m 달리기 한번 하는 것이 고작이다. 그러나 그 축제 분위기, 들뜬 분위기 속에서 우리는 시간 가는 줄 몰랐다. 그런데 문제는 점심시간이다. 나는 도시락을 싸오지도 않았고, 부모님이 따라오지도 않았다. 이럴 때 안터 아주머니는 도시락 하나를 따로 주면서 먹으라 하고 수시로 엿, 고구마, 밤, 과자 따위를 챙겨서 주시었다. 고구마를 먹을 때는 목으로 넘어가지 않아서 애를 먹었다. 그래도 그 고구마가 너무 맛있어서 더 달라고 졸랐던 기억이 난다. 1학년에서 6학년 졸업 때까지 매년 아주머니가 이렇게 챙겨 주셨으니, 너무 고마워서 눈물이 난다. 이제는 저 세상으로 가신지도 몇 십 년 되었다. 이렇게 나를 챙겨주신 안터 아주머니 "너무 그립습니다. 너무 보고 싶습니다. 너무 감사합니다."라고 주문을 외워본다.

(5) 간절했던 중학생 모자를 쓰다

서당에 다니면서도 얼마나 중학교에 다니고 싶어 했던가? 나는 끝까지 군소리 하지 않고 서당에 다녔지만, 서당이 해체될 위기에 처했다. 서당 학생들이 학교 쪽으로 빠져 나가거나 이사를 가서 더 이상 지속할 수가 없었기 때문이다. 아버지는 그때서야 학교를 가라고 허락하신다. 그래서 절차를 밟아서 들어간 곳이 문막중학교이다. 그처럼 간절했던 학생 모자를 쓰고 까만 교복을 입고 내가 하고 싶은 공부를 하게 된 것이다.

학교를 다니게 되니 천하를 얻은 것처럼 기뻤다. 학생모에 교복을 입은 것이 그처럼 자랑스러웠다. 우리 집에서 학교까지는 거리가 5km가량 된다. 이 자갈밭 길을 추우나 더우나 비가 오나 눈이 오나 걸어 다녔다. 우선 학교에 들어가 보니, 같은 학년이라도 나이 차이가 많이 났다. 나보다 나이를 더 먹은 학생들도 있었고, 나보다 나이가 한참 어린 학생들도 있었다. 말이 동급생이지 나이로 따지만 동생 벌 되는 것들이다. 이들은 같은 신입생이니 나이를 떠나서 말을 놓고 지낸 것이다. 각 학년은 두 반씩인데 나는 제2반에 배정되었다. 1반에는 여학생들이 있었고, 2반에는 남학생들만 있었는데 나이 많은 학생들은 모두 2반으로 배정되었다. 중학교 2학년에 올라갔을 때는 남학생 중에서 결혼하는 사람이 생겼다. 뒤늦게 학교에 들어온 학생이 너무 많았기 때문이다.

학교에서 신학문을 배우는 것도 좋았지만 이들과 어울려서 놀러 다니는 것도 재미있었다. 사실 그 당시에는 우정이 너무 두터워서 생전 헤어지지 않을 것 같았다. 나는 학교를 열심히 다니고 공부를 열심히 했다. 집에 일찍 돌아온 날은 꼴지게를 지고 나가서 풀을 베어왔다. 아니면 저녁노을을 가슴에 안고 소를 몰고 다녔다.

아버지는 내 집 일보다는 큰 집 일을 우선적으로 하시었다. 큰아버지는 목수였기 때문에 농사일을 못하신다. 그 큰아버지네 농사일을 해주시고 땔나무도 해대었다. 게다가 말개미 아주머니네 일까지 도맡아서 해주시었다. 몸은 하나인데 세 집의 일을 하셨으니, 늘 바빠서 쩔쩔 매었다. 그처럼 도와주었는데, 그 자손들은 그 공로를 모른다. 그러나 아버지가 이처럼 이타정신을 발휘하였기 때문에 그 복을 우리 형제들이 받는 것 같다. 나는 다른 학생들보다 나이가 많았기 때문에 철이 들었다고 봐야 한다. 열심히 공부해서 이 농촌을 벗어나야 된다고 생각했다. 아버지처럼 흙구덩이에서 살고 싶지는 않았다. 이 농촌을 벗어나는 길은 공부를 열심히 하는 길밖에 없다고 생각했다. 그때는 시골마을에 전기가 안 들어왔으니, 등잔불을 켜놓고서 공부를 했다. 중학교를 졸업할 때까지 책상이 없었으니 소반을 펼쳐놓고서 공부했다. 시험 때는 이를 악물고 공부를 했다. 그래서 성적이 잘 나오고 석차가 반에서 2,3위는 되는 것 같았다. 월요일 아침 전교생 조회시간에 담임선생님이 뒤까지 와서 나를 확인하고 돌아가신다. 성적이 좋으니 어떤 학생인지 확인하고 싶었을 것이다. 그 담임선생님은 지금 어디 계시고 어떻게 사시는지 너무 궁금하다. 자랑스럽게 만나서 맛있는 음식을 대접하고 싶다.

인간이란 참으로 묘한 존재이다. 1.4후퇴당시 우리 집에서 피난하고 떠난 그 묘령의 아가씨가 문막중학교에 들어와 있는 것 아닌가? 영원히 헤어진 줄 알았는데, 다시 만나게 될 줄은 꿈에도 몰랐다. 예쁜 교복을 입은 그 학생이 너무 아름다워 보였다. 바로 위의 학년이 되어 있었던 것이다. 상급생이 되어 있었으니 나는 말을 건넬 수 없었다. 먼발치로 그녀를 보면 무조건 좋고 못 보면 아쉬움이 남았던 것이다. 그러다가 그녀가 먼저 졸업했으니 영영 만날 수 없게 되었다. 그녀와의 인연은 거기까지였던 것이다. 안타깝지만 어쩔 수 없는 일이다.

누가 흐르는 세월을 유수 같다고 했던가? 삼년이란 세월이 속절없이 흐른 것이다. 어느새 중학교 3학년이 되어 있었고, 상급학교를 가야 했던 것이다. 그 당시 내 동기생 중에는 원주고등학교에 10여 명 들어간 것 같다. 그리고는 서울로 간 학생들이 많다. 나도 겁 없이 서울 행을 선택하였다. 서울상고에 들어간 학생이 많았다. 광신상고에 들어간 학생도 여러 명 있었다. 나는 용산고등학교를 지원하였다. 하룻강아지 범무서운 줄 몰랐던 것이다. 늦가을 낙엽 지듯이 많은 학생들이 우수수 떨어진다. 그처럼 한번 떨어지고 나니 눈알이 핵 돌아간다. 시골 학교에서 공부한 실력으로는 서울의 좋은 학교에 편입될 수 없었던 것이다. 세상 무섭다는 것을 절실하게 깨달은 것이다.

(6) 벌초할 때마다 어른들을 따라 다녔다

우리 집안은 벌초 때마다 20명 이상이 모여서 함께 벌초하러 다녔다. 벌초도 중요하지만 친목 도모를 우선시한 것 같다. 내 조상 네 조상을 따지지 않고 함께 다녔던 것이다. 이 산소들이 여기저기 흩어져 있어서 찾아다니는 데만 여러 시간이 걸렸다. 그러다 점심때가 되면 산골짝 계곡물이 흐르는 곳에서 점심을 먹는다. 그때 먹는 도시락이 얼마나 맛이 있던지 그 밥맛이 꿀맛 같았던 것이다. 사실 우리 아이들은 그냥 따라만 다녔지 실제로 풀 깎는 일은 하지 않았다. 한 산소에 가서 어른 15명이 낫을 들고 깎으면 시간은 얼마 걸리지 않는다. 그리고 숫돌을 가지고 다니면서 낫을 갈아가면서 벌초를 했던 것이다. 그 당시는 예초기가 없었으니 직접 손수 깎는 수밖에 없었다. 20여 명이 한조를 이루어 산골짜기를 누비고 다녔으니 그 행렬이 장관을 이루었다. 그러면서 어른들이 하시는 말씀을 귀담아 들었다. 학교공부만 중요한 것이 아니다. 집안 어른들이 하시는 말씀을 챙겨 듣는 것도 큰 공부가 된다. 그 당시 어른들은 자손들이 잘 되려면 조상의 묘터가 명당이어야 된다고 누누이 말씀 하셨다. 맨 끝 차례에 벌초를 할 때는 이미 해는 서산을 넘어가고 땅거미가 드리워져 있었다.

우리 조상 산소의 특징은 한군데도 비석이 없었다는 점이다. 벌초하러 다닐 때마다 몇 대조 할아버지 산소라고 교육 받는데, 그 당시는 알았지만 나중에는 혼선이 온다. 집안 형편이 어려워서 비석이나 상석을 해놓지 못한 것 같다. 그리고 마을이 가까운 곳에 있지 않고 한두 시간 첩첩산중으로 들어가야 조상 산소를 찾게 된다. 이 또한 집안이 가난했으니, 선산이 없었을 것이고 밀리고 밀려가서 산을 넘고 고개를 넘어 남들이 묘를 쓰지 않는 외딴 골짜기에 쓸 수밖에 없었을 것이다.

이처럼 벌초를 하러 따라다니면서도 내 할아버지와 할머니가 어디에 묻혀 있는지 특별히 관심을 두지 않았다. 그러나 해마다 벌초하러 다니고 성묘하러 다니게 되니 자연스럽게 여기가 내 조부모님의 묘라는 것을 알게 되었다. 비석이나 표지석만 있었어도 실감이 날 텐데 그렇지 못하니 그저 무덤덤하게 지냈던 것이다. 조부님 묘의 주소는 '新尺洞 上峴 五里木田谷'이라고 되어 있다. 이것을 풀어보면 사자골 윗고개 오라목 밭골이 된다. 그런데 어쩌다 찾아오면 내 조상 묘에는 그 나름의 특징이 있었다. 봉분에 잔디가 없었다는 점이다. 물론 묘지 주위와 바닥에도 잔디는 없었다. 잡초가 몇 포기 나있는 것이 전부이다. 그야말로 묘 전체가 황토 흙으로 되어 있고, 봉분이 무너져서 퇴락해 가고 있었던 것이다.

그 후 내가 직장생활과 사회활동을 하게 되니 자연스럽게 지관들을 만날 수 있었다. 이 사람들을 데리고 가서 조부모님 묘를 보여주어도 특별하게 설명해주는 것이 없었다. 그런데 1994년 내가 교원대에 근무할 때 박지관을 데리고 갔다. 내 조부모의 묘를 보더니 즉석에서 설명을 해준다. 우선 조상 묘에 잔디가 없으면 그 자손은 헐벗고 가난하게 살 수밖에 없다. 아무리 노력을 하고 돈을 벌어도 그 돈이 모이지 않고 흩어진다. 마치 산에 나무가 없으면 헐벗은 것처럼 묘에 잔디가 없으면 헐벗은 묘가 되는 것이고, 그러한 원리는 직계자손들에게 영향을 줄 수밖에 없다. 묘 위쪽과 옆쪽으로 참나무가 우거져 있는데, 그 우거진 나무의 뿌리들이 현재 광중을 침입해서 어지럽히고 있다. 그리고 장마 때 비가 쏟아지면 그 많은 물이 밖으로 흘러가지 않고 광중으로 들어와 차게 된다. 묘 앞에는 자손들이 절하는 곳이 있고, 그 앞이 완만하게 평지를 이루어야 하는데, 급경사지고 사람들이 오르내리기 힘들게 되어 있으니, 이렇게 되면 자손들의 성격이 급하게 되고 화를 잘 내게 된다. 이런 설명을 듣고 나니 그 동안 내가 얼마나 조상에 무관심했는지, 너무 죄송하여 몸 둘 바를 몰랐다.

그 다음 내 증조부모님 묘는 동이정골이라는 데 있었다. 족보에 "盆陶谷"이라 되어 있는 것을 보면 옛날 이곳에 질그릇 굽는 가마터가 있었던 것으로 추정된다. 이 산소는 우리 고향 마을에서 20리 길은 가야 된다. 사자골 마지막 골짜기에서 이곳으로 들어가려면 작은 골짜기가 여러 갈래로 나뉘어져 엉뚱한 곳으로 들어가는 경우가 생긴다. 나도 이곳을 찾아가다가 길을 잘못 들어 헤맨 적이 여러 번 있었다. 그리고 경사진 골짜기를 30분 이상 올라가야 조상 묘를 찾을 수 있다. 도대체 어떻게 이 첩첩산중에 묘를 쓸 수 있을까? 그곳에는 우거진 숲과 하늘만 보이지 그 외는 보이는 것이 없다. 물소리 바람소리만 들리는 곳이다. 이곳에 남들은 묘를 쓰지 않았는데, 우리 묘와 용완이 조상 묘만 있었다. 이곳의 증조부모님 묘도 조부님 묘와 대동소이하다. 봉분은 퇴락해서 평분처럼 되어 있었고, 잔디는 찾아볼 수 없었다. 심지어는 잡초 구경도 하기 어렵다. 숲에 가려서 아예 풀이 자라지 않는다. 비가 많이 쏟아지면 그 물이 광중으로 흘러들어 가게 되어 있다. 묘에서 앞을 보면 10m 앞이 큰 산으로 가로 막혔으니 답답하기 이를 데 없다. 박지관을 모시고 가서 보였으나, 좋다는 이야기는 한 마디도 듣지 못했다. 못난 자손을 두어 공연히 조상님들만 고통 받게 해들인 것이다.

(7) 어머님의 정성과 기도

나는 이 세상에서 우리 어머니처럼 성실한 사람을 만나보지 못했다. 자는 시간 외에 눈을 뜨면 항상 움직이신다. 공연히 앉아서 헛 시간 보내는 일은 없었다. 봄이면 울타리 밑에 호박씨를 심어서, 여름 내내 그 호박을 따서 식구들의 반찬거리를 만들었다. 겨울이면 그 호박으로 호박죽을 쑤어서 먹는다. 그리고 박씨를 심어서 여름 내내 우리 집 지붕은 하얀 박꽃으로 뒤덮이게 되었다. 늦여름 초가지붕 위에 커다랗고 둥근 박이 앉아 있는 모습은 얼마나 아름다운가? 마치 보름달이 내려와 앉은 것 같은 착각을 하게 된다. 이런 것들이 커가는 자식들의 정서 함양에 좋다는 것은 구구한 설명이 필요 없을 것이다. 봄이면 들에 나가서 냉이와 달래 같은 것을 캐다가 입맛을 돋우어 주었다. 여름이면 마을 뒷산에 가서 온갖 나물을 다 채취해 오신다. 늦가을 기러기 우는 밤에는 베틀 위에 앉아서 밤새도록 무명 옷감을 짜시었다. 그것은 자식들의 바지, 저고리로 바뀌었다. 그러니 우리 자식들은 음식만 받아먹은 것이 아니라 어머니의 정성을 받아먹고 자란 것이다.

우리 집은 가난했지만 남의 집에 빌러 다니지는 않았다. 열심히 일하고 노력해서 나중에는 논을 장만하였다. 밭농사에다 논농사까지 지었으니 갈수록 풍요로워진 것이다. 그런데 나도 아플 때가 많았지만 내 동생들도 아플 때가 많았다. 자식들이 아프면 병원을 찾아가는 것이 아니라 무당집을 먼저 찾아갔다. 다녀와서는 무당이 처방해 준 대로 음식을 해놓고서는 주문을 외워댄다. 어떤 때는 환자의 머리맡에 식칼을 갖다 놓는 경우도 있다. 아마도 몸이 아픈 것은 그 아픈 곳에 귀신이 붙었기 때문이라 생각한 것이다. 그 귀신이 무서워하면서 도망가라는 의미로 식칼을 갖다 놓았을 것이다. 그리고는 장독대에다 정화수를 떠다놓고서 밤새도록 기도드린다. 그 기도의 효험이 나타난 것인가? 우연히 그 병이 나아져서 멀쩡해진 경우가 여러 번 있었다. 가을에 첫 수확을 해서 햅쌀밥을 하게 되면, 그 밥을 떠서 신에게 먼저 바치는 신고식을 한다. 마루, 부엌, 안방, 장독대, 토지신이 있다고 생각되는 위치에 그 쌀밥을 먼저 바친다. 그 다음 한 시간 뒤에 그것을 거두어다가 사람이 먹는다. 아마도 추수감사제의 의미가 담겼을 것이다. 해마다 동짓날 동지팥죽을 쑤면 사람이 먼저 먹는 것이 아니라 이러한 신고식을 한 다음에 사람이 먹었다. 특별히 설날에 가래떡을 빼 왔을 때도 이러한 절차를 밟았던 것이다.

어머니는 1인 2역을 하시었다. 1년 중 논밭에 풀을 뽑기 시작하는 5월부터 8월말까지는 아예 들판에 가서 사시었다. 우리 논밭에 있는 잡초를 매주기 위해서다. 남자가 할 일을 대신 한 것이다. 그러니 그 육체노동이 얼마나 힘들었겠는가? 그 당시 농사를 짓는다고 하는 것은 잡초와의 전생이다. 한번 뽑아주고 돌아서면 다시 돋아나는 것이 잡초의 근성이다. 그러한 노동을 하고 저녁에 돌아오면 지치지 않는 사람이 없다. 어떤 때는 저녁 식사를 하지 않고 쓰러지는 경우도 있다.

나는 이 기간에 저녁 식사를 제때에 한 기억이 없다. 밥 9시나 되어야 적당이 때운 경우가 많다. 그럴 땐 마당에 멍석을 깔아놓고 밤하늘을 쳐다본다. 유난히 맑은 하늘의 총총히 떠오른 별들을 바라보면서 나의 꿈을 익혔다. 그러면 무언가 이루어질 것 같고, 바라던 소망이 결실을 맺을 것 같다는 생각이 든다. 그리고 이 농촌을 벗어나서 내가 마음껏 기량을 펼칠 수 있는 세계를 마음속에 그린다. 누군가 인간은 꿈을 가져야 된다고 했다. 특히 청소년은 청운의 꿈을 가져야 된다고 했다. 그 청운의 꿈을 이루기 위해서는 열심히 공부하는 수밖에 없다는 것을 깨달았다. 밤하늘에 날아다니는 반딧불을 보고서는 형설의 공이란 낱말을 상기시켰다. 사람에게는 언젠가는 그러한 기회가 찾아오게 마련이다. 이러한 아들을 위해서 어머니는 열심히 일하셨다. 그냥 일만 한 것이 아니라 몸을 던져버린 것이다. 가문의 미래를 위하여 밀알이 되신 것이다.(2016. 3. 11.)

3. 나를 받아준 모교 중동

나는 서울에 아는 사람이 없었다. 내 몸을 의탁할 만한 곳이 없었던 것이다. 무작정 서울로 올라왔으니, 무모한 짓을 한 것이다. 그래서 입학시험 기간 상도동에 사는 원용화씨 집을 찾아갔다. 원용화씨는 대둔리 원씨로 형님벌이 된다. 그런데 나 이외도 이 집을 찾아간 수험생이 두 명 더 있었다. 원용화씨는 그 당시 세무서에 다니는 공무원으로 생활이 윤택한 것 같았다. 집도 크고 정원도 넓고 상류생활을 하는 것 같았다. 이 집에 머물면서 입학시험을 치른 것이다. 한 친구는 서울공고, 또 한 친구는 광신상고, 나는 중동고교에 입학이 되었다. 시험이 끝난 다음에는 이 집에 더 머물 수 없어 세 명은 각자 살 길을 찾아 흩어졌다. 그러나 우리들에게 숙식을 제공해준 이 집의 내외분께 지금도 그 감사하는 마음 잊을 수 없다.

(1) 신입생이 되어서

중동고등학교는 한국일보 뒤편에 자리해 있었다. 앞쪽으로는 수성공고가 이웃해 있었고, 옆쪽으로는 숙명여중고가 붙어 있었다. 건물은 웅장하지는 않지만 튼튼하게 지어진 현대식 건물이었다. 운동장은 비좁고 학생들은 많아서 복잡하기 이를 데 없었다. 매주 월요일 아침마다 조례를 하는 운동장은 별개로 있었는데, 이 운동장도 넓지 않아서 답답하기는 마찬가지다. 수업 시간 외에 쉬는 시간에도 운동장에 가서 뛰놀 생각은 하지 못하고 주로 실내에 머물러 있었다.

이 학교에 입학해 보니 유구한 역사를 지녔고, 훌륭한 인물이 많이 배출되었다는 사실을 알게 되었다. 당시 실력과 지성을 갖춘 선생님들이 많이 배치되었고, 교장선생님은 이교선(李敎善)씨였다. 그분은 1905년 경기 안성 출신으로 교육자보다는 정치가로 널리 알려졌다. 1923년 중동중학교 본과를 졸업했고, 1927년 일본 동경의 입교대학(立教大學) 경제학부 상과를 졸업했다. 1949년에는 서울대학교 부총장이 되었고, 1955년에는 제7대 중동고등학교 교장이 되었다. 교장선생님은 웅변가이셨다. 월요일 아침마다 전교생을 상대로 말씀하시는데, 그야말로 감동적이었고, 학생들에게 꿈과 희망을 불어넣어 주셨다. 그 말씀을 들으면 열심히 공부해서 훌륭한 인물이 되어야겠다는 생각이 저절로 난다.

학생들은 중동중학교에서 올라온 아이들이 많았고, 그 외 전국 각지에서 모여든 학생들이다. 전부 공부를 열심히 하고 잘하는 아이들 같았다. 담임선생님께서도 학생들이 공부를 잘하도록 격려와 자극을 주었다. 이 학교의 특징은 축구부가 있다는 사실이다. 축구부 학생들은 공부는 제쳐놓고 공차기에 열중하는 것 같았다. 특이한 교복을 입었는데 멀리서도 중동학생이라는 것을 구별할 수 있을 정도이다. 나는 신입생으로서 달라진 환경에 적응하면서 공부를 열심히 하였다.

그러나 나의 생활은 안정을 찾을 수가 없었다. 의탁할 곳이 없었으니 떠돌이 생활을 할 수밖에 없었던 것이다. 입학식이 있었던 무렵 아버지는 쌀 서너 말을 지고 신설동에 있는 누님집을 찾았다. 우리 할머니가 전주 이 씨인데 누님도 전주 이 씨였다. 누님 집은 일본식 건물로 2층이었고, 위층 방은 모두 다다미이었다. 그 누님이 바로 엄상익 변호사의 어머니이시다. 그 당시 엄상익은 초등학교 저학년이었는데, 특별히 공부를 잘하였다. 언젠가는 크게 될 사람이라고 생각하였다. 그 당시 이분들과의 맺은 인연은 지금까지도 이어지고 있으니, 정말 인연이란 무서운 것이란 생각이 든다. 나는 거기 머물면서 다음 행선지를 물색하였다. 우선 손쉬운 것이 방을 얻어서 자취를 하는 방법이다. 문막중학교를 졸업한 이선배와 연결이 되었고, 그 친구와 자취를 시작하게 된 것이다. 장소는 옛날 배명학교가 있었던 뒷산 위턱이다. 그러한 인연으로 내가 교직생활을 할 때 배명중학교에 근무하게 된 것이다. 그곳에서 자취생활 하면서도 훗날 내가 배명중학교 선생 노릇을 하게 될 줄은 꿈에도 몰랐던 것이다.

(2) 학교 선배와의 자취생활

우리가 자취하는 곳은 옛날 배명학교 뒤의 달동네이다. 값이 싸서 좋기는 하지만 가파른 산길을 올라가야 하고 판잣집이 다닥다닥 붙어 있는 가난한 동네이다. 어쩌면 이 집들이 무허가 집이였을 것으로 추정된다. 수도가 집집마다 설치되지 않아서 마을 공동수도에 가서 개별적으로 길어다 먹어야 했다. 이 산꼭대기 집을 매일 오르내린다는 것이 쉬운 일은 아니다. 난생 처음으로 밥을 직접 해먹어야 하는 것도 괴로운 일이다. 당번을 정해서 번갈아 밥을 하고 반찬을 올려놓고 식기를 씻어야 했다. 시골에서 반찬을 날라다 먹었지만 그 반찬이 없어졌을 때는 소금만 찍어서 밥을 먹었다. 어떤 때는 된장국을 끓여서 먹고, 어떤 때는 고추장만 발라서 먹었다. 그러면서도 그것이 고생이란 사실을 잊고 살았다. 어차피 주어진 인생 꾹 참고 이겨내야 더 밝고 좋은 날이 오게 되리라 믿었던 것이다.

나와 함께 자취하는 분은 선배이지만 나이는 나와 비슷하거나 오히려 한두 살 아래였을 것으로 생각된다. 그분은 문막중학교를 나와 서울에 있는 광운공고를 다녔다. 부론면 손곡리 사람으로 과묵하고 열심히 공부하는 사람이다. 우리는 함께 공부하고 함께 많은 이야기를 나누었고 장래 포부에 대해서도 이야기했다. 공부하다 무료할 때는 배명학교 앞에 있는 광무극장에 가서 영화 보는 것으로 시간을 보냈다. 그 당시 그처럼 많은 영화를 관람하였는데, 지금은 그때 무슨 영화를 보았는지 기억나지 않는다. 한번은 그분의 고향친구가 찾아왔다. 부론면 노림리가 고향이라고 하는데, 노림리는 우리 고향마을과 강 하나를 사이에 두고 마주 보는 마을이다. 그곳이 한씨 집성촌이라 알고 있었는데 그 방문객도 한씨 성을 가진 사람이다. 그 한씨는 서울대학교 법과대학에 입학했다는 것이다. 언행이 반듯하고 용모가 단정하고 눈빛이 반짝거렸다. 그 당시 서울대 교복을 입고 있었는데, 그 교복이 너무 좋아보였다. 하여간에 나와 자취를 함께 한 이씨는 헤어진 후 소식을 몰랐었다. 아마 6개월 동안 함께 지낸 것으로 안다. 그 후 언젠가 내가 원주에 갔을 때, 우연히 길에서 예의 룸메이트를 만났는데 경찰관 복장을 하고 있었다.

그 다음 2학기에는 산동네를 떠나서 숙식을 제공 받는 집으로 옮기었다. 조건은 주인집에 중학교 2학년 학생이 있었는데, 이 이이를 하루에 두 시간씩 공부를 가르쳐 주라는 것이다. 얼마나 좋은 조건인가? 나는 숙식만 제공받아도 황송하기 이를 데 없었던 것이다. 그래서 그 집 아들을 열심히 가르쳤다. 가르치고 남는 시간에는 내 공부를 하였다. 그러나 아무리 가르쳐도 그 학생의 성적이 올라가지 않는다. 본래 공부를 못하는 아이는 아무리 가르쳐도 나아지지 않는 것이다. 더 이상 머물러 있을 명분이 없어졌다. 겨우 6개월 머물고서 또다시 봇짐을 싸들고 살 길을 찾아 나선 것이다.

(3) 답십리에서의 공동생활

광신상고에 들어간 원용도와 연락이 되었다. 원용도는 대둔리 출신으로 나보다 두 살 아래이니 동생벌이 된다. 우리 집도 가난했지만 그 집도 가난하기는 마찬가지다. 우리는 광신상고 가까이 있는 답십리에 방을 얻었다. 이 집은 고급의 한옥으로 안채는 ㄱ자 형으로 되었고 바깥채는 一자 형으로 되었다. 중간에 대문이 나있었는데, 우리는 사람들이 드나드는 대문 옆의 문간방을 얻은 것이다. 산꼭대기 달동네에 살다가 평지로 이사 오게 된 것이다. 거기에 간매리에 사는 곽규석이 끼어들어 그 좁은 방에 3명이 기거하였다. 곽규석은 이발사가 되어 돈벌이를 하는 사람이다. 그렇다고 돈을 펑펑 쓰는 사람도 아니었다.

나는 고등학교 2학년이 되었으니 대학입시 공부를 해야만 했다. 학교 선생님이 입시준비를 고3 1년만 해서는 안 되고 고2때부터 준비해야 원하는 대학에 들어갈 수 있다고 누누이 말씀하셨기 때문이다. 그런데 두 인간은 공부와 거리가 멀고 나는 공부를 열심히 해야 하고, 한 방에 기거하면서도 상충되는 것이다. 저녁에 귀가해서 방에 모이면 두 인간은 큰 소리로 떠들고 연실 담배만 피워댄다. 방안이 시끄럽고 담배 연기로 가득 찼으니, 그 속에서 공부를 한다는 것이 기적이라고 하겠다. 그래도 나는 다리를 접었다 폈다 하는 소반을 펼쳐놓고, 그 위에 책을 펴놓고 공부를 했다. 원용0는 학생이 아니라 건달이다. 어떤 때는 광신상고 학생들 5,6명을 몰고 와서 밤늦게까지 떠들고 담배를 피워댔다. 사람이 사는 방안이 아니라 흡연실이 된 것이다. 담배 연기로 가득 차서 시골집의 굴뚝을 연상케 한다. 이 패거리들이 10일에 한번은 와서 북새통을 쳤으니, 얼마나 괴로운 일인가? 2학년 초부터 2학년 말까지 그 지경이 되었으니, 뭐라고 표현할 말이 없다. 세상에 이런 엉터리 학생들이 존재한다는 자체가 이상하다. 즈덜 부모들은 공부 열심히 하라고 학교에 보냈는데, 공부는 안하고 건달 짓만 했으니, 그 부모들만 불쌍한 존재가 되었다. 나는 그런 가운데서도 한 구석에 앉아 공부를 했다. 학교에서 배운 것 복습도 하고 입시용 참고서와도 씨름을 했다. 한번은 쌀과 반찬이 떨어져 세 사람이 굶은 적이 있었다. 그런데 용0는 거리에 나가 꽁초를 주어 와서 담배를 피우고 있었던 것이다. 밥은 굶어도 담배는 굶을 수 없었기 때문이다.

우리 주인집은 장씨가이다. 60대 아주머니가 주인이고 슬하에는 2남 1녀를 두었다. 장남은 그 당시 동성고교의 수학 선생이었고, 차남은 경찰이었고, 막내딸은 무학여고 1학년이었다. 주인아주머니는 후덕하시다. 맨날 문간방에서 떠들어대고 담배만 피워대는 학생들을 크게 야단치는 일이 없고, 가끔씩 반찬을 해서 우리들에게 주었으니, 얼마나 고마운 분이신가? 우리들은 염치없이 받아먹기만 했지, 그 대가를 지불한 적이 없다. 언제 보아도 온화하시고 자상하시다. 그런데 웬일인가? 나는 그 막내딸이 예뻐 보였고, 청순하게 느껴졌고, 나도 모르는 사이 연모하게 되었다. 그러나 감히 그런 생각을 어찌 표출하겠는가? 내가 좋은 대학에 들어가면 좋은 인연이 맺어질 것이라 생각하면서 희망에 부풀었다.

(4) 오로지 성공을 위하여

사람들에게는 주변 탓, 조상 탓, 남의 탓을 하는 경우가 많다. 그러나 모든 책임은 자기에게 있는 것이다. 나는 그러한 악조건 속에서도 공부를 열심히 했다. 나는 우리 부모님을 반면교사(反面教師)로 삼았다. 평생 농사를 지으면서 흙속에 묻혀 살아도 생활 형편이 나아지지 않고 여전히 못 살았기 때문이다. 그러면 이 농촌을 벗어나야 하고, 농사짓는 일을 그만두어야 한다. 그러기 위해서는 열심히 공부하는 수밖에 없다. 함께 기거하는 친구들의 오만방자한 행동을 탓하지 않았다. 그들이 소란을 피우거나 말거나 줄담배를 피우거나 말거나 상관하지 않았다. 저녁 식사 후에는 무조건 책을 펴놓고 공부했다. 내가 공부에 열중하다 보니 그들의 떠드는 소리는 귀에 들어오지 않는다. 그리고 밤 12시 통금 사이렌이 울리면 불을 끄고 누웠다. 새벽 5시면 무조건 기상이다. 우선 마당 수돗가에 나가서 세수를 하고 아침을 먹을 때까지 공부를 했다. 그야말로 군대 이상으로 규칙적인 생활을 한 것이다. 이처럼 절도 있는 생활을 2년간 지속하였다. 한번은 새벽에 나가 세수를 하는데, 뭔가 이상한 느낌이 들어 손바닥을 보니 코피가 범벅이 되어 있었다.

그러면 일요일이나 공휴일에는 어떻게 했는가? 무조건 책가방을 들고 학교로 나갔다. 우리 학교는 공부하는 학생들을 위해서 휴일에도 개방을 했던 것이다. 일요일이나 방학 기간에 학교에 나가 보면 나처럼 공부하러 온 학생들로 붐비고 있었다. 중동의 학구열을 점쳐볼 수 있는 대목이다. 내가 자가진단을 해보니, 제일 약한 것이 수학이다. 인문계 학생들은 수학에 약하다는 정평이 있다. 그 약점을 보강하기 위하여 수학과목만 물고 늘어졌다. 하여간에 수학공부는 매일 한두 시간 할애했다. 그 나머지는 영어 한 시간, 기타 암기 과목을 공부했다. 그러니 성적이 올라갈 수밖에 더 있는가?

(5) 영광의 대입시 합격

해가 바뀌니 기쁜 소식이 날아왔다. 문막에 사는 김공의에게서 만나자는 연락이 온 것이다. 김공의는 의사선생님이시다. 사람들의 병을 고쳐주시니 얼마나 돈을 많이 벌었겠는가? 그분의 병원은 문막 시가지 한복판에 있었다. 문막에만 집이 있는 것이 아니라 서울에도 큰집을 가지고 있었다. 그 큰집에서 자기의 아들이 혼자 학교를 다니고 있었다. 그리고 식모 아주머니가 전용으로 집을 관리하고 있었다. 의사선생님은 "용우군이 서울 자기 집에 와서 아들 김명호와 함께 있어 달라"는 부탁이었다. 그 당시 서울 집은 충무로에 있었고, 아들 김명호는 배재고등학교 2학년이었다. 그 큰집에서 아들 혼자 공부하니, 공부가 잘 안 된다는 것이다. 그러니 아들과 숙식을 함께 하면서 공부친구가 되어달라는 말씀이시다.

김명호는 과묵한 학생이었다. 나를 형처럼 생각하면서 친절하게 대해 주었다. 그 크고 넓은 방에서 나는 마음껏 입시공부를 할 수 있었던 것이다. 그 뒤에 김명호는 카톨릭 의과대학에 들어갔다고 제3자를 통하여 전해 들었다. 세상에 복이 이처럼 넝쿨로 굴러들어올 수 있다는 것인가? 나는 고3으로서 대입시를 앞둔 가장 중요한 시기에, 마음껏 공부할 수 있는 행운을 잡은 것이다. 역시 이곳에서도 밤 12시까지 공부하고 이튿날 새벽 5시에 일어나서 다시 공부하는 생활을 계속하였다. 2년 동안 하루에 5시간만 자고 나머지는 공부에 전력투구한 것이다. 하여간에 내가 공부하는데 큰 도움을 주신 김공의선생님께 이 자리를 빌어 진심으로 감사의 말씀을 올린다.

고3때 담임선생님은 박철규 선생님이시다. 선생님은 조회시간이나 종례시간에 우리들에게 꿈과 희망을 불어넣어 주셨다. 선생님은 국어선생님이시다. 내가 대학의 국문학과를 선택한 것도 선생님의 영향이 크다고 생각한다. "너희들은 너희들의 앞길을 스스로 개척해야 한다.", "너희들은 고난을 극복하고 성공할 수 있다.", "성공의 비결은 집중과 노력이다." 이런 말씀을 누누이 강조하셨던 것이다. 이런 선생님의 교육을 받았기 때문에 선생님의 문하에서 서울대학의 법과, 상과, 문리과대학에 들어간 학생들이 많이 나왔다.

우리는 항상 선택의 기로에 섰다. 선택을 잘하면 성공하고 선택을 잘못하면 실패한다. 세월은 흘러서 선택의 순간이 다가왔다. 대입 원서를 쓰기 위하여 담임선생님의 학생 면담이 시작된 것이다. 주로 희망하는 학교가 서울대, 연세대, 고려대 등이다. 누구나 좋은 학교에 가고 싶은 것은 인지상정이다. 어떤 학생은 면담 시간에 서울대에 가겠다고 했다가 담임선생께 뺨을 얻어맞았다고 한다. 성적은 안 되는데 좋은 학교에 가겠다고 하니 화가 나서 뺨을 때리신 것이다. 나는 난감하기 이를 데 없었다. 나를 안내해 줄 선배나 친척이 없었기 때문이다. 그런데 내 옆의 학생이 서울대 사학과에 가겠다고 하는 것이다. 친구 따라 강남 간다고 나는 서울대 사학과에 가겠다고 말씀 드렸다. 박철규 선생님은 웃으시면서 "네 뜻대로 하라"고 말씀하신다.

나는 집에 돌아와서 깊은 생각에 빠졌다. 과연 사학과를 지망하는 것이 잘한 선택인가? 3년 동안의 학교 성적표를 펼쳐놓고 유심히 살펴보았다. 유난히 국어성적이 뛰어났던 것이다. 독해, 작문, 문법, 국문학사, 고문 등의 성적이 모두 90점 이상이었다. 게다가 한문 성적은 만점에 가까웠다. 내 적성이 국문학에 맞는 것을 비로소 깨달은 것이다. 그 이튿날 담임선생님을 찾아가서 지망학과를 바꿔달라고 요구했다. 이번에도 선생님은 "네가 좋은 대로 해주겠다."고 말씀하신다. 우선 성적도 국어과목이 우수했지만 이 다음에 교육계에 진출하더라도 국어선생님 숫자가 훨씬 많기 때문에 취업에도 유리할 것이다.

입학시험 날짜가 정확하게 언제였는지는 잘 기억나지 않는다. 그러나 시험 당일에는 온 정신을 집중하여 답안지를 작성하였다. 손에서 땀이 쏟아져 연필을 제대로 굴릴 수가 없었다. 그 당시 면접관은 나중에 알았지만 이숭녕 박사님이었다. 나에게 장래 희망을 물으셨다. 나는 "학교 선생이 되고 싶다"고 대답하였다. 과연 그 희망대로 나는 한평생을 교육계에 몸담고 있었던 것이다. 합격자 발표 일에는 신설동 누님을 모시고 갔다. 길게 써 붙인 방(榜)에는 합격자 명단이 줄지어 나타난다. 그 명단 속에 내 이름도 끼어 있었던 것이다. 그것을 발견하는 순간 나는 하늘로 날아오를 것 같았다.(2017. 3. 8.)

4. 대학생활과 군대생활

대학생이 되어서는 기계적으로 학교를 다녔다. 1학년 때는 주로 교양과목을 들었으니, 배우는 것이 고등학교와 크게 다르지 않았다. 그러나 대학생의 신분은 반은 학생이고 반은 사회인이다. 너무 자유가 주어져서 주체할 수가 없었다. 모든 것은 자기가 알아서 해야 되고 자율적으로 해야 한다. 반면에 군대생활은 명령에 움직여야 한다. 사람을 못 살게 굴고 사람을 너무 구속한다. 주어진 틀 속에 가두니 어항 속의 물고기다. 대학생활과 군대생활은 극과 극을 이룬다. 어쩌면 천당과 지옥의 차이라고 할까?

(1) 국문학과 학생

나는 1960년에 국문학과 학생이 되었다. 6.25 사변으로 인해 학교를 다니지 못했으니 만학도가 된 것이다. 신입생이 25명인데, 그 중에서 나의 나이가 제일 많았다. 남학생이 22명, 여학생이 3명이었다. 교양과목을 듣기 위하여 우리들은 몰려 다녔다. 선배나 교수들이 특별히 안내해 주는 것이 없었다.

공부가 끝난 다음에는 캠퍼스 한 구석에 모여 토론을 벌였다. 말이 토론이지 잡담 수준인 것이다. 그래도 그런 과정을 통해서 동학들의 우정은 두터워진 것이다. 사실 대학이란 학문하는 곳이다. 그러나 학문이 무엇인지 제대로 알지 못했다. 나는 대학을 졸업하면 우선 직업을 가져야 하기에 교직과목을 이수하였다. 교사 자격증이 나온다는 것이다. 졸업하면 어디 중등학교의 국어교사로 가야 하는 것이다.

교양과목 이외에 전공과목이라고 해서 들은 것이 정병욱 교수의 국문학개론, 장덕순 교수의 한국문학사, 이희승 교수의 국어학개론 등이다. 이 세 과목을 들으면 국어국문학과에서 무엇을 공부해야 되는지 가늠해 볼 수 있다. 국문학개론의 교재는 정병욱 저 「국문학산고」, 국문학사의 교재는 장덕순 저 「한국문학사」, 국어학개론의 교재는 이희승 저 「국어학개론」이다. 전공은 세 분야로 나뉘어졌다. 현대문학 전공, 고전문학 전공, 국어학 전공, 나는 한문 서당에 다니면서 한문공부를 하였기에 그 한문과 제일 가까운 고전문학을 선택하였다. 목적 의식이 있는 사람들은 처음부터 도서관에 박히어 열심히 공부했는데, 나는 목적의식이 없었으니, 강의 듣고, 학점 따고, 저녁에는 초등학생들 모아놓고 과외하는 것으로 그 아까운 시간을 허송하였다.

1960년에도 시국은 물 끓듯 했다. 자유당 정권이 이승만 대통령을 다시 당선시키기 위하여 부정선거를 저질렀기 때문이다. 그것을 3.15부정선거라고 한다. 그 부정선거를 규탄하는 시위가 신문지면을 크게 장식하였다. 학생들의 시위는 부정선거 무효와 재선거를 주장하는 것이다. 그 부정선거를 규탄하던 학생 김주열 군이 행방불명되었다가 마산 앞바다에서 시신으로 발견되고, 이러한 사건이 4.19의거의 도화선이 된 것이다. 나는 그 해 4월 19일 여느 때와 마찬가지로 신설동에서 걸어서 동숭동의 학교로 등교하고 있었다. 문리과대학 정문에 도달하니, 거의 모든 학생들이 구호를 외치면서 종로 5가 쪽으로 스크럼을 짜고 나온다. 그러나 문리대생만 시위에 참가한 것이 아니었다. 그 근처에는 법과대학도 있었고, 의과대학도 있었다. 그들도 수업을 거부하고 거리로 쏟아져 나왔던 것이다. 그 순간 나도 문리대학생 시위대열에 끼어들었다. 나도 모르게 의분 같은 것이 치솟았기 때문이다. 내가 입학한지 얼마 안 되었으니, 옆에는 아는 사람이 없었다. 그러나 우리 학생들은 학과나 학년을 따지지 않고 한 덩어리가 되어 성난 파도를 이루었다.

종로 5가로 나와 광화문 쪽으로 달리는데, 이미 차로에는 차가 안 다니고 시위 학생들로 메워져 있었다. 그 당시 무슨 구호를 외쳤는지 기억이 나지 않았지만 계속해서 구호를 외치면서 행진하였다. 부정선거를 규탄하는 내용이었고, 대통령 하야 구호는 외치지 않았다. 어디서 라디오 방송소리가 들리는데, 그것은 북한 방송소리였다. 서울에서 일어나는 학생들의 시위 상황을 생중계하고 있는 것이다. 어떻게 학생들의 일거일동을 그리 사실적으로 방송하는지, 나로서는 도무지 이해되지 않았다. 북한 간첩들이 시위대 속에 끼어 있으면서 현장 상황을 보고하는 것이라 생각하였다.

우리들이 집결한 곳은 지금의 조선일보 앞이었다. 얼마나 많은 사람들이 모였는지 인산인해를 이루었다. 서울에 있는 각 대학의 학생들이 이리로 집결한 것 같았다. 그렇더라도 학교 별로 모여 있었지 학교의 구분 없이 뒤섞여 있지는 않았다. 앞에서는 계속해서 발언하는 모습이 보였는데, 아마도 각 대학의 학생회장들이었을 것으로 추정된다. 그 당시 문리대 학생회장도 많은 연설을 했는데, 나중에 보니 진주 지역의 국회의원이 되어 있었다.

몇 시간을 앉아서 대기했는지 지루한 느낌이 들었다. 주동자들이 무어라 의논했는지 모르지만 경무대로 가자는 합의가 이루어진 것 같다. 우리들은 다시 스크럼을 짜고 행진을 시작하였다. 조선일보 앞에서 진명여고 옆길까지 가는데도 많은 시간이 걸렸다. 경찰들이 최루탄을 얼마나 쏘아댔는지 눈을 뜰 수가 없었다. 얼굴이 너무 따끔거려서 견딜 수가 없었다. 스크럼을 짜지 않았다면 대열에 이탈할 수밖에 없었을 것이다. 어디까지 전진했는지 갑자기 총소리가 요란하게 들린다. 경찰들에게 발포명령이 내려진 것 같다. 사방에서 비명소리가 들린다. "엎드려라, 실탄이다"라는 소리가 여기저기서 들린다. 나는 엉겁결에 땅바닥에 엎드렸다.

잠시 후 총소리가 멎은 틈을 타서 주택가 골목 쪽으로 피신했다. 그리고는 돌고 돌아서 광화문 쪽으로 다시 오니, 파출소가 화염에 싸이고, 신문사나 방송국 등이 불길에 휩싸였다. 거리에는 시위대가 탈취한 차량이 깃발을 휘날리면서 거리를 질주한다. 한마디로 난리가 난 것이다. 무법천지가 된 것이다. 시내버스도 다니지 않으니, 걸어서 신설동까지 와야 했다.

(2) 어수선한 학교생활

그날 많은 학생들이 희생되었기 때문에, 그 책임을 지고 이승만 대통령은 대통령 직에서 물러나게 된다. 제1공화국의 이승만 정권이 무너진 것이다. 이어서 허정의 과도내각이 구성되었고, 의원내각제로 개헌을 해서 제2공화국이 탄생되었고, 대통령에 윤보선, 총리에 장면이 선출되었다. 그랬으면 정치는 정치인에게 맡기고 학생은 학문 탐구에 전념해야 된다. 그러면 나라가 안정되고 발전할 텐데, 학생들이 정치에 간섭하는 일이 자주 일어났다. 무엇이 불만인지 문리과대학 내에는 하루도 조용한 날이 없었다. 나는 조용히 강의를 듣고 공부를 하고 싶은데, 주변 환경이 따라주지 않았다. 덩달아 교수들의 휴강도 잦아 허송세월 할 수밖에 없었던 것이다. 다시 말해서 정상적인 수업이 이루어지지 않았다는 이야기다. 시위 주동자들은 정말로 집요한 데가 있었다. 학생들이 모이지 않으면 도서관에서 공부하는 학생들을 선동한다. 그러면 도서관도 텅텅 비게 된다. 그들은 어찌나 웅변을 잘하는지 연설을 들으면 그들의 요구에 따르지 않을 수 없었다. 이 사람들은 앞으로 정계진출을 꿈꾸면서 미리 예행연습 하는 것 같았다.

그래도 나는 학교에 나와서 친구들과 만나 캠퍼스를 돌아다녔다. 어떤 때는 계몽운동을 한다고 명동거리에서 전단지를 돌리기도 하였다. 왜 그 짓을 해야 되는지도 모르면서 줏대 없이 따라다녔던 것이다. 그렇다고 시민들이 호응해 주는 것도 아니다. 학생들은 제 잘난 멋에 어깨띠를 두르고 다녔지만 거기에 관심 두는 시민은 없었다. 그렇게 1학기를 마치고 2학기가 시작되었지만 학내 상황은 조금도 달라지지 않았다. 여전히 시위꾼들은 소요를 일으키고 학생들을 거리로 내몰았다. 나는 2학기에 이희승 선생님의 『국어학개론』을 들었다. 그 강의 내용은 고등학교 때 배운 문법을 더 깊고 넓게 확대시킨 것이다. 일석 이희승 선생님은 선비 중의 선비이시다. 국어국문학과의 보배이시다. 학식으로 보나 인품으로 보나 모범적인 학자이시다. 다른 교수는 휴강을 자주 하는데 일석 선생님은 휴강 한번 하지 않으셨다. 큰소리치는 일도 없고 과장해서 말하는 일도 없다. 누구를 비난하거나 폄하하지 않는다. 오로지 학자의 양심에 따라 말씀하시고 행동하신다.

여전히 세월은 멈추지 않고 흘러갔다. 그 해 12월 2학기 기말고사를 끝내고 4명의 친구가 여행계획을 세웠다. 이우성, 이동운, 남상설, 원용문이 첫날은 용인의 남상설 집에서 숙식하고, 다음날은 여주의 원용문 집에서 숙식하기로 결의했다. 우리들은 시외버스를 타고 용인의 남상설 시골집을 찾아갔다. 아담한 시골집에 살림살이는 넉넉해 보이지 않았다. 남상설 어머니는 보이는데 아버지는 보이지 않았다. 위로는 누님이 한분, 아래로는 남동생이 한 명 보였다. 그 집에서 숙식을 하며 우리는 여러 가지 이야기를 나누었다. 네 명이 졸업할 때까지 더욱 돈독하게 지내자는 약속도 하였다. 그 이튿날 몇 시에 출발했는지 모르지만 우리들은 시외버스에 몸을 싣고 대둔리 원용우 집으로 갔다. 나의 시골집에 도착해서 방문을 열고 들어가니, 집안이 깨끗하지도 않고 가지런하지도 않았다. 이 친구들의 첫마디가 "개천에서 용 났구나."이다. 졸지에 내가 용이 되어버린 것이다. 이 친구들에게 특별히 보여줄 것이 없어서 들판으로 나가 아버지기 농사짓는 모새밭을 보여주었다. 모새밭은 땅의 평수는 넓지만 수확되는 농산물은 별것 아니다. 그 밭에는 주로 고구마, 땅콩, 들깨, 조, 피, 수수 등을 심어서 생계를 유지해 왔다. 하여간에 내가 고향집에 서울 친구들을 초대한 것은 그때가 처음이자 마지막이다.

1961년 2학년 1학기가 시작되었다. 교양과목은 끝났고, 선택과목, 교직과목, 전공과목을 들어야 한다. 교양과목이 줄어든 이상 전공과목의 폭이 넓어진 것이다. 나처럼 고전문학을 선택한 경우, 국어학이나 현대문학보다는 고전문학 중심으로 강의를 듣고 학점을 따야 한다. 나는 리태극 선생님의 '시조론' 강의를 선택하였다. 리태극 선생님은 누가 봐도 호인형이다. 이화여대 교수로 재직하면서 서울대에 강사로 나온 것이다. 교재는 그분이 지으신 『시조개론』이다. 그분의 강의를 통하여 시조는 시조문학과 시조음악으로 나뉘고, 멀리는 향가에서 그보다 가까이는 고려가요에서 영향 받았다는 사실을 알게 되었고, 그 시조가 고시조와 현대시조로 나뉘게 된다는 사실을 배우게 된 것이다. 그 시조가 우리민족의 민족시요. 전통시요, 정형시란 사실도 알게 되었다. 내가 훗날 시조 분야에 종사하게 된 것은 바로 이태극 선생님의 시조강의와 무관하지 않다고 본다.

(3) 신설동 누님의 은혜

사람은 누구를 만나느냐에 따라서 그 인생이 달라지는 것이다. 내 운이 좋으면 좋은 사람을 만나게 되고 내 운이 나쁘면 나쁜 사람을 만나게 된다. 내 주위에는 나를 도와주려는 사람이 있고, 나를 해치려는 사람도 있다. 내가 대학에 합격한 후 신설동 누님은 자기 집에 와서 숙식을 하라는 것이다. 조건은 아들 엄상익의 공부를 가르쳐 주고 성적이 오르게 해달라는 것이다. 나에게 이러한 행운이 굴러들어온 것이다. 나는 신설동 누님 댁에서 엄상익에게 과외공부를 가르쳤다. 그 외 동네 아이들 여섯 명을 더 가르쳤다. 말하자면 그룹지도를 한 것이다. 숙식은 누님 집에서 해결하고 나머지 학생들에게는 과외비를 받아서 용돈을 충당하였다. 이때부터 나는 근심걱정이 사라진 것이다. 이처럼 내가 행복해질 수 있었던 것은 누님의 배려 덕분이다.

시험기간에는 엄상익에게 특별지도를 하였다. 그 당시 교과서 외에 전과라는 책이 있었는데, 체계적으로 공부할 수 있게 잘 만들어졌다. 나는 이 전과의 중요한 부분을 암기시켰다. 암기를 하면 책의 내용을 확실하게 자기 것으로 만들 수 있기 때문이다. 이러한 공부 방식은 내가 그 옛날 서당에서 한문 배울 때 써먹은 방식이다. 그 공부방식이 엄상익에게 먹혀들었다. 머리가 좋고 뛰어나니 한번 외운 것은 잊어버리지 않는다. 그러니 나중에 경기중에 입학하고 경기고에 입학하는 영광을 얻게 된 것이다.

신설동 누님은 전주 이 씨이다. 나의 친할머니도 전주 이 씨이다. 그러니까 나의 할머니는 신설동 누님의 고모할머니인 것이다. 이런 인연으로 신설동 누님에게 많은 신세를 지게 된 것이다. 누님은 나에게 멘토 역할을 해주시었다. 어려운 일에 부딪힐 때마다 찾아가서 상의하였다. 누님은 자립심이 강한 분이다. 편물 기계로 옷 짜는 기술을 익히시었다. 그리고 집 근처에 가게를 얻어서 편물 가게를 운영하였다. 종업원 두세 명을 두고서 옷감을 짜냈으니 수익도 많으셨으리라. 그렇게 번 돈으로 서울 외곽에 땅을 사고 건물을 올렸다. 그래서 부동산 부자가 되신 것이다. 나는 내 부모님 외에 누님을 제일 많이 의지했다. 그래서 누님을 평생의 은인으로 생각하고 돌아가실 때까지 매년 거르지 않고 세배를 다녔다.

이처럼 좋은 조건에서 나는 학교에 열심히 다녔다. 그러니 나에게는 불만이 별로 없었던 것이다. 어느 날 강의를 들으러 학교에 나가니, 학내 분위기가 여느 때와는 사뭇 달랐다. 안면이 있는 친구들에게 물어보니 군사 구데타가 일어났다는 것이다. 모든 강의는 휴강이 되고 학생들은 우왕좌왕 하면서 수군거렸다. 학생들이 분수없이 지나치게 설쳐대고 나라 일에 간섭하니 혼란에 빠지게 되었던 것이고, 그런 상황을 더 이상 지켜볼 볼 수 없어 군대가 깃발을 든 것이다. 그 날자가 5월 16일이었으니, 사람들은 5.16 군사혁명, 또는 5.16 군사 구데타라고 불렀다. 나중에 자세히 알아보니, 1961년 5월 16일 새벽, 2군 부사령관 박정희 소장이 주도하고, 그 외 많은 장교 및 사병 3,500여 명이 합세하여 군사 구데타를 일으켰다는 것이다. 이들은 먼저 각 방송국을 점령하고 서울 시내 주요 기관을 점령하였다. 그리고 군사혁명위원회를 조직하여 입법권, 사법권, 행정권을 장악한다고 선언하였다. 라디오에서는 계속해서 혁명공약이란 것을 내보내고, 모든 것을 그들의 통제 하에 두었다. 그 옛날 고려에서도 무신정권

시대가 있었는데, 대한민국에 그와 비슷한 군사정권시대가 열린 것이다.

(4) 논산 훈련소에 입소하다

산 너머 산이란 말이 있다. 한 가지 문제가 해결되면 또 다른 문제가 기다리고 있는 것이다. 편안하게 학교에 다닐 수 있어 좋았지만 그렇다고 만사가 해결된 것은 아니다. 그 당시 계엄령 하에서 학교 강의는 이루어지지 않았다. 그 휴강상태가 얼마나 오래 갔는지 기억나지 않는다. 한 가지 분명한 것은 그처럼 시위에 휘말렸던 학교가 잠잠해진 것이다. 그 시위를 주도했던 잘난 사람들이 모습을 드러내지 않았다. 나는 새로운 고민에 빠지기 시작했다. 내 앞에는 병역 문제, 결혼문제, 취업문제 등이 큰 고민거리로 떠올랐다. 어차피 군대는 갔다 와야 하기에 병역문제를 먼저 해결하기로 마음먹었다. 그래서 서울병무청을 찾아가 담당자에게 군에 가게 해달라고 매달렸다. 그분의 호의로 입대의 절차를 밟은 것이다.

그날이 1961년 10월 6일로 기억된다. 나는 일반병을 선택하지 않고 학보병을 선택하였다. 그 당시 대학 재학생에게는 1년 6개월만 근무하면 제대할 수 있는 혜택이 주어졌다. 아마도 학업을 중단하고 갔으니, 군대생활을 빨리 마치고 학업에 복귀하라는 의미가 담겨 있는 것이다. 이 학보병 제도는 그 후 얼마가지 않아서 없어진다고 한다. 그래서 재학생들이 다투어 군 입대를 서둘렀던 것으로 기억된다. 학보병에게는 군번을 매길 때에 00으로 시작해서 00군번이라는 별명이 붙었다. 00군번은 무조건 전방근무를 시키고, 말단 소대에 배치했다.

그날 소집된 우리들은 용산역에서 밤기차 타고 논산훈련소로 향하였다. 어찌나 많은 젊은이들이 새로 입대하는지, 그 기차에는 우리 입대하는 사람 외는 일반인이 없었다. 기차 안에는 전기도 들어오지 않고 컴컴한데다가 완행열차라 밤새워 내려가는 것 같았다. 그렇지 않아도 미지의 세계에 대한 두려움이 있는데, 나의 운명은 내 의지대로 되는 것이 아니라 보이지 않는 거대한 힘에 의하여 좌우되고 있었으니 얼마나 막막했겠는가? 그야말로 불안하고 불확실한 세계를 향하여 달려가고 있었던 것이다. 논산 훈련소에 들어가니 각자의 부대배치가 이루어졌다. 우리 소대는 모두가 학보병으로 이루어진 것 같았다. 먼저 집에서 입고 온 사복을 벗고 군복으로 갈아입었다. 드디어 일반인이 아닌 이 나라의 군인이 된 것이다.

계획된 프로그램에 의해서 날이면 날마다 훈련을 받았다. 적과 싸워서 이길 수 있는 군인을 만들어내는 것이다. 체력훈련, 제식훈련, 총기훈련을 받았다. 가끔씩 정신강화 훈련도 받았다. 육체적으로도 피곤하고 정신적으로도 피곤하기 이를 데 없었다. 한

마디로 사람을 들들 볶는 것이다. 어찌나 훈련을 호되게 시키는지 잠시 딴 생각 할 겨를이 없다. 아침저녁으로 먹는 식사시간도 제한되어 빨리 먹지 않으면 절반도 못 먹는다. 저녁에 휴식시간에는 총기를 닦아야 한다. 집합 명령이 있을 때는 잽싸게 행동해야지 꾸물거리다가는 얻어터진다. 그래도 이런 고통을 이겨내야지, 이겨내지 못하면 낙오될 수밖에 없다. 이처럼 고된 훈련을 받기에 이곳을 떠난 다음에 논산훈련소를 행해서는 오줌도 누지 않는다는 속설이 생겨났던 것이다.

다음으로는 사격훈련이다. 사격장에 가서 직접 총을 들고 과녁을 향하여 실탄을 쏘아야 한다. 난생 처음 총을 쏘아보는 것이다. 여기저기서 총소리가 들리니 내 가슴이 놀라서 이리 뛰고 저리 뛴다. 그러니 총알이 제대로 목표물을 맞출 리 있겠는가? 그래서 제1차는 불합격을 받고, 제2차 시험을 겨우 통과하였다.

(5) 전방으로 실려 가다

논산에서 훈련을 마치고 전방으로 배속 받아 내가 복무할 부대를 찾아가는 길이다. 의정부에서 며칠간 대기 상태에 있었는데 밥 먹고 눈 치우는 일이 그 당시 우리들의 일과였다. 그렇더라도 늘 불안하고 초조하게 지낼 수밖에 없었던 것이 아무도 자신의 앞날을 점칠 수가 없었기 때문이다. 편안하고 안락한 곳에서 군대생활을 하고 싶었지만 나에게 선택권이 주어진 것이 아니고 모든 것이 타의에 의해서 결정 난다는 사실을 잘 알고 있었기 때문이다.

그때는 왜 그리 강추위가 몰아쳤던지 말과 글로는 설명할 수 없는 그런 처지였다. 그러나 운명의 시간은 점점 다가왔던 것이고 우리들은 대형 트럭 위에 실려서 무작정 북으로 북으로 치닫고 있었다. 트럭이라고는 하지만 사방을 가려 공개된 상태가 아니고 외부세계와는 완전히 차단되어 어둠과 침묵만이 짓누르고 있었다. 그렇다고 아예 잠들어 버린 친구가 있었던 것도 아니다.

바깥세계를 내다볼 수가 없었으니 어디로 어떻게 지나쳤는지 모르지만 서울에서 동북방 쪽으로 짐짝처럼 실려 갔던 것이라 생각된다. 지금도 고속도로를 왕래하다 보면 대형 트럭 위에 도살장으로 가는 황소들이 가득 실려 가는 모습을 볼 수 있는데, 그 때 우리들의 처지가 바로 저 한우들의 처지와 똑같았다고 생각된다. 하여간에 덜커덩 바퀴 굴러가는 굉음 소리만 들을 수 있었고 커브 길을 돌 때마다 그저 내맡겨진 몸이 이리 쏠리고 저리 쏠리는 비참한 신세가 되었다. 어찌나 지루하던지 하루 온종일 북으로 북으로 달려간다는 생각이 들었다.

그러나 시작이 있으면 끝이 있는 법, 어느 산골짜기에 내려진 우리들은 또다시 며칠

간 묶어가야 하는 나그네가 되었다. 이곳 역시 내가 내내 머물러 있어야 할 종착역이 아니고 잠시 대기했다가 떠나야 하는 중간 지점임을 알게 되었다. 그곳의 겨울은 유난히 추웠고 그곳의 해는 유난히 짧아 사방은 어둑어둑해졌다. 앞을 보아도 크고 높은 산, 뒤를 돌아보아도 크고 높은 산이 가려 그야말로 방향감각을 잃어버리지 않을 수 없었다. 그래서 저녁밥을 어디서 먹어야 할지 그날 밤을 어디서 자야 할지 모든 것이 불확실한 상태이었다. 어디선가 쿵쿵 울리는 대포소리만 간헐적으로 들려 우리 신병들에게는 공포감을 더해주었다.

그 시간 밤하늘에는 별들이 총총 천상세계의 아름다움을 자랑하였다. 그러나 시간은 예외 없이 흐르는 법, 저녁 점호가 끝나고 취침시간이 다가왔다. 우리 신병들만 한 곳에서 잘 수가 없어 삼삼오오 여러 막사로 흩어지게 되었다. 말하자면 예비 막사가 없었기 때문에 이 막사 저 막사로 배분된 것이다.

(6) 군화 도둑님

우리들은 군화를 벗고 군복을 벗고 지정해준 장소에 누워 그날의 휴면을 취하게 되었다. 내일에는 어떠한 사건이 벌어지든 간에 당장 오늘 밤에는 평화와 안정의 시간이 다가온 것이다. 막사 안은 완전히 잠들어 버렸고, 불침번 서는 친구만 총대를 멘 채 중앙통로를 왔다갔다 하였다.

그 이튿날 새벽 5시 요란한 기상 나팔소리와 함께 그날의 일과가 시작되었다. 점호를 받기 위하여 연병장으로 뛰어나가려니 내가 훈련소에서부터 신고 온 군화가 보이지 않는다. 그 당시 논산훈련소에서 훈련을 마치고 퇴소할 때에는 신병들에게 군복, 방한복, 군화 등을 하나씩 새것으로 지급해 주던 관례가 있어 내 군화는 누가 보던지 탐나는 것이었다. 신병들과 고참병들이 다 뛰어나간 다음에 내 신발이 놓였던 자리에 내 것은 없고 그 대신 헐고 다 떨어진 군화 한 켤레가 놓여 있었다. 급한 김에 그것이라도 신고 뛰쳐나가려니 오른 쪽 발은 그런대로 들어가는데, 왼쪽 발은 아무리 꾸겨 넣으려 해도 들어가지 않는다.

이제는 그것이라도 신고 집합장소에 가야한다. 나는 갑자기 절름발이가 되어 절뚝절뚝 연병장까지 뛰어나가는데 그때 내가 당한 괴로움은 이만저만이 아니었다. 우선 급한 대로 점오를 마친 다음에 막사로 돌아온 나는 그 방 실내책임자에게 군화가 없어졌다는 사실을 고하였다. 그리고 내 신발을 찾아달라고 간청했다. 그랬더니 전날 밤 불침번을 불러 물어보는 척하더니, 느닷없이 나에게 불호령을 내린다. "이 고얀 놈 어디서 다 떨어진 걸레 군화를 신고 와서 새것을 내놓으라고 떼쓰느냐"하는 불호령이었다. 잃어버린 사람의 억울한 호소를 들어주는 것이 아니라 오히려 내가 헌 것 신고 와서 새것 갖고 싶어 부리는 수작이라 덮어씌우는 것이다. 우리 속담에 '적반하장' 이란 말이 있는데, 바로 이런 경우에 쓰라고 생긴 말이다. 또다시 군화 찾아달라는 말을 했다가는 매 맞아 죽을 판이니, 그 다음에는 입도 뻥긋 못하고 그것을 신고 다녔다. '재하자유구무언' 이라더니 약한 자는 부당한 처사를 당해도 어디 가서 호소할 곳조차 없는 것이다. 그렇다고 맨발로 다닐 수는 없으니, 그때부터 매일매일 짝짝이 신발을 신고 절름발이 행세를 했던 것이다. 그 다음 부대 배치를 받은 다음에도 한 달간 다른 신발이 없어서 그 병신 신발을 신고 다녔다.

그렇더라도 군대는 가만히 앉아서 밥 먹여주지 않으니 안 들어가는 신발을 신고 내 소임을 다하기 위하여 이리 뛰고 저리 뛰어다녔다. 갑자기 다리병신이 아닌 병신이 되어 절뚝절뚝하고 다니자니 남들 보기에 가소롭기 짝이 없고, 발에 맞지 않는 신발을 억지로 신고 다니자니 내가 당하는 고통은 이루 형언할 수 없는 것이다. 똑같은 분량의 작업을 하고도 남보다 피로를 몇 배 더 느껴야 하고 한쪽 발에 피가 통하지 않아 계속해서 발 저림 현상이 나타나고 거기에 발이 부르트고 살갗이 벗겨지는 등 그 괴로움은 필설로서 그려낼 수 없을 정도이다.

(7) 틀에 박힌 군대 생활

내가 배정 받은 곳은 백골부대 제2포대이다. 이 백골부대에는 제4포대까지 있었다. 백골부대의 포대는 155미리 포대이다. 우리들의 일과는 훈련, 작업, 교육을 반복해서 받는 것이다. 아침 식사 후 저녁 먹을 때까지 일과 시간에는 무엇인가를 해야 한다. 주로 훈련을 받고 그 외는 작업을 하는 것이다. 어떤 때는 정신교육을 받는다. 이곳의 시스템은 상명하복이다. 위에서 지시하면 아래서는 무조건 따라야 한다. 155미리 포를 실제로 쏠 줄 알아야 한다. 이 포는 혼자서 조종할 수 없고 분대원 전원이 합세해서 제 몫을 다해야 발포할 수 있는 것이다. 학보병은 최전방 부대 말단에 배치한다는 원칙에 따라서 나는 말단 제2분대에 배정되었다.

이 군대생활은 항상 긴장해야지 그렇지 않으면 무슨 사고가 발생할지 모른다. 이처럼 긴장되는 생활을 하는데도 장교나 하사관들은 하급자에게 스트레스를 준다. 육체만 피곤한 게 아니라 정신까지 지치게 만든다. 어떤 병사는 이런 생활을 견디지 못하고 탈영했다가 신세를 망친 경우가 있다. 나는 졸병으로서 제대하는 날까지 매일 야밤에 두 시간씩 초소에 가서 보초를 섰다. 그래도 더운 때는 할 만한데 혹한에는 죽을 맛이다. 방한복에 방한모를 쓰고 외진 골짜기에 가서 보초를 서면 발끝에서부터 얼어온다. 어떤 병사는 보초 서다가 동상에 걸린 적이 있다. 둘이 함께 선다면 덜 외로울 텐데 반드시 혼자 서야 하니 그 고통은 이루 말할 수 없다. 이곳은 최전방이라 한밤중에는 오성산에서 틀어대는 북괴의 대남방송이 생생하게 들려온다. 하여간에 추운 겨울에는 그냥 서서 보초를 서지 않고 두 시간 내내 발을 동동 굴렀다. 그렇지 않으면 발이 얼어 동상에 걸리기 때문이다.

이처럼 어려운 군대생활을 하다 보니 어떤 때는 내가 신성한 국방의 의무를 다하는 국군이 아니라 적군에게 잡혀온 포로 같다는 생각이 들 때가 있다. 왜냐 하면 졸병의 생활 자체가 노예 생활 그 자체이기 때문이다. 하루 세끼 밥을 주는데, 그것을 먹으면 항상 배가 고프다. 그 배급되는 식량이 온전하게 지급되는 것이 아니라 옆구리에서 가로채기 때문이다. 가로채지 않는다면 병사들이 배고파서 애쓰지는 않을 것이다. 그리고 토요일 오후나 일요일에는 각자 휴식을 취하게 놔둬야 하는데, 낫 한 자루 주고서 산에 가서 땔나무를 해오라는 것이다. 그 땔나무는 하사관 집에서 때기 위한 땔감이다. 한번은 영외에 외출을 나갔다가 우연히 고등학교 동창생 장철웅을 만났다. 내 몰골이 얼마나 형편없었던지 용돈 하라고 거액의 돈을 준다. 나는 그 돈을 받고서 얼마나 감격했는지 모른다. 그래서 장철웅 하면 잊혀지지 않는 인물이다.

내가 있었던 철원 지방은 한겨울에는 보통 영하 30도까지 내려간다. 이럴 때는 실내에서 교육이나 받게 하면 얼마나 좋을까? 굳이 사병들을 이끌고 가서 나뭇가지들을 베어다가 울타리를 치게 만든다. 언 땅에 울타리 치는 일이 그리 급한 것인가? 그런데도 이런 작업을 시키니 사람 못살게 구는데 이력이 난 인간들이다. 한번은 영하 30도까지 내려간 날 막사 뒤의 공지에 철봉틀 세우는 작업을 시킨다. 땅을 깊이 파야 하는데, 곡괭이로 쪼아대도 땅은 파이지 않고 흙 조각만 튕긴다. 이것도 한두 달 기다렸다가 봄철에 시키면 얼마나 좋겠는가? 이렇게 비효율적인 일만 골라서 시킨다. 그러니 세월 보내는 것이 일각이 여삼추(一刻而如三秋)다. 그래도 세월은 흐르게 마련, 어느덧 제대날짜가 되어 제대복을 입고 훨훨 날았다.

(8) 다시 학생의 신분이 되다

1963년 3월에 다시 복학하였다. 그냥 강의를 듣고 도서관에 가서 공부하는 습관을 길렀다. 그 예스럽던 중앙도서관은 언제 가보아도 공부하는 학생들로 초만원을 이루었다. 그리고 캠퍼스를 환하게 꾸며 주는 이른 봄의 개나리꽃과 철쭉꽃, 5월의 훈풍 속에 넘실거리는 라이락의 향기, 웅장한 모습을 자랑하는 푸라타나스, 그 이름마저 이국적 정서를 불러일으키는 마로니에, 대화와 휴식공간을 제공해주는 잔디밭이 그 옛날처럼 나를 반겨주었다. 그러나 인간만사가 교과서적으로만 진행되는 것은 아니다. 지성이니 낭만이니 하는 것은 사치스런 낱말에 불과하고, 우선 심신을 의탁할 가정교사 자리를 찾는 것이 급선무이었다.

다행히 어떤 분의 고마운 주선으로 지금의 동대문역사문화 공원 옆 골목길 집을 찾게 되었다. 중학교를 다니는 그 집 장남을 가르치는 것이 나에게 주어진 임무이다. 낮에는 학교에 나가서 강의를 듣고 저녁에는 일찍 돌아와서 그 아이를 가르치는 일이 반복되었다. 일반적으로 부잣집 아들은 공부하기를 꺼려했는데 이 아이도 예외는 아니었고, 그런 아이를 가르친다고 하는 것은 무엇보다도 나 자신의 인내와 끈기가 필요했던 것이다. 매일 저녁 그 아이와 씨름을 하고 나면 나 자신을 돌아다볼 겨를도 없이 피로가 엄습해 온다.

특히나 그 아이의 시험 때가 되면 괴로운 노릇이다. 밑 빠진 항아리에 물 붓기란 말이 있는데, 이 아이의 공부 실력을 두고 생긴 속담 같다. 언젠가 시험 때가 되어 토요일과 일요일까지 공부를 시켰던 적이 있었다. 책 반 권 되는 시험범위를 내 나름대로 발췌하여 대학 노우트 한 페이지에 적어놓고 외워보라고 했다. 외는 작업을 하기 전에 내용을 이해시키려고 나름대로 설명도 해주었다. 사실 정상적인 아이 같았으면 공책 한 페이지쯤 외는데 그렇게 많은 시간이 걸리지는 않는다.

그런데 어찌된 일인가? 처음부터 왼 것을 확인해 나가다가 노트 아랫부분을 욀 때쯤이면 먼저 왼 것을 모두 까먹어 버린다. 그러나 외지 않고서 성적 잘 나오는 경우는 드물지 않는가? 그 이후에도 다른 곳에 입주하여 이와 비슷한 아이를 가르쳐 보았고, 그 릅지도도 다시 해보았다. 이렇게 나는 학창시절을 가정교사로 시작해서 가정교사로 끝냈던 것이다.

나는 주로 고전문학 강의와 현대문학 강의를 들었다. 정한모 선생님에게 현대시 강의도 들었다. 그 당시 우리 대학에는 매주 '대학신문'이 발간되었고, 그 신문에는 학생들의 현대시가 발표되었다. 그런데 그 작품을 아무리 읽어도 무슨 뜻인지 모르겠으니 답답한 노릇 아닌가? 국문학과 졸업생이 시를 읽고서 무슨 뜻인지 모르겠다면, 그 학생은 국문학과를 헛 다닌 것이다. 그래서 나는 이 신문에 게재된 시를 매번 잘라서 스크랩을 해두었다. 그리고 틈만 나면 그 시를 암송하였다. 그렇게 일 년 이상 똑같은 방법으로 공부하니, 시에 대한 눈이 떠지기 시작한다. 그 시의 뜻을 알거나 모르거나 자꾸 읽고 해석해 보고 암송한 것이 나의 시공부 방법이다.

우리 대학에는 그 당시 군정 연장 반대 데모가 있었고, 그 이후에도 크고 작은 시위가 계속되었다. 그리고 6월 3일에는 대규모의 한일굴욕외교 반대 데모가 있었고, 서울 일원에는 비상계엄령이 선포되었다. 한마디로 나의 학창시절은 60년대 초반의 격동기를 지내면서 끝없는 소요 속에 휘말렸던 자아상실의 시대였다고 하겠다. 또 그 당시는 학점 잘 따는 사람을 비웃어주던 이상한 풍조까지 만연하였다. 이러한 사회적 분위기에 휩쓸려 공부를 제대로 못하였다.

(9) 인륜지대사 결혼

동대문역사문화 공원 옆집에서 가정교사 노릇하며 즐겁게 지내었다. 집에서 휴식을 취할 때는 대문 밖으로 나와 거리 풍경을 구경하는 것이 재미이다. 그 당시는 그곳을 동대문운동장이라 불렀다. 그 운동장에서는 수시로 축구경기를 하거나 야구 경기를 하였다. 동대문운동장의 높은 담벼락 밑에는 한 30여 명 이상의 점술가들이 자리를 깔아놓고 손님을 맞이하였다. 그래도 그곳을 찾아와서 점을 보고 만족하는 사람들이 많았다. 우리 집 바로 앞에는 늘 여자 점쟁이가 앉아 있었다. 그 여자는 장님이고 나이는 40세 가량 되어 보였다. 나는 그 여인과 자연스럽게 대화하는 경우가 생겼다. 그 당시 나의 큰 관심사는 취업과 결혼이니, 그 관심사에 대하여 물어볼 수밖에 없는 것이다. 그래서 내가 언제쯤 결혼하게 되지요? 물으면 1965년 봄에 결혼하게 된다는 것이다. 나에게는 사귀는 여자도 없는데, 느닷없이 결혼하게 된다니 이상한 노릇 아닌가?

1964년 가을이 저물어 갈 때이다. 나는 여간해서는 시골집에 가지 않는데, 더구나 학기 중에는 가지 않았는데, 집에 가고 싶어서 몸살이 났다. 방학 때나 부모님을 찾아뵈었는데, 학기 중에는 집에 간 경우가 없었는데, 하도 가고 싶어서 무조건 가방을 들고 시골집을 향하였다. 부모님께 인사드리고 가까운 친척집에 찾아가서 문안인사를 드렸다. 큰집 형수님은 나를 보더니, 참한 규수를 보아두었으니, 이왕 시골에 온 김에 만나보라는 것이다. 우리 큰집은 그 당시 가세가 기울어 살기 힘들었다. 형수님은 머리에 보따리를 이고 여주나 원주로 돌아다니면서 장사를 하였다. 이집 저집 가가호호 방문하면서 장사를 하였으니, 젊은 색시가 있으면 그냥 지나쳤을 리 만무하다.

나는 형수님의 분부대로 그 색시를 원주에서 만났다. 맞선을 본 것이다. 그녀를 처음 대했을 때 나는 실망하였다. 키가 너무 작고 얼굴도 이상해 보였기 때문이다. 그러나 다방에서 나와 한 10분간 함께 걸으면서 이야기했는데, 처음 보았을 때보다는 너무 다르게 보였다. 얼굴이 참하고 행동이 얌전하고 생각이 반듯해 보였다. 그 후 몇 번 더 만나보니, 그 집 형편은 말이 아니었다. 아버지가 공직에서 물러나고 사업에 실패했기 때문이다. 그래서 대학교에 진학도 못하고 아르바이트를 하고 있다는 것이다.

그러나 내 생각은 결혼할 당사자만 마음에 들면 그 배경인 가정 형편은 고려하지 않아도 된다고 생각했다. 그러한 생각은 나이를 먹은 지금도 마찬가지다. 당사지가 중요하지 그 부모는 고려의 대상이 아니라고 생각했다. 더구나 우리 집도 부잣집은 아니고, 우리 부모님도 농사나 짓는 분들이니, 눈높이를 낮추어야 된다고 생각했다. 그래서 나의 결혼 상대자로는 많이 배운 서울 여자보다는 평범한 시골여자가 더 낫다고 생각했던 것이다. 우리 둘 사이에는 편지가 자주 오고 갔고, 그 다음해 1월에는 약혼식을 거행하기에 이른 것이다.

남녀가 만나서 결혼하는 것을 천생연분 또는 천정배필이라고 한다. 그리고 옛날부터 결혼을 인륜지대사라고 하였다. 결혼은 남녀 당사자의 의지로만 결정되는 것은 아니다. 내가 누구와 결혼하고 싶다고 해서 그대로 진행되지 않는다. 오히려 전혀 몰랐던 사람이 아닌 밤중에 홍두깨처럼 튀어나와서 그 사람과 결혼하게 되는 경우가 많다. 그래서 남녀의 짝은 하느님이 정해주시는 것이고, 이를 천생연분 또는 천정배필이라고 하였다. 내가 이 여자와 결혼하게 된 것은 하느님이 점지해 주신 것이다. 양가의 합의를 거쳐 이듬해 3월 13일에 문선모 선생을 주례로 모시고 결혼식을 거행하였다. 비로소 한 가정을 이루고 새 출발을 하게 된 것이다.(2017. 3. 27.)

5. 원주의 대성학교 입문

결혼한 아내는 일부러 시골집에 있게 하고 부모님을 모시게 했다. 그것이 자식 된 도리라고 생각했기 때문이다. 시집 온 아가씨를 부모님 곁에 놔두고 나는 다시 서울로 올라와서 아이들 과외를 하였다. 또한 모자라는 학점을 이수하기 위하여 학교에 나갔고 취업 정보도 알아보았다. 그래서 8월 학기에 졸업하게 돼 있는 것을 일부러 다음해 2월로 졸업을 늦추었다. 학교교사로 취업하는 데는 새 학기가 바뀌는 2월이 좋았기 때문이다. 누구는 어느 학교로 가게 되고, 누구는 어느 학교에 취업했다는 등 소문도 무성했다. 특별히 친하게 지내는 교수님이 있으면 그분께 매달려 보겠는데, 그처럼 가까이 지내던 교수도 없었으니, 자력으로 해결하는 수밖에 없었다. 그때나 이때나 빽이 있는 사람은 손쉽게 취업을 하고 빽이 없는 사람은 취업이 안 되어 헤맸는데, 그런 사정은 지금이나 옛날이나 마찬가지라고 생각한다.

(1) 대성고등학교 교사

서울에서는 아무리 찾아보아도 나를 받아주는 학교가 없었다. 그래서 원주의 대성학교에 먼저 가있는 신용협 선생을 찾아갔다. 그랬더니 자기는 서울의 덕성여고에 자리가 나서 옮기니 나더러 이력서를 내보라는 것이다. 신형의 권유대로 나는 소정의 서류를 구비하여 대성학교에 제출하였다. 얼마 후 면접시험을 거쳤고 채용되었다는 통보를 받았다. 그래서 난생 처음으로 취업의 문을 통과하였고, 대성고등학교의 교사가 된 것이다.

처음으로 출근하게 되니 기분이 하늘을 날아갈 것 같았다. 세상을 다 얻은 것처럼 기뻤던 것이다. 그 동안 배우는 학생의 처지에서 이제는 학생들을 가르치는 선생의 위치에 서게 된 것이다. 3월 초에는 학교의 입학식이 있었고, 담임 배정, 사무분담 배정 등 바쁘게 돌아갔다. 학교는 원주여고와 가까운 곳에 위치해 있었고, 약간은 언덕배기에 자리해서 원주 시내가 한눈에 들어왔다. 나 이외도 갓 대학을 졸업한 풋내기 선생들이 15명 정도가 입사하였다. 그러니까 새 학년 신학기가 되면 그 동안 경력을 쌓은 선생들이 밀물처럼 빠져나가고, 다시 신참 선생들이 우루루 몰려오는 기현상이 벌어지고 있었던 것이다. 학교 전체로도 신입사원 환영회가 있었고, 우리 국어과에서도 별도로 환영회식이 있었다. 그 당시 국어교사는 고등학교에 2명, 중학교에는 국어교사가 6명이 있었다. 나는 처음인데도 고등학교 1학년 2반 담임이 되었고, 이들에게 국어, 문법, 작문 등을 가르치게 된 것이다. 그리고 2학년의 학과목도 가르친 것으로 기억된다.

1966년 3월 내가 그렇게 원하던 교직에 첫발을 들여놓게 된 것이다. 아침에는 전체

직원조회가 있었고, 그 다음에는 자기가 맡은 학급에 가서 학생조회를 하고 출석을 불렀다. 다음에는 교과서를 들고 시간표대로 찾아가서 국어 가르치는 일이 반복되었다. 어떤 때는 하루에 다섯 시간 수업을 하고 어떤 때는 하루 여섯 시간 수업할 때도 있었다. 그리고 신참이라 서툴지만 열심히 학생들을 가르쳤다. 학생들과 호흡이 잘 맞는다고 생각되었다. 그러나 하루 다섯 시간이나 여섯 시간을 꼬박 서서 수업을 한다는 것은 중노동이다. 그래도 저녁에는 교재연구를 하고 낮에는 수업하는 일을 되풀이 하였다.

이 학교에서 처음 알게 된 분은 교무주임 이호윤 선생이고 학생주임 안창순 선생이다. 잘 모르는 것이 있으면 이분들에게 물어가면서 학교생활을 열심히 하였다. 그리고 수학교사에 김주형 선생이 있었는데, 이분은 전방 같은 부대에서 근무하였기에 너무 잘 아는 사이이다. 그분은 교보로 군대생활을 하였고 나는 학보로 군대생활을 하였다. 군대에서도 친하게 지냈지만 학교에서 다시 만나게 되니 친하게 지낼 수밖에 없었던 것이다. 이래저래 학교는 즐거운 곳이라 생각하면서 주어진 업무에 만족하였다.

(2) 치악산 시루봉 등반

어느덧 1학기 기말시험도 치루고 방학에 들어갔다. 이 방학을 무의미하게 지내서는 안 된다. 나는 우리 반의 반장 이성환 군과 시를 잘 쓰는 박건호 군과 함께 치악산의 최고봉을 오르기로 했다. 치악산의 최고봉을 어떤 사람은 시루봉이라 하고 어떤 사람은 비루봉이라 한다. 원주에서 직장 생활하면서 그 유명한 치악산 정상을 정복한다는 것, 생각만 해도 가슴 설레는 일이다. 두 학생을 불러서 치악산 등산을 같이 하자고 권했더니 이들은 쾌히 응한다.

우리들이 정확하게 어느 날 등반을 했는지 기억나지 않는다. 그러나 1966년 1학기를 마치고 방학 중에 치악산 오르기를 한 것 같다. 당일치기는 생각하지 않고 1박 2일 할 것을 염두에 두고서 출발하였다. 두 학생은 먹을 것을 준비하고, 음료수와 과일을 준비하였다. 산속에서 자게 될 경우를 생각해서 취사 준비도 하였다. 나는 초행길이라 이 두 학생이 인도하는 대로 따라갔다.

길게 뻗은 치악산의 중간 지점쯤 되는 것 같았다. 무조건 길을 따라 올라가는데, 깊은 골짜기로 들어가는 것 같았다. 올라가다 힘이 들면 쉬어갔다. 계곡에서 흘러내리는 맑은 물을 마시기도 했다. 골짜기가 어찌나 깊은지 원주시가지가 보이지 않았다. 계속해서 올라가니 고개 마루턱에 닿은 것이다. 고개 마루에서 사방을 둘러보니 왼쪽으로 치악산 시루봉이 보인다. 직선거리로는 얼마 되어 보이지 않았다. 한 시간 정도면 목적지에 닿을 것 같았다. 그러나 길만 따라 가니 치악산 정상으로 가는 것이 아니라 내리막길을 가고 있었다. 정상은 점점 멀어지고 원주의 반대편 평창 방향으로 내려가고 있었던 것이다. 얼마나 내려갔는지 바닥까지 내려간 것 같았다. 소를 몰고 가는 사람도 보였고, 꼴 지개를 지고 가는 사람도 보였다. 이미 캄캄한 밤이 된지라 무조건 인가로 찾아들어 갔다. 그리고 하루 밤 재워줄 것을 요청하였다.

그 집에서 아침을 일찍 먹고 다시 치악산 정상을 향하여 부지런히 올라갔다. 주인집에서 올라가는 길을 자세히 설명해 주셔서 쉽게 입구를 발견하였다. 바닥에서도 멀리 시루봉이 보인다. 이제는 길을 제대로 들었다 생각하고 끊임없이 올라갔다. 머리를 들어 위를 보면 정상의 시루봉이 보인다. 얼마를 올라갔는지 이번에는 길이 없어졌다. 하는 수없이 물이 흐르는 계곡을 따라 올라갔다. 그 계곡을 따라 올라가니 이번에는 절벽을 만난다. 이런 곳은 예외 없이 폭포수를 이루었다. 한 학생이 먼저 올라가서 나를 끌어 올린다. 나머지 학생은 뒤에서 나를 밀어 올린다. 물길 따라 한참 올라가다 보면 다시 폭포를 만나고 절벽을 만나게 된다.

드디어 마지막 코스에 도달하였다. 바로 시루봉 아래 대평원에 도달한 것이다. 이 대평원은 축구장 두 배 넓이는 된다. 이 평원은 원시림으로 가득 채워져 있었고, 그 원시림을 통과해야 시루봉에 오를 수 있다. 그곳에서 시루봉을 쳐다보니 구름이 시루봉 허리부분을 지나간다. 그러니까 정상보다 아래쪽에 구름 띠를 두르고 있었던 것이다. 정상이 얼마나 높은지를 가늠케 해주는 대목이다. 그런데 원시림의 지표면에는 무릎까지 물로 채워져 있었다. 이처럼 잠긴 물이 흘러서 계곡수가 되고 강물이 되고 바다가 되는 것이다.

우리들이 시루봉에 가까이 접근하니 무속인들이 떡과 과일을 차려놓고, 촛불을 켜놓고 기도드린다. 정상에 도달하니 어떤 사람이 돌을 등에 지고 가서 돌탑 쌓는 일을 한다. 나는 치악산 꼭대기 돌로 쌓은 탑이 세 개 있다는 것을 미리 들었지만 그때까지도 미완성 탑이 있어서 돌 나르는 모습을 목격한 것이다. 최고 정상에서 사방을 둘러보니 바로 10m 아래 구름바다가 출렁이고 있었다. 정말로 장관이다. 그러다 한 10분 지나니 그 구름이 씻은 듯이 없어졌다. 하여간에 시루봉 제일 높은 곳을 정복했다는 쾌감은 말로 설명되지 않는다. 그때의 감동은 지금까지도 잔잔하게 남아 있다. 내려올 때는 구룡사 계곡으로 내려와서 헤매지 않고 잘 내려왔다. 우리는 위대한 일을 해낸 것처럼 기뻐하면서 정류장으로 내려왔다.

(3) 제주도로의 수학여행(상)

내가 맡은 학생들은 해가 바뀌어 2학년이 되었다. 고3에서는 대입시 준비에 바빠서 여행 계획을 실행할 수가 없다. 그래서 수학여행은 2학년 때 가게 되어 있는 것이다.

그 당시 1반 담임은 한희문 선생이고 2반 담임은 원용우 선생이다. 한희문 선생은 고려대 법대를 졸업했는데, 이 학교에 교사로 들어와서 사회 과목을 가르쳤다. 각기 학생들과 의논하여 행선지를 제주도로 정하였다. 나는 대학재학 시절에 이미 제주도를 다녀왔기에 이번이 두 번째가 되는 셈이다. 그래도 다시 제주를 간다니 설레는 마음 가눌 수 없다.

수학여행 희망자는 전부 40명이다 한반에서 20명씩 희망한 것이다. 5월 어느 날이었다고 생각된다. 우리들은 원주역에서 청량리역으로 이동하고 다시 서울역으로 이동하였다. 목포행 열차는 밤 10시에 출발하기로 되어 있었다. 우리는 좌석을 확보하기 위하여 미리 차표를 예매하였다. 우리가 9시 30분쯤 개찰을 하고 기차에 오르니 먼저 타고 있는 사람들이 자리를 다 차지하였다. 난감하기 이를 데 없는 것이다. 이렇게 무질서하고, 공평하지 못했던 것이 당시의 적폐이다. 우리들은 한군데 모여서 가지 못하고 여기저기 흩어져 있었다. 서울역을 출발한 기차는 어둠을 뚫고 굉음을 내면서 달려간다. 유난히 바퀴 구르는 소리가 크게 들렸다. 말 그대로 목포행 완행열차다. 대전을 지나 호남의 곡창 지대를 지나고 있었다.

어찌나 속도가 느린지 그냥 걸어가는 것이 좋을 것 같았다. 어떤 역에서는 한없이 쉬고 있는 것이다. 우리가 목포역에 내렸을 때는 출근길에 바쁜 사람들의 표정이 떠오르는 해와 함께 밝았다. 조반 후 유서 깊은 유달산 관광- 앙상한 골격만 드러낸 유달산. 거무튀튀한 자태가 예전이나 다름없이 건강해 보인다. 가파른 돌길을 쉬엄쉬엄 올랐다. 여기저기 기념비가 서있고, 휴게소가 마련되어 있었다. 역시 목포는 유달산에 올라 보고서야 이야기가 된다. 한눈에 굽어볼 수 있는 시가지, 부둣가의 모습, 이따금 경적을 울리는 뱃고동 소리, 호수처럼 펼쳐진 바다, 띄엄띄엄 둘러선 섬들이 한눈에 들어온다.

목포 일대 및 유달산 관광을 마친 우리 일행은 오후 2시 30분 목포항을 출발했다. 우리를 태운 배는 일반 여객과 함께 꽁무니로는 각종 화물을 싣는다. 승선을 마친 배는 경쾌한 리듬을 타며, 눈물의 도시 목포항을 빠져나간다. 갑판 위에 오르니 많은 사람들이 짭짤한 바닷바람을 쐬며, 펼쳐지는 경관을 감상하고 있었다. 젊은 학생들의 환호성, 사진을 찍기에 바쁜 선객들이 이리저리 몰려다니고 있었다. 또한 우리 학생들은 흥에 겨워 노래 부르고 춤을 춘다. 그러나 어디에서 보아도 아름답기만 한 해상 풍경을 무엇으로 표현할 수 있으랴.

그날 밤 8시 30분 우리는 역사적인 제주항에 도착했다. 목적지에 이르자 사람들은 짐을 챙기느라고 술렁거린다. 제주는 한국 유수의 관광지인 동시에 어업과 해상교통의 중심지이다. 짙은 안개와 어둠에 싸인 제주시가지가 한층 낯설게 느껴졌다. 해변가를 밝히는 전등불이 불기둥을 이룬 채, 물결 따라 흔들린다.

(4) 제주도로의 수학여행(하)

그 이튿날 아침, 첫 번째로 항몽순의비 관람, 그 앞에서 분향을 하고 유적지를 둘러보았다. 둘레는 그 옛날처럼 토성을 쌓아 올렸으며, 경내는 잔디와 정원수로 단장되었다. 이곳 항파두리성은 심별초의 김통정 장군이 여몽연합군에게 최후까지 항전했던 곳으로, 안성 안에는 궁궐을 짓고 바깥성에는 진도에서 데리고 온 사람들을 살게 했다는 것이다. 아직도 항파두리 벼랑 서편에는 김통정 장군이 뛰어내린 〈말발굽이 샘〉과 화살이 박혀 있었다는 〈살마진 돌〉, 옥쇄 직전 사랑하는 처자를 죽여 피로 물들였다는 〈흙붉은 밭〉, 그리고 옛 궁궐터의 벽돌과 기왓장들이 그 옛날의 전설을 그대로 일러준다.

다시 우리를 태운 버스는 하귀리, 애월리 등지를 지나간다. 저 멀리 검푸른 파도는 예나 이제나 한결같은 몸짓을 되풀이했다. 길가 양옆의 보리밭, 감자밭 등이 친근감을 느끼게 한다. 아득히 머언 수평선, 파도소리에 지쳐 누운 등대, 말없이 서있는 돌비 등이 시야에 들어온다. 한림읍에서는 서귀포까지 61km라는 이정표가 우리를 반겨준다. 버스가 도착한 곳은 산방굴사, 산방산은 마치 커다란 한 개의 투구를 엎어놓은 모양이다. 이 산 중턱의 산방굴사는 지원정사(紙園精舍)라고도 하며, 고려시대 고승 혜일대사가 거처했다는 곳이다. 산방굴사는 가파른 돌길을 힘겹게 올라가야만 했다. 우선 거기에 있는 약수 물을 떠 마시고 갈증을 풀었다. 커다란 동굴 속에 암벽을 뒤로 한 채 부처님 몇 분이 앉아계신다. 그 앞에 켜 놓은 촛불은 여기를 찾는 사람들의 어두운 마음을 밝혀준다. 많은 사람들이 그 앞에서 합장하고 동전 몇 닢을 놓아 시주한다. 이곳 산방굴사에는 다음과 같은 전설이 전한다. 미모의 산방덕이란 처녀가 있었는데, 고승이란 총각과 결혼하여 재미있게 살고 있었다. 그런데 어떤 세도가 한 사람이 나타나, 고승에게 터무니없는 누명을 씌우고 산방덕을 빼앗으려 했다는 것이다. 이러한 기미를 알아차린 산방덕은 그가 이 세상에 태어났음을 후회하면서, 스스로 산방굴에 들어가 바위가 되어 버렸다는 내용이다.

12시 30분 경 우리들은 안덕계곡에 도착하였다. 천제연 폭포 북서쪽에 위치한 이 계곡은 기암절벽, 폭나무, 소나무 등으로 하여 절경을 이루었다. 계곡일대는 난림지대로 우거진 숲속에서는 사철 고운 새들의 울음소리를 들을 수 있다고 한다. 이곳은 제주도의 다른 계곡과는 달리 항시 맑고 푸른 물이 흐르고 있어, 여기를 찾는 사람들의 피로한 심신을 시원하게 풀어준다. 거기에서 얼마 되지 않는 곳에 천제연 폭포는 상중하 3단으로 이룩된 계단식 폭포이다. 1단계 폭포는 높이 21m 가량, 수심도 21m 가량, 그 물이 맑고 깨끗하여 밤이면 선녀들이 내려와 목욕을 한다는 전설이 있다. 호수 주위에는 돌기둥으로 석벽을 이루었고, 돌기둥 틈서리로 사시사철 맑은 물이 쏟아져 일대 장관을 이룬다.

그 다음 우리들이 찾은 곳은 서귀포의 서쪽 삼매봉 남단에 있는 외돌괴이다. 외돌괴는 외따로 우뚝 서 있다고 해서 '고석포'라고도 한다. 마치 망부석처럼 생긴 외돌괴의 높이는 약 20m 가량, 아래 부분은 사람이 누운 형상을 했고, 그 위에 또 한 사람이 서 있는 형상을 했다. 전체가 한 덩어리로 되어 있긴 하지만, 그 옛날부터 풍화작용에 시달린 모습은 갖은 풍상을 겪고 난 늙은이의 모습이다.

여기에 얽힌 설화는 다음과 같다. 입상은 할머니이고, 와상은 할아버지란다. 할아버지는 돈을 벌어 잘 살아보자고 일본에 건너갔는데, 이제 뜻을 이루고 고향에 돌아오다가 바다에 떨어져 죽었다고 한다. 할아버지는 죽어 파도에 밀리고 밀리면서 여기까지 왔고, 할아버지를 기다리다 지쳐버린 할머니도 화석이 되어 이곳에서 만났다는 이야기다.

오늘의 마지막 코스는 정방폭포, 서귀포 동남쪽에 위치한 정방폭포에 이르렀을 때는 흐릿한 날씨의 저녁 무렵이었다. 우리는 철책을 잡으면서 가파른 층계를 조심조심 내려갔다. 여기는 바닷가라 하지만 백사장을 구경할 수 없었다. 순전한 바위더미 그대로였다. 바다는 무슨 사연이 있었는지 그때 한껏 노여움을 지니고 있었다. 대자연의 위력을 과시하려는가. 바다는 성난 사자처럼 포효한다. 집채 같은 파도, 그 뒤를 이어 내뿜는 물보라가 100여 미터 전방까지 날아온다. 오른 쪽에는 은하수가 쏟아지듯 걸려있는 정방폭포, 이 폭포는 다른 폭포와는 달리 그 물줄기가 직접 바다로 떨어진다. "비류직하삼천척"이라더니, 바로 이 정방폭포를 두고 이르는 말이다.

서귀포는 마음의 고향, 지상의 낙원이다. 서귀포는 그 이름조차 매력적이다. 우리 중생들이 서방정토로 돌아가는 마음이다. 뒤에는 한라산이 병풍처럼 둘러 있고, 앞에는 망망대해로 우리의 그리움을 실어 나른다. 이곳의 기후는 아열대, 겨울에는 거의 눈을 볼 수 없고, 기온이 영하로 내려가지 않는다고 한다. 특히 종려나무, 삼나무로 된 가로수를 지나칠 때는 내가 동남아의 어느 나라 수도 한복판에 와 있다는 착각에 빠진다. 푸른 물이 넘실대는 방파제, 여기에 닻을 내린 고깃배들, 그림처럼 떠있는 섶섬, 문섬, 밤섬의 정경은 그 지체가 서방정토요 지상낙원이다. 우리가 염원하는 영원한 이상향이다.

(5) 난생 처음 만난 사기꾼

정식으로 교사가 되어 봉급을 받는 월급쟁이가 되었다. 내 기억으로 그 당시 초임 교사의 한 달 봉급이 1만원 미만이었다고 생각된다. 지금은 한 달에 100만원 받아도 생활이 안 되는데, 60년대는 한 달에 1만 원 받고도 살아갔으니 격세지감이 든다. 그 동안 돈의 가치가 얼마나 떨어졌는가? 무려 50여 년이 흘렀으니 강산이 5번 바뀐 셈이다.

그 당시 사립학교의 월급은 공립학교의 월급보다 훨씬 적었다. 그래서 틈만 생기면 공립학교로 옮겨가는 교사들이 많았다. 지금처럼 보너스가 제도화 되지도 않았으니, 교사들의 근무조건은 열악하기 이를 데 없는 것이다. 그런데 이 학교에서는 지난 해 겨울방학 이전에 김장값이라는 명목으로 보너스를 주었다. 남녀교사를 막론하고 기혼자에게는 보너스를 지급하고, 총각교사와 처녀교사에게는 보너스를 지급하지 않았다. 이에 총각과 처녀들은 모여서 회의를 하고, 학교의 처사에 불복하는 집단행동을 하였다. 학교 측에서 주모자 두 명을 찾아내어 항명죄로 다스렸다. 두 명의 교사에게 강제로 사표를 받고 퇴출하는 소동이 벌어졌던 것이다. 이러한 사건이 벌어진데다가 다시 신학기에는 10여 명의 교사들이 서울로 둥지를 옮겼고, 새로이 신참교사를 영입하여 어수선한 분위기였다.

월급을 아껴서 목돈을 마련한다는 것은 참으로 어려운 일이다. 그래서 신설동 누님이 주관하는 사설계에 가입하여 계돈을 내기 시작했다. 내 순번이 되었을 때, 많은 돈을 받았다. 그러나 계돈을 탄 다음에는 그 이전보다 더 많은 돈을 매월 내야 한다. 원주시내를 왕래하다보니, 돈을 빌려주고 이자를 받게 해준다는 소개소가 있었다. 나는 소개소 주인에게 사정 이야기를 했고, 그는 돈 쓸 사람을 소개하겠다는 것이다. 이자도 월 3%라고 하니, 그 이자를 받아서 계돈을 내면 훨씬 힘이 덜 들 것이다.

그가 소개하는 상대자는 그 당시 국회의원의 수석보좌관이다. 그 돈을 보좌관 자신이 쓰는 것이 아니라 국회의원 박모씨가 쓰는 것이란다. 그러니 상대방이 얼마나 튼튼한 사람인가? "설마 국회의원이 남의 돈을 떼먹지는 않겠지"하는 생각에 조금도 의심하지 않았다. 차용증서를 쓰고 거기에는 국회의원의 이름을 쓰고 도장을 찍었다. 그리고는 계 탄 돈 모두를 홍 아무개에게 넘겼다. 한 달이 지나자 이자 돈이 제 날짜에 내 통장으로 들어왔다.

그러나 웬 일인가? 두 번째 달부터는 들어와야 할 이자가 안 들어오는 것이다. 그래도 무슨 사정이 있겠지 생각하며 또 한 달을 기다렸다. 그런데도 이자가 안 들어오고 감감무소식이다. 소개소에 찾아가서 하소연했지만 그 소개자도 별 도리가 없었다. 내가 사회에 첫발을 내디딘 다음 쓰지 않고 모아서 받은 계돈을 완전히 도둑놈 아가리에 물리게 된 것이다. 이것이 내가 사회에 진출하여 첫 번째 겪은 한국사회의 비열한 모습이다. 그 돈을 국회의원 박가가 쓴 것인지, 그의 보좌관 홍가가 쓴 것인지 나는 잘 모른다. 그러나 차용증서에 돈 빌려간 사람이 박가의 명의로 되어 있으니, 그에게 책임이 있는 것이다. 나는 국회의원 집에 가서 갚아달라고 얘기했고, 그가 서울에 있을 때는 그의 서울 집에 찾아가서 하소연 했다. 홍가는 박가한테 미루고 박가는 홍가한테 미루며 몇 년을 넘기었다. 지금까지도 그 금전문제는 해결되지 않았다. 국회의원 박가도 사기꾼이고, 그 국회위원 밑에서 돈 심부름한 홍가도 사기꾼이다.

(6) 1967년 여름방학에 특이한 경험

원주에서 내 고향은 그리 먼 거리가 아니다. 한 50리 떨어진 고향 마을, 시외버스로 한 시간 달리면 도달할 수 있는 곳이다. 그때 겨우 2살 된 딸아이를 한손에 안고 우체국 앞에 있는 시외버스 정류장으로 나갔다. 한손은 연방 흘러내린 땀을 씻어내기에도 바쁠 지경이다. 그 당시 여주 행 버스는 유난히 복잡해 보였다. 앞문으로 오르자니 입추의 여지가 없었고, 뒷문으로 가보았으나 나 같은 심장으로는 감히 비집고 들어갈 수 없었다.

그날의 일정을 포기하려 생각해 보았지만 역시 마음이 내키지 않았다. 한번 나선 걸음을 되돌린다는 것도 쉬운 일은 아니다. 할 수 없이 앞문 쪽으로 오르기 위하여 승강구를 딛고 올라섰다. 입구에서 한발 안으로 옮겨 놓고 또 한발을 옮기려니, 어떤 사람의 허벅다리가 내 다리에 엑스자로 달라붙는다. 한 발짝 전진을 위하여 안간힘을 썼건만 좀처럼 움직일 수가 없었다. 양 옆에서도 어떤 사람들이 조여들어 그야말로 진퇴양난이었다. 밀착된 다리는 떨어질 줄을 모른다. 나는 어떤 다리병신이 혼잡한 입구에서 통행에 불편을 준다고 생각했다.

한팔 앞으로 나간 어린 딸이 울음을 터뜨렸다. 많은 사람들의 시선을 한 몸에 받게 되었다. 갑자기 바뀌어진 상황에 당황한 나는, 그의 다리를 떼내려고 무진 애를 썼다. 그런데 떨어지기는커녕 이번에는 흔들어대기 시작한다. 나는 다리병신 중에도 가지가지로구나 생각했다. 그러나 그 흔드는 리듬이 주기적이요, 속도가 초고속으로 진행됨에 따라서 이상한 예감이 스쳐갔다. 아랫주머니의 종이돈이 설레설레 혀를 내밀고 기어 나왔던 것이다. 나는 한손으로 툭 치면서 집어넣었으나, 이미 상당액이 빠져나간 뒤였다. 잠시 한숨을 돌리니 버스는 서서히 꿈틀거리기 시작했다. 그 복잡했던 입구 쪽은 언제 그러했던가 싶게 사람들이 사라졌다

고향 하늘에는 그 옛날처럼 별들이 쏟아지고 있었다. 어떤 것은 긴 꼬리를 풀며 사라졌다. 여기저기 유령처럼 반딧불의 모습이 보이기 시작했다. 마당 한가운데 놓은 모깃불은 그 특유의 냄새를 풍기면서 타들어 갔다. 마구간 뒤엄 냄새도 싫지 않았다. 머언 산 부엉이소리마저 그 자리를 양보하지 않았다. 그러나 버스 속에서 경험한 씁쓸한 일은 지워지지 않는다.(2017. 5. 2.)

논문(論文)

[論文]

1. 시조의 형식과 성리학

(1) 서언

현재까지 많은 사람들이 시조의 형식을 3장 6구 12음보라고 일컬어 왔다. 그러나 왜 시조가 3장이어야 되는지, 왜 6구가 되어야 하는지에 대해서는 아무도 밝히지 않았다. 그리고 시조의 기준 음수율을 초장 3434, 중장 3434, 종장 3543이라고 하면서, 어떤 근거에 의해서 그런 숫자를 제시했는지 답해주는 이가 없었다. 무조건 그 숫자를 외우고 따르라는 것이다. 풍문으로 들은 바에 의하면 영남대 심재완 교수가 학생들을 시켜서 고시조 수천 수를 헤아려서 통계 낸 결과 초장 제1음보에는 3자, 제2음보에는 4자, 제3음보에는 3자, 제4음보에는 4자 등이 가장 많이 나와서 그런 식으로 기준 율격을 정했다는 것이다.

문학의 장르 특히 정형시는 그렇게 통계 숫자에 의해서 정해지는 것이 아니다. 문학 장르가 발생할 때는 그 시대에 출현한 새로운 이념을 반영해서 장르가 만들어진다고 생각한다. 예를 들면 신라의 향가는 그 당시 통일신라시대에 들어온 불교적 이념을 배경으로 해서 만들어진 것이다. 그래서 현존하는 향가 중에는 승려 작가가 가장 많고 그 내용도 불교적 색채를 띈 것이 주류를 이루었다. 고려 말에 출현한 시조는 그 당시 중국으로부터 받아들인 성리학의 영향이 크다. 그래서 여말선초의 시조작가 면면을 살펴보면 성리학의 거장들이 많다. 성리학도 유교의 일종이다. 그래서 조선시대 전기의 작가군을 보면 사대부들의 작품이 주류를 이루었던 것이다.

조선시대는 임진왜란 이전을 전기, 그 이후를 후기로 나누는 경향이 있다. 특히 병자호란 이후는 평민들이 자각을 하고 산문정신이 발달하였다. 이어서 중국으로부터 실학사상이 들어온 것으로 안다. 이러한 시대적 사조를 배경으로 해서 고소설 대부분이 조선 후기에 지어졌던 것이고, 시조도 양반 사대부 중심에서 평민으로 확대되면서 사설시조가 발달하게 되었다. 조선 말기에서 일제강점기로 넘어올 때는 그 시대 이념을 담을 수 있는 창가가 유행하였다. 그 시기는 우리나라에 서양식 학교 제도가 도입되고, 새로운 문물제도가 시행되었다. 그래서 시에는 신체시, 시조에는 신시조, 소설에는 신소설이 지어지고, 널리 읽히게 되었던 것이다. 이처럼 문학 장르는 우연히 나타났다가 슬며시 사라지는 것이 아니다. 그 당시의 시대이념을 배경으로 해서 출현하고 성장 발전 소멸하게 되는 것이다. 이러한 연유로 고려 말 안향에 의해서 들어온 성리학과 그 당시 출현한 시조형식과는 상관관계가 깊다는 것을 전제로 해서 시조의 형성 원리를 밝혀보고자 하는 것이다.

(2) 성리학의 원리와 시조 형성원리

성리학을 우리나라에 처음으로 받아들인 학자는 고려 말의 안향이라고 한다. 그는 1243년에서 1306년까지 생존했던 당시의 명신으로, 연경에 가서 『주자전서(朱子全書)』를 보고 손수 그 책을 베껴왔다. 또 공자와 주자의 화상을 그려가지고 돌아와서 주자학을 연구하였다. 그가 원나라로 가서 주자학을 접하게 된 해는 1286년(충렬왕 12)이니, 그 이전에는 우리나라에 시조형식의 장르는 없었다고 생각한다. 그러나 안향에게는 현존하는 시조작품이 없으니, 그를 시조작가라고 명명하기는 어렵다. 안향은 주자학의 신봉자이다. 주자를 숭배하여 그의 초상을 벽에 걸어두고 존경하였다. 또 주자의 호인 회암(晦庵)의 회(晦)자를 따서 자신의 호를 회헌(晦軒)이라 하였다. 이것은 주자의 저서를 보고 거기에 심취했음을 증명해 주는 것이다.

그러면 성리학이란 무엇인가? 성리(性理)의 개념을 중심으로 하였다는 점에서 성리학(性理學) 또는 리학(理學)이라고 하며, 그 외 정주학(程朱學), 도학(道學), 송학(宋學)이라는 이름이 있다. 그리고 주자(朱子)가 완성했으므로 주자학(朱子學)이라고도 한다. 그는 만물의 근원을 리(理), 음양과 오행을 기(氣)라고 하였다. 리(理)는 만물에 성(性)을 주며, 기(氣)는 만물에 형(形)을 준다고 하였다. 사람의 성(性)에서 리(理)는 본연의 성, 기(氣)는 기질의 성이 된다. 인간과 만물의 발생은 음양과 오행의 기운에서 벗어나지 않는다. 본디 하나의 기운[一氣]이 나뉘어 음양이 되고, 음양은 또 다시 오행으로 나뉜다. 음양과 오행이 끊임없이 운행하면서 분산되고 융합되는 과정에서 갖가지로 다르게 되고, 청탁과 후박이 생기게 된다. 또한 사람과 만물을 보면 모두가 한 기운이지만, 사람은 바른 기운[氣之正]을, 만물은 편벽된 기운을[氣之偏]을, 사람은 통한 기운[氣之通]을, 만물은 막힌 기운[氣之塞]을 얻은 것이다.

여기서 중요한 것은 하나의 기운이 나뉘어 음양(陰陽)이 된다고 하는 사실이다. 하늘과 땅을 비롯한 우주의 만물은 모두 음 · 양이 맞서서 성립되어 있다. 예를 들면 해는 양이요 달은 음이며, 낮은 양이요 밤은 음이며, 굳건한 것은 양이요 유순한 것은 음이며, 높은 것은 양이요 낮은 것은 음이며, 큰 것은 양이요 작은 것은 음이며, 착한 것은 양이요 악한 것은 음이며, 길한 것은 양이요 흉한 것은 음이며, 봄 · 여름은 양이요 가을 · 겨울은 음인 것이다. 그러니 우주의 모든 사물이 음양 2원으로 되어 있다고 하겠으며, 이 음양이 있으므로 말미암아 우주에는 시간이 이루어진다. 이외도 남자는 양

여자는 음이며, 숫자에서 홀수 1,3,5,7,9는 양 짝수 2,4,6,8,10은 음이다. 태극기에는 둥근 원이 있는데, 위쪽의 빨간 색 부분은 양 아래 쪽의 파란 색 부분은 음이다. 이러한 음양의 원리는 시조의 기준 음수율에도 적용된다.

초장: 3(양), 4(음), 3(양), 4(음)
중장: 3(양), 4(음), 3(양), 4(음)
종장: 3(양), 5(양), 4(음), 3(양)

시조가 6구로 되어 있다는 것은 세상이 다 아는 바다. 각 구는 철저하게 음양의 조화를 이루는데, 유독 종장의 전구만 3(양), 5(양)으로 되어 있다. 이것은 음양배합의 원리에 맞지 않는 것이다. 그래서 필자는 진작부터 시조의 종장 전구는 3(양), 6(음)이 되어야 한다고 주장했다. 시조 종장의 기준 음수율은 3643이라야 우주만물의 원리에 맞는 것이다.

효(爻)가 모여 괘(卦)가 되고, 팔괘(八卦)가 발전하여 육십사괘(六十四卦)가 된다. 괘를 구성하는 효에는 양(陽)을 표시하는 양효(陽爻)가 있고, 음(陰)을 표시하는 음효(陰爻)가 있다. 양을 표현하는 부호로 [−]를 , 음을 표현하는 부호로 [−−]를 사용한다. 양(陽)은 하늘을 근본으로 하고, 음(陰)은 땅을 본체로 한다. 천지 창조의 과정에 있어서 하늘이 시초이므로 하나를 의미하는 [−]로 양을 표시하고, 땅은 하늘의 다음으로 둘째이므로 둘을 의미하는 [−−]로 음을 표시한다. 그러나 [−]과 [−−]는 남녀를 상징한 것인지 도 모른다. 효(爻)를 양효와 음효 두 가지로 한 것은 하늘과 땅을 상징한 것이요, 효 세 개로 한 괘(卦)를 만든 것은 天·地·人의 세 가지 [三才]를 의미한 것이다.

위의 이론을 보면 효(爻)가 모여서 괘(卦)를 이룬다고 하였다. 그 효(爻)에는 양효와 음효가 있다. 양효와 음효는 하늘과 땅을 상징하지만 남녀를 상징한다고도 볼 수 있다. 문제는 효(爻)가 두 개 모여서 괘(卦)를 이루는 것이 아니라 효(爻)가 세 개 모여야 하나의 괘(卦)를 만든다는 데 있다. 이 때의 효(爻) 세 개는 하늘과 땅에 사람이 추가된 것이다. 한 개의 괘(卦)가 세 개의 막대기로 된 것은 '天·地·人 三才說'에 의한 것이다.

태극기의 네 모퉁이를 보면 '乾·坤·坎·離'의 괘가 그려져 있다. 건(乾)은 하늘, 곤(坤)은 땅, 감(坎)은 달, 이(離)는 해이다. 태극기의 괘를 보면 효(爻) 세 개가 모여 있다. 바로 '天·地·人'을 의미하는 것이다. 제사 지낼 때는 아무리 수백 명이 모여 있어도 초헌, 아헌, 종헌 세 사람만 잔을 올리게 한다. 시조의 형식도 초장, 중장, 종장 세 줄로만 쓰게 되어 있다. 고시조 수천 수를 살펴보아도 전부 세 줄로 안 된 것이 없다. 시조가 삼장(三章)으로 된 것은 바로 이 '天地人 三才說'에 따랐기 때문이다. 이러한 논리에 의해서 소위 절장시조, 양장시조, 4장시조라 하는 것들은 시조가 아니다. 무슨 정형시가 행수를 제멋대로 늘였다 줄였다 한단 말인가? 그런 작품을 쓰는 이들은 시조를 발전시키는 것이 아니라 시조를 파괴하는 행위라는 것을 알아야 한다.

주역이란 서적은 내용이 넓고 커서 모든 것을 구비한다. 천지인(天地人)의 법칙이 모두 그 속에 포함되어 있다. 천지인 세 가지를 각각 두 효(爻)씩으로 상징하여 육효(六爻)가 된다. 그러므로 육효(六爻)라는 것은 딴 것이 아니라 하늘과 땅과 사람의 법칙을 보인 것이다. (예: 上爻 · 五爻는 天, 四爻 · 三爻는 人, 二爻 · 初爻는 地를 상징한다.) 효(爻)에는 종류가 있다. 양효(陽爻)라고 하고 음효(陰爻)라고 한다. ~ 중략 ~ 그러므로 하늘의 이치를 상징하여 음(陰)과 양(陽)이라고 하였다. 땅의 법칙을 본받아 유(柔)와 강(剛)이라고 하였다. 사람의 도리를 세워 인(仁)과 의(義)라고 하였다. 이렇게 '天地人' 세 가지[三才]를 겸하여 포함하였으되 모두 둘씩으로 표현하였다. 그러므로 주역에는 여섯 획으로 한 괘를 이루게 되었다. 그 여섯 획은 각각 그 위치에 따라 양(陽)이 있어야 할 위치(初爻, 三爻, 五爻)와 음(陰)이 있어야 할 위치(二爻, 四爻, 上爻)가 나뉘어져 있다. 그러나 이 여섯 개의 음양의 위치에는 강효(剛爻)가 오기도 하고 유효(柔爻)가 오기도 하여 괘(卦)에 따라 서로 바뀌어진다. 이렇게 주역의 효(爻)가 그 위치를 서로 바꿈에 따라 주역의 무한한 변화가 나타난다.

시조 삼장(三章)이 각기 전구와 후구로 나뉘어 육구(六句)가 되는 것은 이미 잘 아는 사실이다. 각 구는 철저하게 음양교합(陰陽交合)의 원리가 적용된다. 주역에는 '天地人 三才'가 있고, 그 천지인은 다시 각각음양으로 분화해서 육효(六爻)를 이룬다. 그런 의미에서 시조의 삼장은 '天地人 三才'를 의미하는 것이고, 한 장이 둘로 나뉘어 삼장(三章)이 육구(六句)로 된 것은 '天地人 三才'가 각각 양효(陽爻)와 음효(陰爻) 두 가지로 나뉘어 육효(六爻)를 이룬 것과 마찬가지 원리이다. 다시 말하면 시조의 육구(六句)는 주역의 육효(六爻)에서 온 것이다. 그런데 그 육효(六爻)는 각 효가 동등한 자격이 있다고 생각되지 않는다. 각 괘에서는 위의 세 효를 상효(上爻), 아래의 세 효를 하효(下爻)라 한다. 괘를 읽을 때는 상효와 하효를 구분하여 대비하면서 읽는다. 상효는 공간적으로는 하늘, 국가 단위로는 국민이나 여론, 국가 공무원 중에서의 고위 공무원, 회사의 경영진, 학교의 선생, 가정의 부모, 개인의 정신세계 등에 해당하고, 하효는 이와 반대로 우주에서의 땅, 국가의 공무원, 공무원 중에서의 하급공무원, 회사의 일반 사원, 학교의 학생, 가정의 자녀, 개인의 육체적 요소 등이 이에 해당한다. 육효(六爻)의 자격이 이렇게 다른 것처럼 시조(時調)의 육구(六句)도 각기 그 자격이 다르다. 제1,2구가 시상을 일으키는 기(起)에 해당한다면, 3,4구는 승(承), 5,6구는 전결(轉結)에 해당하니, 이러한 구조원리(構造原理)까지도 주역에서의 효(爻)와 일치한다는 것을 이해하게 된다.

그러면 시조의 한 장이 왜 4마디로 이루어졌는가. 역시 역(易)의 원리로 설명할 수밖에 없다. 『周易』의 '繫辭編'에 '易'에는 태극이 있으니, 이것이 兩儀(음 · 양)를 낳고, 兩儀가 四象(태양 · 소양 · 태음 · 소음)을 낳고, 이 四象이 八卦(乾 · 兌 · 離 · 震 · 巽 · 坎 · 艮 · 坤)를 낳았다고 하였다. 시조의 한 장이 4마디로 된 것은 바로 주역의 사상(四象)을 의미한다고 본다. 아니면 춘하추동(春夏秋冬) 4계절을 상징한 것이라 할 수 있다.

우리는 현재 시조형식을 3장 6구 12음보라고 말한다. 그러나 필자는 가능하면 음보라는 용어를 사용하지 않는다. 왜냐 하면 음보는 한 시행 단위로 몇 음보냐 따지는 것이지, 시 한편 전체를 놓고 음보 수를 따지는 경우는 없기 때문이다. 그래서 3행으로 되어 있는 시조를 모두 따져서 12음보라 하는 것은 맞지 않는다. 그래서 필자는 음보 대신에 우리말 '마디'라는 용어를 쓰거나, 한자로 '小節'이란 말을 즐겨 써왔다. 그러면 시조의 12마디 즉 12소절은 어디에서 온 것인가? 시조 한 장이 4마디로 되어 있는 것을 4계절의 순환원리라 한다면, 시조 한 수가 12소절로 되어 있는 것은 1년 12달을 상징한 것이라 보아야 한다. 그러면 시조의 제1구는 1 · 2월, 제2구는 3 · 4월, 제3구는 5 · 6월, 제4구는 7 · 8월, 제5구는 9 · 10월, 제6구는 11 · 12월이 된다. 제1구인 1 · 2월은 주역의 초효(初爻)처럼 사물의 시작이요 근본이고, 제6구는 11 · 12월로서 사물의 결말이요 완성을 의미한다. 따라서 제5구는 주역에서 제왕의 위치인 오효(五爻)에 해당하고, 모든 사물의 완성기, 완숙된 경지, 절정상태를 의미하는 것이다.

하나의 괘는 육효로 이루어졌는데, 하나의 국가, 하나의 사회단체, 하나의 가정과 같은 존재이다. 이것을 시간적으로 보면 우주의 일생, 국가의 일생, 왕조의 일생, 한 개인의 일생에 비유할 수 있다는 것이다. 시간적으로 1년은 1월에 시작해서 그 해 12월에 끝나고, 이런 일은 매년 되풀이되고 있는 것이다. 그런 점에서 시조의 12마디를 1년 12월로 간주하는 것은 하자가 없다고 생각한다. 시조 형식의 묘미는 종장에 있다. 기(起)인 초장은 4마디, 승(承)인 중장은 4마디인데, 전(轉)인 종장 전구는 2마디, 결(結)인 종장 후구는 2마디이다. 왜 기(起)와 승(承)은 4마디씩 배치하고, 전(轉)과 결(結)은 2마디씩 배치했느냐 하는 점에 유의해야 한다. 사람의 일생은 50, 60세 살다가 70세가 넘으면 급격히 기력이 떨어져서 죽게 된다. 등산을 할 때도 정상까지 올라갈 때는 많은 시간이 소요되지만 하산을 할 때는 바닥까지 내려오는데 시간이 얼마 걸리지 않는다. 벼도 마찬가지다. 그처럼 푸르던 벼 포기가 이삭이 나온 다음 누렇게 되면 바로 베어버린다. 과일도 푸른 열매로 있을 때는 오랜 시간이 걸리지만 열매가 누렇게 익으면 바로 따서 팔거나 먹는다. 나무도 1년 내내 푸르던 잎새가 단풍 들어 절정이 되면 바로 낙엽이 되어 떨어진다. 이러한 자연의 생장소멸의 원리가 반영된 것이 시조의 3장 육구다. 그러한 자연의 원리를 반영하여 시조의 종장 즉 전(轉)과 결(結)은 초장, 중장과는 달리 2마디씩 알맞게 배정했다고 본다.

(3) 시조형식의 창안자와 효시 작품

시조가 언제 발생했느냐 하는 문제에 대해서는 통일된 견해가 없다. 향가기원설, 민요기원설, 속요기원설, 음악기원설, 한시기원설 등 다양하기 이를 데 없다. 그렇더라도 선학(先學)들이 주장한 내용을 참고삼아 소개해 보고자 한다.

① 시조는 우리 시가 문학사에서 가장 오랜 생명력을 지니면서 가장 풍성한 유산을 남겨준 문학형태이다. 시대적으로 초기에 속하는 작품으로는 고구려의 을파소나 백제의 성충, 신라의 설총 등의 소작이 시조집에 전하고 있으나 거의 인정되지 않는 것이 현 학계의 공통된 견해이며, 대체로 여말(麗末)에서 선초(鮮初)에 이르러 정제된 문학형식으로 추정되고 있다. (정병욱: 한국고전시가론)

② 결언적(結言的)으로 말하면 향가와 민요 등에 연원을 둔 시조는, 향가의 형식이 사라지고 별곡(別曲)이 왕성하던 고려중엽기(高麗中葉期)에 이르러서 그 영아기(嬰兒期)를 맞이하였고, 그 형태가 별곡과 넘나들고, 있다가 여말(麗末)에 와서 완성되었다고 보겠다. 즉 포은집(圃隱集) · 해동악부(海東樂府)에 적힌 한역가(漢譯歌)인 단심가(丹心歌)와 하여가(何如歌)는 다음과 같다. ~ 중략 ~ 이와 같이 한시형태(漢詩形態)가 아닌 이두표기(吏讀表記)가 섞인 것으로 보아서, 이것이 국어가요(國語歌謠)의 한역가(漢譯歌)임을 알 수 있다. (리태극 : 시조개론)

③ 비록 공무도하가(公無渡河歌)가 향가와 시조의 전신 내지 본원지라고 단정할 수는 없더라도, 두 개의 의미단위, 4글귀로 이루어진 황조가(黃鳥歌)나 구지가(龜旨歌), 그리고 4구체, 8구체의 향가와 3개의 의미단락이 4글귀로 이루어진 공무도하가(公無渡河歌)가 상대(上代)의 노래와 민요의 노래꼴이 아니었던가 한다. 이 두 개의 노래꼴과 음보율이 시대에 따라 변천하며 노래의 표면과 배면으로 부침하는 역정을 거치는 동안 고려 말에 이르러 민족 서정시의 주체적 노래꼴로 시조의 형식이 형성된 것으로 보인다. (김제현 : 시조가사론)

선학들의 견해를 인용해 보았거니와 시조의 형식이 고려 말에 완성되었다는 점에서는 세 분이 일치하였다. 그러나 한결같이 그 연원을 상대가요, 향가, 민요, 별곡 등에서 찾고 있음을 확인하였다. 필자는 앞 단락에서 시조의 형식과 성리학은 밀접한 관계가 있다는 것을 증명하였다. 그 성리학을 우리나라에 최초로 들여온 이는 안향이다. 안향은 1243년에서 1306년까지 생존했던 인물이고, 그가 원나라에 가서 주자학을 접하고 우리나라에 들여온 시기가 1286년(충렬왕 12)이다. 그렇다면 1286년 이전에 우리의 고시조라고 해서 전해오는 것들은 후세인의 의작(擬作)이라고 보아야 한다. 성리학이 들어오기 이전의 작가에는 고구려의 을파소(乙巴素), 백제의 성충(成忠), 신라의 설총(薛聰), 고려의 강감찬(姜邯贊), 최충(崔沖), 곽여(郭輿), 정지상(鄭知常), 이규보(李奎報) 등이 있다.

1286년 성리학이 들어온 이후의 작가에는 우탁(禹倬,1263~1342), 이조년(李兆年,1269~1343), 성여완(成汝完,1309~1397), 최영(崔瑩,1316~1388), 이색(李穡,1328~1396), 이지란(李之蘭,1331~1402), 종몽주(鄭夢周,1337~1392), 성석린(成石璘,1338~1423), 이존오(李存吾,1341~1371) 등이 있다. 이 중에서 생몰연대가 제일 빠른 분이 우탁과 이조년이다. 이 두 분에게는 지금까지 전하는 시조작품이 있다. 이 두 분 중에서 한 분이 시조형식을 창안해 냈다고 본다. 이 두 시조인의 약력을 『국사대사전』(삼영출판사)에서 알아본다.

① 우탁 : (1263~1342)송나라에서 정자(程子)의 학(學)이 처음 들어오자 아무도 해득치 못하므로 탁(倬)이 문을 닫고 들어 앉아 한 달을 두고 연구, 해득하여 후진들에게 가르치니, 이는 우리나라 리학(理學)의 시초였다. 경사(經史)와 역학(易學), 복서(卜筮)에도 통달했으며, 벼슬이 성균제주(成均祭酒)에 이르렀다. 세인이 역동선생(易東先生)이라 불렀다.

②이조년 : (1269~1343) 1294년(충렬왕 20) 향공진사(鄕貢進士)로 문과에 급제, 1306년 비서랑(秘書郎)으로 왕과 함께 원나라에 들어갔을 때 원나라의 왕유소(王惟紹) · 송방영(宋邦英) 등이 충렬왕 부자를 이간하자, 화를 입고 먼 곳으로 귀양 갔다가 귀국하여 13년간 고향에 있었다. 충혜왕이 복위한 후 정당문학예문관대제학(政堂文學 藝文館大提學)에 임명되고 성산군(星山君)에 피봉 되었으나, 후에 간언을 왕이 받아들이지 않으므로 벼슬을 내놓았다.

우탁은 정주학(程朱學)을 본격적으로 연구하고 후진들에게 가르쳐서 리학(理學)의 시초인물이 되었다. 주역을 통달하고 잘 이해하여 그의 호가 역동선생(易東先生)이 되었다. 그야말로 성리학의 핵심인물이라 할 수 있는 것이다. 그에 비하여 이조년은 성리학과는 거리가 먼 인생을 살았다. 왕을 모시고 원나라에 들어갔을 때 화를 입어 귀양살이 하다가 귀국하였다. 나중에 정당문학 예문관대제학에 임명되고 성산군에 봉해졌다. 그렇다면 성리학의 이념을 배경으로 해서 출현한 시조형태가 우탁에 의해 창안된 것인지, 이조년에 의해서 창안된 것인지는 자명(自明)해졌다. 3장 6구 12소절의 시조형식은 우탁이 창안한 것이다. 따라서 그의
「탄로가」는 고시조의 효시가 된다.

한 손에 가시를 들고 또 한손에 막대 들고
늙는 길 가시로 막고 오는 백발 막대로 치려터니
白髮이 제 몬져 알고 즈림길로 오더라.

늙는 것을 막아보려고 했으나 뜻대로 안 된다는 것을 토로한「歎老歌」이다. 늙는 길은 가시로 막고 오는 백발을 막대기로 치려고 했다. 그런데 그 백발이 먼저 알아차리고 지름길로 오더라는 것이다. 지은이는 우탁이다. 아시다시피 우탁은 대성리학자이다. 성리학은 우주만물의 근본 원리를 연구하는 학문이다. 그 성리학의 원리를 응용하여 시조형식을 창안하고, 그 형식에 담긴 내용도 우주만물의 근본원리를 담고 있는 것이다. 우주만물은 생장소멸(生長消滅)하게 되어 있다. 인간도 나이 먹으면 늙게 되고, 늙으면 백발로 변하게 된다. 이러한 변화는 자연의 섭리이다. 이 자연의 섭리를 누군들 막을 수 있겠는가?

이 시조에서는 인간은 인간일 수밖에 없는 한계를 드러내고 있다. 즉 동서고금을 통해 불로장생을 꿈꾸어 온 많은 사람들이 있었지만 모두 자연으로 돌아가고 말았다. 아무리 가시로 막고, 막대로 치려해도 오는 백발은 막을 길이 없다. 인간의 한계를 자연의 순행에 맞춰 노래한 우주론적 원리가 담긴 시조라 하겠다. 이 작품의 가치는 작자가 분명하고, 순 우리말을 구사해서 썼다는데 있다. 시조의 맛은 한자투어가 아니라 순수국어를 활용해서 써야만 제 맛이 나타난다. 이규보의 시조라 전하는 작품의 초장을 보면 "日暖코 風和한데 鳥聲이 喈喈로다."라고 되어 순 한문 투성이다. 이규보의「春日訪山寺」라는 한시를 교묘하게 시조화한 것이다. 그에 비하여 우탁의 시조는 순 우리말로 이루어졌다. 그리고 이 작품은 당시의 시대적, 사상적 특징을 잘 나타냈다는 점에서 높이 평가받아야 한다.

춘산에 눈 녹인 바람 건 듯 불고 간듸업다
져근 듯 빌어다가 마리우희 불이고져
귀밑에 해묵은 서리를 녹여볼까 하노라

이 시조 역시 늙음을 소재로 하여 자신의 생각이나 느낌을 자연스럽게 토로하였다. 앞의 시조에서는 인생의 무상함을 체념으로 받아들이고 있는데, 이 시조에서는 다시 젊어 보고 싶다는 의욕을 나타내어 대조(對照)를 이루었다. 우탁의 이 작품도 그 내용이 「탄로가」에 해당한다. 자연의 이법 즉 자연의 섭리를 그대로 노래하고 있다. 주제는 "귀밑에 해묵은 서리를 녹여볼까 한다."는 종장에 있다. 다시 젊어지고 싶다는 이야기다. 그러나 늙은 인간이 다시 젊어진다는 것은 불가능한 일이다. 마음을 비우고 순리로 받아들이는 수밖에 없었을 것이다. 그의 시조에는 그의 인생관, 세계관이 나타나 있다. 그는 누구보다도 경사백가와 역학에 뛰어나고 복서에도 능통했던 인물이다. 위 작품에는 자연의 섭리, 또는 순리대로 살아야 한다는 성리학적 인생관이 내포된 것으로 생각된다. 필자는 앞에서도 언급했지만 3장 6구 12소절의 시조형식은 천지인 삼재설이나 음양오행설과 같은 동양철학 즉 성리학의 원리에 의하여 만들어졌다는 것을 다시 한 번 강조한다.

(4) 결언

앞에서도 이야기했지만 새로운 문학 장르의 출현은 옛 장르를 깎고 다듬어서 만든 것이 아니라, 그 시대를 풍미하는 새로운 이념이나 시대사조와 밀접한 관계가 있다. 많은 학자들이 시조가 고려 말에 발생했다는 것은 인정한다. 우탁의 「탄로가」는 진품(眞品)이라고 생각한다. 그러면서도 그 당시 중국에서 새로 들어온 성리학과 시조형식에 깊은 관계가 있다는 것을 인정하지 않는다는 것은 자가당착(自家撞着)이다. 우선 고려 말 조선 초에 시조작품을 남긴 이들이 거의 성리학자이다. 그 당시 문과급제한 사람들이 많다. 그것은 성리학과 시조와는 깊은 관계가 있다는 의미해 주는 것이다. 만약에 승려들이 시조형식을 만들었다면 그 작가의 주류가 승려이어야 하고 작품에서 불교 냄새가 물씬 나야 한다. 무속인들이 시조형식을 만들었다면 전하는 작가가 무당이어야 하고 작품에는 신가(神歌) 냄새가 나야한다. 농부나 평민이 만들었다면 그 작가가 농부나 평민으로 밝혀져야 한다. 작품의 내용도 평서민의 정서가 배어 있어야 한다.

그런데 여말선초의 시조작가들은 모두 신흥사대부요 유학자들이다. 그 내용도 이들의 생각이나 정서를 대변해 준다. 특히 성리학에 일가를 이룬 사람들의 작품이 많고, 그들의 세계관을 표출한 것이 많다. 이것은 시조형식과 성리학이 불가분의 관계에 있다는 것을 증명해 주는 것이다. 그래서 필자는 시조형식이 성리학의 이념을 배경으로 출현한 것이라 주장하였고, 3장 6구 12소절의 시조형식을 성리학 원리로 풀어본 것이다. 그리고 이 학설을 '역학기원설'이라 이름 붙였다. 그런데 학계에서 이 역학기원설이 공인되지 않고 있다. 그 이유는 간단하다. 시조를 공부하는 이는 성리학을 접해 보지 않았고, 성리학에 정통한 이들은 시조가 무엇인지 모르니, 이러한 현상이 빚어진 것이다. 인접학문과의 교류가 그래서 필요하다고 본다.(2015. 8. 10.)

2. 원생몽유록의 등장인물 연구

등장인물들 중에서 여타인물에 대하여는 이론(異論)이 없고, 몽유자(夢遊者), 복건자(幅巾者), 매월거사(梅月居士) 등에 대하여는 서로 해석하는 것이 다르다. 이 세 인물을 누구라고 해석하느냐에 따라서 작품의 지은이도 달라지게 되어있다. 몽유자를 생육신 원호로 보면 이 작품의 지은이는 원호가 되고, 몽유자를 백호 임제로 보면 작품의 지은이는 임제가 된다. 복건자를 연촌 최덕지로 보면 지은이는 원호가 되고, 복건자를 추강 남효온으로 보면 지은이는 임제가 된다. 매월거사를 김시습으로 보면 작품의 지은이는 원호가 되고, 이것을 해월거사(海月居士)로 읽어서 황여일(黃汝一)로 보면 작품의 지은이는 임제가 된다. 그러나 이글에서는 몽유자 원자허의 정체를 밝히는 것으로 만족하고자 한다.

원자허는 누구인가?

원생몽유록을 펼쳐보면 첫 머리에 "세상에 성은 원씨요, 자(字)는 자허(子虛)라는 이가 있으니, 그는 비분강개하는 선비이다. 기개와 도량이 활달하고 사소한 일에 구애하지 않기 때문에 세상에 용납되지 못하여 여러 번 나은(羅隱)의 한을 품고 원헌(原憲)의 가난을 견디기 어려웠다. 아침에 나가 밭을 갈고 밤에는 돌아와서 옛 사람의 글을 읽는데 등불이 없어 벽을 뚫고 개똥벌레를 주머니에 넣어서 등불을 대신하는 등 온갖 괴로움과 고생을 겪지 않은 것이 없었다."라는 소개의 글이 나온다. 이 부분은 소설의 주인공이요 핵심인물인 몽유자가 어떠한 인물인지를 먼저 밝힌 것이다. 그 몽유자의 성(姓)은 원(元)씨요 자(字)는 자허(子虛)라고 하였다. 작자가 임제라고 주장하는 이들은 몽유자의 존재는 임제를 가탁시킨 인물이라고 한다. 그렇다면 이 부분이 "세상에 성(姓)은 임(林)씨요 자(字)는 자순(子順)이라고 하는 이가 있으니"라고 바뀌어야 한다.

그 몽유자는 비분강개하는 선비라 소개했는데, 누구를 향해서 비분강개했느냐가 문제다. 원호는 단종의 왕위를 찬탈한 세조에게 비분강개했지만, 임제는 정치(政治) 권력(勸力)을 부정적으로 보고 합리적 세계관에 대하여 회의를 품었다고 했으니, 그가 생존했던 당시의 현실 즉 선조 때의 사회적 모순에 대하여 비분강개했던 것이다. 다시 말해서 세조 때의 병자사화나 사육신 사건에 대하여 비분강개한 것이 아니라는 이야기다. 그리고 몽유자는 세상에 용납되지 못하여 나은(羅隱)의 한을 품고, 원헌(原憲)의 가난을 견디기 어려운 사람이라고 하였다. 그러면 '나은의 한'이란 어떠한 사건인가? 나은은 중국 당나라 말기의 어진 신하로 주전충(朱全忠)이 당나라 임금을 죽이고 새로

양(梁)나라를 세우자 오월왕을 권하여 양을 치게 했던 인물이다.

마찬가지로 원호의 경우는 수양대군이 단종을 죽이고 새로이 왕위에 올라 세조가 되었고, 그 세조를 몰아내는 일에 뜻을 같이했으니, '나은의 한'을 품고 살았다는 이야기가 맞지만, 임제 때는 왕위 찬탈 사건도 없었고, 그 사건에 한을 품고 살 만한 역사적 사실이 없었으니, 임제와 몽유록의 원생과는 아무런 관계가 없다, 그런데 어떻게 몽유자에 대하여 임제를 가탁시킨 인물이라 할 수 있다는 것인지 번지수가 너무 맞지 않는다.

다음은 '원헌의 가난'이 누구에 해당되는지 알아보자. 원헌은 중국 고대 노(魯)나라의 청빈한 관원이요 공자의 제자라고 한다. 원호는 왕위에서 쫓겨난 단종 편에 줄 서 있었으니, 그야말로 호구지책(糊口之策)이 어려웠을 것이다. 작품 속에서는 "아침에 나가 밭을 갈고 밤에는 돌아와서 옛사람의 글을 읽는데, 등불이 없어 벽을 뚫고 개똥벌레를 주머니에 넣어서 대신하였다."고 소개하였다. 이 부분도 원호는 벼슬을 팽개치고 치악산에 숨어 살았느니, 소설속의 인물과 동일 하지만, 임제와는 비슷한 점도 없는 별개의 인물이다. 임제는 그의 연보에 "어린 나이에 실학(失學)을 하고 자못 협유(俠遊)를 일삼아 창루(娼樓)·주사(酒肆)에 분방하게 자취가 미쳤는데, 나이 20세에 들어서 비로소 학(學)에 뜻을 갖게 되었다."라 되어 있고, "공(公)은 병법(兵法)을 좋아하여 보검(寶劍)을 차고 준마를 타고 하루 수백 리를 달리곤 하였다. 북평사(北評事)로부터 서평사(西評事)로 옮길 때 일부러 어사(御史)의 전도(前導)를 범해서 탄핵을 받았다."라고 되어 있다.

임제의 인물됨에 대하여 알아보았는데, 소설 속의 몽유자와 역사 속의 임제는 이처럼 판이하게 다른데, 그 몽유자에 대하여 임제를 가탁시킨 인물이라 주장하는 것은 논리가 성립되지 않는다. 더구나 원주원씨 시중공계 족보를 처음 발간한 해가 1739년(영조 15) 여름인데, 1549년(명종 4)에 출생해서 1587년(선조 20)에 돌아가신 임제가 어떻게 원호의 자(字)가 자허(子虛)라는 것을 알아내고 고증해서 소설을 썼다는 것인지 도무지 이해할 수 없다.

작품은 작자의 사상·감정이 반영된 것임을 전제한다면, 작품 속의 등장하는 인물 가운데 작자의 사상·감정을 직접 전달하고 관찰을 대역(代役)하는 인물이 있게 마련인데, 몽유록계(夢遊錄系)에서는 몽유자(夢遊者)가 작자를 대역(代役)하는 인물이 된다. ~ 중략 ~ 임백호(林白湖)가 〈元生夢遊錄〉의 작자였다면, 그의 호방한 성격은 역시 몽유록에 등장하는 몽유자의 성격과 일치함을 알 수 있다.

차용주의 논문을 인용했는데, 작품은 작자의 사상·감정을 반영한다는 이야기는 백번 맞는 말이다. 그렇다면 원생몽유록 속에 깔려 있는 사상과 감정이 원호의 사상과 감정에 일치하지, 임제의 사상과 감정에는 괴리(乖離)가 심한데, 이 문제를 어떻게 설명할 것인지 답변을 해야 할 것이다. 그리고 몽유록계에서는 몽유자가 작자를 대역(代役)하는 인물이 된다는 말도 맞는다. 그리고 한다는 말이 임제의 호방한 성격은 몽유록에 등장하는 몽유자의 성격과 일치한다고 하였다. 여기서 임백호의 성격이 호방하다는 것은 제가들의 의견과 일치한다. 그러나 원생몽유록의 주인공 몽유자의 성격은 전혀 호방한 데가 없다 그 몽유자의 성격은 처음부터 끝까지 세조의 왕위찬탈 사건에 대하여 비분강개하고 있는 것이다. 호방한 성격과 비분강개하는 성격은 전혀 다르다는 것을 강조하는 바이다. 그 다음에는 〈원생몽유록록〉에 이런 구절이 나온다.

① 일찍이 역사책을 읽다가 역대 왕조가 위태롭고 망하게 되며 국운이 옮겨지고 세력이 쇠퇴하게 되면 언제나 책을 덮고 눈물을 흘리면서 마치 자신이 그런 일을 당하는 것처럼 슬퍼하였다.

② 나 임제는 성질이 거칠고 뻣뻣한 사람이라 어린 시절에 공부를 하지 않고 자못 호협하게 놀기를 일삼아 기방이며, 술집으로 발길이 미치지 않는 곳이 없었다. 나이 이십이 가까워 비로소 배움에 뜻을 두게 되었다. 그러나 힘써 배운 것이라곤 글귀를 교묘하게 다듬고 정문(程文)을 지어 사람의 눈을 현혹하며 당세에 이름을 얻고자 하는데 지나지 못했다. 그 후 여러 번 과장(科場)에서 낙방하고 세속에 맞는 취향이 적어 홀연 멀리 노닐 생각이 일어났다.

인용문 ①은 원생몽유록의 본문 중에서 몽유자가 자신의 정체를 밝히기 위하여 기술한 내용이다. 그는 '역사책을 읽다가 역대 왕조가 위태롭고 망하게 되며' 라 했는데, 이 내용은 단종이 어린 나이에 왕위에 올랐으나, 항상 세조와 그를 추종하는 무리들에게 위협을 느낀다는 것을 빗대어 표현한 것이다. 그 다음 '국운이 옮겨지고 세력이 쇠퇴하게 되면' 이라 했는데, 이것은 세조의 세력이 왕성해지고 단종의 세력이 쇠퇴해져서 왕권이 단종에서 세조에게로 옮겨진 사실을 빗대어 나타낸 것이다. 그 다음 '책을 덮고 눈물을 흘리면서 자신이 그런 일을 당한 것처럼 슬퍼하였다' 는 내용은 관란 원호가 실제로 그런 삶을 살았으니 원호의 생애와 일치하고, 그러한 삶을 살았기에 후세에 생육신으로 추대되고, 정간공이란 시호를 받기에 이르렀다고 본다.

인용문 ②는 임제가 지은 〈意馬〉라는 글에서 인용하였다. 다시 말해서 임제가 스스로 자신이 어떠한 인물인가를 제세하게 소개하고 있는 것이다. 핵심적인 것은 자신이 거칠고 뻣뻣한 성격을 가진 사람이란 것이다. 호협하게 놀기를 일삼아 기방이나 술집을 자주 드나들었다는 이야기다. 과거 시험에도 여러 번 낙방한 경험이 있고, 세속과는 맞지 않아서 멀리 노닐 생각이 일어났다는 것이다. 그야말로 원생몽유록의 몽유자의 성격과는 전혀 다른 인간형이다. 그런데도 몽유자에 대하여 임제를 가탁시킨 인물이라 해석하는 학자들이 많으니 놀라움을 금할 수 없다.

③강가에 높은 정자가 있고 그 위에 한 사람이 난간에 기대어 앉아 있는데 의관 등 모든 것이 임금의 모습이었다. 또한 그 곁에 다섯 사람이 임금을 모시고 있는데 모두가 이 세상 사람들로서 풍신이 당당하고 정신이 양양하며 가슴에는 말을 멈추고 바다에 뛰어들 의리를 감추고 있으며, 뱃속에는 하늘을 고이고 해를 받들 충성을 간직하고 있으니, 진정 이들이야말로 어린 왕자를 부탁하고 한 나라의 운명을 맡길 만한 인물들이었다. 자허가 당도하는 것을 보고 모두 나와서 맞이한다. 자허는 다섯 사람과는 인사를 하지 않고 안으로 들어가 왕 앞에 알현한 다음 다시 물러 나와 서 있다가 모두가 좌정한 다음에야 맨 끝자리에 무릎을 꿇고 앉았다.

인용문 ③은 〈원생몽유록〉 본문 중에서 자허와 관련된 부분을 인용한 것이다. '강가에 높은 정자가 있고 그 위에 한 사람이 난간에 기대어 앉았다.' 고 했는데, 그 한 사람이란 왕위를 빼앗기고 죽임을 당한 단종을 가리킨다. 의관 등 모든 것이 임금의 모습이었다고 했으니 재론할 필요가 없는 것이다. 그런데 그 곁에 다섯 사람이 임금을 모시고 있다고 하였다. 그 다섯 사람이란 유응부를 제외한 박팽년, 성삼문, 이개, 하위지, 유성원의 죽은 혼령들이다. 이들은 모두 이 세상 사람들로서 풍신이 당당하고 정신이 양양하며 가슴에는 말을 멈추고 바다에 뛰어들 의리를 감추고 있으며 뱃속에는 하늘을 고이고 해를 받들 충성을 간직하고 있다는 것이다. 여기서 이 다섯 혼령들을 이 세상 사람이라 분명히 한 것은 이들이 가공적 인물, 또는 허구적 인물이 아니라 역사상에 실제로 존재했던 실존인물이란 것을 밝혀두기 위한 조처였을 것이다. 이들이야말로 어린 왕자를 부탁하고 한 나라의 운명을 맡길 만한 인물들이란 것이다. 그래서 죽음을 무릅쓰고 단종을 옹위했던 것이고 그 결과 참혹한 죽임을 당해서 사육신으로 남게 되었던 것이다. 그런데 이 몽유자 원자허에 대하여 임제를 가탁시킨 인물로 보는 학자들만 있는 것이 아니라, 아예 허구적 가공인물로 보는 이도 있어 그의 견해를 인용한다.

그 중 하나가 허구적 주인공 원자허(元子虛)를 역사적 실존 인물 원호(元昊)로 오해하고, 그를 작가라고까지 착각하게 된 혼란이다. 이와 같은 오해와 착란은 무엇보다도 사실과 허구가 결합된 작품구조를 잘못 이해한 데서 비롯된 것이지만, 원호의 자(字)가 자허(子虛)인데다가 그가 능히 사육신의 원혼을 꿈속에서 만날 수 있는 인물이었다는 점 때문에 일어난 착오이기도 했다. 그리하여 원호의 후인들은 이 작품이 원호가 실제로 겪은 꿈 이야기를 자술한 것으로 보고 그의 문집에 싣기도 하였으며, 어떤 야사집(野史集)의 편찬자는 이 작품을 수록하면서 백호의 저작임을 명기(明記)하면서도 작중 인물 원자허는 바로 원호라고 못 박기도 하였다.

정학성은 허구적 주인공 원자허를 역사적 실존인물 원호로 오해하고, 그를 작가라고까지 착각하여 혼란스럽다고 하였다. 그렇다면 정학성의 논리대로 몽유자 원자허를 허구적 인물이라 간주하자. 허구적 인물이란 작가가 임의로 만들어낸 가짜라는 이야기와 통한다. 그렇다면 그 가짜 인물이 작품의 모두(冒頭)에 왜 "세상에 성은 원씨요 자는 자허라는 이가 있으니 그는 비분강개하는 선비이다."라고 원호선생의 신분을 그대로 차용해서(借用)해서 소개했는지 밝혀야 한다. 성이 원씨요 자가 자허이고 비분강개하는 선비는 바로 생육신 원호를 지칭하는 내용이기 때문이다.

그 원자허는 역대왕조가 위태롭게 되고 국운이 옮겨지고 세력이 쇠퇴하게 되면 언제나 책을 덮고 눈물을 흘린다고 했는데, 생육신 원호는 자나 깨나 단종만 생각한 인물이니까 가능한 이야기이지만, 그 가짜인물이 단종과 무슨 관계가 있어 책을 덮고 눈물을 흘린다는 것이며, 마치 자기 자신이 그 일을 당한 것처럼 슬퍼한단 말인가? 그 가짜 인물이 어떻게 단종을 알아보고 의관 등 모든 것이 임금의 모습이었다는 말을 할 수 있는가? 그 높은 정자에 앉아 있던 인물들이 원자허가 당도하자 모두 나와서 맞이했다고 되어 있는데, 그 실존인물인 사육신의 혼령들이 어떻게 허구적인 가짜 인물을 예를 갖추어 모두 일어나서 맞이했다는 것인지 도무지 이해가 안 간다.

다음은 단종의 혼령이 몽유자 원자허를 보고서 한 말이다. "일찍부터 그대의 훌륭한 소문을 듣고 한번 만나보고 싶은 마음 간절했는데, 이와 같이 좋은 밤에 반가이 만나게 된 것이니 의아하게 생각지 마시오."단종이 그 가짜 인물을 언제 보았다고 그대의 훌륭한 소문을 듣고 한번 만나보고 싶다는 말을 할 수 있단 말인가? 이런 말은 단종이 진작부터 몽유자 원자허를 알고 있었다는 이야기고, 단종 자신에게 충성을 다한다는 사실을 알고 있었기에 그대의 훌륭한 소문을 듣고 한번 만나보고 싶다는 이야기를 했던 것이다. 생면부지 모르는 사람한테 그것도 가짜 인물한테는 도저히 건넬 수 없는 이야기이다. 한마디로 몽유자 원자허를 허구적 인물이라 본 것은 큰 오해이고 착각이란 것을 다시 강조하는 바이고, 몽유자 원자허는 역사상의 실존인물 관란 원호와 동일 인물이란 것을 거듭 강조하는 바이다.

④ 왕이 여기서 초연(愀然)한 안색으로 옷깃을 바로하고 슬픔을 참지 못하여 이렇게 노래하였다. "강의 파도 소리 목 메이며 끝없이 흘러가고/나의 회포 길고 길어 너와 같도다./살아서는 임금이되 죽어서는 고혼이네./새 이금은 거짓 임금 상왕(上王)이란 겉으로만 높인 것을/옛적의 백성들 지금은 모두 남의 나라 백성인데/六, 七인의 신하

들과 같이 있으니/고혼이나마 의지가 되는구나."

몽유자 원자허의 정체를 밝히기 위하여 다시 〈원생몽유록〉의 본문을 인용하였다. 위의 따옴표 속의 번역시는 임금 단종이 읊은 것을 현대어로 번역한 것이다. 그 시 속에는 "새 임금은 거짓 임금 상왕이란 겉으로만 높인 것" 이라고 하였다. 여기서 새 임금은 단종의 왕위를 찬탈한 세조이고 그 새 임금은 거짓 임금이라고 하였다. 단종의 입장에서는 능히 이렇게 이야기할 수 있다. 또 상왕이란 단종 자신을 가리키는 말이다. 1455년 수양대군의 측근자인 한명회 · 권남 등이 선위(禪位)를 강요하자 단종은 수양대군에게 왕위를 물려주고 상왕(上王)이 되었기 때문이다. 그러나 단종은 이미 실권을 빼앗긴 터이니, 상왕이란 겉으로만 높인 것이란 말을 할 수 있었던 것이다. 그리고 위의 시를 보면 "六, 七인의 신하들과 같이 있으니."란 구절이 나온다. 당시 이 시회(詩會)의 자리에 참석한 사람은 앞에서 이야기한 박팽년, 성삼문, 이개, 하위지, 유성원 등 다섯 사람 외에 복건자와 몽유자가 참석한 상태다. 죽은 혼령 복건자까지 합치면 신하는 육인(六人)이 되고, 생존해 있는 몽유자 원자허까지 합치면 신하의 숫자가 칠인(七人)이 된다. 단종은 이들을 모두 자기의 신하라고 불렀다. 몽유자 원자허를 역사적 인물 원호로 보면 단종의 신하가 맞지만, 임제로 보면 단종의 신하가 될 수 없다. 사육신 의거사건이 터지고 110여 년 이후에 태어난 임제는 그 자리에 동참할 수도 없고, 단종이 자기 신하라 여길 수도 없는 것이다. 하물며 생면부지의 허구적 인물한테 단종이 신하라 불렀을 리는 만무한 것이다. 이러한 시구(詩句)의 내용을 보아도 몽유자 원자허는 역사상의 실존인물 관란 원호가 틀림없다고 본다.

⑤ 자허는 원래 세상일을 분개하고 한탄하는 사람이라 눈물을 닦고 슬픈 음성으로 다음과 같이 노래를 불렀다. "지나간 일을 누구에게 물어보리/황폐하고 처량한 산에는 흙 언덕이 하나뿐일세/깊은 한은 정위의 죽음이요/애닯은 넋은 두견의 수심이네./고국에는 언제나 돌아갈꼬./강루에 올라 이날을 같이 지내네/슬프고 처량한 노래 두서너 곡을 마치니/갈대꽃에 어스름달이 비친 쓸쓸한 가을이로세."

몽유자 원자허의 정체를 밝히기 위하여 몽유자와 관련 있는 내용을 다시 인용하였다. 원자허는 원래 세상일을 분개하고 한탄하는 사람이라고 하였다. 여기서 세상일이란 '병자사화' 또는 '사육신의거사건'을 가리킨다. 이 사건은 1456년(세조2) 6월 세조는 상왕과 더불어 창덕궁에서 연회를 베풀고 명나라 사신을 접대하게 되어 있었는데, 이 자리에서 세조 부자를 한꺼번에 참살하고 상왕 단종을 복위 시키려다, 실패하고 모두 죽임을 당한 사육신 사건을 가리킨다. 이 사건에 분개하고 한탄하는 사람이 생육신 관란 원호라면 맞지만, 그 사건이 터질 당시 아직 이 세상에 태어나지도 않은 임제가 어떻게 그 자리에 참여하여 분개하고 한탄하고 눈물을 흘리고 슬픈 음성으로 노래를 부를 수 있다는 것인지 몽유자를 선조 때의 선비 백호 임제라고 주장하는 사람들에게 묻고 싶다.

그의 문집을 보면, 그가 적지 않은 승속(僧俗)들과 공담(空談)을 나누고 진관(眞觀)을 힘쓴 것을 볼 수 있다. 그는 주사청루(酒肆靑樓)의 창기와도 거리낌 없이 교제하였는데 황진이(黃眞伊)와 일지매(一枝梅)와의 이야기는 이미 널리 알려진 것이고, 문집에 오른 시작품 가운데도 그와 같은 자취를 볼 수 있다. 백호는 단순히 책상 위에서 글귀나 쓰다듬는 한갓된 선비가 아니다. 그는 문인이면서도 승마(乘馬)·패검(佩劍)을 즐긴 호기찬 대장부의 면모도 지녔다. 당쟁(黨爭)과 소리(小利)에 눈이 어두운 당대의 선비 따위는 눈에 차지 않았으며, 베풀길 없는 웅지(雄志)를 달래며 답답한 마음을 시와 술에 의탁(依託)하였고, 팔도강산을 두루 편력(遍歷)하고 자적(自適)하였다.

원생몽유록의 몽유자 원자허가 백호 임제라고 강하게 주장하는 황패강의 논문을 인용하였다. 임제는 승속들과 공담을 나누고 주사청루의 창기와 거리낌 없이 교제하고, 황진이와 일지매와의 이야기가 유명하다는 것이다. 그는 승마와 패검을 즐긴 호기찬 대장부의 면모를 지녔고, 팔도강산을 두루 편력하고 자적하였다는 것이다. 임제를 이렇게 소개해 놓고서 세상일에 비분강개하고 한탄하고 눈물 흘리고 슬픈 노래만 부르는 몽유자 원자허와 같다고 이야기하고 있으니, 그야말로 기가 찰 노릇이다. 관란 원호는 병자사화 또는 사육신의거 사건에 비분강개했지만, 백호 임제는 당쟁과 소리(小利)에 어두운 선조 때의 선비들에 대하여 비분강개한 것이다. 위의 황패강 논문에서 그렇게 밝혀 놓았다. 그러니 몽유자 원자허를 선조 때의 백호 임제라고 주장하는 황패강의 논설은 수정되어야 마땅하다.

그리고 몽유자가 노래한 위의 인용시를 보면 "고국에는 언제나 돌아갈고/강루에 올라 이날을 같이 지내네."라고 하였다. 전구(前句)에서 '고국'이란 단종이 통치하던 시대를 말한다. 사실 역사를 단종시대로 되돌려 놓기는 어려운 것이다. 그래서 고국에는 언제 돌아가느냐고 한탄조의 노래를 부르고 있는 것이다. 그리고 후구(後句)에서는 강루(江樓)에 올라 이날을 같이 지낸다고 하였다. 여기서도 그 자리에 함께한 몽유자를 원호로 보면 아무런 문제가 없지만, 선조 때의 임제로 보면 아직 태어나지도 사람이 어떻게 죽은 단종과 죽은 사육신들과 자리를 같이할 수 있다는 것인지 논리적으로 설명되어야 한다.

제3부

여강의 삶과 문학

여강(如江) 원용우(元勇寓) 시인 연보(年譜)

여강(如江) 원용우(元勇寓) 시인 연보(年譜)

출생

1938.11. 20.(陰曆 戊寅 9월 11일) 경기도 여주군 강천면 대둔리 44번지에서 부(父) 고(故) 원의상(元義常, 본관 원주)씨와 모(母) 고(故) 윤우(尹杅)씨의 3남 2녀 중 장남으로 출생. 호는 여강(如江) 또는 요완(耀婠), 일지(一支), 2009년 8월 6일자로 이름을 元勇寓라 개명함.

1995년 3월 1일자로 고향 대둔리가 강원도 원주시 문막읍으로 편입되었다.

주소

(05035) 서울특별시 광진구 아차산로 63길 20-1 (구의동)

학력

1944. 4. 1. ~1950. 3. 9.	강천초등학교 대둔분교 졸업
1950. 4. 1. ~	원주농업중학교 입학, 6.25사변으로 인해 학업을 중단함. 1951년부터 마을의 한문서당에 다니면서 3년간 동몽선습, 명심보감, 소학, 사서, 주역 등을 배움. 서당에 다니면서 아버지의 농사일을 도와드리다.
1954. 4. 6. ~ 1957. 3. 10.	문막중학교 졸업
1957. 4. 1. ~ 1960. 2. 25.	중동고등학교 졸업
1960. 4. 1. ~	서울대학교 문리과대학 국어국문학과 입학
1961. 10. 5.~ 1963. 10. 6.	학보병으로 육군에 입대하여 제3사단 635포부대에서 복무함
~ 1966. 2. 26.	서울대학교 문리과대학 국어국문학과 졸업
1976. 3. 5. ~ 1978. 2. 25.	고려대학교 교육대학원 석사과정 국어교육전공 졸업, 교육학석사

1979. 3. 2. ~ 1988. 8. 20.	고려대학교 대학원 박사과정 국어국문학과 졸업, 문학박사

경력

1966. 5. 1. ~ 1967. 10. 15.	원주대성고등학교 교사
1967. 10. 17. ~ 1970. 3. 5.	배명중학교 교사
1970. 3. 13. ~ 1971. 2. 28.	진명여자고등학교 교사
1971. 3. 10. ~ 1975. 2. 28.	행당여자중학교 교사
1975. 3. 1~ 1978. 3. 4.	관악고등학교 교사
1978. 3. 5. ~ 1981. 2. 28.	대전보건전문대 조교수
1978. 3. 5. ~ 1981. 2. 28.	대전보건전문대 신문사 주간
1980. 3. 1. ~ 1981. 2. 28.	고려대학교 문과대학 국어국문학과 강사
1981. 4. 1. ~ 1982. 2. 28.	경상대학교 사범대학 국어교육과 조교수
1982. 3. 1. ~	경상대학교 인문대학 국어국문학과 조교수
1984. 4. 1. ~ 1986. 8. 31.	경상대학교 인문대학 국어국문학과 학과장
1985. 4. 1. ~ 1986. 8. 31.	경상대학교 인문대학 국어국문학과 부교수
1986. 9. 9. ~	한국교원대학교 제2대학 국어교육과 부교수
1988. 4. 11. ~ 1988. 8. 31.	한국교원대학교 국어교육과 책임교수
1988. 9. 1. ~ 1990. 4. 10.	한국교원대학교 국어교육과 학과장
1990. 4. 1. ~ 2004. 2. 28.	한국교원대학교 국어교육과 교수
1990. 9. 1. ~ 1993. 8. 31.	고려대학교 인문대학 국어국문학과 강사
1990. 9. 16. ~ 1992. 9. 15.	한국교원대학교 인문과학계열 수석교수
1992. 9. 1. ~ 1994. 8. 31.	한국교원대학교 생활관장
1998. 9. 1. ~ 2000. 1. 11.	한국교원대학교 제2대학 학장
2002. 11. 26. ~ 현재	여주향토문화연구소 소장
2003. 12. 1. ~ 현재	광진문화원 문예창작 강좌(시조부문) 강사
2004. 1. 28.	2004년도 정기총회에서 만장일치로 제8대 여주문화원장으로 추대됨
2004. 3. 2. ~ 2004. 8. 31.	경기대학교 동양어문학부 강사
2004. 3. 17. ~ 2008. 3. 17.	여주문화원 제8대 원장
2004. 3. 17. ~ 2006. 3. 16.	여주군사 편찬위원회 부위원장

2004. 7. 14. ~ 2015. 7. 14.	묵사 류주현 문학상 운영위원장
2008. 3. 18. ~	여주문화원 상임고문
2008. 3. 20. ~ 2010. 3. 19.	가람시조문학상 운영위원
2010. 3. 2. ~ 2010. 8. 31.	세종대학교 대학원 박사과정 국문학과 강사
2013. 3. 4. ~ 2013. 8. 31.	백석대학교 사범학부 특수교육과 강사
2014. 5. 15. ~	한국교원대학교 명예교수
2015. 7. 15. ~	묵사 류주현 문학상 심사위원장

문단활동

1975. 2. 10. ~	김광수, 김효경, 이청화 등과 시조동인 〈씨얼문학회〉, 창립
1975. 8. 1.	월간문학 신인상(시조 부문)으로 문단에 등단
1976. 4. 1.~ 현재	한국시조시인협회 회원, 1988년 1월부터 2002년 2월까지 본 협회의 감사, 이사, 부회장직을 수행함
1977. 4. 1.~ 현재	한국문인협회 회원, 2015년부터 자문위원
1979. 5. 10. ~ 2015. 12. 31.	조운수필동인회를 창립하고 2회에 걸쳐 회장직을 수행함
1987. 3. 1. ~ 2000. 2. 28	백수문학동인회 회원
1987. 4. 1. ~ 1997. 3. 30	씨얼문학회 제2대 회장 역임
1990. 1. 5. ~ 2002. 12. 31	한국불교문인협회 회원, 이사, 시조분과 위원장
1990. 1. 10. ~ 현재	국제펜클럽 한국본부 회원, 1998년 2월 1일부터 2년간 본 회의 이사 역임
1994. 6. 4. ~	교원대 대학원 석사 박사학위 받은 제자들을 중심으로 여강시가회 창립, 초대회장 이대구
1994. 7. 17. ~ 2004. 2. 12.	한국문인협회 여주지부 창립, 초대, 2대, 3대 지부장 역임
1996. 2. 25. ~ 1998. 2. 24.	한국문인협회 경기도지회 부지회장 역임
1996. 6. 30. ~	서울문인클럽 회원
1998. 1. 26. ~ 1998. 2. 28.	한국시조시인협회 회장단 선거관리위원장
1998. 4. 4.	이천문인협회 전국 춘계백일장 대회 심사위원장
1998. 8. 1. ~ 2001. 7. 31	한국교원문인협회 부회장

1999. 2. 27. ~	남한강문학회 창립총회에서 지도위원에 위촉됨, 2001년부터 이사로 지위가 변경됨
1999. 8. 19.	서울초등교사 시조연구회 주최의 문예교실에서 '시조창작' 에 대한 특강
1999. 9. 19.	한국 시조시인협회 주최, 제20회 전국시조백일장 심사위원
2000. 2. 20 ~ 2002. 2. 19.	한국시조시인협회 부회장
2000. 10. 7.	한국 시조시인협회 주최, 제21회 전국시조백일장 심사위원
2001. 10. 13.	제22회 한국 시조시인협회, 제1회 맹사성 전국시조 백일장 심사위원장
2002. 3. 1. ~	한국시조문학상 심사위원, 올해의 시조문학상 심사위원
2002. 8. 2.	2002 한국시조시인협회 여름세미나 및 백일장 심사위원
2002. 9. 29.	제1회 정운엽 문학상 심사위원
2003. 3. 21. ~ 2005. 3. 20.	광진문인협회 창립종회, 발기위원, 수석부회장
2003. 3. 29. ~ 2005. 3. 28.	한국시조문학진흥회, 부회장
2003. 5. 24.	광진구 청소년 문예대전 시부문, 심사위원
2003. 9. 30.	2003년 광진 여성백일장, 심사위원장
2004. 2. 12. ~ 현재	한국문인협회 여주지부 고문
2004. 5. 28.	신사임당 탄신 500주년 기념, 제13회 문예경연대회, 심사위원
2004. 10. 9.	제36회 세종문화 큰잔치 백일장, 심사위원장
2005. 1. 10.	남한강 문학상운영위원회, 운영위원
2005. 2. 26. ~ 2007. 3. 28.	광진 문인협회 제2대 회장
2005. 4. 25. ~ 2007. 4. 24.	광진예술문화단체 총연합회 부회장
2005. 5. 24. ~	한국예총 여주지부 고문
2005. 7. 7.	제1회 묵사 류주현문학상 심사위원장
2005. 10. 16.	제6회 월하시조문학상 심사위원
2005. 11. 7.	제6회 시흥문학상 심사위원장
2006. 6. 1. ~ 현재	계간 '문예춘추' 2006년 여름호부터 주간

2007. 3. 15.~	남한강문학회 부회장
2007. 3. 25.~	한국문인협회 경기도지회 제6대 자문위원
2007. 4. 16.	광진문인협회 명예회장
2007. 10. 7.	한국시조시인협회 주최 제30회 전국시조백일장 대회 심사위원장
2007. 12. 1.	한국 문인산우회 창립총회 고문
2008. 2. 23.	시조문학 문우회 창립총회 부회장
2008. 7. 21.	가람 기념사업회 창립총회 이사
2008. 10. 19.	한국시조시인협회 주최 제31회 전국시조백일장대회 심사위원장
2009. 3. 1. ~2012. 2. 28 .	한국시조시인협회 중앙위원
2009. 4. 1	한국작가회 이사
2009. 5. 29. ~ 2011. 10. 31.	서울문인클럽 회장
2011. 3. 1.	경기도문인협회 고문
2011. 6. 1. ~	한국작가회 수석 부회장
2011. 12. 1.	현대문학사조 고문
2012. 3. 1. ~	한국시조시인협회 자문위원
2012. 4. 7. ~ 2014. 2. 21.	한국시조사랑 시인협회 회장
2013. 10. 6.	제2회 역동시조문학상 심사위원장
2013. 10. 29.	제2회 이해조문학상 심사위원장
2013. 11. 6.	제1회 시조사랑 문학상 심사위원장
2013. 11. 24.	현대문학사조 문학상 심사위원장
2013. 12. 9.	묵사 류주현 문학상 심사위원장
2014. 2. 21~	한국시조사랑시인협회 명예회장
2014. 11. 27.	묵사 류주현문학상 심사위원장
2014. 12. 11.	제2회 시조사랑 문학상 심사위원장
2014. 12. 13.	현대문학사조 문학상 심사위원장
2015. 2. 25.	한국시조시인협회 자문위원
2015. 3. 13.	사단법인 한국문인협회 자문위원
2015. 11. 5.	묵사 류주현 문학상 심사위원장
2015. 7. 2.	원주원씨 시중공계 종사연구위원회 고문
2016. 2. 1.	담쟁이문학회 고문

2016. 2. 26.	사단법인 한국시조사랑시인협회 고문
2016. 10. 27.	2016 청도국제시조대회 자문위원
2016. 11. 8.	한국시조협회 고문
2016. 11. 17.	시조문학 진흥을 위한 공청회(국회도서관), 좌장

학회 활동

1981. 4. 1. ~ 현재	국어국문학회 회원
1981. 5. 1. ~ 현재	배달말 학회 회원
1981. 6. 1. ~ 현재	한국언어문학회 회원
1983. 4. 1. ~ 현재	모국어교육학회 회원
1985. 1. 5. ~ 현재	우리어문연구회 회원
1985. 4. 5. ~ 현재	김동준, 진동혁, 황순구, 박을수 교수 등과 더불어 한국시조학회 창립, 초기부터 연구이사, 총무이사, 부회장직을 수행함
1987. 3. 2. ~ 2004. 2. 28.	청람어문교육학회 회원, 이사, 고문
1992. 8. 1. ~ 1994. 8. 5.	청람어문교육학회 제4대 회장 역임
1997. 7. 14. ~ 현재	안암어문학회 회원
1998. 6. 13. ~ 2000. 6. 12.	한국시조학회 제7대 회장 역임, 평의원(현)
2001. 3. 23. ~ 현재	운곡학회 창립 발기위원, 이사

해외 활동 및 여행

1987. 8. 13 ~ 8. 23.	중화민국(대만) 제7회 한중작가회의 한국대표로 참가(대북, 고웅시 등)
1988. 7. 17. ~ 7. 24.	미국 ICF 후원 국제회의 참가
1988. 12. 27. ~ 12. 31.	일본 선진대학(先進大學) 방문 정보교환과 자료 수집
1989. 12. 23. ~ 12. 27.	중화민국(대만) 제3회 아주작가회의 토론자로 참가
1993. 8. 3. ~ 8. 11.	중국(본토) 93하계 대학교수 국외연수 참가(북경, 상해, 서안)
1994. 12. 28. ~ 12. 31.	일본 대학원 및 특수교육 운영실태 파악 및 자료수집
1997. 1. 18. ~ 1. 25.	호주와 뉴질랜드 국제학술회의 참석 및 학술자료

	조사연구
2000. 12. 27. ~ 2001. 1. 1.	씨얼문학회 회원들과 중국 여행 (상해, 계림, 소주, 항주)
2001. 6. 15. ~ 6. 27.	부부동반으로 유럽 5개국 순방 (영국, 프랑스, 스위스, 이태리, 독일)
2005. 2. 12. ~ 2. 15.	윤동주 60주기 추모 학술세미나, 추모식 (후쿠오카, 구마모토, 벳부)
2005. 6. 3. ~ 6. 8.	러시아 문학기행, 모스크바, 빼쩨르부르그 등지의 문학가 유적지 탐방
2005. 8. 5. ~ 8. 14.	터키, 그리스, 이집트 등을 '지중해 문화 탐방'이라는 명목으로 순방.
2005. 9. 4. ~ 9. 8.	일본의 후쿠오카에서 '초종교 초국가연합' 주최로 실시한 '평화통일 한국지도자 국제세미나'에 참석함.
2005. 10. 11. ~ 10. 16.	중국 실크로드 5박 6일간 문화유적 탐방(우루무치, 트루판, 돈황 등지를 25명이 한 그룹이 되어 불교 유적지를 중심으로 답사함.)
2006. 5. 16. ~ 5. 28.	세계평화와 중동평화를 위한 평화대사 국제세미나 및 성지순례, 50여 명이 터키, 이스라엘, 요르단, 이집트 등지를 순례함
2006. 7. 26. ~ 7. 30.	북경과 연변의 문화유적과 백두산 천지 관람, 여주 지역 친지들 23인과 함께 '북경/ 백두산'이라는 주제 아래 여행을 함.
2006. 9. 6. ~ 9. 8.	대마도 미네 역사자료관 및 민속자료관 관람. 최익현 선생 순국비 및 덕혜옹주 기념비 참배
2007. 1. 23. ~ 2. 2.	인도 문화 · 문학기행 탐방. 뭄바이, 오랑가바드, 바라나시, 카쥬라호, 오차, 잔시, 아그라, 자이프르, 델리 등의 문화유적지를 다녀옴.
2007. 4. 23. ~ 4. 27.	2007.우수문화원 관계자(원장) 해외 연수. 동경, 이사와, 후지산, 마츠모토, 가나자와, 시라가와, 다카야마 등지의 문화유적 및 문화 관계 기관 탐방, 교류

2007. 8. 5 ~ 8. 15.	체코의 프라하, 폴란드의 아우슈비치 유태인 수용소, 헝가리의 부다페스트, 슬로바키아의 반스카 비스트리카, 크로아티아의 자그레브, 슬로베니아의 포스토이나, 오스트리아의 짤쯔부르그와 비엔나 등지를 순방하면서 역사 문화 유적지, 박물관, 문학인의 생가, 알프스의 자연 경관 등을 둘러봄.
2011. 8. 9 ~ 8. 18.	북유럽 문화기행. 덴마크, 노르웨이. 핀란드, 스웨덴 등지를 순방하면서 아름다운 자연, 역사유적, 문화유적, 왕궁 등을 탐방하고 감상함
2014. 6. 1 ~ 6. 5.	한국시조사랑 협회와 길림 사범대 동아연구소 자매결연, 한국어과 학생 대상으로 특강함. 백두산 천지, 연변의 윤동주 생가와 기념관, 대성중교, 용두레 우물, 일송정, 도문 등지를 탐방하고, 연길의 시조시인들과 교유함

기타 활동

1983. 11. 6.	중앙일보사 주최 겨레시 강연회 주제 발표 (연제 : 현대시조를 위한 제언)
1984. 7. 7.	모국어교육학회 제12차 학술발표 대회에서 주제 발표 (연제 : 시조창작 원리)
1984. 11. 3.	제34회 개천예술제 및 경남수필 제10집 출판기념회에서 주제 발표(연제 : 한국수필의 과거와 현재)
1986. 11. 15.	제4차 시조학 연구 학술발표대회 주제 발표 (연제 : 남강을 소재로 한 시조 속의 역사의식)
1988. 6. 25.	한국불교문화 협회 88불교문학 세미나 주제 발표 (연제 : 불교문학에 대한 역사적 조명)
1988. 11. 26.	제8차 시조학 학술발표대회 주제 발표 (연제 : 윤선도의 작품세계)
1994. 8. 1 ~ 2010. 7. 31.	한국문학비건립 동호회 회원
1994. 10. 1 ~ 2008. 9. 30.	원주원씨 관란종친회 부회장
1995. 2. 1 ~ 2005. 1. 31.	원주원씨 종친회 신문「원주원씨종보 · 편집 부위

	원장, 원주원씨 시중공계 종친회 부회장
1996. 1. 5 ~ 2004. 1. 4.	여주문화원 이사
1996. 6. 1 ~ 2008. 5. 31.	원주얼 심기협의회 회원
1996. 12. 7 ~ 2006. 12. 6.	윤고산 문화사업회 이사
1998. 10. 17 ~	전국 한글전용 실천추진회 운영위원
1998. 11. 6 ~ 7.	전국 국공립대학 인문대학장 협의회 참석, 이 자리에서는 각 대학의 현안문제와 각 대학의 교육적 특성을 설명하고 논의함
1998. 11. 12.	제3회 충청북도 도민대상 문예부문 심사위원
1998. 11. 21.	한국시조학회 제26차 전국학술대회 대회장
1998. 12. 4.	99학년도 입학전형 홍보를 위한 전남고교 방문 특강
1999. 1. 16.	세종문화회관 대회의실에서 화갑기념논문집 「한국시조작가론」과 시조집 「여강의 물결」 봉정식 및 출판기념회
1999. 5. 29.	제42회 전국 국어국문학 학술대회에서 주제 발표, 주제 : 시조의 형성 원리
1999. 6. 29.	한국교원대 부속고등학교 전교생에게 특강, 주제는 시조교육의 의의(장소는 한국교원대학교 대학원 강당)
1999. 11. 17.	충청북도 도민대상 문예부문 심사위원
2000. 6. 17.	한국시조학회 주최 제29차 전국학술발표대회 대회장
2000. 9. 24.	사단법인 한국차문화협회 주최의 차생활지도 사범교육에서 한국인의 세시풍속이란 주제로 특강함
2000. 10. 5.	원주문화원 주최 관란 원호선생 학술대회 종합토론 사회자
2000. 10. 14.	원주문화원 주관 남한강문학회 주최 학술대회에서 주제 발표, 연제 : 시조문학의 현황과 전망
2001. 9. 28.	운곡학회 및 강원향토문화연구회 주최 2001강원의 얼 선양을 위한 학술대회에서 종합토론 사회자
2001. 11. 1 ~ 현재	사단법인 숙모회 정회원
2002. 5. 13.	여강시가회 다음 카페 개설

2002. 8. 16.	여주문인협회 주최 문학강연회 주제 발표, 연제 : 문학을 공부하는 방법
2003. 9. 28.	제16회 율곡문화제 문학 강연(파주문화원), 주제 : 율곡선생의 생애와 문학
2003. 10. 10.	운곡학회 학술대회 종합토론 사회자(주제 : 충렬사와 강원의 얼)
2003. 11. 27.	한국교원대학교에서 고별강연, 주제 : 나의 삶과 교단생활
2004. 2. 26.	한국교원대학교 교원문화관에서 김일기 교수, 이병진 교수와 함께 정년퇴임식을 갖고, 청람어문교육, 한국어문교육, 여강의 물결 제2집 봉정식을 가짐
2004. 4. 4.	영월문화원 주최 지역문화 활성화 심포지엄, 주제 : 생육신의 생애와 문학, 영월군 여성회관 1층 강당
2004. 5. 19 ~ 5. 21.	2004년도 전국문화원장 연찬회 참석, 제주시 서귀포 KAL호텔 대연회장
2004. 6. 11.	창원대학교 대학원 국어국문학과 박사학위논문 심사위원장(김덕현 : 시조문학 교육연구)
2004. 8. 2 ~ 3.	한국시조학회 제37차 전국학술발표대회, 제3부 종합토론 사회자
2004. 9. 1.	계간 문학계, 편집위원
2004. 11. 26.	내 고장 자랑하기 우리말 대회, 상지 영서대학, 심사위원
2005. 1. 7.	2005 경기방문의 해, 자문위원(경기도지사)
2005. 2. 16.	제1회 여주군 도예명장 심사위원회, 심사위원
2005. 6. 10.	창원대학교 대학원 국어국문학과 박사학위논문 심사위원(김동렬 : 운초 박재두 시조연구)
2005. 6. 27 ~ 8. 1.	한국교원대학교 대학원 국어교육과 박사학위논문(이정환) 심사위원
2005. 7. 27.	「한국육필시공원」에 작품 「군밤」으로 시비건립, 제막식 거행함, 한국육필시보존회'와 '거문예석'에서 주관하여 시비공원을 조성함.
2005. 8. 28.	시조문학 2005년 가을호(통권) 156호에 '여강시가

	회' 특집 동인순례
2005. 9. 11.	생육신 정간공파 포곡장학회 이사
2005. 9. 24.	'대한민국 시민사회 원로회 의원' 발기추진위원, 위원장 배갑제
2005. 9. 26.	제14회 여주군 문화상 심사위원회 위원장
2005. 10. 29.	제1회 광진문인협회 세미나에서 주제 발표, 주제 : 시조의 형식 문제
2005. 11. 18.	강원의 얼 선양을 위한 제5회 운곡학회 학술대(주제 : 여말선초 원주의 북원문화)에서 종합토론 사회자
2005. 11. 21.	한국교원대학교 대학원 박사학위논문 심사. 심사위원 : 김선규, 박인기, 원용문, 유성호, 신헌재, 진선희의 논문 제목 : 학습독자의 시적 체험 특성에 따른 시 읽기 교육 내용 설계 연구
2005. 11. 24.	제3회 국회와 전국문화원 연합회가 함께하는 '국민의 시 낭송의 밤' 행사에서 시조 '아참 운동'을 낭송함.
2005. 12. 21.	평화통일 광진구협의회 자문위원
2005. 12. 26.	한국교원대학교 대학원 박사학위논문 심사. 심사위원 : 최운식, 원용문, 이복규, 신헌재, 김왕규, 제목 : 최고운전 연구
2005. 12. 26.	여강시조집 '여강의 물결' 제3호 한국문화사 발행으로 간행함
2006. 2. 22.	고달사 복원 추진위원회(원용문, 박광태, 이난우, 김흥렬, 차재윤, 한만규, 이보택, 김송현, 구중회) 위원장
2006. 4. 22.	제3회 여주남한강 전국 트로트 가요제 심사위원장
2006. 6. 10.	여강시가회 문학기행, 이효석 문학관, 이효석 생가터, 효석 문화마을, 이효석 문학비, 가산공원, 허브나라 등을 관람함
2006. 8. 19 ~ 20.	한국시조시인협회가 주최하는 2006년 여름 세미나(만해 마을)에서 토론에 참석하여 현대시조 100년

	의 기점으로 삼은 '혈죽가'에 대하여 이의를 제기함
2006. 9. 1.	제11회 광진예술인 초대전 추진위원회 부위원장
2006. 9. 30.	제5회 정운엽 시조문학상(수상자 : 최오균), 심사위원장
2006. 10. 25.	여주문화원 2006 하반기 문하유적 답사 시행. (국립중앙박물관, 경복궁)
2006. 11. 16.	전국문화원 연합회가 주최하는 제4회 '시 남송의 밤' 행사에서(장소 : 국회도서관) 작품 〈다시 쓰는 사모곡〉을 낭송함
2006. 11. 22. ~ 2008. 11. 21.	원주원씨 생육신 정간공(관란)파 종중 회장
2006. 11. 28.	김선희 선생 박사 학위 논문(제목 : 문학적 정서 고양을 위한 시조교육연구) (심사 위원 : 운식, 신헌재, 유성호, 황정현, 원용문) 심사위원
2007. 4. 20.	평화대사 광진구 협의회 자문위원
2007. 9. 17.	사단법인 한국육필보존회 이사
2007. 9. 27.	평화대사 여주군 협의회 고문
2007. 10. 5.	여주문인협회 주관으로 열리는 2007년 가을 문학강좌에서 〈문학과 인생〉이라는 주제로 문학특강 강사
2007. 10. 5.	여흥신문 "여주 100인 릴레이 인터뷰" 기사에 "여주문화계의 대부, 제15대 여주군 문화상 수상" (원용문 여주문화원장)이라는 제목으로, 그 동안의 업적과 문화원 활동과 문단 활동에 대한 자세한 인터뷰 기사가 게재됨 대담
2007. 10. 17.	여주경찰서 직원연수에서 경찰관 90여 명이 모인 가운데, 여주의 문화유적 소개, 직장의 소중함, 생활인의 자세 등에 대하여 1시간 동안 특강을 실시함 강사
2007. 12. 21.	제8회 운곡학회 학술대회에서 '여말선초의 시대상황과 운곡선생의 절의 정신'이란 논문을 발표함 발표자
2007. 12. 28.	세종대왕박물관 유치추진위원회 공동 위원장

2008. 1. 24.	2008년 여강시가회 정기총회 상임고문
2008. 7. 15.	광진구 강원도민회 창립총회 고문
2008. 7. 19.	제1회 한국문인산우회 학술세미나에서 '현대시조의 특성과 그 전망' 이란 제목으로 주제 발표 발표자
2009. 3. 19.	김선배 자문위원(본회 제2대 회장), 춘천교육대학교 총장 취임식 거행, 이 자리에 원용문 고문과 박용식 부회장 참석하였음.
2009. 3. 27.	원용문 고문, 익산시청에서 개최된 가람문학상 운영위원회 참석 심사위원
2009. 4. 1.	원용문 고문, 월간「문학세계」상임 편집위원에 위촉됨
2009. 4. 7.	문막복지회관에서 문막노인대학 수강생 170명을 상대로 '문학과 인생' 이란 주제로 특강 강사
2009. 4. 11.	제1회 가람문학제에 원용문 고문 외 장은수, 장은해, 연기석, 양상군, 민분이, 강현하, 박영재 등이 다녀옴, 이때 장은수 부회장이 제1회 가람 시조 전국백일장에서 '장원' 을 하고 교육부장관상을 받음
2009. 4. 18 ~ 19.	시조문학문우회 주최 문학기행으로 경남 고성을 다녀옴. 소가야시조문학회의 찬조를 받음. 세계공룡엑스포와 탈박물관 관람
2009. 5. 20.	여강시가회 2009년 문학기행, 화천 평화의 댐, 월하 리태극 시조비, 이외수 문학관 등 관람
2009. 5. 22.	원주원씨 시중공계 종사연구위원회 위원장
2010. 7. 17 ~ 18.	제1회 월하문학제, 월하문학관 개관 기념, 여강시가회원들과 참석
2010. 11. 26.	경기도문학상, 경기신인문학상 시상식 축사
2011. 12. 7.	문협 사무실 이전 기념식, 대한민국 예술인센터 참석
2011. 12. 10.	제2회 현대문학사조 문학상 및 신인문학상 시상식 축사
2011. 12. 27.	제7회 묵사 류주현문학상 시상식 심사평
2012. 4. 7.	한국시조사랑 운동본부 창립총회, 회장
2012. 5. 11. ~ 12.	한국작가 · 경기문협 심포지엄, 영주 선비문화수련

	원, 좌장
2012. 5. 26. ~ 5. 27.	한국시조시인협회 춘계연찬회, 통도사 서운암 주제 발표, 강사
2012. 7. 13.	제1회 시조사랑 학술세미나, 주제 발표, 강사
2012. 7. 17.	전통한옥 상량식 의례 참석, 성모서재 상량의례, 진행위원
2012. 9. 15~ 16.	제3회 월하문학제, 화천문화원 특강, 주제 : 월하선생과 시조문학 강사
2012. 9. 22.	경기백일장 공모전, 한국문인협회 경기도지회, 심사위원
2012. 10. 1~	상인초등학교 문학교실, 평생교육 강사
2013. 6. 14.	제2회 시조사랑 학술세미나 주제발표, 혈죽가에 대한 논의 강사
2013. 7. 5.	대구시조시인협회에서 "시조 이론상의 미해결 과제", 주제 발표 강사
2013. 10. 11.	여주문인협회 특강, "시조를 잘 짓는 방법" 강사
2013. 10. 18.	운곡학회에서 "원생몽유록의 등장인물 연구" 주제 발표, 발표자
2014. 5. 14.	포천문예대학 특강 "시와 시조의 공통점과 차이점", 강사
2014. 5. 16.	제3회 시조사랑 학술 세미나, "시조정체성에 대한 논의", 발표 강사
2014. 5. 17.	제23회 강원여성 문예경연대회, 심사위원
2014. 6. 4.	중국길림 사범대학교 한국어과 "한국시조의 이해", 강의 강사
2014. 9. 20.	2014 가람문학제, 주제발표 "가람 이병기의 시조세계", 강사
2014. 9. 27.	대은시조문학상 및 추모시조낭송회, 고유제 초헌관
2014. 10. 8.	관란정 개축 기념 전국한시백일장, 심사위원
2014. 10. 30.	시조명칭 유래비 제막식, 고유제 초헌관
2014. 11. 23.	원주원씨 생육신 정간공파, 대종회 회장
2014. 11. 26.	원균장군 기념사업회, 학술자문위원

2015. 5. 3.	을미년 숙모전 춘향대제, 정회원
2015. 9. 1.	제20회 경기 노동문화예술제 문학부문, 심사위원
2015. 10. 3.	모현사 개축 준공 기념식 및 시조백일장, 대회장
2015. 10. 28.	제1회 시조학술대회, 한국시조사랑시인협회 경기도 지부, 발표자
2016. 2. 26.	2016년도 정기총회 및 신구 이사장 이취임식, 축사
2016. 3. 29.	소장하고 있는 문학관련 도서 8.000권을 지리산 문학관에 보냄 기증
2016. 4. 23.	계간 문예춘추 창간 12주년 기념 및 문학상 시상식, 축사
2016. 5. 10.	세종문학회「세종문학」제2호, 출판기념회 축사
2016. 5. 11.	소장도서 1천권을 여주시청에 헌납 기증
2016. 5. 20.	시조사랑 축제, 시조학술 세미나 발표자
2016. 5. 28.	제17회 월하시조문학상 시상식, 월하문학관 축사
2016. 7. 9.	제1회 담쟁이문학회 문학기행 및 세미나, 논문발표자
2016. 7. 26.	여주문인협회 문학특강, 시조의 정체성 문제, 발표자
2016. 7. 27.	관진문화원 문학특강, '시조와 우리의 역사' 강사
2016. 9. 26.	제5회 한국작가수헌문학상 시상식, 심사평
2016. 10. 20.	2016 문학낭독회 및 작가와의 만남, 문학특강 강사
2016. 10. 26.	제12회 류주현 문학상 시상식, 심사평
2016. 11. 30.	한국시조문학상(한국시조협회) 심사위원장
2016. 12. 3.	문예춘추 문인협회 시상식 및 송년회, 축사
2016. 12. 28.	서울문학 신인문학상 및 겨울축제, 축사
2017. 3. 3.	신인상 시상식 및 세종문학 3호 출판기념회, 축사
2017. 4. 1.	석우 김준 박사 시조시비 제막식, 축사
2017. 5. 27.	한국문예춘추 문인협회 춘계문학행사(시상식), 축사
2017. 6. 10.	제4회 대은시조 문학상 및 시조신인문학상, 심사평
2017. 6. 15.	「절제와 인연의 미학」 출판기념회, 작품 해설
2017. 7. 8.	효봉 이광녕 시조비 제막식, 축사

수상

1990. 12. 2.	황산시조문학상(학술부문)
1991. 6. 28.	일붕문학상(시부문)
1993. 3. 12.	한서일보 창간1주년 감사패
1996. 10. 31.	공로상(한국교원대학교 총장 우종옥)
1998. 11. 20.	원주원씨 관란종친회 감사장
1998. 12. 19.	제13회 경기문학상 시부문 대상
2000. 11. 25.	월하시조문학상(학술부문)
2004. 2. 26.	정년퇴임 기념 송공패(여강시가회)
2004. 2. 26.	송공패(한국교원대학교 총장 박배훈)
2004. 2. 28.	홍조근정훈장(대통령 노무현)
2004. 12. 10.	제16회 경기예술 대상(문학 부문)
2006. 3. 4.	제2회 민족혼 문학상(시조 부문)
2007. 10. 10.	제15회 여주군 문화상(학술부문)
2008. 8. 3.	제11회 매월당 김시습 문학상 시부문 본상
2010. 12. 13.	묵사 루주현 문학상 공로상(문학상 운영위원회)
2011. 6. 27.	'6.25전쟁 논픽션 수기' 우수상(세계일보 주관, 국방부 후원)
2012. 7. 4.	제1회 역동시조문학상 본상(시조문학 진흥회)
2012. 9. 21.	제1회 한국작가상 본상 (문학상 운영위원회)
2016. 12. 15.	제1회 한국시조협회상 (문학상 운영위원회)

저서

1989. 7. 31.	윤선도 문학연구, 국학자료원
1992. 12. 25.	고전문학논해, 백산출판사
1997. 1. 15.	생활교양 한문, 백산출판사
1997. 7. 30.	문학의 해석과 방법, 이회문화사
1999. 1. 15.	한국시조작가론(편저), 국학자료원
1999. 7. 10.	시조문학원론, 백산출판사
2000. 5. 30.	한국 근대시조집 총서(편저), 창조문화사

2009. 11. 27.	한국 현대시조의 현황과 전망, 국학자료원
2011. 11. 30.	우리시대의 문학과 인생, 국학자료원
1985. 5. 25.	여름일기(제1시조집), 정인각
1993. 7. 26.	신록 앞에서 (제2시조집), 국학자료원
1999. 10. 15.	그리움의 미학(제3시조집), 백산출판사
2001. 1. 8.	우물 속의 사랑(시조집, 편저), 도서출판 박이정
2002. 12. 20.	거울 보는 연습(제4시조집), 도서출판 새미
2006. 4. 30.	시간의 징검다리(제5시조집), 도서출판 새미
2009. 2. 13.	아버지의 땅(제6시조집), 도서출판 새미
2012. 6. 25.	한강변의 봄맞이(제7시조집), 도서출판 동행
2017. 2. 25.	아차산 연가(제8시조집), 시선사
1990. 9. 1.	선택받지 못한 사람(수필집), 에이엠
1992. 10. 5.	만나보고 싶은 얼굴(제2수필집), 국학자료원
1995. 7. 27.	우리역사 탐방기(기행수필집), 국학자료원
2008. 3. 31.	흐르는 강물처럼(제4수필집), 국학자료원
2014. 2. 15.	무지개를 찾아서(제5수필집), 붓다출판사
2014. 7. 20.	맛있는 문학기행(제6수필집), 문강출판사
2017. 2. 21.	발자국 하나 남기고(제7수필집), 국학자료원

논문

1. 가람시조 연구, 고려대학교 교육대학원, 석사학위논문, 1977. 12.
2. 송강가사의 분석적 연구, 대전보건 논문집 제1집, 태극사, 1979. 12.
3. 춘원시조의 불교사상적 고찰, 대전보건 논문집 제2집, 성진문화사, 1980. 12.
4. 이호우의 작품연구, 배달말 제6집, 배달말학회, 1981. 12.
5. 한용운의 시조 연구, 배달말 제7집, 배달말학회, 1982. 12.
6. 정인보 시조에 대하여, 배달말 제8집, 배달말학회, 1983. 12.
7. 이은상 시조의 연구, 배달말 제9집, 배달말학회, 1984. 11.
8. 윤선도 시조의 문학적 의미, 배달말 제10집, 배달말학회, 1985. 12.
9. 남강을 소재로 한 시조속의 역사의식, 시조학논총 제2집, 한국시조학회, 1986. 12.
10. 윤선도론, 석헌 정규복박사 환력기념논총, 논총간행위원회, 1987. 12.
11. 윤선도의 문학과 경학, 청람어문학 제1집, 청람어문학회, 1988. 2.

12. 윤선도 문학의 사상과 배경, 한국언어문학 제26집, 한국언어문학회, 1988. 5.
13. 윤선도 한시에 나타난 자연의식 탐구, 우리어문연구 제2집, 우리어문연구회, 1988. 10.
14. 윤선도 한시와 시조의 상관성 고찰, 고산연구 제3호, 고산연구회, 1989. 9.
15. 윤선도의 문학관과 음악관, 시조학논총 제5집, 한국시조학회, 1989. 12.
16. 고두동론, 이능우박사 칠순기념논총, 대전대학교 국어국문학과, 1990. 2.
17. 육당 최남선론, 한국어문교육 제1집, 한국 어문교육 연구소, 1990. 10.
18. 이명한론, 김상선 교수 화갑기념논총, 논총간행위원회, 1990. 11.
19. 윤선도의 문학사상, 한국문학사상사, 계명문화사, 1991. 9.
20. 시조 명칭에 대한 논의, 한국어문교육 제2집, 한국어문교육연구소, 1991. 10.
21 시조 형식에 대한 논의, 시조학논총 제7집, 한국시조학회, 1991. 12.
22. 시조문학사의 시대구분 문제, 이근수박사 환력기념논총, 반도출판사, 1992. 4.
23. 윤선도 시조에 나타난 자연의 의미, 노촌 김동준 박사 회갑기념논문집, 논문집 간행위원회, 1992. 7.
24. 가사 장르에 대한 논의, 자산 이상비 박사 화갑기념논총, 화갑기념사업회, 1992. 10.
25. 오우가의 윤리적 의미, 정병욱 선생 10주기 추모논문집, 집문당, 1992. 10.
26. 가사문학사의 시대구분 문제, 전규태 교수 회갑기념논문집, 논문집 간행위원회, 1993. 6.
27. 가사명칭에 대한 논의, 청하 성기조 선생 화갑기념논문집, 논문집 간행위원회, 1993. 6.
28. 시조 종류에 대한 논의, 시조학논총 제9집, 한국시조학회, 1993. 12.
29. 시조의 개념 문제, 청람어문학 제12집, 청람어문학회, 1994. 7.
30. 향가의 작자문제, 우리어문연구 제9집, 우리어문연구회, 1994. 10.
31. 우계 성혼론, 양곡 박천규교수 화갑기념논총, 기념논총간행위원회, 1994. 11.
32. 양주 고산과 관련된 시가작품 해설, 한국어문교육 제4집, 한국어문교육연구소, 1995. 1.
33. 시조문학의 연원문제, 경산 사재동박사 화갑기념논문집, 기념논총간행위원회, 1995. 5.
34. 향가명칭에 대한 논의, 청람어문학 제14집, 청람어문학회, 1995. 7.
35. 향가 형식론, 한국교원대 인문논총 제2집, 교원대인문과학연구소, 1995. 12.
36. 시조의 형성시기 문제, 시조학논총 제11집, 한국시조학회, 1995. 12.
37. 가사문학의 연원문제, 한국어문교육 제5집, 한국어문교육연구소, 1996. 1.

38. 원호와 원생몽유록, 석헌 정규복박사 고희기념논문집, 논문집 간행위원회, 1996. 10.
39. 향산별곡 연구, 최강현 선생 회갑기념논문집, 논총간행위원회, 1996. 10.
40. 노계 박인로론, 어문논집 35, 고려대 국어국문학연구회, 1996. 12.
41. 고산의 우리말 사랑정신과 의미, 한국어문교육 제6집, 한국어문교육연구소, 1997. 9.
42. 원생몽유록의 작자문제, 고소설연구 제3집, 한국고소설학회, 1997. 9.
43. 송강 정철론, 청람어문학 제20집, 청람어문학회, 1998. 1.
44. 송강 시조에 대한 논의, 한국어문교육 제7집, 한국어문교육연구소, 1998. 5.
45. 조운론, 순천향 어문논집 제5집, 순천향어문연구회, 1998. 8.
46. 육당 최남선 시가론, 임당 조상기교수 화갑기념논총, 논총간행위원회, 1998. 10.
47. 송강 정철의 강원도 사랑정신, 원주얼 제8호, 원주얼심기 협의회, 1998. 12.
48. 노계의 시조작품연구, 육헌 한상수 박사 회갑기념논총, 논총간행위원회, 1998. 12.
49. 관란 원호의 작품 세계, 한국어문교육 제8집, 한국어문교육연구소, 1999. 2.
50. 원호론, 시조학논총 제14집, 한국시조학회, 1999. 2.
51. 시조 형성기의 담당 계층 문제, 청람어문학 제21집, 청람어문학회, 1999. 3.
52. 시조문학의 의미구조 문제, 동천 홍문표 박사 화갑기념논총, 간행위원회, 1999. 10.
53. 시조 형성의 원리, 시조학논총 제15집, 한국시조학회, 1999. 12.
54. 운곡 원천석의 생애 연구, 원주얼 제10호, 원주얼심기 협의회, 2000. 12.
55. 운곡 원천석론, 청람어문교육 제23집, 청람어문교육학회, 2001. 12.
56. 운곡 원천석의 문학사상과 교유인물, 원주얼 제11호, 2001. 12.
57. 신라가요에 나타난 불교사상 연구, 청람어문교육 제24집, 청람어문교육학회, 2002. 1.
58. 원천석의 시조 세계, 원주얼 제12호, 원주얼심기 협의회, 2002. 12. 23.
59. 사설시조의 형성 시기 문제, 시조생활 2003 여름호, 제55호, 시조생활사, 2003. 5. 30.
60. 고전시가의 율격 문제, 청람어문교육 제27집, 청람어문교육학회, 2003. 8.
61. 시조문학의 기사 양상 연구, 인문논총 제7집, 한국교원대학교 인문과학연구소, 2003. 8.
62. 춘향전의 사회문화적 배경 연구, 춘향전 연구의 과제와 방향, 향사 설성경 교수 화갑 기념논문집, 간행위원회, 2004. 1.
63. 사설시조의 성격 연구, 청람어문교육 제 29집, 청람어문교육학회, 2004. 8.
64. 사설시조의 개념과 명칭 문제 시조생활 2004 가을호, 제60호, 시조생활사, 2004. 9. 15.
65. 운곡 원천석 한시의 서정성 연구 원주얼 제14호, 원주얼심기 협의회, 2004. 12. 18.

66. 사설시조의 형태구조 연구 시조학논총 제23집, 한국시조학회, 2005. 7. 31.
67. 운곡문학에 나타난 역사의식 문제 원주얼 제15호, 원주얼심기 협의회, 2006. 1. 28.
68. 여말선초 시대상황과 운곡선생의 절의정신, 운곡학회 연구논총 제3집, 사단법인 운곡학회,2009. 8. 25.
69. 운곡문학에 나타난 유교이념 문제, 운곡학회 연구논총 제4집 운곡학회, 2011. 12. 1.
70 현대시조에 나타난 자연의 의미, 시조미학 2012 창간호, 한국시조시인협회, 2012. 7. 21.
71. 현대시조에 나타난 변격현상과 정체성문제, 한국시조문학 제3호, 시조문학진흥회, 2012. 12. 1.
72. 월하선생과 시조문학, 현대문학사조 제14호, 도서출판 채운재, 2013. 3. 1.
73. 시조 이론상의 미해결 과제, 만해축전(中), 만해사상실천선양회, 2013. 8. 5.
74. 우리말을 갈고 닦는 장인정신, 월간 모던포엠, 제121집, 모던포엠 작가회, 2013. 10. 1.
75. 혈죽가에 대한 논의, 시조사랑 2013 연간집, 제2호, 2013. 12. 20.
76. 원생몽유록의 등장인물 연구, 운곡학회 연구논총 제5집, 운곡학회, 2013. 12. 27.
77. 시조 정체성에 대한 논의, 시조사랑 2015 여름호 제4호, 시조사랑시인협회, 2015. 6. 30.
78. 시조의 연원과 발생지와 발전보급문제, 시조사랑 2015 겨울호, 통권 제5호, 2015. 12. 1.
79. 가람 이병기의 시조세계, 현대문학사조, 2016 여름, 제27호, 2016. 6. 1.
80. 현대시조의 특성과 시조단의 현황, 한국국보문학 2016년 7월 통권95호, 2016. 7. 1.
81. 가람시조의 형태면과 창작태도면 고찰, 문예춘추 2016년 여름호, 통권 37호, 2016. 7. 26.
82. 시조의 형식과 성리학, 해동문학, 2016년 가을 통권 95호, 2016. 9. 1.
83. 원생몽유록의 구조와 왜곡 문제, 문예춘추 2016년 가을호, 통권 38호 2016. 11. 11.
84. 우리의 역사와 시조문학, 문예춘추 2017년 봄호, 통권 제39호, 2017. 3. 31.
85. 시조의 명칭과 형식 문제 현대문학사조 2017년 여름호, 통권 제31호, 2017. 6. 1.

시조 작품

1. 할아버지	신서정 창간호, 6인 사화집	1977. 10. 15.
2. 어머니	신서정 창간호, 6인 사화집	1977. 10. 15.
3. 한강	신서정 창간호, 6인 사화집	1977. 10. 15.
4. 일정	신서정 창간호, 6인 사화집	1977. 10. 15.

5. 그림	신서정 창간호, 6인 사화집	1977. 10. 15.
6. 여름의 노래	신서정 창간호, 6인 사화집	1977. 10. 15.
7. 고궁을 거닐면서	신서정 창간호, 6인 사화집	1977. 10. 15.
8. 중추절	신서정 제2호, 7인 사화집	1978. 11. 15.
9 이런 춘곤	신서정 제2호, 7인 사화집	1978. 11. 15.
10. 청자부	신서정 제2호, 7인 사화집	1978. 11. 15.
11. 할머니	신서정 제2호, 7인 사화집	1978. 11. 15.
12. 향리서정	신서정 제2호, 7인 사화집	1978. 11. 15.
13. 석수의 변	신서정 제2호, 7인 사화집	1978. 11. 15.
14. 비오는 밤에	신서정 제2호, 7인 사화집	1978. 11. 15.
15. 고향에서 돌아오며	연간시조집, 한국시조시인협회, 새글사	1978. 12. 31.
16. 일요일	신서정 제3호, 씨얼문학회	1979. 11. 15.
17. 고속버스에서	신서정 제3호, 씨얼문학회	1979. 11. 15.
18. 비	신서정 제3호, 씨얼문학회	1979. 11. 15.
19. 송가	신서정 제3호, 씨얼문학회	1979. 11. 15.
20. 채석기	신서정 제3호, 씨얼문학회	1979. 11. 15.
21. 배움의 터에서	신서정 제3호, 씨얼문학회	1979. 11. 15.
22. 해수욕장에서	신서정 제3호, 씨얼문학회	1979. 11. 15.
23. 두 눈	신서정 제3호, 씨얼문학회	1979. 11. 15.
24. 아버지	신서정 제4호, 씨럴문학회	1981. 1. 25.
25. 근음 삼제	신서정 제4호, 씨얼문학회	1981. 1. 25.
26. 배움의 주간에	신서정 제4호, 씨얼문학회	1981. 1. 25.
27. 제주기행시초	신서정 제4호, 씨얼문학회	1981. 1. 25.
28. 촉석루에서	신서정 제5호, 씨얼문학회	1981. 12. 31.
29. 남강에서	월하 이태극 박사 고희기념문집, 문학신조사	1982. 9. 15.
30. 압록강	월하 이태극 박사 고희기념문집, 문학신조사	1982. 9. 15.
31. 돌담	신서정 제5호, 씨얼문학회	1981. 12. 31.
32. 달①	신서정 제5호, 씨얼문학회	1981. 12. 31.
33. 달②	신서정 제5호, 씨얼문학회	1981. 12. 31.
34. 달③	신서정 제5호, 씨얼문학회	1981. 12. 31.
35. 바위	신서정 제5호, 씨얼문학회	1981. 12. 31.
36. 어느 마을	신서정 제6호, 씨얼문학회	1982. 10. 23.

37. 달④	신서정 제6호, 씨얼문학회	1982. 10. 23.
38. 달⑤	신서정 제6호, 씨얼문학회	1982. 10. 23.
39. 빈방에서	신서정 제6호, 씨얼문학회	1982. 10. 23.
40. 모내기	신서정 제6호, 씨얼문학회	1982. 10. 23.
41. 여름 일기	미래시 제2집, 미래시 동인회	1982. 11. 1.
42. 한탄강에서	신서정 제7호, 도서출판 새글	1983. 12. 15.
43. 세종대왕	신서정 제7호, 도서출판 새글	1983. 12. 15.
44. 달⑥	신서정 제7호, 도서출판 새글	1983. 12. 15.
45. 느티나무	신서정 제7호, 도서출판 새글	1983. 12. 15.
46. 수양버들	신서정 제7호, 도서출판 새글	1983. 12. 15.
47. 남해	신서정 제7호, 도서출판 새글	1983. 12. 15.
48. 포구	신서정 제7호, 도서출판 새글	1983. 12. 15.
49. 임진강	신서정 제8호, 주영문화사	1984. 11. 20.
50. 해인사 기행	신서정 제8호, 주영문화사	1984. 11. 20.
51. 직지사	신서정 제8호, 주영문화사	1984. 11. 20.
52. 달⑧	신서정 제8호, 주영문화사	1984. 11. 20.
53. 80년대	신서정 제8호, 주영문화사	1984. 11. 20.
54. 달⑨	신서정 제8호, 주영문화사	1984. 11. 20.
55. 세월	신서정 제9집, 주영문화사	1985. 11. 30.
56. 얼굴	신서정 제9집, 주영문화사	1985. 11. 30.
57. 가을 벌판	신서정 제9집, 주영문화사	1985. 11. 30.
58. 서두르지 말게	신서정 제9집, 주영문화사	1985. 11. 30.
59. 병상에 기대어	신서정 제9집, 주영문화사	1985. 11. 30.
60. 돌부처	신서정 제9집, 주영문화사	1985. 11. 30.
61. 밤비	신서정 제9집, 주영문화사	1985. 11. 30.
62. 대흥사	신서정 10주년 기념특집호, 삼학출판사	1987. 9. 25.
63. 오리정에서	신서정 10주년 기념특집호, 삼학출판사	1987. 9. 25.
64. 어느 디스코 홀에서	신서정 10주년 기념특집호, 삼학출판사	1987. 9. 25.
65. 남해 대교에서	신서정 10주년 기념특집호, 삼학출판사	1987. 9. 25.
66. 바보 타령	신서정 10주년 기념특집호, 삼학출판사	1987. 9. 25.
67. 법주사	신서정 제11집, 솔잎에 내린 햇살	1988. 11. 20.
68. 쌓으신 높은 탑을	신서정 제11집, 솔잎에 내린 햇살	1988. 11. 20.

69. 청람문화 제2집 서시	신서정 제11집, 솔잎에 내린 햇살	1988. 11. 20.
70. 권투	신서정 제11집, 솔잎에 내린 햇살	1988. 11. 20.
71. 병상일지	신서정 제11집, 솔잎에 내린 햇살	1988. 11. 20.
72. 되돌아본 나루터	신서정 제11집, 솔잎에 내린 햇살	1988. 11. 20.
73. 백수선생 고희송	백수 정완영선생 고희기념사화집, 가람출판사	1989. 1. 26.
74. 가슴 문 활짝 연다면	신서정 제12집, 소리의 빛타래	1989. 11. 10.
75. 신흥사	신서정 제12집, 소리의 빛타래	1989. 11. 10.
76. 불국사	신서정 제12집, 소리의 빛타래	1989. 11. 10.
77. 구인사	신서정 제12집, 소리의 빛타래	1989. 11. 10.
78. 삼막사	신서정 제12집, 소리의 빛타래	1989. 11. 10.
79. 낙산사	신서정 제12집, 소리의 빛타래	1989. 11. 10.
80. 목욕탕에서	신서정 제13집, 꽃둥우리 노을	1990. 11. 15.
81. 매월당 김시습 선생	신서정 제13집, 꽃둥우리 노을	1990. 11. 15.
82. 선암사	신서정 제13집, 꽃둥우리 노을	1990. 11. 15.
83. 쌍계사에서	정 쓰고 남았지요, 은항문학사	1991. 6. 24.
84. 송광사에서	정 쓰고 남았지요, 은항문학사	1991. 6. 24.
85. 면앙정에서	정 쓰고 남았지요, 은항문학사	1991. 6. 24.
86. 강변	정 쓰고 남았지요, 은항문학사	1991. 6. 24.
87. 나목	정 쓰고 남았지요, 은항문학사	1991. 6. 24.
88. 보리밭	정 쓰고 남았지요, 은항문학사	1991. 6. 24.
89. 설날 아침	정 쓰고 남았지요, 은항문학사	1991. 6. 24.
90. 낙동강	정 쓰고 남았지요, 은항문학사	1991. 6. 24.
91. 조간신문	정 쓰고 남았지요, 은항문학사	1991. 6. 24.
92. 동학사	신서정 제14집, 한생각 놓고 나서	1991. 11. 20.
93. 단풍	신서정 제14집, 한생각 놓고 나서	1991. 11. 20.
94. 부석사	신서정 제15집, 해 뜨는 음지	1992. 12. 20.
95. 수원에 가면	백수문학 제33호, 1993년 여름	1993. 6. 15.
96. 논개	백수문학 제33호, 1993년 여름	1993. 6. 15.
97. 청량대운도 찬양가	야송 이원좌 화백 전시회	1993. 7. 18.
98. 달님	동산 김상형 선생 고희기념축시	1993. 12. 15.
99. 거목	무애 최종섭 선생 화갑기념축시	1993. 12. 20.
100. 노고단에서	영원의 길목에서, 신서정 제16집	1993. 12. 30

101. 탐석유감	월간문학 지령 300호 기념특집호	1994. 2. 1.
102. 겨울 교목	서울 스포츠 Queen지	1994. 2. 1.
103. 눈물	월간 한국시 1994년 4월호	1994. 4. 1.
104. 서울 야경	월간 한국시 1994년 4월호	1994. 4. 1.
105. 아차산	시조생활 제19호	1994. 5. 25.
106. 어느 봄날에	시와 시론 50호 기념특집호	1994. 5. 25.
107. 미호리의 달	시와 시론 50호 기념특집호	1994. 5. 25.
108. 사모곡	펜문학 1994년 여름호, 통권 31호	1994. 6. 1.
109. 고독	현대시조 통권 제42호	1994. 6. 1.
110. 회상	현대시조 통권 제42호	1994. 6. 1.
111. 봄비	백수문학 1994년 여름호(제35집)	1994. 6. 30.
112. 고향	백수문학 1994년 여름호(제35집)	1994. 6. 30.
113. 한식날	백수문학 1994년 여름호(제35집)	1994. 6. 30.
114. 연구실에서	백수문학 1994년 여름호(제35집)	1994. 6. 30.
115. 치악산 등반기	한국불교문인선 제9집	1994. 6. 30.
116. 아침 산행	섬진시조 창간 10주년 기념특집호	1994. 10. 1.
117. 원주원씨 찬가	원주원씨종보 창간호 기념축시	1995. 5. 13.
118. 석화송	강태희 교장선생 회갑기념시	1995. 12. 1.
119. 복덩어리	여주문학 창간호	1995. 12. 1.
120. 이명	여주문학 창간호	1995. 12. 1.
121. 주말 고속도로	여주문학 창간호	1995. 12. 1.
122. 통일전망대에서	여주문학 창간호	1995. 12. 1.
123. 기다림	아침노을 햇살에 빛날 때(신서정 제18집)	1995. 12. 1.
124. 설악 단풍	아침노을 햇살에 빛날 때(신서정 제18집)	1995. 12. 1.
125. 추락하는 날개	아침노을 햇살에 빛날 때(신서정 제18집)	1995. 12. 1.
126. 큰소나무의 노래	임영창 선생 고희기념축시	1996. 2. 1.
127. 조상님을 위하는 정신	원주원씨 여주종친회 기념축시	1996. 2. 24.
128. 그 세상은 살만 하던가요	전형대 교수 서거 1주년 추모시	1996. 11. 30.
129. 가락국기	여주문학 제2호	1996. 12. 31.
130. 탄금대	여주문학 제2호	1996. 12. 31.
131. 청자 항아리	여주문학 제2호	1996. 12. 31.
132. 꼭두각시 놀음	여주문학 제2호	1996. 12. 31.

133. 기로에서	여주문학 제2호	1996. 12. 31.
134. 후회	물 위에 쓰는 이름(신서정 제19집)	1996. 12. 31.
135. 세상에 나쁜 놈들	물 위에 쓰는 이름(신서정 제19집)	1996. 12. 31.
136. 신문	물 위에 쓰는 이름(신서정 제19집)	1996. 12. 31.
137. 결혼	물 위에 쓰는 이름(신서정 제19집)	1996. 12. 31.
138. 새역사 창조하는 신문	세종신문 창간 4주년 기념축시	1997. 5. 1.
139. 석봉미술관 개관을 축하합니다.	미술관 개관축시	1997. 9. 30.
140. 존재	시문학 97년 10월호 통권 315호	1997. 10. 1.
141. 폭염	시문학 97년 10월호 통권 315호	1997. 10. 1.
142. 서투른 시	현대시조 97년 겨울호, 통권 제56호	1997. 11. 1.
143. 사랑타령	현대시조 97년 겨울호, 통권 제56호	1997. 11. 1.
144. 시마	시조문학 97년 겨울호, 통권 125호	1997. 12. 1.
145. 한보사건	왕관을 찾은 날(신서정 제20호)	1997. 12. 15.
146. 하얀 새	왕관을 찾은 날(신서정 제20호)	1997. 12. 15.
147. 전화가 안 오는 날	왕관을 찾은 날(신서정 제20호)	1997. 12. 15.
148. 불면의 밤	왕관을 찾은 날(신서정 제20호)	1997. 12. 15.
149. 귀성 전쟁	여주문학 제3호	1997. 12. 31.
150. 담배 피우기	여주문학 제3호	1997. 12. 31.
151. 보물찾기	여주문학 제3호	1997. 12. 31.
152. 박상문 시인의 회갑	박상문 시인 제3시조집	1998. 4. 20.
153. 사랑	해동문학 98년 여름호, 통권 22호	1998. 6. 1.
154. 추억	시조한국 창간호	1998. 11. 20.
155. 관란정	원주원씨 관란종친회보	1998. 11. 27.
156. 달력을 떼내면서	웅비의 나래(신서정 21집)	1998. 11. 30.
157. 황금 들녘	웅비의 나래(신서정 21집)	1998. 11. 30.
158. 나그네	웅비의 나래(신서정 21집)	1998. 11. 30.
159. 캠퍼스 정경	한국교원대 신문 168호	1998. 11. 30.
160. 코스모스	여주문학 제4호	1998. 12. 10.
161. IMF찬바람	여주문학 제4호	1998. 12. 10.
162. 거울 앞에서	여주문학 제4호	1998. 12. 10.
163. 가을비 내리는 날에	여주문학 제4호	1998. 12. 10.
164. 여정	여주문학 제4호	1998. 12. 10.

165. 밀양 영남루	시인정신, 1998년 겨울호	1998. 12. 20.
166. 가을비	한국시조연간집, 시조시인협회, 도서출판 대한	1998. 12. 27
167. 처용 귀신	지울 수 없는 이름, 신서정 제22집	1999. 10. 23.
168. 참사랑	지울 수 없는 이름, 신서정 제22집	1999. 10. 23.
169. 어리석음	지울 수 없는 이름, 신서정 제22집	1999. 10. 23.
170. 정 때문이야	지울 수 없는 이름, 신서정 제22집	1999. 10. 23.
171. 울지 않으리라	지울 수 없는 이름, 신서정 제22집	1999. 10. 23.
172. 장승	지울 수 없는 이름, 신서정 제22집	1999. 10. 23.
173. 자갈밭	지울 수 없는 이름, 신서정 제22집	1999. 10. 23.
174. 괭이질	지울 수 없는 이름, 신서정 제22집	1999. 10. 23.
175. 조려선생님	지울 수 없는 이름, 신서정 제22집	1999. 10. 23.
176. 기상정보	지울 수 없는 이름, 신서정 제22집	1999. 10. 23.
177. 탈	월간 한맥문학 1999년 12월호, 제111호	1999. 12. 1.
178. 세상만사	월간 한맥문학 1999년 12월호, 제111호	1999. 12. 1.
179. 잊는 법	여주문학 제5호	1999. 12. 31.
180. 팔월	여주문학 제5호	1999. 12. 31.
181. 매미	여주문학 제5호	1999. 12. 31.
182. 구조조정	열린시조 2000봄호, 통권 제14호	2000. 3. 1.
183. 거울을 보다가	시조문학 2000봄호, 통권 제134호	2000. 3. 1.
184. 누구를 닮았나	현대시조 2000봄호 통권 65호	2000. 3. 1.
185. 책을 읽다가	시조생활 2000봄호 통권 제42호	2000. 4. 25.
186. 바위	남한강문학 2000년 창간호	2000. 4. 25.
187. 불면	남한강문학 2000년 창간호	2000. 4. 25.
188. 가을 연가	남한강문학 2000년 창간호	2000. 4. 25
189. 우리 선생님	월간 문학공간 2000 6월호 통권 127호	2000. 6. 1.
190. 올곧은 선비 정신	탄곡 성지월 시인 고희기념 축시	2000. 6. 2.
191. 세수	여주문화 제7호, 여주문화원	2000. 6. 10.
192. 백발가	동백문학 2000 창간호, 동백문학회	2000. 6. 15.
193. 서점에서	동백문학 2000 창간호, 동백문학회	2000. 6. 15.
194. 바위 노래	조선문학 2000 10월호, 통권 114호	2000. 10. 1.
195. 산을 오르면	조선문학 2000 10월호, 통권 114호	2000. 10. 1.
196. 겨울 숲	조선문학 2000 10월호 통권 114호	2000. 10. 1.

197. 백학의 웃음소리	박영록 시인 회갑기념축시, 허정불여	2000. 10. 15.
198. 송죽보다 더 푸른	정순량 교수 갑년축시	2000. 10. 17.
199. 거울 앞에서	여주문학 제6호	2000. 12. 25.
200.성묘	여주문학 제6호	2000. 12. 25.
201. 어머님 전 상서	여주문학 제6호	2000. 12. 25.
202. 아버님 여행	여주문학 제6호	2000. 12. 25.
203. 바람에 대하여	여주문학 제6호	2000. 12. 25.
204. 정순량 교수 갑년에	정순량 회갑 기념 문집, 축복의 열매(이삭)	2001. 2. 3.
205. 봄소식	월간문학 2001 4월호, 통권 386호	2001. 4. 1.
206. 가로등	월간문학 2001 4월호, 통권 386호	2001. 4. 1.
207. 거울 보는 연습	시문학 2001 5월호, 통권 358호	2001. 5. 1.
208. 눈 오는 날에	시문학 2001 5월호, 통권 358호	2001. 5. 1.
209. 어떤 화가	월간 순수문학 2001 5월호	2001. 5. 1.
210. 텃밭	월간 순수문학 2001 5월호	2001. 5. 1.
211. 우리 말글 사랑하는 신문	세종신문 창간8주년 기념축시	2001. 5. 2.
212. 시조에 취해 살아	오승희 박사 갑년 축시	2001. 5. 20.
213. 어떤 시조	시조세계 2001 여름호, 제3호	2001. 6. 1.
214. 시조 공부	시조세계 2001 여름호, 제3호	2001. 6. 1.
215. 야경	시조세계 2001 여름호, 제3호	2001. 6. 1.
216. 용의 해 봄빛 푸르다	신길우 교수 주갑기념 축시	2001. 6. 1.
217. 고향집	바람에 귀를 열고, 신서정 제24집	2001. 10. 27.
218. 목련화	남한강문학 2002 제3호	2002. 2. 28.
219. 무지개	남한강문학 2002 제3호	2002. 2. 28.
220. 뱃사공	남한강문학 2002 제3호	2002. 2. 28.
221. 2호선 열차	서울문학 2002년 봄호, 제12호	2002. 3. 10.
222. 파도 2	서울문학 2002년 봄호, 제12호	2002. 3. 10.
223. 농월정	함양예찬, 함양문인협회	2002. 3. 23.
224. 맹사성 고택	시조문학 2002 봄호, 통권 142호	2002. 3. 25.
225. 햇일	시조문학 2002 봄호, 통권 142호	2002. 3. 25.
226. 등산	시조문학 2002 봄호, 통권 142호	2002. 3. 25.
227. 먼 여행	현대문예 2002봄호, 통권 제10호	2002. 3. 25.
228. 애인	현대문예 2002봄호, 통권 제10호	2002. 3. 25.

229. 쓰레기	월간문학 2002 4월호, 통권 398호	2002. 4. 1.
230. 번뇌	월간문학 2002 4월호, 통권 398호	2002. 4. 1.
231. 인연의 끈	시조생활 2002년 4월, 제50호,	2002. 4. 12.
232. 창	현대시조 2002년 여름호, 통권 74호	2002. 6. 1.
233. 목욕을 하며	현대시조 2002년 여름호, 통권 74호	2002. 6. 1.
234. 봄나들이	시문학 2002 6월호, 통권 371호	2002. 6. 1.
235. 양수리	시문학 2002 6월호, 통권 371호	2002. 6. 1.
236. 광화문에서	월간문학 2002 6월호, 지령 400호 기념	2002. 6. 1.
237. 별나라	시조와 비평 2002년 여름호, 통권 93호	2002. 6. 10.
238. 옥구슬	여주문학 2002 여름호	2002. 6. 30.
239. 차량 행렬	여주문학 2002 여름호	2002. 6. 30.
240. 촛불	여주문협, 2002년 시화전 작품	2002. 6. 30.
241. 황사 현상2	자유문학 2002 여름호, 통권44호	2002. 6. 30.
242. 강촌 마을	자유문학 2002 여름호, 통권44호	2002. 6. 30.
243. 봄비2	문예비전 2002 7 · 8월호, 통권 제19호	2002. 7. 1.
244. 무제	문예비전 2002 7 · 8월호, 통권 제19호	2002. 7. 1.
245. 여강	강원시조 2002년 제17집	2002. 8. 10.
246. 대청봉에서	강원시조 2002년 제17집	2002. 8. 10.
247. 책	강원시조 2002년 제17집	2002. 8. 10.
248. 장수 마을	시조시학 2002년 가을호, 하반기호	2002. 9. 2.
249. 만남	초록빛 서정, 신서정 제25집	2002. 10. 26.
250. 동장군	초록빛 서정, 신서정 제25집	2002. 10. 26.
251. 겨울 들판	초록빛 서정, 신서정 제25집	2002. 10. 26.
252. 과일	초록빛 서정, 신서정 제25집	2002. 10. 26.
253. 몸무게	초록빛 서정, 신서정 제25집	2002. 10. 26.
254. 해동문학을 위하여	해동문학 2002 겨울호, 통권 40호	2002. 12. 1.
255. 밤비	원용문 제4시조집,	2002. 12. 20.
256. 박철규 선생님	원용문 제4시조집	2002. 12. 20.
257. 희선에게	원용문 제4시조집	2002. 12. 20.
258. 어머님 일기	원용문 제4시조집	2002. 12. 20.
259. 어머님의 가을	원용문 제4시조집	2002. 12. 20.
260. 삶	원용문 제4시조집	2002. 12. 20.

261. 어머님의 생애	원용문 제4시조집	2002. 12. 20.
262. 밤비	원용문 제4시조집	2002. 12. 20.
263. 컴퓨터	여주문학 2002 제8호	2002. 12. 31.
264. 아픔	여주문학 2002 제8호	2002. 12. 31.
265. 정완영님의 시조	여주문학 2002 제8호	2002. 12. 31.
266. 파리	여주문학 2002 제8호	2002. 12. 31.
267. 가로등 밑에서	여주문학 2002 제8호	2002. 12. 31.
268. 허일	한국시조시인협회 2002 연간집	2003. 2. 18.
269. 부럽지 않다	시조문학 2003 여름호, 통권 147호	2003. 5. 25.
270. 이상하다	시조문학 2003 여름호, 통권 147호	2003. 5. 25.
271. 가을 산	시조문학 2003 여름호, 통권 147호	2003. 5. 25.
272. 소나기	시조문학 2003 여름호, 통권 147호	2003. 5. 25.
273. 봄 개나리	여주문학 2003 제9호, 10주년 특집호	2003. 6. 30.
274. 앵두	여주문학 2003 제9호, 10주년 특집호	2003. 6. 30.
275. 기러기	여주문학 2003 제9호, 10주년 특집호	2003. 6. 30.
276. 산정호수	여주문학 2003 제9호, 10주년 특집호	2003. 6. 30.
277. 회상	여주문학 2003 제9호, 10주년 특집호	2003. 6. 30.
278. 저녁 풍경	여주문학 2003 제9호, 10주년 특집호	2003. 6. 30.
279. 아차산성	현대시조 2003 가을호, 통권 79호	2003. 8. 1.
280. 녹차를 마시면서	현대시조 2003 가을호, 통권 79호	2003. 8. 1.
281. 무료한 날에	월간문학 2003 9월호, 통권 415호	2003. 9. 1.
282. 시위 현장	월간문학 2003 9월호, 통권 415호	2003. 9. 1.
283. 공동묘지	바람의 노래, 신서정 제26집	2003. 10. 11.
284. 가는 길	바람의 노래, 신서정 제26집	2003 10. 11.
285. 지난날을 돌아보며	미래시 2003년 통권 27집	2003. 11. 25.
286. 어느 여름날	미래시 2003년 통권 27집	2003. 11. 25.
287. 망선루	망선루제영시, 청주예총	2003. 11. 30.
288. 나무도	시문학 2003 12월호, 통권 389호	2003. 12. 1.
289. 창가에서	시문학 2003 12월호, 통권 389호	2003. 12. 1.
290. 대성암	시조세계 2003 겨울호, 제13호	2003. 12. 1.
291. 오두산 통일 전망대	시조세계 2003 겨울호, 제13호	2003. 12. 1.
292. 낙엽을 보면서	광진문학 2003 창간호	2003. 12. 1.

293. 세월 타령	광진문학 2003 창간호	2003. 12. 1.
294. 홍시	광진문학 2003 창간호	2003. 12. 1.
295. 가을날에	광진문학 2003 창간호	2003. 12. 1.
296. 산행	광진문학 2003 창간호	2003. 12. 1.
297. 유년의 추억	지구문학 2003 겨울호, 통권 제24호	2003. 12. 1.
298. 보름달	지구문학 2003 겨울호, 통권 제24호	2003. 12. 1.
299. 첫 사랑	시조문학 2004 봄호, 통권 150호	2004. 2. 25.
300. 대한 추위에	여강의 물결 제2호	2004. 2. 26.
301. 호박	여강의 물결 제2호	2004. 2. 26.
302. 겨울 밤	여강의 물결 제2호	2004. 2. 26.
303.구의 공원에서	남한강 문학 2004년, 통권 제5호	2004. 4. 20.
304. 바람에 대하여	여주문학 2004 제10호	2004. 7. 1.
305. 세상은	여주문학 2004 제10호	2004. 7. 1.
306. 세월이나	여주문학 2004 제10호	2004. 7. 1.
307. 나무도	여주문학 2004 제10호	2004. 7. 1.
308. 통일전망대를 다녀와서	여주문학 2004 제10호	2004. 7. 1.
309. 희망의 등불	공무원연금 2004 7월호, 창간20주년 특집호	2004. 7. 1.
310. 황산 고두동 선생을 기리며,	서거10주기 추모문집, 황산의 문학과 생애	2004. 7. 15.
311. 뉴스를 보고	광진문집 2004년 창간호	2004. 7. 30.
312. 외딴 섬	광진문집 2004년 창간호	2004. 7. 30.
313. 부처	광진문집 2004년 창간호	2004. 7. 30.
314. 사랑 타령도	광진문집 2004년 창간호	2004. 7. 30.
315. 제13회 문예경연대회	광진문집 2004년 창간호	2004. 7. 30.
316. 아내가 있는 병원	광진문집 2004년 창간호	2004. 7. 30.
317. 근황	정신과 표현 2004년 9,10월호, 통권 44호	2004. 9. 1.
318. 감나무	정신과 표현 2004년 9,10월호, 통권 44호	2004. 9. 1.
319. 태백시를 다녀와서	문학계 2004 가을호(창간호)	2004. 9. 1.
320. 달력	문학계 2004 가을호(창간호)	2004. 9. 1.
321. 버리는 연습	시조월드 2004 하반기호, 통권 제9호	2004. 10. 1.
322. 부처님 오신 날	시조월드 2004 하반기호, 통권 제9호	2004. 10. 1.
323. 병상	제36회 세종문화큰잔치 시화전, 여주문인협회	2004. 10. 7.
324. 가을의 문턱에서	제36회 세종문화큰잔치 시화전, 여주문인협회	2004. 10. 7.

325. 낙엽더미	제36회 세종문화큰잔치 시화전, 여주문인협회	2004. 10. 7.
326. 회상의 시간	월간 엽서문학 150호 특집, 엽서문학 편집실	2004. 10. 16.
327. 양동에 가면	월간 엽서문학 150호 특집, 엽서문학 편집실	2004. 10. 16.
328. 여주의 노래	길을 가다가, 신서정 제27집	2004. 10. 23.
329. 가을 나무	길을 가다가, 신서정 제27집	2004. 10. 23.
330. 호미	길을 가다가, 신서정 제27집	2004. 10. 23.
331. 새벽	길을 가다가, 신서정 제27집	2004. 10. 23.
332. 청소부는	길을 가다가, 신서정 제27집	2004. 10. 23.
333. 부지깽이	길을 가다가, 신서정 제27집	2004. 10. 23.
334. 아파트	길을 가다가, 신서정 제27집	2004. 10. 23.
335. 3차원 세계	길을 가다가, 신서정 제27집	2004. 10. 23.
336. 명함	길을 가다가, 신서정 제27집	2004. 10. 23.
337. 한가위 달	시인과 육필시, 2004 겨울호	2004. 12. 15.
338. 모기	시인과 육필시, 2004 겨울호	2004. 12. 15.
339. 가을 앞에서	광진문학, 2004년 제2호	2004. 12. 24.
340. 대장간	광진문학, 2004년 제2호	2004. 12. 24.
341. 벽시계	광진문학, 2004년 제2호	2004. 12. 24.
342. 강	광진문학, 2004년 제2호	2004. 12. 24.
343. 괭이	광진문학, 2004년 제2호	2004. 12. 24.
344. 등	광진문학, 2004년 제2호	2004. 12. 24.
345. 청산	문예춘추, 2005년 봄 창간호	2004. 12. 30.
346. 을유년 새해 아침에	여주신문 신년 축시, 제379호	2005. 1. 3.
347. 장항아리	창립 40주년 기념 연간집(2004)	2005. 1. 7.
348. 파도는	창립 40주년 기념 연간집	2005. 1. 7.
349. 정이란	시조세계 2005년 봄호, 통권 18호	2005. 3. 1.
350. 새벽 풍경	시조세계 2005년 봄호, 통권 18호	2005. 3. 1.
351. 팔각정	시문학 2005년 3월호, 통권 404호	2005. 3. 1.
352. 사는 연습	시문학 2005년 3월호, 통권 404호	2005. 3. 1.
353. 환자	새시대 시조 2005년 봄호, 통권 85호	2005. 3. 10.
354. 겨울나무	새시대 시조 2005년 봄호, 통권 85호	2005. 3. 10.
355. 군밤	월간문학 2005년 6월호, 통권 436호	2005. 6. 1.
356. 한강변에서	월간문학 2005년 6월호, 통권 436호	2005. 6. 1.

357. 그리움	제17회 여주도자박람회 시화전	2005. 6. 6.
358. 용마산 위에서	월간 한국시 2005년 8월호, 통권 196호	2005. 8. 1.
359. 착각	월간 한국시 2005년 8월호, 통권 196호	2005. 8. 1.
360. 옥수수	문학공간 2005.8월호, 통권 189호	2005. 8. 1.
361. 저물녘에	광진문학 2005년 상반기호, 제4호	2005. 8. 30.
362. 돌아가심	광진문학 2005년 상반기호, 제4호	2005. 8. 30.
363. 실연	광진문학 2005년 상반기호, 제4호	2005. 8. 30.
364. 시조 읽기	광진문학 2005년 상반기호, 제4호	2005. 8. 30.
365. 가족 관계	광진문학 2005년 상반기호, 제4호	2005. 8. 30.
366. 빗소리	강원문학 2005년 제35집, 강원도지회	2005. 10. 8.
367. 시인 윤동주 선생	소리의 그림자, 신서정 제28집	2005. 10. 22.
368. 그대여	소리의 그림자, 신서정 제28집	2005. 10. 22.
369. 사랑이란	소리의 그림자, 신서정 제28집	2005. 10. 22.
370. 만월	소리의 그림자, 신서정 제28집	2005. 10. 22.
371. 용마산 위에서	소리의 그림자, 신서정 제28집	2005. 10. 22.
372. 낙락장송	여주문학 2005년 제11호	2005. 12. 19.
373. 아침 운동	광진문학 2005년 하반기호, 제5호	2005. 12. 25.
374. 빈 들판	광진문학 2005년 하반기호, 제5호	2005. 12. 25.
375. 어느 언덕	광진문학 2005년 하반기호, 제5호	2005. 12. 25.
376. 별처럼	광진문학 2005년 하반기호, 제5호	2005. 12. 25.
377. 강물	광진문학 2005년 하반기호, 제5호	2005. 12. 25.
378. 여주 가는 길	순수문학 2006년 5월호, 제150호	2006. 5. 1.
379. 모현사 제향을 마치고	순수문학 2006년 5월호, 제150호	2006. 5. 1.
380. 옛집	한맥문학 2006년 6월호, 통권 189호	2006. 5. 25.
381. 편지	한맥문학 2006년 6월호, 통권 189호	2006. 5. 25.
382. 서재에서	Pen 문학 2006년 여름호, 통권 79호	2006. 5. 30.
383. 사랑에 대하여	새시대 시조 2006년 여름호, 통권 90호	2006. 6. 1.
384. 봄이 오면	새시대 시조 2006년 여름호, 통권 90호	2006. 6. 1.
385. 장마에	서울문학 2006년 여름호, 통권 제29호	2006. 6. 10.
386. 고향이란	서울문학 2006년 여름호, 통권 제29호	2006. 6. 10.
387. 고향이 그리우면	광진문학 2006년 전반기호, 제6호	2006. 7. 30.
388. 고향 생각	광진문학 2006년 전반기호, 제6호	2006. 7. 30.

389. 구의 공원	광진문학 2006년 전반기호, 제6호	2006. 7. 30.
390. 남한산성에서	광진문학 2006년 전반기호, 제6호	2006. 7. 30.
391. 메밀 꽃	광진문학 2006년 전반기호, 제6호	2006. 7. 30.
392. 백두산을 뵙고	현대일보, 제2856호	2006. 8. 10.
393. 선운사에서	시조문학 2006년 가을호, 통권 160호	2006. 8. 25.
394. '도덕국가' 창간에 부쳐	격월간 도덕국가, 창간호	2006. 8. 25.
395. 어머니는	한국작가 2006년 가을호, 제9호	2006. 9. 1.
396. 길을 가면서	한국작가 2006년 가을호, 제9호	2006. 9. 1.
397. 아내에게	시조세계 2006년 가을호, 통권 제24호	2006. 9. 1.
398. 먼 길	시조세계 2006년 가을호, 통권 제24호	2006. 9. 1.
399. 지나온 길	시조생활 2006년 가을호, 통권 제68호	2006. 9. 25.
400. 고향 산천	문예춘추 2006년 가을호, 통권 제6호	2006. 9. 30.
401. 그 길	여주문학 2006년 9월, 제12호	2006. 9. 30.
402. 다시 쓰는 사모곡	여주문학 2006년 9월, 제12호	2006. 9. 30.
403. 백두산은	여주문학 2006년 9월, 제12호	2006. 9. 30.
404. 고향 노래	시문학 2006년 10월호, 통권 423호	2006. 10. 1.
405. 한글	시문학 2006년 10월호, 통권 423호	2006. 10. 1.
406. 이 길	월간 여주 2006년 10월호, 통권 제6호	2006. 10. 1.
407. 아버지는	시조월드 2006년 하반기호, 통권 제13호	2006. 10. 1.
408. 길을 가다가	시조월드 2006년 하반기호, 통권 제13호	2006. 10. 1.
409. 추석도	가던 길 잠시 멈추고, 신서정 제29집	2006. 10. 30.
410. 추석 송편	가던 길 잠시 멈추고, 신서정 제29집	2006. 10. 30.
411. 추석 차례	가던 길 잠시 멈추고, 신서정 제29집	2006. 10. 30.
412. 귀성 길에	가던 길 잠시 멈추고, 신서정 제29집	2006. 10. 30.
413. 서울의 추석	가던 길 잠시 멈추고, 신서정 제29집	2006. 10. 30.
414. 갈대	가던 길 잠시 멈추고, 신서정 제29집	2006. 10. 30.
415. 반달	가던 길 잠시 멈추고, 신서정 제29집	2006. 10. 30.
416. 전봇대	가던 길 잠시 멈추고, 신서정 제29집	2006. 10. 30.
417. 코스모스 길	가던 길 잠시 멈추고, 신서정 제29집	2006. 10. 30.
418. 빈집	햇살은 명암을 남기며, 미래시 제30집	2006. 11. 30.
419. 사부곡	햇살은 명암을 남기며, 미래시 제30집	2006. 11. 30.
420. 비누	햇살은 명암을 남기며, 미래시 제30집	2006. 11. 30.

421. 길 잃은 나그네 한인문학 2006년 겨울호, 통권 제2호 2006. 12. 15.
422. 이벽 한인문학 2006년 겨울호, 통권 제2호 2006. 12. 15.
423. 나그네 설움 가람시조 2006년 12월, 통권 제2호 2006. 12. 27.
424. 저 나그네 가람시조 2006년 12월, 통권 제2호 2006. 12. 27.
425. 일요일 오후 광진문학 2006년 후반기호, 통권 제7호 2006. 12. 29.
426. 어느 나그네 광진문학 2006년 후반기호, 통권 제7호 2006. 12. 29.
427. 초로의 나그네 광진문학 2006년 후반기호, 통권 제7호 2006. 12. 29.
428. 나그네여 광진문학 2006년 후반기호, 통권 제7호 2006. 12. 29.
429. 세종대왕릉에 가면 광진문학 2006년 후반기호, 통권 제7호 2006. 12. 29.
430. 가을 사설 여강의 물결 2006년 12월, 통권 제4호 2006. 12. 31.
431. 여름 오후 여강의 물결 2006년 12월, 통권 제4호 2006. 12. 31.
432. 선풍기 여강의 물결 2006년 12월, 통권 제4호 2006. 12. 31.
433. 그대 월간문학 2007년 1월호, 통권 제455호 2007. 1. 1.
434. 이상한 전화기 월간문학 2007년 1월호, 통권 제455호 2007. 1. 1.
435. 추석도 산천의 꽃나울 시조시협 연간집 2007. 1. 25.
436. 길을 떠난 나그네 월간 문학공간 2007년 2월호, 통권 207호 2007. 2. 1.
437. 이상한 벽 월간 문학저널 2007년 6월호, 통권 46호 2007. 6. 1.
438. 육이오 고개 월간 문학저널 2007년 6월호, 통권 46호 2007. 6. 1.
439. 무슨 벽 새시대시조 2007년 여름호, 통권 제93호 2007. 6. 10.
440. 유년 고개 새시대시조 2007년 여름호, 통권 제93호 2007. 6. 10.
441. 사일구 고개 월간 모던포엠 2007년 7월호, 통권 제46호 2007. 7. 1.
442. 오일육 고개 월간 모던포엠 2007년 7월호, 통권 제46호 2007. 7. 1.
443. 군대 고개 월간 모던포엠 2007년 7월호, 통권 제46호 2007. 7. 1.
444. 대학 고개 월간 모던포엠 2007년 7월호, 통권 제46호 2007. 7. 1.
445. 대성 고개 월간 모던포엠 2007년 7월호, 통권 제46호 2007. 7. 1.
446. 이십령 고개 월간 모던포엠 2007년 7월호, 통권 제46호 2007. 7. 1.
447. 배명 고개 월간 모던포엠 2007년 7월호, 통권 제46호 2007. 7. 1.
448.도 덕국가 건설을 위하여 격월간 도덕국가, 2007년 7월호 2007. 7. 1.
449. 장벽 광진문학 2007년 전반기호, 통권 제8호 2007. 7. 30.
450. 피난 고개 광진문학 2007년 전반기호, 통권 제8호 2007. 7. 30.
451. 전쟁 고개 광진문학 2007년 전반기호, 통권 제8호 2007. 7. 30.
452. 십령 고개 광진문학 2007년 전반기호, 통권 제8호 2007. 7. 30.

453. 유학 고개	광진문학 2007년 전반기호, 통권 제8호	2007. 7. 30.
454. 벽 쌓기	남한강문학 2007년 9월, 통권 제8호	2007. 9. 30.
455. 운명의 벽	남한강문학 2007년 9월, 통권 제8호	2007. 9. 30.
456. 마음의 벽	남한강문학 2007년 9월, 통권 제8호	2007. 9. 30.
457. 진명 고개	여주문학 2007년 10월, 통권 제13호	2007. 10. 3.
458. 행당 고개	여주문학 2007년 10월, 통권 제13호	2007. 10. 3.
459. 유신 고개	여주문학 2007년 10월, 통권 제13호	2007. 10. 3.
460. 아버지의 땅	개화 2007년 11월, 통권 제16호	2007. 11. 20.
461. 못	개화 2007년 11월, 통권 제16호	2007. 11. 20.
462. 어머니의 부지깽이	가람시조 2007년 12월, 통권 제3호	2007. 12. 24.
463. 강가에서	가람시조 2007년 12월, 통권 제3호	2007. 12. 24.
464. 관악고개	광진문학 2007년 12월, 통권 제9호	2007. 12. 25.
465. 석사 고개	광진문학 2007년 12월, 통권 제9호	2007. 12. 25.
466. 보전 고개	광진문학 2007년 12월, 통권 제9호	2007. 12. 25.
467. 박사 고개	광진문학 2007년 12월, 통권 제9호	2007. 12. 25.
468. 경상 고개	광진문학 2007년 12월, 통권 제9호	2007. 12. 25.
469. 명성황후 생가에서	여강의 물결 2007년 12월, 제5호	2007. 12. 30.
470. 벽쌓기	시조시협 연간집 한국시조시인협회, 도서출판 토방,	2008. 1. 20.
471. 불면 고개	열린문학 2008년 봄호, 통권 제40호	2008. 1. 28.
472. 민주화 고개	조선문학 2008년 3월, 통권 제203호	2008. 3. 1.
473. 시위 고개	조선문학 2008년 3월, 통권 제203호	2008. 3. 1.
474. 사기꾼 고개	조선문학 2008년 3월, 통권 제203호	2008. 3. 1.
475. 소나무를 보면서	주간 산행신문 2008년 3월, 통권 제24호	2008. 3. 10.
476. 늦가을에	시문학 2008년 4월, 통권 제441호	2008. 4. 1.
477. 교원 고개	시문학 2008년 4월, 통권 제441호	2008. 4. 1.
478. 농부2	월간문학 2008년 5월, 통권 제471호	2008. 5. 1.
479. 이명2	열린문학 2008년 여름호, 통권 제41호	2008. 5. 30.
480. 시조 고개	열린문학 2008년 여름호, 통권 제41호	2008. 5. 30.
481. 올림픽 고개	서울문학 2008년 여름호, 통권 제37호	2008. 6. 10.
482. 운동권 고개	서울문학 2008년 여름호, 통권 제37호	2008. 6. 10.
483. 시조 고개	광진문학 2008년 전반기호, 통권 제10호	2008. 7. 24.
484. 5공 고개	광진문학 2008년 전반기호, 통권 제10호	2008. 7. 24.

485. 가로등2 광진문학 2008년 전반기호, 통권 제10호 2008. 7. 24.
486. 선풍기를 돌리면서 새시대시조 2008년 가을호, 통권 제98호 2008. 9. 1.
487. 참새 새시대시조 2008년 가을호, 통권 제98호 2008. 9. 1.
488. 강변역 일기 시조세계 2008년 가을호, 통권 제32호 2008. 9. 1.
489. 가로등2 시조세계 2008년 가을호, 통권 제32호 2008. 9. 1.
490. 이순 고개 한맥문학 2008년 10월호, 통권 제217호 2008. 9. 25.
491. 세월2 한맥문학 2008년 10월호, 통권 제217호 2008. 9. 25.
492. 초여름 서정 창조문학 2008년 가을호, 통권 제70호 2008. 9. 1.
493. 김유정 문학촌 여주문학 2008년 10월, 통권 제14호 2008. 10. 7.
494. 6월의 언덕에서 여주문학 2008년 10월, 통권 제14호 2008. 10. 7.
495.이순 고개 여주문학 2008년 10월, 통권 제14호 2008. 10. 7.
496. 설날 개화 2008년 11월, 통권 17호 2008. 11.14.
497. 한강의 노래 개화 2008년 11월, 통권 17호 2008. 11. 14.
498. 하동의 토지문학제 열린문학 2008년 겨울호, 통권 42호 2008. 12. 19.
499. 아차산과 용마산 열린문학 2008년 겨울호, 통권 42호 2008. 12. 19.
500. 청류재 수목문학관에서 열린문학 2008년 겨울호, 통권 42호 2008. 12. 19.
501. 일모에 열린문학 2008년 겨울호, 통권 42호 2008. 12. 19.
502. 조지훈 선생 여강의 물결 2008년 12월, 통권 제6호 2008. 12. 20.
503. 조지훈 문학관 여강의 물결 2008년 12월, 통권 제6호 2008. 12. 20.
504. 미끄럼틀 대숲의 노래 2008 시조시인협회 연간집, 2009. 1. 20.
505. 어느 오후 스토리문학 2009년 3월호, 통권 제55호 2009. 3. 1.
506. 노숙자 스토리문학 2009년 3월호, 통권 제55호 2009. 3. 1.
507. 김유정 역 문학과 산사람들 한국문인산우회, 창간호 2009. 4. 15.
508. 모기2 월간 문학세계 2009년 5월호, 통권 178호 2009. 4. 20.
509. 청평사에서 월간 문학세계 2009년 5월호, 통권 178호 2009. 4. 20.
510. 노인 월간 문학세계 2009년 5월호, 통권 178호 2009. 4. 20.
511. 산목 선생 팔순에 함동선 선생 팔순기념문집, 쓸모없는 나무 2009. 5. 20.
512. 저녁노을 시조문학 2009년 여름호, 통권 171호 2009. 5. 26.
513. 겨울 풀 계절문학 2009년 여름호, 통권 7호 2009. 6. 15.
514. 평화의 댐 문파문학 2009년 6월호, 통권 12호 2009. 6. 27.
515. 나팔꽃 문파문학 2009년 6월호, 통권 12호 2009. 6. 27.
516. 구두 성남문학 2009년 8월, 통권 33호 2009. 8. 1.

517. 뿌리 공원	대전사랑시선집 2009년 8월, 대전문인총연합회	2009. 8. 15.
518. 한여름에	시조세계 2009년 가을호, 통권 36호	2009. 9. 1.
519. 불면2	시조세계 2009년 가을호, 통권 36호	2009. 9. 1.
520. 평화의 아들	서정의 울림 2009년 10월, 통권 31.32집	2009. 10. 30.
521. 폭설	서정의 울림 2009년 10월, 통권 31.32집	2009. 10. 30.
522. 낮달	서정의 울림 2009년 10월, 통권 31.32집	2009. 10. 30.
523. 유채꽃 밭	서정의 울림 2009년 10월, 통권 31.32집	2009. 10. 30
524. 거미	서정의 울림 2009년 10월, 통권 31.32집	2009. 10. 30
525. 초승달	문학공간 2009년 11월호, 통권 240호	2009. 11. 1.
526. 풍경	개화 2009년 11월, 통권 18호	2009. 11. 13.
527. 사립문	개화 2009년 11월, 통권 18호	2009. 11. 13.
528. 2009년에	여주문학 2009년 11월, 통권 15호	2009. 11. 25.
529. 겨울 해	여주문학 2009년 11월, 통권 15호	2009. 11. 25.
530. 패랭이 꽃	여주문학 2009년 11월, 통권 15호	2009. 11. 25.
531. 한반도	여주문학 2009년 11월, 통권 15호	2009. 11. 25
532. 책장을 넘기면서	상록수문학 2009년 겨울호, 통권 21호	2009. 12. 11
533. 매미	상록수문학 2009년 겨울호, 통권 21호	2009. 12. 11
534. 마음	남한강문학 2010년 4월, 통권 10호	2010. 4. 30
535. 고희고개	남한강문학 2010년 4월, 통권 10호	2010. 4. 30
536. 하늘로 띄운 편지	한국시학 2010년 봄호, 통권 16호	2010. 5. 30
537. 쌍계사	한국시학 2010년 봄호, 통권 16호	2010. 5. 30.
538. 물소리	문학공간 2010년 8월호, 통권 249호	2010. 8. 1.
539. 천안함을 보고	시조세계 2010년 가을호, 통권 40호	2010. 9. 1.
540. 월하 리태극 문학관	시조세계 2010년 가을호, 통권 40호	2010. 9. 1.
541. 머리 위에	문예비전 2010년 9, 10월호, 통권 66호	2010. 9. 1.
542. 섬진강	문예비전 2010년 9, 10월호, 통권 66호	2010. 9. 1.
543. 상념	월간 한국시 2010년 11월호, 통권 259호	2010. 11. 1.
544. 그대 생각	월간 한국시 2010년 11월호, 통권 259호	2010. 11. 1.
545. 칠십 세 넘으면	한국대표 명시선집 2010년 11월, 한국문인	2010. 11. 18.
546. 그리움은	한국대표 명시선집 2010년 11월, 한국문인	2010. 11. 18.
547. 사람은 누구나	한국대표 명시선집 2010년 11월, 한국문인	2010. 11. 18.
548. 나이가 들면	시조와 비평 2010년 겨울호, 통권 127호	2010. 12. 10.

549. 빗소리 듣는다	시조와 비평 2010년 겨울호, 통권 127호	2010. 12. 10.
550. 매미의 울음	시조와 비평 2010년 겨울호, 통권 127호	2010. 12. 10.
551. 고희의 날들	시조와 비평 2010년 겨울호, 통권 127호	2010. 12. 10.
552. 신륵사의 범종	시조와 비평 2010년 겨울호, 통권 127호,	2010. 12. 10.
553. 팔월의 더위	여주문학 2010년 12월, 통권 16호,	2010. 12. 20.
554. 대패를 보고	여주문학 2010년 12월, 통권 16호,	2010. 12. 20.
555. 말복을 지내며	여강의 물결 2010.년 12월, 통권 제8집	2010. 12. 30.
556. 다시 거울 앞에서	여강의 물결 2010년 12월, 통권 제8집	2010. 12. 30.
557. 만은 김종원교장 정년퇴임에,	행복한 삶을 위하여, 김종원 문학선집	2011. 2. 25.
558. 당신 생각	가람시조 2011년 12월, 통권 제7호	2011. 12. 15.
559. 무궁화	여주문학 2011년 12월, 통권 제17호	2011. 12. 19.
560. 대보름달	여주문학 2011년 12월, 통권 제17호	2011. 12. 19.
561. 만은 김종원 교장	여주문학 2011년 12월, 통권 제17호	2011. 12. 19.
562. 제주에 가다	여주문학 2011년 12월, 통권 제17호	2011. 12. 19.
563. 장독대	가람시학 2011년 12월, 통권 제2호	2011. 12. 20.
564. 입춘 이후	여강의 물결 2011년 12월, 통권 제9호	2011. 12. 30.
565. 낮달	여강의 물결 2011년 12월, 통권 제9호	2011. 12. 30.
566. 일상	한국을 빛낸 문인들 2012년 1월, 도서출판 천우	2012. 1. 3.
567. 고희의 날들	한국을 빛낸 문인들 2012년 1월, 도서출판 천우	2012. 1. 3.
568. 강가에서	한국을 빛낸 문인들 2012년 1월, 도서출판 천우	2012. 1. 3.
569. 고향 하늘	문장 21 2012년 3월, 통권 제16호	2012. 3. 1.
570. 허일	문장 21 2012년 3월, 통권 제16호	2012. 3. 1.
571. 봄의 문턱에서	문학과 의식 2012년 3월, 통권 제88호	2012. 3. 15.
572. 문우회에 다녀와서	문학과 의식 2012년 3월, 통권 제88호	2012. 3. 15.
573. 탈북자	월간 한국시 2012년 5월, 통권 제277호	2012. 5. 1.
574. 문경 새재	한국작가 2012년 여름, 통권 제32호	2012. 6. 1.
575. 독도	한국시조문학 2012년, 통권 제2호	2012. 6. 1.
576. 순풍에 돛을 달고서	경의선 문학 2012년 7월, 통권 제8호	2012. 7. 20.
578. 한강변의 봄맞이	가람시학 2012년 9월 통권 제3호	2012. 9. 8.
578. 부석사 유감	문학의 강/ 창간호 2012년 가을 통권 제1호	2012. 11. 1.
579. 호박꽃	현대문학사조 2012년 겨울 통권 제13호	2012. 12. 1.
580. 다시 거울 앞에서	여주문학 2012년 12월, 통권 제18호	2012. 12. 22.

581. 흑룡의 해	여주문학 2012년 12월, 통권 제18호	2012. 12. 22.
582. 늙음	여주문학 2012년 12월, 통권 제18호	2012. 12. 22.
583. 이어도	여주문학 2012년 12월, 통권 제18호	2012. 12. 22.
584. 감기	시조사랑 2012년 12월, 통권 제1호	2012. 12. 28.
585. 시조의 길	시조미학 2013년 2월, 통권 제2호	2013. 2. 12.
586. 어머니	가람시학 2013년 9월, 통권 제4호	2013. 9. 7.
587.삶의 의미	모던포엠 2013년 10월, 통권 제121호	2013. 10. 1.
588. 산번지	모던포엠 2013년 10월, 통권 제 121호	2013. 10. 1.
589. 전화기	모던포엠 2013년 10월, 통권 제121호	2013. 10. 1.
590. 안경	모던포엠 2013년 10월, 통권 제121호	2013. 10. 1.
591. 가슴에 등불 달고	당산문학 2013년 12월 통권 제18집	2013. 12. 10.
592. 월하 선생님	여주문학 2013년 12월 통권 19집	2013. 12. 24.
593. 노을	여주문학 2013년 12월 통권 19집	2013. 12. 24.
594. 불면	석정문학 2013년 12월 통권 제26집	2013. 12. 30.
595. 그녀	여강의 물결 2013년 12월 통권 제11집	2013. 12. 31.
596. 산번지	문학의 강 2014년 봄 통권 제4호	2014. 5. 1.
597. 반월	한국동서문학 2014년 여름 통권 10호	2014. 6. 1.
598. 책	한국동서문학 2014년 여름 통권 제10호	2014. 6. 1.
599. 춘일	시조문학 2014년 가을 통권 192호	2014. 8. 22.
600. 나의 벗	시조문학 2014년 가을 통권 192호	2014. 8. 22.
601. 철쭉	현대문학사조 2014년 가을 통권 20호	2014. 9. 1.
602. 하루 해	참여문학 2014년 가을 통권 제59호	2014. 9. 1.
603. 세상만사	참여문학 2014년 가을 통권 제59호	2014. 9. 1.
604. 월하선생님	광진문학 2014년 9월 통권 제16호	2014. 9. 23.
605. 버스정류장	광진문학 2014년 9월 통권 제16호	2014. 9. 23.
606. 시조생활 100호에 부쳐	시조생활 2014년 가을 통권 제100호	2014. 10. 16.
607. 백두산은	한국을 그리다 2014년 11월 통권 제2호	2014. 11. 25.
608. 세월호 참사	시선 2014 겨울 통권 제48호	2014. 11. 28.
609. 황진이	계간 한국시학 2014 겨울 통권 제32호	2014. 12. 1.
610. 노년	현대문학사조 2014 겨울 통권 제21호	2014. 12. 1.
611. 고향집의 호박꽃	여주문학 2014 겨울 통권 제 20호	2014. 12. 24.
612. 고향집의 징독대	여주문학 2014 겨울 통권 제 20호	2014. 12. 24.

613. 고향집의 마당 여주문학 2014 겨울 통권 제20호 2014. 12. 24.
614. 고향집의 부엌 여주문학 2014 겨울 통권 제20호 2014. 12. 24.
615. 고향집의 감나무 여주문학 2014. 겨울 통권 제20호 2014. 12. 24.
616. 작품 쓰기 여강의 물결 2014 겨울 통권 제12호 2014. 12. 30.
617. 산수유 여강의 물결 2014 겨울 통권 제12호 2014. 12. 30.
618. 봄날 여강의 물결 2014 겨울 통권 제12호 2014. 12. 30.
619. 노년 시조사랑 2015년 1월 통권 제3호 2015. 1. 17.
620. 옥동자 분만 바람 머문 자리 2015년 4월 창간호 2015. 4. 5.
621. 청마 유치환 문학관 시조사랑 2015년 여름호 통권 제4호 2015. 6. 30.
622. 거울 앞에서 문학세계 2015년 8월 통권 제253호 2015. 7. 20.
623. 강화 고인돌 한국작가 2015년 가을 통권 제45호 2015. 9. 1.
624. 고향집의 호박꽃 바람 머문 자리 2015년 가을 통권 제2호 2015. 11. 1.
625. 홍길동 테마파크, 가람시학 2015년 가을 통권 제6호 2015. 11. 7.
626. 충무공 이순신 장군 가람시학 2015년 가을 통권 제6호 2015. 11. 7.
627. 버들가지 여주문학 2015년 가을 통권 제21호 2015. 11. 20.
628. 연천 경순왕릉 여주문학 2015년 가을 통권 제21호 2015. 11. 20.
629. 삶의 의미 여주문학 2015년 가을 통권 제21호 2015. 11. 20.
630. 안경 여주문학 2015년 가을 통권 제21호 2015. 11. 20.
631. 매헌 윤봉길의사 유적지 여주문학 2015년 가을 통권 제21호 2015. 11. 20.
632. 석북선생을 기리며 시조사랑 2015겨울호 통권 제5호 2015. 12. 1.
633. 옥동자 찬양 충주시조 2015년 창간호 2015. 12. 10
634. 구의동 211번지 양주 김삿갓문학 2015년 겨울 통권 제13호 2015. 12. 5.
635. 백야 김좌진 장군 여강의 물결 2015년 겨울 통권 제13호 2015. 12. 30.
636. 만해 한용운 선생 여강의 물결 2015년 겨울 통권 제13호 2015. 12. 30.
637. 석북 신광수 선생 여강의 물결 2015년 겨울 통권 제13호 2015. 12. 30
638. 추사 김정희 선생님 바람 머문 자리 2016 봄호 통권 제3호 2016. 4. 30.
639. 나이를 먹을수록 담쟁이문학 2016년 창간호 2016. 5. 31.
640. 독도 담쟁이문학 2016년 창간호 2016. 5. 31.
641. 모현사 담쟁이문학 2016년 창간호 2016. 5. 31.
642. 봄의 서정 서울문학 2016년 여름 통권 제69호 2016. 6. 10.
643. 메르스 서울문학 2016년 여름 통권 제69호 2016. 6. 10.
644. 김삿갓 시인 시조사랑 2016 상반기 통권 제6호 2016. 6. 30.

645. 박경리선생 유적지	모던포엠 2016년 7월 통권 154호	2016. 7. 1.
646. 생육신 원호선생	모던포엠 2016년 7월 통권 154호	2016. 7. 1.
647. 촉석루	모던포엠 2016년 7월 통권 154호	2016. 7. 1.
648. 용현리 마애삼존석불	모던포엠 2016년 7월 통권 154호	2016. 7.1.
649. 장릉	모던포엠 2016년 7월 통권 154호	2016. 7. 1.
650. 아차산 연가	한국창작문학 2016년 가을호 통권 제5호	2016. 8. 25.
651. 단종	문예비전 2016년 9~10월 통권 101호	2016 .9. 1.
652. 오월 유감	문예비전 2016년 9~10월 통권 101호	2016. 9. 1.
653. 몽돌	문학세계 2016년 10월 통권 제267호	2016. 9. 20.
654. 굽은 나무	가람시학 2016년 9월 통권 제7호	2016. 9. 24.
655. 귀뚜리 소리	바람 머문 자리 2016년 가을호 통권 제4호	2016. 9. 25.
656. 관란 원호선생 유적지	광진문학 2016년 10월 통권 제18호	2016. 10. 15.
657. 백마고지	광진문학 2016년 10월 통권 제18호	2016. 10. 15.
658. 백수 정완영 선생님	한국시조문학 2016년 하반기 통권 제10호	2016. 12. 10.
659. 오월 유감	여주문학 2016년 겨울 통권 제22호	2016. 12. 12.
660. 중고 의자	여주문학 2016년 겨울 통권 제22호	2016. 12. 12.
661. 고향 친구	여주문학 2016년 겨울 통권 제22호	2016. 12. 12.
662. 시간 앞에서	여주문학 2016년 겨울 통권 제22호	2016. 12. 12.
663. 단종	여주문학 2016년 겨울 통권 제22호	2016. 12. 12.
664. 이 세상을 살면서	시조사랑 2016년 하반기 통권 제7호	2016. 12. 15.
665. 세월	시조사랑 2016년 하반기 통권 제7호	2016. 12. 15.
666. 소년	표현문학 2016년 겨울 통권 제64호	2016. 12. 15.
667. 바위	한국을 빛낸 문인 2016 명작선 창간호	2016. 12. 30.
668. 장미꽃	여강의 물결 2016년 12월 통권 제14호	2016. 12. 31.
669. 술잔	여강의 물결 2016년 12월 통권 제14호	2016. 12. 31.
670. 귀뚜리 소리	시조미학 2017년 봄호 통권 제13호	2017. 1. 30.
671. 타향살이	아차산 연가 2017년 2월 시조집 제8집	2017. 2. 25.
672. 샛별	아차산 연가 2017년 2월 시조집 제8집	2017. 2. 25.
673. 가을 나그네	아차산 연가 2017년 2월 시조집 제8집	2017. 2. 25.
674. 업보	아차산 연가 2017년 2월 시조집 제8집	2017. 2. 25.
675. 헛심	아차산 연가 2017년 2월 시조집 제8집	2017. 2. 25.
676. 다듬이 소리	아차산 연가 2017년 2월 시조집 제8집	2017. 2. 25.

677. 유년의 겨울밤	아차산 연가 2017년 2월 시조집 제8집	2017. 2. 25.
678. 정유년 새해에	아차산 연가 2017년 2월 시조집 제8집	2017. 2. 25.
679. 오월 어느 날	아차산 연가 2017년 2월 시조집 제8집	2017. 2. 25.
680. 더위	아차산 연가 2017년 2월 시조집 제8집	2017. 2. 25.
681. 폭염 앞에서	아차산 연가 2017년 2월 시조집 제8집	2017. 2. 25.
682. 세월	아차산 연가 2017년 2월 시조집 제8집	2017. 2. 25.
683. 을왕리 너울	아차산 연가 2017년 2월 시조집 제8집	2017. 2. 25.
684. 고드름	아차산 연가 2017년 2월 시조집 제8집	2017. 2. 25.
685. 사드	아차산 연가 2017년 2월 시조집 제8집	2017. 2. 25.
686. 분수	아차산 연가 2017년 2월 시조집 제8집	2017. 2. 25.
687. 빨래	아차산 연가 2017년 2월 시조집 제8집	2017. 2. 25.
688. 청도국제 시조대회	아차산 연가 2017년 2월 시조집 제8집	2017. 2. 25.
689. 병신년의 촛불	아차산 연가 2017년 2월 시조집 제8집	2017. 2. 25.
690. 봉분 앞에서	아차산 연가 2017년 2월 시조집 제8집	2017. 2. 25.
691. 적일	아차산 연가 2017년 2월 시조집 제8집	2017. 2. 25.
692. 장릉	아차산 연가 2017년 2월 시조집 제8집	2017. 2. 25.
693. 청령포	아차산 연가 2017년 2월 시조집 제8집	2017. 2. 25.
694. 병신년 겨울에	세종문학 2017년 2월 통권 제3호	2017. 2. 28.
695. 지리산 문학관	바람 머문 자리 2017년 봄호 통권 제6호	2017. 3. 8.
696. 한강변의 봄맞이	한빛문학 제4호 2017년 봄호 통권 제4호	2017. 3. 10.
697. 나의 조국	동래인(鄭)의 소식지 2017년 봄호 통권 제16호	2017. 3. 31.
698. 포은 정몽주 선생	푸른문학 2017년 여름호 통권 제6호	2017. 6. 3.
699. 첫눈이 내리는 날	담쟁이문학 2017년 봄호 통권 제2호	2017. 5. 30.
700. 겨울날에	담쟁이문학 2017년 봄호 통권 제2호	2017. 5. 30.
701. 대은 변안열선생	시조사랑 2017년 상반기호통권 제8호	2017. 6. 10.

불교 수필

1. 제행무상의 원리	월간 금강 2002 4월호, 통권 207호	2002. 4. 1.
2. 인간의 만남과 헤어짐	월간 금강 2002 6월호, 통권 209호	2002. 6. 1.
3. 인과 법칙의 중요성	월간 금강 2002 8월호, 통권 211호	2002. 8. 1.
4. 불교의 내세관	월간 금강 2002 10월호, 통권 213호	2002. 10. 1.

5. 관세음보살의 고마움	월간 금강 2002 12월호, 통권 215호	2002. 12. 1.
6. 부처님의 상호	월간 금강 2003 2월호, 통권 217호	2003. 2. 1.
7. 새봄 새학기를 맞아서	월간 금강 2003 4월호, 통권 219호	2003. 4. 1.
8. 인간 존재에 대하여	월간 금강 2003 6월호, 통권 221호	2003. 6. 1.
9. 불교의 윤리에 대하여	월간 금강 2003 8월호, 통권 223호	2003. 8. 1.
10. 정토왕생 사상과 현대생활	월간 금강 2003 10월호, 통권 225호	2003. 10. 1.
11. 인간의 고난에 대하여	월간 금강 2003 12월호, 통권 227호	2003. 12. 1.
12. 인간의 선악 문제	월간 금강 2004 2월호, 통권 229호	2004. 2. 1.
13. 인간이란 무엇인가	월간 금강 2004 4월호, 통권 231호	2004. 4. 1.
14. 병고에 대하여	월간 금강 2004 6월호 통권 233호	2004. 6. 1.
15. 극락은 어떠한 곳인가	월간 금강 2004 8월호 통권 235호	2004. 8. 1.
16. 기도의 의미	월간 금강 2004 10월호 통권 237호	2004. 10. 1.
17. 참회의 생활화	월간 금강 2004 12월호 통권 239호	2004. 12. 1.
18. 새해를 맞는 불자의 자세	월간 금강 2005 2월호 통권 241호	2005. 2. 1.
19. 자기중심의 생각에서 벗어나야	월간 금강 2005 4월호 통권 243호	2005. 4. 1.
20. 자연의 이법	월간 금강 2005년 6월호, 통권 245호	2005. 6. 1.
21. 불교의 고에 대하여	월간 금강 2005년 8월호, 통권 247호	2005. 8. 1.
22. 참나를 찾는 방법	월간 금강 2005년 10월호, 통권 249호	2005. 10. 1.
23. 마음을 닦는 일	월간 금강 2005년 12월호, 통권 251호	2005. 12. 1.
24. 삶의 지혜를 찾아서	월간 금강 2006년 2월호, 통권 253호	2006. 2. 1.

작품 해설

1. 전통의 계승과 건전한 시정신의 발로, 김석철 시조시집 「바람처럼 구름처럼」 (정인각) 1989. 11. 10.
2. 자아의 삶에 대한 진실한 표현, 김무길 시집 「봄달래」(국학자료원) 1994. 3. 25.
3. 임의 부재와 그리움의 미학, 윤향기 시집 「로시난테의 오막살이」(우연 기획) 1994. 4. 10.
4. 불교적 인생관과 시심의 합일된 경지, 박상문 시조집 「봄 눈 트는 소리」(정인각) 1994. 4. 30.
5. 참신한 이미지와 뛰어난 상상력, 김남구 시조집 「솔바람 속에 피는 꿈」(혜화당) 1995. 3. 5.

6. 생활 체험과 서정의 조화로운 경지, 김두원 「김두원 박사 회갑기념문집」(삼일정판사) 1995. 8. 10.
7. 전통과 현대와 애절한 가락의 조화, 이종훈 제2시조집 「이 길로 가면」(도서출판 원주) 1995. 9. 25.
8. 사랑과 그리움의 미학, 김문자 시집 「춤추는 허수아비」(세종출판사) 1996. 10. 23.
9. 고향 사랑과 자연 사랑의 정신, 김상직 시집 「패랭이꽃의 침묵」(도서출판 우평) 1997. 3. 27.
10. 전통적인 소재와 정서의 조화로운 경지, 서영수 시집 「사랑하는 이의 흔적은 소중한 유품이다」(신세림) 1998. 2. 25.
11. 삶의 철학과 시심의 조화로운 경지, 김상형 시조집 「아침에」(대일출판사) 1998. 5. 20.
12. 자연과 인간과 고향을 사랑하는 정신, 이일섭 시집 「날아가는 새」(도서출판 남광) 1998. 11. 13.
13. 선비 정신의 구현과 서정의 세계, 이종훈 제5시조집 「해와 달로 떠서」(시와 비평사) 1999. 6. 15.
14. 청순한 이미지와 사랑의 기도문, 김문자 제2시집 「단 한 사람 당신」(세종출판사) 2000. 9. 20.
15. 시의 밭 일구고 가꾸는 장인 정신, 이성욱 시집 「아름다운 사람들」(도서출판 연인) 2002. 9. 25.
16. 뛰어난 상상력과 체험의 시학, 노인숙 시집 「희명의 노래」 (도서출판 새미) 2002. 12. 19.
17. 자연과 인생과 시심의 조화로운 경지, 이일섭 시집 「동방의 횃불」(도서출판 반딧불) 2002. 12. 27.
18. 긍정적 세계관과 달관의 미학, 김준 문집 「정년퇴임 기념 논문집」(박이정) 2003. 8. 20.
19. 자연 친화의식과 생활서정의 세계, 김석철 시조집 「가을 산책」(정인각) 2003. 10. 7.
20. 생활서정을 바탕으로 한 긍정의 시학, 한경수의 작품세계 「남한강문학」 2004. 제5호 2004. 4. 20.
21. 향토적 서정과 숭조정신, 원수연의 작품세계 「남한강문학」 2005, 제6호 2005. 5. 10.
22. 자연 사랑의 정신과 생활의 서정미학, 김흥렬 시조집, 「고장난 시계」, (한국문화사), 2005. 10. 20.

23. 생활서정과 비유의 미학, 김광수 시조집 「길을 가다가」(해인문화사), 2007. 2. 1.
24. 자아의 표현과 인생 탐구의 정신, 조영희 시집 「허공에도 길이 있다」(푸른 사상사), 2007. 4. 20.
25. 전통과 현대성과 언어미의 조화, 박창수 시조집 「간도로 가신다더니」(도서출판 동경) 2007. 3. 15.
26. 생활체험과 애향심과 가족애의 정신, 이일섭 시집 「침묵의 강」(한국문협 여주지부), 2007. 10. 1.
27. 여심과 시심의 조화로운 경지, 김재춘 시조집 「아침 햇살」(조선문학사) 2008. 2. 15.
28. 고향 사랑정신과 그리움의 미학, 성흥환 시집 「고향은 날더러」(도서출판 문예촌), 2009. 5. 1.
29. 그리움의 정서와 향토애의 정신, 김문자 제3시집 「강물에 빠진 달」(서초출판사), 2009. 9. 20.
30. 신앙의 뿌리 위에 자라난 시조나무, 정순량의 고희문집 「한 살이도 물 같아야」(북매니저) 2009. 9. 25.
31. 생활의 서정과 체험의 시학, 예병태 시조집 「비슬산」(도서출판 예문) 2009. 10. 15.
32. 풍부한 상상력과 함축성과 언어미의 조화, 문재옥 시집 「아름다운 사람들」(도서출판 문예촌), 2009. 10. 22.
33. 사랑과 그리움의 서정미학, 조영두의 시세계 「한국현대시조의 현황과전망」(국학자료원), 2009. 11. 27.
34. 자연과 사랑과 불심의 운율적 표현 박광태 시집 「여강에 흐르는 세월」 2009. 11. 28.
35. 시법과 화법의 자연스러운 어울림, 최영신 시집 「섬진강 물결」(도서출판 삼아) 2010. 3. 13.
36. 인간애 정신을 바탕으로 한 긍정의 시학, 이송원 시집 「솔바람 부는 언덕」(이지출판사) 2010. 5. 1.
37. 생활체험과 사실주의 시작법, 연기석 시조집 「언덕의 소나무」(이지출판) 2010. 5. 20.
38. 젊은 시를 쓰는 영천 시인의 시적 변용, 박영재 시조집 「산수와 동행」(이지출판) 2010. 6. 30.
39. 나라사랑 정신과 시조사랑 정신의 융합과 변용, 강현하 시조집 「동토에 봄이 오는 소리」 2010. 11. 14.
40. 자연적 소재와 인간적 정서의 운율적인 의미, 임연혁 시조집 「마음 밭에 등을 달고」(이지출판), 2011. 6. 20.

41. 언어의 조탁과 함축성과 소재의 다변화, 모상철 시조집, 「섬과 섬 사이」(동경) 2011. 6. 25.

42. 자아성찰의 의미와 언어의 절제미, 「우리시대의 문학과 인생」(국학자료원) 2011. 11. 30.

43. 소재의 다양성과 시어의 함축성, 정진상 시조집 「청진기에 매달린 붓」(시조문학사) 2012. 9. 1.

44. 우리의 자연과 문화를 사랑하는 시조정신, 박영재 시조집 「구름 타고 땅을 보니」(사상과 문학사) 박영재 2012. 10. 2.

45. 언어의 절제미와 함축미와 표현미, 김영애 시조집 「씀바귀가 여는 봄하늘」(시조문학사) 2013. 6. 31.

46. 인송의 시조세계와 시조정신, 박철구 시조집 「노송의 향기」(국보출판사) 2013. 9. 21.

47. 차분한 음성과 절제의 시조미학, 이정자 시조집 「내 안의 섬」(새미) 2014. 5. 28.

48. 그리움과 추억과 향수의 운율적 표현 「현대문학사조」 제24호(채운재) 2015. 9. 1.

49. 자연애와 인간애와 고향애의 시조정신, 박상하 시조집 「배꽃편지」 2015. 10. 27.

50. 풍부한 상상력과 언어의 조탁미, 김의식의 시조세계 「문학의 강」 제8호, 2015. 11. 1.

51. 체험과 상상과 비유의 미학, 장병선 시조집 「꿈나무의 향연」(한국문화사) 2015. 12. 10.

52. 산수화와 시절가의 어울림, 김성호 시조집 「추억의 그림자」(도서출판 동지) 2016. 4. 20.

53. 나라사랑과 시조사랑 정신, 장영규 시조집 「늘 흐르는 물처럼」(국학자료원) 2016. 5. 25.

평설

1. 난해시에 대한 관견, 월간문학 2004 9월호, 통권 427호 2004. 9. 1.
2. 비유의 미학, 월간문학 2004 10월호, 통권 428호 2004. 10. 1.
3. 음식과 시조 월간문학 2004 11월호, 통권 429호 2004. 11. 1.
4. 시조 박물관 월간문학 2007년 12월호, 통권 466호 2007. 12. 1.
5. 여류시인들의 다양한 목소리 월간문학 2008년 1월호, 통권 467호 2008. 1. 1.
6. 체험과 상상력 문제 월간문학 2008년 2월호, 통권 468호 2008. 2. 1.

7. 석야 신웅순의 사랑 시학　절제와 인연의 미학, 석야 신웅순의 시세계　2017. 6. 10.

가족 사항

장남	**원남희**	고려대학교 영어영문학과 졸, 세종대학교 정보통신대학원 졸업, 하나로통신 대리, 현재 자영업
자부	**표민선**	춘천교육대학교 영어교육과 졸, 춘천교육대학교 교육대학원 석사. 초등학교 교사
손녀	**원희선**	동대부속여자고등학교
손녀	**원희진**	양진초등학교
장녀	**원은영**	이화여대 국문학과 졸, 이화여대 대학원 국문학과 석사, 한양대학교 언어교육원 강사
사위	**윤경언**	연세대학교 수학과 졸, 연세대학교　이과대학원 수학, WSD 회사 사장
외손녀	**윤지오**	동덕여자고등학교
외손녀	**윤지인**	동덕여자고등학교
차녀	**원은빈**	성균관대학교 무용학과 졸, 경희대학교 교육대학원 졸업, 교육학 석사 경희대학교 대학원 박사과정, 무용학박사
사위	**최상원**	성균관대학교 통계학과 졸, 삼성화재주식회사 부장
외손자	**최재영**	홍콩과기대

실무위원명단

1. 추진위원장(공동)

이 광 녕　김 윤 숭

* 총무 : 김 수 지

2. 발간추진위원

구 충 회　김 락 기　김 명 길　김 선 배　김 영 애　김 용 채　김 용 철
김 토 배　김 흥 열　리 강 룡　모 상 철　백 승 수　백 필 기　서 용 순
성 낙 수　송 귀 영　신 웅 순　우 성 훈　원 용 석　유 상 용　이 석 규
이 양 우　이 영 순　이 정 자　이 흥 우　임 병 웅　장 은 수　장 희 구
정 유 지　조 영 희　조 평 진　진 길 자　채 윤 병　채 현 병　한 승 욱
함 세 린　홍 은 숙

3. 편집실무위원

김 수 지　김 윤 숭　김 화 인　문 복 선　박 두 화　박 종 흡　박 철 구
박 헌 오　신 승 화　심 인 섭　염 을 룡　이 광 녕　이 미 숙　임 연 혁
임 정 의　장 병 선　정 진 상　황 길 신

편 집 후 기

원용우

내 나이 팔십이라니 놀라운 일입니다. 선배들이 팔십 세가 넘었다고 하면 나와는 상관없는 일이라 생각했습니다. 그걸 보면 이 세상에 남의 일이란 없는 것입니다. 남의 이야기 같던 것들이 모두 나의 현실로 돌아왔습니다. 남의 이야기가 바로 나의 이야기가 된 것입니다.

이 세상 살아보니 남의 탓 할 것 하나도 없습니다. 모두가 나의 탓입니다. 잘살고 못사는 것, 잘되고 못 되는 것, 성공하고 못하는 것이 모두 나의 탓입니다. 잘 되면 내가 잘나서 잘되고, 못 되면 조상 탓하는데, 그건 잘못입니다. 성공하는 것도 내 탓이요 성공 못하는 것도 내 탓입니다. 성공하려면 매일매일 반성하면서 살아야 합니다.

내가 팔십 평생 살아오는 동안 숱한 시련을 겪었습니다. 심지어는 죽을 고비를 넘긴 때도 있었습니다. 이러한 시련은 하느님이 나를 시험하기 위하여 주신 것입니다. 나를 괴롭히기 위하여 시련을 주신 것이 아니라, 나를 잘되게 하기 위하여 시련을 주신 것입니다. 그 시련을 극복하기 위하여 많은 노력을 했고, 그 과정에서 삶의 지혜를 터득하게 되었습니다. 옛말에 "고생 끝에 낙이 온다"는 말이 있는데, 그 말이 꼭 맞는 것 같습니다. 그 시련과 동시에 많은 깨달음을 함께 주셨기 때문입니다.

내가 이번에 팔순기념문집을 출간합니다. 그 목적은 이 세상에 왔다 간다는 족적을 남기기 위해서입니다. 발간 안 하는 것보다는 발간하는 것이 낫다고 판단했기 때문입니다. 그 과정에 강호제현들에게 부담을 드린 점 널리 양해를 구합니다. 이번 기념문집 출간에 많은 분들이 호응해 주셨습니다. 주옥같은 시와 산문으로 격려해 주셨습니다. 그림으로 서예로 축하해 주셨습니다. 저에게 도움을 주신 모든 분들께 이 자리를 빌어 감사의 잔을 올립니다.

특히 수고가 많으셨던 분이 발간위원장 이광녕 박사님, 공동위원장 김윤숭 박사님, 총무 김수지 시인님, 그 외 발간추진위원님들, 편집실무위원님들의 도움이 컸고, 가족, 친지, 동학들의 도움이 컸습니다. 베풀어주신 은혜 잊지 않겠습니다. 진심을 다해 하느님께 감사드리고 부처님께 감사드리고 조상님께 감사드립니다.(2017. 6. 16.)

여강(如江)의 삶과 문학

인쇄일 | 2017년 9월 22일
발행일 | 2017년 9월 22일

저　자 | 원용우
펴낸곳 | 도서출판 조은
발행인 | 김화인
편집위원장 | 이광녕
편집위원 | 장병선
사진 | 임정의
디자인 | 김진순
주소 | 서울시 중구 을지로20길 12 대성빌딩 405호
전화 | (02)2273-2408
팩스 | (02)2272-1391
출판등록 | 1995년 7월 5일 등록번호 제2-1999호
ISBN | 979-11-88146-12-3
정가 | 50,000원